U0963749

武汉市住房保障和房屋管理课题研究成果汇编（2017年度）

邓万想　主编

WUHAN UNIVERSITY PRESS
武汉大学出版社

编委会成员

主　　任： 邓万想

副 主 任： 孙中元　潘臻肇　陈新政　黄　立　林　晖　王三木　邓绪海　王传耀　周　健　杨　进　薛建高

编委会成员： 漆昌明　阮祥利　徐　磊　谢　平　谢诗伟　陈　浩　赵泽山　肖　蕾　于雪松　吴　彤　彭建中　徐　敏　王　晶　瞿　慎　郑举汉　缪　涛　艾　笋　张祖斌　程　磊

策　　划： 陈新政

组　　稿： 周志琳

校　　稿： 刘　星　涂　姗　张　漾　何雪莹

前　　言

2017年，我局坚持以人民为中心，牢牢把握住房的居住属性，加快建立多主体供给、多渠道保障、租购并举的住房制度，围绕“服务民生、保障发展”的双重职责，着眼打造经济、城市、民生“三个升级版”，稳步推进保持房地产市场平稳健康发展、保障性住房建设和管理、小区综合管理和物业服务监管、房屋安全和产权交易管理、“互联网+房管政务服务”建设等重点工作。

同时，为完善顶层设计，促进房管事业发展，我局以群众呼声为指引，坚持问题导向，组织开展了15项课题研究。这些课题既有前瞻性方向性较强的理论型研究，又有操作性针对性较强的应用型研究，对进一步提升房管行政服务水平具有较强的针对性和代表性。为展示课题研究成果，全面推进成果应用，我们将课题编辑成册，供大家学习参考。

由于时间仓促和水平有限，不当之处在所难免，敬请批评指正。

二〇一七年十一月

目　录

1. 商品房现房销售工作初探研究报告

武汉市住房保障和房屋管理局住房改革与发展处
江汉大学武汉研究院

课题负责人：邓万想　武汉市住房保障和房屋管理局　局长
课题组成员：陈新政　甘德安　徐　磊　周志琳　屠浩文
瞿　慎　缪　涛　刘　兰　陶　权　张　蕾
沈少兰　杨正东　袁　页
课题组顾问：李京文院士　杨卫东院长
课 题 统 稿：甘德安　刘　兰

摘 要

房地产是国民经济的支柱产业，也是民生工程。2016 年年末中央经济工作会议提出“房子是用来住的、不是用来炒的”的定位，加快研究建立符合国情、适应市场规律的基础性制度和长效机制，既抑制房地产泡沫，又防止大起大落。2017 年党的十九大报告中进一步强调“坚持‘房子是用来住的、不是用来炒的’定位”，要让房地产市场回归居住属性，提高人民的获得感、幸福感、安全感。

从商品房销售模式的视角来看，商品房预售制度自 1994 年确立以来，有力地促进了我国房地产市场的繁荣，但同时也显露出了种种弊端，如消费者的合法权益受到侵害，存在较大的金融风险隐患，不利于提高房地产开发企业的竞争力等，商品房销售制度的改革刻不容缓。商品房现售制能有效降低系统性金融风险，提高房地产行业集中度，净化住房市场交易环境，符合国家推行供给侧结构性改革“去库存”、“去杠杆”的要求，也能最大程度地维护购房者权益。但商品房销售模式的转型会直接影响到整个房地产的制度安排、战略规划、法令法规与购房者的切身利益，因此必须系统、深入地予以研究，这是本课题启动的重要前提。

武汉是中国经济地理中心，是国家重大战略聚焦之地，区位、科技和人口优势明显。武汉市历来高度重视房地产市场的发展，近年来武汉市住宅与房地产业取得了显著成就，政策法规进一步完善，商品房市场健康、平稳、有序、良性发展，自我调节能力逐步增强，为现售制的试行提供良好的机遇和市场保障。

本课题研究着力于探讨武汉实施商品房现售制的必要性和可行性，多侧面、多层次地分析了其优势、劣势、机遇和风险，以及对房地产业和金融业可能产生的影响，并从房地产制度创新的角度重点研究商品房现售制度的顶层设计、路径选择、方案制定、风险防范及金融创新等问题，对建立房地产长效调控机制、进一步推进武汉房地产市场健康发展将产生深远影响。

在武汉市住房保障和房屋管理局的帮助下，课题组对政府相关职能部门、重点房企及市民进行了全面调研，充分借鉴国内外推行商品房现售制，尤其是深圳市试点的先进经验，吸纳业界人士及专家意见，立足武汉实际，坚持积极创新、适度超前的原则，在占有大量文献和数据的基础上深入研究与思考，形成此稿，以期为政府决策提供参考。

一、商品房现售制研究的必要性

1994 年颁布的《中华人民共和国城市房地产管理法》，正式确立了我国商品房预售制度。二十多年的发展表明，这项制度对培育我国房地产市场、促进我国房地产市场的繁荣起到了重要的历史性作用。但随着中国房地产市场的快速发展，商品房预售制度带来了一系列问题，如存在较大的风险隐患，不利于保护消费者利益和提高房地产开发企业的竞争力，削弱了宏观调控能力等。

实行多年的商品房预售制度现在走到了改革的十字路口，对商品房现售制度的研究刻不容缓。在目前国家进行供给侧结构改革，房地产业逐步成熟的背景下，对商品房预售制度进行改革，逐步实施商品房现售制度对于抑制房地产泡沫，防止大起大落，缓解我国房地产产能过剩，建立房地产长效调控机制都具有重要的理论和现实意义。

（一）商品房预售制度的发展历程

商品房预售制度产生于20世纪50年代的中国香港，由香港立信置业公司于1954年首创，俗称"卖楼花"。1953年，香港人口数量不断攀升，住房需求变大。当时年仅30岁的香港商人霍英东凭其精明独到的眼光和胆识成立了立信置业有限公司。当时，香港的房屋存在建设周期长、资金周转时间长的问题，不利于房地产市场的发展。作为第一个吃螃蟹的人，他选择放弃当时的现楼销售政策，提出了商品房预售。该方式通过分期付款，购房人与开发商签订合同后只需支付房屋总价款的10%~20%作为首付款，待建筑物建到一半时，支付价款的30%~50%，等到最后交房时再支付尾款。

由于"文革"的破坏作用，截至1978年，中国城镇人口的住房面积已达到历史最低点。20世纪80年代以后，商品房预售这种新的销售方式逐渐从香港引入内地沿海地区，后来陆续传播到各地。预售制度使正在建设中的房屋面向市场，一方面增加了市场上的房屋供应量，满足了购房者的消费需求，同时还以低于现房的价格让利购房者，大大提高了居民的相对购买力。另一方面，这种方式也拓宽了房地产开发商的融资途径，使得房地产开发商无须再囿于银行贷款，而是通过收取预售款的方式先行筹集部分资金，缓解资金压力，预售制使得房地产市场迅速发展。

然而，由于预售方式是市场自发产生的，早期又缺乏相应的监管机制，导致"炒地皮"、"烂尾楼"等现象层出不穷，严重地损害了购房者的利益。为规范房屋预售秩序，1994年7月第八届全国人民代表大会常务委员会第八次会议通过了《中华人民共和国城市房地产管理法》，这部法律正式确立了商品房预售制度。此后，国家陆续出台多部法律对这一制度进行完善，使之规定更为细化具体。如1994年11月，经第17次建设部常务会议通过，发布《城市商品房预售管理办法》，明确了商品房预售应当符合的条件、开发企业在办理预售许可证的过程中应当提交的资料以及对开发企业在预售中出现违法行为的处罚办法。2001年7月和2004年7月，建设部对《城市商品房预售管理办法》进行了两次修订，完善了商品房预售条件和预售款监管的有关制度，对商品房预售许可审批程序进行了规定。

2010 年 4 月，建设部对加强房地产市场监管和完善商品住房预售制度进行了规定。2013 年 2 月，国务院办公厅对做好房地产市场调控工作下发通知，强化商品房预售管理，引导开发商合理定价，同时要严格执行明码标价、一房一价的规定。

由于这些法律、行政法规、规章中关于预售制度的规定较为零散，归纳起来，目前我国商品房预售制度的文本内容主要包括以下七个方面：商品房预售归口管理制度、商品房预售条件法定制度、商品房预售许可制度、商品房预售广告限制制度、商品房预售合同登记备案制度、商品房预售款专用制度、预售商品房权属登记制度。这些制度构成了我国商品房预售的法律规则和行为模式，在此框架下，我国的商品房预售市场得到了长足的发展。

（二）商品房预售制度存在的问题

然而，随着房地产市场的不断发展，在实际的交易过程中，我国的商品房预售模式还是显露出了种种弊端，购房者的合法权益不断遭到侵害。

有媒体以《武汉维权越闹越厉害　十大渣盘谁买谁闹心》为题报道了武汉商品房预售中的诸多房闹事件。概括起来大体有如下原因：一是开盘后没有正式合同，只有临时合同；二是买房人交完钱后没有发票，只有收据；三是开盘之前对外公布了交房时间，但合同中的交房时间无故推迟。四是业主按照合同去收房，但房产商并未办好相关证件，不具备收房条件，开发商的律师口头承诺的办好证件的时间与实际提交时间一再延迟；五是宣传是名校学区房，楼盘附近有名校、有幼儿园、超市等，最后业主们发现是不知名的学校；六是宣传楼盘是地铁盘，但实际是某某地铁线二期、三期，不知要到猴年马月才建设；七是宣传楼盘产权有七十年，而拿到合同才知道只有五十几年；八是预售规划图中有中央广场、小区绿化，交房时几乎没有；九是承诺赠送面积，最后交房时不赠送了；十是预售宣传时说质量如何之好，可交房后，业主发现一旦下雨，阳台、卫生间、厨房甚至卧室顶部都会漏水。如此案例比比皆是，① 关于废除此项制度的声音不绝于耳。

具体而言，商品房预售制度的弊端主要体现在以下几个方面：

一是准入和退出机制不健全。目前房地产预售出现众多问题的重要原因之一就在于缺乏严格的市场准入和退出机制。房地产市场的准入未受到严格监控，大量的房地产商的资质未得到限制和检验，最终可能导致市场的无序竞争，造成不公。同时由于其退出机制的不完善，一旦某些房地产企业不适应市场规律或者不符合国家法规，也难以及时退出市场让位给真正有资质的企业。更有甚者，某些房地产企业可以利用这些制度中的漏洞来逃避法律责任，在实现了融资的同时，将风险全部转

① 刘羽君．武汉维权越闹越厉害　十大渣盘谁买谁闹心［EB/OL］．亿房网信息中心，［2014-12-18］．http：//house. fdc. com. cn/lpdg/695564_11. shtml.

嫁给了购房者。

二是买卖双方信息不对称。房产预售的参与方有开发商、政府、银行、保险公司、预购人。预售关系也十分复杂，包括预售合同关系、预售贷款关系、预售转让关系、预售行政管理关系。在预售制度安排下，交易双方的“标的物”（商品房）并不存在，在交易过程中开发商拥有比购房者更多的知识和信息，包括房产的质量、土地使用权年限、建筑原材料构成、房屋性能、生产成本等，这些信息是购房者难以获得的。购房者在一无实物可视，二无证据可查的条件下参与交易，买卖双方信息高度不对称。加之专业知识的缺乏，有时候即使开发商将相关信息提供给购房者，购房者在未进行专业咨询的情况下，也难以理解这些信息下隐藏的真相。虽然自 2005 年政府开始着手建立房地产市场信息网，但仍然不能满足市场透明交易的需求。加之政府监管缺乏联动，助长了开发商种种违法、违规、欺诈行为的发生，也为开发商囤积土地、哄抬房价、制造市场紧张气氛创造了条件。

三是买卖双方权利不对等。商品房建设过程就是商品的制造过程，市场的参与方的权利应该是对等的。然而在预售过程中开发商利用政策、信息、资金、技术等方面的优势，混淆房地产领域中投资与消费的界限，通过隐瞒期房本身的合法性与质量风险、模糊售楼承诺与售楼广告的法律效力、单方对房屋设计做出重大调整、单方对预售房屋土地设定抵押等方法，将自己的投资风险转嫁到普通购房者身上。

四是易造成房地产价格泡沫和金融风险。预售制是房地产行业金融化和高杠杆的存在基础。一方面，期房交易类似于期货交易，购买期房的人当中，不乏基于保值、投机等目的。房地产商也常通过虚假紧缺、浮夸囤积等手段来哄抬楼价，导致价格过分偏离真实价值，从而为房价暴跌埋下祸根，成为国家房地产宏观调控的绊脚石，催生泡沫。

另一方面，在商品房预售制度下，地产开发商天然具备“以小博大”的杠杆空间。预售制度为房地产商提供了融资途径，使得开发商能够从购房者那里获得前期的资金供给，购房者在前期向开发商支付一笔不小的购房款，而开发商仅承担在工程完成后将现房交付购房人的义务，购房者的资金经过预售这一环节变成了开发商的投资资金，其安全性无法得到保障；与此同时，当资金链出现问题的时候，开发商会通过“假按揭”的方式从银行将钱套出来为己所用。一边是购房者支付了房款，承担了开发商的风险；一边是开发商占用了购房者的资金，实行空手套白狼的经营模式，由购房者承担了资金利息，并通过住房按揭把开发风险转嫁到银行，增加了金融风险。

五是政府监管单一。房地产开发商的经营行为不规范的根源在于我国相关的法律制度不健全，对于房地产市场没有予以严格的法律监督。我国立法确立的是国务院建设行政主管部门和地方各级建设、房产管理部门归口管理全国城市商品房预售。管理的内容是以行政许可的方式审查预售的条件，颁发许可证。然而对未建成房屋销售行政许可的书面审查在房地产会计、审计信用机制尚未建立的条件下几乎没有发挥应有的把关作用。并且政府主管部门在预售过程中对预售合同的强制登记、预售广告的发布监管、资金的监管都是行政静态的、事后的管理，缺乏动态的、事前的防范，也没有引入金融监管、房产律师监管等市场条件下行之有效的监管手段。

（三）探索商品房现售制的必要性

由于商品房预售制度设计不可避免地存在着先天缺陷和后天不足，对商品房预售制度进行改革，逐步实施商品房现售制度已是大势所趋。

1. 现售制是商品房销售的新方向

从预售制到现售制模式的转型是房地产市场发展的基本规律。取消商品房的预售制度是一个国家与城市房地产市场发展的逻辑必然、发展趋势和理性选择。随着市场发展成熟和一些国家住房总体供需平衡、住房问题基本得以解决，许多国家已经取消或限制预售制度。

2. 维护购房者权益，有效增加消费者红利

从境外的预售制生长的土壤看，预售制对法治和信用的要求极高。我国香港房地产预售制度设立的基础是其完善的律师和公示制等法律体系，其发展得益于香港十分健全的信用市场以及十分严密、成熟的房地产市场监管体系。即便如此，预售制在香港也引发过重大的事件。在内地信用和法治基础薄弱的情况下，要让第三方监管落到实处，其实是非常困难的。

现房销售最大的特点是看得见、摸得着，消费者在购买时，已具备即买即可入住的商品房，即开发商已办妥所售房屋的大产证的商品房，消费者与开发商签订商品房买卖合同后，立即可以办理入住并取得产权证。消费者红利体现在：现房签合同交完首付，贷款下来交完余款后就可以收房了；工程已经竣工验收合格，购房者风险降低；现房购房者可以直观地看到社区实景，可以实地品评房屋的结构、质量、环境、配套、物管等，查验楼盘品质，商品房质量更有保障；现房价格相对稳定，后期不会再产生大的变动，同时购置现房可以节省相应的其他房屋成本，如租房成本等；现房周边配套一般比期房要完善，开发商为了吸引购房者，通常会更快地完善配套。

3. 促进优胜劣汰，提高房地产行业集中度

房地产项目开发资金的来源主要是自有资金、贷款、预售制度带来的资金；预售制度为开发商提供了一笔零风险零成本的巨额贷款。一旦实行商品房现售制度，

开发商将失去这样的资金支持，还要承担资金的成本以及项目囤积的风险。过去，房企通过预售方式来回笼资金，补给工程款，但如果改为现售制，这个资金来源渠道将被堵上，开发商需要通过各类再融资和信贷等融资模式筹集资金，商业银行和投资者则会从企业资质和开发能力等角度来评估房企的还款能力。现售制将从资金实力角度对房地产开发商形成倒逼，缺乏资金实力的、中小房企或将被淘汰出局，房地产领域的兼并重组将会加快，促使房地产行业进行大调整、大洗牌，提高房地产行业集中度。

4. 净化住房交易的环境

一方面，由于没有了预售这样一个高杠杆的融资模式，房企在现房销售模式下会更加注重对项目背后的成本收益等指标的管控。另一方面，在过去预售销售模式下，房企对“炒楼花”或者“炒房票”的做法会采取漠视或置之不理的态度。因为对于房企来说，其关心的指标很单一，即销售额的提升，并不关心谁是买卖主体。因此很多购房者在没有购房资格或没有购房能力的情况下违规购房，持有一段时间后转让给其他购房者，进而套利，从而干扰了正常的住房交易秩序。而在现房销售模式下，开发企业将已经竣工并验收合格的商品房卖给购房者，购房者看到的是合格的产品，购房款缴付到房产证办理的时间间隔会大大缩短，极大地提高了办事效率，节省了社会资源，并遏制此类套利交易行为的发生，净化住房交易环境。

5. 降低银行金融风险、落实国家去杠杆政策

商品房现售制下，房地产开发企业投入资金的自有比率提高，银行融资贷款减少，个人购房贷款也都是房屋抵押贷款而非按揭，这基本杜绝了因商品房销售或形成烂尾楼等原因引起的不良贷款，很大程度地降低银行金融风险。

商品房预售制是一个高杠杆的融资模式，房企在现房销售模式下会更加注重对项目背后的成本收益等指标的管控。此外，由于依赖预售资金获取融资的渠道被堵上，房企有动力去挖掘新的融资渠道。可以预计，后续各类再融资和传统信贷融资的规模会增加，商业银行和投资者则会从企业资质和开发能力等角度来评估房企的还款能力。总体上说，现房销售模式能发挥优胜劣汰的竞争机制，融资能力差的房企会退出开发领域，实力强的房企则会获得更多的开发项目。

6. 现售制度将减少土地市场的竞争

维持土地价格的相对平稳，降低开发商的拿地成本。比如，对于开发商来说，如何加快各项报批审核，如何获得更为便捷的融资渠道、成本更加低廉的资金，颇为重要。目前中国楼市供需失衡，土地供应极其稀缺。采取现售制度可抬高门槛，将资金实力不足的中小开发商挡在门外，遏制对土地的哄抢，抑制土地价格过快上

涨。从土地供应上看，招标加上现售的形式可以从源头上降低市场对土地成交价格的预期，避免热点地块招拍挂溢价不可控的结果。

二、武汉实施商品房现售制的 SWOT 分析

武汉市历来高度重视房地产市场的发展，近年来武汉市住宅与房地产业取得了显著成就，政策法规进一步完善，住房保障水平显著提高，商品房市场健康、平稳、有序、良性发展，居民住房品质大幅度提高，城市面貌极大改善，功能明显提升，有力地促进了武汉市经济社会的协调和可持续发展。我们运用 SWOT 分析法，综合分析了武汉实施商品房现售制的优势、劣势、机遇和风险。

（一）优势（Strength）

1. 武汉市综合经济实力实现了跨越式发展

2016 年 9 月，《长江经济带发展规划纲要》正式印发，明确武汉为超大城市、区域中心城市、长江中游航运中心、内陆开放型经济高地。截至 2016 年末，全市总面积 8494. 41 平方公里，城区面积 1024 平方公里，常住人口 1076. 62 万人，常住人口城镇化率 79. 77%，户籍人口城镇化率 68%。① “十二五”期间，武汉经济总量跃上万亿元新能级，居全国副省级城市第三、全国城市第八。2015 年武汉市地区生产总值 10905. 60 亿元，人均地区生产总值 104132 元，全社会固定资产投资 7725. 26 亿元，地方一般公共预算收入 1245. 63 亿元，主要指标居副省级城市前列，进入全国城市第一方阵，居中国（不包括香港、澳门、台湾地区）城市第八位（见表 1 与图 1）。

表 1　**中国前 10 名城市 GDP、人口数据排名比较**

排名	城市	GDP 值	同比增长值	人口数量
1	上海	25300 亿元	6. 8%	2425 万
2	北京	23000 亿元	5. 7%	2168 万
3	广州	18100 亿元	8. 3%	1667 万
4	深圳	17500 亿元	8. 9%	1077 万

① 北京城市面积：16410. 54 平方公里，市区面积，1274 平方公里；上海城市面积：6340 平方公里，市区面积：523 平方公里。

续表

排名	城市	GDP 值	同比增长值	人口数量
5	天津	17200 亿元	9.4%	1516 万
6	重庆	16100 亿元	11%	3001 万
7	苏州	14400 亿元	7.50%	1060 万
8	武汉	10905 亿元	8.80%	1033 万
9	成都	10800 亿元	8%	1442 万
10	杭州	10100 亿元	11%	889 万

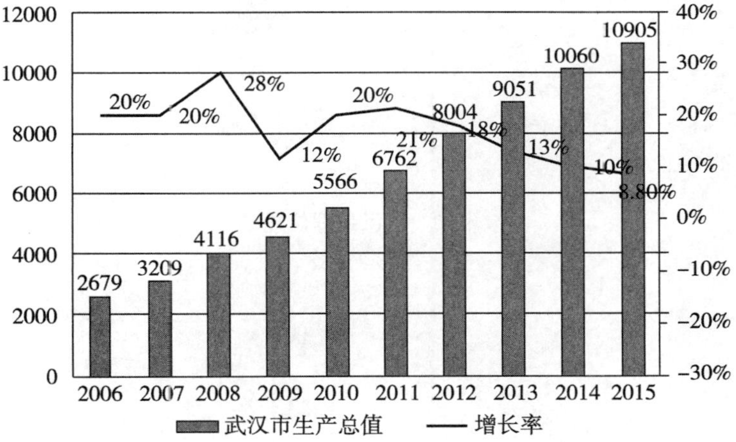

图 1　武汉市历年 GDP 走势及增长率

2. 武汉市区位、科技和人口优势明显

武汉是中国经济地理中心，交通和区位优势明显。以武汉为中心，以 1000 公里为半径画圆，可覆盖全国 10 亿人口和 90%的经济总量。武汉有“九省通衢”之称，拥有中部地区最为完善的“铁水公空”一体化现代综合交通体系。武汉是国家级综合交通枢纽，是国内铁路网、高速公路网、航空运输网和内河航运网相互交汇的核心节点。京港澳高速、沪蓉高速、沪渝高速、福银高速、316 国道、318 国道、107 国道均在武汉交汇。京广铁路、京广高铁、沪蓉客运专线等铁路大动脉在武汉交汇。武汉四小时高铁圈覆盖北上广深，两小时高铁圈覆盖中部地区。天河机场是华中地区唯一的综合枢纽机场和最大的飞机检修基地，江夏第二机场正在规划中。武汉处于黄金水道的核心地带，起到中部连接的作用。武汉新港依托阳逻港正在打造“亿吨大港、千万标箱”，汉江也是我国西部与中部地区水运的重要内河航运通道（见图 2 和图 3）。

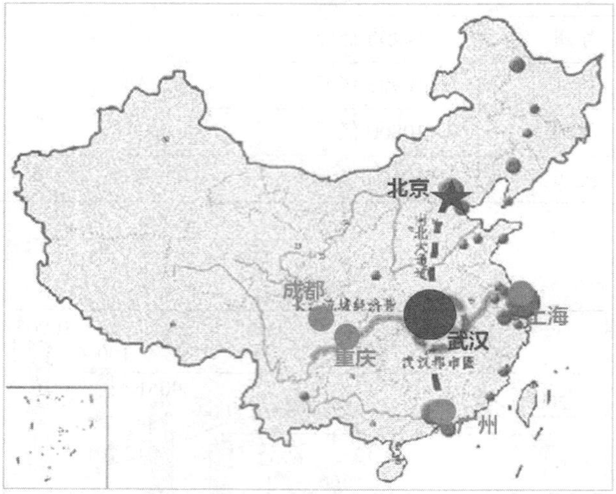

图 2　武汉地理位置

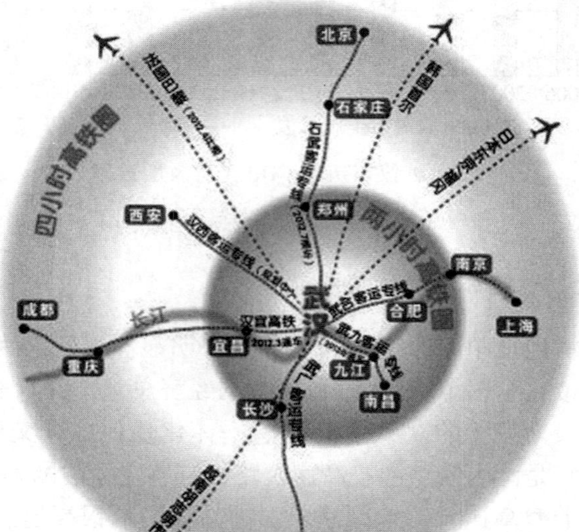

图 3　武汉区位交通图

武汉是中国重要的科教中心，高校和科研院所密集，科教综合实力全国第三；截至2016年，普通高校和本科院校数量仅次于北京，居全国第二；教育部直属全国重点大学数量仅次于京沪，居全国第三；在校大学生人数居全球第一。武汉市是我国近代工业的发祥地和重要的工商业城市，拥有较为完备的工业体系和产业基础，潜在市场巨大，资源禀赋和要素成本优势明显。

武汉具有人口规模及结构优势。截至2016年初，武汉常住人口已达千万级别，且增长迅速，其中外来人口占比逐渐加大，城市人口吸纳能力不断增强。从2015年人口排名的情况来看，武汉位居第10位。作为近年来城市人口增速最快的城市之一。凭借优质的社会公共资源和良好的就业机会，武汉对外来人口的吸引力越来越大，外地人在武汉置业的比例也不断提升。得益于政府“大学生留汉工程”①、“落户政策”，大学生留汉人数近年上涨明显，武汉高素质人才占比不断提高，预计未来武汉人口年轻化的态势还将继续，人口红利将保持（见表2、图4与图5），未来房地产发展的支撑充足。

表2　**中国人口前10位城市排名表**

排名	城市	人口（万）
1	重庆	3016
2	上海	2415
3	北京	2170
4	广州	1350
5	天津	1546
6	成都	1442
7	深圳	1137
8	临沂	1083
9	苏州	1061
10	武汉	1060
11	石家庄	1049
12	保定	1017

① 武汉“大学生留汉工程”包括：取消多项毕业生落户限制，新就业大学生可享公租房，服务基层可直接入编，博士每月最高资助2000元；重点引进四类人才：符合经济社会发展导向的博士、名校毕业生、海外留学生、紧缺型高技能人才等政策。

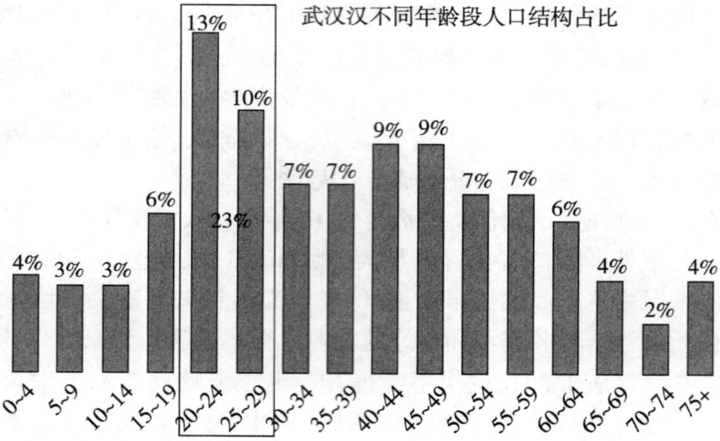

武汉人口红利水平高，其中 20～30 岁未来房地产核心消费群体占比高达 23%，为未来房地产发展带来强力支撑。

图 4　武汉不同年龄段人口结构图

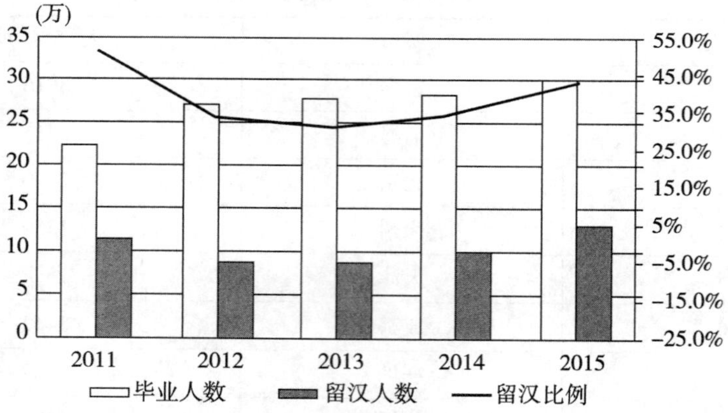

图 5　武汉大学生留汉状况走势图

3. 武汉房地产制度建设不断完善，市场秩序逐步规范有序

一是出台了《武汉市人民政府办公厅关于进一步加强房地产市场调控工作的意见》《武汉市新建商品房预售资金监管实施细则》《武汉市房屋租赁管理办法》等文件，不断完善市场调控制度和政策，健全房地产开发和房地产中介、估价服务企业的监管制度。二是出台了《武汉市房屋安全管理条例》《武汉市物业管理条例》《武汉市住宅专项维修资金管理办法》等一系列文件，不断加强房屋安全管理、物业管理等行政管理制度，为推进房屋安全管理，加强物业服务提供了法规依

据。三是积极贯彻落实国家一系列促进房地产市场健康发展的政策措施，通过合理调整住房供应比例、各项房地产交易转让中的税费和维修资金缴交标准等政策措施，有效促进了武汉市房地产平稳健康的发展。

4. 武汉商品房市场发展迅速，日趋成熟理性

武汉市商品房合同备案系统的资料显示，从成交面积看，2016 年，武汉和上海是唯一成交量超过 3000 万方的城市。从成交金额看，2016 年武汉处于 3173 亿的量级水平，未来发展前景较大。另外，武汉房地产市场优质开发商众多。武汉房企销售额排行中，万科由于其同期在售项目多、储备地块量大，2016 年以 150 亿的销售额再度蝉联武汉楼市销冠。新晋十强中，碧桂园、绿地等企业冲劲十足。金地、恒大、福星惠誉、武汉地产等企业均有不错表现。品牌房企通过非招拍挂方式（合作开发、收购、PPP 模式等）争相登陆，仅 2016 年就有绿城、华夏并福、富力、首开、金茂、龙湖、雅居乐、阳光城、禹州等新晋开发商登陆武汉。可见武汉市房地产市场竞争充分，随着房地产调控政策收紧，商品房市场将逐步回归理性，为实现在激烈竞争中溢价，未来开发商将更注重产品打造，房地产市场的自我调节能力将逐步增强。

（二）劣势（Weakness）

1. 武汉经济发展面临诸多困难，市民收入偏低

武汉是全国重要的老工业基地，国有工业基础雄厚，但传统产业存在高能耗和低转化的现实问题。与此同时，民营经济发展滞后，GDP 占比只在 40.2%；服务业总量小，尽管近年来服务业的 GDP 占比逐渐增大，但依然不足 55%；城市辐射力明显不足。新兴产业成长乏力，高新产业规模不大，人才流失严重，经济外向度不高，投资环境有待完善。

武汉城乡居民收入一直以来相对较低，与城市发展水平明显失衡，与武汉中部地区中心城市的定位极不相称，影响了居民的幸福指数，也给现售制的实施带来一定困难。2016 年武汉市全年城乡居民人均可支配收入 35383 元，比 2015 年增长 8.94%。其中，城镇常住居民人均可支配收入 39737 元，增长 9.06%。然而与同类城市比较，武汉在十五个副省级城市中的 GDP 排名处于第 3 位左右，可是城镇居民收入水平始终在较为靠后的第 10 位左右。与中部省会城市相比，情况也堪忧，如 2016 年长沙市城镇居民人均可支配收入为 43294 元，比武汉市高 7911 元。

2. 武汉市房地产业发展模式有待进一步优化

一是目前武汉市房地产业主要依靠“资金投入、土地增值、规模扩张”的粗

放式发展模式，与经济社会发展规划、土地利用总体规划、产业发展规划结合不够紧密，对现代服务业和战略性新兴产业的服务载体作用发挥不够明显。二是住宅产业化处于起步阶段，缺乏完整的住宅产业化标准体系，技术和通用部分缺乏配套化和集成化。三是新技术的研发与推广、应用缺乏有效的政策支持，科技创新对房地产业的支撑和引领作用不够。四是信息化建设工作仍较为滞后，信息化系统建设缺乏统一规划和标准，信息化建设经费、人员投入也相对不足，与国务院、住建部等上级部门的要求还有一定差距。

3. 武汉市房地产融资格局单一，开发企业资金链偏紧

武汉市房地产业迅速发展的同时，房地产金融业务也在不断扩大，但还没有形成一个成熟的金融支持体系，也缺乏完整的保障机制。一是武汉各金融机构对个人购房贷款支持力度有所加大，但对房地产开发贷款仍然从紧，企业融资成本总体偏高；二是武汉市商业性房地产金融发展滞后，房地产企业融资渠道主要以银行信贷为主，其他金融方式，如上市融资、信托融资、债券融资等，占比较小，融资格局较为单一；三是虽然武汉市房地产市场整体保持平稳增长，但部分全国性大型开发企业受其他城市市场低迷的影响，资金流出现象明显，企业资金压力依然较大，在一定程度上影响了在武汉市的房地产开发建设。

4. 武汉房地产区域性市场结构性分布不均衡

从各区商品房（住房）销售情况来看，2015 年洪山区和东湖高新区新建住房成交量较大，分别成交了 31072 套和 29282 套，成交套数占比分别为 13.81%和 13.02%，而排名较后的新洲区和汉南区的新建住房成交量仅为 6111 套和 2230 套。从各区存量房（住房）交易情况来看，2015 年武昌区和江岸区存量住房成交量较大，分别成交了 10253 套和 8314 套，成交套数占比分别为 15.35%和 12.45%，而排名较后的经济开发区和汉南区的存量住房成交量仅为 863 套和 520 套。从住房库存量来看，武汉市住房库存量整体处在合理范围，消化周期不足 8 个月，但部分新城区和城郊结合部（汉南、蔡甸、新洲区）可售房源消化压力依然较大，消化周期在 12 个月以上，区域结构性供求不平衡依然存在。

（三）机遇（Opportunity）

1. 多重国家战略聚焦武汉

继国家实施“中部崛起”战略，武汉市也相继启动并实施了武汉城市圈“两型社会”建设，武汉东湖新技术开发区被国务院批准为全国第二个“国家自主创新示范区”，武汉获批“国家创新型城市试点”、“科技金融创新试点城市”，建设

全面创新改革试验区。近年来，国家将重点实施"一带一路"、长江经济带、京津冀协同发展三大战略，武汉作为长江中游中心城市，成为国家重大战略聚焦之地，肩负着引领长江中游城市群发展的重任。国家战略在效应二叠加，在时间上延续，为提升武汉在全国发展大格局中战略地位和作用带来了历史性机遇，也为武汉市房地产业发展带来新契机。

2. 武汉市出台一系列新举措，为房地产市场带来持续稳定的刚性需求

武汉启动规划建设长江新城，欲打造全球未来城市样板。打造新民营经济的集聚地，并聚焦创新创业创富，以发展"四新"经济（新技术、新产业、新业态、新商业模式）为主攻方向，以"新四军"（大学毕业生、海归人才、科研院校技术人员、职业经理人才）为主力军，突破性发展新民营经济，并实施了一批重大人才工程，如实施"百万大学生留汉创业工程"，确保"5 年留下 100 万大学生"；实施"百万校友资智回汉工程"，构建"武汉+母校+校友"同心圆，吸引更多的校友回汉发展新民营经济；深入实施"城市合伙人"计划，引进一批世界顶级产业科学家、创新创业领军人才、海归人才和职业经理人等。这些举措必将带来产业聚集和人口聚集，为武汉市房地产市场带来持续稳定的刚性需求。

3. 国家相关政策的支持

首先，商品房现售制符合国家推行供给侧结构性改革的要求。推行商品房现售制，一方面能减少因商品房销售或形成烂尾楼等原因引起的不良贷款，可以防范系统性金融风险；另一方面，能提高房地产开发企业投入的自有资金比率，提高开发商进入门槛和房地产行业集中度，符合国家供给侧结构性改革在房地产领域"去库存"、"去杠杆"的要求。

其次，我国《商品房销售管理方法》指出，为了能够对商品房的销售进行进一步的管理，使得房地产市场的秩序更加稳定，可以实行商品房现售和预售制度并行的方法。2014 年 4 月 13 日，住建部下发的《关于进一步加强房地产市场监管完善商品住房预售制度有关问题的通知》（建房〔2010〕53 号）中就明确指出：鼓励推行商品房现售试点。

4. 试点地区积累宝贵经验

一些地区根据自己的具体特点和商品房的发展进行试点改革，制定出一套适合本地区发展的商品房现售制度，积累了推行现售制的宝贵经验。2016 年 4 月 26 日，深圳市土地房产交易中心挂出龙华新区的一宗商住地块，该地块被确认为深圳市商品房现售首个试点项目。这意味着在这宗地块上建设的住宅、商业物业或其他建筑物，不能提前进行预售，而要在竣工并取得不动产权证书后进行现

房销售。

5. 装配式建筑的推广

2016年2月发布的《中共中央国务院关于进一步加强城市规划建设管理工作的意见》要求大力推广装配式建筑，力争用10年左右时间，使装配式建筑占新建建筑的比例达到30%。装配式住宅的最大特点就是从开工到竣工，整体周期可以缩短三分之一。新型建造方式的推进，特别是装配式建筑的推广，房地产建设工期将大大缩短，工程质量和效率将不断提升，从而降低管理成本、加快资金周转、提高资金使用效率，这些都将大大缓解开发商对现房销售模式的不适。

（四）风险（Threat）

1. 地方政府对土地财政的依赖

地方政府为了弥补财政和城市建设资金的不足，以土地转让获得直接收益和土地融资带来间接收益的行为，被称作土地财政。① 土地财政是中国房地产的根本制度，从1987年拍卖第一块地开始至今已经存在30年，土地收入日益成为地方政府财政收入的主要来源的同时，也在一定程度上推动了房价的上升。

据武汉市人大常委会委员陈晓芳指出，2014年在市本级政府性基金预算收入254.25亿元中，国有土地使用权出让收入达232.79亿元，也就是说，有91.56%的政府性基金收入是来自于土地买卖。根据《2016年武汉市房地产年报》，2016年武汉土地成交面积为748万方，同比增长16.88%，成交金额为1068亿，同比增长76.82%。从成交结构来看，住宅用地成交555.82万方，商办用地成交面积为192.18万方（见图6）。

尽管从整体上看，武汉市主城区土地市场已开始理性降温，但远城区土地热波仍在延续，纷纷突破最高限价而熔断，土地楼面地价涨幅依然较大。2016年武汉住宅性质地价5043元/平方米，同比上升44.42%；商办性质地价3599元/平方米，同比上升192.13%。2016年武汉市共出现十余个总价或单价地王，遍及内环到四环（见图7）。2016年7月28日，碧桂园以25.31亿元、楼面价20017元/m^2，溢价率288.79%拿下汉阳滨江地块，刷新武汉最高单价记录。从溢价率的角度来看，远城区地块的溢价能力强，而且住宅地块的溢价能力强于商业地块。2016年9月13日，南德置业以4810元/平方米的楼面价、486%的溢价率成功拍得黄陂武湖住

① 地方政府的土地相关的收入主要分为三块：土地出让收入、土地税费收入、房地产业税收收入。以某城市为例，占比大致为7∶1∶2。但是随着宏观政策的紧缩、土地出让的规范化和土地开发成本的推升，土地财政在城镇化和基础设施建设中的作用将逐渐降低。

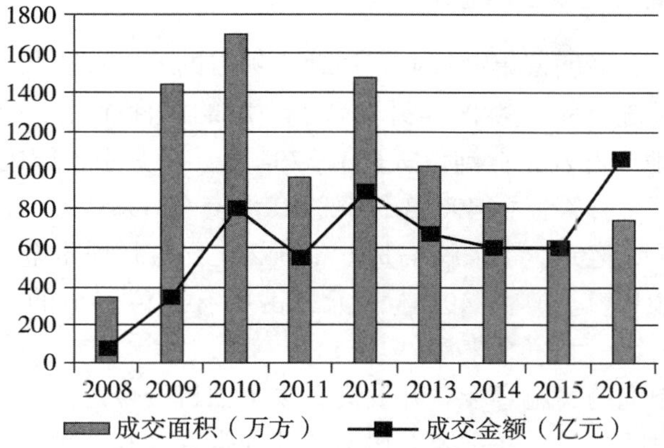

图 6　2008—2016 年武汉土地成交量

宅用地，该地价成为武汉最高溢价率地块。

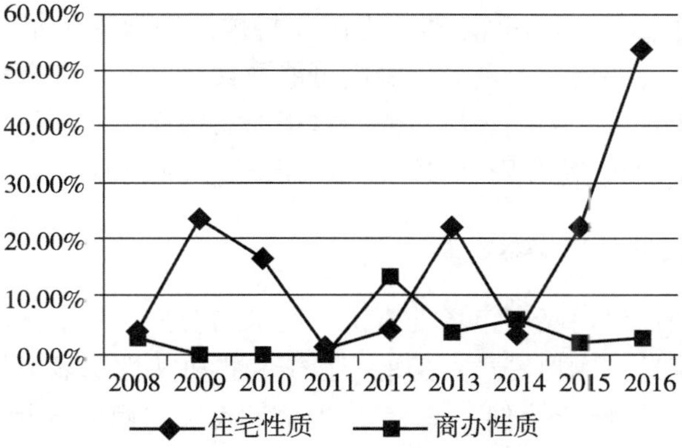

图 7　2008—2016 年武汉土地成交溢价率

从土地招拍挂阶段开启商品房现售，在一定程度上会减少土地市场的竞争压力，一些实力和资金能力较弱的开发商将被拒之门外，未来土地溢价将有不同幅度的降低，对于依赖土地财政的地方政府来说存在一定利空。如果城市土地财政所占比例不高，土地收入对政府的影响可忽略不计。例如深圳 2015 年土地出让收入实际完成 1081. 72 亿元；占公共财政比重不足 15%，土地财政依赖度不高。但对于严重依赖土地财政的城市来说，推广商品房现售或存在阻力，需要经历一个微妙的博弈过程。

2. 中小开发商资金断裂的金融风险

房地产业是资金高度密集型行业，房地产项目的开发过程具有周期长、占用资金量大的特点，对融资的依赖程度明显高于一般的工商企业。根据国家统计局数据，2015年，房地产开发企业到位资金125204亿元，其中，国内贷款20214亿元，利用外资297亿元，自筹资金49038亿元，其他资金55655亿元。在其他资金中，定金及预收款32520亿元，个人按揭贷款16662亿元。目前定金、预收款、个人按揭贷款（也就是预售资金）共49182亿元，占所有到位资金的39.3%，预售资金成为房地产开发的第一大资金来源。

商品房现售制度的实施意味着开发商失去了预售资金这一融资渠道，资金成本提高，销售回款时间延长。在国家对房地产业加强管理和调控，商业银行贷款规模相对紧缩的情况下，资金薄弱的中小开发商可能会面临资金断裂的风险，进而传导至银行体系，造成坏账上升，形成金融危机隐患。

不少实行商品房现售制度的国家与地区都有较为完善的融资体系，融资成本相对较低。相比之下，我国房地产金融发展滞后，融资渠道少，融资成本高，房地产信托投资基金（REITs）才刚刚起步，金融支持体系和保障机制均不完善。如果大量的资金由建筑厂商垫资，取消预售制度可能导致开发商将资金压力进一步转嫁到建筑厂商的情况出现。如果相关质检部门对于商品房检验的体系不做出相应改革的话，不排除未来会出现偷工减料的情况，从而产生道德风险。

3. 短期内激化商品房供求矛盾

一方面，目前武汉商品房市场处于供不应求的态势。由于城市化进程加快和旧城改造带来大量房地产刚性需求，房地产投资和投机属性明显增强等因素，近两年武汉市商品房市场量价持续创下新高。2016年武汉市商品房销售面积3336.9万方，同比上升35.21%；销售金额3173.5亿，同比上升43.60%；成交均价为9510元/m^2，同比上涨6.19%。商品住宅供应面积2145万方，同比下降1.33%；销售面积2998万方，同比增加32.07%，武汉商品住宅销售金额2749亿，同比增加41.12%；销售均价9168元/m^2，同比增加6.8%。商品房供需比呈现近年来的最低水平，2016年仅为0.71。

另一方面，武汉市存量房市场发展刚刚起步，新建住房销售是商品房交易的主体。2014年，全市商品房销售面积为2023.48万平方米，其中新建住房销售面积为1796.89万平方米，占商品房总销售面积的88.8%。2015年，全市商品房销售面积为2588.01万平方米，其中新建住房销售面积为2283.84万平方米，占商品房总销售面积的88.25%。2016年武汉市新房销售与存量房销售之比大约为7：3。

尽管从长期来看，现售制度将减少土地市场的竞争，维持土地价格的相对平稳，降低开发商的拿地成本；但从短期来看，现售制度的实施也会拉长开发周期，抬高资金成本，提高房地产开发的门槛，最终或许进一步减少新建商品房的供应，从而激化供求矛盾，对房价的上涨起到推波助澜的作用。

三、武汉实施商品房现售制的相关问题研究

（一）从武汉商品房预售历史数据看现售制实施的可行性

一是从武汉十年来商品房销售数据看商品房从预售到现售模式转变的可行性。近年来，武汉市委市政府也一直高度重视住房问题，始终把做好住房保障和稳定房价工作作为推动经济平稳快速发展、保障和改善民生、促进社会和谐稳定的一项重要举措。武汉市房产管理部门按照国家关于分类指导、因地施策，支持居民自住和改善型住房需求的要求，采取了一系列稳增长、促消费的政策措施，支持居民合理住房需求，有效促进了住房消费，房地产市场整体保持了健康较快发展。

我们现通过对武汉市2006—2015年商品房现房和期房的销售数据进行分析，特别是2014年和2015年的数据来考察武汉房地产市场的发展情况（见表3）。根据《武汉市统计年鉴》，2014年武汉市商品房销售面积合计为22731563平方米，其中现房销售面积为6235739平方米，期房销售面积为16495824平方米；商品房销售额合计18074608万元，其中现房销售额4761720万元，期房销售额13312888万元。2015年商品房销售面积合计为26271872平方米，其中现房销售面积为6308211平方米，期房销售面积为19963661平方米；商品房销售额合计22477581万元，其中现房销售额4984247万元，期房销售额17493334万元。与2014年相比，武汉市2015年商品房销售面积增长了15.57%，其中，现房销售面积同比增长了1.16%，期房销售面积增长了21.02%。武汉市商品房销售额2015年增长了24.36%，其中，现房销售额同比增长了4.67%，期房销售额增长了31.40%。

表3　**武汉市2006—2015年商品房（住房）销售面积一览表**　单位：万平方米

项目	2006	2007	2008	2009	2010	2011	2012	2013	2014	2015
新建住房	908.92	1069.89	519.4	1258.89	1159.46	1085.34	1331.04	1585.01	1796.89	2283.84
商品房	960.88	1135.41	626.61	1397.43	1429.17	1341.91	1622.98	1923.29	2023.48	2588.01

以上数据表明：武汉商品房现房和期房的销售面积和销售额都在同步快速增

长，但现房销售面积和销售额的增长率并没有期房销售面积和销售额的增长率高，这在一定程度上表明购房者在逐步接受和适应购买现房，未来现房销售还有很大的发展空间。

二是从房地产开发投资情况看商品房从预售到现售模式转变的可行性。2014 年，全市房地产开发完成投资为 2353.63 亿元，同比增长 23.5%，占全社会固定资产投资 33.61%，其中住房开发投资为 1560.55 亿元，同比增长 24.8%；2015 年，全市房地产开发完成投资为 2581.79 亿元，同比增长 9.7%，占全社会固定资产投资 33.42%；其中住房开发投资为 1777.93 亿元，同比增长 13.9%。

武汉市房地产开发投资情况表明：房地产开发投资以及住房开发投资都在快速增长，特别是房地产开发完成投资额占全社会固定资产投资额的比重都达到了三分之一，房地产业已成为拉动国民经济发展的支柱性产业，对全市经济的持续发展起到支撑作用，这也为武汉市推行现售制打下了坚实的基础。

三是从房屋开发建设看商品房从预售到现售模式转变的可行性。2014 年，全市房屋施工面积为 10238.43 万平方米，同比增长 19.8%；其中，房屋新开工面积为 2318.66 万平方米，同比减少 16.9%。住房施工面积为 7305.43 万平方米，同比增长 17.3%，其中，住房新开工面积为 1678.98 万平方米，同比减少 18.4%，占房屋新开工面积的 72.41%；2015 年，全市房屋施工面积为 11062.52 万平方米，同比增长 8.0%，其中，房屋新开工面积为 2320.02 万平方米，同比增长 0.1%。住房施工面积为 7974.42 万平方米，同比增长 9.2%；其中，住房新开工面积为 1819.96 万平方米，同比增长 8.4%，占房屋新开工面积的 78.45%。

以上数据表明：武汉市住房施工面积正在稳步增长，住房新开工面积占房屋新开工面积的比重较高，住房建设开发处于良性发展阶段，能为商品房现售制提供良好的市场保障。

四是从房屋销售看商品房从预售到现售模式转变的可行性。为了更好地研究商品房销售情况的变化，我们又从武汉市商品房合同备案系统里获取销售数据来进行分析。2014 年，全市商品房销售面积为 2023.48 万平方米，同比增长 5.21%；成交套数 199272 套，同比增长 4.25%。其中，新建住房销售面积为 1796.89 万平方米，同比增长 13.37%，占商品房总销售面积的 88.8%；成交套数为 179801 套，同比增长 12.73%。2015 年，全市商品房销售面积为 2588.01 万平方米，同比增长 28.41%；成交套数 251879 套，同比增长 26.9%。其中，新建住房销售面积为 2283.84 万平方米，同比增长 27.1%，占商品房总销售面积的 88.25%；成交套数为 224976 套，同比增长 25.12%（见表 3 与图 8）。

从存量房销售情况看，存量房销售面积经历了从 2006 年到 2011 年逐步降低，到 2015 年又逐步回升的过程。2014 年，全市存量房交易面积为 464.38 万平方米，同比减少 22.01%；交易套数为 48230 套，同比减少 13.11%。其中，存量住房交易

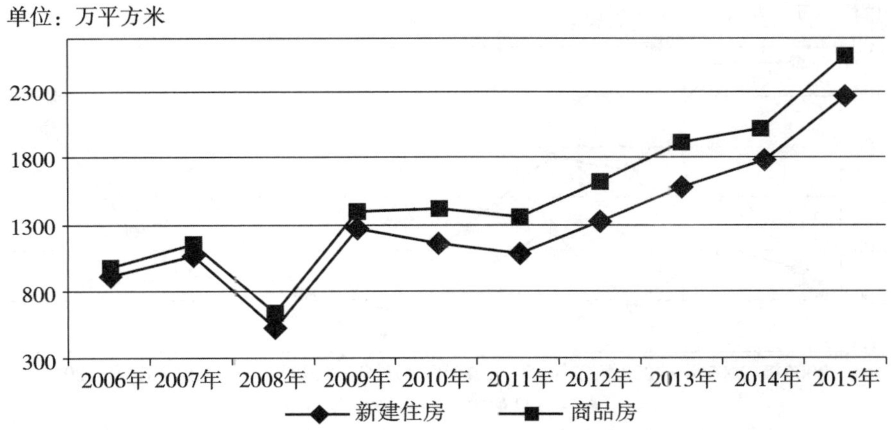

图 8 武汉市 2006—2015 年商品房（住房）销售面积走势图

面积为 426. 95 万平方米，同比减少 13. 28%；交易套数为 45750 套，同比减少 12. 54%。2015 年，全市存量房交易面积为 707. 57 万平方米，同比增长 53. 37%；交易套数为 72300 套，同比增长 49. 96%。其中，存量住房交易面积为 641. 14 万平方米，同比增长 50. 17%；交易套数为 66774 套，同比增长 45. 95%（见表 4 与图 9）。

以上数据表明：存量房交易面积和交易套数在大幅上升，增长很快，整个存量房市场出现良好的增长和发展势头，说明了现房销售取得了很好的效果，逐步得到了市场的认可。

表 4 **武汉市 2006—2015 年存量房（住房）交易面积一览表** 单位：万平方米

项目	2006	2007	2008	2009	2010	2011	2012	2013	2014	2015
存量住房	366. 6	409. 93	288. 35	443. 07	339. 38	241. 47	266. 44	492. 35	426. 95	641. 14
存量房	767. 51	768. 32	553. 62	584. 81	441. 27	293. 26	310. 77	595. 4	464. 38	707. 57

可见，武汉商品房无论是销售面积还是成交套数的增长比率都有大幅提升，为现售制的试行提供良好的机遇期，可以更好地推行商品房现售制，而不至于对市场带来重大风险，更有利于规避预售制所带来的不利影响，切实维护广大购房消费者的利益，从而推动整个房地产市场的健康、稳定和长远发展。

（二）从武汉房屋交易价格看现售制实施的可行性

一是商品房交易价格情况。2006 年，武汉市新建商品房销售均价为 3996. 78

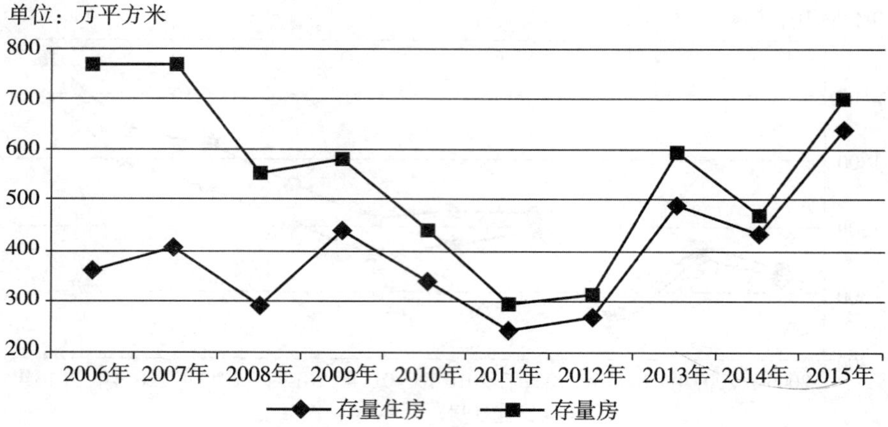

图 9　武汉市 2006—2015 年存量房（住房）交易面积走势图

元/平方米，到了 2014 年，全市新建商品房销售均价为 7819. 81 元/平方米，同比上涨 6. 59%；其中，新建住房销售均价为 7429. 76 元/平方米，同比上涨 8. 48%，新建商品住房（剔除保障性住房）销售均价 8038. 07 元/平方米，同比上涨 3. 17%。2015 年，全市新建商品房销售均价为 8774. 32 元/平方米，同比上涨 12. 21%；其中，新建住房销售均价为 8592. 78 元/平方米，同比上涨 15. 65%，新建商品住房销售（剔除保障性住房）均价 8861. 14 元/平方米，同比上涨 10. 24%。从表 5、图 10 可以看出，武汉市近十年来的新建商品房均价一直处于上升阶段，房地产市场行情一直看涨，也为现房销售制的推出提供了事实依据（见表 5、表 6、图 10 与图 11）。

表 5　**武汉市 2006—2015 年商品房（住房）销售均价一览表**　单位：元/平方米

项目	2006	2007	2008	2009	2010	2011	2012	2013	2014	2015
新建住房	3622. 2	4518. 17	4883. 01	5265. 91	6184. 49	6414. 72	6349. 74	6848. 86	7429. 76	8592. 78
商品房	3996. 78	4706. 26	5148. 13	5496. 13	6561. 19	6878. 23	6947. 08	7336. 26	7819. 81	8774. 32

表 6　**武汉市 2006—2015 年存量房（住房）交易均价表**　单位：元/平方米

项目	2006	2007	2008	2009	2010	2011	2012	2013	2014	2015
存量住房	2412. 36	2941. 2	3449. 72	3965. 47	4238. 23	4335. 53	4601. 85	5122. 65	5457. 44	6001. 99
存量房	2621. 42	3052. 68	3627. 99	4078. 54	4372. 15	4677. 57	5074. 09	5543. 09	5570. 53	6418. 45

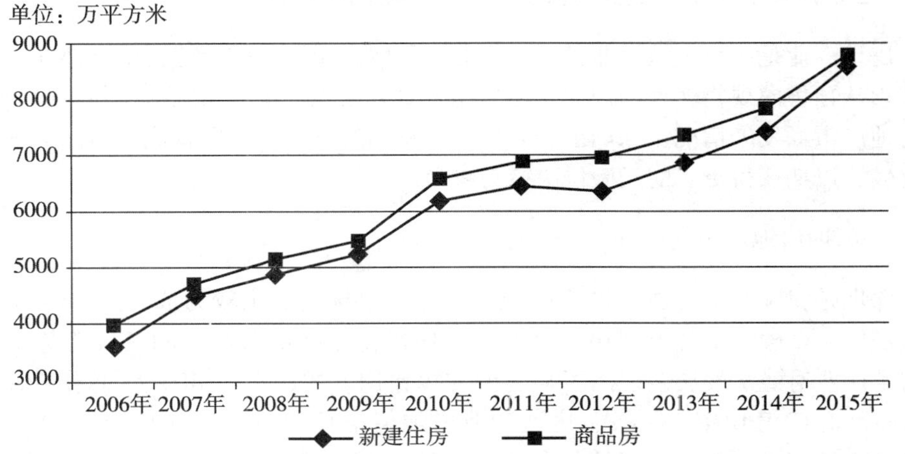

图 10 武汉市 2006—2015 年商品房（住房）销售均价走势图

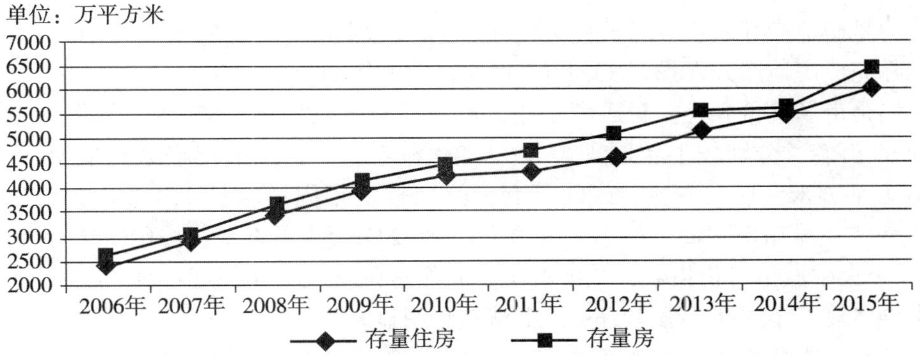

图 11 武汉市 2006—2015 年存量房（住房）交易均价走势图

从存量房交易价格看，2006 年，全市存量房成交均价为 2621. 42 元/平方米，到了 2014 年，全市存量房成交均价为 5570. 53 元/平方米，同比上涨 0. 49%；其中，存量住房成交均价为 5457. 44 元/平方米，同比上涨 6. 54%。2015 年，全市存量房成交均价为 6418. 45 元/平方米，同比上涨 15. 22%；其中，存量住房成交均价为 6001. 99 元/平方米，同比上涨 9. 98%。可见武汉存量房交易一直处于上升趋势，销售行情和走势都是看好的，这也很好地说明了武汉推行商品房现售制是具有可行性的。

（三）从深圳房地产数据看武汉实施现售制的可行性

房地产业是一个地域性非常强的产业，虽然区域性比较不能说明全部问题，但要探索从预售向现售转型的规律，还是需要研究领先武汉或与武汉在同一线的城市的房地产市场发展情况。深圳已经开始了现售制的试点，我们将武汉与深圳进行横向比较，以期获得更多的经验供决策与参考。

1. 深圳房地产市场概述

深圳是我国改革开放的前沿阵地，房地产市场发展也较为成熟。2015 年，深圳经济好于全国，呈现出“稳中趋升、结构优化、质量向好”的发展态势，金融和房地产业对经济发展表现出了显著的支撑作用。2015 年全市金融业增加值增长 15. 9%，占 GDP 比重 14. 5%，房地产业增加值增长 16. 8%，占 GDP 比重 9. 3%。如果考虑城市更新带来的投资增长，房地产业对经济增长贡献则更为显著。2015 年全市固定资产投资增长 21. 4%，房地产开发增长 24. 5%，城市更新改造投资增长则高达 43. 1%。在这一大背景下，2015 年深圳房地产市场呈现出四个发展特征：

一是房地产开发投资增长势头良好。全市计划完成房地产开发投资 1197 亿元，而实际完成房地产开发投资 1331. 03 亿元，较上年增长 24. 5%。

二是市场量价齐升。新建商品住宅累计成交面积为 665. 87 万平方米，成交套数 6. 65 万套，分别较上年同期增长 65. 2% 和 58. 6%；二手住宅累计成交面积为 1030 万平方米，成交套数 12. 36 万套，分别较上年同期增长 124. 2% 和 127. 2%。2015 年末，全市新建商品住宅简单均价达到 42476 元/平方米；按国家统计局发布的 70 个大中城市房价指数，全市新建商品住房价格较上年同期上涨 47. 5%，二手住房价格较上年同期上涨 42. 6%，上涨趋势明显。

三是阶段性波动和调整仍然存在。因上半年房价上涨过快，楼市进入阶段性拐点。2015 年 7 月—9 月，新建商品住房销售面积环比降幅分别为 12%、14%、28%；7 月—10 月，二手住房销售面积环比下降 12%、19%、25. 3%、25. 8%，呈现出整体性下降。

四是调整后的反弹较为强劲。10 月新建商品住宅成交面积止跌回升，环比增长 32. 5%，11 月环比增长 7. 7%，12 月环比增长 24. 4%；11 月二手住宅成交面积环比增长 16. 2%，12 月环比增长 32. 9%；11 月新房简单均价为 44761 元/平方米，相对 10 月呈大幅上涨态势，尽管 12 月小幅回落至 42476 元/平方米，但仍处于高位。

2016 年，深圳房地产市场调控政策前松后紧，房价过快上涨、楼市过热成了政策转向的导火索和催化剂。2016 年深圳市除了执行相关的国家政策外，还出台了“3. 25 新政”、“10. 4”新政，收紧购房资格，调整二手房评估价，增加投资客的购房成本，调控效力彰显。除此之外，营改增政策的执行，对房地产市场也产生了很大的影响。

总体来看，2016 年的政策调控主要从贷款、限购、增加土地供应、改进供应结构、税收政策等方面进行。从全国房地产市场情况来看，政府宏观调控对房地产行业的影响较大，且效果立竿见影——政策宽松时期，量价齐升；政策从紧时期，房地产市场量价起跌。对于深圳市来说，调控效力也较为明显，政策宽松时期，量价齐升，且增长幅度迅猛；政策从紧时期，成交量有较大幅度的减少，但新房的价格调整不明显，二手房有一定幅度的下降，已经从非理性迅猛高涨的市场状况逐渐回归理性。

2. 深圳新房市场分析

由于宏观调控政策的实施，虽然 2016 年深圳房地产市场开局延续了 2015 年的火热，供求两旺，但从“3. 25 新政”的二套房首付四成和非深户社保年限 1 改 3 后，市场成交量腰斩，不过开发商定价依旧坚挺，外加新房豪宅化趋势凸显，新房价格在上半年持续上涨。到“10. 4 新政”的二套房首付七成和非深户社保年限 3 改 5 后，市场热度持续降低，成交低迷。政策的轮番发力使得 2016 年的新房成交量整体下降。

2016 年随着政策的不断推进，市场观望氛围不断加重，开发商推盘节奏放缓，全年预售量大幅减少。据监测，2016 年深圳新房住宅预售面积 399. 48 万平方米，同比减少四成，预售套数 38321 套，同比减少 39. 9%。

罗湖区深业东岭仅有一个楼盘取得预售许可证，住宅预售面积 106644 平方米，同比减少六成，住宅预售套数 1214 套，同比减少 48. 6%；福田区 2016 年无住宅项目预售；南山区有十一个楼盘取得住宅预售许可证，住宅预售面积 825673 平方米，同比减少 26. 0%，住宅预售套数 5523 套，同比减少 29. 0%；盐田区仅有四季水岸雅居一个楼盘取得预售许可证，住宅预售面积 20908 平方米，同比减少八成，住宅预售套数 248 套，同比减少 74. 6%；宝安区住宅预售面积 1276376 平方米，同比减少 54. 6%，住宅预售套数 12875 套，同比减少 53. 4%；龙岗区住宅预售面积 1765246 平方米，同比减少 25. 0%；住宅预售套数 18461 套，同比减少 24. 2%（见表 7）。

表 7 **2016 年深圳市新房住宅预售情况表**

区域	预售面积（m^2）		预售套数（套）	
	2016 年	同比	2016 年	同比
罗湖区	106644	-60. 30%	1214	-48. 60%

续表

区域	预售面积（m^2）		预售套数（套）	
	2016 年	同比	2016 年	同比
福田区	0	-100%	0	-100%
南山区	825673	-26.00%	5523	-29.20%
盐田区	20908	-80.10%	248	-74.60%
宝安区	1276376	-54.60%	12875	-53.40%
龙岗区	1765246	-25.00%	18461	-24.20%
全市	3994847	-40.80%	38321	-39.90%

2016 年深圳市累计销售新房住宅 417.93 万平方米，较 2015 年（665.89 万平方米）锐减 37.2%，成交套数 40443 套，较 2015 年（66450 套）大幅减少 39.1%，2016 年虽然房价大涨，但由于成交量的减少，故成交金额同比变化不大，为 2234.00 亿元，较 2015 年（2225.79 亿元）微增 0.4%。

从深圳 2016 年各区全年新房成交情况来看，罗湖区 2016 年全年共成交新房住宅 18.24 万平方米，同比减少 27.3%，成交套数 1702 套，同比减少 27.2%，成交金额 117.36 亿元，同比减少 3.8%；福田区 2016 年无新项目入市，市场以消化存量盘为主，全年共成交 5.25 万平方米，同比减少 72.1%，成交套数 342 套，同比减少 76.5%，成交金额 43.75 亿元，同比减少 57.3%；南山区 2016 年有大量新盘入市，相对充裕的供应量吸引大量成功人士置业南山，2016 年在全市成交量大幅下滑的情况下，南山区是成交量唯一与 2015 年持平的区域，成交面积 91.36 万平方米，同比增加 4.5%，成交套数 6889 套，同比减少 3.2%，成交金额 750.83 亿元，同比大增 52.1%；盐田区 2016 年主要以消化存量盘为主，有限的市场供应下成交量大幅回落，全年共成交新房住宅 5.48 万平方米，同比减少 48.8%，成交套数 564 套，同比减少 53.8%，成交金额 24.44 亿元，同比减少 25.1%；相比 2015 年，宝安区 2016 年新增供应减少，有限的供应和高企的房价导致宝安区成交量大减，全年共成交新房住宅 150.56 万平方米，同比减少近四成，成交套数 15662 套，同比减少 36.2%，成交金额 716.01 亿元，同比减少 9.2%；以平价盘取胜市场的龙岗区，全年共成交新房住宅 147.03 万平方米，同比减少 46.9%，成交套数 15284 套，同比减少 48.6%，成交金额 581.61 亿元，同比减少 15.3%。全区共有 62 个项目成交，单盘销量均超过 7 万平方米，龙岗区成交量 TOP10 贡献了全区约 52%的成交量（见表 8）。

表 8　　**2016 年深圳市新房住宅主要成交情况表**

区域	成交面积（m^2）	同比	成交套数（套）	同比	成交金额（万元）	同比	成交均价（元/m^2）	同比
罗湖区	182439	-27.30%	1702	-27.20%	1173633	-3.80%	64330	32.30%
福田区	52523	-72.10%	342	-76.50%	437477	-57.30%	83292	52.90%
南山区	913592	4.50%	6889	-3.20%	7508347	52.10%	82185	45.50%
盐田区	54780	-48.80%	564	-53.80%	244351	-25.10%	44606	46.30%
宝安区	1505647	-39.00%	15662	-36.20%	7160097	-9.20%	47555	48.80%
龙岗区	1470315	-46.90%	15284	-48.60%	5816141	-15.30%	39557	59.70%
全市	4179296	-37.20%	40443	-39.10%	22340046	0.40%	53454	59.90%

根据对新房成交价格的分析显示：2016 年深圳市新房住宅市场虽然热度持续降低，成交低迷。但开发商定价依旧坚挺，外加新房豪宅化趋势凸显，使得新房价格在上半年持续上涨，高价盘的热销，大大拉升了全市的成交均价。根据监测，2016 年深圳新房住宅的成交均价为 53454 元/平方米，较 2015 年（33426 元/平方米）大涨 59.9%，为 2008 年以来的最大涨幅。

3. 深圳二手住宅分析

2016 年，深圳出台两次严厉的政策，同时辅以上调二手住宅评估价，致使市场看跌情绪浓厚，从一定程度上实现了对房价的调控。二手楼市作为深圳楼市的主战场之一，虽然受政策影响，2016 年成交总量有所下滑，但体量仍十分可观！

对二手住宅挂牌均价的分析显示：2016 年深圳二手住宅的挂牌均价同比上涨 29%，冲破 5 万大关，为 51628 元/平方米（1 月—12 月加权平均，下同）。六区的二手住宅挂牌均价全线上涨：龙岗区以 52.3% 的年涨幅领涨全市，挂牌均价达 37373 元/平方米；宝安区同比上涨 34.1%；为 48185 元/平方米；罗湖区同比上涨 31.9%，为 50121 元/平方米；盐田区同比上涨 25.2%，为 46613 元/平方米；南山区同比上涨 24.3%，为 52760 元/平方米，为六区中最高；福田区同比上涨 23.1%，为 61240 元/平方米（见图 12）。

对二手房成交量的分析显示：据监测，2016 年深圳二手房成交量超过 10 万套，为 107566 套，较 2015 年（139893 套）减少 23.1%，成交面积 9448160 平方米，较 2015 年（12187280 平方米）减少 22.5%。深圳是一座年轻的移民城市，每年有几十万的大学生来深圳就业，这些年轻人会转化成深圳楼市源源不断的购买力，这也是在 2016 年楼市打压的调控环境下，二手房成交量仍能突破 10

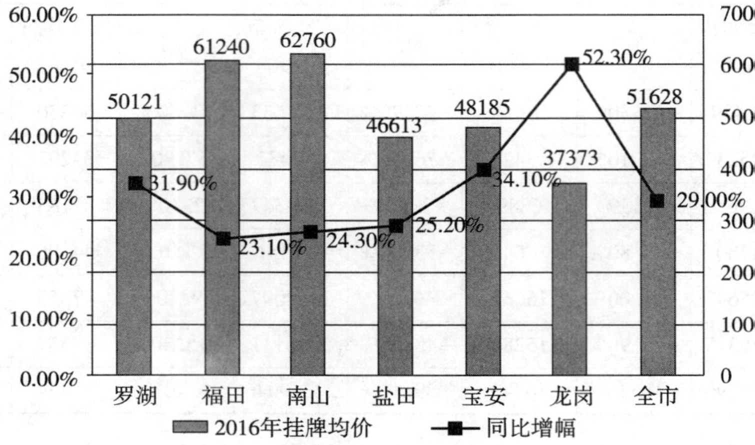

图 12　2016 年深圳市各行政区二手住宅挂牌均价比较

万套的主因。

对二手房成交价格的分析显示：2016 年深圳市全市二手住宅成交均价为 54954 元/m^2。从区域上看，南山区二手房以 74818 元/m^2 的价格居于全市最高位，福田区以 68911 元/m^2 的价格居于全市第二位，罗湖区由于老城区发展受限，均价水平次于关内其他两个区域，均价为 51787 元/m^2。关外相对而言区域拓展空间大，发展潜力十足，加上近两年轨道交通建成利好，价格洼地更易受宠，因此房价的区域差异导致成交由关内转向关外，其中龙岗区以均价 51862 元/m^2 的价格及涨幅 23%，成为 2016 年全市涨幅最大的区域（见图 13）。

4. 深圳商品房现售试点的分析

2015 年 8 月 31 日，住建部与广东省委在广州举行部省共同推进城乡规划建设体制改革试点省建设领导小组第一次会议，此次会议审议通过了《落实部省共同推进城乡规划建设体制改革试点省建设合作协议 2015 年行动计划》，该计划包括开展商品房预售制度改革的有关规定。2016 年 4 月 26 日，深圳市规土委招拍挂出让一宗编号为 A816—0060 的土地，同年 6 月 2 日成交。该宗地位于龙华新区民治办事处，土地用途为二类居住用地+商业用地，土地使用期限 70 年，用地面积 35673. 14 平方米，建筑面积 146000 平方米，由广州方荣房地产有限公司和中国电建地产集团有限公司联合体以最高报价人民币 8289999999 元中标。这是深圳首次试点商品房现售的项目用地。该宗地块上建设的住宅、商业物业或其他建筑物不能提前进行预售，而必须在竣工并取得不动产权证书后进行现房销售。该宗地块原计

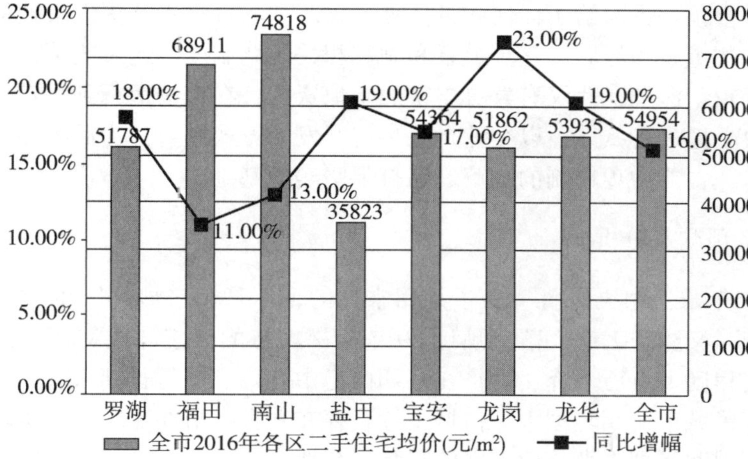

图 13 2016 年全市各区二手住宅累计涨幅及当前均价

划于 2017 年 6 月 1 日之前开工，但由于多方原因，目前仍在报建阶段。

为深化改革，进一步规范深圳市房地产市场，解决预售制下出现的“货不对版”、“虚假宣传”、“项目烂尾”等问题，按照广东省住建厅的要求，深圳在全国范围内率先探索商品房现售制。对于试点项目，深圳规土委将进行跟踪采集数据，分析对市场产生的影响，并在对试点经验总结的基础上进行政策研判。由于深圳市采取单一土地招拍挂试点的方式进行现售制试水，而该地块目前尚未完成开发，没有精确数据可供参考。但由地块规模可见，此次现售试点对市场的告示效应远大于实际影响，对深圳房地产市场价格的扰动更是微乎其微。相关部门尚未对预售制改革制定配套政策，仅在现售试点的土地合同中就销售条款作出相应的修订。

预售制的出台是为了解决二十年前土地开发的资金压力。随着房地产市场的不断成熟，资金量日渐充裕，现售制将是未来房地产销售的必然趋势。何时完成预售到现售的转型，关键在于市场发展的需要以及正确选择政策推出的时间节点。以深圳目前 4 万套/年的预售投放量来看，执行现售制势必会造成新房销售 2~3 年的空档期。但早在 2006 年深圳二手房市场的规模就赶超一手房，目前两者的比例基本为 1∶2。此时现售制的推出既符合改革的需要，也遵循市场发展的规律。但就该宗现售试点地块而言，由于中标企业对房地产价格增长预期过高，同时急于进入深圳市场等多重原因，在招拍挂的方式下以 83 亿的高价成交，比报价排位第二的投标企业高出 20 亿，实际成交成本与该地段二手房的最高单价相当，加上号称“史上最严限购令”的出台，短期内深圳房价受到极大抑制，使得该地块的中标企业陷入困境，反映出该企业对于现售制下成本测算的不足。

深圳规划与国土委对该试点及时掌握进度，全面了解情况，但对企业正常的商业行为不予干预，也未给予任何政策优惠。在改革的过程中，深圳市期待成功，但不惧失败，注重累积经验，逐步摸索和制定相关规章制度，通过改革，完善市场长效机制。相较于深圳，武汉有着更丰富的土地资源，在市场运行到一定的阶段，可以拿出一块土地进行试点，以企业自愿参与开发的方式进行，为后续预售向现售转变积累经验，也能为现售制的改革之路打下坚实的基础。

5. 后市预测及分析

2016年年末，中央提出“房子是用来住的、不是用来炒的”的定位，既抑制房地产泡沫，又防止大起大落。预计2017年深圳市的供应和成交还会出现理性调整，在一定程度上有所下降，价格在短期内稳中有降。但是长期来看，深圳作为一个年轻的移民城市，年轻型人口占据主导，存在着大批潜在需求，且深圳住房一直供不应求，因此深圳楼市长期上涨的趋势不会变。预计2017年及未来一段时间内，深圳二手住宅市场将会持续一段时间的低迷状态，这主要是受2016年的调控政策影响，导致深圳市的二手住宅市场量价齐跌的低迷趋势。但深圳城市发展潜力大，楼房购买力强，加上二手住宅市场是深圳楼市的重要组成部分，因此深圳二手住宅市场回暖指日可待。

随着城市步伐发展的加快，深圳新商品房和二手房都会引来巨大的发展机遇期，房地产行业也会面临着深度的重新洗牌，这有利于房地产市场进行结构优化重组，深圳的房地产市场发展情况，可以为武汉提供思路，为武汉推行现售制以及房地产市场的整体长远发展提供宝贵的经验借鉴。

（四）预售制向现售制转型对房地产行业经济的影响

商品房预售转现售要求已取得预售许可证商品房项目，在取得竣工验收证明、办理了房地产初始登记后转为现售。这一转变无论对房地产开发企业、金融机构、购房者，甚至政府都带来一系列影响。具体而言，行业内的影响主要有以下几个方面：

一是时间成本增加。在现行的预售制度下，房地产企业从项目拿地到销售的过程普遍只需八九个月；而从现房销售流程来看，在竣工完成后，开发商办理不动产登记证明书后才可办理现售许可证，不动产登记证明书办理周期为180个工作日，一旦转为现售，其过程将会长达2~3年，这意味着快周转向慢周转转型。这一变化一方面将导致该行业原有的逻辑和经营模式将发生彻底改变，行业内原来隐藏的诸多风险（如资金、管理、人才、风控等）暴露；另一方面也使得该行业的资金周转率大大降低，房企对于开发所需的资本量和流动性的要求就会更高。

在商品房顺利完成销售之前，由于时间成本造成的资金压力将会巨大。为了对抗这一资金压力，房企将在立项之前更为谨慎地进行资本预算和融资行为，也会尽可能地缩短商品房的开发时间。

二是融资成本上涨。在预售制度下，当房地产开发企业的资本投入达到项目预算的25%就可以获得预售权。一经预售，回笼资金将大大提高房企的资本流动性，降低开发总资本的要求。作为高杠杆运行的行业，依赖预售获取后续开发所需的资本已成为行业内中小开发商生存的至关重要的因素。

而在现售模式下，开发周期的延长直接导致资金回笼速度大幅降低，企业的融资需求增加，同时对企业的资金周转能力要求也更高，总体融资成本上涨。对企业而言，开发商资金投入由预售时代的“峰值概念”变成现房销售时代的“接近总投概念”，资金占压周期、融资代价等均导致商品房成本增加，最终反映在房价中，成本的增加最终不可避免地会转嫁到购房者身上。

三是商品房供求关系改变。从预售到现售的转轨在企业资金缺乏的大背景下，为了企业经营的稳健，缩减土地储备、调整在建工程、减少已有地块的开发规模将是行业内的普遍趋势，这一转变进而引发房地产行业内产出效率和产出量下降，导致市场供应偏紧，可售房的数量减少，代售房的数量增加，市场必然会经历一段时间的缺货期，在此期间，市面必然会出现供货量的短缺，造成市场供求关系的失衡，现房将出现供不应求。

对于低库存市场，短期内供需矛盾将难以缓解，可能会带来不稳定因素。武汉市住宅存销比自2016年以来，呈现持续下降趋势，处于小于3个月的紧张区间，2017年以来维持在2万套以下的低库存；实施现房销售，将形成未来两三年没有新增供应量的预期，市场供求矛盾将进一步激化；同时，在房价的上涨周期中，现房价格将高于期房，新房供应断档期内二手房价格上扬形成倒挂将是大概率事件。

与此同时，根据近期住建部与国土部共同签发的《关于加强近期住房及用地供应管理和调控有关工作的通知》要求，库存消化周期大的城市需要降低土地供应，并在土地供应规划中体现。期房转现房的转变，将从算法上导致武汉市中期内土地供应的降低，消费者将更加倾向于房价低估的判定，进一步刺激其投资需求，从而增加市场涨价的预期。

四是政策转变过程中的摩擦增大。开发建设到现房销售期间，房地产及银行相关调控政策变化的可能性增大，流程和手续也会相对复杂，销售难度加大，对于开发商的经济实力、部门协同合作的管理能力要求更高。例如：在商品房预售情况下，回收按揭款需要购房人贷款资料齐全，银行审批通过后，进而在房管局进行预告登记和预抵押登记，银行在取得“期房抵押证明”后才会发放按揭贷款，这个过程一般需要15天左右；相反，在商品房现售情况下，按揭款在银行审批通过之后，购房人还需办理不动产登记证，并将不动产登记证提交银行进行抵押，花费时间则更长，一般需要2~3个月。因而现房销售按揭贷款回收时间更长，资金压力也更大，从而增加了房企运营风险。此外，资金成本不能算进增值税的抵扣项，这无疑会增加开发企业的税负压力。

此外，实行现售制将会激化行业内的竞争，但是竞争的内容并不仅仅在于资本优势，还有品牌优势、特色优势和创新优势，当政策导向强制把所有的竞争筹码全部放在资本上时，将会出现政策推动资本垄断的局面。

五是行业内重新洗牌。在商品房预售情况下，购房者仅凭楼盘效果图来想象，无法实地考察产品品质；而在商品房现售情况下，购房者可以亲身体验楼盘的真实情况，如施工细节、配套绿化等，能排除不实的宣传和不喜欢的设计，因而，房企将面临更加严格的品质甄选，产品品质的高低将会成为决定房企成败核心要素之一。但是与此同时，项目从建设到交房的时间周期的延长使得市场情况及客户需求都可能发生变化，开发企业在户型设计、产品定位、精装修等方面将更加保守以规避市场风险。

作为重资产行业的房地产开发业，在预售房屋资金回笼前，需要垫付土地、前期、设计、建安、利息等大量资金，垫付资金预计占项目总投资的 60% 以上。在全国楼市政策收紧、融资条件受限的大前提下，推行现房销售，房地产行业门槛将会有大幅度提高，并会使大量存量房不具备销售条件，销售回款周期将进一步拉长，部分开发商将会面临巨大的资金压力。房地产行业也有可能面临新一轮的洗牌，中小型开发商或破产、或退出房地产开发行业。

推行现房销售后，房企将会角逐房产中介市场，催生一批房地产经纪公司，建议市房管局结合国家《住房租赁和销售管理条例（征求意见稿）》，进一步规范市场行为，完善相关配套制度。

从长远来看，土地向开发能力强的房企转移，产业集中度不断提高，有利于提高土地开发效率，增加产能。因此，商品房现售制对竞争力较强的开发商来说是有益的，一定程度上有利于整个房地产行业健康发展。

（五）预售制向现售制转型对金融机构和金融市场的影响

房地产业是一个资金高度密集型的行业，其对于融资的依赖程度明显高于一般的工商企业。因此，房地产业的形成与发展过程与金融的关系始终是密不可分的。金融资本与产业资本相结合，是房地产业发展到一定程度的必然，而预售制向现售制的转型对金融机构和市场势必造成不可忽略的影响。

一是销售模式转化带来新的银行风险。银行信贷是房地产企业融资的主渠道。从武汉市房地产市场的运行过程及其资金链来看，银行信贷贯穿于土地储备、交易、房地产开发整个过程，而商业银行实际上直接或间接地承受了房地产市场运行中各个环节的市场风险和信用风险。在预售向现售制度转型的过程中，由于房地产企业普遍性的回款短缺将加大对外部，特别是对银行体系的融资依赖，导致激进扩张的房企面临资金流动性风险，进而传导至银行体系，造成坏账上升，形成金融危机隐患。而在银行监管加强的背景下，房企融资能力下降，对外投资能力下降，从而导致社会固定资产投资增速下滑，进一步拖累目前疲弱的经济增长。

但对于购房者而言，现售制度降低了预售中因“货不对版”而产生纠纷的风险，同时也摒除了因房企资金链断裂造成烂尾楼的风险。这一改变使得银行个人住房抵押贷款的信用风险得到有效的控制。

二是销售模式转型引发股权融资需求上涨。在信贷紧缩的大环境下（见图14、图15），武汉市近年来面向房地产行业提供的融资规模不断减小，房企通过银行获得融资的难度越来越大，对于股权融资的需求将不断上升。而房地产行业对资本的极大需求在现售的制度下将进一步提升，整个行业内资金供需关系紧张，这促使房地产企业面向资本市场寻求融资途径，从而催生出大型优质房企上市的热潮，这一方面使行业内两极分化趋势加剧，促进优胜劣汰，提高房地产行业的集中度；另一方面也造成金融市场上的价格波动。

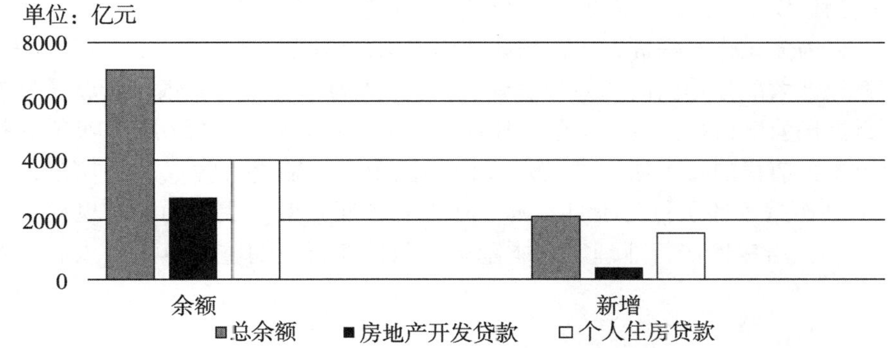

图14 2016年武汉市房地产各项贷款情况

（数据来源：《2016年武汉房地产白皮书》）

三是销售模式转换催生债券市场发展。我国房地产债券最先出现于1992年，由海南经济特区的开发商推出，分别是“万国投资券”、“伯乐投资券”、“富岛投资券”，总计1.5亿元。1993—1998年上半年，受政策限制，房地产企业没有公开发行房地产债券。1998年以后政策限制逐步放松，房地产企业重新恢复了债券发行，如深圳振兴集团股份有限公司为翠海花园项目发行的“1998深振业债券”、北京首创发行的用于北京市6个居民小区的商品房建设的“首创债券”等。到1999年，债券在房地产开发企业的资金来源中的占比达到0.21%。而直至目前，武汉市房地产开发企业的债券融资比例仍然十分低。销售模式转变使得房地产企业对于资本的需求难以满足，这一趋势必将对债券市场的发展提出更高的要求。

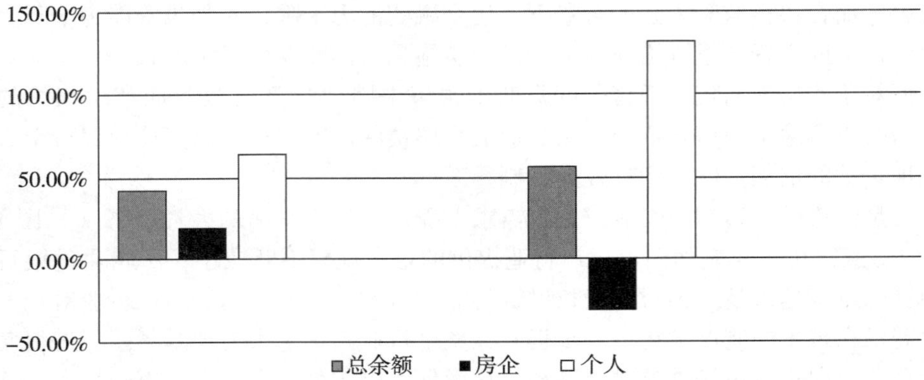

图 15　2016 年武汉市房地产各项贷款同比增长情况
（数据来源：《2016 年武汉房地产白皮书》）

四是销售模式转变产生新的融资形式。现售制对于资本的需求进一步催生出金融市场上更为多元化的融资方式，例如近期我国最活跃的房地产资金信托。房地产资金信托计划大部分是提供“过桥贷款”，即主要为未达到商业银行贷款条件的房地产项目提供前期信托信贷，这些信托计划基本不具有组合投资功能和期限转换功能。但由于目前我国相关法律法规保障尚不健全，其融资行为也不甚规范，非法集资、金融诈骗等违法行为屡见不鲜，在提高了房企融资成本的同时也存在着很大金融风险，给房地产行业埋下资本隐患，而信托行业的整顿也使得该业务发展缓滞。

四、武汉实施商品房现售制的对策建议

（一）顶层设计：理清思路、顺势而为

商品房预售制的形成与完善是历史的必然，商品房从预售制向现售制模式转型也是历史的必然。但这个转型必须结合武汉经济发展、社会发展和房地产发展的实际，给经济、社会与行业需要预留合理的调整期与过渡期。

商品房预售制是房改以来存在至今的制度，几乎所有的开发企业的运作方式、财务筹划等均是基于预售制度而设定，与房地产相关的大量的上下游企业也都是基于此制度来筹划企业发展，因此，商品房销售模式从预售制向现售制转型，在操作层面上需要审慎研究、量力而行、逐步推进。要盘点当下库存，部署土地供应，提前设计政策过渡期和启动时间点，有规划、有计划地疏导及规避政策变化带来的不

利因素，尽可能地规避转型给市场带来的短期负面冲击。

（二）路径选择：先试行、再推广

首先，要有法律许可，在法律许可的情况下才能取消预售制，毕竟预售制是写入了法律法规之中的，属于合法行为。

其次，在实施商品房现售制的过程中，应试点推进，逐步实施。武汉市的情况和其他城市不一样，北京、上海、深圳等城市都是以二手房交易为主，卖4套房里有3套是二手房，而武汉市目前卖4套房中有3套是新房。我们探索商品房现售制就是要从长远角度综合考虑，维护消费者权益与房地产业健康发展。简单地取消商品房预售制，对社会将造成的较大影响。因此，建议在较长一段时间内，将现售制与预售制两种销售模式并行实施，这既有利于现售制的推进，也利于市场与社会的稳定。

第三，要结合市场供需关系，分类推行商品房现售制模式。对于溢价率较高、竞拍房企较多的中心城区、核心地块可适当采用现房销售；对未来供应量较大的新城区、远城区，可采用期房与现房销售并举的举措；也可以让国有房企、大型房企先行探索现售制，而民营房企与中小房企暂缓推行现售制，希望借助综合调控手段，维护消费者权益和房地产市场稳健发展。

（三）抓住节点：围绕土地款支付节点入手来制定现售制

在预售制模式下，土地交易、土地款的支付节点是围绕预售模式而设定的；而商品房现售制模式，必然导致商品房销售周期大大延后，企业资金占压压力剧增，因此需要政府监管部门一盘棋考虑，特别在土地交易政策和地价款支付节点上要考虑企业财务筹划和资金压力实际，围绕现房销售来重新规划支付节点或允许拉长支付周期，缓解企业资金压力。建议政府土储部门加大开发用地的供应量，从源头解决拿地难、拿地成本高的问题，加快市场开发节奏。

对于本身库存不足的市场来说，还需要从增加土地供应、合理安排各阶段土地供应数量等层面入手，进而促使供求关系的均衡。对于企业已取得预售证的项目，原先自持的房产部分在成为现房前如需销售，建议按比例追加监管资金后允许进行预售。

武汉推进商品房现售制，可以学习深圳经验，在土地招拍挂的过程中，通过合同确定本块招拍挂土地上所建商品房是需要现售的。

（四）完善法规：逐步出台现房销售法律法规

在国家《商品房销售管理办法》中，区分现房和期房的关键在于商品房是否竣工验收合格。而《物权法》、《城市房地产管理法》则侧重于不动产产权登记环节。《不动产登记暂行条例》、《不动产登记暂行条例实施细则》则进一步明确了不动产登记主管机构及各类登记程序。上述法律法规对"现房"定义的阐释各有侧重，未能形成统一的概念。① 结合项目开发实际，目前建管站、园林局、消防局、规划局等职能部门更注重验收环节及资金使用监管问题；而房管局、不动产登记局则侧重于初始登记和办理房屋权属环节，竣工验收备案证仅为其审核资料之一。而项目从综合竣工验收到可办理初始登记有 3~6 个月的时间间隔，在此期间商品房销售行为性质无统一界定标准。同时，有的项目因办理了初始登记，而导致商品房买卖合同签约备案系统被锁定的情况，致使签约时间滞后，面临企业违约风险。因此，建议政府相关职能部门健全监管机制，强化信息联网，统一配套程序，便于房地产开发企业遵照执行。

（五）建立标准：探索现房销售管理机制

要认真总结预售制度存在的漏洞和弊端，充分研究现房销售后可能出现的问题和对策，制定武汉市现房销售实施办法。一是要制定现房销售实施办法的依据和目的；二是要明确现房销售的监管部门和职责；三是要明确现房销售应该符合的标准；四是要明确现房销售的批准、备案条件和要求；五是项目现场发放现房销售证明和许可证；六是明确办理商品房现售备案的要求和时限；七是明确商品房现房销售应进行的信息公示内容和要求。

目前现房与期房最大区别在于：现房须办理不动产权属后才可办理抵押权，这样会增加贷款抵押合同办理的时间与成本。而结合地产项目开发实际，部分银行可以按照期房抵押贷款流程办理按揭贷款，因此，建议政府相关部门建立健全现房销售管理流程，优化现场抵押贷款办理标准。

建议结合实际，制定现房销售《商品房买卖合同》，调整细化现房交付标准、交付时间、房屋质量界定、风险转移时间等，如同一项目的少量尾房可约定房屋交付具体时间即可作为房屋交付与风险转移临界点，对于可直观观察的交付标准和房屋质量问题可做细化约定等。

建议武汉市房管局加大对房地产开发企业的政策支持与扶植力度，借鉴其他城市有益做法，统筹政府要求、市场需求、百姓诉求，推行量化相对宽松的监管政策（如差异化报建手续"绿色通道"，监管资金释放额度、周期等）。

要制定从现售到预售销售模式转型的政策。一是为实施现房销售的开发企业开通现房销售的绿色通道，以鼓励开发商进行现房销售；二是缓交城市配套费、土地增值税、印花税（建议开盘后缴纳），或者给予税收优惠；三是针对现房销售项目可申请临时施工许可证，在合同或项目的备案、产权办理等手续方面给予

---

① 参见附件一、附件二。

优惠或免费。

(六) 创新机构：建立完整成熟的房地产金融体系

成熟的房地产金融体系应表现出完整、效率、动态、多样的特征。该体系的建立与完善包括：着手组建专门的政策性银行，成立以现有商业银行房地产信贷部为基础的住房储蓄银行，加快与住房信贷相关的中介机构的建设，放宽对非银行金融机构参与房地产融资的限制，鼓励典当、住宅合作社和基金类等民间信贷的发展。同时大力发展评估、公证、登记、保险、拍卖等机构的建设，为建立和完善住房二级抵押市场打下良好的基础。建议通过以上途径，能在武汉市最终形成一个以商业银行为主导，多种机构类型和经营机制并存，多层次、多渠道共同运作的房地产金融系统。

(七) 创新工具：拓展多元化的融资渠道及方式

商品房的现售制使得传统的融资方式难以满足房地产业发展的需要，需要开辟多元化的融资渠道，创新融资方式与工具，包括大力拓展房地产开发贷款的个人住房贷款在内的银行信贷产品；建立适应该项业务稳步发展的信用监测制度，降低风险；稳步推进房地产信托业务的发展，例如房地产资金信托、融资租赁信托等；利用上市、债券等方式借助资本市场来解决融资问题；逐步推进住房抵押贷款证券化，等等，借助这些创新的方式与工具，最终使房地产金融迈向成熟稳健格局。

附录一

商品房预售和现售的定义和条件

一、商品房预售的定义和条件

1. 商品房预售的定义

《城市商品房预售管理办法》将商品房预售定义为开发商出售正在建设中还没有建成的商品房，并向购房人收取房价款的行为。

2. 商品房预售的条件

一是预售人已经交付国有土地使用权出让金，取得了国有土地使用权证书——主要为了确保预售商品房用地合法。

二是预售人已经取得了该建设工程规划许可证——主要为了确保商品房预售规划手续合法。

三是预售人投入建设的资金，按照提供预售的商品房计算，已经达到了工程建设总投资的25%以上，并且已经确定了施工进度和竣工交付日期——这是商品房预售的关键条件，也是预售商品房区别于现售商品房的主要条件。

四是预售人已经取得了《商品房预售许可证》——主要为了确保预售合法，而未取得《商品房预售许可证》，不得进行商品房预售。

二、商品房现售的定义和条件

1. 商品房现售的定义

2001 年，建设部颁布《商品房销售管理办法》，将商品房销售分为预售和现售，并将商品房现售定义为房地产开发企业将竣工验收合格的商品房出售给买受人，并由买受人支付房价款的行为。

2. 商品房现售的条件

一是现售商品房的房地产开发企业应当具有企业法人营业执照和房地产开发企业资质证书——这个条件主要为了确保现售商品房房地产开发企业的主体资格合法。

二是要求取得土地使用权证书或者使用土地的批准文件——主要是为了确保现售商品房的用地合法。

三是持有建设工程规划许可证和施工许可证——主要为了确保现售商品房规划、建设手续合法。

四是已通过竣工验收——主要是确保现售商品房符合工程建设质量标准。同时，也是现售区别于预售的主要条件。

五是拆迁安置已经落实——主要为了保障被拆迁人的合法权益。

六是供水、供电、供热、燃气、通信等配套基础设施具备交付使用条件，其他配套基础设施和公共设施具备交付使用条件或者已确定施工进度和交付日期——主要为了确保现售商品房达到基本使用条件。

七是物业服务方案已经落实——主要为了避免商品房销售后产生纠纷，同时物业服务也是买受人决定是否购买商品房的因素之一。

另外在实际操作中，房地产开发企业现售商品房时应完成房屋所有权初始登记(即取得大产权)。

附录二

商品房预售制度的制度安排

目前我国法律、行政法规、规章中关于商品房预售制度的规定较为零散，我们对其进行归纳分析，认为七项具体制度共同构成了我国现行商品房预售的法律规则和行为模式。

1. 商品房预售归口管理制度

2004 年 7 月 20 日建设部修正的《城市商品房预售管理办法》第 4 条规定：国务院建设行政主管部门归口管理全国城市商品房预售管理；省、自治区建设行政主管部门归口管理本行政区域内城市商品房预售管理；市、县人民政府建设行政主管部门或房地产管理部门负责本行政区域内城市商品房预售管理。

2. 商品房预售条件法定制度

出于对《城市房地产管理法》第 44 条的细化，2004 年修正的《城市商品房预售管理办法》第 5 条规定商品房预售应当符合下列条件：一是已交付全部土地使用权出让金，取得土地使用权证书；二是持有建设工程规划许可证和施工许可证；三是按提供预售的商品房计算，投入开发建设的资金达到工程建设总投资的 25% 以上，并已经确定施工进度和竣工交付日期。

3. 商品房预售许可制度

房地产开发企业要进行商品房预售，应当向房地产管理部门申请预售许可，取得《商品房预售许可证》。未取得《商品房预售许可证》的，不得进行商品房预售。房地产开发企业申请办理商品房预售登记，应当提交土地使用权证书、建设工程规划许可证、施工许可证、营业执照和资质等级证书、工程施工合同、预售商品房分层平面图、商品房预售方案。房地产开发主管部门应当自收到商品房预售申请之日起 10 日内，做出同意预售或者不同意预售的答复。同意预售的，应当核发商品房预售许可证明；不同意预售的，应当说明理由。

4. 商品房预售广告限制制度

《城市房地产开发经营管理条例》第 26 条规定：房地产开发企业不得进行虚假广告宣传，商品房预售广告中应当载明《商品房预售许可证》的文号。此外，《商品房销售管理办法》第 23、42 条规定：房地产开发企业应当在订立商品房买卖合同之前向买受人明示《商品房销售管理办法》和《商品房买卖合同示范文本》，预售商品房的，还必须明示《城市商品房预售管理办法》，否则将被处以警告，责令限期改正，并可处以 1 万元以上 3 万元以下罚款。

5. 商品房预售合同登记备案制度

《城市商品房预售管理办法》第 10 条规定：商品房预售，开发企业应当与承购人签订商品房预售合同。开发企业应当自签约之日起 30 日内，向房地产管理部门和市、县人民政府土地管理部门办理商品房预售合同登记备案手续。房地产管理部门应当积极应用网络信息技术，逐步推行商品房预售合同网上登记备案。商品房预售合同登记备案手续可以委托代理人办理。委托代理人办理的，应当有书面委托书。

6. 商品房预售款专用制度

《城市房地产管理法》第 45 条规定：商品房预售所得款项，必须用于有关的工程建设。《城市商品房预售管理办法》第 11 条进一步进行授权性规定：商品房预售款监管的具体办法，由房地产管理部门制定。也就是说在工程竣工前，预售款必须用于相应楼盘的工程建设。

7. 预售商品房权属登记制度

《城市商品房预售管理办法》第 12 条规定：预售的商品房交付使用之日起 90 日内，承购人应当依法到房地产管理部门和市、县人民政府土地管理部门办理权属登记手续。开发企业应当予以协助，并提供必要的证明文件。由于开发企业的原因，承购人未能在房屋交付使用之日起 90 日内取得房屋权属证书的，除开发企业和承购人有特殊约定外，开发企业应当承担违约责任。

2. 武汉长租公寓发展问题研究

武汉市住房保障和房屋管理局开发与市场监管处
武汉房地产经纪行业协会

课题负责人： 陈新政　武汉市住房保障和房屋管理局　副局长
课题组成员： 林　晖　屠浩文　杨现领　傅玲玲　张　漾
吴佳鸿　栗样丹　蒋　英　左迎月

摘 要

武汉是我国中部人口超过千万的核心城市，经济发展水平和增长速度位于二线城市前列，良好的经济环境吸引了超过240万的流动人口。同时，武汉是世界上在校大学生人数最多的城市，每年毕业的大学生超过30万人。流动人口和毕业大学生是武汉发展的活力所在，在日益增长的房价面前，如何满足这部分人的居住需求是吸引流动人口和留住人才、保持城市竞争力的关键所在。

经过多年的发展和城区建设，武汉市的住房矛盾已经从供给绝对不足转变为当前的住房质量无法满足人们日益增长的品质和改善性需求的矛盾。对于流动人口和刚毕业大学生，由于该类人群中约70%的人以租赁为主要居住方式，住房矛盾突出表现为当前武汉租赁市场中的出租房源品质无法满足人们的消费升级需求及90后对于房屋品质的需求。

近年来，武汉租赁市场迅猛发展，长租公寓企业化运作悄然兴起。长租公寓涵盖公租、廉租等保障性租赁住房与养老、旅游公寓等不同类型，以及市场上针对学生群体、外来务工人员等各种租赁住房形态。鉴于长租公寓外延的广泛性，本次课题研究所指“长租公寓”，又名“白领公寓”、“单身合租公寓”，是近几年房地产三级市场一个新兴的行业，是将业主的房屋租赁过来，进行装修改造，配齐家具家电，以单间的形式出租给房屋周边的学生、白领、上班人士等特定群体，满足他们的住房需求的租赁形态。

长租公寓企业是指对租赁房屋进行专业化出租管理运营，为有工作居住需求的人群提供住所的机构。长租公寓企业整合市场租赁房源，对租赁房屋装修改造升级同时配以保洁、维修等租后服务，以满足租客的品质需求。

2017年7月21日，在住建部等九部委发布《关于在人口净流入的大中城市加快发展住房租赁市场的通知》中，武汉被列为首批开展住房租赁试点的城市。在近日的中国共产党第十九次全国代表大会上，习总书记在讲话中也提到：加快建立多主体供给、多渠道保障、租购并举的住房制度。紧扣时代脉搏，我们有必要对武汉长租公寓市场的现状、存在的问题进行分析，并提出有针对性的政策建议，这对于建立健全武汉住房租赁市场的发展体制、机制具有重要意义。

武汉市长租公寓市场发展于2015年，目前仍处于早期发展阶段。当前长租公寓行业管理的租赁房屋数量仅为3.7万间，占武汉租赁市场房源总量的2.22%。市场中10余家企业，既有外来的全国专业化运营的青年公寓企业如“魔方”、“红璞”，也有本土培育的企业，如“可遇”、“芒果”，但管理规模均不超过10000间，规模效应尚未显现。虽然在品牌数量上集中式公寓占优，但分散式公寓管理的房间数量超过集中式公寓。除锦居瑞智外，市场中的企业均采用从房东处租赁房屋，进行装修改造后转租赚取租金价差的方式为盈利模式。根据调研过程中采集的企业扩张意愿及对比相对成熟的市场如北京、上海的行业发展规律，预测到 2018 年，武汉市场中长租公寓企业房源数量将翻一番，超过 7 万间。然而，美国、日本等发达国家的成熟租赁市场中机构管理的房屋数量占比分别 30.4%和 83%，相比较而言，武汉租赁市场的机构化程度仍然处于极低水平。当前武汉市场中的租赁房源有 81 万套，未来五年在“百万大学生留汉计划”的推动下，武汉市的租赁人口将增加 70 万人，所需的租赁房屋将增加 28 万套，租赁房间数量将达到 225 万间，以长租公寓企业管理房间数量占市场份额的 20%估计，五年后长租公寓企业管理的房间数量或为 45 万间，年化复合增长率为 64.8%。

长租公寓企业的发展是发展租赁市场的重要组成部分，同时有助于提升房源品质，避免虚假房源、房东随意上涨租金和租期责任不明等租赁市场乱象，因而培育和支持长租公寓企业的发展就显得十分必要。当前阻碍武汉长租公寓市场发展的主要障碍分为两方面：从企业端来看，主要集中于房源获取困难和融资渠道少、资金成本高；从政府端来看，主要集中于对于长租公寓这类新事物尚没有形成完善的法律、条例规范体系和监管框架，致使企业在运营过程中容易遭受由于监管标准的不确定性所带来的经营风险。

促进长租公寓发展首先需要解决房源获取问题，当前武汉市场的房源供应相对均衡，建议主要通过盘活存量物业的方式向市场上提供更多房源，一方面扩大武汉市房管局《武汉市关于培育和发展住房租赁市场试点工作的实施意见》中对于可改造为租赁住房的商业用房的范围，除宾馆、酒店、写字楼外，可进一步开放闲置厂房、仓库、集体产权等性质的物业改造为公寓，另一方面鼓励国有企业将位于市中心的老旧厂房和宿舍交给公寓企业打理，政府将空置的有出租意愿的公租房和廉租房交给公寓企业打理。此外，企业还可以通过盘活升级市中心老旧物业的方式增加房源供给。

解决长租公寓企业快速发展过程中所需的资金问题，除了依靠企业的股权融资和创始人投入资本外，政府还应当鼓励银行和其他金融机构本着合法合规、风险可控、商业可持续的原则，对规模化长租公寓企业给予贷款支持和其他金融支持，同时还应当鼓励符合条件的住房租赁企业发行债券、租金分期、REITs 等符合长租公寓经营特点的长期贷款和金融类解决方案。

对于企业由于政策的不确定性而导致的经营风险，政府应该在明确行业定义的基础上，尽快出台有较强针对性的税收、消防、“N+1”改造及运营中涉及的产权性质变更、水电性质变更等具体事务的细则和规范，让企业经营有据可依。同时为了净化租赁市场环境，需要尽快推进租赁平台的建设和租赁机构、租赁经纪人和租赁合同登记备案的实施。最后，引进人才与培育租赁市场相结合，采取发放“租房券”货币化的补贴方式让市场解决留汉人才的居住问题。

一、武汉市宏观基本状况研究

（一）人口与经济

1. GDP 稳定增长位居二线城市前列

武汉市是我国中部的核心城市，2016 年武汉市全市 GDP 约 11912 亿元，在中部城市居于首位，1990 年以来武汉市 GDP 增速普遍维持在 10%以上（见图 1）。从产业结构来看，武汉第三产业对 GDP 的贡献率高达 70%（见图 2）。对比我国二线城市，武汉的 GDP 水平也位于前列，2016 年武汉 GDP 总量在我国二线城市中位于第五位（见图 3），人均 GDP 位于第七位（见图 4）。

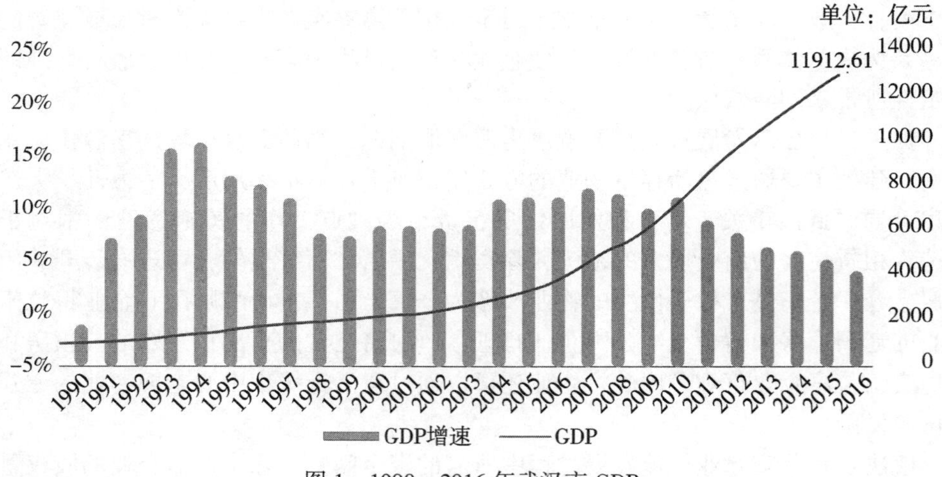

图 1 1990—2016 年武汉市 GDP

（数据来源：wind）

2. 收入稳定增长

武汉人均可支配收入及人均消费支出保持稳健增长，2016 年武汉市人均可支配收入高达 39737 元，人均消费支出约 26535 元，人均储蓄额 13202 元。2002 年以来，收入平均增速超过 29%，人均消费增速约 20%，人均储蓄额快速增加（见图 5）。

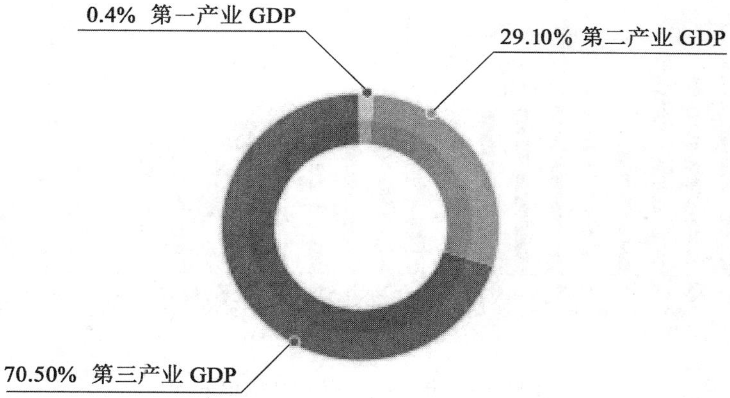

图 2 2016 年武汉市各产业占比
（数据来源：wind）

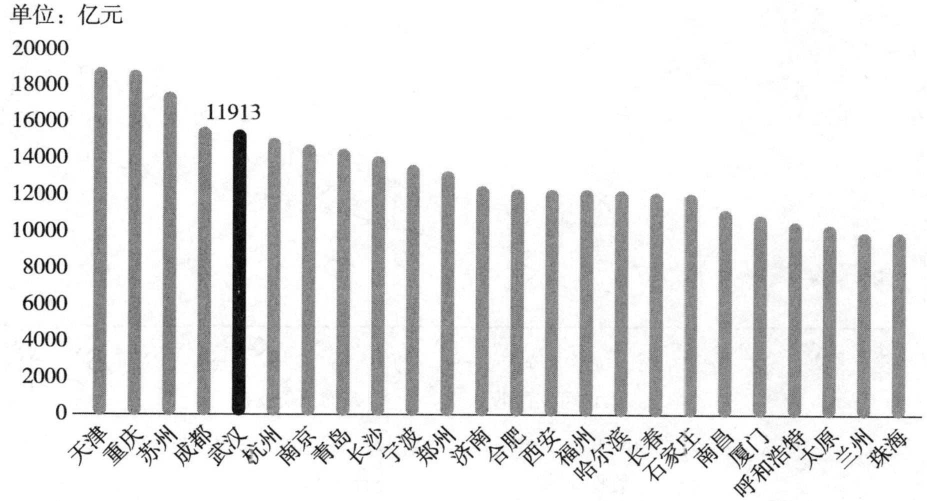

图 3 2016 年我国二线城市 GDP 对比
（数据来源：wind）

3. 人口持续流入，应届生数量位于全国前列

据武汉市统计局数据，截至 2016 年，武汉市常住人口约 1077 万人，流动人口约 243 万人（见图 6）。近 10 年来，武汉市常住人口以平均每年 20 万人的速度快速增加，其中流动人口持续流入是推动常住人口不断增加的核心力量。近 10 年来，

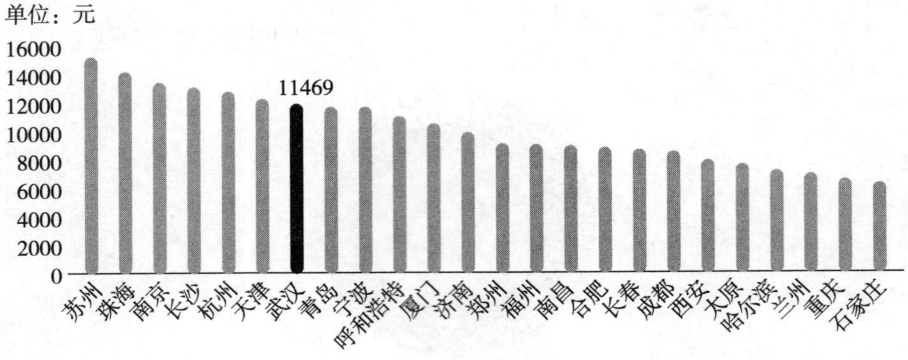

图 4　2016 年二线城市人均 GDP 对比

（数据来源：wind）

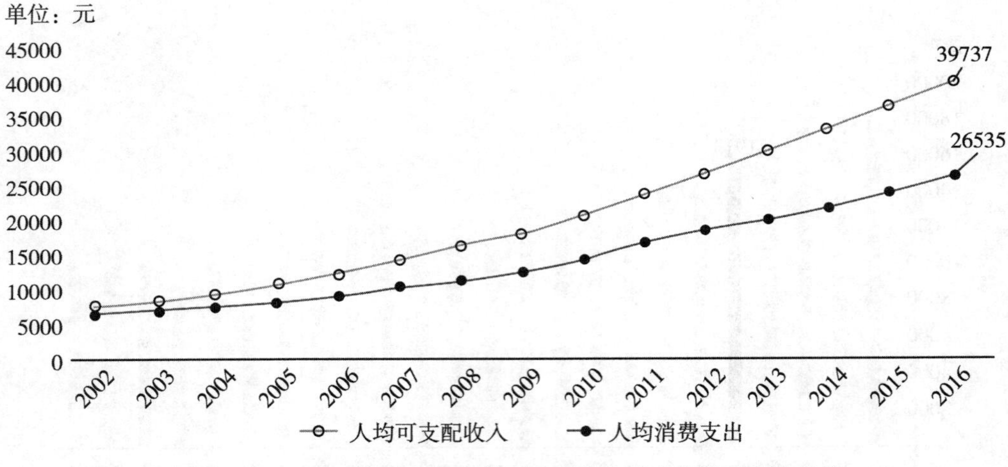

图 5　2002—2016 年武汉市人均可支配收入及人均消费支出变化

（数据来源：wind、武汉统计公报）

武汉流动人口平均每年增加约 19 万人。

武汉作为我国高校最为集中的城市之一，丰富的教育资源是武汉市吸引人才的核心竞争力之一，截至 2016 年，武汉共有普通高等学校 89 个，本科及以上在校学生 106.4 万，毕业生约 30 万人，为武汉经济发展注入稳定的人才流。但是从年龄结构来看，武汉市 18~34 岁人口占比逐年走低（见图 7），留住人才短期内仍是武汉市经济发展的人才政策风向。

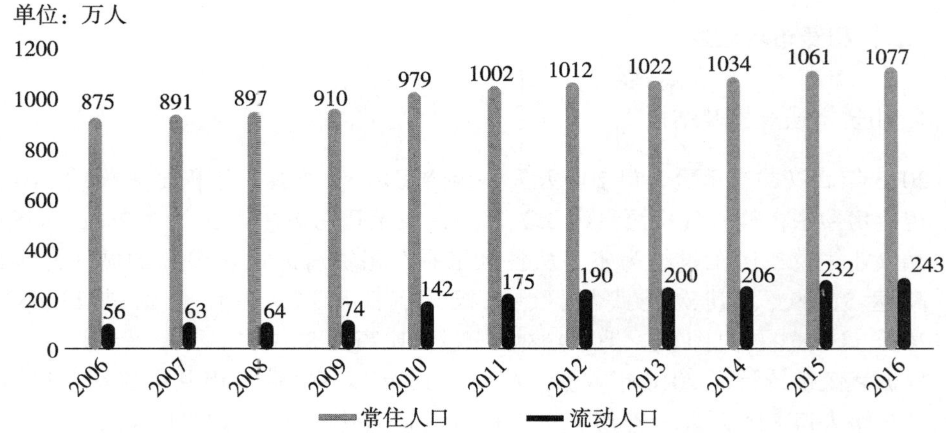

图 6　2006—2016 年武汉市常住人口及流动人口数（单位：万人）
（数据来源：武汉市统计年鉴）

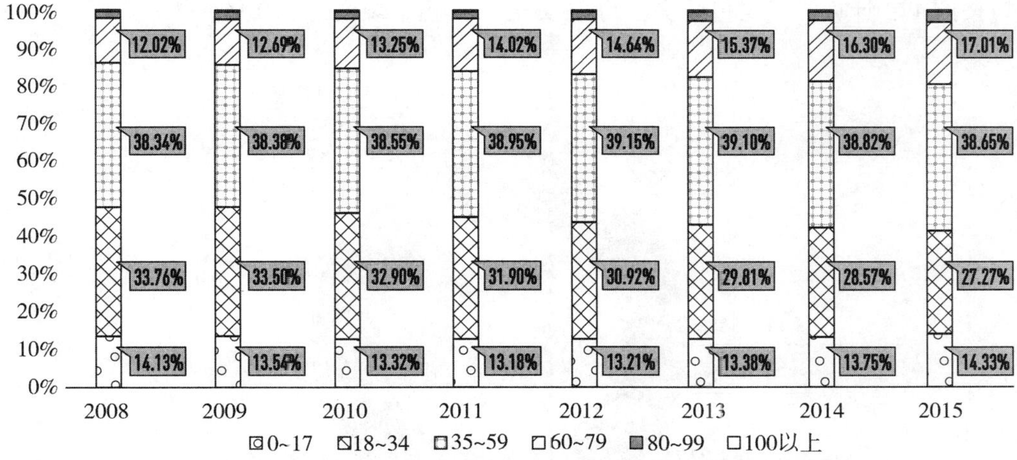

图 7　2008—2015 年武汉市户籍人口年龄结构（单位：岁）
（数据来源：武汉统计年鉴）

4. 企业数量快速增加

据武汉市 2016 年统计局数据表明，截至 2016 年年底，武汉市共有企业数 21. 48 万户，其中 500 强企业数共 10 个，A 股上市企业共 52 家，较 2015 年相比，2016 年新增登记企业 3. 21 万户。企业营业税 263. 46 亿元，企业所得税 124. 49 亿元。

（二）租赁市场概述

1. 租赁市场规模及结构

2016 年武汉共有租赁人口 200 万人，租赁房屋 81 万套，年租金规模约 310 亿元。租赁房屋中机构管理房源量约 3.7 万间，在租赁房屋中占比约 2.2%，市场房源以私人业主及二房东供给为主。从各区来看，租赁房源占比最高的城区是洪山区，高达 31.29%，其次是武昌区、江汉区、江岸区，占比分别是 23.66%、13.17%、11.72%（见图 8）。TOP4 区成交量占比高达 80%。

根据武汉市统计局 2016 年数据，截至 2016 年年底，武汉市共有流动人口 243 万人，户籍人口 834 万人。流动人口中租赁人口占比按照一线城市占比 70%来估算，武汉流动人口中租赁人口约 170 万人，根据调研结果，武汉本地租赁人口在总租赁人口中占比约 15%，估算武汉本地租赁人口约 30 万人。根据链家数据，武汉租赁房屋中，套均月租金水平约 3198 元，套均房间量约 2.06 间，单个房间租赁人口按照 1.2 计算，武汉租赁房屋约 81 万套，年租金规模约 310 亿元。

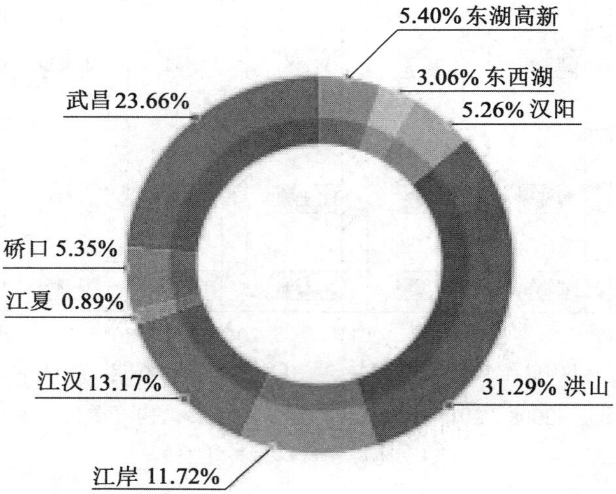

图 8　武汉市 2016—2017 年各区租赁房屋成交量占比
（数据来源：链家研究院）

2. 租金水平及变动情况

武汉市租金水平相较去年有所回落。2016 年，武汉市单平米租金水平为 35.68

元/月，套均租金为3386元/月，截止到2017年7月份，武汉市单平米租金水平为34.84元/月，套均租金为3198元/月。单平米租金相较2016年7月降低了2.35%，套均租金相较2016年7月降低了5.55%。分月度来看，2017年以来除1月份和2月份租金水平相较去年同期有较大涨幅外，其余各月同比去年同期呈现回落态势。主要原因在于2016年是房地产上行周期，受去年高基数和市场降温的影响，今年租金涨幅回落乃至下跌（见图9）。

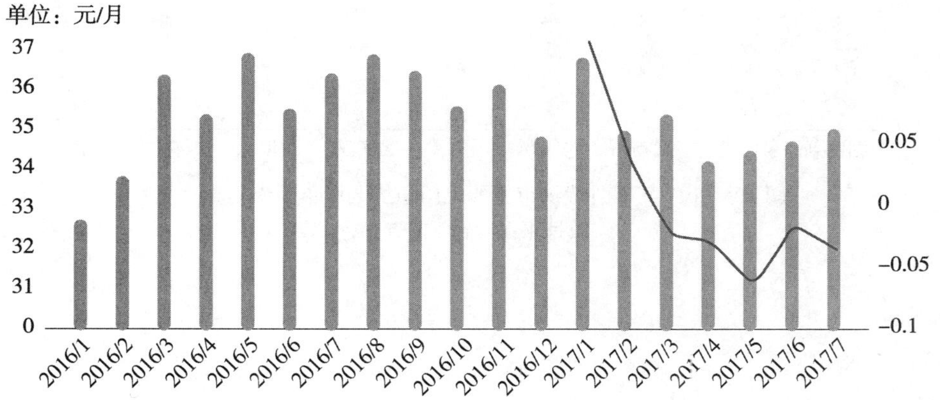

图9　2016年1月—2017年7月武汉市单平米租金水平及同比增幅
（数据来源：链家研究院）

租金水平上涨和下跌区域各半。分区域来看，武汉市内各区中东西湖区单平米租金水平最低，为26.75元/月，武昌区租金水平最高，为37.75元/月（见图10）。相较2016年同期，汉阳、江汉、硚口三区租金同比上涨，其中硚口区租金涨幅最大为22.03%；江岸、江汉、东西湖三区租金同比下跌，其中东西湖区跌幅最大，为14.21%（见图11）。

3. 租金水平变动的特点

首先，房价的涨幅超过租金的涨幅。自2017年以来，武汉市场房屋价格同比增幅在逐渐降低，由年初的43.2%下降到7月份的32.53%。这里面除了房地产调控政策发挥了作用外，还有部分原因是由于去年全年房价涨幅较大，到下半年房价基数已经处于高位，今年以来房价上涨速度放缓，导致今年下半年相较去年同期涨幅逐渐缩小。与房价相比，租金的变动更加平缓。此外，2月份租金涨幅减小而房价涨幅增加；在3~4月份，调控政策出台后，市场下行过程中，房价的变动幅度远大于租金的变动幅度（见图12）。

其次，租金的变动幅度超过CPI的变动幅度。从近7个月的数据来看，1月份

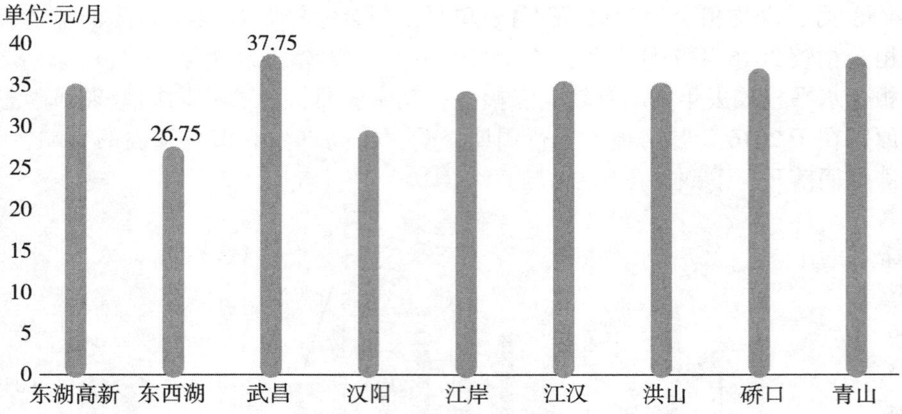

图 10　2017 年 7 月武汉市主要热门租赁区域单平米租金水平
（数据来源：链家研究院）

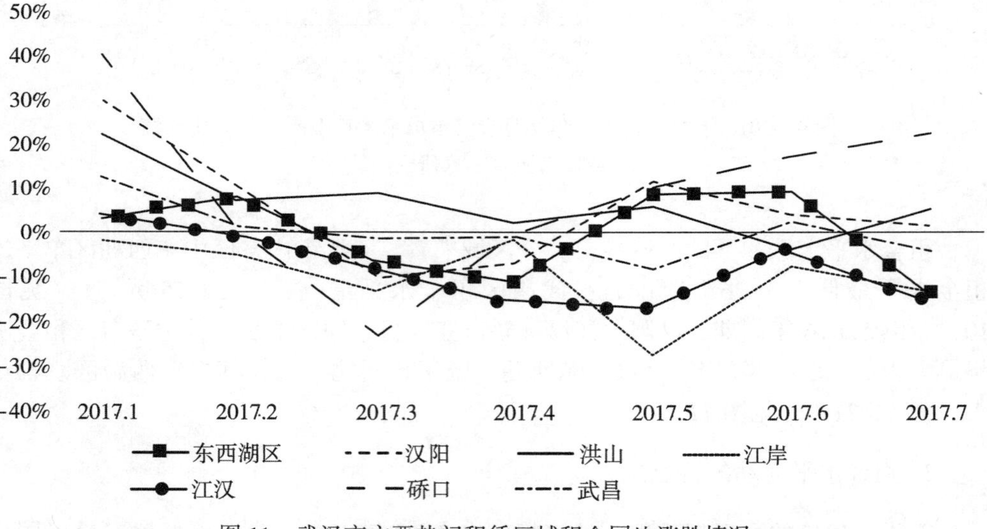

图 11　武汉市主要热门租赁区域租金同比涨跌情况
（数据来源：链家研究院）

与 2 月份租金的涨幅超过 CPI 的涨幅，其余月份，租金同比下跌，CPI 依然保持温和上涨的态势，两者走势出现背离（见图 13）。

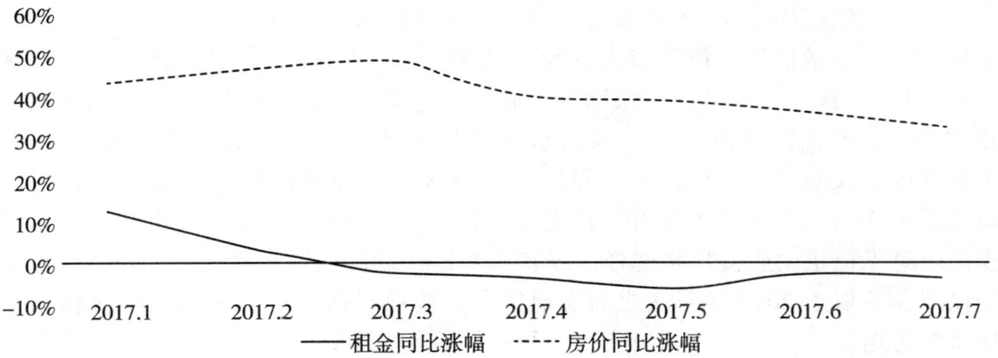

图 12 武汉市房价涨幅与租金涨幅

（数据来源：链家研究院）

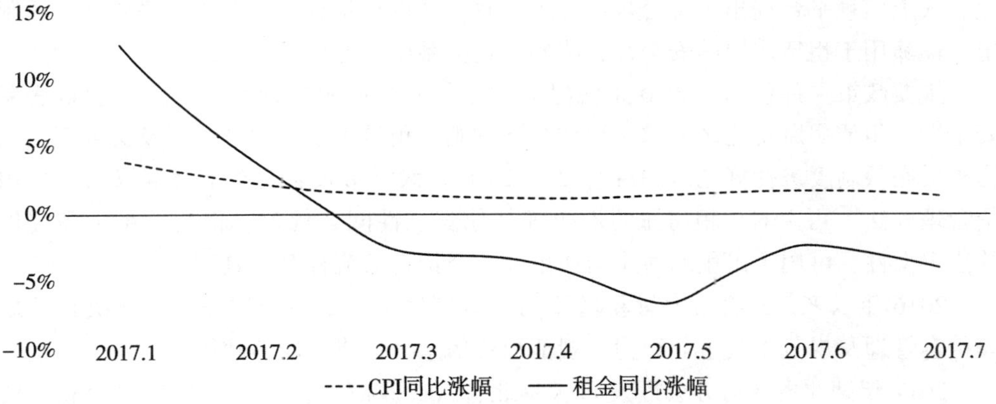

图 13 武汉市租金涨幅与 CPI 涨幅

（数据来源：链家研究院）

4. 未来 5 年的租金规模与热门租赁区域

从武汉市近 10 年人口流入速度来看，年均新增流入约 19 万人，在 2017 年武汉市“百万大学生留汉计划”的推动下，预计未来 5 年新增人口净流入保守估计约 100 万人，保守估计未来 5 年租赁人口将增加 70 万人。2017 年，武汉市套均月租金约 3198 元，以武汉市过去 10 年 CPI 增幅 2.6%估算武汉市未来 5 年租金涨幅，预计未来 5 年武汉市租金规模将达到 478 亿元。

未来 5 年武汉的租赁房源结构布局将发生显著变化，开发区、新区的租赁住房供应量将大幅增加。2017—2021 年政府土地供应计划提出 2017—2021 年武汉市计划供应住宅用地 4765 公顷，可建住房建筑面积约 1.26 亿平方米，按照每套房屋 100 平方米估算，预计未来 5 年市场将增加 120 万套住房，其中中心城区（江岸区、江汉区、硚口区、汉阳区、武昌区、洪山区、青山区）住宅用地供给仅占 29%，开发区和新城区（武汉东湖新技术开发区、武汉经济技术开发区、东西湖区、汉南区、蔡甸区、江夏区、黄陂区、新洲区）住宅用地供应量占供应总量的 71%，即未来 5 年开发区及新城区将增加 85 万套住房。房管局租赁试点征求意见稿也明确提出将选择武汉东湖新区、武汉经济技术开发区作为住房租赁试点，争取于 2017 年年底之前实现住房租赁项目落地，新区租赁房源供给占比将显著增加。

（三）武汉租赁市场政策分析

2010 年以来，住建部及武汉市房管局先后多次发文对经纪行业、租赁运营企业、线上信息平台提出了整合规范要求。政策文件早年集中于对租赁底层制度的制定，保障用于租赁房屋的安全性，明确租赁关系中各方责任。

主要政策文件包括：2010 年住建部拟定《商品房租赁管理办法》对租赁房屋安全性、租赁房屋功能区要求、租赁合同细则、租赁关系中双方责任及义务等商品房租赁底层制度进行规范。2011 年 2 月 28 日，武汉市政府发布了《武汉市房屋租赁管理办法》再次对出租房屋的消防等其他安全性问题规范、租赁关系中需提供的法定文件、可用于出租的最小居住单元、登记备案流程等出具细则。

2016 年以来，武汉市大量新增流动人口催生了大量的租赁需求，解决百万规模租客管理及规范租赁企业行为，规范租赁信息平台成为新的政策风口。

2017 年湖北省政府办公厅发布《湖北省人民政府办公厅关于加快培育和发展住房租赁市场实施意见》，响应 2016 年 6 月国务院发布的《国务院办公厅关于加快培育和发展住房租赁市场的若干意见》，主要提供如下政策支持：培育多层次房屋供给体系，构建购租并举的住房制度，允许商业用房改为租赁住房，允许公积金支付房租，发展专业化住房租赁企业，鼓励开发企业开展租赁业务，鼓励发展 PPP 模式，即公租房交由专业住房租赁企业管理，鼓励新建租赁住房，允许改建住房用于租赁。

2017 年 7 月 21 日，住建部等九部委发文《关于在人口净流入的大中城市加快发展住房租赁市场的通知》，随后选取了包括武汉在内的 12 个城市作为首批开展住房租赁试点的单位，武汉市房管局于 2017 年 7 月 24 日代市政府办公厅起草了《武汉市关于开展培育和发展住房租赁市场试点工作的实施意见》，文件提出响应中央的号召，具体举措包括：其一，提出培育多元化的住房租赁市场供应主体，发展租赁企业，鼓励开发商拓展住房租赁业务，此外支持及规范个人出租住房行为。其二，建设政府住房租赁交易服务平台，鼓励住房租赁合同网上签约备案，为政府决策提供数据。其三，多渠道增加租赁住房供应，提出鼓励开发商通过新建租赁住宅的形式增加租赁住房供应并提出将公租房调整为租赁住房向社会出租。其四，完善公租房保障机制，将公租房的运营交由市场化机构管理。其五，政府各部门配合，最大限度地为租赁市场提供土地、税收、工商、住房、财政、金融、配套政策的支持。

（四）发展公寓市场的意义

租赁市场是构建我国多层次住房体系当中的重要组成部分，在2017年10月召开的十九大中明确提出，坚持房子是用来住的，坚持租购并举的住房制度。从全国层面来看，未来租赁承担着更重要的角色，租赁将为越来越多的新市民解决居住问题。

聚焦到武汉层面，从短期来看，租赁政策为“百万大学生留汉计划”提供了底层支持，解决新市民住的问题，推动租赁备案落实，逐步规范租赁市场。从长期来看，新政策能有效增加市场房源供应，帮助武汉市场留住人才，增强城市活力及创造力，从而带动武汉市经济发展。

而公寓行业作为伴随着租赁崛起出现的新型行业，是租赁市场的重要组成部分，是租赁市场发展走向成熟、租赁行业逐步规范化的产物。发展公寓行业是发展租赁行业的重要一环，对于规范租赁市场发展、留住人才、提升新市民居住品质具有极为重要的意义。

1. 配合政府人才吸引政策，留住人才，增强城市活力

年轻人是城市的活力所在，人才是城市未来发展的动力所在。武汉作为教育资源发达的省份，在校大学生超过100万，每年毕业生超过30万，但是毕业生留汉比例一直不高，据有关媒体报道，2013年，留在武汉的大学生为10.4万人，2016年不足15万人。为了摆脱人才输出地的“魔咒”，武汉提出了“百万大学生留汉计划。”这些留汉的刚毕业大学生在未来很长一段时间内都将通过租房子解决居住问题。发展公寓行业有利于解决刚毕业大学生的居住问题，对于“百万大学生留汉计划”的顺利实施至关重要，也为武汉市的未来发展积蓄了动力。

2. 规范市场，促进行业健康有序发展

武汉租赁市场的规模在300亿左右，租赁市场的价值不仅在于解决了200万人的居住问题，更在于租赁背后围绕着居住衍生了庞大的生态价值。租赁行业生态具

有产业链长、参与者众多的特征。整个产业链包含了中介公司、资产管理公司、家装、家居、维修和保洁公司等，参与者可能包括产业资本、国有资本、金融资本等多个角色，租赁行业的发展将直接拉动地域内经济增长，增加人民就业。与全国租赁市场一样，武汉市租赁市场发展仍处于初级阶段，行业痛点颇多，对于租客来说，虚假房源、房源品质无法满足需求、租客权益无法得到有效保护等问题时刻影响着租客的居住体验；对于行业和公司来说，法律和监管的缺失导致行业内竞争无序，时刻掣肘着行业的发展。发展租赁市场，建立健全行业内法律法规体系，促进市场规范和平稳运行，保持经济增长平稳发展至关重要。而公寓行业发展将是推动租赁市场规范化，有效整合租赁上下游产业链的重要力量。

3. 公寓行业作为新兴产业，提升了租赁产品的品质，满足了消费升级的需求

长租公寓行业作为租赁市场的一个细分行业，其出现是多因素作用下必然的结果，对于租赁市场的发展具有重要意义。首先，长租公寓企业以企业信用背书，保证了出租房源的真实性；其次，长租公寓企业的产品是对于原来市场中普租产品在品质和服务上的升级，满足了租赁市场消费主力“90 后”的偏好和消费迭代升级的需求。

二、武汉市长租公寓行业概况

（一）市场主要客群概况

武汉长租公寓市场中 21~25 岁的青年群体占据半数，租客中有超过半数的人拥有本科及以上学历，他们对于通勤时间的敏感度显著高于一线城市，选择租赁公寓的原因很可能是因为公寓装修品质好。

1. 租客画像

目前，武汉长租公寓市场中的租客男女比例相对均衡，年龄主要集中于 21~25 岁，26~30 岁也是租客相对集中的年龄段，超过 35 岁的租客占比很少（见图 14）。武汉长租公寓市场以青年为主。一方面是因为大学生和刚毕业的白领是租房的主力人群，另一方面，公寓企业为了建设更为和谐的社区文化，减少租客间由于年龄差异导致的世界观、人生观、价值观不同而带来的摩擦，行业内具有约定俗成的规定：只有年龄为 18~35 岁的青年客群才能入住长租公寓。

从学历和职业上来看，武汉市长租公寓市场中的租客以本科学历居多，占比超

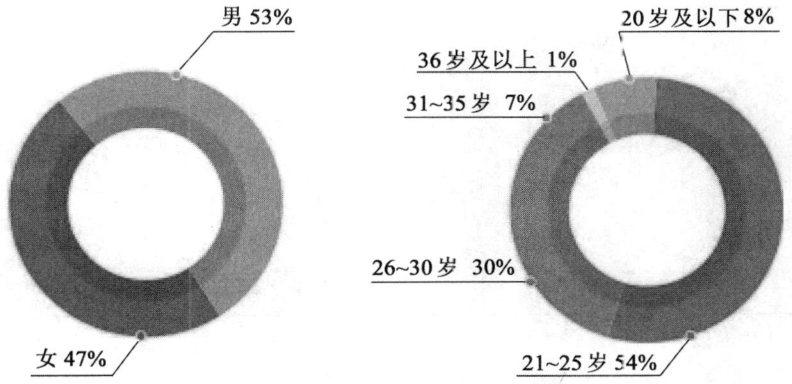

图 14 武汉市长租公寓市场租客性别比例及年龄结构
（数据来源：租客调研）

过一半，大中专及以下学历也占据了相当大的比例。批发、零售、住宿、餐饮等服务性行业的工作人员在长租公寓市场的租客群中占比较高，此外，学生也在武汉市公寓市场占据了 12.31%的比例。这一比例远高于北京市场中 4.83%的占比，主要原因可能在于武汉市长租公寓租金水平相较普租租金差别不大，因此，较多的追求居住品质的 90 后学生群体进入了长租公寓市场（见图 15）。

2. 租客偏好

与北京等一线城市相比，武汉市场的租客对于最长通勤时间的容忍度更低。市场中有 47.57%的租客通勤时间在半个小时之内，还有 48.54%的租客通勤时间在半个小时到一个小时之间。通勤时长超过一个半小时的租客几乎没有。以北京为代表的一线市场租客能够容忍通勤时长超过一个半小时的人数超过 15%（见图 16）。随着城市发展，武汉市场中租客群体对于通勤时间的容忍度在逐渐增加。

从房屋的外部功能看，交通配套和商业配套是公寓租赁群体最看重的因素，参与调研的租客中各有 49.32%的租客对这两项功能极为看重。此外，公寓的外部环境也是租客考虑的重要因素。

从房屋的内部功能看，33.78%的租客认为装修质量是他们最关注的因素，家电是否齐全及家电的品质也是租客选择公寓过程中重点考虑的因素（见图 17）。

3. 租客租金负担比

武汉长租公寓市场中有 66.17%的租客租金负担比在 30%以下，处于国际公认

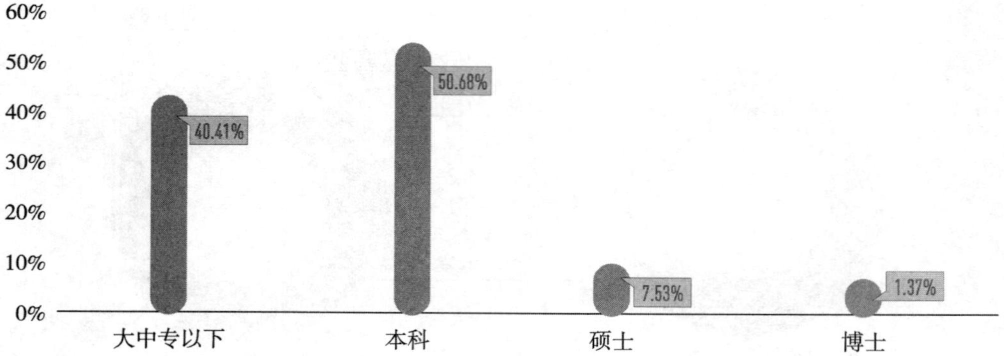

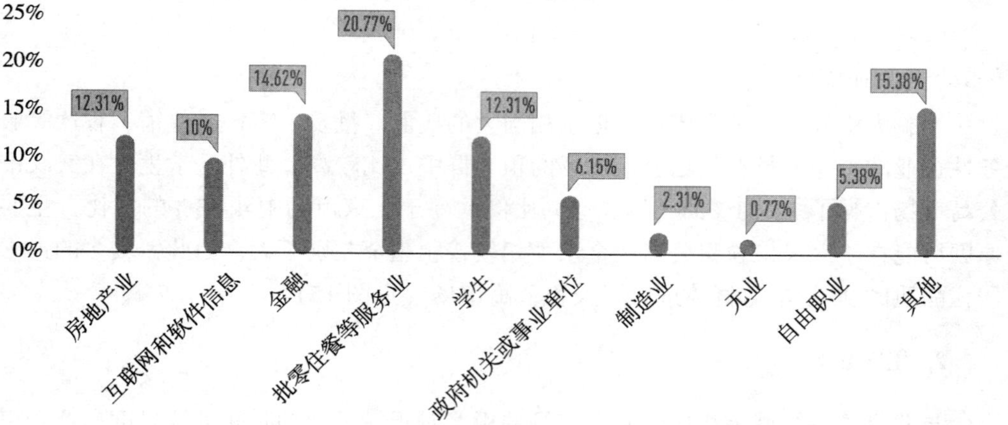

图 15　武汉市长租公寓市场租客学历结构和职业结构

（数据来源：租客调研）

的合理的租金负担比区间内，但是也有 8.27%的租客租金负担比超过 40%，租金负担比过高（见图 8）。

（二）行业与规模

1. 市场规模

武汉市长租公寓市场发展于 2015 年，随后在湖北省人民政府办公厅发布《关于加快培育和发展住房租赁市场实施意见》、九部委共同发布《关于在人口净流入

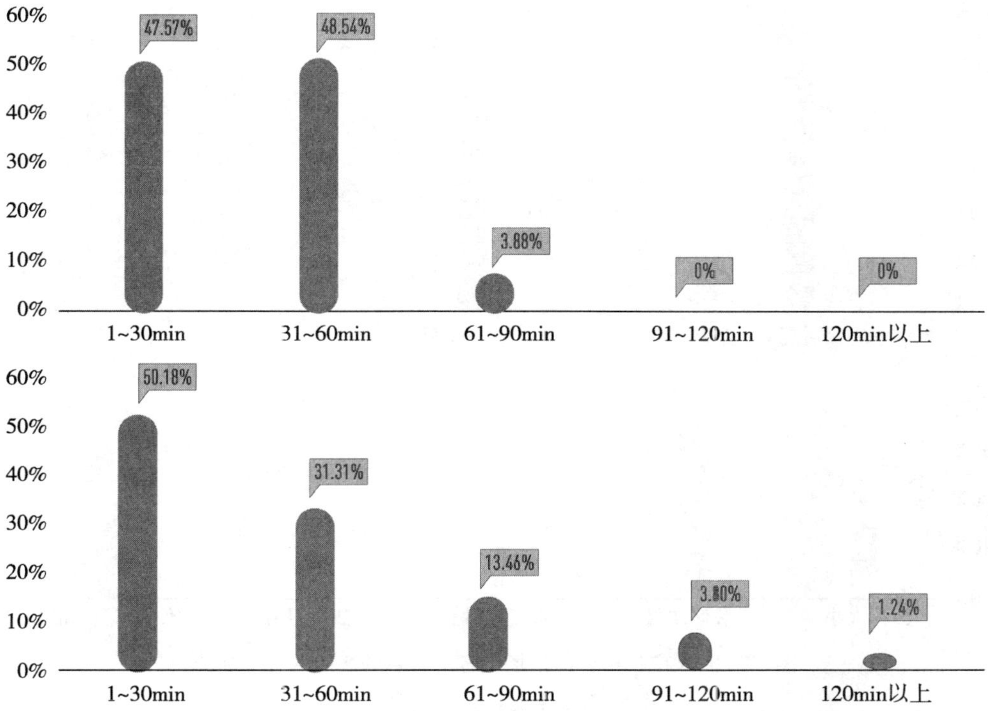

图 16 武汉与北京长租公寓市场租客可接受通勤时间对比（上图为武汉，下图为北京）
（数据来源：租客调研）

的大中城市加快住房租赁市场的通知》和武汉市住房保障与房屋管理局发布的《武汉市关于开展培育和发展住房租赁市场试点工作的实施意见》的推动下，市场进入快速扩张期。

目前市场中管理房源数量接近或者超过千间的公寓企业有 10 家左右，以代表性公寓企业占长租公寓市场份额的 80%计算，武汉长租公寓企业管理的房源数量约为 3.7 万间，占市场租赁房源的比例为 2.22%，其中分散式和集中式的比例约为 4∶1，武汉市长租公寓市场覆盖的租客 5.55 万人，约占武汉市租赁人口数量的 2.8%，市场渗透率非常低（见表 1）。目前，武汉市场中的长租公寓企业都处于快速扩张阶段，根据调研情况，参照各家企业的扩张诉求及北京、上海等一线城市公寓行业扩张速率，预计一年以后武汉市场中的长租公寓企业管理的房间数量至少会突破 7 万间。

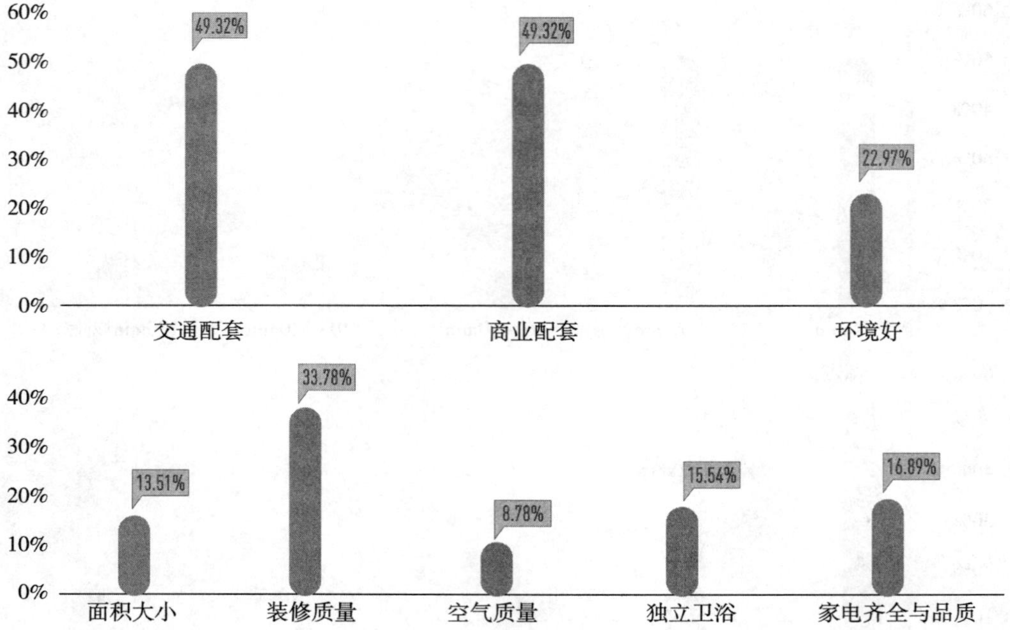

图 17 武汉市长租公寓市场租客最看重的房屋内外部功能

（数据来源：租客调研）

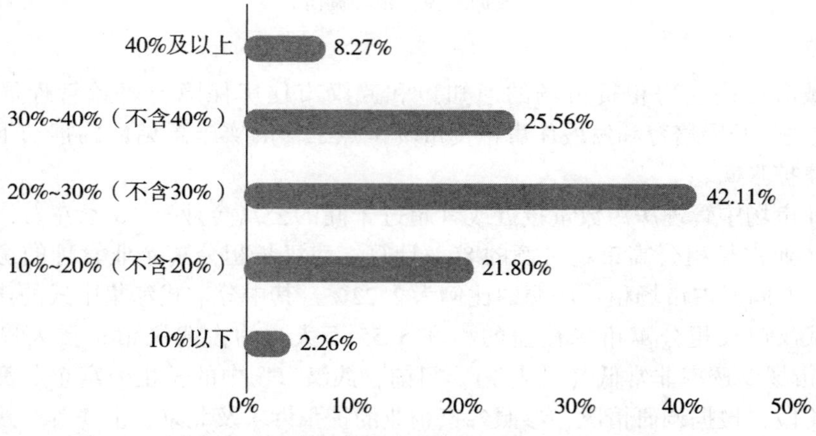

图 18 武汉市长租公寓市场租客的租金负担比

（数据来源：租客调研）

表 1 **武汉主流公寓企业规模及模式**

名称	规模（间）	公寓模式	发展模式
锦居瑞智	3000	分散式	直营
红璞	集中式 1500 间+分散式 1500 间 200 间蓝领	集中式+分散式	直营
吉家江寓	3000	分散式	直营
优客逸家	7633	分散式+集中式	直营
芒果	2000	集中式	直营
可遇	2064	集中式	直营
魔方	942	集中式	直营
集家	4000	集中式+分散式	直营
杰晨美寓	分散式 2800 间+集中式 4 栋	分散式+集中式	直营

（数据来源：公寓企业调研）

目前武汉市场长租公寓的单间租金水平每月在 1000 元~1500 元。武汉市整个长租公寓市场的年租金规模在 4 亿元~6 亿元，未来如果长租公寓管理的房源数量能够占到武汉市房屋租赁市场的 10%，武汉市长租公寓企业管理的房间数量将超过 16 万间，收入规模将突破 20 亿元，市场还有 3~5 倍的增长空间。

2. 两种模式

长租公寓主要分为集中式与分散式两种业态，实质上，两种业态的区别不仅在于房源是否集中于同一栋物业，更重要的是两者在运营模式和所需的核心能力上存在本质差异，几乎可以认为是不同的行业（见表 2）。

表 2 **集中式公寓和分散式公寓的本质区别**

	集中式公寓	分散式公寓
核心竞争力	最重要的是 B 端的拿房能力，此外还有产品能力（包括设计、施工、供应链管理等）、资金运用能力、社区运营能力	竞争中取胜的核心在于提高运营效率，减少空置期损失。所要的能力包括：拿房能力、出房周期（供应链管理）、成交能力（寻找和匹配客源）、人员效率等
金融嫁接方式	比较多。初期投资高，适用于投资期较长、投资规模大、要求稳定回报的产品基金。随着未来房地产金融政策放松，可能有更大的想象空间	由于业主端较分散，底层资产的产权状况难以核实和厘清，因而金融产品嫁接相对困难

续表

	集中式公寓	分散式公寓
成本结构	一线业务人员较少，对服务要求高，对系统依赖性不强。商办物业租金成本、设计、改造成本高	一线业务人员较多，拿房和销售压力较重，管理难度大。对管理系统开发和维护成本较高。需要长期沉淀、不断优化流程才能逐步降低成本
适合的进入者	开发商、房地产基金、酒店	中介、创业者、二房东

（资料来源：公寓企业调研）

分散式公寓运营商或集中式公寓运营商向另一领域的渗透都不可避免地存在一定障碍，尤其是集中式公寓向分散式公寓进行业务拓展的过程中会遭受人力和房源管理能力上的巨大挑战。

除了集中式与分散式两种业态外，武汉市场中长租公寓还存在两种盈利模式。一种是以锦居瑞智为代表的美国式的轻托管模式，即业主将房屋交由公寓企业进行招租、代收租金和租务管理，公寓企业每月将代收的租金扣除一定比例的管理费后（这个比例通常为 10%）交给业主，由业主自己承担空置期的损失。与美国模式不同的是，锦居瑞智在接受业主的房源托管后会进行简单的房屋美容和装修，使房屋达到整洁、干净的标准，该部分费用由公司承担，而在美国该部分费用则由业主承担。第二种模式是现今中国长租公寓的主流模式——包租模式，即长租公寓企业将房屋从业主手中租过来，对房屋进行装修改造、品质升级，然后将房屋以高于原来租金水平的价格租出去，空置期的损失由公寓企业自己承担，该种模式下公寓企业的盈利来源是房东端与租客端的租金价差。

目前，武汉公寓市场上除了锦居瑞智外，其余公寓企业均采取包租模式。

3. 区域分布

从区位分布上看，武汉市长租公寓企业主要分布于东湖经济技术开发区和武汉经济技术开发区，呈现出依产业分布的状态（见图 19）。东湖经济技术开发区内聚集了 2000 多家高新技术企业，主要以光电子信息产业为主导，同时结合生物医药产业和机电产业、能源环保产业，此外，还拥有众多高校科研资源，是典型的产业聚集区，拥有众多的产业工人、科技人才，衍生出旺盛的租赁需求。武汉经济技术开发区创建于 1991 年，是国家级经济技术开发区，是武汉汽车产业聚集地，同时还是中国重要的显示器、空调制造业的基地之一，典型的特点就是工厂企业多，职工多，蓝领公寓和白领公寓市场需求旺盛。

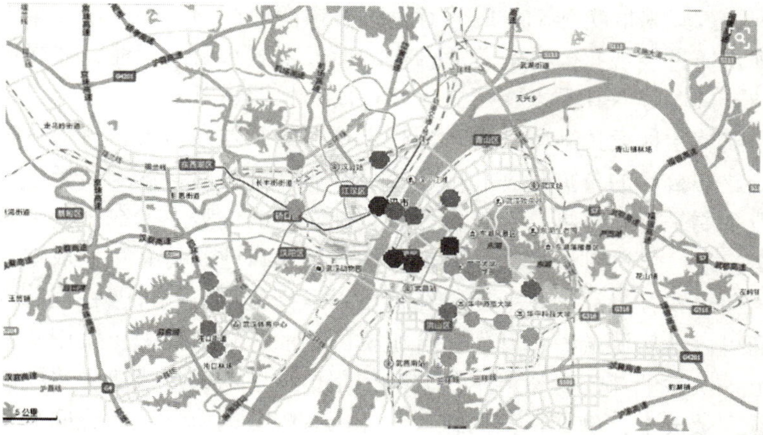

魔方 芒果 可遇 红璞

图 19 武汉市主流集中式公寓企业分布
（资料来源：公寓企业调研）

（三）不同参与者的表现

从公寓运营商的基因上来区分，目前武汉市场中的参与者包括：开发商、中介/新房代理和一般创业者。此外，放眼于全国市场，目前公寓领域的参与者还包括酒店、地产基金（见图 20）。不同的参与者由于原生业务的影响对于公寓企业的理解各有视角，从产品设计到运营管理，从商业模型到远期战略各有不同。

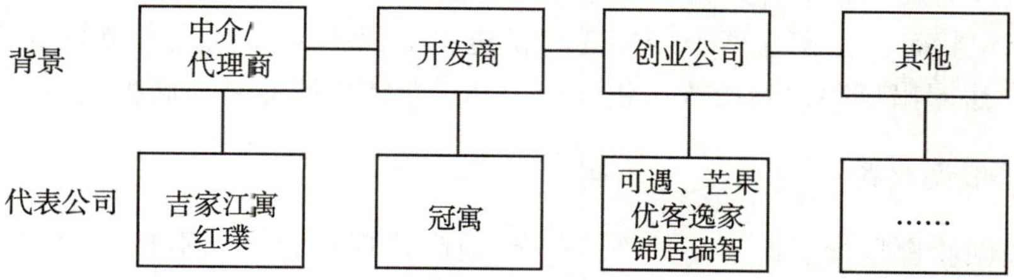

图 20 武汉公寓市场主流参与企业背景
（资料来源：公寓企业调研）

1. 开发商

在“限房价、竞地价”的新型土地出让方式出台前，市场上已经有开发商开始进军长租公寓行业，被认为是从新建开发到存量物业运营的重大转型尝试，当时以自建品牌的方式采取实际动作的只有万科、招商地产和龙湖地产寥寥数家，更多的开发商则是通过与现有公寓运营商合作的形式来试水公寓行业，如绿城与优客逸家、复地与未来城等，其重点在于去化库存而非长期运营。

此后，随着土地竞拍新政的出台，越来越多的开发商需要自持租赁物业，各大开发商纷纷建立自己的公寓品牌和组建公寓事业部。目前，武汉市场中开发商背景的公寓企业主要是龙湖冠寓。在长租领域，开发商的优势主要在于资金和品牌，但与其他公寓企业一样都难以解决房源供给的问题，自建并持有物业成本较高、风险高度集中，而寻找存量社会物业租赁经营难以发挥优势。此外，在当前的土地政策下，开发商可以从房源端直接开发适合租赁的物业，将直接减少集中式公寓在存量物业改造上一次性消耗的大量成本。同时，租赁住宅的大规模集中将缩减运营服务半径，降低人效成本，例如招商局蛇口工业区有限公司旗下项目壹间公寓，在深圳将几十栋纯租赁住宅合成一个小区，除去保洁、维修、保安、物业的人房比达到 1：100，远高于行业 1：50—1：80 的人效区间。从开发商的角度看，虽然长租公寓运营相较房屋开发利润率相差很多，但开发商们普遍将公寓视为自己业务闭环中的重要一环，希望为租客打造一种生活方式，以此来获取生活方式背后的“利润”。

2. 中介/新房代理

武汉市场以吉家江寓和红璞为代表的中介和地产代理背景的长租公寓企业也极为值得关注，特别是吉家江寓的核心管理运营团队之前大多有过在分散式长租公寓龙头企业自如友家从业的经历。对于分散式公寓，中介/代理公司的强项在于：一是人力密集型产业的人效管理，二是房产领域的销售管理能力，这与分散式公寓的能力需求比较匹配，尤其是与二手房中介相结合，在拿房、出房成本上都比没有门店和经纪人的其他竞争者具有竞争力。从出租率上来看，红璞武汉曙光星城项目目前处于满租状态，吉家江寓于今年 3 月份进入武汉市场，目前房源数量已经达到 3000 间，房屋出租率达到 75%，销售能力和扩张能力明显高于同类竞品。

3. 一般创业者

一般创业者是指不具备开发商、中介/地产代理背景，也不具备酒店、地产基金背景的从事公寓行业的公司。一般创业者又大致可以分为三类：一类是以锦居瑞智为代表的具有互联网优势的公司，他们试图通过互联网技术提升整个行业的效率以及改变整个行业的作业模式。另一类是由传统的二房东转型为规范的公寓企业，典型代表如集家。还有一类是来自于建筑设计、房地产、金融等行业的从业者，他们带着不同视角的理解进入行业，其中一些获得了资本的支持，典型的如优客逸家。

一般创业者经营的长租公寓企业如果要进行大规模的扩张就必须要靠资本的长期支持，在公司成立后的很长一段时间内，如何寻找合适的资本以及如何与资本进行沟通和磨合将成为创业型公寓企业的必修课。

4. 酒店

当前武汉市场上还未出现酒店背景的长租公寓企业，但是从全国范围来看，酒店企业对于公寓行业的参与也是非常积极的。例如华住集团的城家公寓、铂涛集团的窝趣轻社区、如家集团的逗号公寓、住友集团的漫果公寓，魔方公寓的主要管理层也都来自于华住集团。

酒店行业大举进军长租公寓领域，一方面在于公寓与酒店同属居住类产品，从形态上非常接近，房源获取、装修设计、供应链、房间管理等多方面具备较强的借鉴意义，大量资源可以复用，另一方面在于经济型酒店业务在一些地区利润下降乃至亏损，转型成为必然之举。

然而，酒店行业在运营管理方面也有显著区别于长租公寓的特点：（1）交易频次不同：酒店的客户流动大、周转率高，需要通过与 OTA 合作或自建销售网络保证销售能力；长租公寓租客的稳定、租期长，无需长期曝光，因此对销售和客房管理系统 PMS 的依赖程度也较弱。（2）成交方式不同：酒店客户不经看房直接下单的比例非常高，而长租公寓本地性强，成交通常需要多次线下带看，并在带看的过程中向客户介绍房屋、环境、交通等多个要素，才能获得成交。（3）标准化程度不同：酒店是高度标准化的产品，而长租公寓企业的产品受物业类型、市场和客户类型等多方因素的影响，在定价、装修、配置方面的标准化程度较差。（4）获客方式不同：酒店的会员积分和优惠活动在获客过程中起到重要作用；而由于群体流动性不同，会员制对长租公寓企业获客帮助不大。

5. 地产基金

国外产业资本通过权益类 REITs 和私募股权基金等方式介入长租公寓领域的模式已经相当成熟，美国公寓 REITs 孕育出 3 家百亿级市值的公司，日本的住宅类 REITs 占日本 REITs 市值的 17%，位居各类 REITs 排名的第三。国内的 REITs 市场尚不成熟，但是已经出现了以湾流为代表的地产私募基金进入该领域。

传统公寓运营商主要利用追求高风险、高收益的股权资金扩大规模，从长期来看，这与长租公寓低风险、低回报的收益模型不相匹配。房地产基金在获得资本支持上则更具灵活性，在长租领域，或作为公寓运营商并交叉参与基金运营，例如湾流；或与传统运营商（如乐乎、UONE 等）合作，仅作为资方承担管理费并与公寓管理方分享收益。基金参与投资也有多种方式，除直接入股项目子公司外，还可向业主提供部分债权融资。

（四）运营模式

长租公寓企业的典型业务流程主要包括 6 步：物业开发→市场研究、客户定位、设计→决策、签约→装修配置→获客→租后管理，与之对应的公司的组织架构主要包括：物业拓展部、客研部、设计部、采购部、工程部、营销部及运营部（见图 21）。整个业务流程中集中式和分散式的主要区别在于决策过程的难易程度。分散式公寓由于一次性投入较少，因而拿房决策一般由收房团队完成；集中式公寓由于一次性投入较大，因而拿房决策一般由公司股东及管理层完成。

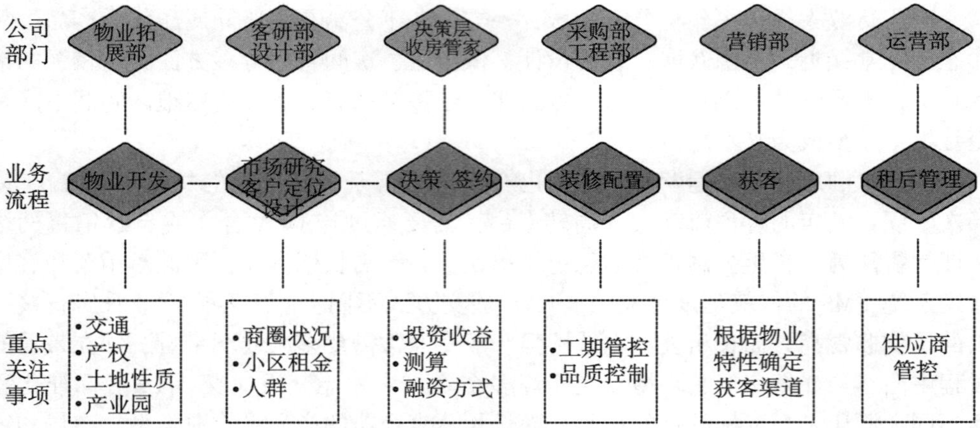

图 21　典型公寓企业业务流程及各部门职责
（资料来源：公寓企业调研）

1. 物业开发

从选址策略上讲，武汉市长租公寓企业多布局在交通便利的城区或住宅需求旺盛的工业园区，布点的重复率较高，集中式公寓抢房现象增多，多数企业反映市场上可拿物业数量太少，存在物业获取困难、多家抢房情况下获取物业租金较高的状况。此外，集中式公寓企业倾向于交通便利、产权清晰、土地性质非工业用途、商圈发展完善或产业园周边的物业。分散式公寓拿房范围较广，同时分散式公寓通常倾向于在租赁热门区域或者已经开拓物业的小区内拿房。一般倾向于获取毛坯房，便于增大租金差，获取更高溢价。

从拿房渠道上讲，分散式公寓拿房渠道较为多样，主要包括：（1）中介公司，武汉市场通过该渠道拿房的成本通常为半个月的租金；（2）公司自有拿房团队，这一般是分散式公寓企业的主要拿房渠道；（3）业主转介绍，该部分在分散式公寓企业中占了相当大的比例；（4）物业公司，对于集中式公寓企业，由于各家比较倾向于拿政府的空置房源，因而其主要通过招投标或者商务洽谈的形式来获取物业。有新房代理商背景的红璞公寓依托其母公司的资源在拿房形式上相对灵活，可直接对接开发商资源。

2. 市场研究、客户定位、设计

无论是集中式公寓还是分散式公寓在获取物业时通常会对物业周边进行一个翔实的调研，调研的内容包括商圈情况、轨道交通情况、周边小区租金水平、该区域范围内的主要租赁人群定位等情况，根据这些情况，客户研究部会对产品进行定位和定价，以确定出房价格。对于集中式公寓，他们会根据公司内部的投资收益模型测算在公司要求的合理回报率范畴下物业投资回收期及可允许的拿房成本。

3. 决策、签约

集中式公寓由于对物业的一次性投入成本较高，通常一栋集中式物业的装修成本都为百万级别，因而各家公司对于每一个物业的获取都持审慎态度，每个物业的获取都需要高管开会讨论，讨论的内容通常包括投资收入测算、决定投入资金来源。

分散式公寓由于一套房屋装修成本在 3 万 ~ 4 万，且公司物业开发人员通常深耕责任小区，对市场判断及装修投入有较强的经验判断能力，因而一般由收房人员自己测算决定是否获取该处物业，不必上会讨论。

4. 装修配置

从装修周期的角度看，分散式公寓企业由于获取物业的状态不同，因此装修周期不同。对于精装房屋，武汉市场典型企业的装修配置周期超过 10 天，效率低于行业内领先的分散式公寓企业。对于毛坯房，武汉市场典型公寓企业的装修配置周期为 30 天左右。对于需要拆改的房屋的装修配置周期一般为 20 天左右。武汉市场中集中式公寓企业的装修配置周期由于各家要求不同而有较大差异，通常 2 ~ 6 个月不等。在装修过程中，最重要的是对装修供应商效率的管控，通常各家会设立奖惩机制，根据完工时间是否在规定期限内而进行相应的奖励和惩罚。

5. 获客渠道

从大类上说，公寓企业的获客渠道主要有线上和线下两种：线上包括公司自有官网、APP、58、安居客等第三方网站，以及豆瓣论坛等社交平台；线下包括传单地推、中介和转介绍。线下和线上的获客成本大体相当，每个客户的单人成本在 250 元 ~ 300 元。由于物业形态不同，一般线上和线下获客比例会有很大区别——

如果物业位置较好，周围租赁人群较多，线上来客的比例会高一些；如果物业位置比较偏远，则主要依靠地推人员进行销售。

6. 租期管理

大多数公寓企业将租期内的维修和保洁服务外包，也有的选取自建团队的方式。外包的模式相对于自建团队模式的优点在于：首先，规模化运营对维修和保洁人员需求量大，外包能够提供充足的劳务资源，不需自行开发；其次，公司只与维修、保洁公司管理人员对接即可，无需对整个团队进行管理，可以专注业务服务。缺点在于：外包相对自行管理成本稍高。在管理系统上，出于经营数据安全的考虑，市场上绝大部分的企业都自建 IT 团队开发系统。但是由于系统研发团队每年投入成本较高，IT 团队一年成本需要 700 万元~800 万元，而一些小的公寓企业或者二房东通常采取外购系统的方式，成本大概数万元。

（五）盈利能力分析

包租模式下长租公寓行业是一个微利行业，主要原因在于沉重的拿房成本和装修成本下税收、资金成本进一步压缩了利润空间。目前，武汉市场中集中式公寓企业的净利率不超过 7%，分散式公寓企业是否盈利尚不可知。但从现金流回收的角度看，集中式公寓的投资回收期长达 6 年，而分散式公寓的投资回收期长达 2 年半。

从拿房成本上看，武汉市场中集中式公寓的拿房成本在 50%左右，一些公司，如红璞，由于其母公司的资源优势，拿房成本显著低于市场平均水平。分散式公寓企业一般倾向于获取毛坯房，拿房成本占租金收入的比例也在 50%左右，主要原因在于毛坯房相对好做溢价。由于一线城市的毛坯房较少，因而武汉市场中分散式公寓企业的拿房成本要显著低于一线城市，一线城市公寓企业的拿房成本在 60%~70%。在装修成本占比上，一线与二线、集中式与分散式差别也不是很大，一般企业都控制在租金收入的 20%~25%。在运营成本上，由于分散式公寓企业管理的房源范围较广，需要投入较多的人力和系统，因而分散式公寓企业的人力成本要高于集中式公寓。在税收成本上，由于不同企业物业的获取时间、财务独立核算主体不同而有所差别，通常情况下增值税税率为 5%或者 6%。在融资成本上，公寓行业的融资成本已经超过 10%，虽然公寓企业处于微利水平，但是为了快速扩张，很多公寓企业不得不接受高成本的资金注入，未来企业在偿债能力上存在一定风险。

（六）产品线分析

公寓产品分为高中低三档，武汉租赁市场由于机构化运营刚刚崛起，目前尚未有代表性的高端公寓。同时由于武汉产业园众多，工人和白领为租赁主力，因而市场中的公寓以白领公寓和蓝领公寓为主。受限于蓝领工人的消费能力，白领公寓在武汉市场占据绝对主导地位。预计在不久的将来，红璞将填补武汉市高端公寓的空白。从区域分布上看，蓝领公寓与白领公寓并无明显区别，均集中于东湖经济开发区和武汉经济技术开发区（见表3）。

表3　**武汉市场集中式公寓各产品线基本状况对比**

产品线	白领公寓	蓝领公寓
武汉市场代表企业	可遇、红璞、芒果	芒果、红璞
每平方米装修成本（元）	800~1500	600~800
平均租金（元/月/间）	1500~1700	1000~1200
每间居住人数	不多于2人	4~8人不等 根据企业需求
户型	20~30m² 开间	20~30m² 开间
设施配套	床、书桌、衣柜、椅子、台灯、穿衣镜、冰箱、热水器、抽油烟机（若有厨房）、无线路由	床位、书桌、椅子、柜子、无线路由

（数据来源：公寓企业调研）

（七）市场特点

1. 租客平均租期较短，对于交通较看重

武汉租赁市场的租客平均租期为6个月，低于北京等一线城市8个月的平均水平，其主要原因在于以下几个方面：（1）湖北是全国高等教育资源集中的地区，武汉是全世界在校大学生最多的城市。据统计局数据，2016年武汉市在校大学生数量为106万，在校大学生和刚毕业的白领占据了武汉租赁市场的重要位置，而这类人群由于实习与就业的原因，流动性较强，导致武汉租赁市场平均租期缩短。（2）武汉市的城市建城区面积超过500平方公里，位居全国前十行列。由于城区范围较大，且二线城市租赁人群相较一线城市对于通勤时间的容忍度要小，因而由于工作变动而导致居住地点变动的情况发生较频繁，这也导致了武汉租赁市场平均租期的缩短。这也从侧面反映出武汉的租赁人群主要集中于交通便利的地区。（3）违约成本较低。武汉市平均租金水平在1000元左右，押金为一个月押金，武汉租客的违约成本仅为 1000 元左右，显著低于一线城市。

2. 集中式公寓与分散式公寓租金梯度差较小

目前，武汉长租公寓市场中分散式公寓的平均定价在 1100~1200 元/间/月，集中式公寓的平均定价在 1500~1700 元/间/月，集中式与分散式公寓的价差在 30%~40%之间，远低于一线城市集中式公寓和分散式公寓的租金价差。以北京为例，集中式公寓不论区位如何，单间月租金基本都在 4000 元以上，5000~6000 元的租金水平也相当普遍。而北京分散式公寓的房间月租金在 2000~2200 元，价差超过 100%。同样，在上海，根据嗨住统计，集中式公寓的平均租金在 2500 元左右，而分散式公寓的单间平均租金水平在 1500 元，价差也超过 60%。

3. 集中式公寓主要以合租状态为主

根据调研数据，武汉市集中式长租公寓的客群主要以合租为主，通常是一对情侣或两个朋友合租一个房间，在租住的过程中租客不仅享受到了高品质的租赁产品，同时由于两人共担租金，租金负担相对较小。目前，武汉市场集中式公寓的租客/房间数量比超过 1.5，与一线城市的状况基本持平。

4. 分散式公寓向集中式公寓拓展

集中式公寓的核心竞争力在于获取 B 端房源的能力以及一次性投入大量资金的实力，而分散式公寓的核心竞争力在于房源的管理能力及快速出清能力，但需要投入大量的人力和系统。在武汉市场租金水平的绝对值相对较低的情况下，分散式公寓获取相较周边物业 10%~20%租金溢价的绝对值相对较少，而在有限的租金差下，分散式公寓企业需要投入巨大的人力和系统去对房源进行管理，公寓企业盈利难问题可能在武汉等二线城市租赁市场上更为突出。相较分散式，集中式的业态更易获取较高的租金差和打造公寓品牌，因而更受市场创业者和投资者青睐。目前武汉市场上已经出现分散式公寓企业向集中式业态渗透的现象，如优客逸家原来主要做分散式公寓，现在开始尝试集中式公寓，红璞和可遇既做分散式又做集中式，目前已经停掉了分散式业务，主要做集中式业务。

三、武汉市主流公寓企业分析

截至 2017 年，武汉吸引了优客逸家、红璞、冠寓、魔方等优秀的外来公寓运营企业，同时培养了芒果、可遇、锦居瑞智、江寓等本土公寓运营企业。受企业基因及入市时间的影响，各自的运营模式及产品定位存在一定差异。

(一) 轻托管模式运营企业——锦居瑞智

锦居瑞智成立于2015年，是一家以房屋轻托管为主营业务的公寓企业，目前管理房源量超过1600套，房间量超过3000间，现公司有9个部门，前后台人员比为1∶100。现阶段业务仅聚焦于武汉，济南、成都、西安、南京等，其他城市尚在布点中，预计业务未来将向其他一线及热门二线城市铺开。

1. 租金水平

锦居瑞智管理全武汉房屋套均月租金约2200元，合租间均月租金约1000元。对比市场租金价格来看，锦居瑞智价格基本与市场类似租赁物业持平。

2. 业务模式

（1）盈利模式。锦居瑞智有轻托管与传统包租两种业务模式，两者房源占比约7∶3。轻托管模式下利润来源于业主的托管服务费，通常公司与业主签约2~3年，托管服务费为业主月租金收入的10%，为业主提供包括房屋招租、出租前对房屋进行保洁、美化、破旧家具重新配置、租户租后管理等服务。包租模式下企业以赚取价差为主要收入来源，通常与业主签约5年，租后依照租户需求提供非标准化服务并收取一定的服务费，例如对需要大型家电的租户提供家电租赁业务，每月向租客收取一定的使用费（见图22）。

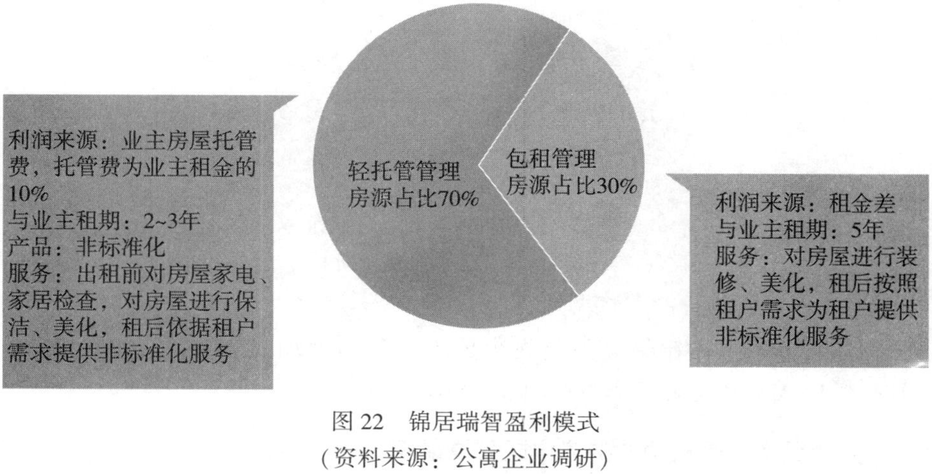

图22 锦居瑞智盈利模式
（资料来源：公寓企业调研）

（2）拿房策略。公司拿房渠道主要有三种：业主介绍、中介合作、自有销售人员地推。业主介绍房源占比约40%，其他两种渠道获取房源占比约60%。自有销售人员的地推依赖于早年开发小区积累的业主资源，与此同时，公司将武汉分成 50 个片区，将销售部拆成 10 个点，获取目标区域物业。

3. 租户客群

公寓目标客户群有 4 类：其一，刚工作的毕业生，通常能接受的月租金支出约 1000 元。其二，职场精英，这类人群对公寓品质要求较应届生高一些，这类人群与应届生租客群体占比为 50%~60%。其三，家庭租户，这类通常是因孩子上学陪读产生租赁需求，租户人群占比约 15%。其四，蓝领工人。

4. 基础运营指标

全市出租率约 95%，不同区域出租率差异较大，南湖区出租率较低。租客违约率约 3%，续约率约 60%（见图 23）。

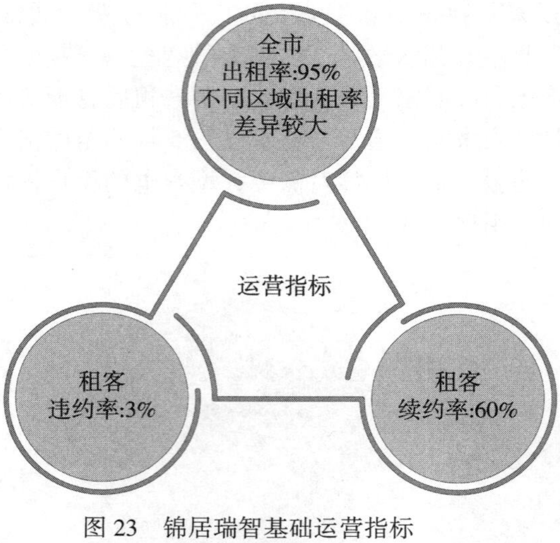

图 23　锦居瑞智基础运营指标
（资料来源：公寓企业调研）

公司运营成本中占比最高的是人力成本，公司平均人力成本 3000~4000 元，公司轻托管模式下间均装修成本在 500~700 元之间。

（二）武汉本土规模领先的集中式公寓品牌——芒果公寓

芒果公寓成立于 2015 年，是武汉规模领先的本土集中式公寓品牌，同时也是武汉产品线最多元化的公寓企业。现公司共管理 14 栋集中式物业，管理房间约 2000 间，其中投入运营的物业共 5 栋，投入运营的房间数量约 1000 间。

1. 租金水平

武汉物业整体单间月租金在 1000~1500 元之间，蓝领公寓略低，间均月租金 1000~1200 元，白领公寓间均月租金 1200~1500 元。

2. 业务模式

（1）丰富的产品线。公司多元化的产品线覆盖了蓝领、养老、高端、普通白领公寓四类，目前在装修的 9 栋物业包括蓝领公寓 2 栋、养老公寓 2 栋、高端公寓 2 栋、白领公寓 2 栋，此外还包括 1 处商业综合体物业。其中两栋养老公寓预计将外包运营，目前养老产业布局目的在于完善公寓产品线，提升公寓竞争力。蓝领公寓通常是 B 端客户，目前的蓝领公寓产品大多是按照 B 端客户需求来个性化定制产品。

（2）定价策略。公司获取物业前期通常会对周边市场租赁物业展开调研，租金水平通常较周边的一居室高出 10%~20%。

（3）物业获取渠道。不同于市场主流的集中式公寓以商住及厂房为主要目标物业，芒果公寓的物业以政府的房源为主，包括早年国企宿舍楼、公租房、空置的廉租房等。

（4）获客渠道。以网络为主要获客渠道，网络获客占比约 50%，此外线下地推等获客占比约 20%，租客自己上门占比 10%~20%，中介渠道获客占比 10%~20%。网络渠道获客成本约 250 元/人，中介渠道约 300 元/人，主动上门的租客通常是广告渠道获客人群，获客成本约 300 元/人（见图 24）。

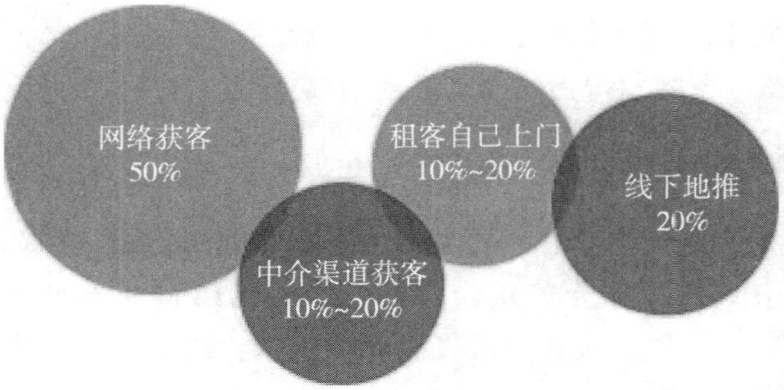

图 24 芒果公寓各渠道获客占比
（资料来源：公寓企业调研）

3. 盈利状况分析

从项目来看，4 月投入运营的汉江大学项目于 7 月份已实现利润率 16%。

4. 成本结构

企业拿房成本占整体收入的 50%，即相较于拿房价格，溢价率约 100%。从装修成本来看，以 25～30 平米的产品为例，对于精装房单间装修成本约 5000 元，简装房在不做卫生间的情况下成本在 10000 元以下，对于配置卫生间的产品间均成本 10000～15000 元，全改造的成本最高，单间装修成本在 20000 元以上。系统开发及维护成本投入约每年 700 万元～800 万元，开发团队至少 20 人（见图 25）。

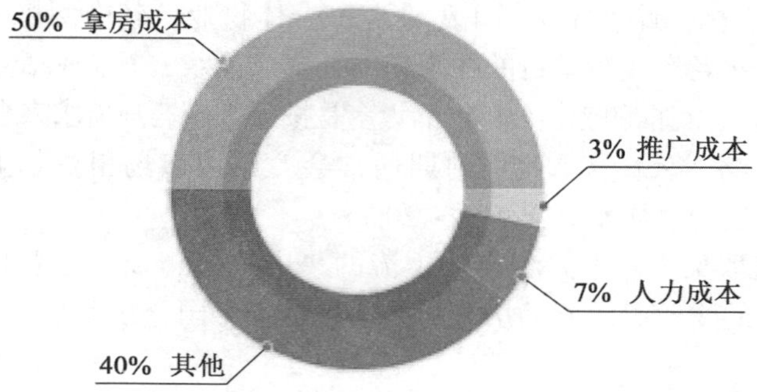

图 25　芒果公寓成本结构
（资料来源：公寓企业调研）

5. 客群分析

调研的江汉大学附近的物业，租户中在读大学生占比约 20%，刚毕业的大学生占比 30%～40%，家庭租户占比 10%，其余是蓝领。

（三）武汉本土规模最大的集中式公寓企业——可遇公寓

可遇公寓是武汉本土规模最大的集中式公寓品牌，目前管理公寓数量 2064 间，早年产品覆盖集中式公寓和分散式公寓两条线，2016 年下半年剥离分散式业务，专注于集中式公寓的运营。成立以来先后获得小米、顺为资本、光谷创业咖啡、光谷人才基金等多家企业投资。

1. 租金水平

可遇单间月租金水平约 1500 元。

2. 获客渠道

中介获客不超过 20%，老客户介绍占比约 20%，访谈的门店存在 15%～20% 自己上门的客户。

3. 运营指标

可遇公寓仅做长租，租期均为一年，武汉市场的综合出租率约95%，到期续约客户约占50%，违约率约15%（见图26）。

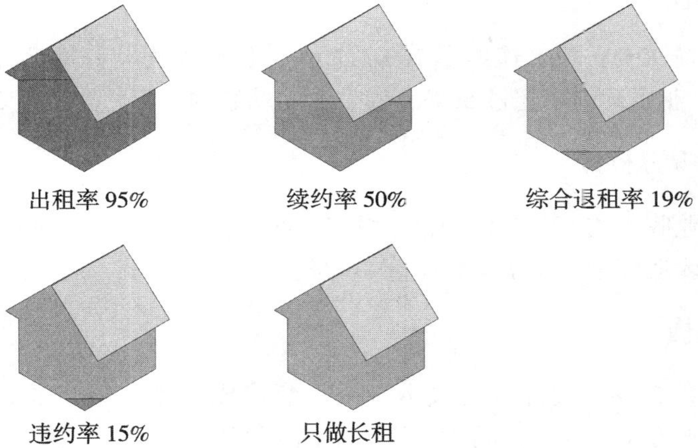

图26 可遇公寓主要运营指标
（资料来源：公寓企业调研）

4. 盈利状况

2016年年底月收入规模约3000万元，截至2017年6月份实现收入1500万元。从公司成本结构来看，拿房成本占总成本的40%~50%，系统成本约每年2万元，运营成本显著低于其他自建系统的公司企业。整体来看，除去装修、运营成本分摊，净利润不足10%。

（四）二房东背景的分散式公寓——集家公寓

集家公寓是武汉本土最大的分散式公寓企业，是一家自然人独资企业，目前尚无融资需求，物业开发完全依赖于自身造血资金支持。公司员工85人，管理分散式公寓5000间，投入运营的集中式公寓共200间。

1. 租金水平

平均租金超过1200元，产品价格从几百元到2000元不等。

2. 业务模式

集家公寓以地铁1.5公里范围内为主要获取目标，现有运营物业包括集中及分散式两类物业。房源获取主要依赖于物业公司渠道，占比高达70%，此外还包括中介、网络、业主转介绍、地推等。获客渠道以网络为主，占比高达90%。

3. 运营指标

房屋出租率90%，租客违约率10%~20%。公寓平均装修周期21天，平均配置周期10天。业主续约率超过50%，通常业主端签约5年，空置期3个月。

4. 盈利状况分析

公司月营业收入约500万元。企业税前利润在10%以内。从单套房屋来看，集家统一装修及改造较拿房租金溢价率为100%。

5. 成本结构

拿房成本约50%，此外人力成本15%，装修成本摊销约20%。从产品来看，装修成本约每平方米400元，间均装修成本约1.2万元。

（五）武汉本土中介背景的分散式公寓企业——江寓

江寓是武汉市中介公司吉家旗下的公寓品牌，在武汉市场投入运营半年，目前管理房间3000间，出租率水平约75%。中介背景的江寓与同类公司相比在房源端及获客端优势明显。

与传统的分散式公寓一致，江寓以赚取包租价差为主要盈利点，此外对租户端收取10%服务费。线下获客因有中介基因所以拥有先天优势，未来预计逐步实现标准化运营流程的IT化。现阶段借助微信平台实现租户线上化签约，目前IT团队尚在筹备中，江寓自建了24人IT团队，预计未来将推出自有APP对运营流程进行标准化管理，提升运营效率。

（六）外来集中式公寓代表——魔方公寓

魔方公寓是全国最大的集中式公寓企业，截至2017年8月魔方在武汉管理集中式公寓942间，选址大多位于核心区域，平均租金显著高于全市集中式公寓水平。

1. 组织架构

魔方公寓分设华北、华南、华东三个分公司，每个分公司下设子公司独立核算、独立运营，武汉魔方隶属于华东分公司。

2. 运营模式

（1）产品线。魔方公寓的产品线有摩尔、魔方、九号楼三类。其中魔方定位青年白领，目前是魔方公寓的主要产品线；摩尔定位中高端客户群；九号楼是蓝领公寓。在产品布局上，不排斥各产品线放在一栋物业运营，但尽量分开。

现阶段仅魔方公寓落地武汉，未来摩尔、九号楼也考虑进驻武汉市场。

（2）获客渠道。不同门店由于地理位置及周边交通、产业布局的差异决定门店的获客成本有所差异，通常位置较好的门店线下获客比例较高，获客成本较低。位置较为偏远的门店，更多地依靠线上获客，获客成本较高。例如魔方的知音传媒店线上与线下获客比例 1∶1，而位置相对偏远的东西湖店线上线下获客比例约 7∶3。线上端口成本约每人 270 元。

销售人员布局也会根据物业位置及周边产业园布局等属性进行调整，对于偏远物业需要推广力度较大，通常布局的销售人员较多。

（3）租期配比。魔方公寓通常采用长短租结合的灵活租期配比降低空置率，同时满足差旅等多元化租赁人群短租需求，魔方公寓各城市长短租配比约 7∶3。

3. 运营指标分析

（1）爬坡期（物业转运营后达到 90%出租率的时间）。通常位置较好的物业爬坡期较短，而位置相对较差的物业爬坡期较长。公司要求爬坡期控制在 3 个月内。实际调研得知，魔方（江汉桥店）爬坡期为 1 个半月，而东西湖店爬坡期约 3 个月。

（2）租期。魔方租客的平均租期约 4 个月，低于武汉公寓平均租期水平，这主要是受魔方公寓本身长短租结合的运营模式影响。

4. 盈利状况分析

从物业角度来看，早前三家投入运营的门店目前已实现盈利。整体来看，魔方公寓在武汉市场上通常物业转运营后 1 年可实现盈利。

从税收成本来看，早前投入运营的其中两处物业因独立核算且年收入未达到 600 万，故按照小规模纳税人 3%税率征收增值税，税收成本较低。当前新开的物业基本按照 6%的税率征收增值税，税收成本较高。

（七）新房代理公司背景——红璞公寓

红璞公寓是世联行子公司运营的长租公寓品牌，目前在武汉管理的集中及分散式公寓约 3000 间，蓝领公寓 200~300 间。

1. 租金水平

租客支付结构包括租金及服务费。服务费按房间数征收，通常每个房间每月收取 80 元服务费。例如，一个两居室每月服务费为 80×2＝160 元。曙光 C 区的物业一居室租金普遍在 1800 元左右，两居室租金约 2400 元。

租金支付方式有押一付三、月付、年付三种类型。租客选择租金支付方式中，微信支付占比约 80%，支付宝及 POS 机支付占比各 10%。

2. 业务模式

（1）选址原则及物业获取渠道。物业选择的主要关注维度包括交通、产业园及商业配套，此外还关注产权及物业消防问题。

获取物业渠道主要有三类：公司拥有的开发商资源、地推人员开发、转介绍。其中前两类是红璞获取物业的主要方式。此外分散式公寓房源以毛坯房为主，便于统一化装修管理（见图 27）。

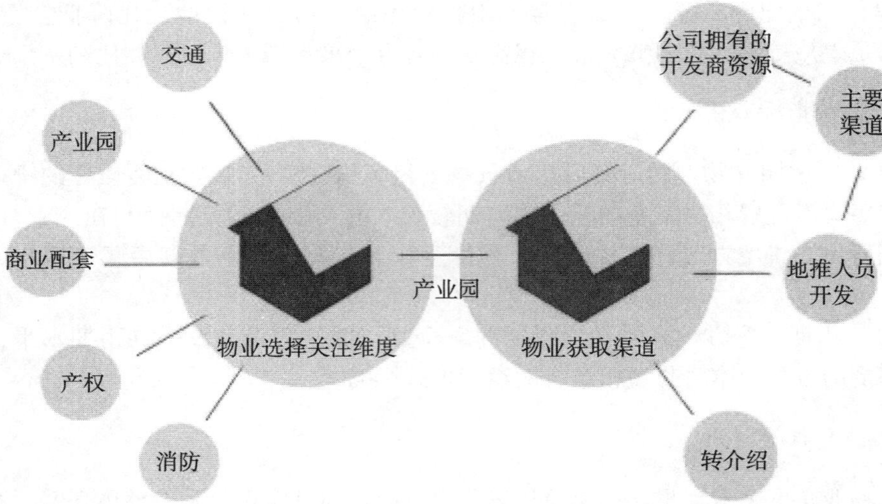

图 27　红璞公寓的选址原则及物业获取渠道
（资料来源：公寓企业调研）

（2）装修配置周期。通常为 1~2 个月。

（3）获客渠道。线上主要通过 58 等房产信息网站，线下通过宣传单页来获客，平均单个客户获客成本 80 元~100 元。整体来看，线上获客占比约 60%，线下渠道获客占比 40%。

（4）产品线。从服务客群来看，红璞产品包括面向白领客群的青年公寓，以及面向低端市场的蓝领公寓。从管理的物业形态来看，红璞公寓产品分为集中式及分散式两种。

3. 成本及收入结构

红璞的整体投入回收期预计在 5~6 年。整体来看，红璞的拿房成本低于市场其他参与者。

（1）收入结构。集中式公寓占比 65%，分散式公寓占比 35%。

（2）成本结构。拿房成本占比 30%，税收（包括增值税、企业所得税、附加税等）占比 13.1%。从产品装修成本来看，白领公寓的装修成本为每平方米 1000 元~1500 元，蓝领公寓装修成本每平方米 600 元~800 元。

4. 运营状况分析

（1）出租率。分散式公寓出租率约 91%。曙光 C 区的集中式公寓 B 端客户较多，出租状况较好，基本处于满租状态。

（2）租客平均租期。红璞租客平均租期是半年，现有租客中一年租客与半年租期租客各占 50%。

（3）租客到期续约率：70%。

（八）外来优质品牌进入者——优客逸家

优客逸家是一家从成都起家的国内知名公寓品牌，业务布局成都、武汉、杭州、北京，目前在武汉管理房屋约 1 万间，覆盖 300 多个小区，截至目前累计融资约 5 亿元。公司业务由青年公寓渗透到旅游、智能家居及金融行业。

1. 业务模式

（1）选址原则。基于线上用户搜索、线下租户问卷调研等形式来锁定租赁热门区域，此外结合网络爬虫数据、热门租赁小区的租客人群结构、市政府规划等信息来锁定潜力楼盘。

（2）拿房渠道。主要通过中介渠道，占比约 50%。公司拿房地推团队共 80 人，现阶段每月拿房量 500~600 套。

（3）获客渠道。30%来自官网、APP、微信公众号，58、赶集、安居客等客户渠道占比 40%，客户转推介占比约 30%，线下中介渠道占比极低，基本不用中介出房。就渠道成本来看，目前官网渠道获客占比 30%，官网依靠百度推介获客成本人均约 50 元，58、赶集等第三方平台端口人均获客成本 70~80 元，客户介绍获客成本 100~200 元。公司目前推出全民经纪人活动，借助租户的力量向周边有租房需求的人发送推介链接，给予推送人一定租金优惠，从而利用租客获客。

（4）产品线。优客逸家产品结构见表 4。

表 4 **优客逸家产品结构**

事业板块	产品类别及租金水平	客群和产品形态
城市人居	优客逸家 租金：500~1500 元	中低端主力客群：都市青年 产品形态：分散式合租
	UOKO 公寓 租金：2000~4000 元	中端主力客群：都市白领 产品形态：集中式整租
	优客新宿 租金：500~1500	低端主力客群：毕业生 产品形态：集中式合租
	服务公寓： 租金：4000+元	高端主力客群：都市白领 产品形态：集中式整租
旅游人居	UOTO 度假	
智慧共享	UOKO 智能家	
金融	U 付	

（资料来源：公寓企业调研）

2. 运营指标分析

租客续约率约 65%，租客违约率约 54%。在武汉市场，优客逸家的租客平均租期为 9. 6 个月，平均出房周期约 20 天。

3. 盈利状况分析

8 月份武汉分公司实现盈亏平衡，月均收入约 900 万元。从产品层面来看，单套房屋的成本回收周期 25~30 个月。获取物业 98%是毛坯房，在该前提下单间房屋月租金差约 550 元。

（九）开发商背景参与者——龙湖冠寓

冠寓是龙湖地产进军公寓行业的公寓品牌，2016 年进驻武汉，目前物业均在筹备中，预计到 2017 年 8 月 31 日冠寓在武汉的第一家集中式公寓物业将投入运营。预计到 2018 年，冠寓将在武汉开 20 家集中式公寓门店，未来预计投入 70 亿元在全国布局集中式公寓。

从组织架构上看，目前武汉冠寓的运营部门——冠寓发展中心隶属于龙湖武汉分公司，预计未来将成为独立的部门。武汉市场冠寓运营团队目前有 22 个人。

1. 业务模式

（1）产品定位。冠寓预计未来向市场输送核桃、松果、豆豆三类公寓产品。其中核桃是服务于中高端租赁人群的轻奢华公寓，松果是服务于普通白领的青年公寓，豆豆产品定位为初入职场的青年社区。

（2）物业获取方式及风险点。物业选择关注的维度：其一，土地性质。认为工业性质土地存在风险；其二，价格。公司内部有成熟的投资模型，结合业主报价进行测算，判断物业可获得性；其三，位置。认为三环内均可接受。武汉物业获取难点在于经济型酒店及整形医院获取了大量优质物业，故冠寓获取的物业以商业物业为主。

（3）获客渠道。主要分为线上线下两类，线上主要依赖于第三方房产信息平台，线下主要靠自有团队地推。

2. 成本结构

目前拿房成本占比55%，装修成本占比20%。

四、武汉市公寓行业发展的机遇与问题

虽然武汉市长租公寓行业于2015年才开始起步，但目前发展较快，这得益于武汉良好的经济和人口环境，武汉市“百万大学生留汉计划”将助推长租公寓行业的发展，但是我们也应该看到当前该行业面临诸多的问题和挑战。

（一）机遇

1. 经济环境良好

20世纪90年代以来，武汉市GDP的增速保持在10%以上，对比我国典型二线城市来看，武汉的GDP位于第五位，人均可支配收入也稳步上升。此外，武汉的高新技术企业数稳定增长，高新技术企业数量在2013—2016年实现翻一番，由900家迅速增长到2177家，新增企业提供了大量就业机会，为武汉市吸引人才增强了竞争力。租赁是刚性需求，与经济增长、人们收入水平密切相关，武汉经济不断发展是公寓行业良性发展的基础。

2. 流动人口多，大学生多

流动人口是租赁的主力人群，良好的经济发展水平与优质的教育资源是吸引人口持续流入的核心动力。武汉是我国高校数量排名第三的城市，在校本科及以上学

历学生数量超过百万人，在武汉常住人口中占比约 10%，庞大的学生群体使得武汉租赁市场产生稳定的需求。

3. 租赁市场是房地产市场中唯一具有政策红利的市场

2010 年以来，中央及地方多次发文对租赁市场进行规范并给予租赁运营企业多种形式优惠，租房市场是房地产市场中唯一具有政策红利的市场。武汉 2017 年提出“百万大学生留汉计划”，武汉市房管局在《武汉市关于开展培育和发展住房租赁市场试点工作的实施意见》中明确提出加大住房租赁政策支持力度，提出多渠道增加租赁住房供应，在税收、工商、公积金、财政、金融、相关配套政策等多维度来扶持租赁行业发展，对承租家庭、个人及公寓运营企业给予一定的补贴，推动租赁行业健康、多元化发展。

4. 消费升级需求

我国长租公寓发展于 2010 年前后，随着新一代的年轻群体毕业工作，进入租房状态，也迎来了新的居住需求，越来越多的 90 后成为租房的主力客群，他们对于住房的偏好和要求以及消费观，都明显不同于 70 后和 80 后，他们更加追求良好的生活品质，并愿意为此而买单。

而逐渐成长起来的 80 后租房群体，也拥有一定经济实力，部分还处于买房前的过渡阶段，或者不愿承受买房的经济压力，这些人对于租房的品质也开始提出更高的要求。

消费群体的迭代，让租赁需求已经不能满足于传统的租房市场，居住消费升级对居住品质提出了更高的要求。房地产市场在结构上和区域上供需错位产生的发展问题让我们看到了租赁市场的发展机遇，但同时也要深入研究发展存在的问题。

（二）问题及挑战

1. 房源获取困难，租金成本高，企业盈利难。“商改租”房源经营风险大

市场的需求激发了集中式公寓和分散式公寓两类产品在现阶段的快速发展。集中式公寓企业物业获取困难目前成为制约行业发展的一个重要问题。分散式公寓企业主要以市场中分散的住宅物业作为获取房源的目标，房源供给相对充足；集中式公寓通常需要租下一整栋物业进行装修改造，合适的物业相对较少。一般很少有业主拥有一栋住宅楼的产权，所以武汉市场中的集中式公寓企业一般倾向于获取闲置的宿舍、商住楼、开发商自持或售后回租的住宅，这类物业在武汉市场上相对较少。据不完全统计，目前经济型酒店获取了武汉市场 50%的适宜改造为公寓的物

业，各类专科医院又占据了20%~30%的份额，留给“后来者”长租公寓的扩展空间非常小。一方面是可获取物业的稀缺，另一方面是企业需要快速扩张占领市场的压力，各家公寓企业开始高价拿房，有的企业已经将拿房成本增加到了35元/平方米/月，远超行业内公认的20~30元/平方米/月的安全标准。较高的拿房成本意味着企业的可变成本已经非常小，通过企业规模扩张带来管理成本的下降、利润提高的空间十分有限，从而限制了长租公寓企业的发展。

同时，近几年武汉市商业地产供应井喷释放，总量增速显著，呈现阶段性总量供应加大的发展趋势，但商业地产的空置率逐年攀升，商业竞争激烈。在2016年武汉市住房保障和住房管理局的课题《武汉市商业地产的现状、问题和对策研究》报告中就明确提出调研部分区域过剩商业地产“商改租”的可行性，引导“租售并举”制度的改革创新。

在目前武汉市现有的26家租赁试点企业与13家租赁服务企业已经承租运营的47栋集中式公寓中，80%都是既有的非住宅建筑。企业经营面临的主要问题是：（1）由于产权和土地性质问题，无法通过项目一次或二次消防而导致无法收房。因为国家没有清晰、明确的集中式公寓消防标准，而按照酒店公寓高标准投入的消防设施让经营企业面临着很大的投入压力，同时商改租后的消防手续经政府协调也无法办理消防验收。（2）较多物业属商业性质用地，部分项目因早期无产权证，或企业单位产权债务纠纷等因素，给收房及运营带来很大的影响。

所以明确“商改租”的政策标准，完善法律法规，对长租公寓的消防管理进行设计和验收标准制定尤其重要。盘活阶段性过剩的、淘汰的商业物业，增加租赁住房的房源供给，降低企业经营的政策风险，是亟待突破解决的促进租赁市场健康发展的问题之一。

2. 融资成本高，企业扩张受限

目前，武汉市长租公寓市场参与者的融资渠道主要有三类：（1）创始人投入的资本和企业运营“造血”，典型企业如集家；（2）依靠母公司“输血”，典型企业如世联行、红璞；（3）引入股权投资，典型企业如优客逸家。在前两种模式下，有限的创始人和母公司投入的资金难以支撑企业快速扩张的需求。在第三种模式下，股权资本通常具有高风险、高回报的特性，这与公寓企业低风险、低回报的特性不匹配，当前公寓行业股权投资还没有好的退出方式，因而股权融资的难度也越来越大。受限于当前的包租模式，长租公寓企业前期需要投入资金较多，在没有稳定庞大低成本的资金支持下，企业很难实现快速扩张。此外，由于公寓行业属于新兴行业，盈利模式及盈利能力尚有待验证，银行等金融机构在进行放贷时更加审慎，企业贷款难度增加。

3. 缺乏针对性税收政策，企业税负成本较高

目前还没有出台专门针对长租公寓企业的税收细则，税收细则不明导致长租公寓企业税负较高。这主要体现在两个方面：

首先，长租公寓行业是新兴行业，《武汉市关于开展培育和发展住房租赁市场试点工作的实施意见》中将长租公寓行业归类为“房地产中介服务”中的“房地产经纪服务”类，同时武汉市对房地产中介机构提供住房租赁经纪代理服务，一般纳税人适用6%的增值税税率。据统计，租赁行业需要缴纳增值税、企业所得税、印花税，一般纳税人增值税税率为6%，小规模纳税人增值税税率为3%，企业所得税税率为25%，印花税税率为0.1%。

需要明确的是，房地产中介机构是以收取服务费为收入来源，而长租公寓企业是以出租房和收房价差作为收入来源，且该价差内包含了房屋的装修成本、运营成本。由于分散式公寓企业无法要求业主端开具增值税专用发票，因而无法做进项税抵扣，政府最终将以租金收入的总额作为计税依据，给企业经营造成沉重负担。企业一般跟小业主签约，需要为小业主代开发票，住宅税率为5%；商业税率为14.1%。

其次，在现实运营中，集中式公寓虽然能够从业主端获取到增值税发票，但受限于物业产权性质，水电为商水商电，价格较高。长租公寓企业实行水电费代收代付制，该部分资金并非企业收入来源，但是有些区域的水电部门无法开具增值税发票，直接影响了该部分成本的抵扣，导致企业纳税额增多。

4. 监管制度不明确，企业存在经营风险

首先，消防标准不明确。公寓企业的物业一般以非住宅类为主，武汉尚未建立明确、具体的非住宅类物业变更为租赁物业的消防标准，这就为后续企业经营带来了不确定性。如果以酒店行业的消防标准要求长租公寓企业，会导致长租公寓企业消防投入增加，让本来就微利的行业更加生存艰难。然而不可否认的是，集中式物业是人员密集居住区，消防和治安方面普遍存在较大的安全隐患，政府急需针对这类租赁物业出台专门行业消防标准。

其次，“N+1”问题尚不明确，与“胶囊房”的定义也划分不清。不同于“胶囊房”，符合一定改造标准的“N+1”模式有利于增加市场房源供给，缓解租赁市场供不应求的现状，同时也能增加公寓企业租金收入，维持行业持续健康发展。当前武汉主管部门对于“N+1”处于默许状态，但未有明确政策落地，未来企业经营仍存在一定风险。

5. 租赁行为规范不明确，租客权益无法保证

首先，没有明确的装修环保验收标准，租客的生命健康权益无法保证。对出租房源进行装修改造、品质升级是公寓运营获取租金溢价的重要环节，也是租客选择长租公寓的一个重要原因。武汉市对于公寓企业尚未有明确的装修环保验收标准，市场中的主流企业的装修材料采购渠道不一，单平米装修成本从三四百元到上千元不等，装修完毕后室内空气质量是否合格没有统一的衡量标准和监督抽查机制。在没有空气治理达标检验的情况下，如果装修材料中含有过量的甲醛、苯等极易对租客的身体健康造成伤害。

其次，经营机构、房屋租赁从业人员和租赁合同的登记备案率低，租客权益无法得到保障。

第一，非正规公寓运营机构不备案，无序竞争得不到监管。《中华人民共和国城市房地产管理法》第五十四条规定，房屋租赁，出租人和承租人应当签订书面租赁合同，并向房产管理部门登记备案。但实际上，由于备案制度对于租赁双方没有实质性的约束，业主害怕交税，长期以来，租赁登记备案制度没有得到落实。除了正规中介或专业运营机构租房会有正式的登记备案，个人房源或非正规中介不办理租赁登记备案的现象非常普遍。由于公寓运营机构没有一定的准入门槛，武汉市场中一些代收代付公司卷了租客的租金“跑路”的现象偶有发生，房地产管理部门很难对这种行为进行监管。

第二，租赁合同不备案，权利义务不明晰。没有标准的租赁合同，租赁合同没有备案，当纠纷发生时没有标准的经备案的合同作为证据，租赁双方权利与义务不能够清晰划分，租客的权益无法得到保障。

第三，房屋租赁从业人员无备案，“不良”从业人员或损害租客权益。武汉市场还未对专门从事长租公寓经营的从业人员和机构实行实名登记备案管理制度，致使一些有过不良职业行为的从业人员的诚信记录难以公示，租客在选择机构和从业人员为其服务时难以辨别，或遭遇“不良”从业人员而致使权益受损，影响租赁体验。

第四，主要信息渠道存在虚假房源，严重影响客户体验。武汉市场上存在大量在互联网信息平台上用假房源手段吸引客源的现象，他们以低价、假图片和过期房源吸引客户，造成规范的住房租赁企业客户来访量的减少，形成“劣币驱逐良币”效应，同时给市场中的客户带来极差的体验感。

第五，租客与租客不同权，租客与业主不同权，造成人群权益不平等。租赁公寓的租客由于公寓原本非住宅属性的限制而无法像其他租赁普通住宅的租客去办理居住证，这一方面制约了公寓行业的发展，一方面给租客带来了“不公平”感，

严重影响租赁体验。同时租客无法像业主一样平等地享受教育、选举、社区公共福利、养老服务等权利的问题不仅在武汉租赁市场乃至全国租赁市场都很普遍，这制约了我国“购租并举”住房体系的构建。

五、公寓行业发展的国际经验借鉴

政府与市场化力量是推动租赁市场健康、规范化发展的核心力量。结合国外成熟的经验来看，租赁市场的有效运行离不开政府部门的合理干预，政府通过制定底层调控政策来稳定租约关系，通过对税收、金融、准入及运营机制的调整来管理机构参与者，影响市场效率，规范租赁市场。租赁市场的有效运行同样离不开市场机构者的参与，市场机构参与者通过提高匹配效率、规范租赁流程或提供高品质租赁房屋来促进租赁市场健康发展。

我国租赁底层制度缺失是阻碍租赁行业规范化发展的难点。从短期来看，政府应以政策文件的形式对租赁关系细则进行规范化，对租赁关系管理层面采用政府干预与市场干预相结合的方式，最大化地盘活市场房源，促进公寓企业在企业信誉与利润驱动下规范、高效运营。从长期来看，应以立法的形式对租赁关系给予详细规定，伴随着租赁市场的日益成熟，政府与市场的关系应由政府干预与市场调节相结合逐步向市场调节为主政府干预为辅助转换，逐步开放 REITs 类融资渠道。

（一）底层法律制度的完善催生了稳定的租赁关系

规范的租赁流程和稳定的租赁关系对于促进租赁市场的健康发展具有重要作用，租赁关系的稳定以租金、租期、租约以及承租人出租人权责划分为核心要素，从成熟的市场化国家经验来看，各国通过完整的底层立法对租赁核心要素进行规范、约束。美国、英国通过租赁特别立法形成完善的租赁法律体系，而德国、日本则以民法典为核心，并结合相关立法，对租赁关系中涉及的核心要素进行规范约束（见表 5）。

表 5　　美国和日本对于租赁中所涉及事项的规定

	美国	日本
租户职责	遵守社区及相关公约、交纳合理的租金及保证金、公共管理费等	（1）支付租金的义务 （2）建筑物保管义务 （3）退租时原状恢复义务

续表

	美国	日本
租户权利	(1) 明确业主检查房屋安全和维修的责任，禁止业主转嫁维修义务 (2) 租户享有默示的续租选择权，业主终止租赁合约需提出正当理由 (3) 租约到期或逾期不交租金的租户，业主只能诉诸法律程序进行驱逐，不能自行驱逐	(1) 使用建筑的权利 (2) 要求出租方偿还必要费用的权利 (3) 要求出租方偿还有益费用的权利
租约规定	合约涉及：保证金金额、租期续约以月为单位、租金、公共管理费、小区相关规定及特殊条件（可作为房东解除租约的依据）、租金调整情况	分为普通租赁合约与定期租赁合约 普通租赁租期由当事人协商决定，没有租期上限，可自动更新 定期租赁合约必须有纸质证明，没有租期上下限，不承认没有约定租期的合约，合约到期之后不自动续约
租金	美国大部分州仅对公租房的租金进行限制，规定公租房租金不超过市场租金的一半，私人市场对租金涨幅及调租频次有所限制，少数实行租金管制的州通常将租金涨幅与 CPI 挂钩，向弱势群体倾斜	无租金管制，一般短期不做租金调整。普通租赁合约租金出现公租房租金上调、土地价格大幅上升等特殊情况是可以进行调整，而定期租赁合约任何时候都不允许租期内进行租金调整
租期	租期通常是一年，但是租约到期后续约租期较为灵活，通常可自动按月为单位进行续约	普通租赁无租期上限，无正当理由下自动更新，若租期小于一年，视为没有约定租期；定期租赁合约则不设定租期上下限，合约到期不自动续约
业主职责	(1) 出租人必须保障用于出租的不动产不存在影响居住的瑕疵 (2) 业主具有房屋安全维修及公共区域检查的责任，业主不可向承租人转嫁维修义务 (3) 对于无严重过失的租户，业主必须满足其续约要求，如业主有合理需求而不想续约的，必须提前 15~30 天通知租户	(1) 住房使用权益转让的义务 (2) 建筑修缮义务 (3) 必要费用偿还义务 (4) 有益费用偿还义务
业主权利	(1) 当出租人蓄意不缴纳房租、损害房屋及扰民或者出现不法行为时，业主有权利驱逐其离开 (2) 承租人未使用期间，承租人有义务通知出租人	(1) 要求承租方缴纳租金的权利 (2) 退租时租赁房屋原状恢复要求权

（资料来源：链家研究院）

（二）政府与市场协调稳定租赁关系

租赁关系的稳定需协调政府与市场的关系。发达市场形成了以政府直接干预和市场自发为主、政府经济手段调控为辅两种主流干预方式。从房屋租赁管理的部门与职能来看，政府主要职能是负责公租房市场的建设与管理。美英日政府对于私人房屋租赁市场的干预趋弱，更多地通过租金补贴、税收优惠、金融政策等经济调控手段进行调节，更大程度地发挥行业组织的自律管理。

从历史发展来看，欧美国家曾经以租金控制以及公租房供应为主来直接干预租赁市场。但随着租金控制对业主的消极影响以及政府财政负担的增强，美国、英国、日本政府对房屋租赁市场的关系经历了由早期大量公租房的供给直接干预到发挥市场与政府协同作用的过程，目前美国以经济调节手段为主，但德国租赁市场政府干预仍然占据主导（见表 6）。

表 6　　美国、英国、德国和日本对于租赁中所涉及事项的规定

国家	政府部门	管理职责
美国	房屋委员会（Housing and Urban Development，HUD）	美国房地产市场统筹，包括美国社区及保障性住房建设，提高居民居住条件，建设高质量的保障性住房，保障消费者权益
	租金管理办公室（纽约市）	管理纽约市租赁房屋，保障私人房源租金合理
英国	家庭与社区机构（Homes and Communities Agency，HCA）	政府公共住房与土地及其再生的管理机构，也是英国社会住房供应监管者，与租赁相关的职责主要为新建用于租赁或出售公共住房及其监管，保障公共住房得到良好的管理与财务安全
	住房协会（Housing Association）	市场化的非盈利组织机构，管理面向中低收入家庭的公共住房，但受到 HCA 监管与政府资金支持，是英国公共租房的市场化表现
	郡法院、高等法院、租金法庭、租金评估委员会以及租契评估审裁处	房屋租赁纠纷处理
	存款保障服务机构	提供押金安全

续表

国家	政府部门	管理职责
德国	规划局（地方政府）	负责制定住房建设、保障计划及规划并提供住房保障资金
	住房局（地方政府）	公租房的申请分配、管理以及租金补贴的发放，住房法律咨询服务
	州政府的社会住房担当部	提供住房补贴，资助私人投资者和地方投资者如长期贷款、低息贷款，甚至无息贷款、土地优惠、税收等优惠政策
日本	国土交通省	租赁行业相关政策资料、统计信息、申请手续、规范性合同文书等的提供与公开发表 负责监督管理登记租赁住宅管理机构，防止机构从业者不良经营、维护行业健康发展

（资料来源：链家研究院）

（三）市场机构管理

租赁市场的有效运行离不开市场机构者的参与，市场机构参与者通过提高匹配效率、规范租赁流程或提供高品质租赁房屋来促进租赁市场健康发展。总体来看，由于各国租赁行业生态存在显著差异，各国对于市场机构管理不尽一致，但相似的是市场化国家的管理更多地依靠市场。

租赁管理机构包括居间机构及专业的租赁管理机构。在对居间机构的管理上，美国以完善的底层监管制度及高标准的准入门槛对行业参与者进行筛选，并引入协会大量参与机构的规范化管理。对于专业的租赁管理机构，在管理上视同业主，需严格地遵从相关租赁法律。与我国不同的是，美国、日本、英国的公寓企业可以借助住宅 REITs 实现低成本的融资，快速扩张规模，此外在 REITs 税收优惠下，运营成本较低（见表 7）。

表 7　**美国、英国、德国和日本对专业化租赁运营机构的管理**

国家	专业化运营机构作用	对专业化运营机构的管理
美国	盘活房屋存量，提高房屋价值，为租赁市场输出高品质的房源及高质量的租后服务，规范租赁流程，并带动相关就业	房屋托管行业管理比较松散，行业无准入门槛，仅部分州要求必须持有房地产经纪牌照。持有运营业机构视同业主，只需要符合相关租赁法律即可，但住宅 REITs 公司需遵循《公司投资法》、《1986 税制改革法》、《1997 纳税者减免法》、《REITs 现代法》、《国内税收法》

续表

国家	专业化运营机构作用	对专业化运营机构的管理
英国	增加租赁房源，提供高品质的市场租赁房源与高质量的租后服务，规范租赁流程；增加就业岗位	持有住宅并进行专业化管理的机构视为业主，因此只需满足租赁立法对业主的职责要求即可，对于住宅 REITs 公司则需遵循相关的税收、资产方面的监管要求
德国	房地产商、开发商持有运营居多，有助于增加市场租赁房源供给，提高租住品质和体验	(1) 部分地方政府规定，房地产企业在建造房屋的过程中必须预留一部分的住房专门卖给或租给低入者等特殊群体。之后房产公司根据政府制定的租金标准进行租金的代收和房屋的管理工作 (2) 德国住房合作社建造的住房必须用于出租，不得出售 (3) 不允许由非专业机构管理房产或几个业主进行私人管理
日本	解放拥有多套房地产而老龄化加剧的土地主，盘活土地和存量资产，增加市场房源供给，提高租户居住品质，减少租赁纠纷	以《消费者契约法》、《宅建业法》、《个人情报保护法》等法规来约束专业化租赁运营机构并强制其进行房屋事项说明，禁止虚假宣传和双边代理以保护消费者权益，并且国土交通省在 2011 年的《租赁住宅管理机构登记规程》中要求专业化租赁运营机构进行备案、接受监管，2016 年要求运营机构向业主详细阐述经营风险

（资料来源：链家研究院）

六、武汉公寓行业未来发展趋势

当前武汉市租赁人口超过 200 万，租赁房屋有 81 万套，市场中以私人业主和二房东为主，长租公寓占比仅为 2.22%，渗透率极低，仍处于发展的初级阶段。根据行业发展的周期理论，我们可以预见未来武汉长租公寓市场将呈现如下趋势：

（一）公寓企业的管理规模和渗透率将提升

公寓企业的发展存在三个规模门槛：第一个规模门槛是 1000 间左右，这是二房东管理房间数量的极限，该阶段主要特征是，二房东及其家人对房屋进行管理，也有的二房东会雇佣几个人帮他们管理，主要依靠人力，没有相应的管理系统，有的会依靠简单的 EXCEL 表格，实行的是“点对点”的管理。第二个规模门槛是 5000~10000 间，该阶段的长租公寓企业大多以专业运营公司的形式存在，开始依赖管理系统去管理房间和管家、租客，这个阶段主要的挑战是对人员管理。第三个管理规模是 50000 间，此时公司严重依赖于系统来进行人、房、钱三类流量的管理，并且公司开始出现规模效应。当前武汉市场中的公寓企业管理规模大多处于已经跨过第一个规模门槛但尚未达到第二个规模门槛的阶段，企业发展中由于管理能力造成的阻碍将会较低，企业将在未来半年或一年会获得相对快速的发展，管理的房间规模将会快速上升，直到第二个规模门槛到来，企业将会在规模的扩张上出现一些阻碍，可能会造成短期内规模扩张的停滞，企业只有通过系统和自身内部流程的优化才能获得管理效率，跨越该规模门槛。

当前，武汉长租公寓企业管理的房间数量为 3.7 万间，市场渗透率为 2.22%，对比国外来看，美国这一占比超过 30%，日本超过 80%；对比国内一线城市来看，北京渗透率约 10%，上海甚至超过 20%。过去的一两年中，中央和地方政府出台了一系列鼓励租赁市场发展的政策，各类资本也纷纷涌入该市场，在政策的东风和资本市场的支持下，武汉市公寓企业在整个租赁市场中的渗透率将不断提升。

（二）集中式公寓企业的占比将会继续提升

从当前武汉市场中分散式和集中式公寓从品牌数量上来看，虽然集中式公寓占优，但从管理规模来看，分散式和集中式公寓的管理房间数量的比例为 4 : 1，分散式公寓明显市场份额更大。集中式公寓受限于符合条件的可获取物业有限因而扩张速度不及以商品住宅为房源的分散式公寓企业，但从租后管理来看，集中式公寓企业由于管理房源比较集中，对于管理人员的管理能力和系统的依赖性要显著低于分散式公寓企业。相对于集中式公寓企业，分散式公寓企业是人员、技术更密集型企业，更多的人员、更先进的管理系统背后需要的是大量的资金的支持，在分散式与集中式租金溢价一定的情况下，分散式公寓的扩张将更多地受到管理能力和人员扩张速度的制约。当前武汉市场中已经出现了分散式公寓业务向集中式扩张的趋势，典型如可遇和红璞。未来，在集体土地鼓励建租赁住房和开发商自持政策的推动下，集中式公寓企业的物业获取难题将有所缓解，在市场中的占比将进一步提升。

（三）规模企业将大规模并购中小型企业

从长期来看，当一个行业进入快速发展后期，市场已经饱和，行业内的企业将会通过并购和重组的方式来获取市场份额的提升。当前，武汉长租公寓市场尚处于发展的初期阶段，市场远没有达到饱和状态，各家企业（尤其是分散式公寓企业）管理规模的扩大依赖于整个长租公寓市场份额和渗透率的不断提升。当然，在短期内，集中式公寓企业由于市场中可供获取物业资源的限制，经济型酒店及专科医院获取了市场 70%～80%的优质物业，集中式公寓企业将可能±通过价格竞争来获取物业的方式变为规模型企业收购小规模的集中式公寓企业的方式来扩大市场占有率。

（四）以长租公寓为核心，形成完整的服务生态

以长租公寓为核心武汉租赁市场将围绕“住”形成完整的服务生态，成为拉动经济增长的新动力。

长租公寓行业本质是一个以“住的服务”为核心的行业，具有产业链条长、参与者众多的特点。

大型公寓企业可以围绕租赁这一场景，整合供应商资源，以平台身份提供更多的交易场景。租户可以在该平台上选择合适的保洁、维修、购物、搬家等一系列生活服务商，提高租户的居住体验。此外，线下集中式公寓企业可开放公共区域，引入咖啡厅、餐厅、便利店、健身房等休闲娱乐生活设施，便利租户生活，完成小型租赁生态圈的打造。

国外围绕着租客的居住体验衍生出维修、保洁、租赁信息平台、管理系统、金融服务等各细分行业，各行业相互配合形成完整的租赁行业生态。长租公寓行业将成为拉动经济增长的新动力，具体表现为公寓新建、存量运营和租户消费三方面，对于经济的带动作用不仅在于提供了新的就业岗位，更体现为直接投资和拉动经济产出。

七、武汉长租公寓市场发展的政策与建议

武汉市长租公寓市场依然处于发展的早期阶段，党的十九大提出：加快建立多主体供给、多渠道保障、租购并举的住房制度。租赁市场将在我国的住房体系中扮演越来越重要的角色。放眼国际，伴随着租赁市场的发展与租赁立法的日趋完善，政府的主要职责在于制定底层监管框架，使市场有法可依，武汉政府虽然出台了《武汉市关于开展培育和发展住房租赁市场试点工作的实施意见》，但参考国内外租赁领域的法律法规、政策条例并结合武汉市长租公寓市场的具体情况，仍有如下方面需要改善：

（一）盘活存量房源，增加公寓企业可获取物业供给，降低拿房成本

首先，放开更多产权性质物业，允许由专业化运营机构改造为公寓。武汉市房管局《武汉市关于开展培育和发展住房租赁市场试点工作的实施意见》中明确指出，“当前允许通过规划论证将宾馆、酒店、写字楼等商业用房改建为租赁住房”，建议相关部门进一步放开长租公寓企业开发和运营的房屋产权属性的限制，允许将住宅和上述的物业外的闲置厂房、仓库、集体产权等性质的物业改造成为公寓，但

是要求改造后的物业消防、安保等需要符合相关监管部门的要求，能够保证租客的人身安全和生命健康安全。

其次，鼓励政府和国有企业，将闲置、废弃的厂房和宿舍交由公寓企业打理，将政府空置的有出租意愿的公租房和廉租房交由公寓企业管理，增加市场房源供给，降低公寓企业拿房成本。

最后，鼓励公寓企业通过盘活市中心老旧物业的方式来增加市场房源供给。武汉市中心交通便利的地方有一部分房源房龄较大，可住性和可居性较差，但是这类房屋所在的位置通常是租赁热门区域，应鼓励公寓企业将该部分物业盘活，通过装修改造促进城市更新。由于该部分物业装修改造费用较高，建议政府对公寓企业获取的该类房源的装修改造费给予一定的补贴或允许该部分费用进行税前扣减。

（二）拓宽融资渠道，与金融部门合作，加大对住房租赁的金融支持

鼓励银行和其他金融机构给合法合规的公寓企业贷款，按照依法合规、风险可控、商业可持续的原则，对规模化住房租赁企业提供金融支持，对具有一定规模、经营期限较长并且获得资本市场融资认可的住房租赁企业提高授信额度，提供优惠贷款。同时，根据未来租金收入现金流，支持符合条件的住房租赁企业通过发行债券、租金分期、REITs 等符合长租公寓经营特点的长期贷款和金融类解决方案来拓宽融资渠道。

建议国有银行提供对住房租赁企业“收益现金流质押”的金融产品和交易模式。研究政府提供政策性的贷款和金融服务，对企业阶段性的发展提供奖励资金或者免息低息扶持资金。

（三）加强与税务部门的沟通，实施有针对性的税收扶植政策

首先，应该厘清纳税种类、明确纳税基础。根据目前的现状，明确公寓企业抵扣项科目，对于企业对小业主支付的租金应视为收入抵扣项，并明确小业主开票渠道、税收政策、抵扣票据类型等。公寓企业赚取的是租金差和服务收入，应按租金差和服务收入作为计税依据。

其次，作为低毛利的民生行业来享受税收优惠。公寓行业提升了租客居住环境，是民生类行业，但面临利润微薄甚至亏损的现状。建议参考民生行业的税收优惠，给予所得减 50%计入应纳税所得额，按 20%的税率缴纳企业所得税的优惠政策。

再次，建议对公寓企业按照软件企业的税收政策给予优惠。对于满足自建系统并已投入使用，系统开发维护人员达到一定规模，研发维护费用在收入中占比大于 3%的公寓企业，实行第一年至第二年免征企业所得税，第三年至第五年按照 25%的法定税率减半征收企业所得税。合理增加进项税抵扣项目，提高企业收益率。

最后，在前述缩减增值税税率的基础上，落实租赁企业和个人将改造成本、装修成本、家电成本、代收代缴的水电费以及融资利息支出准予抵扣，缩小企业增值税税基。

（四）明确监管制度，降低经营风险

首先，明确公寓企业的工商注册、非住宅类物业用于租赁的消防验收和治安管理等流程和标准，让公寓企业有法可依、有标准可参考，依法规范经营。

其次，明确产权性质变更和用水、用电、用气价格按照居民标准执行的申请流程、条件以及企业需要提交的相关材料。建议政府在该过程中尽量简化流程、提高办理效率。

最后，明确分租与群租的本质区别，把“N+1”合法化，严格控制群租。分租模式是指不改变房屋主体结构，最多采用增加一间隔间的“N+1”模式对外出租；而群租模式中，房屋被拆分成多间房间，租客的居住空间被严重挤压。分租模式增加了高品质住房的供给，同时解决了大户型房屋难以出租的问题，提高了房屋利用率，有利于市场发展。群租房的主要危害在于：改变房屋结构，存在安全隐患；人口密度大，居住体验差；运营主体“二房东”缺乏监管，租客与业主的权益得不到保证，应该予以严格控制。为避免群租运营，政府应该对“N+1”出租房屋设定明确的标准，出租的房屋应保证基本的通风和采光，物业类型不得为车库、地下储藏室；出租居住房屋，应当以一间原始设计为居住空间的房间为最小出租单位，分隔房间不得多于一间，不得按照床位出租；每个房间的居住人数不得超过 2 人，且居住使用人的人均居住面积不得低于 5 平方米。

（五）明确租赁行为规范，维护租客权益

首先，创造条件实行统一采购，明确装修环保标准、空气质量标准。第一，为了保障公寓企业为租客提供的房屋符合宜居、绿色环保标准，政府可以通过调研的方式来筛选规范运营、质优价廉的建材提供商，并纳入公寓企业建材采购白名单，鼓励公寓企业在白名单内选择供应商进行采购。一方面可以保证所用建材的质量和装修品质，另一方面，集中采购可以进一步降低公寓企业的装修成本。第二，房屋装修改造完毕后，公寓企业需要进行空气检测，对于检测不合格的房屋应进行空气治理，治理完毕后需要再次进行检测，直到空气质量达到规定的标准为止。同时，有关负责部门应对完工后的物业应进行空气质量抽查检测，确保房间内空气质量不会损害租客的健康。

其次，促进公寓机构备案、租赁合同备案与房屋租赁从业人员备案，对合同主要事项进行约定，同时，简化备案流程。

第一，促进公寓机构备案，明确漏备案机构罚则。对于符合一定准入标准和业务规范的公寓运营企业，工商部门应予以登记，住房管理部门应给予备案。设立惩罚机制，相关主管部门对市场中的公寓运营企业进行定期抽查，发现未备案机构应给予一定处罚。

第二，促进租赁合同备案。一是从租房者端入手，租房者要办理居住证或子女入学需要提供管理部门颁发的《房屋租赁登记备案证明》。如实施租金补贴或其他优惠政策，申请者必须持有《房屋租赁登记备案证明》。二是加大备案制度的执法力度，执法检查中发现未进行登记备案的租房，以非法经营进行处罚。三是明确中介机构在租赁备案中的责任。凡是经过中介机构成交的出租房源由中介机构负责房源备案。在抽查过程中，如发现中介机构经营过程中没有进行备案或者故意漏报行为，应给予一定的处罚。四是政府提供和优化租赁网签和备案的基础设施，简化备案流程。

第三，促进房屋租赁从业人员备案。各租赁运营机构建立房屋租赁从业人员信用档案，并与市房管局的信息库共享，由备案租赁机构负责所管理租赁从业人员的登记备案，房屋租赁从业人员的诚信记录和违规行为应纳入备案内容，当房屋租赁从业人员发生入职、调转、离职等事项时，租赁机构应该及时对备案内容进行更新。

第四，市房管部门会同市工商部门制定标准的租赁合同范本，对于合同内主要事项如当事人基本信息、住房基本情况、租金、租期、租赁用途、租期责任划分等进行明确，保证租赁双方的权利与义务。

再次，建立租赁真房源发布平台，规范市场秩序。建立由政府主导的真房源发布平台，真房源平台与房地产经纪机构、住房租赁企业、行业组织、商业站等运营者的交易平台和服务平台相连接并且信息互通。房东、中介机构和租赁运营机构作为平台的参与者需要进行实名认证后才可以在真房源平台和各机构的服务和交易平台中发布房源，各服务和交易机构平台应该对房源信息的真实、有效、合法性进行监督和核实，同时政府监管机构和平台对于发布虚假房源的行为和主体应当设置必要的惩罚措施。

最后，稳定和保护租户权益，给予业主和租户同等的权利。居住长租公寓的非本地户籍承租人可按照《居住证暂行条例》等有关规定申领居住证，享受义务教育、医疗等国家规定的基本公共服务；本地户籍承租人居住一定年限以上（如3年），享受与业主一样的子女教育、选举、社区公共福利、养老服务等权利。

（六）引进人才与培育发展住房租赁市场相结合，实行货币化补贴政策

随着“武汉百万大学生留汉计划”的开展，武汉市政府将在5年内建设满足20万人租住需求的人才公寓，政府可以通过调研的方式将符合要求的具有较好运营能力的长租公寓企业筛选出来，将人才公寓交由正规租赁机构代为出租和管理，

提高管理运营效率，助力公寓行业发展。

此外，对于不能通过人才公寓满足租住需求的目标引进人才，则参照国际经验，通过发放“人才住房券”的方式给予租金补贴，由市场解决其居住问题。政府可以将正规的租赁运营机构纳入政府公租房、人才公寓供应平台，保证引进人才的居住需求和居住品质。

八、国外典型公寓运营机构介绍

美国和日本是典型的租赁房源机构化租赁机构渗透率较高的国家，其中美国机构化渗透率超过 30%，日本更是高达 80%。美国机构化公寓运营机构以金融化的 REITs 以及非金融化的开发商主导，日本的建筑商是机构化力量的主要参与者。

（一）美国典型公司介绍

不同于我国以包租模式为主导，美国公寓运营机构以持有管理的方式来运营租赁物业，运营模式较中国包租模式更重，且融资方式更为灵活，投资回报率更高，且持有运营模式下公寓企业可以获取核心城区物业增值带来的巨额利润。与我国一致的是，美国公寓企业布局也呈现沿核心城市布局的特征。

1. 美国管理房源量最大的公寓 REITs——EQR

EQR 公司是美国一家房地产信托投资公司（Equity Residential Investment Trust），成立于 1993 年，公司经过 20 多年的发展，目前主营业务是购买、运营和管理多套房间住宿物业（multifamily residential properties），截至 2016 年，公司拥有 398 处公寓，113388 个房间，估值超过 220 亿美元，出租率 96%，拥有 3500 名员工。2016 年收入超过 24.2 亿美元，净利润 42.9 亿美元，EQR 公司股票投资回报 5 年复合增长率为 8.4%，10 年复合增长率为 10.7%，超越标准普尔 500 的平均 7.1%的数值。

（1）公司商业模式及产品介绍

第一，市场定位——高门槛的市场选择。EQR 通过购买、运营和管理多套房间住宿物业收取租金。EQR 的平均月租金收入为 2306 美元/套，远超公寓类 REITS 的平均月度租金收入 680 美元/套。这得益于 EQR 选择的高门槛市场的战略转型。此外 EQR 在租金水平保持不变情况下，通过最大化的扩大规模，将管理成本摊薄从而能够提升利润（见图 28）。

第二，不断剥离低收益资产，逐步聚焦核心城市。从 2012 年开始，EQR 开始逐步放弃非核心市场，公寓占比从 14.3%下降到 5%，而核心市场开始了进一步的收购，占比从 85.7%增加到 95%。公司在产品上逐步聚焦于高层公寓产品，核心

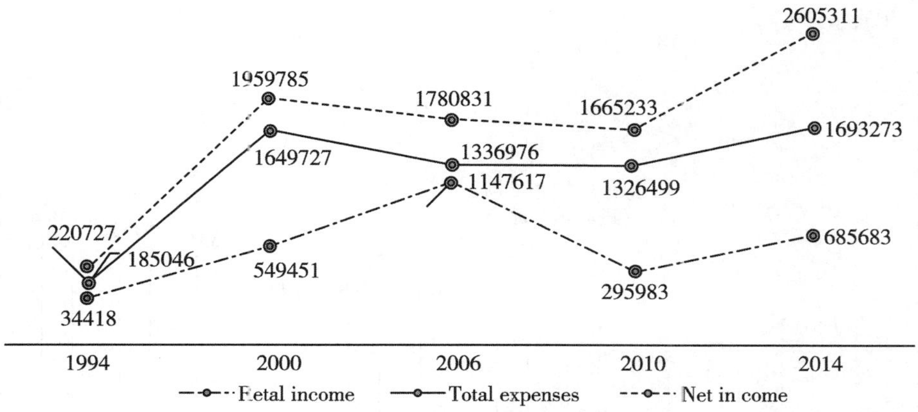

图 28　EQR 公司收入、费用与利润发展（单位：千美元）
（数据来源：公司年报）

城市进驻策略使得 EQR 的租金水平相比前几年更高于行业平均水平，而加上美国良好的租房市场环境和公司 20 多年的管理水平，铸就了 EQR 良好的空置率水平，同时核心城市租客良好的收入情况与经济的回暖，也为其提高了持续的租住需求（见图 29）。

（2）融资方式

EQR 融资方式以 UPREITs 模式为主，设立 EQR 上市面向二级市场投资者融资，下设 ERPOP 机构（UPREITs 子公司）负责 REITs 公司的运营及后期融资扩张。该模式下的融资方式较少依赖于债务融资，以 UPREITs 公司发行私募股权基金的形式为主。此外，对于机构投资者，投资方可以以自有资金、不动产、物业等形式投资 UPREITs 公司，获取 LP（Limited Partnership）或者 OP（Operation Partnership）资格并认购股权，获取运营收益分红。

在 UPREITs 融资模式下，企业可以享受税收豁免，融资成本极低，便于 REITs 大规模快速扩张。

（3）盈利模式

灵活的融资能力及强大的物业运营管理能力是 REITs 核心竞争力。在持有运营模式下，REITs 利润来源于持有优质物业的增值及稳定的租金回报，EQR 在 2015 年的营业收入约 27.44 亿美元，其中租金收益 27.36 亿美元，物业增值收益约 0.83 亿美元。

2. 美国市值最高的公寓 REITs——AVB

AVB 是一家历史超过 20 年的美国公寓类房地产投资信托公司（REITs），由

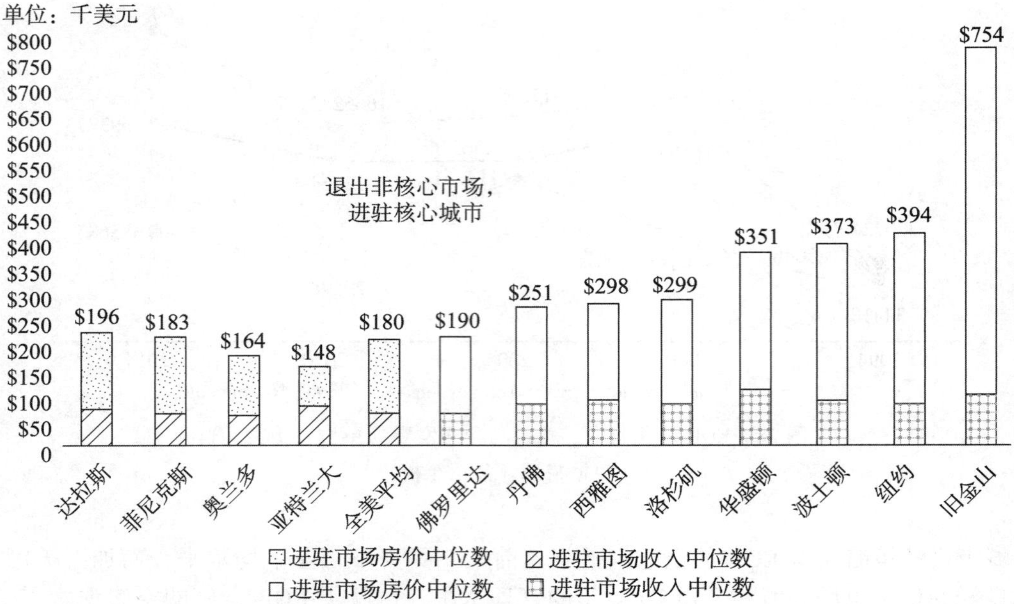

图 29　2013 年 EQR 公寓核心市场分布情况

（数据来源：EQR 公开资料）

1993 年上市的 Avalon Properties 和 1994 年上市的 Bay Communities 于 1994 年共同组成。公司进行公寓物业的开发、购买和管理。截至 2015 年，公司直接或者间接拥有 259 个公寓社区，掌管公寓超过 7 万套，总收入达到 18 亿美元，运营利润 12 亿美元，净利润 700 万美元，市值达到 250 亿美元。多年来，其管理房源量紧随 EQR 之后，位列行业第二。2007 年，AVB 成为第十二家加入标准普尔 500 的 REITS。

（1）商业模式

第一，价值创造链。公司从市场的选择到后期的开发、收购及管理运营环节都精心布局，形成从市场选择到后期运营处置环节的成熟的产业链。AVB 选择土地开发的原因在于能够兼顾成本和开发的低风险，首先选择核心城市作为目标市场，然后和目标物业业主进行谈判，签署长期的合同能够使得公司在公寓和土地的获取上更具有竞争力（见图 30）。

第二，持有——物业管理战略与成本控制使得运营费用低于租金增长。公司致力于寻找增加运营收入的途径，包括创新、开发出多样化的服务种类、关注租户的满意度、配置租约、平衡高入住率和增长的租金价格之间的关系、员工收入管理，最大化租金价格，等等。从 2001 年开始，AVB 的每套房的租金收入波动中稳定上升，从 2001 年的 14016 美元到 2015 年的 24424 美元，复合增长率 4%。

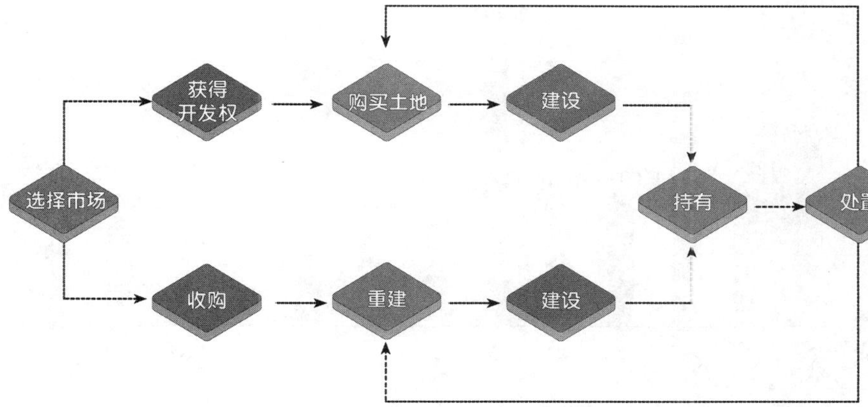

图 30　价值创造链：从开发到处置
（资料来源：公司年报）

AVB 从一开始就定位高端，每套公寓运营费用上升，公司通过使用采购订单控制，从预先批准的供应商处购买产品和服务将一些成本服务外包给第三方供应商等方法来有效控制运营成本。运营费用从 2001 年的 3582 美元到 2015 年的 5937 美元，复合增长率仅 3%，低于其租金上升水平。

第三，灵活的处置策略。公司将不符合长远计划的物业卖出，当市场情况良好的时候，在销售顺序上重新部署。例如 2004 年卖掉 2500 万资产，2002—2004 年卖掉 7100 万资产，收回 2350 万收益，收益率 5.8%（见图 31）。

（2）公司发展战略

第一，目标市场战略。AVB 选择的目标人群的特征——空巢人群或无孩夫妇。从美国人口趋势来看，家庭组成人数越来越少，人数少对房屋居住的空间要求变小，品质变高，尤其是“婴儿潮”一代的子女成人后移居其他城市后形成的“空巢老人”群体，更倾向于享受高品质的公寓租住。于是 AVB 瞄准这一群体，推出高端租住公寓服务（见图 32）。

第二，地理投资战略。AVB 通过研究美国主要大城市区域的人口特征发现：其家庭收入 7 万 5 千美元以上的比例高于全国平均水平至少 6%，20~34 岁人群比例略高于全国，房价中位数/家庭收入中位数的比例，远高于全国平均水平 3.2%。

AVB 针对上述特征，将公寓组合主要分布在经济发达的城市与环中心城市的交通线区域。

第三，资本战略——DOWNREITs 结构保证融资的灵活性同时发展私募股权基金。与最大公寓运营商 EQR 的伞型 REITS 不同，AVB 的结构是 DOWNREITs。在这种结构下，REITs 持有和经营原有的大部分房地产物业，而成立的经营性合伙企

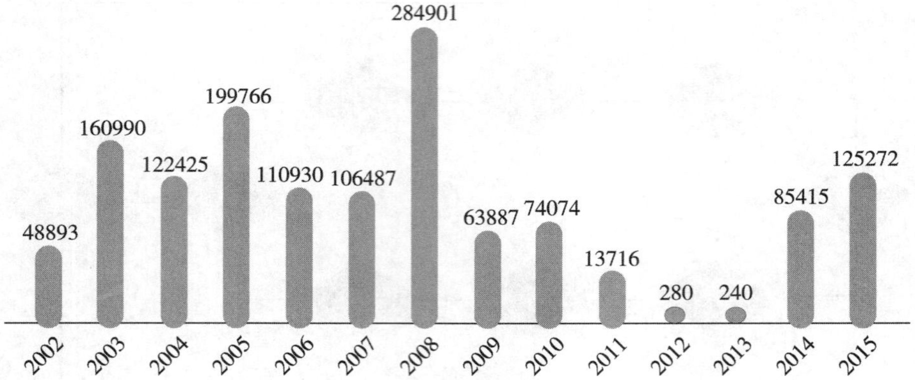

图 31 房地产出售收益（单位：千美元）
（资料来源：公司年报）

业持有和管理后获得的房地产。在 DOWNREITs 结构中，REITs 可以成为多个 DOWNREITs 合伙企业的普通合伙人，即可以同时设立实现多个经营性合伙企业。

此外，AVB 通过先后成立两只私募股权基金，为投资提供了股权资本，持续地保持股价上升的同时保护投资者的利益。

（二）日本典型公司介绍

日本土地私有化及特殊税收制度催生了日本特有的包租模式，从运营模式来看，日本包租模式较我国更轻，租约更稳定，大型公寓企业通常能与业主签订 30 年以上的租约。

1. 轻资产模式的大东建托

大东建托是日本最大的租赁住宅资产管理公司，于 1974 年创建于名古屋市。目前市值约 1，2380 亿日元（合 760 亿元人民币），2016 年销售收入 1，4116 亿日元（合 867 亿元人民币），净利润 673 亿日元（合 41 亿元人民币）。截至 2016 年底，大东建托管理租赁房屋 86 万套，在日本租赁房屋中占比约 7. 36%。

资产管理行业是连接业主与租客的桥梁，只有满足双方需求才能立足于市场，大东建托的主要经验有以下几点：

（1）全产业链布局

大东建托目前有 22 家围绕租赁住宅管理和中介开展业务的子公司，主要分为：资产管理公司（大东物业管理），租赁中介（Housecom），不动产信息提供（房产垂直网站 eheya. net、房产杂志出版社 Juicy），房产担保业务（担保公司 Houselive），金融服务（大东未来信托、保险公司 Houseguard 和火灾再保险公司）以及

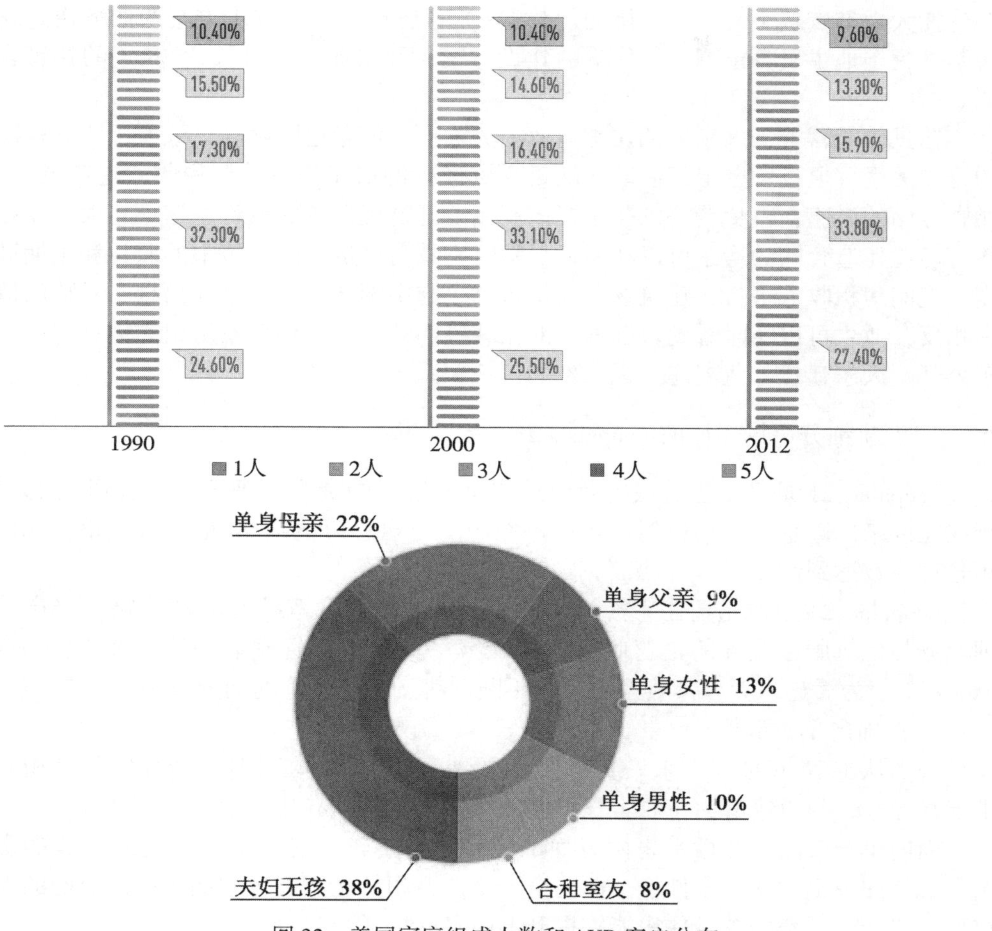

图 32 美国家庭组成人数和 AVB 客户分布
（资料来源：公司年报）

其他（诸如煤气公司、幼儿园、老人院等）。

（2）轻资产模式扩张

大东建托始终以轻资产的模式扩张，主要体现在：大东建托所有的建筑施工全部外包，自身将重点放在前端的销售、市场分析；业主付费，在实行资产管理的托管制度之前，大东建托仅负责轻资产的管理部分，实行托管之后，大东建托另外承担了中途维修费用，尽管成本有所增加，仍然属于轻资产模式。

（3）坚持以服务业主为出发点，为业主提供一站式服务

大东建托以满足业主需求为业务拓展核心动力，为业主提供包括前期融资、手

续办理、交付运营等一站式服务，从而大大减少了业主的工作量。建筑商背景的大东建托大力推广从土地建设开始的“建造+托管运营”全套解决方案的业务模式托管制，为土地主量身定制租赁住宅的建设方案，并与业主签订长达 35 年的托管合同。

在具体经营上，大东建托注重与业主的沟通，信息透明度高，致力于建立长期的合作关系，通过举办定期活动向缺乏投资经验的房东提供关于税收、遗产继承、融资方面的讲座，也免费提供关于资产利用、理财规划等的投资咨询。与大东建托签订房屋建造合同的房东可以在网站上随时查看自己房子的建筑中的照片和工期进度，查阅房租收入报告、建筑物定期报告书。与中国住宅托管中介信息不对称的情况相反，业主可以随时看到自己房子的租客签约情况，入住率及房租等信息都向房东公开，大东建托与业主建立了长期的信任关系。

2. 深耕细分市场领域的 Leopalace21

Leopalace21 是日本租赁住宅管理户数位列第二的资产管理公司。公司从 1974 年成立以来一直耕耘在小户型住宅房产领域。公司总市值约 90 亿元人民币，2014 年管理户数达到约 55 万户，市占率为 4.72%。

Leopalace21 采取租赁住宅资产管理和建筑服务业务双核心驱动战略，资产管理业务与建筑服务业务的销售收入占比 95%，其中资产管理业务达到 82%。Leopalace21 作为后进入者，其典型特征是不断深耕，精细化管理细分市场。

（1）面向单身群体

公司从 1974 年成立以来一直耕耘小户型、一居室，在单身租赁住宅领域积累了丰富经验，与以家庭为主要客户群体的公司形成了差异化竞争（见图 33）。

面向单身产品的特性带来两方面的优势：一是较少受租赁市场萎缩趋势的影响；二是同等土地面积条件下，面向个人小户型租赁住宅的坪效高于面向家庭的大户型，建造一居室的单身住房能够提升 Leopalace21 的利润率。

（2）注重公司客户

Leopalace21 的客户中有半数为公司法人，涵盖制造业、人才派遣、服务业、零售业等多种行业。Leopalace21 针对公司客户专门成立了区分客户行业的营业部，有针对性地对特定行业客户进行服务，解决了企业分支机构找房子成本高的问题。目前日本已有 79.2%的上市公司与 Leopalace21 签订住宅管理合同，为公司员工提供单身宿舍。

（3）全流程服务

Leopalace21 对业主的服务贯穿从建筑到持续运营的整个周期，运营模式为租赁住宅建设及其后长达 30 年的资产管理（见图 34）。房屋运营期间发生的所有费用都被提前成本化，呈现给土地业主的仅是建筑费用总支出和每月租金收入，大大减少了业主付出的精力和时间。

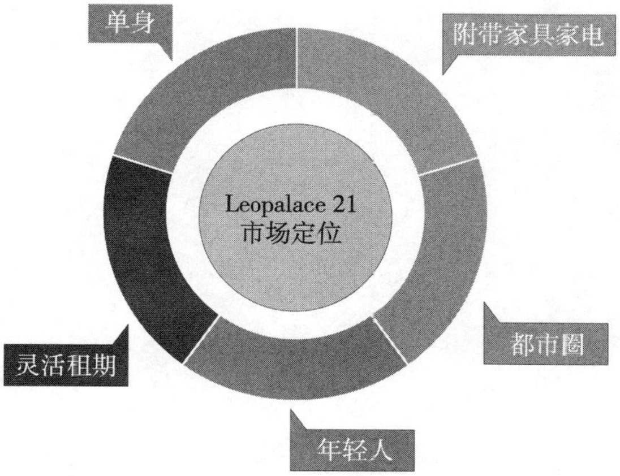

图 33 Leopalace21 市场定位
（资料来源：公司年报）

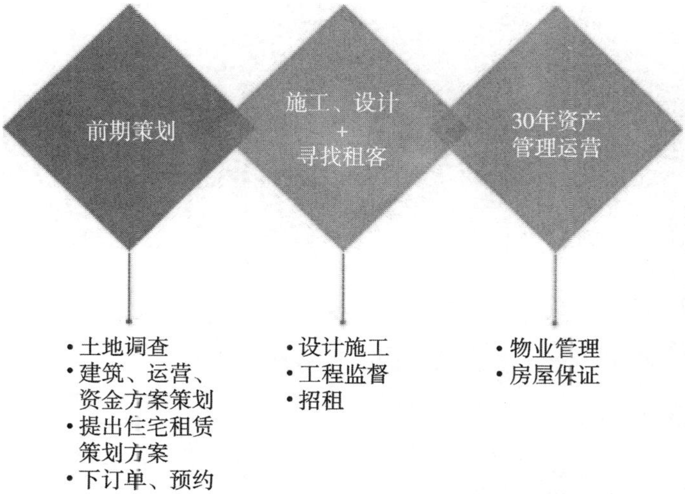

图 34 Leopalace21 “建筑+30 年资产管理” 方案基本流程
（资料来源：公司年报）

（4）提供短租

Leopalace21 的租住合同相比其他品牌更加丰富，从租房合同期限、客户对象、房间配置都更加灵活，满足长期租房、短期租房、出差等多种情景的需要。

相对于其他公司，Leopalace21 是唯一一家提供短期住宿的资产管理公司。

3. 公租房退出机制研究

武汉市住房保障和房屋管理局住房保障管理处
武汉市住房保障管理中心
华中师范大学

课题负责人： 邓绪海　武汉市住房保障和房屋管理局　总工程师
课题组成员： 陈淑云　谢诗伟　王　晶　古小莉　孙逢辰
文　杰　陈　峰　王佑辉　刘小瑜　李伟华
王翔翔　曾　龙　鲁文丽
课 题 统 稿： 陈淑云　王　晶

一、概　　述

（一）研究背景及意义

2010 年，为解决我国城市化进程中住房问题，满足城市中等偏下收入家庭基本住房需求，完善住房供应体系，引导城镇居民合理住房消费，培育住房租赁市场发展，中央七部委联合发布了《关于加快发展公共租赁住房的指导意见》，公共租赁住房（下文简称公租房）正式成为我国住房保障体系的一个重要组成部分。2011 年武汉市根据公租房政策要求，以洪山区为试点展开我市公租房建设等相关工作。2014 年根据《关于公共租赁住房和廉租住房并轨运行的通知》，为进一步提高保障性住房资源配置效率，武汉市提出“经济适用房、廉租房、公租房”三房并轨运行，公租房成为武汉市住房保障制度的核心，并确定“以区为主、市区联动、机构运营、封闭运行”的公租房管理原则。

近三年来，随着公租房“由建到管”重心的转移，公租房后续运营和使用管理已然成为住房保障实际工作中的重要环节，其中，退出机制作为公租房后期管理中的重要组成部分，不仅关乎公租房资源的有效利用，也是公平使用公租房的重要体现。但随着我市经济快速发展与城市化进程的加快，我市常住人口每年新增 30 万左右，同时我市住房价格多年持续上涨，住房支付能力不足成为我市中低收入群体通过住房市场有效解决住房问题的关键障碍。受住房市场的挤压，我市中低收入者、外来务工人员以及刚步入社会的毕业生等“夹心层”的弱势群体对公共租赁住房的需求持续增加，公租房出现供不应求的现象。从当前武汉市公租房后期管理的实践看，部分公租房入住家庭在收入提高后仍然拒不退出、对家庭收入难以监督以及执法部门在强制退出过程中无法可依而执行效率低等一系列问题，不仅造成了保障性住房资源供给的失衡与浪费并形成福利固化，也违背了住房保障是对最需要的住房困难家庭进行保障的初衷。针对这些现实问题，当前仍然缺少一套成熟的退出管理机制，使得公租房的退出所面临的问题逐渐凸显。因此，在公租房资源有限且政府的住房保障是一种有限行为的情况下，有效的退出机制设计对于始终保证最需要保障的群体能够入住，构建公租房可持续发展机制以及满足社会需求具有重要的理论和现实意义。

（二）主要研究内容

本课题主要从运营管理视角对完善武汉市公租房退出机制建言献策。要解决的主要难点为：从法律层面破解公租房实物配租的退出难题；在操作层面为公租房退出难提供可行的政策建议以及设计具有可操作的退出机制。

本课题的研究内容主要包括六个部分。第一部分为概述，对本课题的研究背景，研究意义及主要研究内容进行阐述，特别是对研究对象及相关概念进行了界定。第二部分为武汉市公租房的发展情况介绍。本部分主要对武汉市公租房的供需现状、产权现状及分布情况进行介绍。第三部分为武汉市公租房退出现状分析。本部分首先对武汉市公租房退出政策进行了介绍，其次介绍了武汉市公租房的退出情况，包括整体退出情况及分类退出情况。通过问卷调查与公租房管理机构访谈，分析退出难过程中的典型事件，并对不同类型退出典型事件进行总结。第四部分为武汉市公租房退出难的原因分析与退出手段评估。本部分从两个层面探讨退出难的原因：一是制度层面，主要包括政策原因与武汉市公租房定位问题。二是执行层面，主要包括日常巡查问题、清退程序及信息宣传问题。退出手段的评估包括武汉市当前公租房退出手段的评估以及其他城市退出手段的评估。第五部分为国内外公租房退出经验介绍。国内主要选取了几个典型城市进行介绍，包括深圳、重庆、上海、北京、天津、广州、成都、香港。国外则主要对新加坡、美国的马萨诸塞州以及英国的诺丁汉的城市经验进行介绍。第六部分为完善公租房退出机制的政策建议。本部分主要建议通过两个路径来完善武汉市公租房退出机制。路径一是重新构建武汉市住房保障制度体系，结合武汉市经济社会发展规划，探索公租房制度目标定位。路径二则是在总体政策框架不变的原则下，修订武汉市当前的公租房管理办法。

（三）研究对象的界定

按照武汉市公租房相关政策，武汉市公租房房源主要分两种，一种是政府长期租赁的社会房源，长期租赁的住房主要是房源相对集中的拆迁还建住宅区，如洪山区的南湖明泽丰华园、武昌区的东沙花园等。另一种是新投资建设的公租房，包括政府投资建设的公租房和社会投资建设的公租房。其中政府投资建设的公租房，简称政府类公租房，该类公租房以单元式住宅为主，由政府委托运营机构，通过市场方式进行管理，主要用以解决具有本市户籍的低收入、住房困难家庭的居住问题；社会投资建设的公租房，简称社会类公租房，该类公租房以宿舍式为主，主要由武汉市企业、事业单位自行投资建设，自行管理，用于解决本企事业单位职工的居住需求。在实际工作中，为尽快解决武汉市低收入家庭的住房困难，政府类公租房还包含政府长期租赁的社会房源。由于武汉市公租房整体处于短缺状态，目前仍有超过10000户的家庭处于实物配租的轮候状态。同时，从理论上看，根据国家层面公租房相关政策规定，公租房退出实际包含“人的退出”和“房的退出”，其中“人”的退出是指不符合进入标准或违反公租房管理规定的租户的退出；“房”的退出是指通过出售公租房，导致该住房从公租房房源中退出，进入到商品房体系。但根据武汉市现有相关政策的制约，武汉市目前公租房是“封闭运行”，即只涉及保障对象——人的退出，不涉及房的退出。

在实际工作中，为尽快解决公租房保障对象住房困难问题，当前武汉市政府类公租房实行“双保障”模式，即实物配租与货币补贴同时进行。但由于货币配租在实践中几乎不存在退出问题，因此，根据武汉市政府类公租房在实际工作中遇到的退出难的实际问题以及与课题招标单位的沟通，课题组对本课题的研究对象进行界定，认为本课题研究仅针对武汉市政府类公租房（后文如无特殊说明，公租房是指武汉市政府类公租房）实物配租的“人”的退出问题展开。

（四）研究概念的界定

理论上讲，在我国无论是国家层面关于公租房的政策与法规，还是地方政府层面关于公租房的规定与细则，都未对公租房退出的概念进行明确的界定。因而本课题根据课题实地调研访谈中的实际情况，从实际操作的角度将公租房退出的概念定义为：不满足公租房入住标准的租户在公租房腾退时达到“人走、物清、费结、房屋完好”的标准。该定义涵盖租户管理、房屋管理和运营管理这三个层面：其中“人走”是指租户搬离所承租的公租房，既包括系统对租户承租资格的注销，又包括租户实体的离开，此为租户管理层面；“物清”是指原租户在租屋内所有物的搬离，即租屋的腾空，此为房屋管理层面；“费结”是指租户在离开租屋时结清承租期间应缴费用，包括租金、物业费及其他费用等，此为运营管理层面；“房屋完好”是指租户不得任意改造、修改房屋结构，破坏房屋内原有物品，否则需进行房屋损坏赔偿。由以上标准可知，只有租户腾空、搬离租屋，结清承租期间所有应缴费用，并保持房屋完好，才能称之为完全的退出。

在这一概念界定下，结合武汉市政府类公租房管理原则，本课题主要研究公租房实物配租中租户实体的退出问题，因而主要选取“人走”这一层面进行分析。

二、武汉市公租房发展现状

截至 2017 年 7 月底，武汉市已交付并入住的政府类公租房 42886 套，分布在全市七个主城区及部分远城区，具体空间分布位置详见图 1。从图 1 可知，分布地点主要集中在汉阳区、硚口区、江汉区、江岸区及黄陂区等长江以北的区域。

武汉市政府类公租房房屋面积主要在 $60m^2$ 以内，包括 $60m^2$、$50m^2$ 以及 $40m^2$ 以下，户型以一室一厅为主。目前政府类公租房全部是装修住房，装修情况主要为简单装修，包括地面瓷砖、墙壁粉刷、卫生间及厨房，能满足基本居住的条件。

武汉市政府类公租房在管理中基本按照“谁投资、谁管理、谁收益”的公租房投资管理原则进行，其中市区政府投资建设的产权归属市区政府，政府所属机构投资建设的产权归属该投资建设机构。当前武汉市政府类公租房大部分由武汉地产集团代表市政府进行投资建设，也就是说，武汉地产集团是这类公租房的产权所有

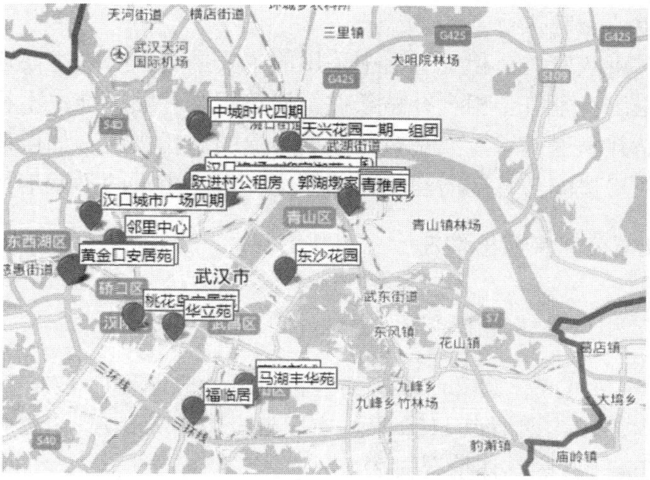

图 1　武汉市公租房项目分布位置

人。武汉市公租房的运营基本按照产权所有者委托相关的运营机构进行经租管理。市区政府投资的公租房由各区房管部门组建或委托专业机构进行运营，武汉地产集团所有的公租房由地产集团委托相关运营机构作为运营主体，或委托区运营主体进行经租管理。

三、武汉市公租房退出现状

（一）武汉市当前公租房退出的规定

根据《武汉市公共租赁住房租赁管理暂行规定》（武房发〔2011〕150 号）规定，武汉市公租房只租不售，封闭运转，租赁期限最短为一年，最长不超过五年。其中涉及退出的规定主要有：

第一，在租赁合同期内，承租人通过购买、获赠、继承等方式获得住房，且超出公共租赁住房申请住房面积标准的，或在租赁期内超过政府规定收入标准的，应当退出公共租赁住房。

第二，承租人有提供虚假证明材料等欺骗方式取得公共租赁住房的，转租、出借的，改变公共租赁住房结构或使用性质的，无正当理由连续空置 6 个月以上的，拖欠租金累计 6 个月以上的，在公共租赁房中从事违法活动的，发生其他违约行为的，应收回公共租赁住房，退出时应结清相关费用。

第三，应退但暂时无法退出的，给予 3 个月过渡期，过渡期内不发放住房补贴。拒不退房的按公共租赁住房租金标准的 2 倍计收租金，必要时，可依照相关规定向人民法院申请强制执行。

当前，武汉市政府类公租房退出中采用的主要措施：一是主要通过实行差别化租金补贴实现退出，不符合租金补贴条件，调整租金补贴标准；不符合住房保障条件的，停发补贴并腾退房屋。二是执行逾期不退的惩罚措施，如申请人民法院强制执行，市、区住房保障房管部门建立信用档案，对承租人的不诚信行为予以记录。

（二）武汉市公租房退出情况

1. 武汉市公租房整体退出情况

截至 2017 年 7 月底，武汉市政府类公租房累计应退租户 1720 户，占已交付房源总数 4.01%。其中，已清退 1110 户，占应退户数 65.53%；未退租户 610 户，占应退户数 35.47%。各区具体情况见表 1：

表 1 **武汉市各区公租房退出情况表**

辖区	已起租	应退户数	已退户数	未退户数	未退占比
江岸	9005	274	185	89	32.48%
江汉	5294	198	139	59	29.80%
硚口	7466	200	43	157	78.50%
汉阳	4903	65	45	20	30.77%
武昌	1484	14	9	5	35.71%
青山	5698	460	337	123	26.74%
洪山	6215	452	336	116	25.66%
东湖高新	32	2	0	2	100.00%
蔡甸	536	9	4	5	55.56%
黄陂	1042	7	0	7	100.00%
江夏	557	25	0	25	100.00%
新洲	400	14	12	2	14.29%
合计	42632	1720	1110	610	35.47%

（数据来源：武汉市住房保障管理中心）

从 2014 年至 2017 年 7 月武汉市公租房新增应退户数来看，自 2016 年起，新增应退户数呈快速增加的趋势，应退未退户数也逐年累积扩大（见表 2）。

表 2 **历年新增应退户数**

年份	新增应退户数	应退未退户数	应退未退比例
2014	143	22	15. 38%
2015	265	33	12. 45%
2016	749	229	33. 24%
2017	552	326	59. 05%

（数据来源：武汉市住房保障管理中心）

2. 公租房退出的分类

本课题根据武汉市政府类公租房退出的原因、方式和结果对武汉市公租房的退出情况进行分类，具体如下：

（1）根据退出原因分类

根据退出的原因，可将武汉市公租房退出情形分为两大类：因资格不符导致的退出和因违规行为导致的退出。因资格不符导致的退出主要为收入超标、住房面积超标、名下有车、有营业执照等情形。如调研访谈中江汉区中城时代一位 80 多岁单一户租户因退休工资增加导致收入超标。因违规行为导致的退出则以欠租为主，欠租超过 6 个月则需退回公租房，更有因长期欠缴租金而被腾退的租户，退出后仍不补缴租金、物业费等费用。如江岸区某户租户 6 个月不交房租，并拒绝退出，运营中心将其上告至法院，但由于法院审理周期长，致使所欠租金“滚雪球”，越欠越多。最终虽将其腾退，但租金仍无法全部索回。

（2）根据退出方式分类

根据退出的方式，可将武汉市公租房退出情形分为自愿退出和强制退出。自愿退出是指承租人主动退出。当前武汉市公租房自愿退出的主要原因包括更换工作、购买房屋、期满不再续租、生活条件改善、住房或收入超标等。该种类型的退出多指不再符合保障资格的租户能够依照规定退出的情形。至 2017 年 7 月底，自愿退出的租户占比 27. 56%。强制退出与自愿退出相对应，指对不按规定腾退的租户采取强制行为使其退出的情形。当前武汉市尚无强制退出。

（3）根据退出结果分类

根据退出的结果，可将武汉市公租房退出情形分为已经退出和应退未退。在 1720 户应退租户中，因人均住房面积超标、收入超标、死亡及其他原因被取消资格的应退户数为 1233 户，比例为 71. 69%。其中，面积超标的应退租户最多，为 628 户，占比达 36. 51%。另外，因欠租及其他违规违约原因的应退户数为 13 户，占 0. 76%（见图 2）。

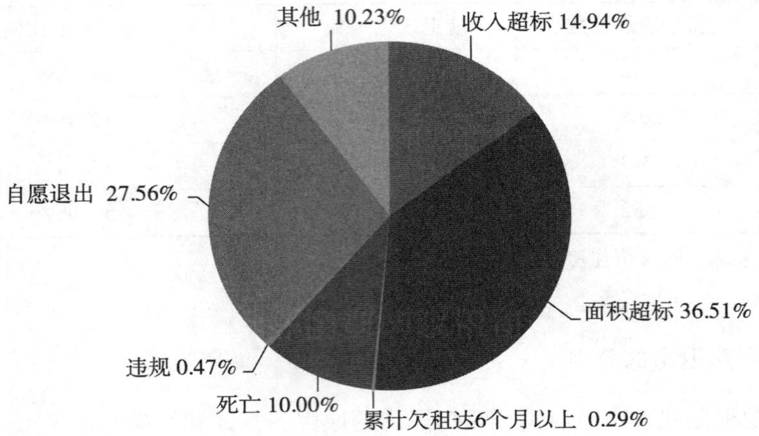

图 2　应退情况分类

在应退未退的 610 户中，按区域来看，硚口区、青山区、洪山区未退户数占比较高，分别为 25. 73%、20. 16%和 19. 02%（见图 3）。

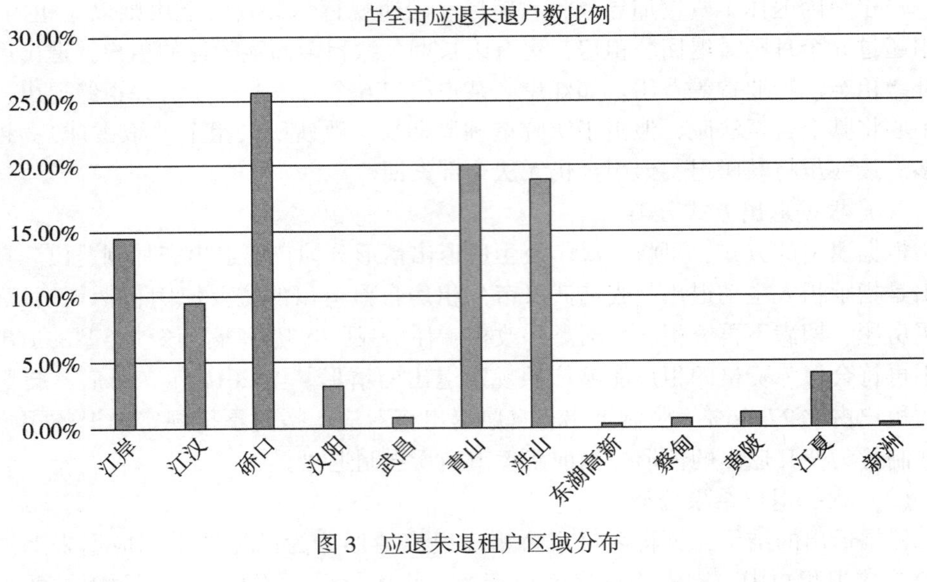

图 3　应退未退租户区域分布

按类型来看，其中廉租户 321 户，公租户 289 户。按原因来看，因住房面积超标导致的退出为 269 户，占比 44%；因收入超标导致的退出为 115 户，占比 18%；因死亡导致的退出为 103 户，占比 16%；收入和住房面积均超标的为 8 户，改变房屋结构，开麻将室，噪音扰民的有 1 户。由以上数据可知，住房面积超标导致的退出占绝大比例，因收入超标和因死亡导致的退出为其次，这三类原因导致的退出总占比为 78 %，为应腾退的主要原因（见图 4）。

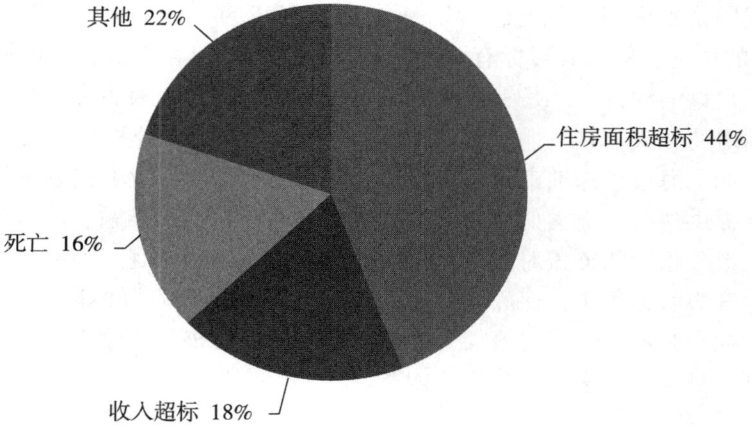

图 4　应退未退原因分析

应退未退在管理中最为棘手的有四种情况，分别为拒绝退出、失联、单身死亡及老赖。拒绝退出的原因包括：年龄大的租户难以在市场上租到适合的房子，从而有部分租户愿意按市场租金继续居住，但不愿交双倍租金；存在暂时性退出困难，需要延长过渡期的情况；对政策认识有误，不认可退出判决的情况，以及索赔装修费的情况。失联的原因包括戒毒、服刑、服兵役、外出打工等。单身死亡的主要问题在于孤寡老人去世后遗留物品的处置和费用结算。老赖，即明知违法，故意为之的情形，如强占。由此可以看出，应退未退原因多样，情况复杂，导致实际工作中的操作较为困难。

四、武汉市公租房退出难的原因分析与退出手段的评估

（一）制度层面的原因

1. 目前政策已失效，但实际仍在执行

从前文可知，2011 年武汉市就开始公租房实践探索，2011 年颁布《武汉市公共租赁住房租赁管理暂行规定》（武房发〔2011〕150 号），该文件第六十四条指出，“本规定自 2011 年 9 月 1 日起施行，有效期为两年”。但由于武汉市公租房在

实践中正处于发展初期，特别是退出问题或其管理问题等并未显现，因此该文件在实际中一直执行至今。

2. 保障对象人群的定位，导致退出难

根据我国公租房相关规定，特别是住建部 2012 年 11 号令，公租房主要解决“夹心层”的住房问题，其目标有两个：一是保障对象覆盖人群，突破原有住房保障制度关于户籍的约束，二是针对原有城市居民中既不符合廉租房政策，又无力购买经济适用房的“夹心层”。但在实际工作中，各个省市对公租房的覆盖人群定位不尽相同。如上海市、深圳市公租房覆盖对象定位包括新就业的白领阶层，主要为新就业人员提供住房，更类似于人才房，故几乎不存在退出难题。从本课题调研结果看，武汉市公租房的覆盖对象为原户籍低收入住房困难家庭，即武汉市当前的公租房实则为升级版廉租房，保障人群多为户籍人口、低收入群体以及高龄群体等，具有一定的社会脆弱性，同时该类人群具有严重的住房福利依赖思想，难以在短期内通过家庭、自身努力来退出公租房体系。

3. 与国家层面政策的差异

由于《武汉市公共租赁住房租赁管理暂行规定》（武房发〔2011〕150 号）在《公共租赁房管理办法》（住建部 11 号令）之前颁布，且之后并未根据国家层面的政策进行修订。因此，在公租房退出情形、强制退出手段以及租赁期内是否进行资格复核等方面存在较大差异，具体表现在三个方面：

（1）退出情形的界定差异

关于公租房退出，武汉市政策尽管与国家层面的政策基本一致，但在住建部 11 号令中第三十一条特别规定，“承租人确无其他住房的，应当按照市场价格缴纳租金”。武房发第 150 号文中在第四十九条规定，“（三）承租人不再符合租住条件，拒不腾退住房的，不予发放公共租赁住房补贴，运营主体可根据租赁合同约定，按公共租赁住房租金标准的 2 倍计收租金，并在适当范围内公告”。本课题在调研中发现，由于对退出情形的认定标准不同，导致部分因购买期房被取消公租房资格的租户具有实际退出困难。同时按武汉市政策，需要按照 2 倍租金缴纳房租，而国家政策规定按照市场价格交纳租金，从而引发关于租金标准如何认定的矛盾。

（2）租赁期内资格复核的差异

武汉市政策规定在租赁期内对租户资格实行动态审核，审核内容包括家庭人口、人均收入、住房面积等指标。而国家层面政策规定租赁期内仅需对租户的住房情况实行动态审核，直至租赁期满 3 个月前租户提出续租申请的，再按资格条件仅需全面复核。两者的差异说明，在实际工作中武汉市政策规定增加了审核的难度，特别是关于人均收入的审核难度，在本课题调研中，几乎所有运营机构都反映租户收入审核执行难。

（3）强制退出手段与程序的差异

关于强制退出的手段和程序，国家层面的政策是针对租户逾期不退回公共租赁住房的行为，可采取申请人民法院强制执行的手段，针对租户拒不腾退的行为，可采取向人民法院提起诉讼的手段。搬迁期满不腾退，确无其他住房的，可不进行腾退，按市场价缴纳租金即可，但有其他住房而不腾退的，应向人民法院提起诉讼。

住建部第11号令中第二十七条规定："承租人拒不退回公共租赁住房的，市、县级人民政府住房保障主管部门应当责令其限期退回；逾期不退回的，市、县级人民政府住房保障主管部门可以依法申请人民法院强制执行。"第二十九条规定："承租人累计6个月以上拖欠租金的，应当腾退所承租的公共租赁住房；拒不腾退的，公共租赁住房的所有权人或者其委托的运营单位可以向人民法院提起诉讼，要求承租人腾退公共租赁住房。"第三十条规定："未按规定提出续租申请的承租人，租赁期满应当腾退公共租赁住房；拒不腾退的，公共租赁住房的所有权人或者其委托的运营单位可以向人民法院提起诉讼，要求承租人腾退公共租赁住房。"第三十一条规定："搬迁期满不腾退公共租赁住房，承租人确无其他住房的，应当按照市场价格缴纳租金；承租人有其他住房的，公共租赁住房的所有权人或者其委托的运营单位可以向人民法院提起诉讼，要求承租人腾退公共租赁住房。"第三十五条规定："以欺骗等不正手段，登记为轮候对象或者承租公共租赁住房的，已承租公共租赁住房的，责令限期退回所承租公共租赁住房，并按市场价格补缴租金，逾期不退回的，可以依法申请人民法院强制执行。"

总体来看，住建部第11号令中主要规定了两种退出手段，即申请人民法院强制执行和向人民法院提起诉讼。同时，法规规定确无其他住房的，可按市场价缴纳租金继续居住，由此看出法规强调公租房的住房保障作用，只要租户实际上无房可居，就可以不进行腾退。

对比武汉市现行做法，武房发第150号文第四十七条规定："承租人通过购买、获赠、继承等方式在市区获得住房，且超出公共租赁住房申请住房面积标准的，或在租赁期内超过政府规定收入标准的，应当退出公共租赁住房。"第四十九条规定："承租人不再符合租住条件，拒不腾退住房的，不予发放公共租赁住房补贴，运营主体可根据租赁合同约定，按公共租赁住房租金标准的2倍计收租金，并在适当范围内公告。必要时，可依照相关规定向人民法院申请强制执行，承租人今后在本市范围内不得申请任何形式的住房保障资格。"

对比武汉现行做法与住建部令可知，住建部令并未将租户收入变化作为腾退依据，而只考虑租户住房情况，确无住房的租户按市场价缴纳租金即可继续居住。由此可见，武汉市公租房退出在制度层面应以住建部第11号令为方向，以租户住房情况为退出依据，采取申请法院强制执行和向人民法院提起诉讼的退出手段，对本市规定进行修订，以此缓解腾退矛盾。

4. 武汉市政策制度缺乏可操作性

目前，从武汉市公租房实际工作中遇到的困难和问题来看，当前相关政策要么设计复杂，要么政策留有空白，都缺乏一定的可操作性。具体表现在两个方面：

一是分档补贴政策过于复杂，容易引发矛盾。目前武汉市公租房实行“实物配租，分类补贴”，该政策设计思路是根据“保障家庭人均收入，分档补贴，收入越低，补贴越高”，该政策设计的前提是：公租房租金是真正意义上的市场租金，且能够随时根据市场租金而调整。在此政策设计思路前提下，《武汉市人民政府关于进一步加强公共租赁住房管理的通知》（武政规〔2014〕11 号）规定，“城镇家庭住房困难分为五个层次给予差别化保障”。但在实际工作中，由于租户收入略有提高，就会导租金补贴急剧下降，特别是涉及第一档租户收入调整而导致租户扣除房租后的实际可支配收入降低，直接影响该家庭的实际生活，并导致对政策合理性的质疑，从而引发由长期欠租衍生的退出问题。

二是缺乏制度落地细则，制度落地难。从政策层面看，武汉市及国家层面的政策均对违规违约退出情形进行了规定，如存在“转借、转租”、“无正当理由连续 6 个月以上闲置”等情形。本课题在调研中，运营机构普遍反映：运营部门在实际工作中难以对上述情形进行认定。同时，实践中退出的标准在一般情况下是指人的退出，但实践中存在很多孤寡老人或一人户，在该类租户因死亡或服刑、戒赌等其他原因长期失联的情况下，无法对租户物品进行处理，导致部分公租房无法真正退出。

（二）执行层面的原因

1. 日常巡查不到位

日常巡查不仅能起到监督租户租住行为的作用，更能为惩处租户违法违规行为提供证据支持。武汉市住房保障中心虽已经通过制定《公共租赁住房巡查管理规程》（武住保〔2016〕20 号）来规范日常巡查工作，要求各区运营机构采取分片包干、逐户检查、逐项排查的方式，对辖区内政府类公租房进行拉网式巡查，每年巡查次数不少于两次，但由于日常巡查工作量大，重复性强，需要较多巡查人员，而现阶段各区运营机构刚成立，人员配备不足、人员流动性较大，相关业务能力不强，并且巡查工作方式较为固定，难有创新，各区在巡查工作上难以落实到位，导致后期因缺乏证据而难以执行强制退出。

2. 清退程序不到位

清退程序是使租户退出公租房的操作规范，是保证退出实现的关键环节。当前，在清退程序的政策规定上，武汉市住房保障中心已经制定了《关于抓紧开展政府类公租房清退及动态配租工作的通知》（武住保〔2017〕3号），要求各区房管局及时履行告知义务，对应退租户下达《资格复核结果通知书》或《住房腾退通知书》，并指定专人分片负责、跟踪督促。但在实际操作中，部分区并未做到及时告知，或告知后并未指定专人跟踪督促，致使系统中部分租户的资格虽已经取消但实际上却仍在继续租住。这其中的问题主要在于缺乏专门的清退执法队，无法落实清退工作，以及跨区管理中各区配合不得当，信息沟通不及时。

3. 信息宣传不到位

实地调研发现，多处的租户对政策存在片面性甚至错误性理解。如江汉区中城时代某户80多岁租户以为凡是没在合同里明确说明的规定则不用理会；江岸区惠民居一对90多岁夫妇则认为公租房的过渡期只适用年轻人而不适用于老人，交了双倍租金是可以继续租住的，殊不知双倍租金实为罚金；江岸区惠民居70多岁租户不知共同申请人有房则全家需退的规定，导致因给孙子买房而面临腾退的困境；硚口区邻里中心30多岁男租户则认为公租房是可以继承的；武昌区东沙花园一新入住租户由于不知收入超标需腾退的规定，在未来则可能因收入超标面临退出困境。以上租户的偏误认知虽主要由于租户之间的信息误传，但同时也表明来自政府方面的正面信息宣传不够，没能引导租户形成正确的政策认知。

（三）对当前退出手段的评估

1. 武汉市当前公租房退出手段及评估

武汉市当前的退出手段主要包括两种：一是下发腾退通知单，二是停水停电。下发通知单仅为一种法定程序，仅有通知效用，而无命令效果，故缺乏威慑力。租户在接到通知单后不退出，不会受到任何损失与惩戒。同时，面对找不到租户、通知单下发无人承接的情形，通知单实际上没有任何效用。

在调研中，江岸区（惠民居小区）、青山区（青和居小区）、武昌区等相关工作人员都提及在实际工作中，针对部分应退未退租户采取过短期、轮流停水停电手段，但实际效果并不明显，而且容易引起矛盾纠纷。根据我国《公共租赁住房管理办法》（2012）第四章“使用与退出”中第二十四条规定：“公共租赁住房的所有权人及其委托的运营单位应当负责公共租赁住房及其配套设施的维修养护，确保公共租赁住房的正常使用。”同时，根据《关于做好保障性安居工程电力供应与服务工作的若干意见》中第三点第六条规定，“对居民欠费停电的，在缴清电费后要及时恢复供电，不得随意拉限居民生活用电”，可知停水停电的手段不符合法律规定，应避免采用。

2. 其他城市退出手段及评估

其他城市现已采取的退出手段包括征信制度管理、限购住房以及法律手段等。

（1）征信制度（信用）管理

从目前已经颁布的政策可知，国家层面的规定没有涉及信用管理，仅为档案记录。同时，没有考虑“退出”计入个人征信记录。从城市层面来看，上海市、重庆市、北京市、广州市均已规定拒不腾退行为计入诚信档案。本课题组建议，修订《武汉市公共租赁住房租赁管理暂行规定》（武房发〔2011〕150 号）文件（2011. 9. 1 日起实施，有效期两年），或颁布《武汉市公共租赁住房后期管理细则》等相关文件，增加该项内容，并建议与全国征信系统对接。

（2）限购住房

对于这种方法，国家层面无相关规定。在城市层面，天津市规定承租家庭购买保障性住房但未退出公共租赁住房或未补齐欠缴租金及相关费用的，不予办理所购住房入住手续。本课题组建议，可以借鉴该项政策，并推行至我市公租房承租人或共同申请人的商品房购置中。具体实施方式有两个：一是限购前置，即在购买商品房网签环节，让其退出实物配租，但在所购商品房交付期内及装修间，可以变实物配租为货币配租。二是限购后置，即在办理不动产登记过程中或入住环节，但这种可能会产生两个问题，一是不办理产权登记，二是入住环节谁来把关。综上所述，建议采取第一种方式限购前置。

（3）法律手段

根据目前相关法律，无论从国家层面还是城市层面都以申请人民法院强制执行和法院诉讼为解决途径。

五、国内外公租房退出经验介绍

（一）深圳市经验

深圳市的公租房退出不仅包含入住后的退出，还包含轮候期的退出。在入住后的退出上，关于租赁期限，公租房首签 2 年，2 年后进行资格复审。逾期不退的，根据《深圳市公共租赁住房轮候与配租暂行办法》（深建规〔2013〕10 号）第三十三条规定：“逾期未申请退租的，配租单位应当依照有关法律、法规、规章等规定或者公共租赁住房租赁合同的约定收回住房，且保证金不予退回。”同时，《深圳市保障性住房条例》（深圳市第五届人大常委会第38号）第四十六条规定：“无正当理由逾期不搬迁的，主管部门应当责令其搬迁，并按照政府相关部门发布的同期同区域同类型普通商品住房的市场租赁指导价收取逾期的租金；拒不执行的，主管部门可以依法申请人民法院强制搬迁。”关于逾期退房的处理，深圳市规定，对于超过批准延期退房期限仍未退房的承租人，法律事务部发出律师函责令其退房；同时，租售服务部按市场商品房租金的2倍计收其逾期未退期间产生的房屋占用费。逾期不退的，法律事务部还将通过司法途径清收住房，并报请市局将承租人的不良行为予以记载、公示，同时列入诚信黑名单。关于租户行为管理，《深圳市保障性住房条例》（深圳市第五届人大常委会第38号）第八章规定：“申请和享受住房保障的家庭、单身居民在住房保障相关活动中的违法、违规、严重违约行为，应当作为不良行为予以记载并公示。”关于房屋套数，深圳市规定，每一家庭或单身居民只允许拥有一套公共住房，拥有多套的须主动申请退回。关于分类退出，深圳市对退出原因进行了详细分类，并以此制定不同的退出规定，实现人性化退出，如承租人因子女学位、重大疾病、怀孕等特殊情况无法在上述规定期限内（16个月）退房的，可凭相关书面证明材料再次申请延期，但再次延期期限不能超过1年，期间租金按指导租金的2倍计缴。关于家庭人口数变化的处理，《深圳市公共租赁住房轮候与配租暂行办法》（深建规〔2013〕10号）第三十条规定：“因承租人家庭人口数变化，不再符合原住房配租建筑面积标准，配租单位有相应房源的，可以根据情况及时调整。签订新租赁合同的同时须退出原配租住房。没有相应房源的则可以继续承租原住房，但超出配租建筑面积标准部分，应当按照同期同区域同类型普通商品住房市场租赁指导价收取租金。”

深圳市值得借鉴的地方：分类退出；弹性退出，如建筑面积标准的补差；人性化规定，如对子女上学，怀孕等特殊情况的规定。

（二）重庆市经验

在审核方面，重庆市公租房政策规定每两年申报住房、收入情况，未按规定申报的，视为放弃租赁住房，合同终止。在退出规定方面，《重庆市公共租赁住房管理实施细则》（渝国土房管发〔2011〕9号）第六条规定：“承租人通过购买、获赠、继承等方式在主城区获得住房，且达到政府公布的人均住房建筑面积标准的，或在租赁期内超过政府规定收入标准的，应当退出公共租赁住房。”由此可知获得住房不单独作为退出原因，只有达到标准人均住房面积或收入超标时才需要退出。对于拒不退房的租户，《重庆市公共租赁住房管理实施细则》（渝国土房管发〔2011〕9号）第六条规定：“承租人不再符合租住条件，拒不腾退住房的，按公共租赁住房租金标准的2倍计收租金，并在适当范围内公告。必要时申请人民法院强制执行。”

在公租房的退出方面，《重庆市公共租赁住房管理实施细则》（渝国土房管发〔2011〕9 号）第七章规定：“承租人在租赁 5 年期满后，可选择申请购买居住的公共租赁住房。”在过渡期设置方面，《重庆市公共租赁住房管理实施细则》（渝国土房管发〔2011〕9 号）第六章规定：“承租人在租赁合同期满或终止后，不符合租住条件但暂时无法退房的，可以给予 3 个月过渡期。过渡期内按公共租赁住房租金标准的 1.5 倍计收租金。”重庆市公租房政策允许换租，《重庆市公共租赁住房换租操作办法（试行）》规定：“租赁期间，因结婚、生育、与父母合住等原因承租人数增加的，可以向所承租房屋小区房管中心申请在本小区内换租户型。租赁期间，因承租人数减少不再符合配租户型标准的，应当在承租人数减少的次月向所承租房屋小区房管中心申请在本小区内换租户型。”在惩罚措施方面，骗取公租房的，5 年内不得再次申请，并按租金标准 3 倍计收租金。由以上规定可知，重庆市公租房可租可售，并通过换租措施解决部分退出问题。

重庆市值得借鉴的地方：允许换房、购房。

（三）上海市经验

上海市廉租房与公租房尽管在制度上实现了并轨，但实际管理还是分开管理，且定位不同。廉租房实物配租与货币补贴比例 2∶8，且廉租房实物配租的对象主要以老弱病残为主，因此廉租房实物配租的入住对象在后期资格审核管理中很少出现资格不符，需要腾退廉租房的情况，因此上海的廉租房几乎不存在退出难题。公租房定位青年白领，只租不售，合同期一般不低于 2 年，2 年后进行资格复审，重签合同，租赁总年限不超过 6 年。对于拒不腾退的租户，上海市《本市发展公共租赁住房的实施意见》（沪府发〔2010〕32 号）规定：“拒不腾退的，严格按合同约定履行，必要时可通过司法途径解决，并可采取在适当范围公告通报，纳入本市个人信用联合征信系统，5 年内不得享受本市住房保障政策。”承租人出借、转租或闲置的，擅自改变承租住房居住用途的，享受其他住房保障政策的，违反物业管理公约拒不整改的，以及其他违反租赁合同约定情况的，出租单位可与其解除租赁合同。

上海市值得借鉴的地方：各类住房的人群定位，以及廉租房实物配租人群的定位。

（四）北京市经验

根据《北京市公共租赁住房后期管理暂行办法》（京建法〔2013〕15 号）第二章第十二条规定：“承租家庭因自身原因提出在申请家庭成员间变更承租人的，可向公共租赁住房产权单位设立的租赁管理服务站提出申请。”可知北京市承租人可在家庭成员间进行变更。第十四条规定："承租家庭自愿退出公共租赁住房视同放弃一次配租资格，可继续轮候。同一家庭只能放弃两次配租资格，超过两次须重新申请。"可知同一家庭仅有两次配租资格，否则需要重新申请。第十五条规定："承租家庭在租赁期内，通过购置、继承、受赠等方式取得其他住房，并不再符合公共租赁住房配租条件的，应退出承租的公共租赁住房。"第十六条规定："承租家庭不再符合届时公共租赁住房配租条件，但家庭成员在本市均无他处住房的，可申请继续承租住房，经市或区县住房保障管理部门批准后，应按同区域同类型住房的市场租金标准交纳房屋租金。"可知，承租人另获住房的情况不严格作为腾退依据，只有同时不再符合配租条件才需退出。对于逾期不退回的租户，根据第四章第三十四条规定："责令退回承租住房的家庭，产权单位可给予两个月的过渡期，过渡期内按照同区域、同类型住房的市场租金收取租金；逾期仍拒不退回的，公共租赁住房产权单位可以向人民法院提起诉讼，要求承租人腾退公共租赁住房，并按租赁合同约定，按照两倍公共租赁住房租金标准收取租金。"对于承租人死亡的情形，《北京市公共租赁住房申请、审核及配租管理办法》（京建法〔2011〕25 号）第四章第二十二条规定："承租人在租赁期限内死亡的，经复核，家庭仍符合公共租赁住房申请条件的，家庭可按规定推举新的承租人与房屋产权单位重新签订租赁合同。家庭无共同申请人的，租赁合同自动终止。"

北京市值得借鉴的地方：关于变更承租人的规定；确无住房者可继续承租。

（五）天津市经验

在承租期限上，公租房承租人初次承租期不超过 3 年，租期届满，符合条件的承租人可申请续租，每次租期不超过一年，总承租期限一般不超过 5 年。在惩罚措施方面，未按规定进行年度申报的，满一年的次月停止发放补贴。

在过渡期设置上，另获住房的给予 2 个月过渡期，续租不合条件的给予 12 个月过渡期，承租期不合条件的，搬迁期至租赁合同期满。《天津市公共租赁住房管理办法》（津政发〔2013〕29 号）第三十六条规定："承租期间不再符合公共租赁住房承租条件的，搬迁期可以至租赁合同期满；租赁合同期满后，确无住房的，搬迁期可以延长，最长不超过 12 个月。"

对确实因生活困难造成欠缴租金无力支付的租户，通过司法部门诉前调解机制妥善解决欠租问题。建立对公租房欠租违约等不良信用人员申请住房保障等方面的限制，依托天津市自然人失信惩戒制度，加大对住房保障失信惩戒力度。在宣传方面增加了欠租腾退执行成功的案例，起到了威慑作用。

对搬迁期满拒不腾退的租户，根据《天津市国土房管局关于调整本市住房保障有关政策的通知》（津国土房保〔2012〕344 号）规定："对搬迁期满拒不腾退公共租赁住房的承租人，经营单位经核实确无其他住房的，可将其腾退至租金标准、租金总额及户型标准较低的公共租赁住房，并自搬迁期满次月起按照新租赁合同约定的租金标准计收房屋使用费；有其他住房的，经营单位向公共租赁住房所在地的区县人民法院提起民事诉讼，要求承租人腾退公共租赁住房，腾退期间租金标准按照合同约定执行。”同时，根据《天津市公共租赁住房管理办法》（津政发〔2013〕29 号）第三十七条规定：“对逾期拒不腾退公共租赁住房的承租人，经营单位可以向人民法院提起诉讼，要求承租人腾退公共租赁住房，腾退期间房屋使用费按照合同约定的租金标准计收。”

对于家庭情况发生变化，需调整房屋的租户，根据《天津市公共租赁住房管理实施细则》（津国土房发〔2016〕18 号）第四十七条规定：“承租公租房期间，承租家庭情况发生变化，但仍符合公租房认定条件的家庭，按照如下规定调整承租房屋：（一）配租标准不变的家庭，可继续承租原房屋；（二）配租标准下调的，应当退出原承租住房，根据届时房源，重新参加登记摇号。”可知，配租标准下调的应重新参加摇号。

对于承租人死亡的情况，《天津市公共租赁住房管理实施细则》（津国土房发〔2016〕18 号）第五十五条规定：“公租房承租家庭在承租期间，承租人死亡的，共同承租人可以申请变更为该房屋新承租人。符合条件的共同承租人有两人（含）以上的，达成一致意见后方可申请变更。”

天津市不仅对租户不良信用进行记录，更是规定了相应的配套惩罚措施，申请人存在弄虚作假、伪造证明的，将按照规定纳入到天津市个人信用联合征信系统，取消申请资格，5 年内禁止申请人及其配偶再次申请公租房。同时《天津市公共租赁住房管理实施细则》（津国土房发〔2016〕18 号）第七十条规定：“凡记入不良信用记录的家庭，在《天津市基本住房保障管理办法》规定的期限内，停发租房补贴，经营单位不予办理续租手续，街道办事处（乡镇人民政府）、区县房管局不再受理申请人及其配偶的住房保障申请。”

天津市值得借鉴的地方：信用不良记录及相应惩戒措施；腾退手段；诉前调解机制。

（六）广州市经验

在承租期限上，公租房租赁合同期限为 5 年。租赁期内，承租人应继续履行办理居住证、就业登记、工商登记、社会保险缴费、计划生育等义务，且无犯罪违法记录。由此可知，该城市对承租人的行为进行了约束。当承租期已满，如需续租，承租人应当在租赁期满之日前 6 个月，办理租赁合同续签手续。在公租房的过渡期设置上，《来穗务工人员申请承租本市本级公共租赁住房实施细则》（穗住保规字〔2017〕1 号）第十七条规定：“承租人应在 30 日内结清有关费用并腾退公共租赁住房。暂时无法腾退的，给予 3 个月的过渡期，过渡期按该项目公共租赁住房金标准的 1.2 倍计租。”第十八条规定：当承租人有如下情况发生时，“承租人或者其共同申请的家庭成员在本市购买、受赠、继承或者通过其他途径获得自有产权住房；承租人或者其共同申请的家庭成员承租了直管公房、单位自管房或者人才公寓；承租人违反计划生育政策；承租人有犯罪违法记录；承租人不在本市工作或者生活”，应申请提前解除租赁合同。承租人出现上述情形未及时申报的，一经查实，由市住房保障部门取消承租资格，责令腾退公共租赁住房，并自上述情况发生之日至承租人实际腾退公共租赁住房之日期间，按照广州市房地产租赁管理所公布的该地段同类型房屋年度租金参考价的 2 倍计租。市住房保障部门可依法申请人民法院强制执行，并申请将其行为载入广州市公共信用信息管理系统。该城市已采取退出缓冲手段，根据《广州市公共租赁住房保障办法》（穗府办规〔2016〕9 号）第五章第四十二条规定，承租政府公共租赁住房的，过渡期内按公房成本租金标准的 50%计租；领取住房租赁补贴的，过渡期内发放住房租赁补贴的 50%，确实无法腾退的，可申请续租 1 年，并按照公布的同期公共租赁住房租金标准计租，1 年期满后必须腾退，否则按市场租金的 2 倍计租。

广州市值得借鉴的地方：对承租人行为的约束规定；关于共同申请人的规定；已采取的退出缓冲手段。

（七）成都市经验

在成都市公租房的运营过程中，公共租赁住房租赁合同期限一般为 3 年，在租赁合同期内不调整租金。租金标准按照评估确定的市场租金的 70%缴纳房租，承租人在租赁期限内全额缴交合同约定的租金，以套收取租金。《成都市中心城区保障性住房互换办法》规定，因身体原因、家庭人员变化、子女就学、就业等特殊情况需要，租户可申请互换住房。

在违规惩罚方面，《成都市中心城区保障性住房违规使用行为处理程序》第十二条规定，公共租赁住房承租人租赁期满未按规定提出续租申请的；提出续租申请但经审核不符合续租条件的；租赁期内，通过购买、受赠、继承等方式获得其他住房并不再符合公共租赁住房配租条件的；租赁期内，承租或者承购其他保障性住房的；承租人累计 6 个月以上拖欠租金的，按以下程序进行处理：市公管中心依照相关规定和租赁合同约定，书面告知违规使用者于期限内腾退公共租赁住房；有困难暂时无法退出公共租赁住房的，经申请并经市公管中心同意，可给予不超过 6 个月的过渡期，过渡期内按照同区域同类住房市场评估价格缴纳租金；如违规使用者拒不腾退公共租赁住房，市公管中心将依法申请人民法院强制执行。违规承租人自退回公共租赁住房之日起 5 年内不得再次申请公共租赁住房，并记入个人诚信记录。将承租人公租房使用行为与互换资格挂钩，行为违规的则取消房屋互换资格。

在退出手段方面，成都市《公共租赁住房集体合租管理暂行办法》（成房发〔2012〕135 号）第二十八条规定："承租人隐瞒或伪造居住人住房和收入等情况，骗取公共租赁住房的，纳入住房保障诚信记录系统，由市公管中心责令其限期退回所承担的公共租赁住房，并按住房所在地市场租金追缴承租人占用公共租赁住房期间的租金，逾期不退回的，可以依法申请人民法院强制执行，承租人 5 年内不得享受我市住房保障政策。"

成都市值得借鉴的地方：因子女上学，家庭成员变化等特殊情况可申请换房；将承租人公租房使用行为与互换资格挂钩；因受赠、继承等方式获得其他住房的不作为硬性退出标准。

（八）香港经验

在打击滥用公屋方面，香港成立了善用公屋资源分组和屋邨管理咨询委员会，建立屋邨管理扣分制管理公屋；在租户收入监管方面，每月抽选租户进行调查，并强制申报租户收入，如存在虚假陈述、拒绝或忽略交回申报表，均属于违法，违者将被检控。两年一度进行家访调查。收入连续两年超过标准，限期迁出，逾期不迁则加收高于市场租金的违约金；在过渡期设置方面，迁出给予一年过渡期，在这一年内按市场租金缴纳公屋租金，在一年过渡期内必须迁出，否则将定罪，监禁，罚款。60 天内无法腾退的，可申请延期，延期不得超过 30 天，期间须缴交数额相等于三倍原有租金的占用费。在特殊情况下，如公屋租户去世，租住权可无条件批给户主配偶，若无配偶，在通过全面审查其他家庭成员经济状况，以确定是否符合获批新租约的资格。

香港值得借鉴的地方：公屋使用管理；调查严格；逾期不搬则惩罚严厉。

（九）新加坡经验

新加坡组屋以居住为主要用途，但允许在组屋内从事商业活动。组屋使用规定与租户行为规定严格，组屋的退出主要分为违规性退出与购房后自愿退出两种。租户满足最短占用期 5 年后，可以购买私有住宅，获得私有住宅后，应在 6 个月内出售组屋，售房后给予 3 个月停留期。在特殊情况下，如共同所有人死亡的，其余所有人只要是新加坡公民或永久居民则可以保留组屋。单一所有人死亡的，按照无遗嘱遗产继承法令的规定进行处理，管理死者遗产需要获得法律命令。离婚情况下，有孩子监护权的一方可以继续保留组屋，另一方则按照单身市民计划给予安排。子女因婚迁出的情况根据个案审理来判断组屋保有权。

新加坡值得借鉴的地方：组屋使用规定与租户行为规定；单一所有人死亡的规定。

（十）美国马萨诸塞州经验

在租户行为管理上，较为细致严格，如《马萨诸塞州普通法》第139章第19节规定，“租户或者其他住房成员应在12个月内实际住用公租房不少于9个月，除非该成员是由于生病，或者是全日制学生。否则，租户应将此人在30天内从公租房成员中删除。若没有LHA的书面批准，在12个月以内，任何客人不得留宿超过21个夜晚。租户不得从留宿客人处获取收益。来客需要履行租客义务。如果客人损坏了东西，租户需要赔偿。租户不得有违法犯罪行为，不得损坏公共设施，维护清洁，不得噪音扰民，不得自行安装大电器，损坏物品需要赔偿，不得将宠物暂时或永久性放在公租房里，除了在鸟笼中安静的鸟和在鱼缸里的鱼”，等等。

在公租房的使用上，租户可以从事合法盈利活动，但不得扰民，不得明显过多地使用水电。

在租户收入监管上，每一个成年住户需要向LHA提供其社会安全码，并授权LHA使用该社会安全码来核查租户的收入和资产。

法律规定的终止租赁的原因包括没有按时交纳租金、违反租户义务及租约规定、收入超标、隐瞒信息、家庭规模减小等。租户存在隐瞒、谎报收入等同于终止和退出公租房。

设置“连带”惩罚措施，家庭成员或来访客人违约视同租户本人违约，直接对租户本人实行惩罚，实现网状互相监督机制。

美国马萨诸塞州值得借鉴的地方：租户行为规定详细；家庭规模减小需退出；惩罚措施严厉，设置“连带”惩罚措施。

（十一）英国诺丁汉经验

英国公租房租户可分为四类：（1）Secure tenure：可永久居住，相当于英国的廉租房租户。（2）Asure tenure：出租人可以赶走租户。（3）Asure short hold tenure：该类租户享有半年保护期，保护期内无人有权将其赶走，半年后出租人可无理由赶人。（4）Flexible tenure：由secure tenure演化而来，名义上虽然仍为永久性租户，但合同需5年一签，无续签则需走人。现在英国政府多采用这种模式。英国公租房退出由住房协会执行，主要针对租户的反社会行为与欠租行为。采取梯度退出制度，强制退出的租户会被安置到低质量旅馆，再有违规行为，则由旅馆赶人。诺丁汉城市注重租户行为的管理，若租户存在骚扰邻居，或有不可调和的邻里纠纷时需要搬出公租房，申请人申请了公租房但不居住的行为，包括囚犯和在其他地方有未到期的租约的人应退出公租房。因被送进监狱而放弃公租房者，释放后可以重新获租。若租户是一位secure租户并以公租房为主要居住地，累计达到3年租赁期，则可以以折扣价购买当前公租房。

英国诺丁汉值得借鉴的地方：阶梯式退出与被送进监狱者应退出，释放后可重新获租。

六、完善公租房退出机制政策建议

根据课题组对武汉市公租房当前退出情况的典型性实地调研，以及对武汉市公租房退出工作难的原因分析，现结合国内外公租房退出经验和调研经验，建议从两条路径来完善武汉市公租房退出机制。

（一）路径一：颁布新《武汉市公共租赁住房管理办法》（暂定名）

首先，颁布新的管理办法。在实践中，武汉市公租房管理仍参照《武汉市公共租赁住房管理办法》执行，但该办法自 2013 年 9 月 1 日就已失效。本课题组建议在总结武汉市经过近年来住房保障工作实践的基础上，制定新《武汉市公共租赁住房管理办法》（暂定名）。

其次，本课题组建议在修订该管理办法时，应考虑武汉市公租房保障人群的重新定位，特别是应该响应国家积极发展住房租赁市场的相关政策，同时结合“武汉市百万人才留汉”工程，重新定位武汉市住房保障，特别是公租房，应在推动武汉市经济社会发展中定位。

第三，建议测算当前武汉市公租房“封闭运营”，对当前武汉市产业与高级人才留汉的影响以及对公租房后期管理运营投入的影响，根据住建部 11 号令，公租房可租可售，对接重庆市公租房和珠海市、上海市、北京市的共有产权住房，能否从现在制度设计只包含“人”的退出向“人与房”双向退出过渡。即能否通过“共有产权”住房，打通租赁与销售，建立租赁式保障与产权式保障的无缝衔接的政府保障体系。

（二）路径二：修订现有的《武汉市公共租赁住房租赁管理暂行规定》

遵循武汉市公租房政策现行制度框架，以“封闭运行”为前提，修订现有的《武汉市公共租赁住房租赁管理暂行规定》，在修订中建议依据“严进宽出、货币为主”的原则，为解决公租房退出难题，构建武汉市公租房有效退出机制。具体可以分为两个方面：

1. 制度层面

制度层面主要通过对比住建部第 11 号令，并结合其他城市值得借鉴的政策，对《武汉市公共租赁住房租赁管理暂行规定》（武房发〔2011〕150 号）进行修订。制度层面的总体设计思路为：完善合同，严格按照合同执行，合同期内不进行资格审查，仅进行租户行为管理，合同到期后再进行资格复审，开展退出工作。合同期内以租户行为作为主要管理对象，以行为违规作为主要退出原因，严厉处罚租户违规行为。在资格审查上，收入变化不严格作为腾退依据，仅以住房超标为主。退出手段以法律手段为主，包括申请法院强制执行和提起诉讼，辅之以民间调解和诉前调解。

（1）倡导以货币化补贴为主，实物配租为辅的公租房保障模式

首先，货币化补贴的保障模式主要针对有能力通过市场解决居住问题的人群，包括在市场上购房及在市场上租房。而难以通过市场解决居住问题的人群，如老龄人群、残疾人群、新就业人群等，政府应给予实物保障。其次，针对用地紧张，确无地新建公租房的地区，应鼓励其进行货币化补贴的保障模式，做到因地制宜，符合实际情况。再次，货币化补贴可作为租户退出后的缓冲保障手段。租户在公租房内居住期间，享有低租金房屋和补贴，而一旦退出公租房，则又无房屋又无补贴，生活落差之大显而易见，进而导致众多退出难题。更有租户退出公租房后生活难以有起色，只得再次进入轮候。同时，由于在市场上找房、搬迁需要一定的时间，搬入新居后还需要一定的适应时间及生活转换成本，因而，做好退出后续缓冲保障，对接退出，缓解退出难题，意义重大，而货币化补贴可作为一种有效便捷的后续保障手段。最后，货币化保障相比于实物保障，成本更低，便于管理，退出难度小，所以就便利后期管理而言，货币化保障应作为主要的保障模式。

（2）激励性退出与惩戒性退出并举

当前武汉市公租房退出工作中的激励性退出手段包括落户积分奖励，惩戒性退出手段主要包括前文提及的下发通知单及停水停电措施。增强激励性退出手段与惩戒性退出手段有利于将推力与拉力形成合力，共同促进公租房的退出。激励性退出可采用租金返还激励、购房激励及积分落户等激励等。租金返还激励是指对于按时交租金及按规定退出的租户，政府可适当给予其租金返还，以资奖励。购房激励是指对居住期间行为良好的租户给予市场购房补贴。这些激励性政策有利于鼓励租户积极离开公租房，提升生活希望，帮助其市场购房。在惩戒性退出方面，建议完善市级和国家级征信制度，将租户的拒绝退出行为计入个人征信记录，并明确规定各项征信记录对应的惩罚措施。征信记录可实行计分制，分程度给予惩罚，如不按时缴纳租金者，限制其使用共享单车；拒不退出，情节严重者，限制其购买火车票、飞机票等。参照杭州市三级门禁系统，可通过限制租户进出公租房小区进行惩罚。参照马萨诸塞州的“连带”惩罚，可通过限制租户直系亲属进行惩罚。同时，惩戒性退出主要针对的是租户的不良行为，而资格不符导致的退出则宜尽量不使用惩戒性退出方式。对资格不符者应进行分类退出，实现弹性退出，下文会给予详细说明。

（3）严进宽出，分类退出

首先，严进，即为严把进入关口，严格筛选给予实物保障的租户。调研中发现有租户为了申请公租房而将名下住房过户或售卖，因而，现借鉴之前武汉市廉租房政策规定，如卖房后 5 年内不准申请廉租房等相关规定，可限定卖房后 1 年内不准许申请公租房。同时，调研发现有拆迁户获取政府拆迁补偿后，手持巨额补偿费住进公租房，因而，建议获得数额较大资金补偿的拆迁户不得申请公租房。针对一家三口人手一套公租房的情形，建议规定离婚后 2 年内不得申请新的公租房。关于准入中收入标准的划分，当前武汉市对租户划分了 5 档，最低档的租户享受廉租住房，超过最低档则进入公租房，由于廉租房租户租金低，每月只用交 0.75 元/m^2 的租金，物业费全部由政府负担，而一旦收入过线，调档成为公租房租户，则每月租金提高为 1.5 元/m^2，物业费全部自己负担。当前最低档收入线为 600 元，而低保已经调整为 670 元，因而导致部分租户调档成为公租房租户，生活压力大。建议将最低档收入线提高，高档不变，将应留在廉租房保障范围的人群留在廉租房，而非被动进入公租房，严格进行分类保障，严守公租房准入门槛。

其次，在宽出方面，实现分类退出，建立弹性退出机制。前文已提到。针对合同期内租户的违规行为，应给予严厉惩罚，进行惩戒性退出，针对合同到期后资格审查不符的租户，应给予分类退出，实现弹性退出，如查明确无其他住房的，不强制腾退，按市场价收取租金；不将收入超标作为硬性退出规定；承租人因子女学位、重大疾病、怀孕等特殊情况无法按期退出的，可酌情进一步延期。在退出的过渡期设置及时间安排方面，建议参考深圳市的分类退出，针对不同情形给予不同的过渡期。关于两倍租金收缴难的问题，建议按照租户收入涨幅调整过渡期租金，而非统一收取两倍租金。关于共同申请人有房需退出，原承租人死亡，而家人符合承租条件及家庭中增户减户影响承租条件的情形，建议实现资格变更，使得租户可以通过变更申请人信息继续合法居住，而不用硬性退出。同时，建议完善退出后续缓冲机制，提供过渡房，帮助租户从保障房过渡到商品房。

2. 操作层面

操作层面是指在武汉市现有的公租房制度框架下，针对各项退出难题，提出可实际操作的解决办法，构建促进公租房退出工作的机制。以下分别从政府层面、运营管理层面和租户层面分别提出建议。

（1）政府层面

首先，实现政府部门间的信息联网，构建多方合作沟通平台。首先在信息联网上，为使信息核查成为日常审核，建议审计、房管局等部门实现信息共享，保证信息核查的真实有效。其次，在沟通平台建立上，建议水电部门、街道社区、公安部门、公租房小区租户委员会与公租房运营管理中心、物业管理与房管部门共同建立起协商平台，严格明晰划分各部门职责，严肃问责机制，严把公租房管理的各个环节，实现有事共商，共同解决，协力共赢。

其次，完善合同，以合同作为执行依据。调研中发现，针对某些政策规定及违规行为，许多租户反映在合同中并未说明，因而不知情。同时，由于当前主要依据合同来打官司，因而，完善合同意义重大，不仅能帮助租户进一步了解政策，起到宣传作用，更是能在法庭上据理力争。同时，针对资格复审时间，由于依法成立的合同，自成立时生效，至合同到期时失效，因而租户与政府签订合同即意味着合同有效期内租户是有资格居住于公租房内的，因而建议合同期内不再进行资格复审，仅进行租户行为管理，合同到期后再批量进行资格审查，集中展开退出。建议合同期限为一至两年。

再次，加大政策宣传，普及公租房信息。政策宣传可通过在公租房小区设置展示窗、展示牌，定期开展讲座，定时播报等方式来实现小区宣传。还可通过印发公租房政策宣传手册实现对个体租户的宣传。针对社会宣传，应优化公租房政策网站，及时更新公租房相关政策，方便民众查找与浏览。同时，针对社会信息弱势群体，应减少网络宣传，以纸质化及口头宣传为主，此部分宣传应主要由街道及社区执行。

最后，对于租户长期欠缴的租金，在收回无望的情况下，建议房管局财务部门参照《税法》中的坏账处理相关细则进行处理。可将应收租金纳入“应收账款”账户中计提坏账损失并进行核销，以免日后难以核查。

（2）运营管理层面

首先，组建执法队，规定详细的执法流程。在退出操作中，由于目前运营中心无执法权，仅有通知权，因而在面对老赖型租户时，束手无策。建议民政、居委会及城管部门合力组建执法队，在运营中心送达通知单后，负责租户的退出事宜，如既拒缴租金又久住不走的租户、单身死亡后需处置遗物的租户、超过过渡期仍拒不退出的租户等。执法队的具体职责应给予明文规定，制定出详细的执法流程，并征求各部门及公租房小区租户委员会的同意，使执法的合理性得到保障。同时，应将公证环节纳入执法队的执法过程，对执法队的执法过程进行全程录像记录，并妥善保存。

其次，创新租金收缴方式及监督审查方式。在租金收缴上，当前武汉市的租金收缴方式包括现金、银行卡划转、从工资中扣缴、从保证金中扣缴等。划转成功的前提是租户事先已在卡内留有余额，因而，总体来看，运营中心在租金收缴上仍处于被动地位。建议将租金与补贴挂钩，按时交租金则按时发补贴，不按时交租金则停发补贴，并实行租金返还的奖励机制，如连续按时 12 个月缴纳租金的租户，年末可给予 3 个月的租金返还。在监督审查上，当前武汉市监督审查方式主要包括系统审核和入户调查。建议增加邻里反映的监督方式及租户委员会监督，促进公租房小区租户自我管理。

最后，在退出手段上，以法律手段为主，并遵循先调解，再仲裁，最后司法诉讼的矛盾解决顺序。由前文案例可知，法院诉讼周期长、效率低，因而建议根据矛盾解决难度，采取适当的解决方式。对于情节严重者或矛盾激化恶劣者，应采取司法诉讼的手段。在司法诉讼中，由于住建部第 11 号令中主要规定了两种方式，即申请人民法院强制执行和向人民法院提起诉讼。因而，在以住建部第 11 号令为方向的指导下，建议武汉市公租房退出手段采取申请法院强制执行和提起诉讼两种方式。针对逾期不退回公租房的，市、县级人民政府住房保障主管部门应依法申请人民法院强制执行，拒不腾退的，以及承租人有其他住房的，公共租赁住房的所有权人或者其委托的运营单位应向人民法院提起诉讼，要求腾退。

（3）租户层面

建立公租房小区租户委员会。当前公租房小区居民处于被管理的角色，缺乏归属感，遇事缺乏与运营中心的中间调解渠道，租户间政策的误传也无权威平台予以纠正，因而，建立公租房小区租户委员会能够缓解矛盾，上传下达，促进沟通，促进公租房小区的和谐。租户委员会应主要起到调节矛盾的作用，能通过租户委员会解决的矛盾则应尽量避免法律调节，提高调解效率。委员会租户应选取租户中的权威代表，更有震慑力。

3. 具体政策的修订

具体政策的修订是指根据调研发现及各城市公租房退出政策的经验，对比住建部第 11 号令《公共租赁住房管理办法》，按照严进宽出，弹性退出的实物退出原则对《武汉市公共租赁住房租赁管理暂行规定》（武房发〔2011〕150 号）进行修订。

（1）在严进方面

《武汉市公共租赁住房租赁管理暂行规定》（2011）第二章第十条最后一句：享受廉租住房实物配租和已购买经济适用住房、限价房等保障性住房的家庭，不得承租公共租赁住房。

修改为：享受廉租住房实物配租，已购买经济适用住房、限价房等保障性住房的家庭不得承租公租房。售卖商品房后 1 年内不准许申请公租房。获得数额较大资金补偿的拆迁户不得申请公租房，除非有特殊情况。原承租公租房家庭，离婚后 1 年内不得申请新的公租房。

第二章新增加：在签订租赁合同前，申请公租房的家庭需选择保证人进行担保。免于担保的情况另行规定。采用保证人担保的申请家庭在承租公租房期间，不履行或不适当履行租赁合同规定的租金缴纳义务时，由保证人承担连带责任代为支付租金。保证人应当为法律规定的具有代为清偿债务能力的公民，但已提出公租房申请、已取得公租房承租资格、已承租公租房的申请人和共同申请公租房的家庭成员，以及法律规定不得作为保证人的，不得提供担保。申请家庭应在 3 个月内办理完毕租赁担保手续，逾期未提供的，视为放弃公租房申请资格。（此条例参考《天津市公共租赁住房管理实施细则》（津国土房发〔2016〕18 号）第四章内容）

（2）在宽出方面

《武汉市公共租赁住房租赁管理暂行规定》（2011）第五章第四十条：公共租赁住房实行市场租金、先缴后补，租金收取与补贴发放实行收支两条线管理。由区房管部门确定项目的市场租金参考价格，市物价、房管部门根据市场租金参考价格确定该项目公共租赁住房租金标准。对承租公共租赁住房家庭和个人进行租金补贴，补贴标准由房管部门会同市物价和财政部门根据本市经济发展水平和住房困难家庭的承受能力等因素，按同类住房平均市场租金价格约 30% 比例确定，原则上每两年调整一次，报市人民政府批准后公布执行。公共租赁住房补贴的实施办法，由市房管部门另行制定。公共租赁住房租金按建筑面积计算，承租人应按合同约定按时交纳租金。

修改为：公共租赁住房实行市场租金、先缴后补，租金收取与补贴发放实行收支两条线管理。由区房管部门确定项目的市场租金参考价格，市物价、房管部门根据市场租金参考价格确定该项目公共租赁住房租金标准。市场租金是指同期同区域同类型的普通商品住房的市场价格水平，市场租金应根据市场变化进行及时调整。对承租公共租赁住房家庭和个人进行租金补贴，补贴标准由房管部门会同市物价和财政部门根据本市经济发展水平和住房困难家庭的承受能力等因素，按同类住房平均市场租金价格约 30% 的比例确定，原则上每两年调整一次，报市人民政府批准后公布执行。公共租赁住房补贴的实施办法，由市房管部门另行制定。

公共租赁住房租金按建筑面积计算，承租人应按合同约定按时交纳租金。

第五章第四十一条：对承租人拖欠租金和其他费用的，可按租赁合同约定通报其所在单位，单位应按照签署的协助管理承诺书从其工资收入中直接划扣。

修改为：对承租人拖欠租金和其他费用的，可将租金与补贴发放挂钩，连续拖欠租金 3 个月以上者，停发补贴。对于按时交纳租金的租户给予租金返还奖励。连续 12 个月按时交纳租金者，返还 2 个月租金。对于租户长期欠缴租金，并于 5 年内未能收回的，可将该部分未收款作为坏账给予注销。将欠租行为计入个人不良信用记录。

第六章第四十七条：承租人通过购买、获赠、继承等方式在市区获得住房，且超出公共租赁住房申请住房面积标准的，或在租赁期内超过政府规定收入标准的，应当退出公共租赁住房。

修改为：承租人通过购买商品房或拆迁户还建住房在合同备案前，必须退出实物配租的公共租赁住房，给予 3 个月的公共租赁住房货币补贴。承租人通过获赠、继承等方式在市区获得住房，且超出公共租赁住房申请住房面积标准的，在办理产权交易前，必须退出实物配租的公共租赁住房。

第六章第四十九条：承租人退出公共租赁住房的，按以下要求执行：

（一）承租人应在租赁合同期满或终止之日腾退住房，并结清房屋租金、水、电、气、物业等相关费用，原有住房和设施有损坏、遗失的，承租人应恢复、修理和赔偿，承租人基于对房屋的合理利用所形成的附属物归产权人所有，退租时不予补偿；

（二）承租人在租赁合同期满或终止后，不符合租住条件但暂时无法退房的，可以给予 3 个月过渡期，过渡期内不予发放公共租赁住房补贴；

（三）承租人不再符合租住条件，拒不腾退住房的，不予发放公共租赁住房补贴，运营主体可根据租赁合同约定，按公共租赁住房租金标准的 2 倍计收租金，并在适当范围内公告。必要时，可依照相关规定向人民法院申请强制执行，承租人今后在本市范围内不得申请任何形式的住房保障资格。

修改为：承租人退出公共租赁住房的，按以下要求执行：

（一）承租人应在租赁合同期满或终止之日腾退住房，并结清房屋租金、水、电、气、物业等相关费用，原有住房和设施有损坏、遗失的，承租人应恢复、修理和赔偿，如拒不赔偿的，可以从承租人入住时交纳的保证金中进行抵扣。承租人基于对房屋的合理利用所形成的附属物归产权人所有，退租时不予补偿；

（二）承租人在租赁合同期满或终止后，不符合租住条件但暂时无法退房的，可以给予 3 个月过渡期。承租人因子女学位、重大疾病、怀孕等特殊情况无法在上述规定期限内退房的，可凭相关书面证明材料再次申请延期，但再次延期期限不能超过 1 年，期间租金按指导租金的 2 倍计缴。

（三）承租人不再符合租住条件，拒不腾退住房的，不予发放公共租赁住房补贴，运营主体可根据租赁合同约定，按公共租赁住房租金标准的 2 倍计收租金，并在适当范围内公告。拒不腾退，公共租赁住房的所有权人或者其委托的运营单位可以向人民法院提起诉讼，要求承租人腾退公共租赁住房。承租人今后在本市范围内不得申请任何形式的住房保障资格。

建议增加：经法院判决后，承租人拒不腾退公共租赁住房的，由执法队进行清退。

（3）在货币化补贴方面

《武汉市公共租赁住房租赁管理暂行规定》（2011）

第四章第三十四条：公共租赁住房项目不足或者建设用地紧缺的中心城区可以向市人民政府申请统筹调配，由市房管部门在市级公共租赁住房项目中予以统筹安排，或在征求项目所在区人民政府意见后，在其他区的区级公共租赁住房项目予以调配，并按照有关规定承担相应费用。

修改为：公共租赁住房项目不足或者建设用地紧缺的中心城区可以采取货币化

补贴方式，或向市人民政府申请统筹调配。统筹调配即由市房管部门在市级公共租赁住房项目中予以统筹安排，或在征求项目所在区人民政府意见后，在其他区的区级公共租赁住房项目予以调配，并按照有关规定承担相应费用。

（4）其他方面

《武汉市公共租赁住房租赁管理暂行规定》（2011）

第五章第三十五条：公共租赁住房实行有限期租赁，租赁期限最短一年，最长不超过五年。

新就业职工的租赁期限，原则上不得长于其劳动（聘用）合同的有效时限，也不得超过毕业年限限制。

修改为：公共租赁住房实行有限期租赁，租赁合同期限一般为2年，合同到期后承租人仍需租赁的，运营机构应重新进行资格审核，符合条件的可续租（合同期内，不进行收入是否超标的审查，但住房超标需退出）。（此条参照上海市《本市发展公共租赁住房的实施意见》（沪府发〔2010〕32号）第四点“健全租赁管理机制”中有关强化退出管理的规定）

新就业职工的租赁期限，原则上不得长于其劳动（聘用）合同的有效时限，也不得超过毕业年限限制。

第五章第三十九条：承租人在租赁期限内不再具有租赁资格或自愿终止租赁的，具有租赁资格的共同申请人可按原租赁合同继续承租的，具有租赁资格的共同申请人可按原租赁合同继续承租，但需要确定新的承租人，变更租赁合同，租赁期限按原有合同的剩余时间计算

修改为：承租公租房期间，承租家庭情况发生变化，但仍符合公租房认定条件的家庭，按照如下规定调整承租房屋：

（一）配租标准不变的家庭，可继续承租原房屋；

（二）配租标准下调的，根据届时房源，有房源的应当退出原承租住房，进行房屋调换，没有相应房源的则可以继续承租原住房，但超出配租建筑面积标准部分，应当按照同期同区域同类型普通商品住房市场租赁指导价收取租金。（此条参照《深圳市公共租赁住房轮候与配租暂行办法》（深建规〔2013〕10号）第三十条）

（三）配租标准上调且书面承诺仍承租原房屋的，可继续承租原房屋；

（四）配租标准上调且要求调整承租房屋的，应当退出原承租住房，根据届时房源，重新参加登记摇号。（此条例参照《天津市公共租赁住房管理实施细则》（津国土房发〔2016〕18号）第九章第四十七条）

建议将现第九章“附则”修订为第九章“资格变更”，并新增第十章为“附则”。

第九章“资格变更”第六十四条：公租房承租家庭在承租期间，承租人死亡的，共同承租人可以申请变更为该房屋新承租人。符合条件的共同承租人有两人

（含）以上的，达成一致意见后方可申请变更。

（一）共同承租人按武汉市公租房租赁合同的“共同承租人”确定。

（二）变更新承租人的申请人须具备完全民事行为能力，不具备完全民事行为能力的，应当与监护人（家庭）共同配租，并由监护人提出变更新承租人申请；

（三）无共同承租人的，产权人或经营单位可以单方解除租赁合同收回该住房。（此条例参照《天津市公共租赁住房管理实施细则》（津国土房发〔2016〕18号）第五十五条）

第九章“资格变更”第六十五条：在租赁有效期内，如共同申请人满足分户条件，原申请人可以变更分户后的相关资料，继续承租原公租房。

第九章“资格变更”第六十六条：因家庭成员结婚、新出生人员等原因增加人口的，按照申请家庭人口认定规则，增加共同承租人。因家庭成员分户等原因减少人口的，减少共同承租人。

◎ 参考文献

[1] 中国科学院大学中国产业研究中心，中国科学院预测学研究中心. 2016 中国房地产市场回顾与展望［M］. 北京：科学出版社，2016.

[2] Housing Allocations Policy April 2015.

[3] Nottingham City Council-Tenancy Strategy.

[4] 曹小琳，余楚喜. 公租房准入和退出管理的问题与对策研究——以重庆市为例［J］. 建筑经济，2012.

[5] 曾辉，虞晓芬. 美国公共住房退出管理中的两难抉择及启示［J］. 中国房地产，2016.

[6] 陈蕙林. 公租房准入和退出管理的问题研究［J］. 财经界，2016.

[7] 陈杰，曾馨弘. 英国住房保障政策的体系、进展与反思［J］. 中国房地产，2011.

[8] 陈俊华，吴莹. 公租房准入与退出的政策匹配：北京例证［J］. 改革，2012.

[9] 陈倩. 北京市公共租赁住房模式研究［D］. 财政部财政科学研究所，2012.

[10] 陈淑云，范钦. 公租房的后期管理问题及其解决方略——以武汉市为例［J］. 城市问题，2014.

[11] 陈险峰，刘友平. 公共租赁房退出机制及其政策选择［J］. 城市问题，2012.

[12] 陈婴虹. 论我国公共租赁住房的退出制度——以城市中等偏低收入住房困难家庭为视角［J］. 河北法学，2014.

[13] 陈勇凡. 重庆市公租房社区管理创新研究［D］. 重庆大学，2013.

[14] 陈源. 我国非营利组织参与公共租赁房后期管理的研究［D］. 厦门大学，2014.

[15] 戴灿辉．美、英、德住房金融分析［D］．吉林大学，2004.
[16] 杜媛媛．租赁型保障性住房退出机制建构——以衡水市保障房供应为例［J］．人民论坛，2014.
[17] 方琴．我国主要城市公租房准入和退出机制现状研究［J］．现代商贸工业，2012.
[18] 高莉莉，付佳佳，巩牧华．我国公共租赁住房退出机制研究［J］．住宅与房地产，2017.
[19] 高燕燕．公租房社区管理创新研究［D］．内蒙古大学，2016.
[20] 黄蔚，季如进．析北京市公租房“三位一体”后期管理模式［J］．中国房地产：学术版，2014.
[21] 黄蔚．北京市公共租赁住房后期管理研究［D］．清华大学，2014.
[22] 营聪聪．可持续发展视角下公共租赁住房供给与后期管理研究［D］．北京林业大学，2014.
[23] 蒯贤魏．公租房管理模式研究［D］．西南政法大学，2012.
[24] 李宝龙．博弈视角下公租房退出机制研究［J］．建筑经济，2016.
[25] 李进涛，涂姗．计划行为视角的公共租赁住房退出意愿研究*——以武汉市为例［J］．社会保障研究，2016.
[26] 李琳．公共租赁房退出的法律问题研究［D］．西南大学，2012.
[27] 李鑫．绿色公租房社区建设与管理研究［D］．北京建筑大学，2014.
[28] 李胤．公共租赁住房合同法律问题研究［D］．河北大学，2013.
[29] 廖艳．我国公共租赁住房“四环相扣”退出机制研究［J］．门窗，2013.
[30] 廖玉姣．国内外公租房社区化管理对重庆的启示［J］．现代城市研究，2012.
[31] 林素钢．我国公共租赁住房退出机制初探［J］．中国房地产金融，2012.
[32] 刘纯根．公共租赁住房退出机制法律问题探究［J］．中国房地产：综合版，2016.
[33] 刘闻佳．关于武汉公共租赁住房发展的思考［J］．教师教育学报，2011.
[34] 刘晓霞．我国公租房融资模式研究［D］．大连理工大学，2013.
[35] 刘颖．廉租房退出制度中的动力机制研究［J］．经济师，2009.
[36] 倪冰，于红琴．香港公租房建设和管理的实践及启示［J］．价格理论与实践，2012.
[37] 牛丽云，张贵君，刘玲璞．公共租赁房退出激励制度研究［J］．中国城市经济，2012.
[38] 盛光华，汤立，吴迪．发达国家发展保障性住房的做法及启示［J］．经济纵横，2015.
[39] 宋晓满，姜黄慧．上海公租房政策及建设融资方式探讨［J］．财会月刊，

2012.
[40] 孙钊．公共租赁住房定位及后期管理研究［D］．清华大学，2012.
[41] 谭显．重庆公租房制度研究［D］．西南政法大学，2014.
[42] 唐旭君，姚玲珍，城镇廉租住房退出机制的重新构建——以上海为例［J］．经济与管理研究，2014
[43] 汪建强．二战后英国公共住房发展阶段简析［J］．科学经济社会，2011.
[44] 汪文雄，李进涛．英国的住房政策实践及启示［J］．城市问题，2010.
[45] 王承慧．美国公共住房发展的多面性及启示——以芝加哥、纽约与波士顿为例［J］．现代城市研究，2016.
[46] 王慧琳．公共租赁住房退出机制的国际比较及启示［J］．中国城市经济，2010.
[47] 王净，郭晓晴．保障性住房后期物业管理问题及破解策略研究——以河南省安阳市为例［J］．中国集体经济，2016.
[48] 王莉莉．公租房换租决策模型研究［D］．重庆大学，2014.
[49] 王曼云．基于可持续发展的公共租赁住房后期管理研究［D］．华中师范大学，2016.
[50] 王武．公共租赁住房准入与退出机制的法律分析［D］．华中师范大学，2012.
[51] 王颖．长沙市居民退出保障性住房机制设计［D］．中南大学，2013.
[52] 卫欢．美国公共住房制度及其对中国的启示［J］．改革与战略，2016.
[53] 魏宗财，陈婷婷，李郇，等．新加坡公共住房政策可以移植到中国吗？——以广州为例［J］．城市规划，2015.
[54] 吴建强．住房双轨制下城市公租房退出机制研究［J］．中国证券期货，2013.
[55] 吴坤．英国的社区发展与城市复兴（20 世纪—21 世纪初）［D］．陕西师范大学，2008.
[56] 夏颖．公共租赁住房准入与退出机制研究现状评述［J］．经营管理者，2011.
[57] 徐东辉．中国公租房制度创新研究［D］．吉林大学，2012.
[58] 徐皓宬．上海公租房社区管理模式研究——以新江湾尚景园为例［J］．2015.
[59] 徐军玲，谢胜华．英国公共租赁住房发展的政策演变及其启示［J］．湖北社会科学，2012.
[60] 徐琼．重庆市公租房退出机制的研究［D］．西南大学，2012.
[61] 徐松明，陈峰．英国住房问题求解路径解析与中国借鉴［J］．华中师范大学学报（人文社会科学版），2009.
[62] 徐小凤．保障性住房融资问题研究［D］．西南财经大学，2012.
[63] 杨玲．对完善重庆市公租房管理的思考［J］．现代城市研究，2011.
[64] 杨勇．以公租房推动城乡统筹发展——以重庆市为例［J］．人民论坛，2011.

[65] 姚瑶．北京市公租房融资问题及其政策研究［D］．首都经济贸易大学，2014.
[66] 袁业飞．“政府主导，市场化运作”，公租房建设的理想模式？——上海公租房运营机制观察［J］．中华建设，2011.
[67] 张娟娟．我国公共租赁住房退出机制研究［D］．西南政法大学，2013.
[68] 张敏．廉租房流转缘何遭遇尴尬［J］．北京纪事，2008.
[69] 张琪．保障房的准入与退出制度研究：一个国际比较的视角［J］．社会科学战线，2015.
[70] 张若婵，马文瀚．完善我国公共租赁住房退出机制的探析［J］．时代报告：学术版，2016.
[71] 张祚，刘艳中，陈彪，等．新加坡公共住房发展研究：从“广厦”到“恒产”的智慧［J］．建筑经济，2011.
[72] 郑慧．租赁型保障房退出机制研究［J］．经济研究参考，2012.
[73] 郑小曼．重庆市公租房社区管理模式研究［D］．重庆大学，2013.
[74] 周轶洲．保障性住房后续管理长效机制研究——以天津市为例［J］．中国房地产：学术版，2016.
[75] 朱新贵，李俊杰．三城市保障房后期管理比较研究［J］．城市问题，2016.

4. 房屋交易监管窗口现代服务应用研究课题研究报告

武汉市住房保障和房屋管理局产权管理处
武汉市房产交易中心
浙江奥维数据技术有限公司

课题负责人： 潘臻肇　武汉市住房保障和房屋管理局　副局长
课题组成员： 赵泽山　陈　浩　周民杰　刘　松　王　娟
王　旭　梁　珺　朱　伟　宋　伟　曾文宪
陈池荷
课 题 统 稿： 王　娟　梁　珺

一、绪　论

为加快推动互联网与各领域深度融合和创新发展，2015 年 7 月国务院发布《国务院关于积极推进“互联网+”行动的指导意见》，《意见》提出了如何将互联网与经济社会各领域深度融合，进一步促进社会发展。实现“互联网+房屋交易监管”是房产交易监管十分重要的任务。

按照中央、省、市有关文件精神，根据市人民政府办公厅《关于印发武汉市不动产登记工作实施方案的通知》的要求，不动产登记职责已整合到不动产登记机构，房屋交易管理职责继续由房管部门承担。我市不动产统一登记全面启动后，房屋交易监管与不动产登记采取“分类窗口、并行受理”的模式服务，申请人需分别到房管部门和不动产登记部门办理房屋交易监管和不动产登记，须重复提供申请材料，给申请人带来诸多不便。

“互联网+”、“大数据”等新思维与新技术的引入，对房管工作的理念和方式产生了深远影响。“互联网+”要求房管部门利用互联网，实现监管、服务的无处不在、无时不在，应用“大数据”技术开展精准分析与科学决策。

（一）研究目的和意义

本课题旨在对武汉市商品房和存量房交易的信息化进行研究，提出可行的模式，促使现有的房产管理模式向便捷高效的智慧房管模式转变，规范房屋交易市场行为，防止市场投机、交易欺诈现象的发生，保障市场参与方的公平竞争和广大业主的消费权益，更加有效地规范房地产市场交易的全过程。其意义如下：

1. 规范房地产市场行为，维护行业良好秩序

采用信息化手段，加快房地产经纪信用档案建设，提高房地产经纪机构准入门槛。实现中介机构信用档案网上公布，提供公众查询，接受网上咨询和投诉，规范经纪机构的从业信用，遏制中介机构的无资质、无从业资格、无证照经营的“三无”经营行为，有效降低市场风险。

2. 优化流程实现全面监管与高效服务

以全面提高房地产市场交易透明度，简化办理流程，全面提升行业效率为目标，对新建商品房和存量房的交易与监管进行全面的流程优化；通过软件系统固化办事流程，杜绝执行中的偏差，强化管理力度，塑造良好的房地产市场秩序。以实现市委提出的“马上办、网上办、一次办”的服务改革要求，为交易产权人提供便利，全面优化办事流程。

3. 优化资金监管模式保障交易主体权益

借鉴电子商务模式，房管部门搭建房屋交易和资金监管平台，商品房和存量房实现网上签约交易，资金交由第三方监管平台监管。买卖双方通过该平台自行约定购房款的监管银行与房款的支付进度，按照协商的房款支付进度进行房款交割，保障房屋交易过程中的资金安全监管，规避市场风险。

4. 动态采集房屋交易过程数据

以采集房屋产权数据为切入点，动态采集监管商品房和存量房的市场交易行为数据，为房屋交易大数据挖掘提供完整的实时数据。

5. 房管交易大数据分析为房管部门科学决策提供依据

利用大数据挖掘分析，联动各个监管板块，形成全面监管格局，提高对市场反应的灵敏度；通过大数据分析，准确把握市场供需状况，为市场调节、政策制定提供科学依据。

本研究报告以《房屋交易与产权管理工作导则》为依据，分析武汉市房屋交易中商品房和存量房交易监管中存在的问题和不足，基于互联网+、大数据等新技术，提出房屋交易监管服务的新模式，设计房屋转让交易服务平台顶层架构，实现房屋交易业务“网上办”，打造房屋交易监管“立办立结”的“武汉模式”。

（二）研究内容及方法

1. 研究内容

（1）制度及政策性研究。本课题以《城市房地产管理法》《房屋交易与产权管理工作导则》《城市房地产转让管理规定》《不动产登记暂行条例》《不动产登记暂行条例实施细则》等法律、法规、规范为依据，围绕创新政府网络化管理和服务，加快互联网与政府公共服务体系的深度融合为目标开展研究，主要内容包括：从房屋交易产权信息化发展沿革入手，分析当前不动产统一登记背景下《导则》对房产交易管理的定位、定义、内涵；以法律为准绳，明确房管部门交易监管工作的职责要求；分析现有房屋交易监管与不动产登记办理模式的不足，提出解决的办法。

按照市委提出的“三办”要求，以《导则》为指南，以如何让服务对象办理更便捷为出发点，探讨利用“互联网+”、大数据来提升房屋交易监管服务水平的办法。

（2）实践性研究。通过到各区房屋交易监管窗口实地调研，了解一线窗口需求；收集国内先进省市房屋交易监管服务成功案例，借鉴其他城市房屋交易管理工作经验和优秀做法，结合我市的实际情况，打造以楼盘表为基础，整合测绘及成果管理系统、房屋转让合同网签备案系统（包括商品房和存量房）、房屋抵押合同备案系统、统计分析与信息发布系统等，规划设计房屋交易智慧监管与服务网络平台顶层架构，实现房屋交易监管和服务的智慧化。

（3）标准规范研究。研究国家、省市相关标准规范，制定《房屋转让交易服务平台构建流程和技术标准》，满足房管业务复杂多变的工作需要。

2. 研究方法

本课题采用如下几种研究方法：

（1）软系统方法论。武汉市房屋转让交易服务平台的研究，涉及的领域包括不同行业、企业、社会、政策、经济、人与人的关系等，复杂而多变，属于非结构性问题，很难通过统一的数学模型等进行定量分析，只能采用“满意”、“可行”替代“最优”的系统方法，即软系统方法。

软系统方法论的核心不是通过建立数学模型找出最优解，而是通过系统思考，找出问题，改进概念模型，同现状进行比较，找出满意的结果，而且这一工程需经过多次反馈学习、改进完成。

（2）调查研究。调查研究是通过各种调查方式，系统客观地收集信息并研究分析，对各领域的发展趋势予以预测，为投资或发展方向的决策做准备。

本课题通过到各区房屋交易监管窗口实地调研，了解一线窗口需求，搜集一线窗口对房屋交易及窗口管理中采用“互联网+房屋交易”业务的需求及建议；收集国内部分省市房屋交易监管服务成功案例，借鉴其他城市房屋交易管理工作经验和成功做法，结合我市的实际情况，探索我市建设互联网+房屋交易的方案。

（3）文献研究法。查阅相关资料，学习研究相关政策和理论。回顾我国房屋交易监管工作发展的历史进程，对比分析当前不动产登记体制改革背景下房屋交易管理的定义、定位、内涵，房屋交易管理的职责，以及与不动产登记职责的衔接。

二、房屋交易监管基本理论

（一）房屋交易监管的内涵

1. 监管的内涵

就字面意义上理解，监管即监督和管理。但是，随着经济学界以及法学界对监管研究的深入，学者赋予了监管特殊的内涵，突破了以往认为监管即是监督和管理简单相加的状况。

对于监管的概念，比较认同的定义为："监管是政府通过法律的威慑来限制个体和组织的自由选择。政府的主要资源是强制权，监管就是这一权力的体现，其目的在于限制经济行为人的决策。""监管是行政机构制定并执行的直接干预市场机制或间接改变企业和消费者供需决策的一般规律或特殊行为。"

监管的主体是政府和相关组织两者组成，即"监管是社会公共机构依据一定的规则对企业的活动进行限制的行为。这里的社会公共机构一般被简称为政府。"非官方的社会团体和民间机构，也是监督主体之一，如行业自律组织和各类交易所也承担着辅助政府履行监管的职责，该类团体、机构的监管权虽然来自于成员的约定和认可，但是也应该视为监管主体。

监管的内容和方式有二：一是监管的内容主要是控制企业的价格、销售和生产决策，制止不充分重视"社会利益"的私人行为。二是监管的内容是市场活动的参与者及其市场行为，包含市场主体为满足自身需要而进行的各种活动，如经营、融资、投资、交易等。而监管的方式则主要是政府通过制定各种规定、条例以及设计各种市场激励机制，以控制厂商的价格、销售或生产决策。其中，对行为发生前的事先制约为事前监管，如准入资格等措施；对正在发生的行为进行的同步制约为事中监管，如实时监控措施等；对行为发生后的制约为事后监管，如处罚违法行为等。

根据以上分析，可以得到更一般的定义：监管是政府、政府授权的组织以及其他民间机构等监管主体依据法律法规，通过制定相应的规范标准、实施一定的干预措施，对被监管主体的市场进入、价格、产品、服务等行为进行的直接或间接的规范和制约。

2. 房地产交易监管的内涵

房地产交易是指房地产作为商品而进行的各种交易活动，包括土地使用权的出让、转让、出租、抵押和各种所有制房屋连同相关土地使用权的买卖、租赁、典当、互换、拍卖，以及其他在房地产流通过程中的各种经营活动。根据国家法规规定，一切房地产交易活动都必须进入房地产市场，纳入政府管理，通过房地产交易管理机构办理房地产交易手续。

房地产交易的构成要素有三个方面：一是交易的主体，即从事房地产交易的组织或个人，他们在交易活动中构成买卖的双方或供求双方；二是交易的客体，即用于交易的对象，它包括土地和房屋，有关房地产知识、情报信息、有价证券也属房地产交易的市场的客体；三是交易的媒体，即房地产交易活动中介机构，具体可分为交易媒体（如经纪人、信托公司、交易所等）、融资媒体（如各种房地产投资提供贷款的金融机构）。

房地产交易监管是监管制度在房地产交易过程中的体现，房地产交易监管指监管主体对房地产交易主体及其行为进行的规制与管理。依据监管主体的范围不同，房地产交易监管有广义和狭义之分。广义的房地产交易监管指具有法定监管权的政府立法、执法机关、行业自律组织以及社会力量等对房地产交易主体的组织和经营活动的规范和制约。而狭义的房地产交易监管，仅指政府交易监管机构依法对交易主体的组织和经营活动的规范和制约。

由于房地产本身具有位置的固定性和不可移动性、使用的长期性、影响因素多样性等特点，因此房地产交易与一般商品交易具有不同特点。房地产交易监管工作致力于对交易的全过程、全环境和全体市场参与方的监管，通过交易服务平台的现代化有效地规范房地产市场交易的全过程，规范鱼龙混杂的市场现状，防止投机、交易欺诈现象的发生，保障市场参与方的公平竞争和广大业主的消费权益。

对于房地产交易监管，不宜将房地产交易的监管主体局限于政府主管部门，也应将行业自律协会、产权交易所等纳入房地产交易监管主体的行列。因此，房地产交易监管的内涵可以理解为：政府房地产交易管理机关、政府授权的组织以及行业协会等监管主体依据法律法规，通过制定相应的规范规则、实施一定的干预措施，对房地产交易的主体、客体及媒介进行的直接或间接的规范和制约。

（二）房屋交易监管的基本理论

1. 公共利益监管理论

房屋具有承担人类最基本的生存保障性功能，关系到民生事业，因此房地产除具备商品属性外，还具备一定的公共物品属性。城市道路交通、水电供应、通信、教育、医疗卫生和社区公共服务等社会资源是城市的公共资源，是政府提供的公共物品或准公共物品。房地产由于同这些公共物品有密不可分的关系，也具有某种公共物品的属性。

纵览中国房地产市场的发展历程，房地产市场是我国经济发展最为重要的市场之一，中国城镇化将继续成为中国经济增长的一个主要推动力量。房地产市场是出售土地收益和税收的支柱产业，房地产为主导的经济增长模式是很多地方经济不可分割的一部分。

然而，由于房地产市场的信息不对称及其本身的外部性等特点，我国在房地产市场高速发展的近二十年中，出现了房地产市场自动调节失灵等问题。政府作为公共利益的代表者，当市场失灵时，政府应进行适当干预。

公共利益监管理论认为，随着自由市场经济的发展，市场出现自然垄断、人为垄断、外部效应、信息不对称等失灵状况，需要政府作为公共利益的代表进行适当调节。基于国家干预经济的实践，在对市场失灵和政府干预的研究中逐渐衍生出公共利益理论。公共利益理论认为：传统经济学关于完全竞争的条件在现实中无法满足，市场失灵不可避免。政府有能力而且有必要作为公共利益的代表修正资源误配和分配不公，进而增进社会福利。按照监管公共利益理论，当市场失灵出现时，监管有可能带来社会福利的提高，这种潜在的福利增加的可能性，使公众产生了对监管的需求，政府追求的唯一目标就是公众的利益。

政府是公共利益的代表者，而房管部门作为国家的职能部门，应扮演好监管者的角色，对所有的房屋交易活动进行管理，以便全面掌握房屋交易现状，这有利于国家职能部门进行相关研究，制定政策对房屋交易进行完善化管理，维护房屋交易安全，保障公众利益的最大化。

2. 不完备法律理论

随着我国住房制度的改革，我国加快了房地产市场的政策法规建设步伐，但由于实践的不足和新问题的不断出现，已有的政策法规仍旧不能满足房地产市场的需要，缺乏以政策法规为准绳，解决住房问题的长效机制。房地产法律法规滞后于房地产市场的发展，房地产法规大多还是计划经济下的行政管理法规。而由于房地产市场的信息不对称及其本身的外部性等特点，房地产市场不可避免地出现了市场失灵现象，而立法进程往往滞后于市场发展的进程，这就导致了房地产交易过程中出现了一些法律监管缺失的环节。

房管部门作为政府对房地产市场的进行监管的职能部门，须以主动方式执法以改进法律效果，弥补法律的不完备，进一步做好效率与公平之间的平衡，推进房地产市场持续健康发展。

（三）房屋交易监管的法律依据

1. 房地产开发前期监管的依据

对房地产企业的设立条件、性质、资质等级等的相关规定主要来自《中华人民共和国城市房地产管理法》第三十条、第三十一条，《城市房地产开发管理暂行办法》第二十七条、第二十八条、第三十条，《城市房地产开发经营管理条例》第五条。

2. 建造生产阶段监管的依据

（1）房地产项目开发的监管依据。《中华人民共和国城市房地产管理法》对房地产建造生产阶段的监管做了基础性的规定，第二十四条规定：“房地产开发必须严格执行城市规划，按照经济、社会效益、环境效益相统一的原则，实行全面规划、合理布局、综合开发、配套建设。”第二十六条规定：“房地产开发项目的设计、施工，必须符合国家的有关标准和规范。房地产开发项目竣工，经验收合格后，方可交付使用。”

建造生产阶段监管的具体依据主要是《城市房地产开发经营管理条例》第十四条、第十六条、第十七条、第十八条、第二十一条、第二十二条、第三十一条、第三十二条规定以及《建设工程质量管理规定》和《建设工程安全生产管理条例》。《中华人民共和国城市房地产管理法》对房地产转让、抵押、租赁作出的一般性规定。《城市房地产开发管理暂行办法》对合同签订、房屋销售价格确定和合同备案作了类似的规定。

（2）房地产销售过程的监管依据。随着房地产市场的发展，房地产销售过程中出现了捂盘惜售、未取得预售许可证而非法预售等诸多问题：

2010 年 1 月发布的《国务院办公厅关于促进房地产市场平稳健康发展的通知》再次强调了对商品房销售的管理，在“加强风险防范和市场监管”部分中第六条规定：“继续整顿房地产市场秩序。住房城乡建设部门要会同有关部门，加大对捂盘惜售、囤积房源，散布虚假信息、扰乱市场秩序等违法违规行为的查处力度，加强对住房特别是保障性住房的工程质量安全监管。国土资源部门要严格土地出让价款的收缴，深化合同执行监管，加强对闲置土地的调查处理，严厉查处违法违规用地和囤地、炒地行为。价格等有关部门要强化商品住房价格监管，依法查处在房地产开发、销售和中介服务中的价格欺诈、哄抬房价以及违反明码标价规定等行为。税务部门要进一步加大对房地产开发企业偷漏税行为的查处力度。国有资产监管部门要进一步规范国有大企业的房地产投资行为。”第七条规定：“进一步加强土地供应管理和商品房销售管理。各地要综合考虑土地价格、价款缴纳、合同约定开发时限及企业闲置地情况等因素，合理确定土地供应方式和内容，探索土地出让综合评标方法。对拖欠土地价款、违反合同约定的单位和个人，要限制其参与土地出让活动。从严控制商品住房项目单宗土地出让面积。要结合当地实际，合理确定商品住房项目预售许可的最低规模，不得分层、分单元办理预售许可。已取得预售许可的房地产开发企业，要在规定时间内一次性公开全部房源，严格按照申报价格，明码标价对外销售。进一步建立健全新建商品房、存量房交易合同网上备案制度，加大交易资金监管力度。”

2010 年 4 月 20 日住建部发布了《关于进一步加强房地产市场监管完善商品住房预售制度有关问题的通知》，强调要加强对预售行为、捂盘惜售、房地产销售代理和房地产经纪的监管。

综合上述情况，商品房预售方案备案、商品房预售许可、购房资格审核与房源信息核验、新建商品房的合同备案、商品房预售资金监管等均应纳入监管职责范围中。为规范房地产开发企业的行为，维护交易秩序，房屋交易监管工作中应重点把控好购房资格审核与房源信息核验、新建商品房的合同备案、商品房预售资金监管等环节，避免房地产开发企业和房地产经纪出现捂盘惜售、囤积房源和哄抬房价等行为。具体来说，新建商品房销售管理中应包括以下监管环节：商品房预售许可、商品房预售资金监管、商品房预售合同网签及备案、商品房项目现售备案、现售商品房买卖合同网签及备案。

3. 存量房市场监管的依据

存量房市场监管可以分为中介监管与价格监管。

（1）中介监管依据。1996 年通过的《城市房地产中介服务管理规定》和 2005 年制定的《房地产估价机构管理办法》对房地产经纪和房地产估价机构的准入资格作了规定，对房地产中介服务机构、人员、业务等方面制定了详细的规定。《房地产估价机构管理办法》第七条、第二十四条对估价机构资质、房地产估价机构的业务范围作了规定。

（2）存量房价格监管依据。存量房价格是指国家按照经济规律的客观要求，制定存量房市场流通价格方针、政策和法规，对房地产价格进行制定、指导、调整和监督的一种职能。物价管理部门负责存量房市场的价格规制，包括对房屋价格的规制和对相关行业收费的规制。《城市房地产管理法》规定了三项房地产交易基本制度，即房地产价格申报制度、房地产价格评估制度、房地产价格评估人员资格认证制度。

因此，在武汉市房地产经纪服务平台上除了重点构建存量房交易网签模块以外，还搭建了机构备案管理、信用信息管理、行业等级评定等模块，对外公示具备行业资质的经纪机构，反映经纪机构的诚信状况，通过行业评级，提高守信者的品牌附加值，降低失信者的公众认可度。通过四个模块间的有机结合，不仅能充分发挥平台在优化行政管理模式、服务市场经营主体、切实维护群众利益等方面的作用，还能起到进一步规范存量房交易市场的秩序的作用。具体来说，存量房转让管理中应包括以下监管环节：存量房交易资金监管、存量房转让合同网签及备案、房屋所有权登记、抵押权登记、地役权登记、预告登记和其他登记。

此外，按照住建部《房屋交易与产权管理工作导则》中 9.3 和 9.4 条要求："各地应加强房屋交易与产权管理信息平台管理，建立权限管理制度，设置不同层级和范围的权限，确保信息使用安全。""房屋交易与产权管理信息平台与不动产登记信息平台，可以采用以下方式实现对接：（一）建立房屋交易与登记统一平台。充分利用现有资源，以房屋交易与产权管理信息平台为基础搭建房屋交易与登记管理平台，房产管理部门与不动产登记机构在同一平台上办理业务，统一数据库。（二）建立信息共享机制。在房屋交易与产权管理信息平台和不动产登记信息管理基础平台间设置前置数据交换机（或中间交换数据库），房产管理部门和不动产登记机构将共享信息写入前置数据交换机（或中间交换数据库），供双方办理相关业务使用。（三）将房屋交易与产权管理信息和不动产登记管理信息纳入地方政府‘智慧城市’、‘云计算’、‘互联网+’等城市公共资源管理，利用既有网络、技术和数据成果实现交易、登记信息交互和共享。”并且《导则》中明确提出房管部门对存量房转让要实行存量房转让合同网签、建立存量房交易资金监管制度等法定职责。

三、武汉市房屋交易监管及信息化建设现状

（一）房屋交易信息化发展的几个阶段

开展房屋交易产权管理三十年来，市局不断加强房屋交易产权信息化建设，历经了“手工处理管理、簿记管理、主要过程联动管理、基于楼盘表的全面管理”四个阶段的实践与探索，累积了大量的经验。

1. 手工处理管理阶段

1999 年前，主要是对外登记发证，对房屋产权产籍数据的管理多以纸质档案为载体，信息呈现离散式无序化。

2. 簿记管理阶段

1999—2005 年，依托房屋登记信息系统“房地产权属登记单机版”的启用及升级为局域网络版，对房屋信息由单机管理过渡到数据库记录方式。

3. 主要过程联动管理阶段

2005—2012 年，房管局的主要过程实现了联动。2005 年“商品房合同备案系统”正式投入使用，对新建房屋实现了条目化的栋、户信息管理，形成了房屋楼盘表的雏形管理模式。2008 年依据住建部《房地产市场信息标准》进行房地产市场信息化二阶段建设，2010 年房产测绘生产成果管理系统在全市范围上线使用，2011 年新的“商品房合同备案及网签系统”和“房屋权属登记系统”同步上线，实现了从预登记到合同备案、交易产权登记的一体化办理和业务信息关联管理。

4. 基于楼盘表的全面管理阶段

2012 年 7 月 1 日市局正式开展房产测绘成果采集与新建商品房项目楼盘表建盘工作，首次对新建房屋进行唯一编码管理，以项目、栋、户为单位对数据进行有序组织，构建了标准的楼盘表管理体系，房管工作进入楼盘表管理时代。同期，市局于 2012 年开展了全市房屋历史权属登记档案影像化及数据整理，2014 年对全市

中心城区及远城区国有土地上约35万栋房屋进行调查，这些工作都为全市房屋楼盘表建设打下了基础。

2016年7月1日起，我市全面启动不动产统一登记，房管部门已完成向房屋交易管理的转换。随着"金税三期"系统上线和住房限购政策的重启，根据相关规范性文件，交易监管部门的岗位设置、工作职责及业务的办理流程都进行了相应调整，市局对《武汉市房屋交易与产权管理工作手册》（试行）进行了修订，形成了《武汉市房屋交易与产权管理工作手册》（试行）WB17.2.1.2版，成为指导房管部门办理交易监管业务的重要依据。

（二）房屋交易监管内容和业务流程

1. 交易管理内容和职责

房屋交易与产权管理是指对房屋转让、抵押、租赁等交易活动以及房屋面积、产权档案等的管理，具体包括：（1）楼盘表管理；（2）新建商品房销售管理，包含商品房预售许可、商品房项目现售备案、购房资格审核与房源信息核验、商品房买卖合同网签备案、商品房预售资金监管等；（3）存量房转让管理，包含购房资格审核与房源信息核验、存量房转让合同网签、存量房交易资金监管等；（4）房屋抵押管理；（5）房屋租赁管理；（6）房屋面积管理；（7）房屋交易与产权档案管理；（8）房屋交易与产权管理信息平台建设；（9）房屋交易与产权服务窗口建设；（10）政策性住房产权与上市交易管理；（11）其他房屋交易与产权管理工作。

2. 交易管理业务流程

（1）购买新建商品住房

购买新建商品住房的网签及备案流程由资料核验、资格核查、网上签约、合同备案、交易监管等环节组成。

①资料核验

房地产开发企业、代理销售的房地产经纪机构（以下简称"企业"）在销售过程中应履行对购房人的限购政策告知和购房人及家庭成员信息资料真实性的核验义务。购房人在购买住房时，应如实向企业提供购房人及家庭成员信息，配合企业上报房管部门进行购房资格核查。

②资格核查

企业在销售商品住房时应在《武汉市商品房网上签约和合同备案系统》（以下简称"合同备案系统"）中对购房人进行购房资格核查上报。

企业在申请购房资格核查上报时，应在合同备案系统中选定购房人所购住房，按要求输入核验后的购房人及家庭成员信息（姓名、身份证件种类、身份证件号码、与购房人关系、是否本市户籍），合同备案系统将上述信息上传至市房产信息中心。

市房产信息中心在接收到购房人相关信息后，在全市合同备案系统和房屋交易管理信息系统（以下简称“交易系统”）中查询该购房人及家庭成员拥有的住房信息，并在 48 小时内将查询结果反馈到合同备案系统。

查询结果反馈前，合同备案系统将购房人所选购住房予以锁定，企业可在资格核查结果反馈前提交撤销申请，撤销申请提交 12 小时后，该套房屋解除锁定。

不符合购房条件的，企业应打印并向购房人出具该套住房《住房购买资格核查结果通知单》（以下简称《结果通知单》），购房人对查询结果存在异议的应在 48 小时内持《结果通知单》及本人身份证明和家庭成员的相关资料，填写《住房购买资格复查申请表》，向市房产信息中心申请异议复查。市房产信息中心复查后，对复查结果出具《住房购买资格复查结果通知单》。符合限购政策的，市房产信息中心将购房人与所购房屋进行关联，并解除房屋锁定，可进行网上签约。

③网上签约

符合限购条件的，合同备案系统将房屋坐落与查询购房人姓名关联，并将锁定状态解开，购房双方可以进行正式网上签约，打印并签署纸质合同，同时还将随合同一并打印《承诺书》及《结果通知单》，网上签约成功后，购房双方不得自行撤销合同。

《承诺书》由购房人签字确认，阐明购房人已阅读限购政策内容，对提供的本人及家庭成员信息及付款方式的真实性负责，如提供虚假资料，购房人愿意承担导致不能进行合同备案及不动产登记的一切法律和经济责任。

④合同备案

企业应在网上签约后三个工作日内，持合同备案上报清册、两套纸质合同、《结果通知单》、《承诺书》（原件）及购房人及家庭成员户口簿、身份证明材料、婚姻状况证明等相关材料复印件，到辖区房管部门办理商品房合同备案手续。

房管部门在办理商品房合同备案时应认真核实购房人及家庭成员信息是否准确无误。符合规定的，予以办理合同备案手续。同时留存一份纸质合同、《结果通知单》和《承诺书》；不符合规定的，不予备案。

⑤交易监管

房屋交易管理部门在购房人申请办理房屋交易手续时，应当按照住建部《房屋交易与产权管理工作导则》的要求对购房资格进行核查，除查验《武汉市房屋交易工作手册》规定的材料外，还应收取《结果通知单》和《承诺书》。房屋交易管理与产权管理部门应认真复核购房人及家庭成员信息和住房情况，符合购房条件的，予以办理交易监管手续，核发《武汉市房屋交易告知书（转让）》；不符合购房条件的，不予办理交易监管手续，不予核发《武汉市房屋交易告知书（转让）》。

（2）二手住房交易

目前武汉市个人购买二手住房工作流程由网上预签、资料核验、资格核查、告知查询和网签、交易监管等环节组成。

①网上预签

购房人认真阅读相关限购政策后，可先行在武汉市房地产市场信息网（scxx. fgj. wuhan. gov. cn，以下简称“市场信息网”）的“二手房网上签约和合同备案”栏目，输入合同文本进行网上预签《存量房买卖合同》，亦可在所购住房的辖区房管部门进行合同文本输入。

②资料核验

购房人持规定的资料原件向所购住房的辖区房管部门申请购房资格核查。购房人应如实向房管部门提供购房人及家庭成员信息，配合房管部门进行购房资格核查。房管部门在受理购房资格核查时，应认真履行对购房人的限购政策告知和核验购房人及家庭成员有关证明资料，核验后留存复印件。

房管部门通过《二手房网上签约和合同备案系统》（以下简称“二手房网签系统”）中“资格核查”栏目，输入已通过核验的购房人及家庭成员信息，并向购房人（委托人）开具《受理二手住房购房资格核查回执单》（以下简称“核查回执单”）。

③资格核查

市房产信息中心在接收到购房人相关信息后，在二手房网签和交易系统中查询该购房人及家庭成员拥有的住房信息，并在48小时内将查询结果反馈到二手房网签系统。

④告知查询和网签

购房人（委托人）在申请查询48小时后可通过市场信息网的“二手住房资格核查结果查询”栏目，输入《核查回执单》编号（最后五位数字）、购房人姓名和身份证件号码查询购房资格核查结果。

购房人对核查结果存在异议的，应在48小时内持《核查回执单》及本人身份证明和家庭成员的相关资料向市房产信息中心申请异议复查，填写《住房购买资格复查申请表》。市房产信息中心在及时复查后，应对复查结果出具《住房购买资格复查结果通知单》。符合限购政策的，市房产信息中心将购房人与所购房屋进行关联，可进行合同网签及合同文本打印，一并打印《承诺书》《结果通知单》；仍不符合限购政策的，房管部门不予办理合同网签及合同文本打印。

⑤交易监管

交易双方持《承诺书》《结果通知单》到房屋交易管理部门申请办理存量房交易监管手续。房屋交易管理部门应当按照住建部《房屋交易与产权管理工作导则》关于购房资格核查的要求及《武汉市房屋交易与产权管理工作手册》规定的材料，复核购房人的购房资格，查验申请资料，对于符合相关政策规定的，予以办理交易监管手续，核发《武汉市房屋交易告知书（转让）》；不符合购房条件的，不予办理交易监管手续，不予核发《武汉市房屋交易告知书（转让）》，退回全套申请资料（见表 1）。

表 1　　　　　　　　**二手房交易监管环节及所需资料**

办理环节	办理地点	所需资料	是否需到现场	反馈资料或信息
网上预签电子合同	个人登录市房地产市场信息网“二手房网上签约和合同备案系统”栏目或在经纪机构处办理		否	（1）电子合同 （2）系统生成的合同编号
购房资格核查	房管部门“资格核查”窗口	核对原件，收取复印件 （1）合同编号 （2）房屋所有权证、国有土地使用证 （3）买方家庭（夫妻双方、未成年子女）身份信息、婚姻状况证明、户口本 （4）卖方身份信息 （5）收取原件 （6）买方是非本地户籍的，还需提交在汉近两年内交满两年的个人所得税证明或社会保险证明	是	核查回执单
查询购房资格核查结果	房地产市场信息网“二手住房购买资格核查结果查询”栏目	（1）“核查回执单”编号最后五位数字 （2）购房人姓名 （3）身份证件号码	否	买方是否具备购房资格

续表

办理环节	办理地点	所需资料	是否需到现场	反馈资料或信息
打印存量房买卖合同	房管部门，“合同备案”窗口	核查回执单	是	(1) 存量房买卖合同 (2) 承诺书 (3) 结果通知单
交易监管	房管部门，交易监管窗口	(1) 承诺书 (2) 结果通知单	是	《武汉市房屋交易告知书（转让）》

(三) 房产交易监管信息化建设现状

1. 系统总体架构

武汉市房管局房屋交易管理系统通过多年建设，已建成覆盖全部业务，有较为完善的服务功能的房屋交易监管平台。该平台由电子政务专网及其设备层、数据库层、应用支撑层、应用业务层和服务层组成，有较为完善的安全体系和管理规范体系。总体架构图描述如图 1 所示。

各部分说明如下：

①网络设备层

以电子政务专网、互联网、移动互联网构成的网络体系，能满足内部业务的需求，能同相关部门实现数据交换和共享，利用防火墙实现同互联网的安全连接。武汉市住房保障和房屋管理局现有机房面积 200 平方米左右，服务器 87 台，总存储设备容量为 320T，UPS 不间断电源 4 套（在线时长 2 小时），主要网络设备 25 台，基础设施基本满足本次项目建设的需要。

②数据库层

以各个业务系统为单位，建立了各类房管交易与监管数据库，建立和完善基于基础地理空间框架的房产市场信息数据库。包括 GIS 数据、楼盘数据和基础数据，为支撑业务平台和服务平台提供数据支持。

③应用支撑层

具有组织和整合各类数据访问、组件和服务的功能，为应用层的建立和运行提供支撑服务，包括 GIS 技术、工作流技术、Web 互联网技术。支撑技术为应用系统的开发提供动态定制平台和业务模型架构工具。

④应用业务层

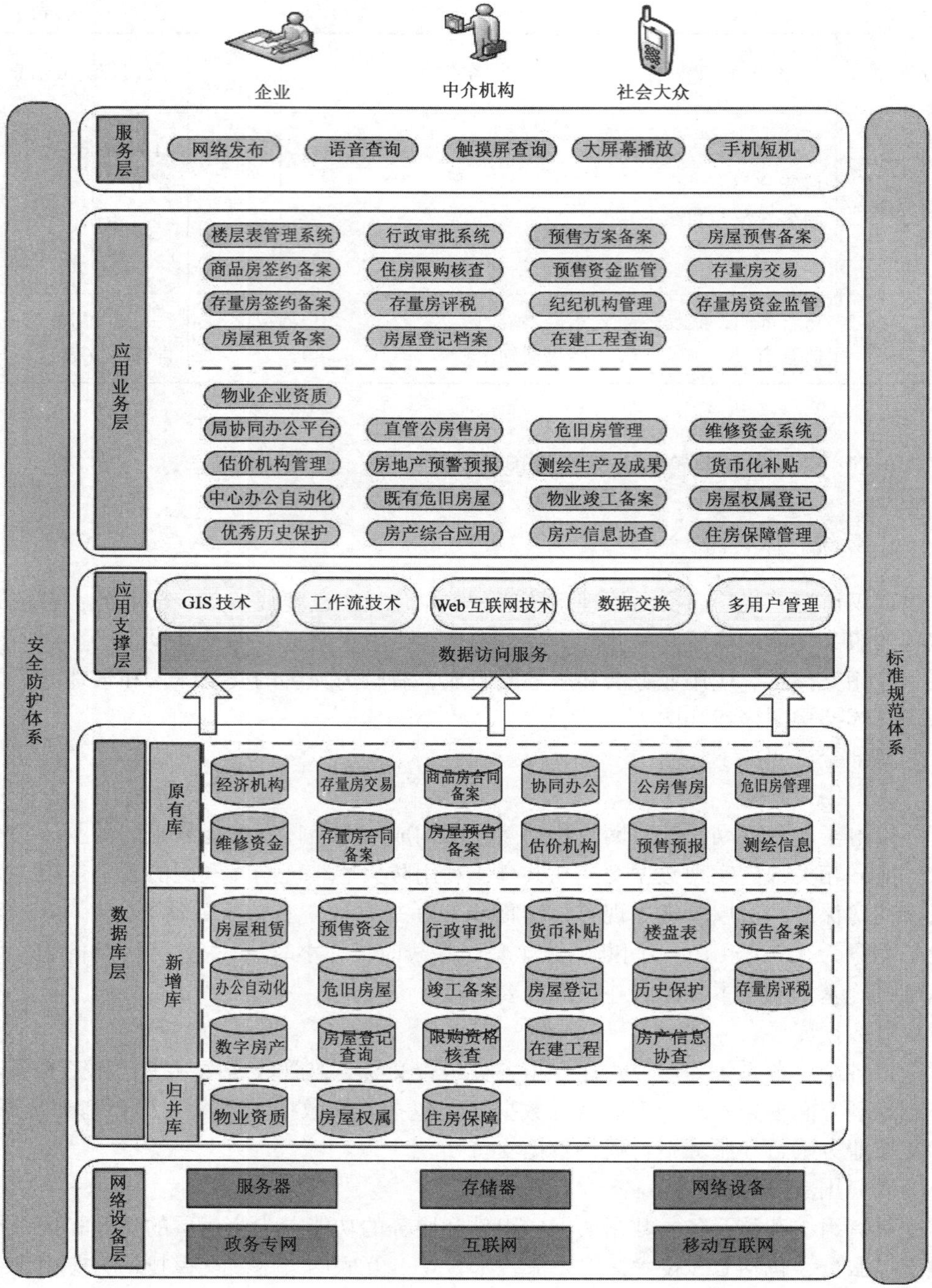

企业
中介机构
社会大众
服务层
网络发布
语音查询
触摸屏查询
大屏幕播放
手机短机
应用业务层
楼层表管理系统
行政审批系统
预售方案备案
房屋预售备案
商品房签约备案
住房限购核查
预售资金监管
存量房交易
存量房签约备案
存量房评税
纪纪机构管理
存量房资金监管
房屋租赁备案
房屋登记档案
在建工程查询
物业企业资质
局协同办公平台
直管公房售房
危旧房管理
维修资金系统
估价机构管理
房地产预警预报
测绘生产及成果
货币化补贴
中心办公自动化
既有危旧房屋
物业竣工备案
房屋权属登记
优秀历史保护
房产综合应用
房产信息协查
住房保障管理
应用支撑层
GIS 技术
工作流技术
Web 互联网技术
数据交换
多用户管理
数据访问服务
安全防护体系
标准规范体系
数据库层
原有库
经济机构
存量房交易
商品房合同备案
协同办公
公房售房
危旧房管理
维修资金
存量房合同备案
房屋预告备案
估价机构
预售预报
测绘信息
新增库
房屋租赁
预售资金
行政审批
货币补贴
楼盘表
预告备案
办公自动化
危旧房屋
竣工备案
房屋登记
历史保护
存量房评税
数字房产
房屋登记查询
限购资格核查
在建工程
房产信息协查
归并库
物业资质
房屋权属
住房保障
网络设备层
服务器
存储器
网络设备
政务专网
互联网
移动互联网

图 1　总体架构

通过整合、合并、升级等方式，目前有32个业务系统正式运行，包括房地产从业主体管理类业务、房地产项目管理类业务、产权登记管理类业务、新建商品房网签备案类业务、存量房网签备案类业务等。

为了支持集中和分布式部署，业务系统以B/S和C/S相结合的模式构建。结合GIS技术和工作流技术，在“房地产项目类业务管理”、“产权登记类业务管理”、“新建商品房网签备案类业务管理”、“存量房网签备案类业务管理”等管理项目中，实现了“以图管房”的工作模式。

⑤服务层

结合互联网Web技术，向公众提供Web信息发布、办事大厅大屏幕信息发布服务等。支持多媒体视频、影像处理，查阅数据的同时可以看到相关的图片、视频资料。提供多种发布渠道，包括网络发布、语音查询、触摸屏查询、大屏幕播放、手机短信等。

⑥安全体系与标准体系

为了保障系统和数据安全，在安全体系建设中，采用了防火墙对政务专网和互联网的安全隔离，采用专线连接银行等特殊单位，同时制定了很多规范标准。

2. 应用系统建设现状

自2011年开展“数字房产”信息管理平台建设以来，武汉市住房保障与房屋管理局针对局内48个核心业务点，通过制定统一信息化建设标准，按照业务流程标准化、业务数据信息化、业务办理网络化以及档案资料数字化的要求，建成32个业务子系统。其中，保留原有系统12个，归并整理原有系统13个（归并为3个），新增系统17个。

对照要求，已建成的涉及房屋交易与产权管理的系统具体情况如表2所示。

表2　　**涉及房屋交易与产权管理的系统情况表**

序号	系统名称	对应业务部门	业务功能描述	系统架构（B/S、C/S）	数据库平台
（一）	楼盘表管理系统	产权处、科技处	楼盘表建盘	B/S	Oracle
（二）	行政审批系统	行政审批处	商品房预售许可，开发企业资质管理、估价机构资质管理、测绘企业资质管理、白蚁防治	B/S	Oracle
	预售方案备案	市场处	商品房预售方案管理	B/S	Oracle
	房屋预售备案系统	市场处	一房一价管理	B/S	Oracle

续表

序号	系统名称	对应业务部门	业务功能描述	系统架构（B/S、C/S）	数据库平台
（三）	商品房网上签约和合同备案系统	市场处、市场管理中心及区局	商品房网上签约和合同备案	B/S	Oracle
	武汉市住房限购资格核查系统	房产信息中心	为两个备案系统反馈购房人资格信息	B/S	Oracle
（四）	商品房预售资金监管系统	资金处、市场管理中心	商品房预售资金监管账户开立、账户变更、三方监管协议签订、资金进账、拨付、退款、对账	B/S	Oracle 10g
（五）	存量房交易平台	市场处及区局	二手房交易委托、房源信息发布、居间合同签约	B/S	Oracle 11g
	存量房网上签约和合同备案系统	市场处及区局	限购信息录入，存量房合同打印	B/S	SQL server 2005
	武汉市住房限购资格核查系统	房产信息中心	为两个备案系统反馈购房人资格信息	B/S	SqlServer
	存量房评税系统	市场处及区局	房屋价格自动评估	C/S	Oracle 10g
	经纪机构信息管理系统	市场处及区局	经纪机构资质申报、年审、变更、信息公示	B/S	sqlserver 2005
（六）	存量房交易资金监管工作尚未开展				
（七）	房屋租赁备案管理工作尚未开展				
（八）	武汉市房屋登记档案管理信息系统	产权处及区局	权属登记档案整理、归档、查询	B/S	oracle 10g
（九）	在建工程查询系统	房产信息中心	查询在建工程抵押的房屋	B/S	Oracle

3. 国内其他城市交易管理工作现状

（1）北京市

北京市住建委于2011年开发了“存量房交易服务平台”，该平台为存量房交易提供房源信息发布、租赁信息核验、交易信息查询、买卖合同网上签约及交易资金监管等服务事项，保证房源真实有效、交易资金安全交割。其主要特点是：

一是由政府提供有效房源信息的发布。在房源信息发布期间，如该房源完成网签、限制权利、权利状况发生变更等，系统将自动取消该房源的信息发布。

二是政府部门提供房源核验服务。拟上市房源都将先在区县房屋行政管理部门完成房源核验后，才可以在服务平台上发布信息、办理网上签约手续。

三是政府提供存量房自有交易资金监管服务。买卖双方自行达成交易的，可协商是否通过监管账户划转自有交易资金；通过房地产经纪机构成交的，须通过政府部门开设的监管账户划转存量房自有交易资金。

四是进一步规范存量房交易的经纪行为。同一套房屋只能委托一家房地产经纪机构申请核验。

（2）杭州市

杭州市建有“存量房管理平台”和“经纪人管理平台”，实现存量房交易全过程的系统管理；实现中介服务机构、人员管理、信用星级评定等行业管理的全覆盖；在新建商品房方面通过“透明售房系统”，实现商品房销售、网签等环节全流程地控制管理。该市在中介服务机构市场培育方面取得了成功经验，90%以上存量房交易通过经纪中介机构，实现系统在线运行管理，杜绝了“手拉手”现象。杭州市组织建设、国土、公安、市场管理等8部委联合发文，由房管部门牵头开展市场专项整治，并成立“市场持续健康发展协调小组”，统筹市场调控及整治相关工作。

（3）无锡市

按照住建部《导则》要求，搭建了“房屋交易管理信息平台”，以新建商品房网签备案系统、存量房网签备案管理系统为核心，同时与商品房预售资金监管系统、存量房交易资金监管系统相互串接。通过统计分析与信息发布系统向公众、政府和其他机构发布权威数据，为市场提供有力的引导。

（4）宁波市

宁波市不动产交易登记“最多跑一次”，交易、契税、登记三部门联办窗口，在宁波市行政服务中心不动产办证大厅中设置三个区域：“纯不动产登记”、“登记、契税两部门合办”、“交易、契税、登记三部门联办”，三部门联办窗口主要受理自行成交的房产过户事项，该窗口运转流程为：交易部门现场网签——契税部门现场收税——登记部门受理。其中还包括“一窗受理”制，即由登记部门窗口统一受理，后台审核改串联为并联，实现一个窗口收件。

（5）成都

成都存量房交易服务平台主要分为“买卖”和“租赁”两个板块，目前主要有10大功能：①查找真房源，发布买房、租房需求；②提供合同指导文本，并可在线签订经纪服务合同、存量房买卖合同和租赁合同；③提供存量房交易资金监管服务；④查询公积金、商业贷款相关信息；⑤查找合法中介机构及经纪人、住房租赁企业及服务人员的基本信息；⑥评价中介机构和经纪人；⑦租赁双方交易后互评信息及评价信息查询；⑧查询中介机构和经纪人信用信息；⑨在线查询房屋交易办理进度；⑩查询存量房交易相关法律法规。

中介机构、住房租赁企业和个人均可在平台发布房源信息。发布的出售房源信息须通过市房管局交易系统进行核实，若房屋存在查封、异议登记等限制交易的条件均不能在平台发布。发布的房源信息均会自动生成房源核实码和二维码，在平台搜索房源核实码或用手机扫描二维码即可查询出售房屋的售价、地址、面积和朝向等房屋状况信息。发布的房源会显示交易状态，分为“可售”（即房屋未找到买方）、“拟定合同”（即买卖双方已达成交易意向）和“已签约”（即已签订经纪服务合同），待房屋签订存量房买卖合同（居间成交/自由成交）后，房源信息将自动下架。

（四）交易管理系统存在的问题

1. 房屋交易管理存在的问题

（1）办理流程中存在的问题

①传统的办事方式，办事效率低。各项业务都需要到政务中心实地申办，中心按照职能划分设立多个办事窗口，购房者完成交易拿到产权证，需要往返多个窗口分别排队办理。传统的纸质化办公需要将案件多次移交，反复清点，影响效率且容易遗失。从受理、审核、制证、发证到归档等环节中，每个交易案件都需要五个人以上查核清点，效率低下。

②交易信息不透明，违规操作时有发生。因为缺乏通畅的信息渠道，购房者难以了解交易过程的动态进程，一些不良中介违规违法操作，业主违规“一房多卖”、变相加价等行为时有发生，严重损害了购房者的权益；办事者与政府内部的审批人员之间缺乏通畅的信息交流渠道，对于审批过程中出现的问题无法及时进行沟通，因此导致不必要的驳回和重新申报，消耗了双方大量的时间和资源。

③互联网+房屋交易覆盖不全。目前在线运行的是由武汉市住房保障和房屋管理局主办的房地产信息网，该系统实现了网上预售许可证查询、办件查询、房源查询等信息发布功能，推广并实现了网签。但仅能提供房地产交易中的前期环节服

务，而交易过程中收件、办证等业务仍然要到各政务中心或各区局现场完成。

（2）房屋交易与不动产登记衔接的问题

①职责边界不清晰。按照《中央编办关于整合不动产登记职责的通知》的相关规定，房屋、土地的登记职责由国土部门承担，房管部门继续承担房屋的交易管理职责。不动产统一登记制度改革在顶层设计时确立了不动产交易监管职责与登记职责分设的模式，但对于两者的职责边界缺乏顶层设计。国土部与住建部联合发布的《关于做好不动产统一登记与服务交易管理衔接的指导意见》仅从业务、信息、资料共用、窗口建设等方面对交易与不动产登记的衔接提出了原则性的要求。住建部印发的《房屋交易与产权管理工作导则》将房屋交易工作与产权管理工作一并定义为房屋转让、抵押、租赁等交易活动以及房屋面积、产权档案等的管理，并列举了 11 项内容，对于仍保留在原部门的交易管理工作的定位、性质、职责内容，以及如何开展未予明确。由于对两者的科学衔接缺乏考虑，落实到地方上，采取交易、登记分设模式的城市，普遍存在交易、登记职责交叉、重叠的问题，以及登记机构与交易机构、登记程序与交易程序、登记资料与交易资料如何衔接的问题。

②数据标准差异大。由于长期以来各部门分散登记，导致在登记过程中各自形成了一套独立的技术标准。例如，一方面，由于地类划分依据的标准不同，可能会造成为同一不动产颁发不同权利证书的情况出现。另一方面，由于测量技术依据的标准和规程差异，导致登记信息不一致。由于不同的标准、规程所采用的坐标系、允许的精度误差等会有差异，导致各类不动产登记测量成果难以共享，房产测绘、地籍测绘目前使用各自的数据标准——我市房产测绘按照《房产测量规范》《湖北省房产测绘技术规程》和《武汉市房产测绘实施细则》的规定开展工作；地籍测绘按照《地籍调查规程》《城市测量规范》的规定开展工作。

③信息系统不兼容。由于各个登记部门在建立不动产登记信息系统时，缺乏总体规划，系统由不同的开发商开发，造成采用的技术标准不同、软件架构不同、数据格式各异，因此图形数据和台账资料无法共享，空间数据和非空间数据不能很好地接合，成为了实际操作中的一大难题。

2. 现有房屋交易与产权管理信息系统不足

市房管局经多年来的发展和建设，现有 31 个应用系统处于运行状态，覆盖房管五大业务板块。三个原因导致各个系统存在不同的问题：一是在早期不可能做全面的顶层设计与规划，系统按照各业务处室的需求，由不同公司开发系统；二是信息技术发展快，应用系统在不断的修改和完善；三是房管局工作职能、机构以及房地产市场政策、各类房管业务变化比较大，信息化建设必须跟着不断变化，因此造成功能不完善、不能完全满足老百姓的需求、数据资源整合困难等问题。

（1）系统层存在的问题

①各应用系统之间的功能共享困难。各应用系统在不同时期开发，系统之间采用的技术路线不同，系统应用服务化程度低，彼此之间难以共享功能和数据，整合应用难度大。

②应用系统可维护性差。由于房屋有关政策一直处在变动和完善状态，应用系统的修改、升级几乎是常态，往往造成“一处修改、波及全身”的困境，应用服务模块化程度不够，大量维护需从底层代码进行修改，难以从功能层进行增量式开发。

③系统运维管理压力大。由于系统与系统、功能与功能之间的共享调用十分复杂，造成系统的运维与管理困难加大。由于数据标准和规范不统一等问题，使得整体运维工作压力大。

（2）数据层面存在的问题

市房管局数据资源在完整性、及时性等方面存在问题，局内外数据深度整合不够，对外提供数据服务差。

①没有建立全市统一的房屋楼盘表。建立房屋楼盘表，关联属性信息、空间信息、对象信息等是实现房产管理的基础，但在 2012 年 7 月之前，利用全市城镇集中建设用地建设的存量房（估计为 33 万栋）都没有建立楼盘表。

②未在全局系统强制推行房屋编码管理制度。房屋编码是房屋的唯一标识，是房管数据标准化管理的必备条件，房管局虽建有房屋编码标准，但未在各业务系统中强制推行，而国土部门在不动产登记中强制推行的是不动产登记单元号，房屋管理缺乏统一的标识管理，给数据的整合带来较大困难。

（3）房屋交易与产权系统存在的问题

交易与产权系统开发使用时间长（跨度 12 年），经过了多个版本的更新和完善，使得交易与产权服务功能与新建楼盘表、合同备案、行政审批（预售）等业务的技术契合度差，数据共用效率低，不能满足住建部《导则》中对房屋交易与产权管理平台的建设要求，不能满足“互联网+房管”服务模式的要求。

（五）房屋交易监管窗口现代化服务的必要性

随着社会信息化程度的不断提高，以纸介质为载体的传统行政审批方式已很难满足企业、公众不断增长的需求，因此推进房屋转让交易服务平台的建设势在必行。

1. 深化全市“放管服”改革的要求

今年 3 月，武汉市提出“马上办、网上办、一次办”的政务改革要求，并已在东湖高新区、武汉经开区率先启动试点。房屋交易监管和不动产登记也成为推进“三个办”的重点内容。对房屋交易监管服务的具体要求，就是要最大限度减事项、减环节、减材料、减时限，进一步提高行政审批效率；探索实行“互联网+房屋监管”新模式，打造服务全市项目业主和中介机构的“网上超市”，坚持“网上审批为常态、网下审批为例外”，推进审批服务“一窗受理”、“一网办理”。

2. 提高群众办事便利的必要手段

不动产登记职能调整后，存在着办理流程繁琐、办证时间长等问题，所以跨部门的信息共享，实现跨部门的不动产登记和相关业务流程的网上联办，是推动“马上办、网上办、一次办”向基层和社区延伸的重要举措，是提高办事便利的重要手段。

3. 构建“互联网+房管政务”的要求

利用“互联网+”思维全面改造房管监管和服务，是“互联网+房管政务”的内在需求。构建“互联网+行政审批”服务体系，提供网上申报、预约服务，实现审核审批事项网上办理；构建“互联网+二手房交易”服务体系，实现信息在线查询、移动方式合同网签、交易合同及告知书自助打印等功能，推动线下窗口服务向线上网络服务拓展等是全面推进房管改革、房管局十三五建设的重要内容。

四、房屋转让交易服务平台需求研究

遵照《导则》要求，引进“互联网+”思维，全面改造房屋交易监管流程，以楼盘表为基础，以网上全程办理为目标，构建房屋转让交易服务平台，实现房地产开发、测绘、房屋交易、中介机构的管理与服务，满足“三办”要求。

（一）测绘及成果管理需求分析

测绘及成果管理是对房屋的物理数据采集、管理及维护更新，生成楼盘表数据，为房地产交易管理和不动产登记提供基础数据服务。楼盘表数据通过与新建商品房网签备案管理系统、存量房网签管理系统以及不动产登记系统进行数据关联，实时反映房屋的物理状况、交易状况和权利状况信息，保障房屋交易的安全和便捷。

（二）商品房交易监管

1. 商品房预售许可与项目现售备案管理需求分析

商品房预售许可与备案管理主要是对房地产开发项目进行审批和管理，包括房地产开发企业资质核准、商品房（经济适用住房）预售许可、房地产开发项目竣工交付使用备案、商品房现售备案等业务。

2. 新建商品房网签备案管理需求分析

新建商品房网签备案管理是对房地产项目、预售许可证、开盘房源进行备案、监督、管理，防范“非法销售”、“问题房源”现象的出现，进行商品房网上公开发售、实时签约、签约信息实时发布和备案，从而加强签约行为的规范性和透明度，形成数据的统一管理。

3. 商品房预售资金监管需求分析

商品房预售资金监管是房地产行政主管部门会同银行对商品房预售资金实施第三方监管，房产开发企业须将预售资金存入银行专用监管账户，只能用作本项目建设，不得随意支取、使用。监管系统与新建商品房网签备案管理系统实现了数据的实时共享，对每一套销售的商品房预售资金实行监管。

（三）存量房交易管理

1. 存量房网签管理需求分析

存量房网签管理是对存量房买卖中出售委托、房源核验、信息发布和签订买卖合同的全流程监督和管理，规范了存量房的交易行为，维护了交易当事人的合法权益，加强了中介机构经纪行为的规范性，提高了交易信息的透明度，防止了“一房多卖”等现象的发生。

2. 存量房交易资金监管需求分析

存量房交易资金监管是为进一步规范房地产经纪市场秩序，维护存量房买卖双方的合法权益，解决买卖双方在交易过程中存在的诚信问题，保障存量房交易资金、银行信贷资金的安全。系统外联金融机构，内联存量房备案系统和财务系统，实现交易资金的全流程监管。

（四）房屋交易与产权档案管理需求分析

房屋交易与产权档案管理是将房屋交易与产权管理过程中形成的资料以电子形式按照“分类、按件”的方法归集建档，进行数字化管理，实现了房产档案管理数字化、管理动态化、服务便民化，提升房产档案服务效能。

（五）房屋租赁备案管理需求分析

房屋租赁备案管理是为了实现租赁合同网上备案，扫除租赁信息盲区，加强租赁管理工作。

（六）统计分析与信息发布需求分析

统计分析与信息发布是将各个子系统形成的数据集成统计和分析，并有选择性地向公众、政府部门和其他机构发布，为市场消费与投资提供强有力的引导，为政府调控市场提供权威参考。

（七）房屋转让交易服务平台数据的构成分析

房屋转让交易服务平台的数据包括基础数据、从业主体数据、业务数据、统计数据和发布数据五类。

基础数据包括房屋物理数据和房屋权属数据。物理数据主要是测绘成果系统中的房屋自然属性数据，房屋权属数据主要是楼盘表加载的各类权利状况信息数据。

从业主体数据包括房地产企业、经纪机构和从业人员的数据。

业务数据包括房屋交易管理中产生的各种必要的收件、流程、文档、收费、档案等业务管理数据。

统计数据在基础数据、从业主体数据和业务数据的基础上产生。

发布数据在基础数据、从业主体数据、业务数据和统计数据的基础上产生。

五、房屋转让交易服务平台建设

建设房屋转让交易服务平台是为了解决在房产交易过程中存在的各种问题，打造一个健康有序的房地产交易环境。

该平台作为整个武汉市房地产市场信息系统的一个组成部分，要符合《房地产市场信息系统技术规范》及《武汉市“数字房产”数据标准》的要求，与系统中的其他子系统充分共享数据，统一界面、统一设备、统一登录。

该系统涉及的数据量大、数据信息范围广，这就要求系统具有高效的录入、修改、查询等管理功能；为保证数据的准确性和有效性，系统本身要具有一定的约束检查机制。本系统要结合武汉市房地产市场信息系统建设要求，底层数据库设计要综合考虑其他各子系统的要求，符合统一数据平台的要求。

（一）建设目标与建设原则

1. 建设目标

基于“互联网+”、大数据、云计算技术，建设房屋转让交易服务平台，该平台能实现“三办”要求，实现交易过程的网上全程协同办理，利用大数据对交易主体、网签合同、交易资金安全等实施全程监控，对房屋市场动进行监控和预测。新建的房屋转让交易服务平台，在技术上要达到以下三个目标。

（1）统一平台，业务集成

基于 SOA 架构对本系统进行顶层设计，各业务子系统按照标准进行功能组件开发，业务系统可以根据需要按进度计划先后开发部署，通过平台集成。各业务应用系统通过房产信息交换共享平台实现互联互通、信息共享，业务应用系统的处理结果、信息发布通过房产信息中心统一反馈至房屋交易管理门户网站，供社会公众查询访问。

（2）分布结构，保障安全

采用多层分布式结构，按照数据界面、应用逻辑、数据接口三层结构进行设计和开发，层与层间既独立又相互关联，充分利用多层结构所具有的安全性好、可移植性高、可操作性强的技术特点，建立完善的、多层次的安全保障体系，提供防火墙、入侵检测系统、漏洞扫描、防病毒系统等基本安全防御系统；实现公众服务系统、各业务部门多渠道入口访问的安全访问；保证内外网之间、各部门之间的可信信息传输和安全数据交换；以及在数据备份、应急处理与灾难恢复等各个环节对系统进行安全保护。

（3）业务协作，数据整合

在统一规范和技术标准的基础上，充分考虑房管局各业务系统的共享、同不动产局的数据共享和其他部门的共享，采用 ESB、数据总线等技术，为用户提供更多的公共服务，为管理者提供更多的政府监督监管和决策支持手段，彻底解决数据孤岛，达到数据充分整合、业务有效协作的目标。

2. 建设原则

（1）统一规划设计、逐步实施原则

房屋转让交易服务平台的建设是一个长期的、不断完善的过程，既要立足于当前的实际工作需要，又要着眼于未来，站在全局的高度，进行统一的设计规划。必须在合理利用现有资源的前提下，全面整合，避免不必要的重复投资和财力的浪费。在建设过程当中，要采取逐步实施的方式，扎实推进，保证系统建设的有效使用。

（2）统一基础平台，实现职能对接原则。确定统一的标准和数据指标，实现各部门以及各业务流程对接。在关键技术上统一步调，并且立足长远，预留业务空间，保证在业务拓展的情况下能够充分利用现有技术平台，满足长期建设的需要。

（3）服务社会公众原则。通过房屋转让交易服务平台建设，考虑如何与各项管理业务的相互促进、共同发展，达到提高各职能部门的综合业务水平、决策水平、管理水平，以及提高为社会公众和房地产开发企业服务水平的目的。

（二）总体架构

1. 房屋全生命周期管理

房屋全生命周期包括土地规划、房屋项目开发、商品房销售、存量房管理与销售、房屋灭失五个环节，房管局信息系统对各个环节进行管理和服务。根据《导则》规定，房屋管理以房屋楼盘表为基础，围绕房屋的全生命周期的监管服务来设定各类业系统。各类业务系统在各个环节中的定位如图2所示。

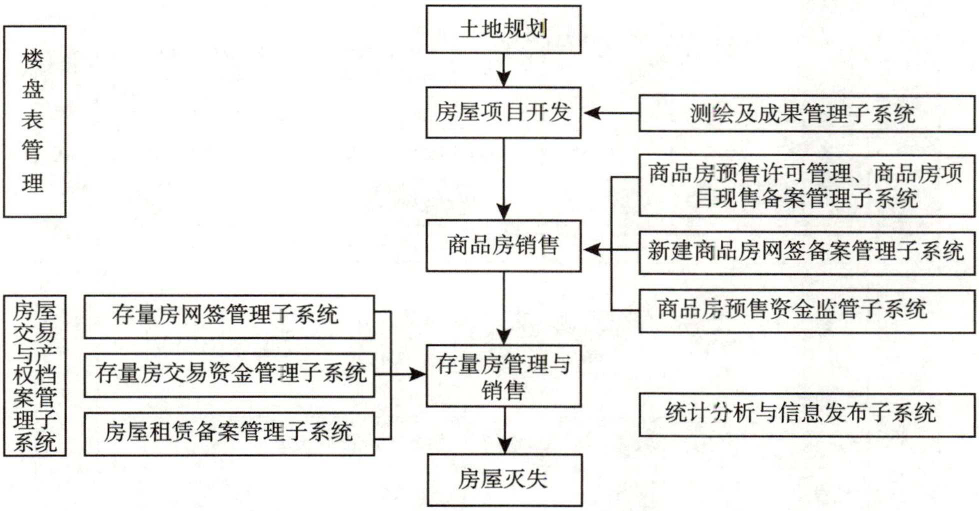

图2　房屋全生命周期中各子系统的应用

2. 房屋转让交易服务平台整体架构

房屋转让交易服务平台采用互联网+、大数据、云计算等技术，采用分层结构模型，形成内外两套系统（外部门户和内部门户），采用五个层次：服务层、应用业务层、应用支撑层、数据库层、基础与云平台层来进行建设（见图3）。

房屋转让交易服务平台各层次框架说明如下：

（1）服务层

包括外部、内部服务。外部门户以网站为主，网站主要面向房地产开发企业和社会公众，实现房地产管理政务信息公开发布、网上审批业务受理、房地产开发企业登记、物业服务企业备案查询等多项功能。

内部系统主要面向本部门工作人员，为政府部门工作人员提供统一的、各自独

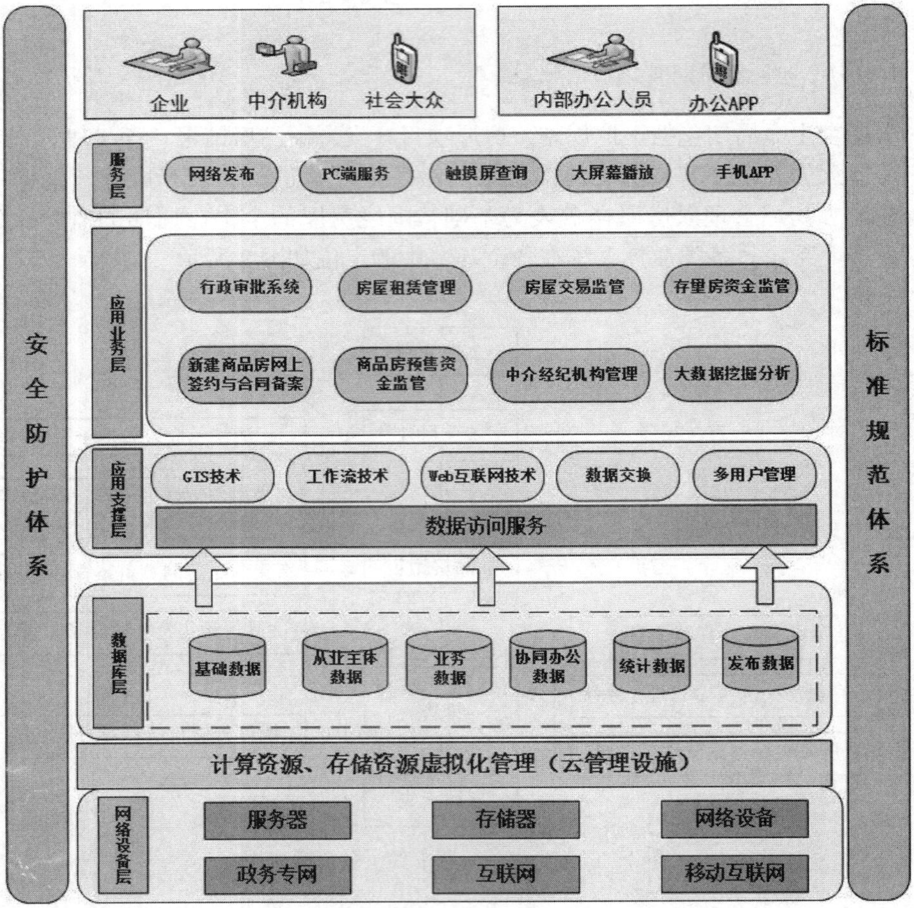

图 3　房屋转让交易服务平台云框架

立的访问入口，通过专有的用户名和密码进入服务平台，查看和办理各项公文。同时，针对有业务衔接的功能，内部系统在规划、土地、建委等相关部门也可以开放访问端口。

（2）综合业务层

围绕行政审批业务、商品房和存量房网上签约和合同备案、商品房预售资金监管、存量房交易资金监管、房屋租赁备案管理等项业务，建立并集成统一的综合业务应用系统。

（3）应用支撑层

应用支撑层是为应用提供支撑，主要功能包括用户认证、用户名和密码管理、查询信息授权管理、数据交换等，为各类业务应用提供统一的基础环境。

（4）数据库层

数据库层主要为房地产交易、房屋租赁、房地产开发企业和中介经纪机构信用等级评定等设置统一的数据库，为综合业务平台层提供数据支撑。

（5）基础设施层

包括网络、计算机设备、存储设备等，并对计算资源、存储资源进行虚拟化，为各类应用和数据管理提供云化服务。

3. 平台网络架构

由于本系统涉及众多环节，需要与各相关政府部门、金融机构、电信部门、企业甚至个人进行信息的传递与交换，从安全角度出发，把系统划分为专网、信息交换平台中间层及外网三部分。业务数据与核心业务处理系统位于专网，通过信息交换平台与相关政府部门或企业的系统进行信息交换，通过逻辑隔离的外网面向公众进行信息发布。专网、互联网之间通过防火墙、网闸等安全设备进行数据交换（见图4）。

在内网，两台小型机共用磁盘阵列，以双机热备方式作为数据库服务器，数据利用磁带机或者磁盘柜等介质加以备份。应用服务器以集群方式部署，一方面可以实现负载平衡，另外还可以动态扩展，以实现平滑的部署新业务系统。门户服务器是内部用户包括区局的用户进入系统的统一入口。

外网的数据库服务器和应用服务器组成一个小型的应用环境，为信息发布提供支持。在外网中，采用防火墙、入侵监测、漏洞扫描等技术防范来自互联网的攻击，与信息交换平台的数据交换则通过物理隔离网闸实现，以确保信息交换平台不会受到外部非法访问。

信息交换平台负责其他政务专网或者经授权的企业进行信息交换，协议转换与安全服务器一方面实现身份认证、数字签名鉴别、数据加密解密处理的安全功能，同时对不符合内部规范的数据进行协议转换，以适应当前的应用环境。信息交换平台与内外之间通过防火墙进行安全防护。

4. 关于互联网+不动产交易监管

现有“不动产交易监管系统”，是基于旧有的“房屋登记系统”改造而来，数据及办理模式与老系统基本一致，无法适应“互联网+”需求，无法满足本市提出的“马上办、网上办、一次办”的行政审批（服务）要求。

现有“不动产交易监管系统”主要功能是商品房和存量房交易监管，商品房和存量房交易监管在房屋全生命周期中占有重要地位，房屋交易也是房屋主要的价值体现，做好房屋的交易监管服务有重要意义。

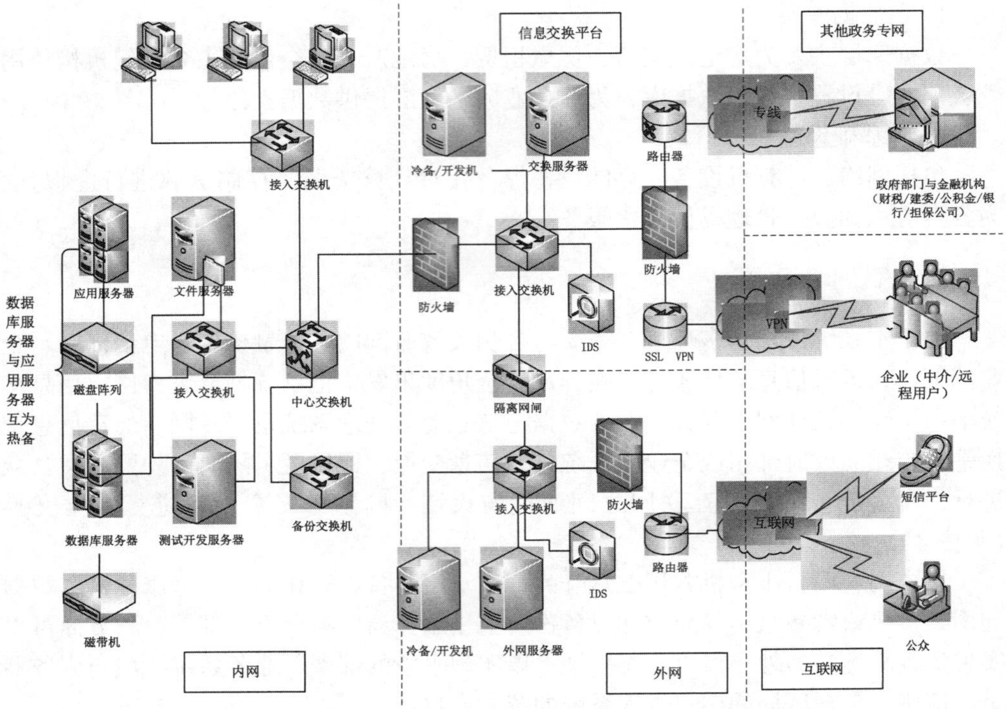

图 4　房屋转让交易服务平台网络架构图

根据需求，“不动产交易监管系统”主要分为商品房交易监管和存量房交易监管。该系统需要与商品房网签合同备案系统、存量房网签合同备案系统对接。

（三）建设内容

根据《房屋交易与产权管理工作导则》的指导要求，结合本市现有各房屋交易产权管理系统和实际情况，将总体建设内容分为四步实施：一是建设基于“互联网+”的“不动产交易监管系统”。二是建设“存量房交易资金监管子系统”及“房屋租赁备案管理子系统”。三是整合各子系统用户管理、工作流程，对房屋统一管理。四是根据各系统的建设成果建立“统计分析与信息发布子系统”。

1. 新建商品房交易监管

新建商品房交易监管主要功能有实名注册、网上申请、交易审核等（见图 5）。

系统接口：实名注册通过身份证进行实名认证，调用实名认证接口；备案信息录入环节，调用“新建商品房网签备案管理子系统”接口，提取新建商品房网签

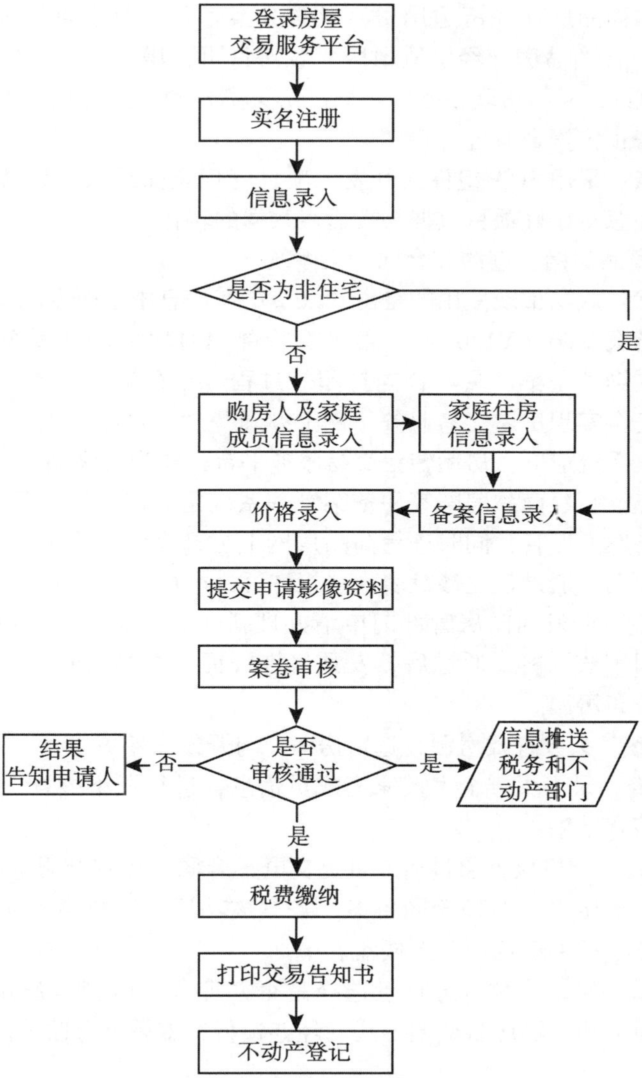

图 5　新建商品房交易监管流程

合同数据；审核通过后交易告知信息推送到税务部门和不动产登记部门，调用税务和不动产的接口；调用楼盘表管理系统接口，写入房屋产权交易专题楼盘表状态。

（1）商品房预售许可、商品房项目现售备案管理系统

①办事流程的主要功能。房地产开发项目审核、审批事项相关工作由 13 个环节组成：房地产开发企业资质核准；商品房配建公租房建设方案确认；房屋产权基

础信息（测绘成果）审核（预测）；新建房屋白蚁预防委托服务；前期物业管理招投标合同备案；商品房（经济适用房）预售方案备案；新建商品房预售资金监管（三方协议签订）；商品房（经济适用房）预售许可；房屋产权基础信息（测绘成果）审核（实测）；商品房现售备案、商品房买卖合同备案；住宅专项维修资金缴存；新建商品房预售资金监管（撤销监管）。

②设计要点。采用SOA组件式开发，项目管理全面纳入到以楼盘表为基础的管理模式中，注意对接好项目数据与楼盘表数据的转化。

（2）新建商品房网上签约和合同备案系统

①系统现状：武汉市现使用的是由武汉市房产信息中心研发的武汉市商品房网上签约和合同备案系统（V1.0），涵盖了房管部门对房地产开发企业从合同预登记、商品房合同网签备案、买卖合同打印等过程。与存量房网签备案系统情况相似，该系统未完全实现房屋交易业务“网上办理”、“自助办理”，因此商品房网上签约和合同备案系统应嵌入房屋转让交易服务平台，作为其终端之一。

②设计要点。新建商品房网签和备案管理系统是对房地产项目、预售许可证、开盘房源进行备案、监管，同时进行商品房网上公开发售、实时签约和合同备案。实现以项目为驱动，通过建立楼盘表，授权许可，进行楼盘销售的过程。

a. 新房开盘。开发商向房管部门申请办理新建商品房预售许可证，提交相关资料。房管部门审核资料，通过后核发预售许可证，并要求开发企业不得捂盘惜售，应一次性公布房源。

b. 网上预签。买方查找房源，选定房屋，与开发商签署电子合同。

c. 资格核查。录入买方个人及家庭成员信息，进行资格核查，48小时后买方登录平台查看核查结果。

d. 合同备案。资格核查通过后，可提交电子合同、核查结果通知单电子信息、已签署的电子版承诺书，办理合同备案。备案成功后，生成商品房合同网签备案表，并将合同备案相关信息记载至楼盘表中。

e. 资金监管申请。交易双方自行选择是否办理资金监管。若办理，则双方进入资金监管界面。约定购房款交割方式、经办银行，签署资金监管协议。否则不进行任何操作。

f. 交易监管申请。买方登录平台，上传个人及申请材料影像件。提交申请后，系统自动提取购房人及家庭成员信息、备案信息、家庭住房信息、成交价格。审核通过后，平台通过短信或微信通知申请人网上缴税。

系统功能流程图如图6所示。

武汉市新建商品房预售资金监管暂行办法中明确了监管主体与监管模式，并对预售资金监管的总体要求、预售资金监管协议、预售资金缴存管理、预售资金使用管理及法律责任做出了详细规定。

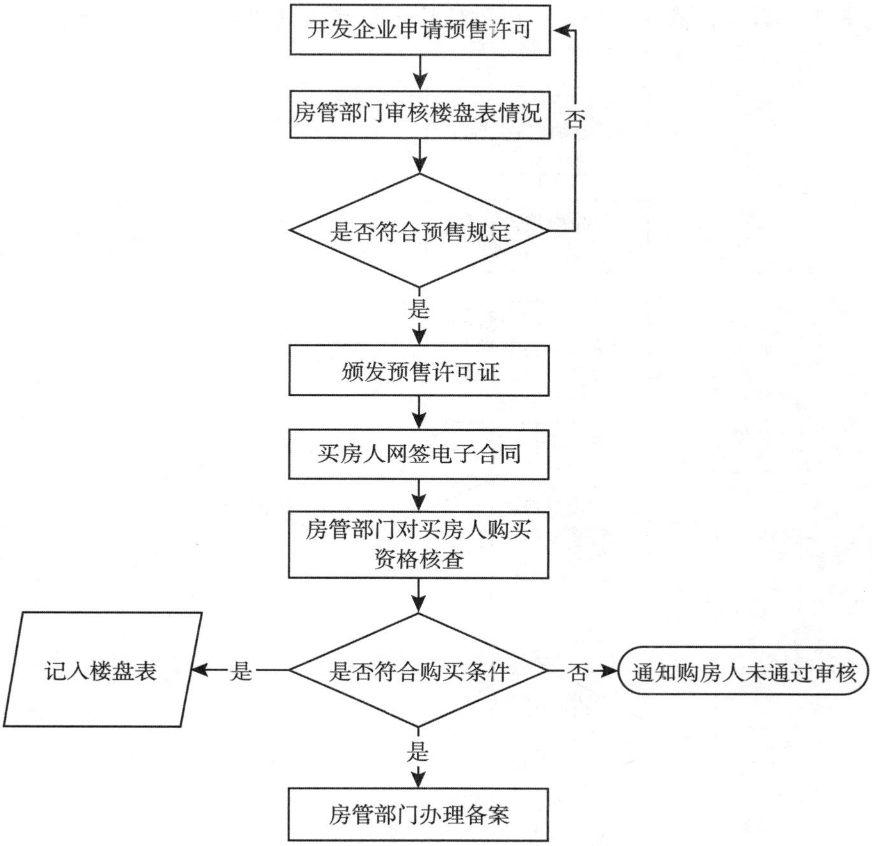

图 6　商品房网签和备案管理流程系统

《导则》规定了商品房预售资金监管一般程序：开设预售资金监管账户；商品房预售资金存入监管账户；按建设进度核拨预售资金；解除预售资金监管。

依据《导则》有关规定和武汉市新建商品房预售资金监管暂行办法，该系统以楼盘表为基础，以商品房预售许可为依托进行建设。

（3）商品房预售资佥监管流程图

商品房预售资金监管是房地产行政主管部门会同银行对商品房预售资金实施第三方监管，房产开发企业须将预售资金存入银行专用监管账户，只能用作本项目建设，不得随意支取、使用。系统与新建商品房网签备案管理系统实现了数据的实时共享，对每一套销售的商品房预售资金实行监管。

商品房预售资金监管一般程序：开设预售资金监管账户；商品房预售资金存入监管账户；按建设进度核拨预售资金；解除预售资金监管。

依据《导则》有关规定和武汉市新建商品房预售资金监管暂行办法，该系统以楼盘表为基础，以商品房预售许可为依托进行建设（见图 7）。

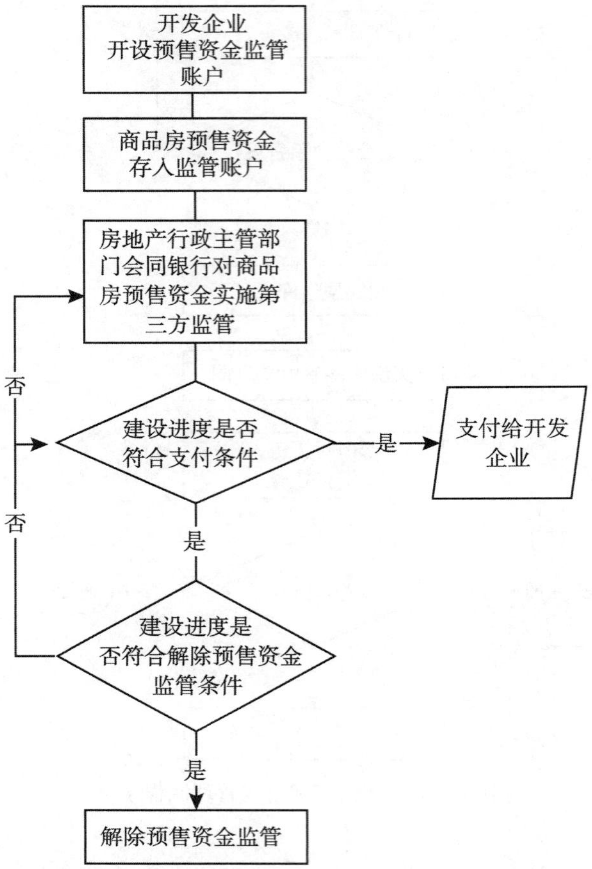

图 7　商品房预售资金监管流程

2. 存量房交易监管

存量房交易监管流程和商品房基本一致，增加了买卖双方面审核环节（见图 8）。

实名注册环节通过身份证进行实名认证，调用实名认证接口。备案信息录入环节，调用“存量房网签管理子系统”接口，提取存量房网签合同数据。预审阶段调用税务接口计算房屋评估价格。审核通过后交易告知信息推送到税务部门和不动产登记部门，调用税务和不动产的接口。调用楼盘表管理系统接口，写入房屋产权交易专题楼盘表状态。

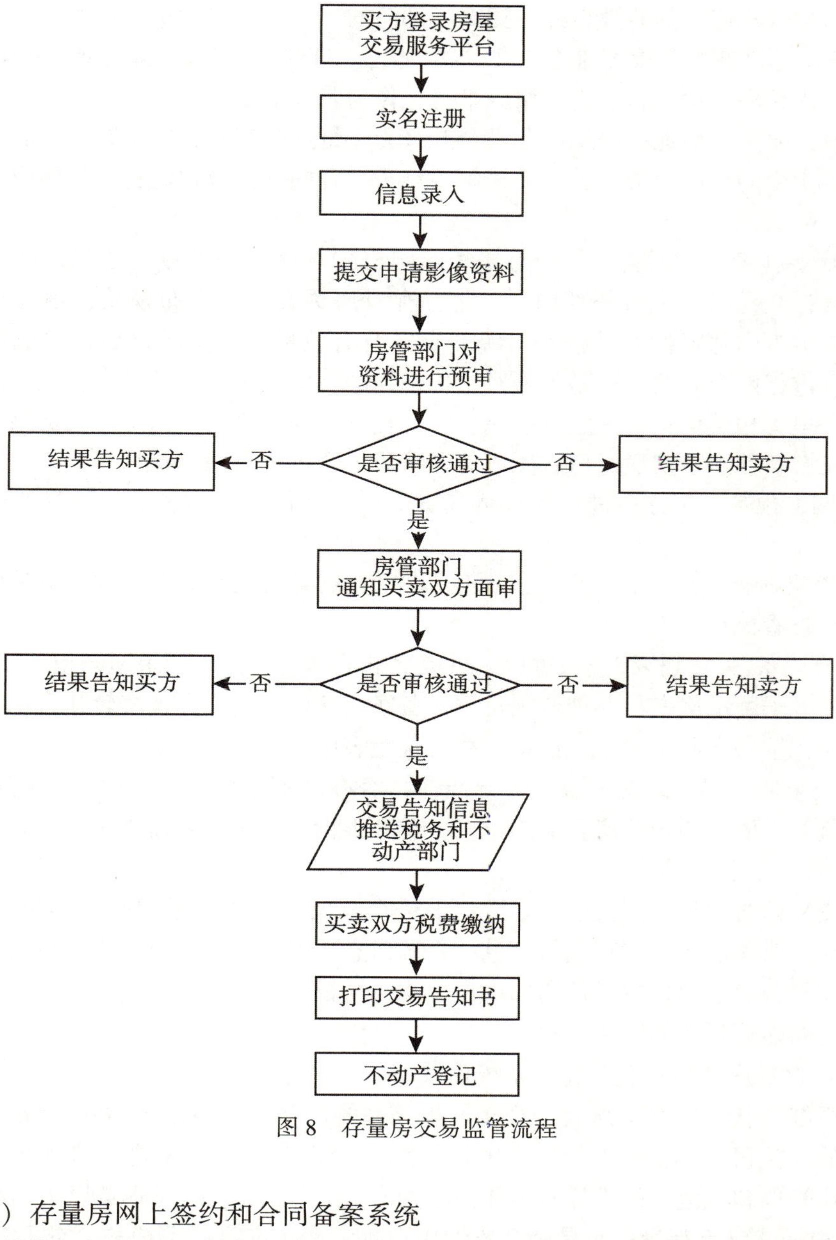

图 8　存量房交易监管流程

（1）存量房网上签约和合同备案系统

①系统现状。原有存量房网签系统已整合为房地产经纪服务平台，包含房地产经纪机构备案管理，经纪机构、人员信用信息体系建设，机构等级及经纪人员星级评定和存量房交易网签四个基本功能。对加强房管部门对经纪机构的监管，规范房

地产交易市场秩序，确保经纪机构日常业务的正常开展，实现相关数据、信息在经纪机构与房管部门间的有效传递，提高各部门的工作效率起到了一定作用。但是该平台并未完全实现房屋交易业务“网上办理”、“自助办理”，因此房地产经纪服务平台应升级并嵌入房屋转让交易服务平台，作为其终端之一。

②设计要点。房地产经纪服务平台升级为存量房网签和合同备案系统后，应对存量房买卖中的房源挂牌、出售委托和签订买卖合同的全流程监管。具体应包括以下功能：

a. 房源挂牌。包括自行挂牌与委托经纪机构挂牌。一是自行挂牌，即卖方登录房屋转让交易服务平台外部门户，选择存量房买卖房源发布模块，填写相关信息。提交后由内部工作人员核实房源的真实及有效性。核实通过后，生成房源编码，方可进行网上签约。二是委托经纪机构挂牌，即经纪人登录平台，选择房源发布模块，填写相关信息，并签订房源核验委托书，提交后由内部工作人员核实房源的真实及有效性。核实通过后，生成房源编码，方可进行网上签约。

b. 网上预签。买方通过房源编码查看房源状态信息，勾选房源信息签署电子合同。

c. 资格核查。录入买方个人及家庭成员信息，进行资格核查，48小时后买方登录平台查看核查结果。

d. 合同备案。资格核查通过后，可提交电子合同、核查结果通知单电子信息、已签署的电子版承诺书，办理合同备案。备案成功后，生成存量房转让合同网签信息表，将存量房合同网签相关信息记载至楼盘表中。

e. 资金监管申请。交易双方自行选择是否办理资金监管。若办理，则双方进入资金监管界面。约定购房款交割方式、经办银行，签署资金监管协议。否则不进行任何操作。

f. 交易监管申请。买方登录平台，上传个人及申请材料影像件。提交申请后，系统自动提取购房人及家庭成员信息、备案信息、家庭住房信息、成交价格。审核通过后，平台通过短信或微信通知申请人网上缴税。

系统功能流程图如图9所示：

（2）存量房交易资金监管子系统建设

①系统现状。武汉市房管局现未开展该系统的建设，但已于2007年根据武汉市发布的《武汉市国土房产局、人民银行武汉分行营管部关于进一步加强房地产经纪行业管理和规范交易结算资金账户管理有关工作的通知》（本章以下简称“通知”）和《武汉市存量房交易资金监管操作规程》（本章以下简称“规程”）做出了存量房交易资金监管的基本制度安排。

2007年以来，武汉市存量房交易资金监管虽取得了一定的成效，不过，制定的相关法规已过时效，并且存量住房市场等业已发生很大变化，因此需要根据新的

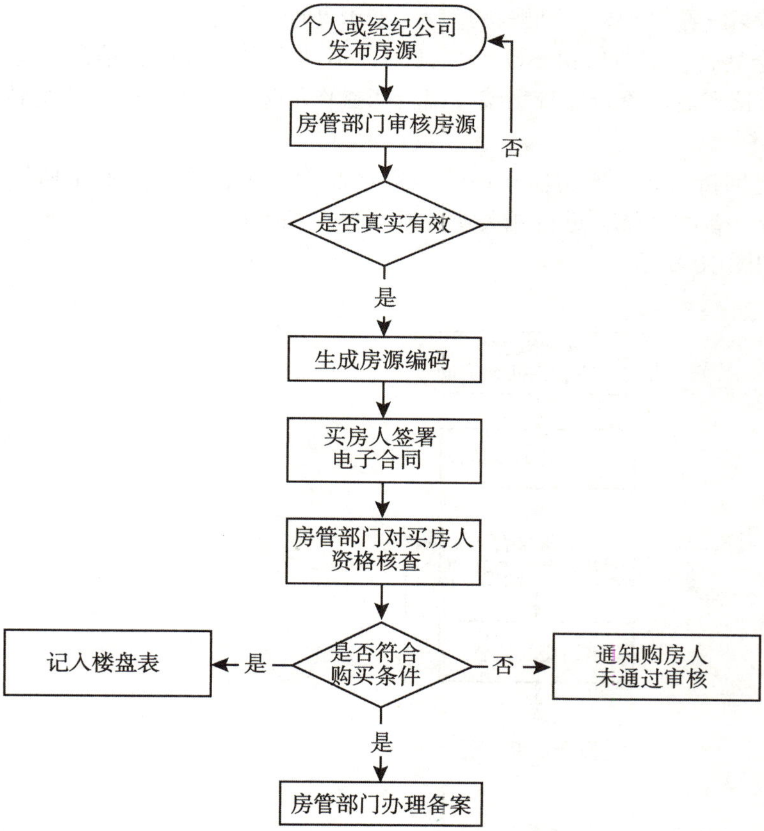

图 9　存量房网签和合同备案系统流程

情况优化设计和完善存量住房交易资金监管制度。

比较了国内部分省市存量房交易资金监管制度后，参考北京市存量房交易资金监管制度，拟依据自愿、契约、安全、公平、便捷的原则和政府柔性监管模式来进行系统建设。

②建设思路：资金监管主要业务流程设计如下：

a. 签订资金监管协议。交易双方通过存量房备案系统签订存量房买卖合同（自行签约或者通过经纪机构）。交易双方及资金监管银行签订三方资金监管协议。资金监管系统对上述协议进行管理，并通过备案系统取得相关信息。

b. 开设资金监管账户。买方到银行开设资金监管专门账户并存入资金，卖方开设或指定接收资金账户。

c. 办理交易监管手续。交易双方至交易窗口办理交易监管手续，系统标注其为资金监管交易。资金到账信息通过接口传送到资金监管系统，并随之传送至交易系统。交易系统在接到资金到账信息后，准予办理交易监管手续。

d. 资金划转。买方取得不动产权证书，不动产登记机构将信息传送至资金监管系统，经核实后，资金监管系统发出转账操作信息，将买方账户资金转至卖方银行账户。

e. 信息回传。转账成功信息回传至资金监管系统，并通过资金监管系统传送至交易系统、备案系统，进行相关业务善后标注和处理。

流程如图 10 所示。

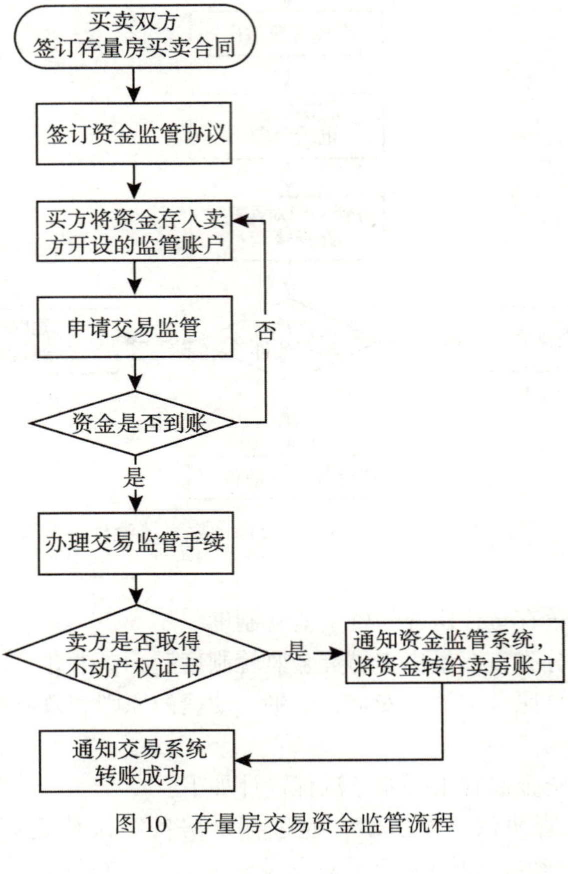

图 10　存量房交易资金监管流程

3. 测绘及成果管理系统

（1）系统现状

2012 年 7 月 1 日市局正式开展房产测绘成果采集与新建商品房项目楼盘表建

盘工作，首次对新建房屋进行唯一编码管理，以项目、栋、户为单位对数据进行有序组织，构建了标准的楼盘表管理体系。同期，开展了全市房屋历史权属登记档案影像化及数据整理，2014 年对全市中心城区及远城区国有土地上约 35 万栋房屋进行调查，这些工作都为全市房屋楼盘表建设打下了基础。

现运行的存量房房屋基础楼盘表补建系统包括楼盘表补建、楼盘表展示（包括房地产市场、产权交易、维修资金、住房保障四个专题楼盘表）、影像查询等功能模块。

《导则》中楼盘表被赋予了新的作用，其之于交易管理的重要性堪比登记簿之于不动产登记，是开展房屋交易与产权管理工作的主要载体和重要工具。而测绘成果又是楼盘表信息（涉及房屋物理状态信息和 GIS 地理信息系统状态信息）的来源之一，楼盘表基于测绘成果管理系统建立，其基础楼盘表通过测绘成果管理系统更新维护。

但目前对于测绘成果的管理缺乏统一的管理机制，随着测绘单位或多年的作业逐渐积累起了数量庞大的电子图纸和文档，大量的图档数据以文件夹的方式杂乱存放在局域网用户电脑硬盘的各个角落，没有统一、系统的管理起来，也无法达到对测绘成果的二次高效利用。

（2）设计要点

位置服务是当今最为基本的信息服务，因此测绘成果和楼盘表的管理需要“落地”管理，与日常生活应用所需要的点位置服务相比，专业的测绘成果和楼盘表需要大型的 GIS 平台支持，提供专业的点线面 GIS 功能服务；测绘成果和楼盘表的集中管理，使全局统一基础数据库具有长久的生命力，通过数据的下载、测绘、上传、变更，使数据保持现势性；通过测绘案件的触发，使上述操作得到科学的管理和分配，数据的更新随着测绘业务的发生而启动。

传统的文件管理方式，还无法满足专业的 CAD 电子图档安全高效管理的需要，对这些 CAD 电子图档进行管理不仅仅是静态的、档案意义上的管理，更重要的是面向设计过程的、动态的图档管理。因此测绘及成果管理系统的建设应包括共享环境下的图档组织结构定义和管理、图档的安全性、一致性和版本管理、图档内容的快速浏览、快速索引和查询等方面。

测绘及成果管理系统，应以数据库为基础，实现多种数据和程序的调用接口，为用户提供了一个面向设计过程的、动态图档管理的新思路，实现以下建设目标：构建网络平台，实现数据共享与信息的交流；快速、完整、准确地将数字测绘成果录入到系统中；通过数据的各种属性信息，高效地查询数字测绘数据；通过空间图形，直观地查询数字测绘数据；数字测绘成果的实时更新；数字测绘成果的网络发布；用户管理、权限分配，保证机密数据的安全性；数据归档。

4. 交易监管业务后置处理

办理完成交易监管业务后，还需要把后续不动产部门办理的登记发证数据回写到交易监管系统，使房屋数据完整，房屋交易与产权管理中形成的电子资料及其他档案资料需要在“房屋交易与产权档案管理子系统”中进行归档，最后把房屋的产权交易状态更新到房屋产权交易专题楼盘表，这样整个房屋交易流程才算完成（见图 11）。

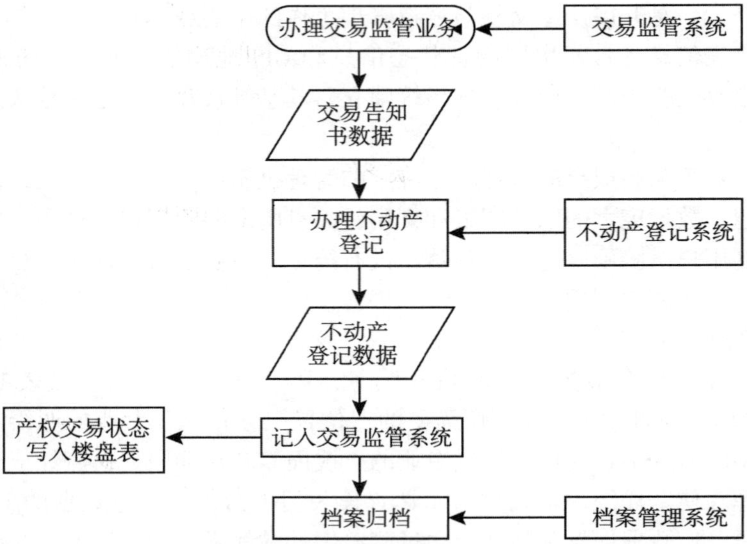

图 11　交易监管后置环节流程

5. 房屋租赁管理系统建设

（1）系统现状

武汉市房管局现虽未开展房屋租赁管理系统建设，但住建部批复了武汉、南京、杭州、厦门等 10 个城市开展住房租赁试点工作。武汉将从多方着手，加快构建购租并举的市场格局。武汉市房地产经纪行业协会成立了住房租赁专委会，旨在完善武汉市住房租赁企业服务规范，加强自律经营。

（2）设计要点

房屋租赁流程如图 12 所示。

①房源发布。其中又分为个人发布与通过经纪机构发布。个人发布，即出租人登录房屋转让交易服务平台外部门户，选择存量房租赁房源发布模块，填写相关信

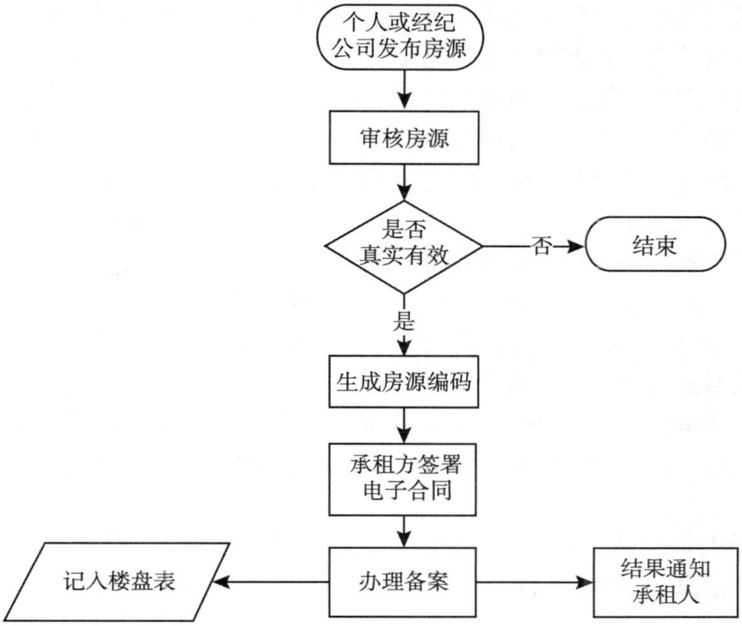

图 12　房屋租赁管理系统流程

息。提交后由内部工作人员核实房源的真实及有效性。核实通过后，生成房源编码，方可进行网上签约。

通过经纪机构发布，即经纪人登录平台，选择存量房租赁房源发布模块，填写相关信息，并签订房源核验委托书，提交后由内部工作人员核实房源的真实及有效性。核实通过后，生成房源编码，方可进行网上签约。

②网上预签。承租人通过房源编码查看房源状态信息，选定房源并与出租人达成协议后，进入网上签约界面，勾选房源信息签署电子合同。网签系统将电子合同与承租人相关联。

③合同备案。进入合同备案界面，可提交电子合同，办理合同备案。备案成功后，审核结果以短信或微信形式告知承租人。最后将备案相关信息记载至楼盘表中。

6. 房屋交易与产权档案管理系统

（1）系统现状

《导则》规定的房屋交易与产权档案主要包括：房屋测绘成果资料；预售许可、现售备案资料；资金监管资料；房屋转让资料；房屋抵押资料；房屋租赁资料；房屋交易与产权管理中形成的电子资料及其他档案资料。

市局现行系统为房屋登记档案管理信息系统，该系统涵盖档案的系统维护、档案管理、库房管理、查询服务等功能模块。

①系统配置管理模块。系统配置管理模块分为两种：一是区局管理，例如为区局分配相应的系统权限。二是业务流程管理，例如系统管理员可添加、修改、删除环节及流程信息，可为业务模块配置相应的流程，并可指定流程所包含的表单及其读写权限和功能按钮。

②档案管理模块。档案管理数据主要是从登记系统中提取。

③库房管理模块。库房管理主要用于档案流水线的编制、库房位置管理、档案交接管理、档案上架管理、档案借阅管理，档案注销和销毁等方面。

④查询服务模块。查询服务可分为三种：

a. 自由查询，主要是查询某条件的抵押、查封、挂失、权属、预告和异议信息，该模块作为查询打印模块的辅助与补充，能方便业务人员更好地利用电子档案数据。

b. 查询打印申请，提供查询打印申请信息填写功能，业务人员根据客户提供信息对查询信息包括查询人信息、查询内容、查询条件、查询项目等内容进行录入。

c. 查询打印，对录入的申请进行处理，同时也能对其申请进行编辑。处理后将得到相关查询结果，业务人员可根据客户需求，对其进行打印或口头告知结果等操作。流程如图 13 所示。

（2）设计要点

房屋交易与产权档案管理系统涵盖房产电子介质与纸质介质的档案管理，主要对预告权登记档案、所有权登记档案、抵押权登记档案、查封登记档案等各类业务档案的统一管理，对各项业务档案进行归档、查询、下架、编辑等业务处理，可打印目录、封面与各类档案证明。

同时《导则》要求：为加强房产交易与不动产统一登记交互共享数据的使用管理，各级房产管理部门结合房屋交易、管理和产权登记实际情况建立信息共享机制，通过设置前置数据交换机（或中间交换数据库），房产管理部门和不动产登记机构将共享信息写入前置数据交换机（或中间交换数据库），供双方办理相关业务使用。

房管部门共享内容应包括楼盘表信息和房屋交易信息。前者包括自然幢信息、逻辑幢信息、层信息、户信息，后者包括预售许可信息、新建商品房交易信息、存量房转让合同网签信息、抵押信息。

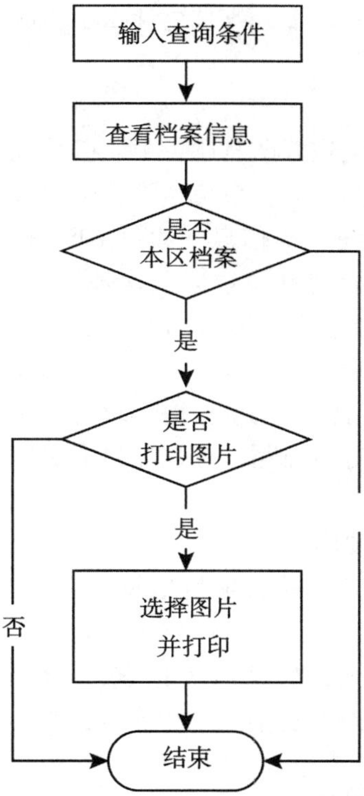

图 13 查询服务管理流程

7. 统计分析与信息发布系统建设

（1）系统现状

一方面，武汉市房管局官方网站内设置了政务公开、便民中心、资格资质、公告公示、市场信息、政策法规和科技教育等栏目，一定程度上起到了对社会公众进行信息发布的作用。另一方面，根据住建部数据需求和房管局数据交换业务需求，市局打造的武汉市房管政务信息资源共享交换平台实现了二手房交易数据上报的功能。业务范围包括：

①二手房交易区位结构情况表。按月份统计各区局二手房成交情况，提供数据用于数据上报。

②二手房交易情况。按天或月统计二手房成交情况数据，提供数据用于住建部网站数据填报清册。

③二手房交易清册。查询二手房成交情况数据明细，通过明细数据产生二手房

统计，用于住建部网站数据填报。

④二手房成交基本情况表。按天或月统计二手房成交情况数据，提供数据用于住建部网站数据填报。

（2）设计要点。

统计分析和信息发布系统是数据经过各个业务系统流转后，进行数据沉淀、切片、抽取、分析、发布等操作的信息系统，除了生成传统统计图表外，还结合了位置（区域、区县、板块、环线）等信息，通过 GIS 进行专题和三维的展示，这实际上是“网上房地产”的后台统计模块以及房地产市场统计和辅助决策系统为住建部和省厅等各级领导部门提供的数据统计成果；通过互联网进行网上政务公开、房地产信息、发布公告、预售许可状况、权属状况等各项服务，消费者可随时了解、查询整个房地产市场的行情与指数，提供政府与百姓的交互平台，一定程度上解决了房地产市场的信息不对称问题，有效加强了房地产主管部门对房地产市场的监测。

①房地产信息发布的主要内容包括：

a. 新建商品房信息：新建商品房项目信息、新建商品房楼盘表信息、新建商品房专题统计信息。

b. 存量房信息：存量房房源信息、存量房专题统计信息。

c. 从业主体信息：房地产企业信息、中介经纪机构信息、从业人员信息。

d. 项目管理信息。

②统计分析和信息发布系统包括以下功能：

a. 发布房地产开发企业基本信息以及资质情况。

b. 提供商品房、二手房的交易情况与相关信息的查询。

c. 提供房产主管部门的机构建设、机构职能、政策规定、规划计划等信息与行政业务的发布与公开。

d. 实现可视化楼盘表，便于查看开发商销售的楼盘房屋的具体信息和状态的发布，增加商品房销售过程中的透明性。

e. 支持房地产主管部门各项业务的办理流程及办事指南的发布与公示。还可在网上实现在线查询功能，能根据产权证号、合同备案号、房屋抵押等信息来进行在线查询。

f. 实现民政互动的功能，包含有领导信息展示、投诉举报与建议献策的功能，群众能提出自己的建议，加强了对政府的监督。

8. 基于 SOA 的房管业务系统集成建设

通过对“房屋全生命周期中各系统应用”的分析，根据整合的要求，所有系统都以楼盘表为基础，各子系统在运行中的过程数据和结果数据，都要与楼盘表进行实时交互。考虑到房管局已有很多成熟的系统在运行，以及要与不动产局的业务系统实时交换信息，采用基于 ESB 架构比较合理。所有系统之间的功能共享、基础数据库的访问都通过服务的方式进行。

房管局根据多年信息系统建设的实际情况，目前正在采用 SOA 治理方法进行全局系统的整合，房屋产权交易监管是房管局信息系统的重要组成部分，所以基于 SOA 方法开发新的系统、整合已有系统是比较实际的做法。

六、房屋转让交易服务平台建设展望

新构建的房屋转让交易服务平台是一套基于 SOA 架构理念基础、基于 webservice 系统架构、采用最优技术开发的一系列房地产管理业务系统的合成平台，整个平台以测绘及成果管理系统为基础，以新建商品房网签备案管理系统、存量房网签管理系统为核心，同时与商品房预售资金监管系统、存量房交易资金监管系统相互串接，并通过统计分析与信息发布系统将向公众、政府部门和其他机构发布权威数据，为市场消费与投资提供强有力的引导，为政府调控市场提供权威参考。随着交易管理内涵的不断深耕和交易管理外延的不断拓展，房屋转让交易服务平台必然会在功能上不断优化发展，在信息上充分互通共享，在效用上更为便利高效，从而整体推进房屋交易管理迈上新台阶，开创新局面。

附录一

调 研 报 告

在各区局政务中心一线窗口实地调研后，发现各个系统各自为政，相互间存在着共享和兼容问题，而且传统的办事流程大大限制了效率，以纸介质为载体的传统行政审批方式已很难满足企业公众不断增长的服务需求。此次调研结果具体整理如表 1 所示：

表 1　　**各区局需求调研结果表**

单位	窗口整合情况	日均办件量	整合后存在的问题
东西湖区房管局	2016 年 11 月对交易监管窗口和不动产登记窗口试行预整合，试点的两个窗口效果显著。2017 年 3 月与不动产部门对接后，全面开展窗口整合工作，现已整合了 6 个窗口。窗口整合后虽然只需一次叫号，但办事群众仍需在交易监管、不动产登记、税务、不动产发证几个窗口之间多次排队，递交资料	160~180	（1）交易监管与不动产登记两窗口业务速度不匹配。交易监管窗口办理过程约 5~10 分钟，而不动产窗口流程较繁琐，加之其服务外包人员业务不熟练，往往花费 15 分钟以上 （2）购房资格核查中存在的问题：①提供虚假资料的现象。商品房交易购房资格核查环节中，存在购买人向开发商提供虚假身份证、户口簿的情况，现已强制要求开发商在递交资料中增加身份证核实资料。②军官证、军人保障卡的核实。建议市局与银行对接，通过银行的端口核实身份信息。③公安、社保、税务、银行等部门在信息协查过程中数据回传过慢。④远城区（黄陂、江夏和蔡甸）社保信息查询不到，省直社保缴纳情况查询不到

续表

单位	窗口整合情况	日均办件量	整合后存在的问题
武昌区房管局	今年5月31日实现整合，从一个星期的运行情况来看，收到了不错的效果。实现了一次排队、一次叫号，简化了流程，交易过程集中在一楼，不动产登记过程集中在二楼，解决了老百姓一楼二楼上下跑的问题 商品房交易、存量房交易、不动产登记办证等办理流程整合为一体，在醒目位置设置了提示牌，使前来办事的人员对流程一目了然	150	(1) 交易手续复杂。窗口审核内容多，包括身份信息、婚姻状况等；业务涉及多个系统，如自身交易登记系统、民政婚姻系统、全市房唯一系统、不动产登记系统等 (2) 与不动产部门数据对接问题。自身综合查询系统内虽然可查到不动产登记信息，但两个业务系统中数据对接存在问题，业务人员难以理解转化后的数据。不动产登记信息不能及时反馈至全市房唯一系统，导致交易部门在协税时产生偏差 (3) 新增楼盘及评价录入不及时
汉阳区房管局	已实现两个窗口的整合，交易监管人员与不动产人员面对面办公，资料直接传递，减少了一次等待叫号环节。未整合的窗口交易和登记均设置了预审环节，需两次拿号，两次等待	商品房：80~90 存量房：40~50	(1) 与不动产数据对接问题。如房产被查封、不动产登记证挂失等状态，交易监管窗口无法查看 (2) 与东西湖区情况类似，交易监管与不动产登记两个窗口业务速度不匹配。不动产窗口办理事件积压过多，排队等待时间过长，接到群众投诉较多 (3) 个人多套房不动产登记证的信息关联不对称
东湖新技术开发区房管局	已实现7个窗口的整合，办理不动产交易登记只需取一次号，交易与登记的时间缩短至30分钟。设置了咨询台，指导填表，起到了预审的作用，大大减少了交易窗口办理业务的时间。交易窗口与不动产窗口之间直接传递资料，减少了一次叫号环节	500（含批量办理）	(1) 税务窗口审核程序复杂，平均办理一个业务用时30分钟，与交易登记窗口协同性大大降低 (2) 不动产部门要求前置影像扫描，但会影响窗口受理速度。现行后置影像扫描，尽量减少窗口受理时间 (3) 登记后数据回库信息滞后的问题。不动产办理登记后，交易方面查询不到相关信息。在限购政策下，资格核查环节存在漏洞 (4) 全市库中查询条件问题。如符号全半角信息与录入信息不一致，则查询不到有效信息

附录二

赴杭州、宁波考察房屋交易服务平台建设情况调研报告

2017 年 8 月 29 日

为学习借鉴先进城市房屋交易服务平台的先进经验和成熟做法，2017 年 8 月 23 日至 24 日，交易中心刘松副主任组织市房产信息中心、市房地产经纪协会相关人员，分赴杭州市和宁波市进行考察学习。在调研中，上述城市对相关工作的关注重点、具体措施不尽相同，体现了较强的地域特点。现将有关情况报告如下：

一、房屋交易网上办理方面

（一）杭州市

目前正在进行网上办理系统的建设，由市政务办主导，通过大数据利用，以政务网为入口，申请人网上申报后，数据分发给交易、登记、税务三家单位，由相关单位在各自系统中完成审查工作，并将数据推送给政务网。由于政务上的数据已实现和公安、民政、户籍等十多个部门的联网，故点击进去后可完成全部资料的校验。同时正在考虑建设房管+国土一套系统，在同一系统中进行审核。

8 月底将在商品房预告登记（预购期房）、商品房抵押权预告登记以及存量房交易登记中，实现全部网上办，不再收取实体材料。申请人通过网上申请办理，缴税，国土审核完毕后，最后到现场确认（面核，具体操作部门未确定），即时出证。网上审核完毕后，交易告知信息推送至税务和不动产登记部门，当事人可选择领取或不领取。权证采取邮寄和自领方式。

（二）宁波市

在“最多跑一次的”服务理念下，由市政务服务网主导开发统一受理的界面，三个部门通过该受理界面完成信息录入等受理工作。建立了三个部门共享数据库，各部门将数据推送到共享库中，使用数据中在共享库中调取。相关工作正在推进中。

二、房屋交易服务平台方面

（一）杭州市

由杭州市交易中心负责，建设了“杭州市二手房交易监管服务平台”，平台由经纪行业管理服务系统、行业管理系统即存量房挂牌系统、租赁服务平台、资金监管平台组成四部分组成。目前已上线的有经纪行业管理服务系统、行业管理系统即存量房挂牌系统；租赁服务平台9月底上线；资金监管平台正在调研中。整个交易服务平台拟实现对人、对房源、对租赁平台和资金的管理。

（二）宁波市

建设了宁波市房产交易信息服务网，网站包括商品房、二手房、经纪机构”三大部分，由存量房网签系统，新建商品房网签及备案系统、房屋租赁备案系统，经纪机构备案系统、经纪机构评价系统组成。已上线的有经纪机构备案与存量房网签系统。二手房板块中包括挂牌房源和租赁两部分，目前，租赁部分正在建设中。宁波市房产交易信息服务网对接了房产市场监管服务平台（企业端、政务端）”，企业端用于开发企业和中介机构完成网签备案，政务端用于交易部门完成交易监管工作。

三、房地产经纪服务平台方面

（一）杭州市

经纪服务平台嵌入于房屋交易服务平台。房源核验由房管部门完成，核验后取得房源编码（申报日期+流水号）才能进行发布，中介机构和个人均可通过该平台进行房源核验，经过房源核验取得“房源核验统一编码”后方可进行交易。同一房源可由多个机构发布，但归集到一个房源编码下。平台上的所有房屋可按小区进行落地，具体坐落仅后台可见。房管部门不管价格，申请人自行申报价格，评税价格由税务部门把关，按孰高原则缴税。由税务部门将评税价格反馈给房管部门。已制定了中介信用管理办法，有关中介的信用评级会反馈到挂牌界面。

（二）宁波市

目前已上线的仅有经纪机构备案系统，出台了《房地产经纪机构管理办法》，对经纪机构备案的门槛设置得不高，以达到管理的目的。

有关经纪机构信用评级的有关办法正在制定中，拟按照经纪机构的业绩，按照可监测到流程进行评价并公示。若缺少关键环节，直接划定为不合格。客户对经纪机构的评价也在考核范围内。对经纪机构的管理原则上是独立评价，如需考虑特定情况下分支结构的，纳入总公司的评价体系内来。设立禁止性行为，一旦发生则直接定义为不合格；对监管手段，有投诉的限期处理，拒绝配合处理的直接纳入黑名单。评价信息分三类：身份信息（有无合法劳动关系）与执业资格、业绩信息，从事的存量房买卖过程，其他信息（可能超出平台监管层面的信息）。

四、存量房资金监管开展方面

（一）杭州市

二手房资金监管为四方监管，即中介、交易双方、银行。监管方式仅采取在合同中填写监管账号的形式。银行由交易双方自行协商确定，并且在房管部门备案，房管部门不参与资金拨付。

（二）宁波市

在交易登记一体时，相关工作开展得较好，交易登记信息与银行实现了对接，银行根据房管部门抵押权办理状态进行资金的拨付。不动产统一登记启动后，资金监管工作无法实现登记信息与银行的互通，改做资金托管服务，由中介机构主导，买卖双方和银行签订三方协议，通过银行的资金监管账户进行托管。

五、与税务部门的对接方面

（一）杭州市

存量房交易税费已实现网上缴税（个人、经纪成交的均可）。杭州地税另行开发了网上缴税系统，并与金三实现对接。交易审核完毕后推送信息给税务，税务核税，收税，将电子税票推送给登记部门。

（二）宁波市

买卖合同网签时，税务部门会预估交易税费，到办理交易确认时税务部门会根据实际情况对指标（如家庭住房套数）予以调整，计算出正确的交易税费。交易税费是否缴纳由登记部门把控，申请人申请不动产登记时需提交税票。

六、值得借鉴的做法

（一）部门间数据的共享和利用

杭州、宁波开展“网上办”的基础是打破了交易、登记、税务、公安、民政等部门的信息壁垒，归口市政务办统一进行大数据的开发和利用。数据的互通是开展“网上办”的基础，也是防控“网上办”风险的有效举措之一。

（二）交易工作观念和理念的转型

杭州和宁波房产交易中心在不动产统一登记改革后将工作重心调整为市场监管，着力于对市场主体（如经纪机构）、交易房屋（如房源核验挂牌）等的管理，不局限于交易窗口的管理，体现的是新交易观念和理念。其中宁波的房屋交易监管仅需完成对合同的备案即可，无需进行审查。

（三）系统建设整体化较强

杭州和宁波交易服务平台均是按照《导则》的要求进行建设，涵盖转让、租赁、经纪机构、资金监管等主要内容，同时，交易服务平台的建设由房产交易中心负责和主导，有利于交易业务的整体布局和规范。

七、有关建议

（一）尽快实现与相关部门的信息共享

向市局建议由市局科技处牵头，向市网信办等部门提出与公安、民政等部门实现户籍、身份、婚姻等信息的共享和互通。同时，与银行等金融部门进行对接，商洽交易与信贷信息互通问题。

（二）尽快升级改造交易系统

与房产信息中心沟通，将交易系统升级改造工作列入下半年至 2018 年上半年主要项目。升级改造后的交易服务平台将是对内交易监管审核、对外交易服务和市场监管的基础。

（三）提前谋划存量房资金监管工作

为有效防控存量房交易风险，借鉴上述城市的经验，建议市局将开展存量房交易资金监管工作纳入议事日程，同时，在如今“大数据”和“互联网”背景下，可突破传统，思考如何借助支付宝等平台开展资金监管工作。

（四）加快先税后证模式的实施

杭州和宁波均采取的是“先税后证”的模式，由登记部门对当事人缴税情况进行把关，因此交易、登记、缴税的流程较为顺畅，因此，建议联合税务部门尽快再行与不动产登记部门沟通此事，以保证我们后续的“互联网+商品房”以及交易服务平台的升级改造的顺利进行。

5. 完善住房保障和房屋管理法制建设研究

武汉市住房保障和房屋管理局政策法规处
华中师范大学土地资源管理研究中心

课题负责人：周　健　武汉市住房保障和房屋管理局　副巡视员
课题组成员：李　哲　彭建忠　董明媛　陈淑云　卢新海
李梦娜　常　健　杨孝雨　熊梦莹　卜方宇
魏金秀　张　恒
课 题 统 稿：李　哲

一、引　言

（一）研究背景

自 2003 年国务院出台《关于促进房地产市场持续健康发展的通知》的“18 号文件”以来，房地产业被定位为国民经济支柱产业并开启了其“黄金时代”。在这之后的十多年里，房地产业伴随着城市化进程一路向上高歌猛进，成为推动我国经济社会发展不可或缺的重要力量。与此同时，面对房价的大幅度上涨和房地产泡沫，中央政府也开启了对房地产的宏观调控。特别是 2016 年底，中央经济工作会议明确提出“房子是用来住的、不是用来炒的”，回归住房的消费属性。可以说，我国房地产业的发展史，也是一部国家对房地产的宏观调控史。

作为一种极为特殊的商品，房地产兼具消费、投资和投机等多重功能。中国独有的“农耕文化”观念及国人根深蒂固的“家国伦理”使得国人对“家”格外看重，更愿意拥有自己的住房，房地产市场上每一个细微变化都牵动着国人的心弦。与此同时，房地产行业能拉动产业链上下游上百个行业，当仁不让地成为牵引国家经济的龙头，加之政策的呵护导致各类资本竞相追逐这个万亿级市场。作为中部地区最大城市、长江中游城市群龙头，武汉市对房地产有着巨大的需求，经过了十多年的快速发展，我市房地产市场不断壮大，成效显著，主要表现在：房地产经济对我市乃至整个省域经济的贡献率持续提升，不仅在创造社会财富、增加税收收入、解决就业等方面成绩斐然，更为重要的是在城市化进程中对于改善人民居住条件、满足居民对住宅多样化和个性化的需求、提升我市乃至我省 GDP 排名以及增进社会总福利等方面，都起着十分重要的作用。

不可否认，中国经济的发展离不开作为国民经济支柱产业的房地产的支持，但取得辉煌成绩的同时，房地产市场也积累了大量风险。

一是城市房价居高不下，房价收入比、租售比等指标远高于西方发达国家水平。为抑制房价，国家不断加大对房地产市场的宏观调控力度，关于房地产调控政策紧锣密鼓的出台，一边调供给，压需求，一边调土地，控投资。据统计，从 2006 年到 2011 年六年时间中，出台政策多达 57 次，平均不到两个月就出台一次，频率之高前所未有。不仅各部委轮番上马，国务院还多次发布综合指导意见，如 2009 年的“国四条”；2010 年 1 月的“国十一条”和 4 月的“新国十条”；2011 年 1 月的“新国八条”和 7 月的“新国五条”等，但效果不甚明显。

二是房地产业经过十多年的高速发展，随着国内外环境等不确定因素的增加，经济下行给企业经营带来困难，资金紧张、企业资金链断裂可能性增加，房地产业长期积累的问题逐渐暴露出来。据法制日报社和中国政法大学企业法务管理研究中心在京联合发布的《2016 中国上市公司法律风险指数报告》披露：房地产业成为法律风险上升幅度最大的行业，违规、诉讼、高管责任等主要指标出现全面爆发性增长。房地产市场乱象丛生，杠杆率和房价双升，政府去库存压力巨大，房地产企业违约违规情况比较普遍，纠纷增加，法律诉讼风险持续上升。

房地产经济首先是法制的经济，法治是房地产主管机关依法治市的基础，更是其依法行政的重要原则。我市房地产法律规章更多受到来自国家上位法的制约和影响，这是形成我市房地产法律体系现状的决定性因素，也是我市房地产法律法规体系制度性和结构性缺陷的主要根源。

本报告是以房地产法律为研究对象，通过梳理有关房地产的 30 多部法律法规，找出相关法律存在的主要问题，并对问题存在的深层次原因进行分析，在借鉴一二线发达城市的房地产法规、地方规章制定和修改经验的基础上，提出我市房管法律未来的发展方向，为我市相关部门的规章的制订提供借鉴参照，为我市未来房地产发展所需的法律框架体系提供有益参考。

（二）研究目的和意义

本课题研究目的：在对有关住房保障和房屋管理的法律规章进行清理归类的基础上，为我市房地产主管部门提供房屋保障和房屋管理法律建设现状分析，探明我市房管法制改革的方向和重点，并为相关的法律规章修改完善提供借鉴参考。

本课题研究意义：（1）从房地产相关的法制建设完善入手，坚持住房的消费功能，有利于促进我市房地产市场平稳健康发展，打击房地产投资投机，彰显“房子是用来住的”理念；（2）完善的房地产法制有利于提高我市主管部门“运用法治思维和法治方式的能力”，有利于房管部门依法建立和完善法定行政管理制度，履职尽责，依法解决房地产行政管理中的焦点、热点问题，让人民群众在每一个房地产司法案件中都能感受到公平正义，维护房地产经济秩序，促进房地产经济乃至我市社会经济的发展。

（三）研究内容和思路

本研究报告从宏观与微观的视角，力图协调房地产法律体系之间的关系，充分发挥该体系的整体功能。主要内容如下：（1）我市房管法律制度内容的梳理；（2）我市房管法律制度内容的归纳；（3）我市房管法律制度实施情况以及存在问题：一是需要废除法律制度文件，二是需要修订的法律制度文件；（4）对我市未来五年房管法律制度立法规划的设想：一是国内外立法实践经验借鉴，二是立法规划需要制定的法律制度。

本研究报告的思路可以简要的概括为：“一条逻辑主线，两大论证板块，三组互动关系”，即在国家房地产法律制度框架之下，围绕“废”、“改”、“立”这一研究主线，以房地产法制和房地产行政管理制度为两大论证板块，探究政府监管、市场参与者与房地产市场之间的内在逻辑关系，通过清理我市现有房地产法律规章中“不好用”、“不够用”、“不能用” 和 “不尽责” 的条款，不断提高房管行政管理效率，做好房屋管理工作，完善住房保障体系，促进我市房地产经济稳定健康发展。

（四）研究的方法

本报告的研究资料来源于国家和湖北省武汉市官方网站，大部分资料都提供网络下载，资料有效期截至 2017 年 9 月。本报告在整理、筛选和归纳相关资料的基础上，主要利用法学、经济学、行政管理等相关学科对房地产管理进行跨学科系统研究，采用资料收集、文献归纳、政策梳理、实地调研和比较分析等方法。

二、完善住房保障和房屋管理法制建设的理论依据

（一）民法原则

民法原则，反映了民事生活的根本属性，是民法精神本质之所在，从根本上反映了民法所调整的商品经济关系和其他社会关系的本质要求。我国民法通则第 3 条—第 7 条对我国民法的原则做了规定，承认平等、自愿、公平、诚实守信、守法以及公序良俗六大原则。其中平等原则是民法的基础性原则；自愿原则实质即自治，是民事活动中当事人自由意志的体现；公平原则反映了民事活动中利益均衡价值判断；而诚实守信原则则使法院在审理具体案件中，能主动干预民事活动，使民事法律关系符合正义的要求，而且法律可根据该原则作出司法解释，填补法律的漏洞；最后两个原则凸显了民法调整化解参与者利益矛盾冲突的功能。

（二）市场主体的财产权

财产权是现代社会运行的基础，财产权的确立是一个社会市场经济发展成熟的重要标志之一。

1. 财产权的概念和特征

财产权是指以财产利益为内容，直接体现财产利益的民事权利。它与人身权相对应，因所具有物质财富的内容，一般可以货币进行计算，具有可让与性，受到侵害时需以财产方式予以救济。有了财产权，企业才能真正建立起来，市场才能正常交易，经济才能良性运行。财产权包括物权、债权、继承权，也包括知识产权中的财产权利。财产权的特点如下：

第一，财产权的主体限于现实地享有或可以取得财产的人。财产权的客体限于该社会制度下法律允许私人（自然人和法人）可得享有的。

第二，财产权一般都具有财产价值，且可以用金钱计算。

第三，财产权原则上都是可以处分的，不具专属性。可以处分，是指可以转让、可以继承、可以抛弃。不具专属性，因而可以由他人代为行使。在一般情形，权利的归属和权利的行使是可分的。

2. 物权和债权

物权指自然人、法人直接支配不动产或者动产的权利，包括所有权、用益物权和担保物权。债权是债权人按照会同的约定或依照法律的规定请求债务人为一定行为或不为一定行为的权利。物权具有支配权、绝对权、财产权和排他性的特征。物权的效力体现在排他性、优先性与追及性等效力。

物权与债权同属财产权，两者既有联系也有区别。物权关系反映的是社会经济生活中物质资料的归属问题，属于静态法律关系；债权关系反映的是社会经济生活中物质资料的转移问题，属于动态法律关系。债权与物权相比较，具有对人权、相对权、非排他性以及法律行为四个基本特征。

3. 知识产权

知识产权是一种与物权、债权并列的独立的民事权利，是指基于智力创造活动所产生，并由法律赋予知识产品的所有人对其智力成果在一定期限内所享有的专有权利。与其他财产权相比，知识产权具有无形性、法定性、专有性、地域性、时间性等特征。

（三）合同法

合同法是国家制定的调整平等主体之间交易关系的法律规范的总称。合同法通过规定合同的一般原则，规范合同的订立、效力、履行、变更、终止以及违约责任等权利与义务关系，调整合同当事人的行为。合同法是规范交易行为的法规，立法上具有强制性条款少的特征。合同法旨在动态调整财产流转关系，维护财产交易安全。

1. 合同的订立

合同订立是指当事人之间就合同的主要条款进行协商、议定，最终确定和认可其内容的过程。《合同法》第 13 条规定："当事人订立合同，采取要约、承诺方式。"因此，合同的订立包括要约和承诺两个阶段。

2. 合同的成立

要约经受要约人承诺，合同即可成立。合同的成立即意味着双方当事人的意思表示已经达成了一致。当事人采用合同书形式订立合同的，自双方当事人签字或者盖章时合同成立。法律、行政法规或当事人约定采用书面形式订立合同。

3. 合同的效力

合同效力是指已经成立的合同在当事人之间产生的法律约束力，即通常所说的合同的法律效力。合同的效力来自于法律的赋予，只有当事人的意志符合国家的意志，它才能得到作为国家意志体现的法律认可和保护。合同的效力一般表现在以下两个方面。

第一，合同对当事人的效力。合同对当事人的效力具体体现在权利和义务两个方面。就合同权利而言，主要包括请求并接受债务人履行债务的权利、抗辩权以及各种请求救济权。就义务而言，全面履行义务具有法律上的强制性。

第二，合同对第三人的效力。合同对第三人的效力目前主要表现在两个方面：一是依法成立的合同具有排斥第三人非法干预和侵害的效力；二是为保全合同利益，法律允许债权人在特定情况下向第三人行使代位权和撤销权。

（四）房地产法律关系

房地产法律关系是经过法律的调整而形成的房地产经济关系，即房地产权利义务关系。因此，房地产法律关系是指房地产法律规范在调整房地产经济关系过程中发生的房地产主体之间的权利义务或职责职权关系。房地产法律关系属于经济法律关系。

1. 房地产法律关系的特征

（1）客体的特殊性

房地产法律关系客体主要是房地产，房屋和土地是人类赖以生存和发展的必不可少的物质资料，其特殊性表现在：房地产属于不动产，在生产过程、交易过程和物业管理过程中都不发生位移；具有投资和消费的双重性，具有保值和增值的功能；要受到国家专门法律的保护，受国家政策的约束。

（2）主体的广泛性

其主体资格是法律规定的，可以是国家、集体，也可以是法人、其他社会组织和自然人。这就使房地产法律关系的主体具有相当的广泛性。

（3）综合性

房地产法律关系的主体、客体、内容都具有复杂性和综合性，具体表现为：①

主体具有综合性，房地产法律关系的主体包括民事法律关系主体、行政法律关系主体和经济法律关系主体，某些特定情况下主体还具有双重身份；②客体具有综合性，房地产法律关系的客体包括有形的房屋、土地等不动产，又包括不动产无形权利，而且还包括行为；③内容具有综合性，房地产法律关系是民事法律关系、行政法律关系和经济法律关系的综合。

（4）相对稳定性

房地产具有不可移动性以及投资大、回收期长的特征，这些都显示了房地产法律关系的稳定性。房地产不能像其他商品那样可以批量生产、不断复制，这突出表现了房地产资源的有限性。房地产作为人们生产生活的基本物质资料，在国民经济发展中有着特殊的地位和作用。鉴于这些特点，使得房地产法律关系比其他民事、经济法律关系更多、更具体地体现了国家意志和国家利益。房地产法律关系的产生、变更和消灭，必须采用书面形式并办理法定登记手续方为有效。

2. 房地产法律关系的要素

房地产法律关系有主客体之分。一方面，房地产法律关系的主体，是指参加房地产法律关系，享有房地产权利和承担房地产义务的当事人。房地产法律关系的主体资格是由法律规定的。房地产法律关系主体具有广泛性和多样性，可以是国家和集体，也可以是法人、其他社会组织和自然人。

另一方面，房地产法律关系的客体是指房地产法律关系主体享有的权利和承担的义务所共同指向的对象。能够成为房地产法律关系客体的有物、行为和无形资产。物在房地产法律关系中具体表现为土地与房屋及其附属物；行为是主体为享受权利和承担义务所进行的活动，如房地产开发；无形资产是主体从事房地产活动带来的非物质利益，如各类规划设计方案、设计图纸。

3. 房地产法律关系的内涵

房地产法律关系的内容，是指房地产法律关系主体所享有的权利和承担的义务，或所拥有的职权和履行的职责。

（1）房地产权利和房地产义务

房地产权利即房地产法律关系主体为实现某种利益，有权依法作出或不作出一定行为或要求义务主体作出或不作出一定行为的资格，如房地产所有权。房地产义务即房地产法律关系主体依法作出一定行为或不作出一定行为的责任，如房地产交易价格申报义务。

（2）政府拥有的对房地产管理的职权和职责

房地产职权，是房地产法律关系主体为履行职务在依法行使领导或组织监管的职能时所拥有的权利，如审查批准权、监督管理权、调查处理权、指导协调权等。

房地产职责是房地产法律关系主体为符合法律、法规、规章制度的某些要求在从事行政管理职权时，必须作出或不作出一定行为的制约。值得一提的是，上述政府职权和职责是不可以转让和放弃的，必须依法行使①。

三、武汉市住房保障和房屋管理法制的梳理与归纳

为进一步深入贯彻依法治国基本方略，维护我国社会主义法制统一，全面推进我市依法行政，根据我市社会经济发展和改革深化的新要求、新情况、新问题，本研究对1992年以来的房地产地方性法规规章进行全面清理，截至2017年6月底，清理归纳的房地产法律法规分为五大类，即综合法律类、住房保障类、市场开发类、物业管理类、房屋安全类，加上其他相关法律法规，达30余部，条款1700余条。主要成果如下：

（一）需要废止的地方性法规规章

1. 建议废止《武汉市房产管理条例》

《武汉市房产管理条例》（以下简称《条例》）自1993年3月24日公布施行后，一段时期里为规范我市房产管理、促进房产行业健康发展起到了积极作用。但20世纪90年代以来，随着国家房地产经济形势和法律政策环境深刻变化以及我市住房制度和土地使用制度改革的深入，《条例》中凸显出大量问题，虽然在2004年7月30日、2010年9月29日和2012年3月29日对其进行了三次修订，但主要问题仍然存在，不仅发挥不了“依法治市”的作用，甚至还阻碍了房产主管机构依法行政，降低了其行政执法的效果，应该废止。

废止的理由如下：

（1）《条例》立法层次低，法律效力基本遗失殆尽

一方面，这是由《条例》在我国立法体系中的地位所决定的。我国房地产立法体系呈“金字塔”型三层结构，顶层的法律由全国人大及其常委会所指定的房地产法规和涉及房地产的有关法律组成，中间层次由国务院及各部门所制定的条例、办法和法律实施细则组成，最底层则是地方性法律规定，《条例》就处于“金字塔”结构的最底层。该结构中立法层次最高位于“金字塔”的顶端，最高层次的立法具有法的一般性和指导性的特点，也是制定其他层次法律的立法依据。这也就意味着，层级越高，法律效力越大，自上而下，法律规章的效力随层级的下降而降低。

---

① 符启林. 房地产法［M］. 北京：法律出版社，2009：31.

另一方面，《条例》出台以后，国家相继出台了从顶层到中间层次乃至第三层次的房管法律条款，如《城市房地产管理法》《物权法》《担保法》《城市房地产开发经营管理条例》《物业管理条例》《不动产登记暂行条例》《房屋登记办法》《城市商品房预售管理办法》《城市房地产开发管理暂行办法》《城市房地产抵押管理办法》《城市房地产转让管理规定》《城市房屋租赁管理办法》；再比如湖北省出台了《湖北省实施〈中华人民共和国城市房地产管理法〉办法》和《湖北省物业服务和管理条例》，另外武汉市出台了《武汉市物业管理条例》《武汉市房屋安全管理条例》《武汉市历史文化风貌街区和优秀历史建筑保护条例》《武汉市廉租住房保障办法》《武汉市经济适用住房管理办法》《武汉市房屋租赁管理办法》《武汉市住宅专项维修资金管理办法》等法律、法规和规章，形成了我市房产管理较为完备的制度规范。这些法律条款的内容基本涵盖了《条例》原有的所有规定，但无论从层次还是效力上都要高于《条例》，因此，《条例》在行政执法过程中，已基本起不到任何作用。

（2）《条例》内容与后期法律条款相互冲突，不利于我市房产主管部门履行行政执法职能

例如，《条例》第三十六条规定“房屋租赁期限届满不续订租赁契约的，租赁关系终止”与《合同法》第二百三十六条“租赁期间届满，承租人继续使用租赁物，出租人没有提出异议的，原租赁合同继续有效，但租赁期限为不定期”规定不符。又如，《条例》第六十条规定房产纠纷仲裁机构为市、区房管部门设立的房地产仲裁委员会，与《仲裁法》中由市人民政府组织有关部门和商会统一组建仲裁委员会，独立于行政机关的相关规定不一致。再比如，《条例》第六十八条规定产权人逾期办理产权登记手续的加收一至二倍登记费，与《物权法》有关不动产物权未经登记，不发生效力，并未强制要求登记的原则相悖。

（3）《条例》年代久远，已无法适应时代发展的需要

主要表现在两个方面：一方面，房屋管理的观念理念陈旧过时。《条例》第五十六条规定的房屋安全鉴定机构是指房屋主管部门所属的房屋安全鉴定站，随着行政体制改革的深入，房屋安全鉴定开始走向市场化，房屋安全鉴定主要是通过具有资质的相关机构来实施，而政府只是通过备案并纳入管理名录。

另一方面，《条例》调整面较窄。时隔20多年，随着改革的不断深入，《条例》施行的社会经济背景发生了根本性变化。房地产行业定位从单一的拉动经济发展向促民生、保发展双重任务转型，新建商品房买卖市场、存量房买卖和租赁市场、房地产抵押和房地产开发、估价、经纪、物业管理等经济活动日益活跃，房屋测量和房屋安全鉴定业务逐渐推向市场。随着房产行政管理体制改革推进，房管新增了住房保障、物业管理和房地产开发等国家管理职能。而《条例》只是基于当时房产管理活动需要，仅从房屋产权登记、房产交易、房产抵押、房屋租赁、房屋

使用和修缮、房产纠纷仲裁等方面规范房屋管理，缺少住房保障、物业管理等新增内容，调整面较窄，相关规定已不再能适应社会经济发展的需要。

2. 建议废止《武汉市廉租住房保障办法》《武汉市经济适用住房管理办法》

10 年前颁布的相关《办法》是行业主管部门建立我国廉租住房制度的顶层设计的产物，为各地开展廉租住房建设与管理提供了法律依据。

目前根据住建部的要求，我市已于 2014 年停止了廉租住房的申请受理，停止了廉租住房的建设，廉租住房作为住房保障的重要形式已经退出了历史舞台。因此，建议适时废止《武汉市廉租住房保障办法》。

另外，我国的住房保障制度发生了较大变化，保障形式有了较大的调整，以共有产权住房成为未来房产发展的主要方向，而经济适用住房的建设和供应已退出历史舞台，我市从 2013 年 6 月 3 日起已经停止受理经济适用住房购买申请登记工作，市、区人民政府此后不再下达经济适用住房建设计划，因此建议适时废止《武汉市经济适用住房管理办法》。

（二）需要修订的地方性法规规章

在对我市房管相关地方性法规规章清理的基础之上，剖析其症结，并从法律规章“不好用”、“不够用”、“不能用”以及“履职不够”等四个方面对我市房管相关地方性法规规章进行归纳区分，并在此基础上对的部分法条条款予以修订。

1. 关于《武汉市物业管理条例》的修订

（1）修改的必要性和可行性

《武汉市物业管理条例》施行七年来，推动了我市物业管理事业的健康有序发展，在改善人居环境和维护社会稳定方面发挥了重要作用。但是随着社会经济环境和政策法律环境的变化，在《条例》施行中出现了一些新情况、新问题，这就需要我市对此进一步明确政策依据。另外，相关城市先后出台的地方性法规，也有许多可资借鉴的亮点。

（2）存在主要问题

①物业管理体制机制不够顺畅。物业管理是城市管理和社会管理的重要组成部分，应按照属地管理原则，充分发挥区政府的统筹协调和街道、社区的指导监督作用。《条例》虽规定了主管部门的职责，而对小区联合执法、公共管理服务、涉及多方矛盾等需要属地政府和街道的统筹和解决的问题缺乏相关规定，导致物业管理和城市管理、社区管理脱节。因此，需要通过修订《条例》，明确各级政府在物业管理领域的组织、推动、指导和监督职责，强化街道（乡镇）对物业管理工作的主体责任，相关管理部门之间形成管理合力，进一步理顺物业管理体制。

②业委会归口管理问题需要明确。市委常委会已明确将业委会建设纳入基层民主建设的范畴，归口民政部门，发挥其在基层政权和社区建设的人力资源管理优势，通过街道、社区、小区这一条线，逐层延伸至业主自治领域。因此，需要通过修订《条例》，进一步明确业委会的归口管理问题。

③小区综合治理落实不到位。《条例》和相关政策法规虽明确规定了各政府职能部门对住宅小区的管理职责，特别是关于小区综合治理的武办文 42 号和武政办 104 号两个文件下发后，厘清了小区管理中长期存在的职责不清、责任不明的问题，但在落实过程中，仍存在行政管理和执法止步小区外，执法不及时、不到位的现象，小区矛盾纠纷和突出问题不能及时有效地得到根本解决，需要增加相关罚则来推动执法进小区。

④物业管理历史遗留问题较多。小区在开发建设中的遗留问题，直接造成了物业管理的“先天不足”。尽管《条例》和相关法律法规对物业交付作出了相关规定，但实践中仍然存在配套（物业用房）不到位、房屋质量有缺陷、电梯验收标准不高、消防把关不严、交付后临时用电用水、水电未实行一户一表等问题，严重影响了后续物业管理，成为业主投诉的焦点、热点问题。需要通过修订《条例》，进一步明确和细化住宅交付条件，强化对规划、建设和交付环节的管理，并加大对违规行为的处罚力度。

⑤物业保修责任难以落实。对物业交付后房屋出现质量保修问题，因缺少相应监管措施和手段，开发建设单位往往履行保修责任不到位、服务不及时，房屋维修久拖不决或达不到业主要求，影响了业主的正常居住生活。需要通过修订《条例》，建立房屋保修金制度，明确开发建设单位按照规定比例交纳房屋保修金，存入指定银行专户，由建设管理部门、房管部门督促开发建设单位和施工单位依法履行房屋及设施设备的保修责任。

⑥物业服务价格未实行市场调节。《条例》规定普通住宅、经济适用房和廉租房的物业服务费、车辆停泊服务费、车位租赁费实行政府指导价。2014 年 12 月，国家发改委制发了《关于放开部分服务价格意见的通知》（发改价格〔2014〕2755 号），放开了非保障性住房物业服务收费、住宅小区停车服务收费价格，实行市场调节价。因此，需要根据国家政策的调整修订《条例》，放开服务价格，依法加强监管，查处串通涨价、价格欺诈等不正当行为，维护正常市场价格秩序，保持物业服务价格水平基本稳定。

⑦专营单位服务缺位。部分小区未分户安装水表，高层小区供水企业不愿抄表到户，交由物业代收代缴水费，又不承担水损；物业企业便将小区水损和二次供水费用分摊，引发业主不满。电梯运维、定检问题突出，物业企业的维护、报修义务和质监部门的强制检测职能之间存在真空地带，引发了大量投诉和媒体曝光。

⑧维修资金使用效率不高。法定的“筹集和使用专项维修资金，应当通过

“特别多数原则（双 2/3）”，在实践中缺乏可操作性，加上业主公共意识薄弱和监管手段繁琐等因素，维修资金使用难、划转难等问题较为突出。即使对影响房屋安全的紧急维修开辟了应急通道（不须双 2/3 同意），但也由于业主委员会（社区居委会）怕担责任等原因，使用效率仍然不高。迫切需要在保障资金安全的前提下，创新管理体制和运作机制，有效发挥维修资金制度的作用和功能。

（3）拟规范的主要内容

一是理顺物业管理体制，明确归口业委会管理；二是解决行政部门综合执法不进小区的问题；三是调整物业服务价格监管方式；四是强化住宅小区承接查验管理制度；五是明确水、电、气专营单位维修养护责任；六是明确企业违规行为处罚依据。

2. 关于我市其他地方性法规规章的修订

（1）条款不好用

受时代局限，一些条款设计不合理，文字表述不严谨，立法质量不高，导致条款实施起来不好用。

例如《武汉市房屋安全管理条例》第二十七条规定“对房屋安全鉴定单位出具处理意见为整体拆除房屋的《房屋安全鉴定书》，市房屋主管部门应当予以审查”和第二十八条的复鉴管理制度规定中有关“市房管部门根据复核意见认定鉴定结论”制度设计均不合理、不合规。

原因有三：一是对房屋安全的鉴定结论审查技术含量很高，房管部门作为行政机关没有设置承担这项职能的专门岗位，更无审查所需要的鉴定设备、鉴定实验室和鉴定专岗人才；二是混淆民事行为和行政监管行为的边界，作为民事行为的鉴定应当由鉴定单位承担民事责任，而不应实行行政审查；三是让行政管理部门强行介入民事纠纷，会将行政机关推向争议的风口浪尖，且人为增加行政诉讼成本，不利于行政执法效率的提高。

例如《武汉市历史文化风貌街区和优秀历史建筑保护条例》第九条、第十条有关表彰和奖励发展或保护历史文化风貌街区和优秀历史建筑行为的规定，与国家有关部委提出减少表彰的要求有冲突，我市政府在现实中不好操作。第五十一条、五十二条、五十三条、五十四条对违反本条例的违规行为处罚主体均没有明确，使得条例颁发近五年来处罚工作开展不力。

（2）条款不够用

有些规定在适用范围的界定上不够合理，加上后来社会情况发生新的变化后，相关条款未能及时调整修订，因而许多条款让人感到不够用。

例如《武汉市物业管理条例》第三十三条规定了管理公约的内容，但遗漏了住宅专项维修资金的表决方式，这恰恰是管理公约中最为重要的内容之一，制度设计的缺陷，导致了表决难的瓶颈。

例如《武汉市历史文化风貌街区和优秀历史建筑保护条例》第十三条、第十五条对于优秀历史建筑的保护规定不够明确，而且需要有相关的评奖制度、政府的授予，标志制度的确立需要形式上的体现和内容上的支撑。第四十条关于落实消防安全措施的规定太过原则，没有明确监管主体、监管范围、处罚标准等。

（3）条款不能用

由于改革向纵深推进，国家制度的调整，社会治理模式的变化，导致一些房管法条因与后出台的国家上位法或政策精神相冲突违背而不能再用。

例如住建部《城市房地产转让管理规定》第七条规定："房地产管理部门……根据需要对转让的房地产实行评估。"《武汉市房产管理条例》第十六条规定："房产交易，双方当事人还应当到市房地产管理局审核确认的部门申请评估房屋价格。"这与《物权法》第十三条有关登记机构不得要求对不动产进行评估的规定明显冲突，管理实践中"机评"早已代替房产评估。

例如住建部《物业管理企业资质管理办法》第三条、第十九条分别规定物业服务企业资质等级分为一、二、三级；超越资质等级承接物业管理业务的，应处以行政处罚。《武汉市物业管理条例》也做了相应规定。近年来，国家推进企业资质管理改革，今年国务院宣布取消物业服务企业二、三级资质审批。住建部的部颁规章和武汉市地方性法规的相关规定已被颠覆。

例如对于国家取消相关行政性事业收费所做出的决定，未及时修改相关条例。《武汉市城市房屋白蚁防治管理办法》第六条有关白蚁收费的规定与现行相关规定相抵触，根据国家行业主管部门的要求，从 2017 年起新建房屋白蚁预防不再实行行政事业性的收费。

（4）履职不够

改革开放以来，通过立法授权的方式赋予了房管部门许多行政管理职责，从梳理法条的情况看，存在着履职不到位或不完全到位的问题。

例如，《武汉市房屋安全管理条例》第八条规定："本市实行房屋安全管理救助制度。市、区人民政府设立房屋安全救助专项资金，用于对特殊困难家庭房屋安全鉴定、危险房屋治理、白蚁危害治理的适当补助。房屋安全救助专项资金的管理、使用办法，由市人民政府另行制定。"制定救助办法的法定主体虽为市政府，但按惯例由行业主管部门起草后以市政府名义公布实施。迄今为止，这一法定职责尚未履行到位。

此外，针对目前房管部门或其他相关部门在法律法规执行中未履行到位的法律法规的条款还有：《武汉市历史文化风貌街区和优秀历史建筑保护条例》第四条、第三十四条、第四十七条；《房地产经纪管理办法》第六条、第二十七条、第二十九条、第三十条；《商品房屋租赁管理办法》第五条；《公共租赁住房管理办法》

第五条、第十条、第十七条；《城市房地产转让管理规定》第二十条；《住宅专项维修资金管理办法》第三十条；《武汉市房屋租赁管理办法》第二十三条。

四、武汉市未来五年房地产法律立法规划

（一）武汉市未来 5 年房地产立法规划的指导思想

在以习近平同志为核心的党中央坚强领导下，高举新时代中国特色社会主义伟大旗帜，全面贯彻党的十九大和十八届三中、四中、五中、六中全会精神，以邓小平理论、“三个代表”重要思想、科学发展观为指导，深入学习贯彻习近平新时代中国特色社会主义思想，牢固树立政治意识、大局意识、核心意识、看齐意识，坚持全面依法治国，党的领导、人民当家做主、依法治国有机统一，民主法治建设迈出了重大步伐。

围绕统筹推进“五位一体”总体布局和协调推进“四个全面”战略布局，认真落实创新、协调、绿色、开放、共享的新发展理念，发挥立法的引领和推动作用，遵循和把握立法规律，继续推进科学立法、严格执法、公正司法、全民守法深入推进，法治国家、法治政府、法治社会建设相互促进，中国特色社会主义法治体系日益完善，全社会法治观念明显增强，行政体制改革、司法体制改革、权力运行制约和监督体系建设有效实施。

（二）武汉市未来五年立法规划的总体思路

坚持党中央确定的“房子是用来住的”的定位，坚决贯彻市委市政府《关于进一步促进我市房地产市场持续平稳健康发展的意见》（武政办〔2016〕159 号）的决策部署，按照立法主动适应改革的要求，旨在构建我市房地产市场平稳发展的长效机制，让全体人民居有所居，认真做好相关法律规章起草修改和审议工作，回归住房的居住属性，将房地产改革急需的立法项目作为重点，因地制宜、因城施策，结合我市的房管实际，从 2018 年开始，未来五年每年一部法规，从武汉市物业管理条例、经纪人管理办法、租售管理办法、公共租赁管理办法和商品房管理办法五项规章办法入手，分清轻重缓急，突出重点领域的立法项目，加快进度，相互协调，重点突破。

（三）武汉市未来五年房地产法律的立法建议

本研究报告对未来五年我市房地产法律的立法建议包括三大部分：一是在我市房地产法律法规上存在制度空白，需要制定新的法规；二是需要废止地方性法规的

建议；三是现行的地方性法规与上位法不一致或者不适应社会发展需要，需要修改完善的建议。

立法建议的第一部分，即在我市房地产法律法规上存在的制度空白，需要制定新的法规，未来五年我市应制定的新的法规包括：《武汉市共有产权保障住房管理办法》、《武汉市商品房管理办法》、《武汉市经纪人管理办法》。

立法建议的第二部分，即我市需要废止地方性法规的建议，包括对地方性法规的简述、废止的理由（参见本报告第三章第一节）；

立法建议的第三部分，即现行的地方性法规与上位法不一致或者不适应社会发展需要，需要修改完善的建议（参见本报告的第三章第二节）。这一部分包含了关于我市住房保障和房屋管理的五部相关条例或办法的具体修订建议。

1. 关于《武汉市物业管理条例》的简介、具体修订建议

《武汉市物业管理条例》经2010年6月23日武汉市第十二届人民代表大会常务委员会第二十五次会议通过，2010年7月30日湖北省第十一届人民代表大会常务委员会第十七次会议批准，自2011年1月1日起施行。

第四条规定：“市房屋主管部门负责全市物业管理活动的监督管理工作。

区房屋主管部门按照职责负责本辖区内物业管理活动的监督管理工作。

规划、土地、建设、城管、价格、民政、环保、水务、工商行政管理、园林等主管部门按照各自职责协同实施本条例。

街道办事处、乡（镇）人民政府指导、协助本辖区内业主大会成立及业主委员会的选举工作，指导、监督业主大会和业主委员会的日常活动，配合调解处理物业管理中的投诉，协调物业管理与社区管理、社区服务的关系。

武汉东湖新技术开发区、武汉经济技术开发区、武汉市东湖生态旅游风景区管理委员会按照本条例关于区人民政府及其有关部门管理职责的规定，负责各自管理范围内物业管理活动的监督管理工作。”

第四条界定了相关部门的管理职能，条例施行后，我市物业管理体制发生了许多变化。

一是街道办事处、乡（镇）人民政府指导、协助成立业主大会，开展业委会选举工作的提法不够准确，根据现实情况，准确的提法是街道办事处、乡（镇）人民政府在同级党组织的领导和民政部门的指导下，依法组织和指导本辖区内的业主召开业主大会、选举业主委员会，作为业主大会的执行机构，业主委员会代表业主大会，依法履行职责。

二是街道办事处、乡（镇）人民政府在物业管理方面应当履行的职责还包括建立物业服务联席会议制度，召集房产、公安、民政、城管等行政主管部门和居民委员会、业主委员会、物业服务企业、专业经营单位等各方代表参加，具体解决物业服务和管理活动中需要协调的问题；

三是建立了以“红色物业”为特点的业主委员会，加强业委会的党建工作，使得党员在业委会成员中占有相当比例，发挥党员在物业服务管理中的先锋模范作用；

四是住宅小区管理纳入社会治理的范畴，物业服务和管理纳入基层精神文明建设的考核内容。条例不够用。

第五条规定：“物业管理区域的划分，应当遵循相对集中、便于管理的原则，并考虑物业共享设施设备、建筑物规模、社区建设等因素，按照下列标准执行：

（一）以建设项目《国有土地使用证》宗地图用地范围线为准，一个项目视为一个物业管理区域；但规模过大、划分为一个物业管理区域不便于管理的，或者已分割成多个自然街坊或者封闭小区的，可以分别划分为独立的物业管理区域；

（二）分期建设项目或者两个以上单位开发建设的项目，其配套设施设备共享的，划分为一个物业管理区域；

（三）已建成、共享设施设备比较齐全、相对集中的项目，划分为一个物业管理区域。”

第五条只规定了物业管理区域划分的一些原则及若干标准，没有明确审批部门的权力和责任，即房管和规划部门在物业管理区域划分时的权力边界、审批程序以及如何相互衔接。条例不好用、不够用。

第七条规定：“新建物业，开发建设单位应当按照规定无偿配置物业服务用房，物业服务用房包括物业服务企业办公用房和业主委员会议事活动用房。配置物业服务用房按照国家有关居住区规划设计规范的要求执行；没有规定的，配置物业服务用房的建筑面积不低于建设工程规划许可证载明的房屋总建筑面积的千分之二，并不少于八十平方米，其中业主委员会议事活动用房建筑面积不少于十五平方米。

物业服务用房应当具备水、电等基本使用功能，有明确的坐落、房号，并且具备办理房地产权属登记的条件。

开发建设单位在申请办理建设工程规划许可证时，其提交的规划设计方案中应当注明物业服务用房的具体位置。

物业服务用房属于全体业主共有，专用于物业管理服务工作。”

第七条有关物业服务用房的面积规定与之后出台的《湖北省物业服务和管理条例》① 中的相应规定不一致，省物业条例规定物业用房面积不低于100平方米，其中业委会办公用房不少于20平方米，该条例规定的分别是80平方米和15平方米。如果按照省里的规定执行，问题是这又不是国家层面的有关居住区规划设计规范的要求；如果按照80平方米和15平方米来执行，等于否定了该条例的上位法，即《省物业服务和管理条例》的规定。条例不好用。

有关物业服务用房具备办理房地产权属登记的条件，而该用房属于全体业主所有，为日后办理房产登记、注销增加了潜在的风险和成本。

另外，条例中词法和句法都有瑕疵：一是第七条第二款："物业服务用房应当具备水、电等基本使用功能，"，应该修改为"物业服务用房应当具备水、电等基本功能"；二是"有明确的坐落"，坐落一词放在句子并不符合汉语语法，条款中该词本应该是名词，在句中做宾语。但坐落本身却是动词，意为"位于"，因此应修改为"位置或方位"，这才符合现代汉语语法习惯。

第十条规定："住宅及同一物业管理区域内非住宅的开发建设单位，应当按照国家及本市相关规定，通过招投标方式选聘具有相应资质的物业服务企业，并与之签订前期物业服务合同。

有下列情形之一的，经物业所在地区房屋主管部门批准，可以采取协议方式选聘物业服务企业：

（一）投标人少于三人；

（二）多层物业总建筑面积少于五万平方米，或者单栋高层（含小高层）物业总建筑面积少于三万平方米，或者多层、高层混合物业总建筑面积少于四万平方米。

招标人应当在发布招标公告或者发出投标邀请书十日前，持招标公告或者投标邀请书、招标文件等有关资料，向物业所在地区房屋主管部门备案。"

第十条前期物业招投标所设"门槛"规定过低，在管理实践中我市确立的前期物业招投标的其中条件之一是住宅及同一物业管理区域内非住宅项目总建筑面积在20万平方米以上，应当纳入公开招投标，而条例中并没有建筑面积20万平方米的概念。

---

① 《湖北省物业服务和管理条例》第十二条规定："新建住宅的，建设单位应当按照下列要求在物业区域内配置物业服务用房：（一）不低于总建筑面积千分之二，且最少不低于一百平方米；（二）应当具备通水、通电、通信、采光、通风等基本使用功能和办公条件，配置独立合格的水、电等计量装置。物业服务用房属于全体业主共有，任何单位和个人不得分割、转让、抵押，也不得擅自变更用途。业主委员会办公用房从物业服务用房中安排，其面积不低于二十平方米。"

协议选聘物业企业的条件在物业面积的量化标准上与省物业条例①中有关规定不一致。该条例也没有明确我市前期物业招投标由市房管局物业中心在市民之家设立全市物业招投标的统一平台来统筹安排。条例不明确、不好用。

第十二条规定：“房屋交付使用前（含当月）所发生的物业服务费用，由开发建设单位承担。房屋交付使用后所发生的物业服务费用，由业主承担，但房屋交付后一年内无人入住的，空置期间由业主按百分之七十的比例承担物业服务费用。

房屋通过竣工验收达到交付条件，业主收到书面交付通知并办理完相应手续的，即为交付；业主收到书面交付通知后一个月内无正当理由不办理相应手续的，视为交付。”

第十二条有关房屋交付后一年内无人入住的，空置期间由业主按 70% 承担物业服务费用的规定没有现实意义。一是是否入住难以确定，二是即使是按 70% 的比例承担物业服务费用，数额也不大，对当事人的利益无明显影响，条例不好用。

第十五条规定：“开发建设单位在与前期物业服务企业办理物业承接验收手续时，应当向区房屋主管部门和前期物业服务企业移交下列资料：

（一）竣工总平面图，单体建筑、结构、设备竣工图，配套设施、地下管网工程竣工图等竣工验收资料；

（二）设施设备的安装、使用和维护保养等技术资料；

（三）物业质量保修文件和物业使用说明文件；

（四）业主名册；

（五）物业管理必需的其他资料。

区房屋主管部门、前期物业服务企业应当接受前款规定的资料，并妥善保管。前期物业服务合同终止时，前期物业服务企业应当将上述资料移交给业主委员会。

业主有权查阅开发建设单位向区房屋主管部门、物业服务企业移交的资料。”

第十五条有关开发建设单位与前期物业服务企业办理物业承接验收手续时，向区房管部门和前期物业服务企业移交相关资料的规定并不妥当，一是房管部门没有设立相应的档案室，并无收取、管理房企验收的诸多资料之义务；二是与后来出台

---

① 《湖北省物业服务和管理条例》第四十一条规定：“住宅物业的建设单位在业主、业主大会首次选聘物业服务企业前，应当采取招标投标方式公开选聘前期物业服务企业。投标人少于三个或者住宅面积不超过三万平方米的，经房产行政主管部门批准，可以采取协议方式选聘前期物业服务企业。建设单位选聘前期物业服务企业应当接受街道办事处、乡镇人民政府监督。业主购买住宅物业后，建设单位更换前期物业服务企业的，应当征得半数以上业主同意。建设单位应当与选聘的物业服务企业签订前期物业服务合同，并报房产行政主管部门备案。”

的省物业条例①中有关移交给前期物业服务企业的规定不够一致，条例不好用。

第十九条规定：“一个物业管理区域成立一个业主大会。符合下列条件之一的，应当召开首次业主大会会议，成立业主大会：

（一）专有部分交付使用的建筑面积达到建筑物总面积百分之五十以上；

（二）首次交付使用专有部分之日起满两年且交付使用的专有部分建筑面积达到建筑物总面积百分之二十以上。

业主总人数在二十人以内且经全体业主一致同意，决定不设立业主大会的，由全体业主共同履行业主大会和业主委员会的职责。”

第十九条有关召开首次业主大会的条件与后来出台的省物业条例②中有关规定不一致，省物业条例增加了交付房屋套数达到总套数的50%的新规定。条例不够用。

第二十一条规定：“物业管理区域符合本条例第十九条第一款规定条件，开发建设单位或者前期物业服务企业应当书面报告区房屋主管部门和街道办事处、乡（镇）人民政府。

开发建设单位或者前期物业服务企业未及时予以书面报告的，百分之二十以上的业主可以联名向区房屋主管部门和街道办事处、乡（镇）人民政府提出设立业主大会的书面要求。

街道办事处、乡（镇）人民政府应当在收到报告或者要求之日起六十日内会同区房屋主管部门组织业主成立业主大会筹备组（以下简称筹备组），筹备召开首次业主大会会议。”

第二十一条有关启动筹备召开首次业主大会的前提条件与后来出台的《湖北省物业管理条例》的规定不一致，条例规定开发建设单位或前期物业服务企业应向区房管部门和街道办事处、乡镇人民政府报告或者由20%以上的业主联名报告，有关部门收到报告后60日内成立业主大会筹备组，而省物业条例将60日改为30日，对业主数量的约定则没有达到20%的硬性要求，报告主体也删除了物业企业。

---

① 《湖北省物业服务和管理条例》第四十五条规定：“前期物业服务企业应当自物业承接查验完成之日起三十日内，向房产行政主管部门备案下列资料：（一）前期物业服务合同；（二）物业承接查验协议；（三）建设单位移交资料清单；（四）查验、交接记录；（五）其他与承接查验有关的资料。”因此，需要根据《湖北省物业服务和管理条例》重新修改移交资料内容。

② 第十九条有关召开首次业主大会的条件与后来出台的省物业条例规定不一致，省物业条例增加了交付房屋套数达到总套数的50%的新规定。《湖北省物业服务和管理条例》第二十条：“符合下列条件之一的，街道办事处、乡镇人民政府应当组织召开物业区域内首次业主大会会议：（一）交付的房屋专有部分面积达到建筑物总面积百分之五十的；（二）交付的房屋套数达到总套数百分之五十的；（三）自首位业主入住之日起满两年且已入住户数比例达到百分之二十的。“首次业主大会会议的筹备经费根据物业区域规模、业主人数和建筑面积等因素确定，由建设单位承担；老旧住宅区首次业主大会会议的筹备经费由县级人民政府承担。”

组织召开业主大会的主体，该条例规定是街道办事处会同房管部门成立筹备组，而省物业条例规定由街道办事处主导成立筹备组，删除了“会同”一词，显然两部法规规定并不一致，条例内容不同权责不清容易造成部门之间推诿扯皮，行政效率难以提高，条例不能用。

第二十二条规定：“筹备组由业主和街道办事处、乡（镇）人民政府、开发建设单位派员组成，其中业主所占比例不得低于筹备组总人数的三分之二。筹备组组长由街道办事处、乡（镇）人民政府派员担任。

筹备组应当自成立之日起七日内在物业管理区域内书面公告其成员名单和工作职责，并有权要求开发建设单位提供下列文件资料：

（一）物业管理区域划分证明；

（二）业主名册；

（三）建筑规划总平面图；

（四）附属设施设备交付使用备案证明；

（五）绿化竣工总平面图；

（六）物业服务用房配置证明；

（七）专项维修资金交存证明；

（八）成立业主大会必需的其他文件资料。”

第二十二条规定筹备组中的参与成员与后来省物业管理条例不一致；其次筹备组中业主所占的比例不得低于总数的 2/3，而省物业条例规定是 1/2；另外筹备组组长人选也和省物业条例中的相关规定不一致。条例不好用。

第三十二条规定：“业主大会决定筹集和使用专项维修资金、改建或者重建建筑物及其附属设施的，应当经专有部分占建筑物总面积三分之二以上的业主且占总人数三分之二以上的业主同意；决定其他有关共有和共同管理权利重大事项的，应当经专有部分占建筑物总面积过半数的业主且占总人数过半数的业主同意。”

第三十二条规定业主大会决定筹集和使用专项维修资金的，须经“双三分之二”的业主同意，使用表决难，决策过程复杂，而且省物业条例①增加了异议表决方式，两种不同表决方式增加了选择的困难。条例不好用。

第三十六条规定：“业主委员会委员应当忠实履行职责，接受街道办事处、乡

---

① 《湖北省物业服务和管理条例》第二十五条规定：“业主大会决定本条例第二十四条第一款第五项和第六项规定的事项，应当经专有部分占建筑物总面积三分之二以上的业主且占总人数三分之二以上的业主同意；决定其他事项的，应当经专有部分占建筑物总面积过半数的业主且占总人数过半数的业主同意。面积和业主人数按照下列方式确定：（一）专有部分面积按照建筑面积计算，建筑物总面积按照专有部分面积之和计算；（二）业主人数按照专有部分的数量计算，一个专有部分按照一人计算；建设单位尚未销售和虽已销售但尚未交付的部分，以及同一买受人拥有一个以上专有部分的，按照一人计算；总人数按照以上统计的总和计算。”

（镇）人民政府以及房屋主管部门的指导与监督，房屋主管部门应当加强对业主委员会委员的培训。

业主委员会委员不得在为本物业管理区域提供物业服务的物业服务企业中任职，其近亲属在为本物业管理区域提供物业服务的物业服务企业中任职的，应当在本物业管理区域内显著位置予以公告说明。”

第三十六条有关房屋主管部门应当加强对业委会的培训，房管部门对业委会履行职责进行指导的规定与湖北省物业条例的新规定也基本一致，即由县级以上人民政府房产行政主管部门负责，但业委会的培训事宜应该归由民政部门承担，民政部门会同房管、公安、城管以及消防等部门进行对业委会的培训工作。条例不好用。

第三十九条规定：“业主委员会任期届满三个月前，应当召开业主大会会议进行换届选举。

业主委员会任期届满仍未进行换届选举的，区房屋主管部门应当责令其在三十日内改正；逾期不改正的，街道办事处、乡（镇）人民政府应当会同区房屋主管部门、社区居民委员会在三十日内组织召开业主大会会议进行换届选举。”

第三十九条规定业主委员会任期届满三个月前，应当召开业主大会会议进行换届选举，而省物业条例①相应规定是六十日前完成换届选举。条例相冲突，不好用。

第四十四条规定：“物业服务企业应当在其资质等级许可范围内提供物业管理服务。

从事物业服务咨询、顾问、代理、认证等经营活动的机构和在本市行政区域内从事物业服务活动的外地企业，应当向市房屋主管部门备案。”

第四十四条规定物业服务企业应当在其资质等级许可范围内提供物业服务，2017 年国务院明文取消了物业企业二、三级资质审批②。另外，此条有关从事物业服务咨询、顾问、代理、认证等经营活动的机构和在本市行政区域内从事物业服务活动的外地企业，应当向市房屋主管部门备案的规定，没有现实指导意义，管理实践中房管部门也未受理一起备案，建议删除。条例不好用。

第四十八条规定：“市房屋主管部门应当加强对物业服务质量的监督检查，组织开展物业服务质量等级考核，并将考核结果向社会公布。业主对物业服务质量的

① 《湖北省物业服务和管理条例》第三十二条规定：“业主委员会任期届满六十日前，应当组织召开业主大会会议，完成换届选举。逾期未完成的，街道办事处、乡镇人民政府应当组织召开业主大会会议完成换届选举。”

② 2017 年 1 月 21 日，国务院发布 2017 年 7 号文件《国务院关于第三批取消中央指定地方实施行政许可事项的决定》，文件附第 12 项提到“取消物业服务企业二级及以下资质认定”。

评价是物业服务质量等级考核的主要依据。业主对物业服务质量的评价办法，由市房屋主管部门制定。

区房屋主管部门应当会同街道办事处、乡（镇）人民政府建立物业服务企业信用档案，并向公众提供查询服务。"

第四十八条规定区房屋主管部门应当会同街道办事处、乡镇人民政府建立物业服务企业信用档案，并向公众提供查询服务。此规定存在问题：一是没有明确信用档案建立的基本内容和标准以及要达到的目的；二是不适合当今大数据发展的新要求，每个区房屋主管部门都要建立物业服务企业信用档案，从人力到物力，从软件到硬件，耗时，耗力，成本大。条例不好用。

第五十一条规定："普通住宅、经济适用房和廉租房物业服务费、车辆停泊服务费实行政府指导价，其他物业的物业服务费、车辆停泊服务费实行市场调节价。确定和调整物业服务费、车辆停泊服务费政府指导价时，应当采取座谈会、论证会、听证会等形式，广泛听取意见。

实行政府指导价的，市物价主管部门应当会同市房屋主管部门，根据物业种类、服务内容、服务质量等级和物价指数变动情况，制定相应的基准价，确定不超过基准价百分之二十的上浮幅度，并向社会公布。具体收费标准由业主与物业服务企业根据基准价和浮动幅度在物业服务合同中约定。"

第五十一条有关物业服务费、车辆停泊服务费等价格方面的规定存在着不足，按照国家发改委文件①要求，非保障性住房物业服务收费、住宅小区停车服务收费不再实行政府指导价，物业服务收费监管方式由政府指导价调整为市场调节价，其价格标准按照质价相符的原则由业主与物业企业协商议定。与国家部门规章相冲突，条例不好用。

第五十二条规定："物业服务企业应当对物业服务事项、内容、标准和相应的收费项目、标准在物业管理区域内的显著位置予以书面公布。"

第五十二条明确了物业企业应当书面公示的内容，但是规定的内容原则性多，实质性的内容太少，不足省物业条例新规定要求公示内容的三分之一。使用该规定还必须参照省物业管理条例，条例不够用。

建议修改：根据《湖北省物业服务和管理条例》第三十八条的规定明确列出需要公示的相关内容，避免实践操作困难。

第五十五条规定："业主委员会应在物业服务合同期限届满六十日前组织召开业主大会会议，对是否续聘物业服务企业进行表决。双方续约的，应当重新签订物

---

① 《国家发展改革委关于放开部分服务价格意见的通知》（2014 年 12 月 17 日），http：//www. ndrc. gov. cn/zcfb/zcfbtz/201501/t20150104_ 659290. html.

业服务合同；不再续约且需以委托方式管理的，业主大会应当及时依法选聘其他物业服务企业或者其他管理人。

业主大会选聘物业服务企业前，应当召开业主大会会议，对选聘方式、具体实施者、物业服务合同的主要内容等进行表决。

物业服务合同期限届满，业主大会没有作出选聘或者续聘决定，原物业服务企业可以按照原合同约定继续提供服务，物业服务合同自动延续至业主大会作出选聘或者续聘决定为止。”

第五十五条规定业委会应当在物业服务合同期限届满前 60 日前组织召开业主大会会议，对是否续聘物业服务企业进行表决，而省物业条例①规定的是 90 日。条例不好用。

第五十八条规定：“ 物业管理区域内禁止下列行为：

（一）损坏或者擅自变动房屋承重结构、主体结构；

（二）将不具备防水条件的房间或者阳台改为卫生间、厨房，或者将卫生间改在下层住户的卧室、起居室（厅）、书房或者厨房的上方；

（三）破坏或者擅自改变房屋外观；

（四）未取得建设工程规划许可证或者未按照建设工程规划许可证的规定建设建筑物、构筑物或者其他设施；

（五）在住宅区堆放易燃、易爆、剧毒、放射性等危险性物品，排放有毒、有害物质；

（六）乱丢垃圾，高空抛物；

（七）饲养国家禁止饲养的大型犬类等宠物；

（八）发出超过规定标准的噪声，影响邻居采光、通风；

（九）法律、法规、规章及管理规约禁止的其他行为。

物业管理区域内发生上述行为时，业主大会、业主委员会及相关业主有权依照法律、法规以及管理规约，要求行为人停止侵害、消除危险、排除妨害、恢复原状、赔偿损失。”

第五十八条存在以下瑕疵：一是通过列举的方式规定物业区域禁止行为，但难免挂一漏万，遗漏了若干物业区域内的重要情形，如违规停车，违规出租房屋，损毁树木、绿地，擅自占用、挖掘道路和场地等情形。条例不够用；二是与之后出台

① 《湖北省物业服务和管理条例》第四十九条规定：“业主委员会应当在物业服务合同期满九十日前组织召开业主大会会议，决定续聘或者选聘新的物业服务企业。合同期满仍未决定的，原物业服务合同应当继续履行，物业服务企业在物业服务合同期满九十日前书面告知业主委员会到期终止合同的除外。”

省物业管理条例在禁止行为上不完全一致，省物业管理条例①增加了新的违法行为；三是该条例最后一款关于依法赔偿损失的内容，没有具体赔偿办法，对上述行为的惩罚是原则性的而无法真正执行。条例不够用，不好用。

修订建议：相比《湖北省物业服务和管理条例》，《武汉市物业管理条例》所提到的禁止行为更为简单，应该参照《湖北省物业服务和管理条例》来进一步修改完善条例。

第六十一条规定：“业主或者物业使用人装饰装修房屋的，应当事先向物业服务企业登记。物业服务企业应当将装饰装修的禁止行为和注意事项告知业主或者物业使用人。

物业服务企业应当加强物业管理区域装饰装修安全事项的巡查，业主、物业使用人应当予以配合。”

对业主或物业使用人装饰装修房屋做出了相应规定，但该条例需要配套措施，如果没有相应的管理办法，该条例就缺少法制管理的抓手。而且，不同的物业服务企业对于装饰装修的禁止行为和注意事项的理解和规定都会不同，造成管理实践中差异巨大。如装饰装修中实施垃圾袋装化清运的管理规定，能有效减少空气中的尘土粉尘，保护空气，减少对居住环境的破坏。条例不够用。

第六十三条规定：“物业管理区域内规划用于停放汽车的车位、车库应当以出售、附赠或者出租等方式优先处分给业主。在满足业主需要后，开发建设单位将车位、车库出租给物业管理区域外的单位和个人的，其每次租赁合同期限最长不得超过六个月。出租的车位、车库应当向全体业主公示，租赁合同应当报送物业服务企业备案，业主及业主委员会有权查询。

业主、物业使用人需要承租尚未出售的车位、车库的，开发建设单位应当出租，普通住宅、经济适用房和廉租房的车位、车库租赁费实行政府指导价，其他物

---

① 《湖北省物业服务和管理条例》第五十七条规定：“物业区域内禁止下列行为：（一）损坏或者擅自改变房屋承重结构、主体结构和门窗位置，超荷载存放物品；（二）将没有防水功能的房间或者阳台改为卫生间、厨房，或者将卫生间改在下层住户的客厅、厨房、卧室、书房的上方；（三）违法建设建筑物、构筑物，破坏、擅自改变房屋外貌或者擅自改变架空层、设备层等共享部位、共享设施设备规划用途；（四）擅自占用、挖掘物业区域内道路、场地，损毁树木、绿地；（五）违反安全标准存放易燃、易爆、剧毒、放射性等危险物品，擅自占压、迁移燃气管道，损坏或者擅自停用公共消防设施和器材，妨碍公共信道、安全出口、消防通道畅通；（六）随意弃置垃圾、排放污水、高空抛物或者露天焚烧杂物，制造超过规定标准的噪声、振动、光源等；（七）擅自架设电线、电缆，在建筑物、构筑物上悬挂、张贴、涂写、刻画，在楼道等业主共享部位堆放物品；（八）违反规定停放车辆（新增）；（九）违反规定出租房屋（新增）；（十）违反规定饲养动物或者种植植物（新增）；（十一）法律、法规和业主公约或者管理规约禁止的其他行为。”

业的车位、车库租赁费实行市场调节价。"

第六十三条规定物业管理区域内规划用于停放汽车的车位、车库应当以出售、附赠或者出租等方式优先处分给业主，出租给物业区域外的单位和个人的，每次租赁合同期限最长不得超过六个月。后出台的省物业条例①规定不得销售给业主以外的业主和个人，优先满足业主需要后对外出租的，每次租赁期限不得超过一年。条例不能用。

物业区域内占用业主共有道路或者场地用于停放车辆的车位，属于全体业主共有，其分配、使用及收费管理具体事项由业主大会决定；建设单位、物业服务企业不得销售或者变相销售。

第七十条规定："物业管理区域内，供水、供电、供气、供热、通信、有线电视等专业经营单位应当服务到最终用户，并向最终用户收取费用。

物业服务企业接受专业经营单位委托代收费用的，不得向业主收取手续费等额外费用，但可以根据双方约定向专业经营单位收取劳务费。

专业经营单位不得强制物业服务企业代收费用，不得因物业服务企业拒绝代收有关费用而停止向最终用户提供服务。"

第七十条提出物业区域内供水、供电、供气、供热、通信、有线电视等专业经营单位应当服务到最终用户，并向最终用户收取费用。由于这条规定比较原则，现实中没有解决抄表到户的问题，水损、电损依然是困惑物业管理的焦点问题之一，条例不好用。

条例第六章虽然设置了罚则，但没有一条是针对本地物业企业违规处罚的，虽然物业企业和业主平等主体之间的纠纷可通过仲裁、诉讼解决，但管理实践表明，依法开展对物业企业违规行为的处罚，有益于增强物业企业履行合同的自觉性，提高服务质量，减少物业服务纠纷，条例不够用。

2. 关于《武汉市房屋安全管理条例》修改意见

《武汉市房屋安全管理条例》经2013年7月30日武汉市第十三届人民代表大会常务委员会第十三次会议通过，2013年9月26日湖北省第十二届人民代表大会常务委员会第五次会议批准，2014年1月1日起施行。

第八条规定："本市实行房屋安全管理救助制度。市、区人民政府设立房屋安全救助专项资金，用于对特殊困难家庭房屋安全鉴定、危险房屋治理、白蚁危害治

① 《湖北省物业服务和管理条例》第五十四条规定："物业区域内按照建设工程规划许可证确定且初始登记所有权人为建设单位的停车位、车库的归属，由当事人通过销售、附赠或者出租等方式约定，不得销售给业主以外的单位和个人。优先满足业主需要后对外出租的，每次租赁期限不得超过一年。"

理的适当补助。房屋安全救助专项资金的管理、使用办法，由市人民政府另行制定。”

按照惯例，制定救助办法一般是由行业主管部门起草，以市政府名义公布实施，即法定主体为政府，但具体起草实施为行业主管部门。该规定对没有很好体现行业主管部门的职责，条例不好用。

第十五条规定：“（八）擅自改变房屋使用性质，或者将住房原设计的房间分隔后出租，危害房屋安全。”

第十五条中有关禁止将租房原设计的房间分割后出租，危害房屋安全的规定过于模糊，不好操作。“危害房屋安全”在条例中没有界定，分割出租也不一定危害房屋安全，实践中没有落实是事实。

相关规定在《商品房屋租赁管理办法》第八条规定①也都进行规范，即禁止间隔原设计的房间和群租。而实际上，出租人将房屋分割出租以及群租的情况比较突出，已经成为一个各方面都反映比较强烈集中的问题。因此考虑多方因素，应做出规范分割出租行为的规定。

第十八条规定：“本市实行房屋安全鉴定单位名录管理制度。具体办法由市房屋主管部门另行制定。

房屋安全鉴定单位应当具备下列条件：

（一）具有独立的法人资格；

（二）具有必要的专业性设备、设施；

（三）具有实践经验的建筑结构及其他相关专业技术人员，其中至少有两名国家注册结构工程师和一名结构专业副高以上职称的专业技术人员；

（四）法律法规规定的其他条件。

符合条件的房屋安全鉴定单位应当将相关资料报送房屋主管部门。

房屋主管部门应当将符合条件的房屋安全鉴定单位列入房屋安全鉴定单位名录，每两年向社会公布一次。

房屋安全鉴定委托人应当从房屋主管部门公布的名录中选择房屋安全鉴定单位进行房屋安全鉴定。”

第十八条设立的鉴定单位名录管理制度，有设立从业门槛之嫌，不符合近年来国务院有关降低从业门槛的规定，引起了一定的异议。条例不好用。

目前我国各城市对房屋安全监督管理实行两种制度，一是准入制，如武汉市、成都市和青岛市等；二是备案制。如广州市、厦门市。实施备案制是大趋势，符合

---

① 根据《商品房屋租赁管理办法》第八条规定：“出租住房的，应当以原设计的房间为最小出租单位，人均租住建筑面积不得低于当地人民政府规定的最低标准。厨房、卫生间、阳台和地下储藏室不得出租供人员居住。”

国务院降低从业门槛、鼓励创新创业的精神。同时相应的三十五条也需要修改。

第二十七条规定：“经鉴定属于危险房屋的，房屋安全鉴定单位应当根据鉴定结论在《房屋安全鉴定书》上提出以下处理意见：

（一）观察使用。适用于采取适当安全技术措施后，尚能短期使用，但需继续观察的房屋；

（二）处理使用。适用于采取适当技术措施后，可解除危险的房屋；

（三）停止使用。适用于已无修缮价值，暂时不便拆除，又不危及相邻建筑和影响他人安全的房屋；

（四）整体拆除。适用于整幢危险且无修缮价值，需立即拆除的房屋。

对房屋安全鉴定单位出具的处理意见为整体拆除房屋的《房屋安全鉴定书》，市房屋主管部门应当予以审查。”

第二十七条规定的不妥之处有三，一是“对房屋安全鉴定单位出具处理意见为整体拆除房屋的《房屋安全鉴定书》，市房屋主管部门应当予以审查”的规定不妥。因为鉴定需要专门的房屋鉴定资质的人才，通过一定的鉴定设备（鉴定实验室）才能完成，结论的得出所需技术含量高，房管部门作为行政机关并无承担这项职能所需要的鉴定设备、鉴定实验室、鉴定专岗人才，也就无法予以审查了；二是鉴定作为民事行为，承担民事责任，房管行政主管部门以行政审查介入并承担民事责任，非常不妥；三是该条例对房屋主管部门的审查也过于原则，应该如何审查，审查到何种地步，都没有明示，条例不能用、不好用。

在实际操作中，房管局对《房屋安全鉴定书》的审核交由其他部门进行，如在武汉，就由区房产服务中心①负责。

第二十八条规定：“对房屋安全鉴定单位的鉴定结论有异议的，鉴定委托人或者利害关系人可以委托重新鉴定。

委托重新鉴定的，应当在鉴定单位名录中选择原鉴定单位以外的其他鉴定单位。

重新鉴定与原鉴定结论不一致的，鉴定委托人或者利害关系人可以在三十日内向市房屋安全鉴定协会的专家委员会申请复核。市房屋主管部门根据复核意见认定鉴定结论。”

第二十八条复鉴管理制度中有关“市房管部门根据复核意见认定鉴定结论”的规定不够合理，理由同上条意见之三，让房管行政管理部门硬性介入民事纠纷，在需要大量专业知识、技能和技术的领域，做出自己的判断，等于将行政机关推向了争议的风口浪尖，只会人为增加行政诉讼。条例不好用。建议条例重新界定鉴定结论的主体。

---

① http：//house. china. com. cn/wuhan/view/899266. htm.

第五十三条规定：“违反本条例第十五条规定，危害房屋安全的，由区房屋主管部门责令其采取改正措施，排除危害，并可以处以一千元以上五千元以下罚款；情节严重的，处以五千元以上三万元以下罚款；涉及违法建设的，由城市管理执法部门按照控制和查处违法建设的有关规定予以查处；涉及违规装饰装修的，由建设主管部门按照装饰装修管理的相关规定予以查处。”

第五十三条规定的行政处罚主体涉及房管部门、城管部门以及建设部门等，而处罚的内容包括房屋安全管理、违法建设以及室内装饰装修等三方面，这三者之间又有所重叠，比如违法建设就会产生房屋安全隐患，而房屋安全隐患成为室内装饰装修违规的前提，所以由于编委在职能划定上不够周全，因而条例在设置处罚主体时存在不够准确的问题，从而带来相互推诿、相互扯皮的不良后果，行政监管效率大打折扣，条例不好用。

第五十五条规定：“房屋安全鉴定单位违反本条例第二十六条规定，未向区房屋主管部门报送《房屋安全鉴定书》的，由房屋所在地的区房屋主管部门责令限期改正；逾期不改正的，可以处以一千元以上五千元以下罚款。

房屋安全鉴定单位出具虚假鉴定书，或者因严重不负责任，出具的鉴定书有重大失实的，由区房屋主管部门处以一万元以上五万元以下罚款，并报请市房屋主管部门将其从房屋安全鉴定单位名录中删除。”

第五十五条中关于对房屋安全鉴定单位的出局虚假鉴定书等行为认定的条件较高，认定的科学性有待提高。《房屋安全鉴定书》的出具本身就需要很高的知识、技术含量，需要具备相关资质的鉴定人员做出，房屋主管部门可以督促其按期报送鉴定书，但要一个区的房屋主管部门判断鉴定书的虚假与否，进而判断鉴定单位是否履行其应有责任，的确勉为其难。而且该条例中提到“严重”不负责任、“重大”失实，都没有明确其内涵，使得处罚决策难以做出。条例不好用。

3. 关于《武汉市历史文化风貌街区和优秀历史建筑保护条例》修改意见

《武汉市历史文化风貌街区和优秀历史建筑保护条例》经2012年9月25日武汉市第十三届人民代表大会常务委员会第五次会议通过，2012年12月3日湖北省第十一届人民代表大会常务委员会第三十三次会议批准，2013年2月1日施行。

第四条规定：“市、区人民政府（包括开发区、风景区、化工区管委会，下同）应当加强对本行政区域内历史文化风貌街区和优秀历史建筑保护工作的领导，将其纳入国民经济和社会发展规划，并将保护资金纳入年度财政预算，加强保护宣传，完善保护制度，落实保护责任。”

第四条有关市、区人民政府应当将历史文化风貌街区和优秀历史建筑保护工作纳入国民经济和社会发展规划并将保护资金纳入年度财政预算的规定并未得到很好的落实，房管部门作为主要的行政管理部门之一，在促使其纳入国民经济和社会发展规划并将保护资金纳入年度财政预算方面做得还很不够，尤其是将保证资金纳入年度财政预算这项工作措施不力，履行职责不到位，这项法律制度没有得到很好的落实。

建议我局促使市人大对该条例的执行情况实行专项检查，督促市、区人民政府严格执行这一制度，不需要修改法律。

第六条规定：“房屋主管部门负责本行政区域内优秀历史建筑的保护工作。

市房屋主管部门负责优秀历史建筑评审的组织工作，制定优秀历史建筑修缮技术标准和管理规范，审查优秀历史建筑维修、装修的设计、施工方案，指导区房屋主管部门开展优秀历史建筑的日常保护管理工作。

区房屋主管部门负责本行政区域内优秀历史建筑的资源普查、推荐申报和巡查监管等日常保护管理工作。”

这条规定的顶层设计做得不够，保护管理工作主要都归于市房屋管理部门，区、街道层面的职责没有体现出来。条例不好用。

建议尽快修改条例，将保护管理工作下沉，维修装修方案的审查工作移交区房管部门，并依靠街道办事处，通过网格化的管理，扩大优秀历史建筑维修装修方案审查的覆盖面。

第八条规定：“市、区应当设立历史文化风貌街区和优秀历史建筑保护专项资金，来源包括：

（一）财政预算安排的资金；

（二）社会各界的捐赠；

（三）其他依法筹集的资金。

专项资金的使用和管理应当接受财政、审计部门和社会的监督。”

第八条有关市、区应当设立历史文化风貌街区和优秀历史建筑保护专项资金的规定过于原则，带来的弊端有：一是专项资金来源渠道较少，主要是财政预算安排的资金，而社会各界的捐赠等资金来源的不可预期性较强；二是专项资金的归集力度不大，全市每年只有 100 万元，杯水车薪，与工作需求相差甚远；三是区人民政府没有依法设立专项维修资金，一定程度上限制了历史文化风貌街区和优秀历史建筑的保护。条例不够用。

第九条规定：“鼓励境内外组织和个人以投资、捐赠、志愿服务等形式参与历史文化风貌街区和优秀历史建筑的保护。

市人民政府应当制定措施，鼓励发展与历史文化风貌街区和优秀历史建筑保护相适应的文化、旅游等产业。”

第九条有关鼓励境内外组织和个人以投资、捐赠、志愿服务等形式参与历史文化风貌街区和优秀历史建筑的保护的规定，有内容，有形式，但没有具体鼓励措施，需要经市人民政府制定具体鼓励措施和办法并公布。

关于市人民政府应当制定措施，鼓励发展与历史文化风貌街区和优秀历史建筑保护相适应的文化、旅游等产业的规定比较原则，没有相应的监督方面的条款，导致这条规定确立的制度难以落实，鼓励发展和扶持与之相适应的文化、旅游产业只是停留在口头上，条例不够用。

第十一条规定：“市、区人民政府对具有下列情形之一的单位和个人，应当给予表彰和奖励：

（一）维护、修缮或者保护性利用优秀历史建筑成绩显著的；

（二）为了保护的需要，自愿迁出历史文化风貌街区，或者主动腾退优秀历史建筑的；

（三）对损坏历史文化风貌街区或者优秀历史建筑的行为进行劝阻、制止、举报或者投诉有功的；

（四）在历史文化风貌街区或者优秀历史建筑保护工作中，认真履行职责，有突出贡献的；

（五）其他需要表彰和奖励的情形。

具体表彰和奖励办法由市人民政府制定并公布。”

第十一条有关由市人民政府制定公布历史文化风貌街区和优秀历史建筑表彰奖励实施办法的规定容易遭遇尴尬。一方面，对保护历史文化风貌街区和优秀历史建筑的行为应当给予表彰和奖励，这样能够激励更多的人参与进来，有利于保护即将消失的历史文化风貌街区和优秀历史建筑；另一方面，国家有关部委提出减少表彰的要求，让我市政府无法操作，条例不好用。

第十三条规定：“建成五十年以上并具备下列条件之一的建（构）筑物，可以确定为优秀历史建筑：

（一）反映本市历史文化和民俗传统，具有时代特色和地域特色；

（二）在近现代发展史上具有代表性或者纪念意义；

（三）在产业发展史上具有代表性的作坊、商铺、厂房和仓库等；

（四）建筑样式、结构、材料、施工工艺和工程技术具有建筑艺术特色和科学价值；

（五）著名建筑师的代表作品；

（六）历史名人故居；

（七）其他具有历史文化意义的建（构）筑物。

建成不满五十年，具有特别的历史、科学、艺术价值或者具有非常重要纪念意义、教育意义的建（构）筑物，可以作为优秀历史建筑按照本条例的有关规定加以保护。”

第十三条关于“建成不满五十年，具有特别历史、科学、艺术价值或者具有非常重要纪念意义、教育意义的建（构）筑物，可以作为优秀历史建筑，按照本条例有关规定加以保护”的规定不够明确，不好操作。

只有相关的条例保障还不够，还需要有相关的评奖制度、政府的授予以及相应保护标识制度作为支撑，该条例才能真正发挥作用。所以，单有此条例，还不够。

第十五条规定：“经批准确定的历史文化风貌街区和优秀历史建筑由市人民政府公布，并设立保护标志。

任何单位和个人不得擅自设置、移动、涂改或者损毁历史文化风貌街区和优秀历史建筑的保护标志。”

第十五条有关对历史文化风貌街区和优秀历史建筑设立保护标志的规定过于简单草率，未体现出标志的荣誉性和权威性。标志制度的确立需要形式上的体现和内容上的支撑。从标志的设计到标志的含义，都应有所规定。条例不好用。

第三十五条规定：“优秀历史建筑的所有权人、使用人应当按照保护图则的要求合理使用建筑，保证建筑的使用安全，保持建筑整洁美观和原有风貌。

优秀历史建筑的使用现状不符合保护图则的要求，对建筑的保护产生较大影响的，房屋主管部门应当责令所有权人、使用人限期改正。”

按照第三十五条规定，由房管部门责令所有权人、使用人限期改正不当行为，但是该条例存在着监管主体规定不明确的问题，没有明确房屋主管部门的级别，是由市级还是区级的房管部门行使职权。建议根据优秀历史建筑的保护等级分别由市、区、街道的房屋主管部门分别行使其工作。该条例不好用。

第三十七条规定：“对优秀历史建筑进行维修或者装饰装修，应当符合保护图则的要求，并由具有相应专业资质的单位进行设计、施工。设计、施工方案应当报市房屋主管部门审查，经专家委员会评审后方可实施。”

第三十七条有关由市房管部门审查优秀历史建筑维修、装修设计、施工方案的规定，有利于维护优秀历史建筑的原貌原址，但也带来相应的弊端。一是管理链拉长，没有遵循属地管理原则，管理效率低下；二是让市房管部门承担具体事务，分散了其业务精力，一定程度上削弱了其研究问题、制定政策、开展督查的能力；三是管理重心不下沉，难以通过网格化的管理方式提高对优保建筑的保护的覆盖面。条例不好用。

第四十条规定：“优秀历史建筑所有权人、使用人应当按照消防安全制度的要求落实消防安全措施。”

第四十条关于优秀历史建筑所有权人、使用人应当按照消防安全制度的要求落实消防安全措施的规定太过原则，没有明确监管主体、监管范围、处罚标准等，一定程度上削弱了该法律制度的强制性、权威性。条例不够用。

建议明确由消防安全部门依法进行监督管理，并纳入行政处罚范围。

第四十二条规定：“在优秀历史建筑保护范围内进行爆破、钻探、挖掘等活动，进行道路、交通建设和燃气、供水、供电、通信等管线施工，有关主管部门在依法审批前应当征求市规划、房屋、文物主管部门的意见。建设单位和施工单位应当在房屋主管部门的指导下采取有效措施，避免对优秀历史建筑造成损害；造成损害的，应当承担赔偿或者修复责任。”

第四十二条提出在优秀历史建筑保护范围内进行爆破、钻探、挖掘等活动，进行道路、交通建设和燃气、供水、供电、通信等管线施工，有关主管部门在依法审批前应当征求市规划、房屋、文物主管部门的意见，但是没有规定把关环节，即以何种手段能够阻止或者减少上述活动对优秀历史建筑的破坏，从而使这条制度的设计流于形式，无法实施。条例不够用。

第四十六条规定：“鼓励具有重要历史意义的优秀历史建筑所有权人、使用人开办展馆展室，对社会开放。”

第四十六条提出“鼓励具有重要历史意义的优秀历史建筑所有权人、使用人开办展馆展室，对社会开放”的规定过于原则，没有明确开办的前提条件、行政审批的管理部门、申请应提交的形式要件和申请开办的基本程序。条例不够用。

第五十一条、第五十二条、第五十三条、第五十四条对违反本条例的违规行为处罚主体均没有明确（市房管部门或者区房管部门、街道），一定程度上削弱了处罚主体履行职责的责任感，也使得条例颁发近五年来处罚工作开展不力。条例不好用。应明确处罚主体和处罚原则。

4. 关于《武汉市城市房屋白蚁防治管理办法》的修改意见

《武汉市城市房屋白蚁防治管理办法》经 2007 年 8 月 20 日武汉市人民政府第 14 次常务会议审议通过，2007 年 9 月 10 日公布，2007 年 11 月 1 日施行，全文共 26 条。

第二条规定：“本办法适用于本市行政区域内城市房屋白蚁防治及其监督管理。

前款所称白蚁防治，是指新建、改建、扩建、装饰装修房屋的白蚁预防处理和已建房屋建筑的白蚁灭治。”

第二条适用范围的界定包含着白蚁预防和灭治两个方面，由于国家在 2017 年 4 月 1 日起取消新建白蚁预防的行政收费，因此，第二条将白蚁预防纳入本《办法》的适用范围，在管理的某些方面显得不合时宜。

第六条规定：“新建、改建、扩建房屋，装饰装修非住宅房屋，建设单位应当按照财政、物价行政管理部门的规定缴纳白蚁预防费用，将白蚁预防费用纳入工程概预算，并与市白蚁预防机构签订白蚁预防合同进行白蚁预防。”

2017 年，国家发展改革委和财政部印发《关于清理规范一批行政事业性收费有关政策的通知》，决定自 4 月 1 日起，取消或停征 41 项中央设立的行政事业性收费，其中包括住房城乡建设部行政事业性收费项目中的白蚁防治费。《办法》中有关白蚁收费的规定与现行相关规定相抵触，根据国家行业主管部门的要求，从2017年起新建白蚁预防不再实行事业性的收费，因此《办法》第六条、第七条有关建设单位应当按照财政、物价部门规定缴纳白蚁预防费用、签订白蚁预防合同以及白蚁预防费属于事业性收费、建设工程收费实行“一费制”管理由白蚁预防机构组织征收等规定，存在着不能用的问题。

第八条规定：“建设项目开工前，市白蚁预防机构应当主动与建设单位取得联系，签订白蚁预防合同，明确预防范围、施工时间、质量标准、包治期限、回访要求等内容。”

第八条有关建设项目开工前，市白蚁预防机构应当与建设单位取得联系、签订白蚁预防合同的规定不符合现行管理模式，新建预防收费管理制度调整后，白蚁预防机构与建设项目单位缔约的形式发生了变化，由过去签订白蚁预防合同改为签订白蚁委托合同。

第十五条规定：“原有房屋和超过白蚁预防包治期限的房屋发生白蚁危害的，责任人应当及时委托白蚁灭治经营者进行灭治；责任人不及时委托灭治的，由房产行政主管部门组织白蚁灭治经营者进行灭治，白蚁灭治费用由房屋所有权人承担。

前款所称责任人是指房屋所有权人，所有权人与房屋使用人、管理人对白蚁灭治责任另有约定的，从其约定；没有约定的，由使用人、管理人代所有权人先行承担。

文物建筑、优秀历史建筑发生白蚁危害的，责任人还应当及时向文物行政主管部门和市房产行政主管部门报告。”

第十五条规定，有关责任人在发生蚁害应当委托经营者灭治，否则由房产行政主管部门负责灭治，白蚁灭治费用由房屋所有权人承担。这条规定涉及行政机关代为履行的问题，根据《中华人民共和国侵权法》的规定，行政机关代为履行的范围应当限定在发生紧急情况且严重威胁社会公共安全，蚁害程度尚未达到严重威胁社会公共安全的情况。因此，本条不符合国家相关规定。

《办法》对白蚁灭治的行政监督管理条款过少，存在管理依据不足的问题。

为进一步加强我市白蚁防治管理，规范白蚁防治市场行为，维护白蚁防治行业的健康发展，保障房屋住用安全，维护社会稳定。地方政府在修改此《办法》时应该增加有关白蚁灭治的行政监督管理条款，主要包括：白蚁防治作业现场监督管理、白蚁防治保证金监督管理、白蚁防治预防合同和证明文件的审查和白蚁防治市场监督检查，从而加强白蚁防治监督管理工作。

5. 关于《武汉市住宅专项维修资金管理办法》的修改意见

《武汉市住宅专项维修资金管理办法》经2011年2月28日武汉市人民政府第130次常务会议审议通过，2011年3月25日公布，2011年5月1日起施行。

第一条规定：“为了加强本市住宅专项维修资金管理，保障住宅共享部位、共享设施设备正常使用，维护住宅专项维修资金所有者的合法权益，根据《中华人民共和国物权法》、《物业管理条例》（国务院第 504 号令）、《武汉市物业管理条例》和《住宅专项维修资金管理办法》（建设部、财政部第 165 号令）等法律、法规、规章的规定，结合本市实际，制定本办法。”

2016 年 7 月 28 日湖北省出台了《湖北省物业服务和管理条例》，建议增加作为立法依据，删除《物业管理条例》、《住宅专项维修资金管理办法》文号，前后保持一致。

第二条规定：“本办法适用于本市行政区域内商品住宅（含经济适用住房、廉租住房等保障性住房）、售后公有住房住宅专项维修资金的交存、使用、管理和监督。

本办法所称住宅专项维修资金，是指专项用于住宅共享部位、共享设施设备保修期满后的维修和更新、改造的资金。”

第二条规定了办法适用范围是本市行政区域内商品住宅（含经济适用住房、廉租住房等各类保障性住房）、售后公有住房住宅。鉴于 2013 年，武汉市不再新建经济适用住房，而且从 2014 年 6 月 1 日起，全市停止廉租住房保障资格申请工作，建议不再罗列保障性住房的种类。

第三条规定：“本办法所称住宅共享部位，是指根据法律、法规和房屋买卖合同，由单幢住宅内业主或者单幢住宅内业主及与之结构相连的非住宅业主共有的部位。

本办法所称住宅共享设施设备，是指根据法律、法规和房屋买卖合同，由住宅业主或者住宅业主及有关非住宅业主共有的附属设施设备。”

第三条虽然规定了住宅共享部位和共享设施设备的定义，但不够具体，建议采取《湖北省物业服务和管理条例》第六十二条①的立法体例，列举主要类别，便于认定住宅共享部位和共享设施设备。

第五条规定：“市房屋行政主管部门负责全市住宅专项维修资金的指导和监督工作，日常管理工作由市住宅专项维修资金管理机构承担。

---

①《湖北省物业服务和管理条例》第六十二条规定：“物业保修期满后，物业区域内共享部位、共享设施设备的维修和更新改造，由全体业主共同承担，法律、法规另有规定的除外。

共享部位主要包括建筑物的基础、承重墙体、柱、梁、楼板、屋顶以及户外的墙面、门厅、楼梯间、走廊通道等；共享设施设备主要包括电梯、天线、公共照明、消防设施、安防设施、绿地、道路、沟渠、池、井、非专有车位车库、公益性文体设施和共享设施设备使用的房屋等。

电梯等属于业主共有的特种设备，由物业服务企业或者业主根据物业服务合同约定，按照特种设备管理法律、法规的有关规定，委托专业服务单位负责定期维护、保养，确保使用安全。”

区房屋行政主管部门负责本辖区内住宅专项维修资金的交存、使用的管理工作。

财政、审计主管部门按照各自职责负责住宅专项维修资金的财务监督和审计监督工作。”

第五条在规定行政管理部门的职责时未明确消防、安监、质检等主管部门在消防、电梯等共享设备维修方面的监管职责，应予明确；未充分发挥乡镇人民政府、街道办事处、社区居民委员会密切联系群众、靠近监管工作一线的优势，造成房管部门单线作战、在维修资金管理中头重脚轻等问题，建议规定其相应职责。

第六条规定：“下列物业的开发建设单位和业主应当按照本办法的规定交存住宅专项维修资金：

（一）住宅，但一个业主所有且与其他物业不具有共享部位、共享设施设备的除外；

（二）住宅小区内的非住宅或者住宅小区外与单幢住宅结构相连的非住宅。

前款所列物业属于售后公有住房的，售房单位也应当按照本办法的规定交存住宅专项维修资金。”

第六条规定开发建设单位和业主交存住宅专项维修资金的范围：住宅、住宅小区内的非住宅或者住宅小区外与单幢住宅结构相连的非住宅。但住宅小区并没有明确的定义，与《湖北省物业服务和管理条例》第六十三条①规定也不一致，建议将“住宅小区”修改为“住宅物业区域”。

第七条规定：“商品住宅（含住宅小区内的非住宅或者结构与之相连的非住宅，下同）的首期住宅专项维修资金按照下列规定交存：

（一）开发建设单位按照物业总规模建安造价的1.5%（配置有电梯的按照2.5%）交存；

（二）购房人按照所拥有物业的建筑面积交存首期住宅专项维修资金，每平方米建筑面积交存金额为每平方米建安造价的5%。

市房屋行政主管部门应当根据市建设行政主管部门公布的建安造价确定、公布首期住宅专项维修资金的具体交存标准，并适时调整。”

第七条规定开发建设单位按照物业总规模建安造价的1.5%交存住宅专项维修

---

① 《湖北省物业服务和管理条例》第六十三条规定：“住宅物业、住宅物业区域内的非住宅物业或者与单幢住宅结构相连的非住宅物业的业主，应当交存住宅专项维修资金。

住宅专项维修资金的交存、使用、管理，按照国家和省有关规定执行。住宅专项维修资金的使用，经业主大会依法决定，可以根据维修范围以单元（栋）为单位进行表决，也可以采取异议表决，即根据业主公约或者管理规约的规定，持不同意见的业主专有部分占建筑物总面积三分之一以下且占总人数三分之一以下的，视为表决通过。”

资金，但“物业总规模”这一概念无文件明确，与第六条第二款存在冲突，导致实际操作中开发商质疑交存范围，建议修改为“住宅物业区域总规模”。

第八条规定：“售后公有住房的首期住宅专项维修资金按照下列规定交存：

（一）购房人按照所拥有物业的建筑面积交存，每平方米建筑面积交存金额为本市房改成本价的 2%；

（二）售房单位按照多层住宅不低于售房款的 20%、高层住宅不低于售房款的 30%，从售房款中一次性提取住宅专项维修资金。”

第八条规定购房人按照所拥有物业的建筑面积交存住宅专项维修基金，每平方米建筑面积交存金额为本市房改成本价的 2%，建议将“房改成本价”修改为“售房款”，与售房单位交存基数一致。

第九条规定：“市房屋行政主管部门应当会同有关部门根据商业银行的服务质量等因素，确定本市住宅专项维修资金专户管理银行，并向社会公布。

住宅专项维修资金专户应当在本市住宅专项维修资金专户管理银行开立。”

《办法》中并未规定维修资金所有权，建议参照《住宅专项维修资金管理办法》第九条①的规定，增加维修资金所有权条款，业主交存的住宅专项维修资金属于业主所有，开发建设单位交存的住宅专项维修资金属住宅物业区域内全体业主共同所有。从公有住房售房款中提取的住宅专项维修资金属于公有住房售房单位所有。明确开发建设单位交存的维修资金属住宅物业区域内全体业主共同所有，有利于在同一物业区域内打通部分维修资金的使用。

第十条规定：“商品住宅的购房人应当在办理房屋交付使用手续前交存首期住宅专项维修资金，交存的时间和方式由购房人与开发建设单位在商品房销售合同中约定。

开发建设单位应当在办理项目初始登记前按照物业总规模交存住宅专项维修资金。

初始登记时尚未售出的房屋，开发建设单位还应当作为业主交存首期住宅专项维修资金；房屋售出后，购房人应当向开发建设单位交纳该住宅专项维修资金。”

在管理实际中，存在开发商交房时不予把关或代收后不交存至资金专户的情况，造成已售房屋归集率低，资金缺口大，后期追缴难、使用难等问题。同时，不动产登记职能划转后，部分新项目开发商未交存或未足额交存维修资金却办理了不动产首次登记，导致新项目欠缴和漏缴。建议将购房人交存节点提前至办理房屋买卖合同备案前，开发商交存节点提前至房屋产权基础信息（测绘成果）审核前。

---

① 《住宅专项维修资金管理办法》第九条规定：“业主交存的住宅专项维修资金属于业主所有。

从公有住房售房款中提取的住宅专项维修资金属于公有住房售房单位所有。”

第十二条规定：“购房人未按照本办法规定交存首期住宅专项维修资金的，开发建设单位不得将房屋交付给购房人。

“开发建设单位、购房人未按照本办法规定交存首期住宅专项维修资金的，房屋行政主管部门不得办理房屋权属登记。”

在管理实际中，超过八成以上的开发商没有进行把关，主管部门很难对全市违规交房情况进行监管，不具有操作性。不动产登记改革后，房屋权属登记职能已划转至不动产登记部门。结合第十条有关交存时间修改意见，建议删除开发商对购房人交存维修资金把关的规定，增加相应规定：购房人未交存的，房管部门不能办理房屋合同备案和房屋交易监管手续；开发商未交存的，不动产登记主管部门不得办理不动产首次登记，房管部门不得办理相关管理手续。

第十三条规定：“业主大会成立前或者业主大会虽已成立但未要求划转住宅专项维修资金的，住宅专项维修资金由市住宅专项维修资金管理机构在专户管理银行开立银行专户进行代管，实行专款专用。

开立商品住宅专项维修资金专户，应当以物业管理区域为单位设账，按房屋户门号设分户账；未划定物业管理区域的，以幢为单位设账，按房屋户门号设分户账。

开立售后公有住房住宅专项维修资金专户，应当按照售房单位设账，按幢设分账；其中业主交存的住宅专项维修资金，按房屋户门号设分户账。”

有关第十三条第二款的规定，建议区分开发商和业主交存部分，开发商交存部分属于住宅物业区域内全体业主共同所有。应当以住宅物业区域为单位设账，未划定物业区域的，以幢为单位设账。业主交存的按房屋户门号设账。

第二十二条规定：“住宅共享设施设备的维修和更新、改造范围包括：

（一）电梯及主要部件的维修或者更换；

（二）避雷设施不能满足安全要求的；

（三）监控设施、消防系统出现功能障碍或者部分设备、部件损坏严重的；

（四）楼内排水（排污）设备出现故障，排水管道漏水、锈蚀严重，排污泵锈蚀或者其他设备损坏的；

（五）水箱、泵房等二次供水设施损坏需要维修和更新、改造的，但依法或者依合同约定应当由供水企业承担的除外；

（六）住宅共享设施设备需要维修和更新、改造的其他情形。”

第二十二条规定了住宅共享设施设备维修和更新、改造的范围，但遗漏了公用设施设备的配电系统出现故障的情形。建议增加此情形，确保住宅共享设施设备的及时维修和更新、改造。

第二十四条规定：“住宅专项维修资金划转业主大会管理前，需要使用住宅专项维修资金的，按照下列程序办理：

（一）物业服务企业根据维修和更新、改造项目提出使用方案。没有物业服务企业的，成立业主大会的由业主委员会提出使用方案，未成立业主大会的由社区居民委员会组织相关业主提出使用方案；使用方案应当包括申请使用专项维修资金的原因，维修和更新、改造部位、费用及组织方式等内容；

（二）业主委员会或者社区居民委员会应当组织住宅专项维修资金列支范围内专有部分占该范围内建筑物总面积三分之二以上的业主且占总人数三分之二以上的业主对使用方案进行表决，表决前应当将使用方案向住宅专项维修资金列支范围内的业主公示，公示时间不少于7日；

（三）使用方案通过后，业主委员会或者社区居民委员会持住宅专项维修资金使用申请表、相关业主表决结果及其证明、使用方案及预算、施工合同等材料，向区房屋行政主管部门提出使用申请；

（四）区房屋行政主管部门自受理之日起10个工作日进行审核；经审核符合使用条件的，报告市住宅专项维修资金管理机构，市住宅专项维修资金管理机构自收到报告之日起3个工作日内向专户管理银行发出划转住宅专项维修资金的通知；

（五）业主委员会或者社区居民委员会按照使用方案组织实施维修和更新、改造工程；

（六）工程验收合格后，业主委员会或者社区居民委员会持下列材料向区房屋行政主管部门申请拨付维修和更新、改造费用的余额：

1. 维修和更新、改造工程验收单；
2. 维修和更新、改造工程决算单；
3. 维修和更新、改造工程的发票；
4. 其他相关材料。

（七）区房屋行政主管部门自受理之日起10个工作日内进行审核；经审核符合条件的，报告市住宅专项维修资金管理机构，市住宅专项维修资金管理机构自收到报告之日起3个工作内日向专户管理银行发出划转维修和更新、改造费用余额的通知。”

第二十四条规定了住宅专项维修资金划转前的使用程序，申请主体是业主委员会，但其法律资格和法律地位缺少明确规定，当业主委员会不愿履职、不当履职时，缺乏监管把控手段。物业服务企业具有法人资格，能够履行维修合同义务并承担相应法律责任，建议将申请主体修改为物业服务企业。同时，该条规定房管部门对申请材料进行实质性审查，不符合维修资金使用“所有人决策”的基本原则，缺少具体标准，与国务院简政放权和取消“非行政许可行政审批”的改革趋势不符，建议将“审核制”修改为“备案制”。

第二十六条规定：“鼓励业主委员会或者社区居民委员会通过招投标选择施工单位，业主委员会或者社区居民委员会可以聘请专业工程造价咨询机构及工程监理机构对工程预算进行评估及对工程进行监理，相关费用从住宅专项维修资金中列支。”

第二十六条规定鼓励业主委员会或社区居委会通过招投标方式选聘施工单位，聘请第三方机构对工程进行监管，且相关费用从住宅专项维修资金中列支，但并未对引入第三方监管的标准进行规定，且该条仅为鼓励性规定，不具有强制性，导致该条规定流于形式，建议明确规定应当进行第三方监管的情形，增强维修资金使用的安全。

第二十八条规定：“发生危及房屋使用安全等紧急情况，需要立即对住宅共享部位、共享设施设备进行维修和更新、改造的，应当按照下列规定使用住宅专项维修资金：

（一）住宅专项维修资金划转业主大会管理前，由业主委员会或者社区居民委员会按照本办法第二十四条第（三）项至第（七）项的规定办理；

（二）住宅专项维修资金划转业主大会管理后，由业主委员会按照本办法第二十五条第（三）项至第（五）项的规定办理。

前款所称紧急情况包括：

（一）屋面防水损坏造成渗漏；

（二）电梯故障危及人身安全；

（三）楼体单侧外立面五分之一以上有脱落危险；

（四）消防系统出现功能障碍，消防管理部门要求对消防设施设备进行维修和更新、改造；

（五）危及房屋使用安全、影响业主正常生活的其他紧急情况。”

第二十八条规定了应急维修情形，建议根据武汉市维修资金使用新政对破解维修资金难题做出的有益探索，如扩大应急维修范围，将区分一般应急和特别应急使用程序、应急待修等好的做法上升到地方规章层面，通过维修层级的明确，破解维修资金使用难题。

第二十九条规定：“住宅专项维修资金划转业主大会管理前，发生紧急情况且危及公共安全，物业服务企业或者业主委员会未按照规定对住宅共享部位、共享设施设备进行维修和更新、改造的，所在地的区房屋行政主管部门可以按照下列程序组织代修，维修费用从相关业主住宅专项维修资金分户账中列支：

（一）组织相关专业部门进行鉴定并出具鉴定报告；

（二）由社区居民委员会就工程事项出具相关证明；

（三）由具有相应资质的施工单位制作工程预算并经工程造价咨询机构审定；

（四）区房屋行政主管部门组织施工单位进行抢修；

（五）区房屋行政主管部门会同相关业主对维修工程进行验收后，将工程费用分摊至相关业主，并在该物业区域内公示 7 日；

（六）专户管理银行将所需住宅专项维修资金划转至维修单位。

住宅专项维修资金划转业主大会管理后，发生紧急情况且危及公共安全，物业服务企业或者业主委员会未按照规定对住宅共享部位、共享设施设备等进行维修和更新、改造的，所在地的区房屋行政主管部门可以根据应急维修授权协议书按照前款规定的程序组织代修，维修和更新、改造费用从相关业主住宅专项维修资金分户账中列支。"

第二十九条规定了应急代修制度，但由房管部门组织代修力量薄弱、应急力量有限，建议增加所在地的区街道办事处或者乡镇人民政府为组织代修部门，扩充应急力量，这样有利于保障住宅共享部位、共享设施设备的正常使用，维护住宅专项维修资金所有者的合法权益。

第三十三条规定："房屋所有权转让时，该房屋分户账中结余的住宅专项维修资金随房屋所有权同时转移，受让方应当持相关材料到专户管理银行办理分户账更名手续。

房屋所有权转让时，该房屋分户账中住宅专项维修资金余额不足首期应交存额30%的，受让方应当在办理分户账更名手续时按照规定续交住宅专项维修资金。"

第三十三条规定房屋所有权转让时"钱随房走"并办理分账户更名手续，当分户账月不足首期应交存额 30%的，受让方按规定续交。但在管理实践中碰到了交存范围不明晰、交存标准不确定、把关流程不统一、窗口把关不严格等突出问题，对维修资金补交把关带来困扰和矛盾，建议增加转让双方通过合同方式明确资金承担方式，凡已建立维修资金专户而未交存的，由受让人补交的规定。

第四十二条规定："开发建设单位违反本办法规定将房屋交付给购房人的，由区房屋行政主管部门责令限期改正；逾期不予改正的，每套处以 5000 元以上 30000 元以下罚款。"

第四十二条规定开发商未按规定对购房人交存维修资金把关而交付房屋的，每套处以 5000 元以上 30000 元以下罚款，该罚款标准过高，不利于执行到位。鉴于将交存时间点前移，不需要开发商把关，建议删除相应罚则。

《办法》中规定的维修资金表决方式为"双三分之二"，而在实际操作中业主长期习惯于依赖监管部门，自管意识淡薄，对维修资金无法定决策、支配权的监管机构又不能越俎代庖。因此在实践中，存在"表决难"问题，影响了维修资金的正常使用。建议依照住建部、财政部《关于进一步发挥住宅专项维修资金在老旧小区和电梯更新改造中支持作用的通知》，优化表决规则，鼓励业主大会在管理规约和业主大会议事规则中约定委托表决、集合表决、默认表决、异议表决等方式，投票方式可采取集体讨论、书面征求意见、电子投票等形式。

五、总结与展望

（一）总结

法治兴，则国家兴；法治兴，则城市兴。完善住房保障和房屋管理法制建设，是构建我市房地产市场长效机制的坚实基础，是我市房地产市场持续健康稳定运行的重要保障。

自20世纪改革开放以来，房地产经济已经跨越近40个年头，房地产业正在从原有的国民经济支柱产业向促民生、保发展双重任务转型。实践是法律的基础，法律要随着实践的发展而发展。房地产发展实践无止境，相关立法工作也永无止境，完善房地产法制建设的任务依然任重道远。本研究报告围绕住房保障和房屋管理法制建设这一主题，把房地产法律法规的“废”、“改”、“立”贯穿于法制建设研究的始终，并对上述法条归类整理。该课题涉及的内容宏大，仅房地产相关的法条就有1700余条，在有限的时间里，梳理归纳难免挂一漏万，对部分条款仍需仔细斟酌，相关的修订意见可能还需进一步打磨和润色。

（二）展望

本报告对房地产相关法律法规的研究表明，住房保障和房屋管理法制建设必须注重法律法规的时代性和前瞻性。

房地产法律法规必须回应当前的社会关切，反映时代的特征和趋势，法律的生命之树才会常青。目前房地产相关法规规章立法效益低、稳定性不够的根本原因在于把握引领房地产发展方向上存在一定的滞后性，即没有深刻地认识到房地产经济发展的大趋势，没有考虑到房地产宏观政策的转向。比如没有关注到包括租售并举在内的分享经济中房地产的新模式新业态的出现，导致现有商品房管理条例、物业管理条例难以调整，尚未能规范治理房地产领域出现的新情况新问题。再比如，为全面复兴大武汉，我市市委、市政府于2017年启动实施的“百万大学生留汉创业就业计划”，在人才安居保障上还需要出台配套的条例和办法等文件，为依法行政提供法律保障并优化行政管理流程和提升行政效率。法律只有体现了房地产发展的时代性，才能提升社会资源配置效率，保障房地产经济的持续健康稳定的发展。

此外，未来的立法过程中，更应注重房地产长效机制的建立，始终把防范化解风险、促进房地产持续健康稳定发展摆在首位。一是保障房地产市场各方主体权益，明确义务与责任。二是鼓励创新，充分发挥市场在资源配置中的决定性作用，鼓励形成房地产企业自治、行业自律、社会监督、政府监管的社会共治模式。三是贯彻落实国务院进行的简政放权放管结合优化服务（“放管服”）改革，支持鼓励房地产法律偏重民事法、商事法，淡化行政法、经济法色彩。

六、参考文献

[1] 习近平．党的十九大报告［M］．北京：党建读物出版社，2017.

[2] 孟祥沛．房地产法律制度比较研究［M］．北京：法律出版社，2012.

[3] 王世涛、张晓般．房地产法律制度［M］．大连：东北财经大学出版社，2000.

[4] 刘云生．中国不动产法研究［M］．北京：法律出版社，2006.

[5] 李延荣．房地产法研究［M］．北京：中国人民大学出版社，2007.

[6] 王守智、吴春岐．土地法学［M］．北京：中国人民大学出版社，2011.

[7] 邹晓燕．房地产法律制度［M］．北京：化学工业出版社，2010.

[8] 周晓晨．论房地产居间的法律规制——以《城市房地产管理法》修订为契机［J］．中州学刊，2010.

[9] 宋安成．新《物业管理条例》的不足与完善［J］．物业管理，2008.

[10] 黄萍．物业管理存在的问题及立法完善——评《物权法》及《物业管理条例》的有关规定［J］．行政与法，2008.

[11] 鲁捷，董咸慧．浅议新修改的《物业管理条例》［J］．管理研究，2008.

[12] 刁其怀．城市房地产管理法（修订）：宏观思考与微观建议——以房地产交易及登记为视角［J］．中国房地产，2010.

[13] 朱程．《城市房地产管理法》有关条款的修改建议［J］．中国房地产，2009.

七、致　谢

本研究报告是武汉市住房保障和房屋管理局委托项目《完善住房保障和房屋管理法制建设研究》的终期研究成果。在研究报告完成之时，感谢各位评审专家提出的宝贵意见和中肯建议；特别感谢武汉市房管局周健副局长一直以来对课题的关怀，感谢法规处彭建中处长细致专业的指导，感谢法规处魏金秀调研员、张恒同志周到耐心的帮助。正是有了各位专家、领导的悉心指导和鼎力支持，项目才得以顺利、圆满完成。

再次向各位致以诚挚的感谢！

6. 小区业主组织作用发挥问题研究

武汉市住房保障和房屋管理局物业管理处
武汉曼克投资咨询有限公司

课题负责人： 周　健　武汉市住房保障和房屋管理局　副巡视员
课题组成员： 黄红云　肖　蕾　周　军　吴守春　姚　克
董实忠　董　璐　陶秀丽　吴怀志　杨　帆
高　欢　段　曦　陈古月　乐文涛
课 题 统 稿： 董实忠

摘　要

本课题在对业主组织相关理论和国内外实践经验进行梳理的基础上，通过对武汉市住宅小区业主组织成立和运行情况的调研发现，虽然一些业主委员会（以下简称“业委会”）在实现业主自治、加强基层社会治理中确实发挥了良好的作用，但不可忽视的是，由政府主导推进的业委会组建过程中，普遍存在业委会成立难、运行难、监管难等问题，业委会成员也多存在不作为、不敢为、乱作为等现象，严重制约了业主组织自治作用的发挥。出现这些问题和现象的原因既有内部因素，也有外部因素，既有宏观的政策性问题，也有微观的运行机制问题。比如业主自身素质不高、自治能力有限而制约自治效果，业主组织法律身份不明晰、组织归属不明确导致监管难，业主组织运行体制机制不健全、业主大会议事程序难以正常开展，政府、市场、社会职责边界模糊导致居委会、物业企业、业主组织“三方联动”缺乏协调等。为进一步发挥业主组织的作用，建议从武汉市小区业主组织发展实际出发，促进业主组织社会化、法治化、智能化、专业化和市场化建设，规范业主组织组建程序，完善业主组织运行机制，理顺业主组织、物业企业、居委会三方权责关系，激发组织活力，探索建立第三方监理评估机制以规范组织运作，建立智能化平台来优化组织运作环境，试行业委会成员薪酬制和任期审计制，完善业主组织监督激励机制，进一步发挥业主组织在小区自治中的作用，实现城市治理和社会调节、居民自治互动。

一、研究背景

（一）宏观政策

十八大以来，党中央提出建立健全党委领导、政府负责、社会协同、公众参与、法治保障的社会治理格局，加快推进社会治理体制改革，推进国家治理体系和治理能力现代化。在这一总体要求下，武汉市积极探索基层社会治理体制改革，为推进社区治理，2013 年 9 月，在全市推进“三方联动”机制，形成街道、社区党组织领导下的社区居委会、业委会、物业服务企业“三方联动”的服务机制。2015 年在“电视问政”的大背景下，我市物业小区业委会已经全面组建。同年 11 月，武汉市出台《市委市政府关于进一步创新社会治理加强基层建设的意见》及其细化的措施“1+10”系列文件，为武汉市全面重构超大城市基层社会治理体系，加快推进城市治理体系和治理能力现代化，打造了基本框架。在完善社区治理体系、加强住宅小区综合管理、引导社会力量参与社区治理等文件中，都着重提出住宅小区业委会等居民自治组织参与社会基层治理的意义及方式，并提出应全面组建小区业委会，稳步推进业委会委员和社区居委会交叉任职。但是通过近几年的实践工作检验，业委会在履职过程中不作为、不敢为、乱作为的现象较为突出，其积极作用还没有充分发挥，显现出其组织发展与治理上的复杂性。

2016 年 10 月，新颁布的《湖北省物业服务和管理条例》正式施行，明确街道办事处、乡镇人民政府应当在同级党组织领导、民政部门监督下，依法组织和指导本辖区内的业主成立业主大会，选举业委会，监督业主大会、业委会依法履行职责。2017 年 5 月，武汉市印发《关于实施“红色引擎工程”推动基层治理体系和治理能力现代化的意见》，把“红色物业”作为实施“红色引擎工程”的主攻方向和创新之举，打造推进基层治理体系和治理能力现代化的有效载体，把社区物业力量打造成为党的工作队，使之既发挥物业服务功能，又发挥政治引领作用。

（二）目的意义

本课题旨在通过广泛调研，以业委会不作为、不敢为、乱作为的现象为切入点，按照因地制宜、因地施策的工作思路，围绕“三方联动”机制，对目前业委会等业主组织的运行状态、存在的问题和困难进行实证研究，从不同的维度给出立体化分类施策的建议方案。促进业主组织的作用有效发挥，在督促物业服务企业履行合同、督促业主遵守管理规约、调解物业管理纠纷、组织监督住宅专项维修资金的筹集使用和管理公共资源、公共收益等方面有更好的作为。

在新形势和背景下，调研武汉市小区业主组织及其主要组织形态的运行状况，分析存在的问题以及提出有针对性的对策，充分发挥业主组织作用，通过制度设计来规范业委会的行为，促进其健康运行已经迫在眉睫。对于小区业主维护自身权益，保持社会和谐稳定，提升社会治理水平及能力，促进城市现代化具有重要意义。

（三）重点内容

课题组围绕以下重点内容进行展开：我国业主自治组织的性质、法律地位、发展历史等情况剖析和梳理；业主自治组织与其他自治组织的关系，其他自治组织的运行方式；业主自治组织履职的主要内容和运行机制；现行业主自治组织的监督机制分析；业主自治组织在履职尽责和运行管理上存在的具体问题和遇到的困难，并分析原因；国内外业主自治组织运行较好的城市的经验做法；对业主自治组织积极履行职责、发挥主导作用、实施有效监管提出解决路径和对策建议。

课题研究力求突出“四性”。一是课题研究的实践性。促进武汉市业主自治组织制度完善，提升业委会履职能力；为出台新的《武汉市业主大会和业委会指导规则》提供方案；为全国业委会发挥积极作用、解决共性问题，提供思路。二是课题研究的效用性。从运行机理、履职内容和监督机制上着手，通过完善制度，解决业委会不作为、不敢为和乱作为问题。三是课题研究的创新性。以上位法、本市地方性法规政策为基本框架，以健全业主自治组织民主治理实践机制为核心，以提升参与“三方联动”的能动性为支撑，以设计务实有效的业主组织多元形态为重点，以加强正面宣传引导为途径，构建业委会的良性运行体系。四是课题研究的可推广性。课题研究成果可以直接在武汉区域应用；研究成果可以为兄弟城市提供政策参考。

（四）研究方法

课题研究采取文献资料、实地调研、深度访谈、个案分析和比较研究等方法进行了广泛调研，召开武汉市部分城区的座谈会，统计业委会基本情况，梳理近年来有关政策和国内外理论研究成果，考察先进城市有关经验，进一步厘清业主组织发展历程、组织性质以及法律政策规定，分析其运行机制，研究影响业委会积极作用发挥的突出问题，借鉴有关城市经验，按照因地制宜、因地施策的工作思路，在组建程序、运行机制、社会组织与政府和市场的关系、监督激励机制等方面制定科学可行、具有操作性的政策，促进业主组织的作用有效发挥。

二、理论研究

我国住宅小区业主组织的产生与发展，是住房市场化改革和基层社会治理推进的综合结果，业主组织的发展与社会治理方式、城市现代化发展以及全面深化改革等紧密联系。本课题对业主组织的发展在理论研究、政策法规和社会实践等方面进行了一系列的探索，通过梳理国内外理论研究的焦点和政策法规的相关规定，搞清楚理论上的运行机理，并与业主组织实践发展进行比较，探寻影响业主组织作用发挥的理论根源。

自20世纪80年代以来，国外对业主组织的相关研究得到逐步发展。学者们主要采取公民权利、国家与社会关系、中产阶级和政治参与等视角，对业主组织的社区政治行为、社会政治行动和治理能力的影响因素等展开研究。受行为主义研究范式的影响，实证主义方法得到广泛应用。

国内的相关研究则主要聚焦于“业主维权”这个相对较狭窄的“本体论”领域，聚焦于业主维权本身。在研究内容上，主要集中在业主组织的组织属性、业主（组织）维权的法理依据与维权方式、业主（组织）维权遭遇困境的原因、业主（组织）维权的性质与过程、业主（组织）维权的治理对策等方面，具体而言，是对对业主组织的内涵、基本特征以及其运行机制进行探讨；对其作为特殊社会组织的属性和法律地位进行研究；对于小区业主组织作用发挥中的政府职能和社会组织的职能边界进行讨论。

（一）国外“城市社区业主组织”研究简评

通过检索，以业主协会和业主公益组织为标题的英文文章首次出现在 1979 年，该文主要研究了英国湖区“业主协会”在环境管理中的作用。此后，国外学界对业主组织的研究有所增长，特别是到了 2000 年以后，相关研究迅速增长。

1. 社会组织的内涵

根据莱斯特．萨拉蒙（Lester Salamon）对社会组织的定义，国外研究概括了社会组织实体包含的五个关键特征：①组织性；②私人性；③非利润分配性；④自治性；⑤非强制性。社会自治组织是基于组织功能而特定的社会组织的一个重要类别。

2. 业主组织的社区政治行为研究

围绕业主组织及其行为，国外学界形成了以“社区政治行为、社会政治行动和治理能力的影响因素”为主要内容的研究图谱。业主组织自诞生起就是社区治理的重要主体，这类组织的生存和发展冲击或影响了现有的社区治理结构，形成了基于房权及其附属权利的“社区政治”。在国外学者看来，业主组织具有“类政府”的组织特性，它们在社区征收费用、提供服务以及制定对居民有约束力的规则、对公共利益份额进行私人化分割等方面发挥作用，并为保障业主权利和督促其履行责任提供框架。业主组织相当于自发形成的志愿型小区域政府，这就意味着权力来源于选民，选票数根据住房单位得出，因而，业主组织的地位不可忽视，以至于迫使市政部门在私产开发问题上与之达成一致。业主组织的能力和影响突破了原来的社区治理框架，显示出以房产权向自治权及治理权扩展的图景。

3. 业主组织的社会政治行动研究

业主组织的行为对于社区外的治理同样产生了影响，因而其社会政治行动引起了学者们的重视。苏珊娜·莱尔曼（Susannah B. Lerman）等人研究了业主自治以不同方式在社区周围生态环境保护中扮演的角色；伊万·麦肯齐（Evan McKenzie）研究加州业主组织政治活动时发现，业主普遍不满自己每月要为享有的公共服务向政府和业主组织分别交纳税金，因而发起“主张改革不合理税制而非声援或自己退出服务市场”的行动。

4. 业主组织治理的因素研究

业主组织的行为是否有效与其治理能力紧密相关。基于对这个问题的回应，国外学界主要从组织内部领导能力和与外部环境的互动来研究影响业主组织治理的因素。本杰明·里德（ Benjamin L. Read）在比较几个小区业委会的基础上，得出三个与业主组织治理相关的因素，即“自我组织程度、成员参与程度与质量、运用权力的能力”。总体来讲，影响业主组织治理的因素大致集中在三个方面：与业主的互动及业主的参与情况、与政府的关系及业主组织的独立程度、业主组织自身的治理能力。

国外学界对业主组织的研究主要采用了公民权利、国家与社会关系、中产阶级理论、政治参与等视角，定量分析、案例比较与个案分析占据了研究方法的主流。

（二）国内关于业主组织的理论研究

国内关于业主组织的研究，主要是基于社会组织的特征及其治理作用有限性，分析相关制约因素和法律地位。代表性的研究成果包括国务院发展研究中心关于社会组织建设现实、挑战与前景的研究；中国人民大学冯仕政基于当代中国的社会治理与政治秩序来研究社会组织；中国社科院从维权到治理的视角，研究中国业主自治组织主体地位的演进；中国政法大学和西南政法大学研究业主组织法律地位；从业主组织实际运行的层面，中国和谐社区发展中心陈幽泓和深圳物业管理行业协会曹阳进行了理论总结和探讨。

1. 业主组织的特征

业主组织是住房市场化改革的产物，同时又具有社会组织的基本属性。关于业主组织特征的研究较为一致，认为业主组织作为我国社会治理体制改革和实现社会治理现代化的重要力量，是在政府各级部门鼓励、引导、支持下成立的社会基层自治组织。同时，以业主大会、业委会为主体的业主组织，基于居住共同体的特殊利益需求，又具有其自身独特的组织特征。

（1）业主组织的基本特性。对比我国社会组织类型和特征来看，在狭义上，社会组织是指在民政部门登记的社会团体、基金会和民办非企业单位；广义上，还包括中介组织、群团组织和社会企业等。社会组织在世界各国的名称各不同，比如非政府组织、第三部门、志愿组织、慈善组织、非营利组织等。虽然名称不同，但其意义基本上是相同的。

就社会组织运行方式而言，社会组织并不是组织成员及物资设备的简单集合和组合，它是组织成员为了实现同一目标而协同努力的共同体。当组织目标确定，其便以适当的组织结构为基础开始运行，组织运行过程一般经过三个步骤：①投入，即调动和使用资源；②制作，即对投入的资源进行处理，通过使用资源来求得组织目标的实现；③产出，即输出“产品”，实现组织目标。

从社会组织属性角度来看业主组织的基本特征，可以概括为三个主要方面：

①组织性。业主组织有完整的组织架构，有明确的组织规程，有完善的运作机制；②民间性。业主组织秉持业主群体内部治理，遵循自我组织、自我管理、自我完善的原则，不具有行政属性；③志愿性。业主组织基于实现自身利益需求而成立，自我服务、自我管理，业主参加自治组织不具有强制性质，不以盈利为目的。

（2）业主组织的自有特征。业主组织主要有两个基本形态，一是业主大会，二是业委会。由于我国业主组织成立的特殊背景，其具有不同于一般社会组织的独特特征。

首先，组织成员的特殊性。即业主组织成员必须是一定物业管理区域内的业主，对其成员身份具有严格和明确的要求。

其次，组织职责内容的特定性。即业主组织主要担负物业区域内的利益维护、矛盾调处、秩序治理等，特别是与物业利益相关的事务与情况。

再次，治理内容的关联性。基于组织成立初衷的社会基层治理需求，业主组织又自然具有治理功能，在寻求法治的同时，尚需与政府治理产生必然的联系。

最后，运行机制差异性。业主组织与一般社会组织比较：在运行机制上，存在较大差异；在投入上，调动的资源是自我和共同体区域资源，而非其他社会资源；在制作和使用资源上，实行的是委托制度，即通过物业企业实现，而不是自我使用；在输出产品上，服务对象不是服务他人，而是服务自我。

2. 业主组织与其他自治组织的关系

在社会治理创新过程中，住宅小区业主组织作为多元参与社会治理的重要力量被纳入社会治理体系。关于社会组织在理论上有明确的界定，但小区业主组织除了基于物业共同利益而成立的业主大会和业委会以外，还有一些其他的基于基层社会治理需要而成立的社会自治组织。从组织功能的角度进行分类，理论上大致可以分为自我服务类社会自治组织和事务治理类业主自治组织。

（1）自我服务类社会自治组织。这类社会自治组织是基于社会基层治理需求而成立的社会自治组织。包括业主生活互助志愿组织、住宅小区安保自治组织、环境维护自治组织、健身娱乐兴趣组织，等等。

（2）事务治理类业主自治组织。这种类别的业主自治组织最典型的代表就是业主大会和业委会。其具有相对复杂的利益结构和组织目标。

对这两类小区自治组织进行考察，既有共同之处，也具有明显的区别。首先，其共同之处主要体现于两类自治组织所共有的社会自治组织属性。不管是自我服务类社会自治组织，还是事务治理类业主自治组织，它们都是志愿性、民间性、非强制性、自治性的社会自治组织，具有社会组织的一般特征，是社会基层治理体系的重要社会参与力量。其次，两类社会自治组织的不同之处也是显而易见的。其不同之处主要体现于以下方面：

一是组织目标显著不同。自我服务类社会自治组织如业主生活互助志愿组织、住宅小区安保自治组织、环境维护自治组织、健身娱乐兴趣组织，其组织目标单一，或为了组织成员之间的生活互助，或为了守护小区安全，或为了维护优美的小区生活环境，或为了组织成员强身健体、陶冶情操。组织职责相对单纯，组织联系相对更加松散。而事务治理类业主自治组织，特别是业主大会和业委会具有相对复杂的组织目标，涵盖建筑区域内复杂的物业权益维护、物业共有利益分配、物业纠纷解决、物业空间管理等职责。

二是组织规范体系显著不同。自我服务类社会自治组织因为目标功能单一，除了遵从组织内部约定规章以及国家制定的相关社会自治组织行为规范，其组织行为受强制性规范约束相对较少。以业主大会和业委会为主体的业主自治组织，因其复杂的组织目标，而需要有健全完善的运行机制和监管体系，呈现社会自治组织之体与法人组织之魂的双重约束。

三是组织成员构成显著不同。自我服务类社会自治组织主要是志愿性兴趣群体或功能群体，组织成员自愿参加，成员范围不受特定约束和限制。而以业主大会和业委会为主体的业主自治组织对成员群体具有明确规定，业主大会一旦成立，其组织成员包括住宅小区内全体业主，每位业主都享受权利并承担相应的义务；业委会更要依据法定规则选举产生，即便目前并没有明确其法律地位，但其行为依然要承受相关法律和规章的制约。

（三）业主组织的法律地位理论研究

关于业主组织法律地位的理论研究，集中体现在业主组织主体争论和其法律地位，在立法上对业主组织法律地位回避的办法，导致在现实中到底采用什么规则进行治理，成为理论探讨的前沿和难点。

我国目前尚缺乏一部关于社会组织治理的综合性法律，对于社会组织基本还是实行民非、社会团体、基金会等分类而进行分类治理，缺乏完整和系统的社会组织法规体系。业主组织在社会组织领域，从性质上来说属于群众性自治组织，一般采取在社区备案制。从这个角度来说，业主自治组织并不具有法人资格，因而受法制约束力较弱。业主组织既具有社会自治组织的一般属性，又同时基于物业区域治理的特殊需求而成立，因而其相关法律规制一方面应纳入社会组织的法规治理体系，另一方面又应严格遵从《物权法》相关法律体系的规定。

1. 业主组织的主体之争

进入 21 世纪，随着住房制度改革的深入及房地产经济的快速发展，我国城镇居民的住房以前所未有的速度转化为私有财产，新建商品房住宅小区的规模不断扩大，逐渐成为城镇居民住宅的主要形式，小区物业管理成为社会性的话题，业主与开发商、物业公司的矛盾则是社会生活的热点问题，业委会夹在中间，往往沦为双方争斗的工具，其自治性和代表性备受质疑。因此，2003 年《物业管理条例》确立了业主大会和业委会并存，业主大会决策、业委会执行的制度。

尽管《物业管理条例》认可业主大会才是全体业主唯一的代表组织，但是并没有明确业主大会的主体身份，也未进行相关制度设计。由于缺乏有效的身份证明（没有登记机关），也缺少有效的财务制度（不能直接开具发票），很难及时作出决议（全体业主人数众多难以召集），无法与物业公司等外部主体建立对等的法律关系，导致业主大会作为业主的法定组织一直处于实际行为能力欠缺的尴尬境地。各级人民法院在案件审理中有条件地认可业委会的诉讼主体资格，是解决涉及小区群体业主利益案件的权宜之计，但仅仅只解决了谁参加诉讼的问题，没有明确诉讼的法律后果由谁承担，因此在处理相关物业纠纷案件时仍然力不从心。

2. 业主组织法律地位的制度回避与现实强化

2007 年《物权法》颁布实施，从法律的高度规定了业主大会、业委会，并且明确了其产生的基础为业主的建筑物区分所有权，二者作为业主自治管理组织的身份正式获得法律层面的认可。出于立法的谨慎，以《物权法》为代表的国家立法回避了业主大会的主体定位及其与业委会的关系问题，但是社会实践的强烈需求，却使得业主大会的实体性在事实上被不断强化，某些地区甚至赋予其社会团体法人身份。

立法含混的态度与中国当下的制度设计有着很大的关联，一方面，现存的社会自治组织都是以委员会而非大会的形式存在，如村民委员会、居民委员会，且这些组织都不在民政部门登记或者其权利由法律直接赋予；另一方面，业主大会又是建立在共有财产基础上的利益团体，既享有管理与监督的权利，也承担相应的责任与义务，与股东大会极为类似。因此，选择何种规则来治理，始终是立法者悬而未决的难题。

立法机关不是没有意识到业主大会的主体属性，而是出于现实的考虑，从积累经验出发采取了既不承认也不否认的立场，依据私法自治的原则，实际上并未阻止业主大会取得民事主体资格和相应诉讼主体资格的可能，这也是此后各地可以开展业主大会法人化试点的先决条件。

业主组织从根本上说是一种社会组织，将业主组织定位于社会组织，符合社会组织的属性，其作为民间性和自愿性组织，有理论的合理性；从尝试探索来看，也有实践的有效性，不仅有利于精简政府职能，符合市场化和社会化的改革方向，也响应了法治社会建设要求，能进一步激发社会活力。

依据社会组织的属性来发展业主组织，充分发挥其作用，是物业管理的基础，行使业主自治管理权利对于维护物业所有权人和使用权人的权益、规范住宅物业管理具有重要意义。物业管理作为一种新兴的行业，只有业主强化自我保护意识，才能迫使物业公司增强透明度，才能在物业公司和业主之间建立良好的关系，促进物业行业健康发展。业主组织一直被各方寄予厚望，业主群体期待其能够真正代表全体业主实现小区自治，维护广大业主的合法权益；房地产开发商以及物业公司期待其能够成为与业主沟通的桥梁，缓和及解决物业管理中的尖锐矛盾；政府则期待业主组织的运行能够有效地实现小区自治，维护基层社会秩序稳定。

3. 法律政策规制

随着公有住房逐步向私人出售以及新型商品化城市住宅小区建设，住房产权的私有化经由《中华人民共和国物权法》得以确认，“业主”作为具有物权和法律内涵的词汇，指代特定的拥有物业所有权、物业公共收益权和物业空间管理权的个人或群体。基于住宅小区的公共治理需求以及社会基层治理现代化的需要，以“业主大会”和“业委会”为主体的业主组织应运而生。

目前针对业主组织特别是业主大会和业委会的相关法律规范和制度规制逐步细化完善。法规体系主要包括国家层面的《中华人民共和国物权法》、国务院出台的《物业管理条例》、住建部出台的《业主大会和业委会指导规则》，以及各地出台的《业主大会议事规则》和《业委会工作规则》。同时作为居民自治组织，业主组织也要接受《社会团体登记管理条例》等社会组织相关管理制度的约束。

（1）关于业主组织内涵的法律规定。“业主组织”一词作为一个非正式用语，在我国立法上并无特殊规定。在实践中常被用来特指业主大会或者业委会，以表达二者的基本属性及身份内涵。《中华人民共和国物权法》对“业主”的权利和行使权利的办法具有明确的法文规定。“业主对建筑物内的住宅、经营性用房等专有部分享有所有权，对专有部分以外的共有部分享有共有和共同管理的权利。”“业主可以设立业主大会，选举业委会。”“业主大会或者业委会的决定，对业主具有约束力。”根据以上相关法文，以“业主大会”和“业委会”为主体的业主组织是业主维护法定权利和承担法定义务的主要载体。

概括地说，业主组织是物业所有人所组成的利益共同体。它是指由一定建筑区划范围的业主（房屋所有权人）所组成，对建筑物的专有部分、共有部分和相关共同事务进行自我管理、自我服务的团体。

（2）业主组织的要素。业主组织是一定建筑区域内的物业所有人组成的自我管理和自我服务组织。虽然“业主组织”本身在目前法文中没有明确界定，但综合我国《物权法》和《物业管理条例》相关条文，对其主体组织业主大会和业委会有特殊的限定：其中，业主大会是指代表和维护物业管理区域内全体业主在物业管理活动中的合法权益的自治组织；业委会则是指由物业管理区域内的业主代表组成，代表全体业主的共同利益，向社会各方反映业主集中的意愿和要求，并监督物业管理公司管理运作的民间性组织。业委会由业主大会选举产生，是业主行使共同管理权的一种特殊形式。大体来说，业主组织作为住宅小区自治组织包含以下要素：

①组织目标。业主组织代表物业管理区域内全体业主的共同利益，维护全体业主在物业管理活动中的合法权益。同时其作为居民自治组织，代表全体业主，向社会各方反映业主集中的意愿和要求，并进行居住区域内的自我管理和自我服务。

②人员构成。业主组织由建筑区域内具有物业所有权的特定成员组成。不论是业主大会还是业委会，其组织成员都是同一建筑区域内具有物业专有权益和共有权益的物业所有人，即《物权法》中所规定的“业主”。

③机构设置。就目前的相关法律规定和现实发展情况来看，业主组织主要包括业主大会和业委会两级机构。业主大会由一定建筑区域内的全体业主组成，代表全体业主的利益，集中反映业主的愿望和诉求。业委会由业主或者业主大会选举产生，集中反映全体业主的意志，执行业主大会的决定。基于效率和公正考虑，在目前业主组织框架下，还可在业主大会之下探索成立业主监事会，代表业主和业主大会对业委会的日常工作开展有效的监督。

④权责体系。根据上述相关法律规定和工作规则，业主组织拥有“业主——业主大会——业委会（业主监事会）”三个层级的组织体系。业主大会由业主代表、街道办事处、小区办、居民委员会、建设单位、前期物业服务企业和原房屋管理单位等组成的业主大会筹备组筹备成立。业主大会制定和修改管理规约、业主大会议事规则，对物业的管理、维修等作出决定，并选举产生业委会。业委会执行业主大会的决定事项，召集业主大会会议，代表业主与业主大会选聘的物业服务企业签订物业服务合同，及时了解业主、物业使用人的意见和建议，监督和协助物业服务企业履行物业服务合同。业主遵守业主大会和业委会的相关决议，对侵害自己合法权益的行为，也可以依法向人民法院提起诉讼。

（3）业主组织履职的主要内容和运行机制。根据现行法律规定和对业主组织职能的研究，以业主大会和业委会为主体的业主组织，其职责在规定上非常明晰，大致包括以下方面：

①居住区秩序治理职责。拟订建筑区划内公共秩序和环境卫生的维护等方面的规章制度的方案，提交业主大会会议决定；监督管理规约的实施，对违反管理规约的行为进行处理；协调业主与业主之间以及业主与物业服务企业或者其他管理人之间的关系，调处业主与业主之间以及业主与物业服务企业或者其他管理人之间的物业管理纠纷，等等。

②物业设施维护职责。拟订建筑区划内物业共有部分的使用、收益方案，提交业主大会会议决定；拟订建筑物及其附属设施维修资金使用、续筹方案，提交业主大会会议决定，等等。

③物业权益维护职责。拟订选聘物业服务企业或者其他管理人的方案、选聘实施人以及解聘物业服务企业或者其他管理人的议案，提交业主大会会议决定；代表业主与业主大会与选聘的物业服务企业签订物业服务合同；监督物业服务企业或者其他管理人履行物业服务合同，等等。

主要结论：业主自治组织与其他小区自治组织，同属社会组织范畴，在监管上从属于同一监管体系，其成立具有“自愿性”的鲜明特点，但从组织行为本质上来说，业主组织具有与其他社会自治组织不完全相同的行为特征，承担较为复杂的法定组织功能；在现行法律与政策规定方面，对于业主组织法律主体地位进行了制度性的回避，同时也进行了现实的安排和强化；在业主组织发展的实践探索中，正是由于治理规定的不确定性，既把以业主大会和业委会为主体的业主自治组织纳入社会自治组织范畴来进行治理，又强化了政府管理职能，导致社会组织自治发展、市场企业利益驱动和政府职能履行的相互关系趋于复杂，社会组织、市场企业、政府职能边界成为小区业主组织发展的逻辑起点，同时也成为小区业主组织发展过程中出现诸多难题的根本原因。

三、实践探索

在理论研究成果和政策法律指导下，我国业主组织不断发展，北京、上海、深圳等较为发达的城市在实践中不断进行了探索和突破。对于社区，业主组织在促进服务企业发展，纠正制止侵权行为，合理反映和表达业主意见，规范有效使用公共权益，监督设施设备管理等方面发挥了积极作用；在城市发展和社会治理方面，业主组织在维护权益，激发社会组织活力，促进政府与社会企业的良性互动，保持和谐稳定，促进城市现代化等方面发挥了主要作用。

（一）国内小区业主组织发展的主要历程

从全国范围考察，我国小区业主组织的发展大致经过了三个阶段的发展历程。

1. 业主组织的萌芽

1980 年，深圳市房地产管理局下属企业——深圳经济特区房地产公司合资开发的涉外商品房小区开售。由于购房者多为港澳同胞及海外华侨，原有房管模式无法适用，加之当时深圳市政府要求新兴房地产业“谁开发，谁管理”；“建好一片，管好一片”，深圳房管局效仿香港地区房屋管理的方法和经验，1981 年成立深圳市物业管理公司，第一家对商品房产实施综合性管理、提供有偿服务的小区管理处成立，为住户提供全方位、多层次的专业物业管理服务，此种“专业”仅指管理方式和服务内容而言，其本质与国家（单位）提供住房，国家（单位）负责管理的思路一致。然而，由于居住者的身份不再隶属于管理，管理者的权限不得不受到居住者意志的制约。为协调物业管理与住户的关系，加强住户间的沟通，深房公司借鉴香港业主立案法团的形式，在其修建的住宅小区中成立“业主联谊会”，为小区的业主住户提供交流平台和社会文化生活，也让小区的业主、住户有组织地联合在一起共同解决小区事务。“居民（业主）联谊会”的成立，让小区的业主有组织地联合在一起共同解决自己小区的事务，即是今天业委会的雏形。

2. 业主组织的诞生

1990 年，深圳市万科房地有限公司首个住宅项目天景花园交付使用，为解决日趋严重的断电纠纷，物业管理人员与部分业主决定以成立“业主管理委员会”的方式搭建一个双方的沟通平台，该管委会经推荐或自荐从每个单元选出一位业主代表作为委员，加上管理处一位执行秘书共同组成。全体与会人员对管委会章程，用电、水使用及费用情况，增设休闲椅和果皮箱，管理费构成等问题进行了讨论，并就议案形成会议决议。中国第一个真正义上的业主组织宣告成立。它的出现意味着业主群体首次拥有了摆脱政府、开发商和物业公司的束缚，争取“自立”、“自治”的组织形式，同时创设了影响深远的“业主自治与专业服务相结合”，由业主参与小区物业管理的“共管模式”。

第一个业主组织的产生就充分昭示了此后我国业主组织产生的普遍原因：维权与管理。当小区管理没有出现问题时，业主往往缺乏建立业主组织的意愿。只有问题出现并不断增加甚至恶化，业主与物业公司矛盾激化时，相对势单力薄的业主出于维权的需要才会组团与物业公司磋商或者抗衡；物业公司意在通过建立业主组织，与业主形成良性沟通机制，通过共同组织各种活动，弱化和化解物业建设遗留的矛盾和纠纷，为物业工作的顺利开展创造良好的环境。成立管委会的初衷并非基于业主对于其不可分割的建筑物共有部分的管理和实现“业主自治”，这个时期的管委会实际上是政府用于缓和解决物业管理矛盾的工具，并不是一个业主的“自治”机构，而是群众性的自治管理机构。

3. 业主组织的催生与发展

随着公有住房逐步向私人出售，售后住房管理的责任由谁承担成为一个大问题。城乡建设环境保护部于 1983 年发布的《城市私有房屋管理条例》规定：“城市私有房屋由房屋所在地人民政府房地产管理机关依照本条例管理”；建设部于 1992 年施行的《公有住宅售后维修养护管理暂行办法》在总结 20 世纪 80 年代的实践的基础上予以了细化规定：公有住宅出售后，住宅自用部位和自用设备的维修养护由住宅所有人承担维修养护责任，住宅所有人可以自行维修养护，也可以委托代修；住宅共享部位和共享设施设备的维修养护由售房单位承担维修养护责任，在当地人民政府房地产行政主管部门的指导下，协商成立民主管理性质的“住宅管理委员会”，组织制定相关所有人共同遵守的协议，并协助有关部门调解相关所有人之间住宅纠纷。

全国各地陆续开始新建城市住宅小区，并相继制定了本地区关于城镇住宅小区管理的规范性文件。虽然这些文件均承认私人购买房屋可以获得所有权，有些地区继续采用由政府或单位管理的模式，均由政府或企事业单位的房管部门统一管理，或者将住宅小区的日常管理交由街道办事处负责，并充分发挥居民委员会的作用；而多数地区选择成立“住宅小区管理委员会”，虽然被认为是群众性的自治管理机构，但通常由小区内的所有权人以及小区所在街道、派出所、城管办、市政、环卫、绿化及有关城市管理执法部门和物业管理公司的代表组成，受辖区人民政府和街道办事处的领导，其权力来源于政府的行政权而非小区住户的委托授权。

1994 年，建设部颁布《城市新建住宅小区管理办法》，首次从国家层面确立了业主组织在小区物业管理中的位置和权利义务。《办法》规定：住宅小区应当成立住宅小区管理委员会，在房地产行政主管部门指导下，代表和维护住宅小区内房地产产权人和使用人的合法权益。紧随国家立法的步伐，各地也陆续进行相应的地方性立法。由于地区发展差异以及对待物业管理的不同态度，地方立法对业主组织的规定并未与国家保持一致。有的地区如北京坚持不放弃政府对物业管理的权力，有的地区如深圳则将物业管理的权力从形式上完全交给了业主，规定由住宅区的业主组成业主大会，由小区住宅管理部门会同开发建设单位召集第一次业主大会选举产生管委会。2003 年国务院颁布《物业管理条例》后，全国各地掀起了一股“业主自治”的热潮，在理论争论和艰难尝试的探索中，各地业主组织逐步推广和发展。

（二）国内小区业主组织功能和运行的主要探索

1. 治理结构

业主组织的主要功能区域是住宅物业小区，经过 20 余年发展，中国逐步形成了市区街三级政府、市区两级房地产和社会组织行政主管部门、社区居民委员会、业主自治委员会、业主、物业服务企业和房地产开发企业等多方主体共同治理的物业治理结构。其中，“市区两级政府——市区两级房地产和社会组织行政主管部门——街道办事处——社区居民委员会”是物业治理结构中的政府行政力量系统，行为逻辑为等级权力，在社区的系统终端为社区居民委员会；“房地产开发企业——物业服务企业”是物业治理结构中的市场力量系统，行为逻辑为自负盈亏，在社区的系统终端为物业服务企业；“业主——业主大会——业委会”是物业治理结构中的社会力量系统，行为逻辑为自愿自主，在社区的系统终端为业委会。

实践表明，当社区居委会、业委会、物业服务企业的“三方联动”形成良性有效互动和利益契约均衡状态时，物业管理服务矛盾纠纷出现的概率很小。武汉也在探索实施以街道、社区党组织为核心，社区居委会、业委会、物业服务企业“三方联动”物业社区治理新方略，然而，“三方联动”形成良性有效互动和利益契约均衡状态的一个重要前置条件就是业主必须具备足够的自治力，即业主能妥善处理群体内部事务的判断决策能力，以及能够集体行动成为利益共同体的自愿结合能力。

2. 监督机制

现行业主组织作为民间自治组织和物业事务自治组织，主要面临来自街道和社区、房管部门、物业服务公司、业主群体四个方面不同程度的监督，在理论研究和现实探索中，大致包括以下几个方面的监督机制，但从效力上来讲，理论上认为其发挥的监督作用十分有限。

（1）社区基层组织监督。业主组织定位为民间自治组织，根据我国社会组织管理相关法规，这类社会自治组织不属于既有的民办非企业、社会团体、基金会等社会组织范畴，属于居民自我管理范畴的自治组织，只在社区登记备案。社区在日常工作对这类组织主要起到鼓励、引导、扶持的作用，并没有严格规范的组织治理措施。

（2）房屋管理部门监督。我国业主自治组织特别是业委会主要围绕物业自治而成立。对业委会的成立及运行细则直接见于《物权法》及《物业管理条例》，在具体操作过程中，又针对性地制定了《业主大会议事规则》《业委会指导规则》《业主公约》等实施细则。在业委会对相关资金的管理和使用上也采取了一定的约制措施，比如业委会在街道物管科挂开专用账户等，在一定程度上对业委会工作起到了监管作用。但这些监管措施也难以避免粗漏，特别是在资金使用过程中缺乏财务专业监管，致使业主内部财务矛盾比较突出。

（3）物业服务企业监督。业委会的成立，是基于对物业服务质量的要求和保证，是基于对住区居民公共利益的维护和实现。物业服务企业受业委会监督和制衡，虽然负有对住宅小区实施管理的权利和义务，但面对业委会时也会出于协调的考虑而进行行为权衡。这必然导致物业公司出于自身利益考虑，与业委会进行一定的妥协和平衡。为此，在住宅小区各方力量中，物业公司对业委会呈现较弱的监督作用。

（4）业主和业主大会的监督。在对业主组织特别是业委会的监督力量中，真正有力的监督力量应该来自业主内部。从组织设定上来说，业委会由业主或业主大会会议选举产生，依法忠实履行职责，执行业主大会的决定。业委会被要求建立接待制度，接受业主、使用人的咨询、投诉和监督，并定期将工作情况以公告等形式向全体业主报告。然而在现实实施过程中，经常会存在业主本身对小区事务参与意识不强、参与度不够的问题。加上一些专业知识的缺陷，业主们也难以完全履行自己的监督职责。业主大会和业主对业委会的强监督也存在难以到位的情况。

3. 实行分类治理

国内城市在实践探索中，依据城市现代化进程的阶段来制定标准，划分不同类型，实行分类治理。

（1）传统服务型。传统服务型物业服务模式是由政府替代物业服务公司向小区提供最基本的物业服务。经济承受能力低、业主自治能力不足的小区，在不选择物业服务公司的情况下，暂时由政府来提供物业服务。老旧社区可以由街道、居委会代管物业服务，或成立政府背景国企性质的红色物业公司提供基本物业服务。

（2）完全自治型。完全自治型物业服务模式是业主完全由自己对物业进行管理，它适用于小区业主背景相似或相同，需求趋于一致，而业主自治意愿较强的小区，采取业主大会或业主代表大会的形式，确定基本物业服务的要求并向社会购买物业服务，既可以节约业主开支，又可以避免物业纠纷，保障了业主的基本权利。

（3）政府干预型。政府干预型物业服务模式是行政部门与业主合作来共同规范物业服务公司的行为，它适用于经济承受能力高、自治能力低的小区。有些小区的业主的经济状况很好，但由于忙于工作或不善于管理小区的事务，忽视了小区物业管理，使小区出现了一些不和谐的现象。此时政府可以帮助业主与物业公司沟通，解决他们的难题，提高他们的自治水平。

（4）完全合约型。完全合约型物业服务模式是业主与物业公司之间接近于完全合同关系，不受其他力量的干预。住宅小区内的业委会、物业服务公司和居民委员会三者之间关系密切，目标一致，形成相互支持的健康状态。这种物业服务模式只适用于经济承受能力高，自治能力高的小区。

4. 业主组织发展的制约因素与完善措施

我国住宅小区业主组织在成立以及运行过程中，由于受到业主参与意识不强、相关法规制度不完善等方面的制约，存在着业主大会召开难、业委会成立难、业委会工作监管难等种种矛盾和问题，建立完善业主组织运行机制迫在眉睫。建立完善业主组织运行机制，需从成立、运作、监管三个环节完善制度设置。

（1）业主组织成立制度化。强化属地部门、街道在业主组织成立过程中的指导和监督作用。在街道设置专门物业管理机构，设置专职专岗，强化街道办事处在业主组织筹备和选举阶段的作用，确保其依法依规进行。

（2）业主大会法人化。对业主大会实行社区社会组织登记，确定业主大会法人地位，明确业主大会民事主体资格。进一步明确作为业主大会执行机构的业委会法律地位，实行社团法人登记的业主大会可以下设业主监督委员会，代理业主大会对业委会日常工作开展监督，以解决业主大会召开难、对业委会监管难等问题。

（3）业委会监管规范化。监管的完善在于透明化和规范化。建立完善业委会日常工作事务公开和财务公开制度。事务公开制度包括建立健全业委会会议制度、信息发布制度、印章管理制度、决策过程和结果公开制度等；财务公开制度包括定期对业主公共物业收益和日常开支情况进行公布，接受业主的监督。

（三）国内外业主组织发展的经验和启示

考察国内有关城市，再参考美国、新加坡等国的业主组织治理情况，其实践探索中的组织成立、运行机制、运行条件、分类治理和第三方监管等方面的经验值得借鉴。

1. 严把业主组织素质关，加强全程管理监督

昆山市针对业委会人员选配素质不到位和成立以后乱作为引发小区矛盾等问题，市政府出台加强业委会监管的若干意见，对业委会人员加强前期把关，对其做出的违法违规行为规定了限制和处置措施，将业委会纳入民办非企业法人登记制度，参照法人企业监督管理，开展年度财务审计和离任、换届审计等。

2. 业主大会法定人数从简，实行投票与委托投票制度

美国普遍实施小区业主自治，在美国小区业主协会进行本小区的物业管理服务，业主协会可以采取非公司法人团体的组织形式，也可以采取非营利公司法人的形式。业主大会法定人数从简原则，根据美国各州的法律规定，除了业主协会章程另有规定外，如果有代表20%表决权的业主或者业主的委托投票人出席大会，应视为该业主大会达到法定人数。实行投票与委托投票制度，在一套单元有多个业主共有的情况下，如果只有一个共有人出席业主大会，该共有人有权行使该房屋单元所拥有的投票权，而该房屋单元的其他人没有提出异议的情况下，视为共有人的投票已经取得其他投票人的同意。房屋单元业主的投票权，也可以由业主签署授权委托书，委托他人行使。

3. 分类实施小区物业服务管理

苏州市居民小区实施分类管理，居民小区可以聘请物业服务企业，按物业服务合同提供小区物业管理服务；也可以不聘请物业服务企业，而进行小区业主自治。由街道社区牵头成立物业管理委员会，业主、物业企业、街道工作人员共同参与组建，其中业主占比不少于60%，代行业主大会和业委会职责，解决没有条件成立业委会的小区的治理问题。政府托底老旧小区物业服务，针对老旧小区、新的动迁小区，推进国有物业企业进驻服务，政府托底投入资金。一是街道主导成立物业企

业进行长效管理，二是街道购买服务，卫生、保洁、绿化由政府承担，物业企业仅承担看门、车辆管理等基本职能。

4. 探索政府部门综合治理，引入第三方服务

上海闸北区临汾路街道探索打造住宅小区协同治理体系及政府购买第三方服务辅助小区业主自治，成立住宅小区综合管理服务工作站，聘请物业管理、法院、专职律师、审计师，作为调解小区矛盾的“高参”。以政府购买服务的形式引入社会第三方机构帮扶业主自治。针对住宅小区业主利益诉求多、业委会组建难和运行难等问题，街道还通过政府购买服务的形式引入社会第三方机构，协助小区业委会组建、换届和其他自治管理与服务工作，弥补业委会委员自身业务素质的不足。苏州市推进维修资金第三方监管，提供小区物业工程招投标代理，启动维修资金项目监理，所有第三方费用由政府承担，不额外动用维修资金。昆山市针对政府对物业管理重视程度不够的问题，在市级层面成立物业管理领导小组，市长任组长；引入第三方机制，在承接查验、招投标代理、满意度调查、更换物业、测评、咨询等活动时都可通过第三方社会机构进行。

5. 政府加强监管，规范物业服务

深圳市明确物业管理企业的主体责任，规范工作标准和内容，明确奖励处罚措施，以法律或者制度政策的强制力来推动物业管理企业主动履行主体责任，制订准入和退出机制，推动企业优胜劣汰，物业管得好不好，业主和政府说了算。同时，通过公示“红黑牌”措施来压实物业责任。试行搭建“互联网+”物业管理平台，试验建立全市的物业管理信息化服务平台，有效地推动物业管理行业向前发展，实现直接面向业主提供更加便捷、高效的服务。新加坡通过法律法规约束开发商、物业和业主行为，制定的“土地所有权法案”规定了开发商建造住宅时必须遵守的条例，有完备的物业管理规定对物业服务公司进行约束，在业主方面，有相关法律保障业主的权利，同时也明确规定了各项义务。规范的物业管理模式的运用有利于创造良好的居住环境，提高小区生活质量。

主要结论：从我国业主组织的发展历程来考察，其成立初衷就是维权与管理，是群众性自治组织，全国成立的总体覆盖率为25%左右，其发展过程的艰难也昭示了小区业主组织还处于发展的初级阶段，其积极作用还远没有得到充分发挥，仍然需要培育、扶持和规范。小区业主组织发挥作用的问题不是个别现象，而与我国改革深化、城市化进程、社会治理水平、法治化程度、发展阶段等紧密相连。

国内外业主组织发挥作用的途径各有不同，国内及亚洲国家偏重于政府部门对社区业主组织提供相应的管理和服务，政府职能部门加强对物业企业及业主组织的归口管理，也探索引入社会第三方机构来辅助业主组织发挥作用；欧美国家基于私

有产权赋予小区业主组织明确的自治权利，业主协会的组织形式为非营利公司法人或非公司法人，业主组织治理和运作制度相对完善，主要遵循合同约定和少数服从多数原则运行。但是共性的经验认为，进一步增强社会组织专业化程度，健全政府购买第三方服务的方式，提倡业主自治管理，鼓励业主组织发挥作用，将物业管理纳入社会综合管理体系，都是有益的过渡。

四、现状分析

我们把业委会作为小区业主组织主要形态，对武汉市的区、街、社区、业委会分为四个层面开展调研。召开13场座谈会，分别调研江汉区、硚口区、汉阳区、武昌区、洪山区、青山区、东西湖区、黄陂区、新洲区、蔡甸区，共10个区，涉及81个街道参与，其中包括江汉区北湖街6个社区专题座谈会、常青花园12个小区业委会专题座谈会，以及物业管理协会组织的部分开发商及物业企业座谈会。走访了硚口区、汉阳区、武昌区、青山区、洪山区、江汉区中的52个街道，其中参与的社区有26个（见图1、图2与图3）。

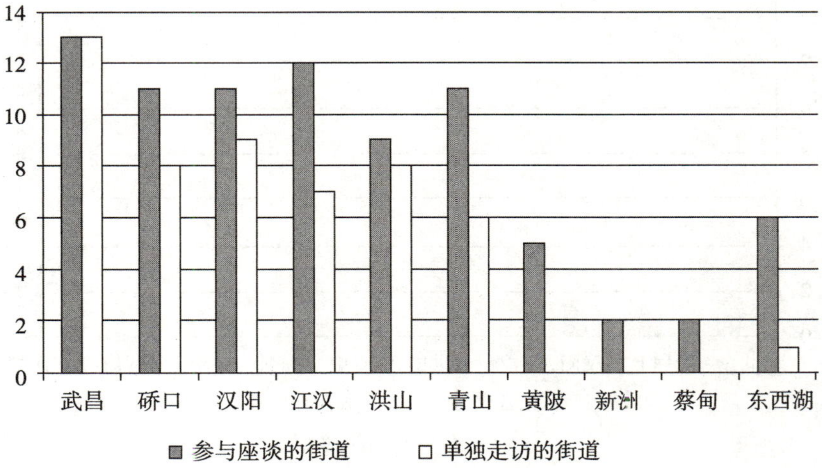

图1　街道调研情况

调研主要反映了业委会作为社会组织的发展现状、职责履行中遇到的实际问题、运行机制中的具体困难、业委会“三不为”现象、业委会作用发挥的阻碍因素、市场企业与政府部门矛盾交织等方面的问题。同时，在新型小区与老旧小区、新城区与中心城区的业主组织在维权和运行过程中呈现出不同的特点。

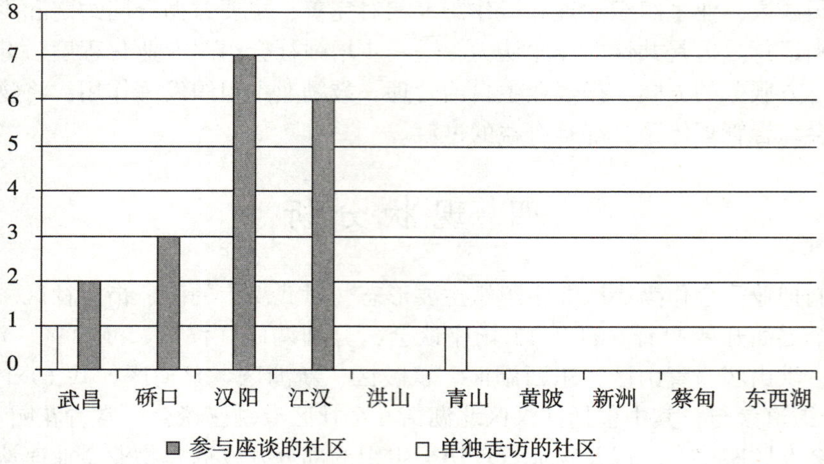

图 2　社区调研情况

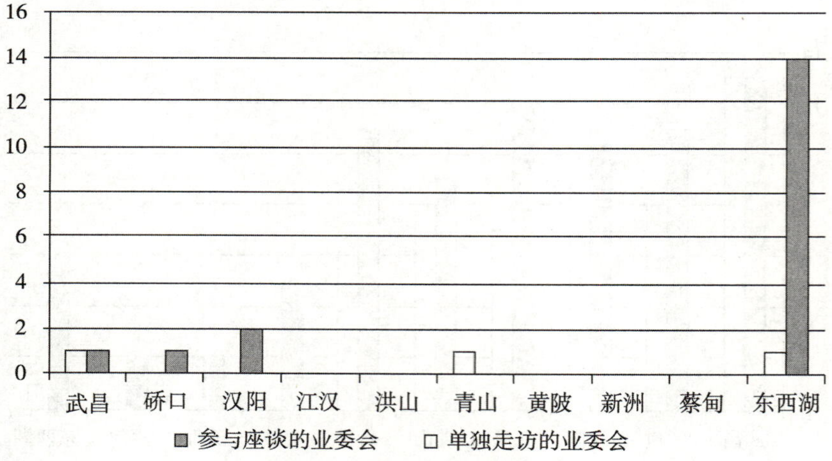

图 3　业委会调研情况

（一）武汉市业主组织组建情况

据统计，2016 年初，武汉全市符合业委会组建条件的 1571 个小区，已经全面完成业委会组建工作，组建率为 85%；2017 年，随着新建小区的业委会的成立和部分已经成立的业主组织成员辞职，目前业委会成立的实际情况与之前有一定变化（见表 1）。

表 1　　武汉市物业小区业委会统计情况

序号	行政区	街道	居委会	物业小区	物业企业	业委会
1	武昌区	13	195	244	280	191
2	硚口区	11	127	106	112	102
3	汉阳区	11	186	172	98	108
4	江汉区	12	108	202	197	152
5	洪山区	10	153	183	155	167
6	青山区	11	83	103	56	78
7	新洲区	14	56	55	48	42
8	黄陂区	5	37	122	102	67
9	东西湖区	12	63	120	156	99
总计		99	1008	1307	1204	1006

（二）业主组织作用发挥情况

调研总体反映，随着城市的现代化快速发展，特别是 2015 年以来，武汉市积极推进组建小区业委会，对于提高街道社区责任意识，交叉任职为民办实事，增强物业服务质量，提高市民对社区满意度，增强城市自豪感，形成社区治理长效机制发挥了积极作用。

1. 业主组织发挥积极作用的主要特征

在调研的社区中，运行良好的业委会对于履职工作内容有着较为清晰的认识，建立了正常的运行机制。主要是接受社区党组织的领导和工作指导，通过“三方联动”服务机制反映业主意愿和要求，并监督物业公司管理工作。

（1）履职主要内容明确。一是积极协助落实社区涉及小区的事务，如门前四包、业主投诉到市长热线的事务等；二是每年年底向业主代表报告物业管理和业委会工作；三是代表业委会签订物业服务合同；四是通过业主微信群、QQ 群、物业服务群及业主的直接投诉，及时了解业主的意见和建议，协调矛盾和纠纷，监督和协助物业公司履行物业服务合同；五是监督和协调业主管理规约的实施，如业主养狗、乱搭乱建等。

（2）监督机制较为健全。监督主要来自以下几方面：一是社区党组织的监督、指导，业委会按规定向社区党组织报告工作，重大事项和事件必须事前报告；二是业主监管，业委会每年向业主代表会议报告工作；三是业委会制度和成员间的相互监督。制定了业委会议事规则，对业委会成员进行职责分工；四是三方联动，辖区内日常事务由居委会、业委会、物业各负其责，监督和配合物业来履行物业服务合同，建立三方微信平台。

（3）运行机制顺畅。主要是实行坐班制，一是业委会主任和副主任由老同志担任，由主任和副主任坐班，二是主任兼职、副主任专职的，由副主任坐班，三是主任、委员都兼职的则由委员轮流坐班。其中属第一、第二种情况的有 9 个，占 75%，属第三种情况的有 3 个，占 25%。在具体运行中，按照市有关规定，积极服务，组织学习和宣传物业管理方面的法律法规；监督物业服务企业履行好物业服务合同，广泛联系业主，调动广大业主参与小区治理的积极性；协调好业主与物业企业的关系，为广大业主服务；管理、使用房屋专项维修资金；规范业主大会的运作机制；加强业委会的自身建设等。

2. 业主组织作用难以有效发挥的主要表现

近年来，业委会已成为我市业主组织的主要形式，但业委会作用难以有效发挥的情况一直存在，主要表现可以概括为“一难三为”，即初期“成立难”，以及成立之后的“不作为”、“不敢为”和“乱作为”四大问题。

（1）参与度不高，组织成立难。业主大会及业委会成立难，广大业主忙于自身工作生活，没有时间关注、参与业主大会及选举成立业委会。还有观念问题的制约，不少业主一般不主动表达自己的意愿，不积极行使自己的投票权，业主大会等业主组织在成立之初就面临着业主群众参与度不高、成立难的问题。

（2）自治能力和信任度不高，履职不作为。虽然目前武汉市业委会组建率为 85%以上，但其作用还没有得到充分发挥。由于受到长期以来群众形成根深蒂固的“靠政府”和“不惹事”观念的束缚，大多数业主遇到问题时第一时间想到的并不是寻求业委会予以解决。业主和居民在遇到问题时，有的倾向于找居委会、街道和政府业务主管部门投诉解决；有的业主选择私下协商解决或者隐忍沉默，业委会在社区自治和治理中存在感极低，在日常工作中业委会并没有多少作为。还有些问题即使反映到业委会，业委会成员也不热心协调处理、不积极履职尽力作为，互相推诿和不作为现象较为突出，久而久之这类业委会也在业主和居民中失去了公信力和权威。而在部分小区，有的业主甚至不了解其所在小区是否成立了业委会。

（3）消极避让，维护公共权益不敢为。不敢为是现阶段大多数小区业委会的突出问题，业委会对待问题采取放任不管，消极避祸的态度。由于业委会怕得罪人，担心遭受物业企业的打击报复，对于小区公共收益和空间设施被不法侵占等侵害业主权益的事情，多数业委会成员也“不敢为”。

（4）监管缺失，谋求私利乱作为。业委会在我市是新生事物，国家地方法律法规、政府监管和自身法治建设、责权监督机制不健全，业委会等业主组织极易发生乱作为的问题。在未成立业委会之前，小区各项工作运转良好，而在成立业委会后，业委会需求过多，过多的插手物业公司日常管理工作，导致双方矛盾不断升级，小区日常运转也受到了极大影响。还有些业委会成员为谋求一己私利，也存在与物业、电梯、建筑维修企业等利益群体勾结，共同对业主公共收益和利益做出“寻租”和“分赃”等不法行为。

（三）制约业主组织作用发挥的主要问题及原因分析

调研反映了业主组织从成立到运行和职责履行中遇到的实际问题，从深层次探讨了运行机制、业主组织作用发挥的制约因素以及市场企业与政府部门之间的职责边界等方面的问题。

1. 主要问题

（1）成立业委会难，组建制度不健全。调研普遍反映，政府部门主导成立业委会时，人员难选。一是业主身份难以确定，业委会成立的居民参与度低。新型住宅小区人员异质性高，相互隔膜度高；老旧小区如江汉区的商业网点小区，人口流动性强，小区外地人、租户较多，组建业委会意愿不强。二是业主积极性不高或动机不纯。部分业主对作为义务性工作的热情不是很高，或者成立业委会的动因就是为了与物业企业对立，解聘物业公司，或为个人谋取私利。三是建设单位消极抵触或设置障碍。如蔡甸区某小区，三次组织成立业委会未成功，物业企业给筹备组错误号码，设置阻挠，业主内部拉帮结派较多；××华府虽然入住率超过半数，但开发商不愿成立业委会，拒不提供相关资料，至今仍在沟通协调。

较为极端的反映是认为业委会没有成立的必要。没有业委会的时候，街道和社区可以单独解决个体居民问题，业委会组建以后，产生的纠纷与矛盾反而升级成为稳定和群体事件，更难解决。

在组建制度上，一是部分意见认为业委会成立门槛较高，如业委会原定为11人，数量太多，建议减少数量。二是业委会辞职和再次组建非常困难。琴断口街反映，一小区业委会在5月底集体辞职，纠纷点在于与物业企业之间的公共性收入的分配问题。物业企业宣称连续五年无公共收入，还要求业委会倒贴钱，业委会和物业企业关系僵持，但是业主大会投票仍然决定续签该物业企业，因此业委会集体辞职。

（2）业委会运行机制不顺畅。一是议事规则与实际运行存在较大差距。按照武汉市有关规定，事项决议通过必须业主投票达到双过半，这种议事机制难以实现，实际操作困难。到底是总人数过半或参会人数过半的问题应该明确，到底怎么委托投票仍非常模糊。有的小区常住户较少，召开业主大会投票表决经常无法出结果。

二是业委会缺乏组织保障。①业委会地位不明确，既非法人也非独立的其他组织，法律地位决定了其实际生存现状、维权处于相对尴尬的位置；②业委会没有公共账户，公共收益由物业代管，其弊病是业委会监管不了物业，相反业委会想用一分钱都要经过物业同意才行；③缺乏办公条件。普遍反映业委会办公条件差，基础台账整理不规范，甚至没有办公场所。

三是开发商遗留问题复杂。业主组织自治和后期物业管理应基于相对明晰的情况和管理权限，蔡甸街所反映的问题具有典型性。①开发商遗留的水、电、气等问题，导致居民上访；②业委会参选资格问题。开发商承诺该地原农户可不交物业费，导致该部分业主无资格参选业委会委员，从而引发矛盾；③开发商和业主签订合同承诺不交物业费。在××半岛小区，由于开发商的承诺，即使更换物业企业，业委会主任也带头拒交物业费；小区中大量的开发商遗留问题成为业委会的主要工作，但是对开发商并无有效的谴责制度。④“四资”移交困难。开发商遗留问题致使基本资料移交难；公共资产、公共资源管理难；公共资产、资源产生的公共收益管理及分配难；所需维修资金使用难。

四是专项维修资金难以启动。专项维修资金启动程序多，审批条件比较复杂，实际执行难，双三分之二的规定极大降低了通过率，街道和社区惠民基金承载着专项维修资金的使命。对专项维修资金的管理，困惑在于交给业委会有没有能力管理好，有能力管好这笔钱的业委会的标准又是什么。

五是物业费调整难度大。不管起点高低，物业费纠纷成为业主、业主组织和物业企业的焦点，物业费的调价机制、调价时机和调价标准没有形成政策支持。有的小区的物业企业因收取物业费太低而不能保证日常运营，小区基本卫生都无法保证，只能靠社区、街道兜底，最后破坏了市场规则。

（3）社会组织、市场企业和政府职能边界不清晰。一是“三方联动”没有形成良性互动。普遍反映，目前街道、社区对小区业主组织的有关工作处于被动状态，街道和社区过多承担市场和社会自治职责，当有现实利益驱动时，业委会和物业公司就会参与社区活动，否则只有社区一方主动或被动作为。社区和街道对业委会制约的操作性不强，“交叉任职”难以实现。在三方联动的调解中，街道和社区缺少法律法规的依据，可操作性不强。

二是业主组织素质不高、自治能力不强。部分业委会为达到少数团体的目的，挑拨事端，推波助澜，放大业主与物业企业之间矛盾纠纷；有的业委会或成员辞职随意性较大，业委会成立后，业委会负责人或成员想做就做，不想做就直接甩手不干；业委会不作为，导致小区电梯无法维修，设备设施损坏，最终由街道兜底，用政府职能来解决社会组织自治形成的问题。

三是物业企业契约精神和服务意识欠缺。部分物业企业不按照合同提供服务或降低服务标准，甚至与业委会达成某种非法协议，损害公共利益；业委会与物业公司在公共收益和空间使用上存在乱作为的现象。

（4）监督激励机制不完善。一是公共收益缺乏监督机制。对公共收益是否公开、是否合理使用、公示真实与否缺乏监督部门和程序。在很多新型小区，地下车库民防和停车兼用，开发商和物业公司的协商不能使业主满意，导致车库涨价问题的发生。有的物业公司擅自获取有关公共收益，致使共用设施设备改造难，专项维修资金补交难。

二是业委会缺乏相应的监督机制。按照武汉市有关条例，业委会监督物业公司履行《物业服务合同》，业委会接受街道工委的领导和指导，接受接受社区党委的领导、社区居委会的监督和指导、业主大会及广大业主的监督。但是业委会工作监督和资金使用由谁负责，如何处理，以及财务公示、服务标准和满意度测评也缺乏第三方的权威的指导和有效的评估。

三是对业委会缺乏激励政策。业委会成员没有经费保障，基本上是义务劳动，加之如果碰到业主不理解、歪曲事实，甚至诽谤、谩骂时，就会影响业委会成员的积极性和工作开展；业委会没有账户，公共收益等存放物业处，造成业主误会；业主借监督业委会之名，出于私利而不交物业费甚至中伤业委会委员，导致部分业委会履职中形成不敢为局面。

调研集中反映了影响业主组织作用发挥所聚焦的问题，既有宏观的政策性问题，也有微观的运行机制问题；既有作为发展阶段性问题，也折射了市场、社会组织和政府管理的边界模糊性问题；同时，也反映了在房屋共有产权和公共利益的平台上，社会组织、开发商、物业公司和业主等方面的利益纠纷。

2. 原因分析

当前，造成我市业主组织难以发挥作用和运行中出现乱象的原因，既有自身建设存在的不足，也有外部因素的制约，还有其他综合因素的影响。

（1）内部因素。一是仓促成立留隐患。在2015年电视问政背景下，武汉“大跃进”性地成立了大量业委会，这些业委会本身条件不成熟，属于仓促成立，自身业务素质不高。在缺乏政府部门有效的业务指导下，媒体缺乏正面宣传而偏向于负面报道，诱导业委会走向沉默，即不作为、不敢为；但同时也有一类业主为获取个人利益而想尽办法挤进业委会班子，这类业委会成员往往带头效应强，处事激进乱作为，经常引发群众性非理性维权，后续不管达到或达不到目的又随意退出业委会，扰乱正常秩序。

二是业主自身素质适应性不高。由于对社区管理法律法规欠缺了解，以及相关专业知识掌握不到位，面对具体小区治理事务和问题时，业主虽然参与其中，但是会受制于自身素质不高，协调解决问题的能力不足而无法胜任工作职责；有时还会在急躁情绪和激进思想的影响下，不仅无法合法合理地维护业主正当权益，还会激化矛盾；还有大量业主不发声、不参与、不关心，或者有些业主委员在处理业主与物业纠纷工作中遇到困难就丧失原则，存在畏难情绪、消极应付、攻坚克难的毅力不够、沟通协调能力不足等问题，这都会给业主组织自治作用发挥带来阻力。

三是业主组织运行体制机制不健全。业主组织要正常发挥作用，有赖于健全的组织运行和保障机制，但实际操作中往往遭遇制度性陷阱而陷于进退两难的尴尬境地。比较典型的问题是业主大会开不起来而带来一系列问题：业主之间无法达成一致，且议事规则、管理规约、选举业主代表均未能按照正常程序“彻底”完成，无法成立和形成决议，或勉强成立“带病”运作，业主组织的运行效力及权威性都受到质疑，还将为后续小区治理工作埋下隐患。

四是业委会归口管理部门不确定。政府部门由谁来管理业委会，业委会具体怎么做，与物业和业主等利益主体间的矛盾冲突如何解决和寻求外部救济，业委会是否能开立银行账户等，在当前业委会相关法律法规缺乏配套实施细则的情况下，迫切需要更加细化的指导意见及监督体制。更严重的是缺乏明确的矛盾仲裁机构部门，武汉市业主组织在民政部门登记备案，在街道政府、社区居委会和房管部门指导下成立，可是现行法律法规没有明确的矛盾仲裁部门，当业委会与物业公司或个别业主产生利益纠纷且由街道、居委会、房管局协调无果时，除了打官司走法律途径外，无职权部门管理或提供服务。尤其是当物业服务企业和开发商侵占业主公共空间、设施及公共收益，且拒不改正退还的情况下，街道、社区和房管部门对不法物业居然没有任何强制处理措施，松散的业主自治组织相对于物业和开发商企业，在诸如财力、人力、机构组织运作和社会影响力等方面都处于绝对的劣势地位。法律地位不明确，还带来了设立银行账户不便，造成对公共收益及未来可能接受政府奖励补贴的财务管理账务不清。

五是内部监督激励机制缺失。业主共有资产、财产合法管理及支配也非常考验业委会的运作能力，业委会因此面临以下五大困境：①激励机制缺失，无法调动业主委员的积极性；②对财务知识不精不专，无法胜任核查、监督物业企业对公共收益的账目的真伪性工作；③缺乏第三方专业力量协助，业委会可以借助和购买的社会专业咨询服务严重不足；④缺乏长效机制，业委会成员大多是兼职且无薪酬保障，业委会难以有序有效运作。⑤监督机制不优，操作性差，业委会运行中缺乏有效的内部监督激励机制，难免高发账务不清、寻租和贪污腐败等风险事件。

（2）外部因素。一是街道管理业委会职责边界模糊。街道及社区居委会的作用至关重要，但同时面临一些问题，如自身管理服务的专业知识不够，专业机构人员不足，经费不足，行政命令过多，缺乏实际有效监督措施等。在这样的情况下，街道及社区居委会很难做好业主及业委会、开发商及物业企业的工作，为了维稳，为了效绩，为了政绩，街道和社区居委会可能不得不乱作为、不作为、不敢为。

二是房产开发商遗留问题。开发商遗留问题是当前业主组织发挥作用不佳的最大障碍，也是引发业主组织与物业管理企业矛盾的主因。开发商前期拿地建房，然后请下属物业公司作为小区前期物业服务企业草率接盘，但开发商在规划设计、建筑质量、居住及管理配套中任何环节上的遗留问题都将成为后续物业企业与业主之间的维权及治理难题。

三是物业服务企业破坏和挑唆。物业企业之间存在恶性竞争和非正规服务，有的物业企业甚至收买或威胁业委会成员，或鼓动部分业主对抗业委会，或对相关部门、街道或社区的调解置之不理，或一味讨好开发商而置业三利益于不顾，或霸占业主公共收益不移交、不返还；还有的物业企业被业主大会及业委会解约后，拒不执行并阻挠新物业企业进入小区。在物业企业的不配合、不法行为的破坏和挑唆下，业委会很难与物业服务企业公平、平等地相互协调配合，监督物业企业履行物业合同则更是成为奢望。

(3) 综合因素。我国法治环境和地方治理的差异性，成为影响业主组织发挥作用的综合因素。近年来我国在加强政府法治建设和基层社区自治建设方面取得一些成效，但是各地各部门发展差异也造成效果不尽相同，从而对于业主组织发挥作用构成了社会综合因素影响。举例来说，业主家遭偷盗，物业公司负有安保不力的责任，但责任划分往往会出现纠纷，同时公安力量的介入程度和效果影响着纠纷的解决；业主违章盖建，物业公司力劝不止的情况下，城管的强有力介入在一定程度上可降低物业公司和业主之间的矛盾；小区内乱停车问题，交警的介入也可在一定程度上缓解物业与业主之间的矛盾。反之，假如公安、城管、交警不介入小区内部事务的治理，或者存在选择性执法等问题，仅凭物业公司的确很难有效解决这些专业性问题，在物业公司解决不了或不解决的情况下，可能就会引起物业企业与业主之间的矛盾，影响制约着业主组织作用的发挥。

五、对策建议

贯彻党的十九大精神，以习近平新时代中国特色社会主义思想为指导，按照加强社会保障体系建设和打造共建共享的社会治理格局的要求，探索现代社会组织体系，构建党委领导、政府负责、社会协同、公众参与和法治保障的社会治理格局，应该加快促进社会组织的社会化、法治化、智能化、专业化和市场化发展，进一步明确业主组织的组建程序、运行机制、职能关系、监督激励机制、智能化平台与治理方式，把握业主组织发展的阶段性，尊重基层创造性，借鉴先进经验，充分发挥业主组织的积极性，提升武汉社区治理体系建设的品质化水平。

（一）按照组织属性和法律规制，进一步评估业委会组建条件

1. 明确业委会定位

明确业委会定位、功能、职责、义务，组织成立按照自愿和非营利原则进行，将业委会作为社会组织进行登记管理。突出强化党的领导，政府职能部门职责落地，政府进行指导和监管。促进业主组织市场化、社会化、法治化和智能化发展，所承担的社会职能和市场职能实行政府监管和法律约束，其履职运行严格按照有关条例规定执行，从源头破解组织作用发挥的问题。

2. 建立业委会组建动态机制

政府部门积极推进和指导成立业委会，政府部门在业主组织成立初期介入指导，是否成立应根据小区业主意愿和实际情况进行变动。按照自愿原则，成熟一个就发展一个。明确业委会退出机制，对于现有的形同虚设的业委会实行申请退出机制。

3. 简化成立程序

针对不同类型小区而实施相应的规则，简化成立程序，鼓励互联网平台对业主身份认证、核实业主身份，鼓励委托投票制度。针对业主流动性大，业委会委员的替补人员难选的情况，应出台相应规定，进一步明确党员比例、业委会换届主体和交叉任职条件。

4. 实行分类管理

按照住房建设年限、供给方式、区域特点和业主组成人员等特点，制定标准，实行动态和分类管理，在一定的阶段，对不同类型小区业主组织进行分类管理。

（二）完善业主参会制度和委托制度，规范业委会运行方式

1. 突出党组织领导带动作用

充分发挥基层党组织和党员干部在业委会活动中的作用，逐步通过党建活动来规范业委会日常运作，提高业委会的履职能力和自律水平。充分发挥公职人员尤其是党员的模范带头作用，鼓励和引导政府机关和国有企事业单位在职党员参选业委会成员，并对其在业委会履职期间的工作，建立与所在单位的联系机制，实行激励考核机制，协助社区积极推进日常治理工作。

2. 试行业主代表大会制度

为有效解决小区业主组织开会难、投票难、决策难、监督难等问题，建议试行业主代表大会制度。业主可在物业服务区域内指定业主代表，明确委托事项及期限，并将委托书交由相关组织存管，业主代表持委托书在规定期限及规定事项内代替行使投票权。业主有权申请缩短或延长委托期限，增加或减少委托事项。业委会对重大事项的决策，须按照一事一议的原则，由业主代表大会表决通过。

3. 执行业委会备案制度

业委会成立时应当在民政部门和所在街道办事处同时进行备案，并持备案证明材料到银行开立资金账户，用于管理小区的共有财产。

4. 推行业委会成员酬金制，鼓励委员坐班制

明确业委会委员的津贴来源及标准作为成立业委会的条件之一，其中津贴来源从小区公共收益中列支，不足部分由全体业主分摊。

（三）进一步明确利益主体之间关系，激发业主组织活力，促进良性互动

1. 明确政府部门管理职能和方式

进一步明确业主组织和物业企业、居委会的关系，划分各自职能边界。业主组织按照社会团体组织登记运行，物业企业按照契约合同，严格依法履行企业职责；在管理方式上，实行行业和属地双重管理，明确房地产部门、民政部门作为行业管理和社会组织登记管理部门，街道、居委会对小区成立业委会进行事前备案管理和指导运行。

2. 完善协调机制

健全“三方联动”机制，及时解决小区业主与业主之间、业主与物业公司之间、业主与业委会之间的矛盾。进一步明确相关制度、规则，支持街道、社区对业委会工作进行监督和指导，落实社区居委会、物业服务企业、业委会“三方联动”机制和重大事项事先磋商机制，业委会日常工作应公开、透明。

3. 加强对业主委员会的指导监督

强化小区业主组织管理，并纳入社会治理网格化管理。对于条件不成熟、没有成立业委会的小区，由小区所在居委会代管小区物业服务，允许居委会以招标或委托的方式购买小区物业服务。街道办事处和社区居委会应积极组织、指导召开业主

大会、成立业委会，指导筹备组起草好业主大会议事规则和管理规约文本，从源头上把好业委会的组建关和备案关。指导、监督业主大会、业委会依规按约开展工作，协助督促新老业委会办理移交手续。

（四）加强对社区综合治理的监管力度，为业主组织作用发挥创造有利条件

1. 建立高位协调推进机制

设立市级领导小组，负责全市物业服务管理工作的组织领导、统筹协调和考核督查等。领导小组下设办公室，办公室设在市房管部门，具体负责全市物业服务管理工作的组织、协调、督查。各区、街道办事处分别建立物业服务管理联席会议制度，加强对物业服务管理重点、难点工作的协调。

2. 强化对“四资”移交工作的指导、监督

各级房屋主管部门对违规企业将进行严肃处理，对没有按要求将“四资”移交到街道、物业企业的开发建设单位明确处罚标准，设立监督和举报机制；对没有按要求将“四资”移交到业委会的物业企业明确处罚标准，设立监督和举报机制。

3. 健全物业服务管理体系

首先，健全物业服务工作机构，各社区居委会设立物业服务管理工作站，具体负责社区内物业服务管理工作的组织实施，配备专职物业服务管理工作人员。其次，加强项目前期物业管理，由市房管部门组织物业项目承接查验，在房屋交付之前组织物业管理专家库成员或第三方咨询机构对项目进行承接查验，出具承接查验备案书。最后，规范物业服务行为，主要是规范物业企业履约行为，督促物业依据服务合同切实履行职责；规范物业收费和使用行为，严格落实物业收费及使用情况公示制度；规范物业服务市场秩序，完善物业服务行业信用体系，促进企业诚信经营。

（五）发挥社会第三方服务机构的作用，促进业主组织规范运行

1. 探索建立第三方监理评估机制

以政府购买服务、业委会或业主委托等多种形式，建立第三方评估机构。对业委会工作建立评估机制与标准，从环境、安全、生活品质等方面对小区业委会工作进行评判，通过以奖代补的方式，激发业委会工作积极性。培育和支持物业服务市场第三方专业机构，建立政府主导、市场运作平台，进行招投标咨询、财务审计、分析评估、质量评价、业委会筹建服务等，为规范物业服务、解决物业费纠纷、落

实物业价格调整机制提供保障。

2. 建立自治组织监督和调解机构

建立针对业委会自治组织进行纪检监督的部门，建立专门的物业纠纷调解机构，物业纠纷调解委员会作为行业性的调解组织，主要进行人民调解、行政调解。

3. 实施业委会成员离任审计制度

业委会委员离职时，应当在街道办事处监督下，委托第三方对业委会工作经费进行审计，对有关司法案件应交由司法机关处理。

4. 规范物业服务企业退出机制管理

物业服务企业退出前须接受经济责任审计，在相关审计问题没解决前，不得随意退出；退出后暂时没有物业服务企业接管的小区，由社区居民委员会或国有物业服务企业代管。

（六）进一步完善政策法律条例，指导业主组织成立和运行

尽快出台新的《武汉市物业管理条例》，完善有关政策法规，明确业委会的组织性质、法律地位，规范业委会的选举程序；完善指导业委会或业主大会直接与公共服务专营企业签订维保协议，明确维修职责；完善激励机制，对运行良好的业主组织进行奖励，对无公共收益或公共收益较少的小区由政府给予扶持；完善物业企业的扶持政策，政府部门对大多数业主认可的物业企业进行政策性奖励。

（七）加强宣传引导及交流决策平台建设，优化业主组织的运行环境

1. 认真总结和推广业主组织发展经验

总结武汉市近年来业委会的工作经验，对表现好的业委会进行表彰；加强对业委会的培训和指导，不断提高业委会的工作水平和能力；对无公共收益或公共收益较少的小区由政府层面给予扶持，建立激励机制。

2. 强化社会舆情引导

充分利用传统媒体和新媒体，客观报道业主组织作用和物业服务纠纷，引导业主在物业管理活动中自觉履约守规、理性维权；各区、街道办事处、行业主管部门、物业协会要采取多种方式，广泛宣传物业服务管理政策、法规，提升共识，营造氛围。

3. 鼓励建立公共决策平台和社区交流平台

积极组织开展丰富多彩的小区公共文化生活，增加业主之间的交流机会，建立业主的社区意识，提高业主参与集体行动的意愿。政府部门实行以奖代资助的形式，鼓励支持利用互联网工具，建设智慧社区和智慧物业管理，建立业主公共决策平台和自治组织的社区公共交流平台，加强业委会正面宣传，推动业委会的健康发展和作用的有效发挥。

◎ 参考文献

[1] 冯仕政．当代中国的社会治理与政治秩序［M］．北京：中国人民大学出版社，2013.
[2] 张康之，石国亮．国外社区治理自治与合作［M］．北京：中国言实出版社，2012.
[3] 谢志强，黄磊．从“社会管理”到“社会治理”演变的历史轨迹［J］．中国工商管理研究，2014（1）.
[4] 王浦劬，（美）莱斯特．M. 萨拉蒙．政府向社会组织购买公共服务研究——中国与全球经验分析［M］．北京：北京大学出版社，2010.
[5] 张林江．社会治理十二讲［M］．北京：社会科学文献出版社，2015.
[6] 国务院发展研究中心社会发展研究部课题组．社会组织建设现实、挑战与前景［M］．北京：中国发展出版社，2011.
[7] 夏建中．城市新型社区居民自治组织的实证研究［J］．学海，2005.
[8] 严红．业委会监督机制之法律思考［J］．政治与法律，2006.
[9] 吴晓林．中国城市社区业主维权研究综论［J］．城市问题，2013.
[10] 杨婕．我国业主自治模式的困境及其完善［J］．法制与社会，2017.
[11] 陈德豪，陈平．特大城市老城住宅小区业主自治机制研究［J］．建筑经济，2016.
[12] 吴晓林．国外“城市社区业主组织”研究述评［J］．国外理论动态，2014.

7. 武汉市房屋安全鉴定技术标准研究

武汉市住房保障和房屋管理局房屋安全维护管理处
武汉地震工程研究院有限公司

课题负责人： 邓绪海　武汉市住房保障和房屋管理局　总工程师
课题组成员： 于雪松　张四维　李　跃　艾　笋　曾汉武
吕照清　彭连生　冯　谦　张仲先　刘士清
彭汉林　张彦君　谭　杰　张　骥　刘　元
罗　袁
课 题 统 稿： 张四维　李　跃　曾汉武　谭　杰

目 次

1 范　　围

1.0.1 本规程规定了武汉市房屋安全鉴定的基本规定、鉴定基本要求、地基危险性鉴定、构件危险性鉴定、房屋危险性鉴定等内容。

1.0.2 本规程适用于武汉市行政区域内建成两年以上，高度不超过 100m 且已投入使用房屋的危险性鉴定。具体包括：

1 居住建筑——指住宅、旅馆、招待所、宿舍楼等；

2 公共建筑——学校、医院、办公楼、档案馆、体育馆、地铁站、文物保护建筑等；

3 工业建筑——供人们从事各类生产活动的建筑物和构筑物。如厂房车间、仓库、化验室、变电所等。

1.0.3 工业建筑、大型公共建筑及高层建筑、文物和历史保护建筑等房屋的鉴定，还应当参照有关专业技术标准、规范和规程进行。

2 规范性引用文件

下列文件对于本规程的应用是必不可少的。凡是注明日期的引用文件，仅注日期的版本适用于本规程。凡是不注日期的引用文件，其最新版本（包括所有的修改单）适用于本规程。

GB50003《砌体结构设计规范》

GB50005《木结构设计规范》

GB50007《建筑地基基础设计规范》

GB50009《建筑结构荷载规范》

GB50010《混凝土结构设计规范》

GB50017《钢结构设计规范》

GB50144《工业建筑可靠性鉴定标准》

GB50292《民用建筑可靠性鉴定标准》

GB/T 50344《建筑结构检测技术标准》

GB50023《建筑抗震鉴定标准》

JGJ3《高层建筑混凝土结构技术规程》

JGJ8《建筑变形测量规程》

JGJ94《建筑桩基技术规范》

JGJ125《危险房屋鉴定标准》

《房屋完损等级评定标准》

GB50152《混凝土结构试验方法标准》
GB1499.2《钢筋混凝土用钢 第2部分：热轧带肋钢筋》
GB/T 50315《砌体工程现场检测技术标准》
GB/T 50784《混凝土结构现场检测技术标准》

3 术语和符号

3.1 术语

3.1.1 既有房屋 existing building

建成两年以上且已投入使用的房屋。

3.1.2 危险性鉴定 dangerous appraisal

实施一组工作活动，其目的在于判定被鉴定房屋的危险性程度。

3.1.3 危险构件 dangerous member

承载能力、连接构造等性能及裂缝、变形、腐蚀或蛀蚀等损伤指标不能满足安全使用要求的结构构件。

3.1.4 危险点 dangerous point

房屋结构体系中评定为危险构件的结构构件。

3.1.5 危险房屋 dangerous building

房屋结构体系中存在承重构件被评定为危险构件，导致局部或整体不能满足安全使用要求的房屋。

3.1.6 局部房屋安全鉴定 local building safety appraisal

根据特殊需要，只对房屋局部区域或特定的结构构件进行的安全鉴定。

3.1.7 应急鉴定 urgent appraisal

因灾害、事故等导致房屋受损，可能危及人民生命、财产安全，因应急需求须对受损房屋进行的安全鉴定。

3.1.8 房屋利害关系人 building interested person

因房屋受损可能危及其人身及财产安全的人，包括房屋使用人、管理人以及相邻人等。

3.1.9 结构性裂缝 structural crack

结构构件因外部荷载作用产生的应力超过其材料强度而产生的具有一定规律性的裂隙，超过设计规范允许值的裂缝对构件安全是有害的。

3.1.10 荷载检验 load test

通过施加作用力以检验构件的承载力、刚度、抗裂度或裂缝宽度等参数为目的的检测。

3.1.11　动力性能测试　test of structural dynamic parameters

对结构的动力特性参数和动力荷载效应进行测试的试验。

3.2　符号

3.2.1　构件危险性鉴定

H_g——自室外地面起算的建筑物高度（m）；

h——墙、柱计算高度；

l_0——结构构件计算长度；

R——结构构件抗力；

S——结构构件作用效应

ϕ——结构构件抗力与效应之比调整系数；

γ_0——结构构件重要性系数；

ρ——斜裂缝的斜率。

3.2.2　房屋危险性鉴定

A、B、C、D——房屋危险性等级；

A_u、B_u、C_u、D_u——楼层危险性等级；

B——地下室结构层数；

F——上部结构层数；

f——基础结构层数；

n_{df}——基础危险构件数量；

n_f——基础构件数量；

n_{dpci}——第 i 层中柱危险构件数量；

n_{dsci}——第 i 层边柱危险构件数量；

n_{dcci}——第 i 层角柱危险构件数量；

n_{dwi}——第 i 层墙体危险构件数量；

n_{pci}——第 i 层中柱构件数量；

n_{sci}——第 i 层边柱构件数量；

n_{cci}——第 i 层角柱构件数量；

n_{wi}——第 i 层墙体构件数量；

n_{drti}——第 i 层屋架危险构件数量；

n_{dpmbi}——第 i 层中梁危险构件数量；

n_{dsmbi}——第 i 层边梁危险构件数量；

n_{rti}——第 i 层屋架构件数量；

n_{pmbi}——第 i 层中梁构件数量；

n_{smbi}——第 i 层边梁构件数量；

n_{dsbi}——第 i 层次梁危险构件数量；

n_{dsi}——第 i 层楼屋面板危险构件数量；

n_{sbi}——第 i 层次梁数量；

n_{si}——第 i 层楼屋面板数量；

n_{dsmi}——第 i 层围护结构承重危险构件数量；

n_{smi}——第 i 层围护承重结构构件数量；

R——整体结构危险性程度判定特征值；

R_f——基础层危险构件综合比例；

R_s——上部结构（含地下室）危险构件综合比例。

4 总　　则

4.0.1　为贯彻落实《危险房屋鉴定标准》（JGJ125）、《武汉市房屋安全管理条例》，有效利用既有房屋，及时处理危险房屋，确保房屋结构安全，制定本规程。

4.0.2　本规程依据现行国家和行业标准，结合武汉市的具体情况进行编制，力求做到科学准确、安全适用、经济合理。

4.0.3　房屋安全鉴定，除应符合本规程规定外，尚应符合国家现行有关标准的规定。

5 基本规定

5.1　鉴定分类

5.1.1　房屋安全鉴定可分为整幢房屋安全鉴定和局部房屋安全鉴定。

5.1.2　整幢房屋安全鉴定是根据被鉴定房屋的结构体系和构造特点，而将房屋划分成一个或若干个传力体系独立的结构单体分别进行鉴定，每一个结构单体为一“幢”房屋，按变形缝所划分的独立区段，作为一幢房屋。

5.1.3　局部房屋安全鉴定，区别于整幢房屋安全鉴定，是指针对房屋的某一局部区域进行的鉴定。受托开展局部房屋安全鉴定时，应考虑被鉴定区域在整个结构体系中的重要性、与四周结构的关联度。

5.2 需要鉴定的房屋

5.2.1 房屋存在下列情形之一需继续使用的，需要进行房屋安全鉴定，确定房屋的安全状况：

1 房屋达到或超过设计使用年限的，宜进行房屋安全鉴定；

2 房屋地基基础、上部承重构件出现明显变形、开裂、腐蚀等情形；

3 因周边施工、自然灾害或者爆炸、火灾等事故造成房屋出现变形、开裂、不均匀沉降等情形；

4 其他可能影响公共安全和他人合法权益需要鉴定的情形，包括但不限于以下情形：

1）未经原设计单位或者具有相应资质等级的设计单位提出设计方案，且未经施工图设计审查机构审查同意，擅自变动建筑结构体系和承重构件；

2）对承重构件造成损伤，如在混凝土梁、板、柱、剪力墙结构及砌体承重墙上开凿孔洞或者扩大洞口；

3）加层、增设夹层或超过原设计标准增大荷载。

5 其他根据委托方要求需要鉴定的情形。

5.3 鉴定程序

5.3.1 鉴定单位开展房屋安全鉴定工作应按下列程序进行：

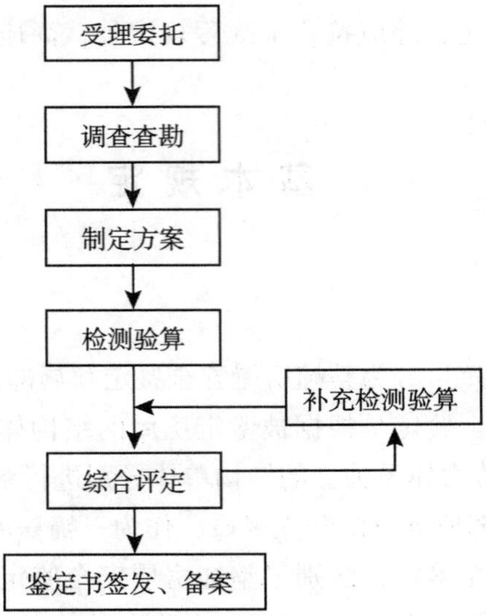

图 5.3.1 鉴定程序

6 鉴定基本要求

6.1 受理委托

6.1.1 房屋鉴定单位应受理以下房屋安全鉴定委托：

1 房屋所有人提出的鉴定委托；

2 相邻人、使用人等房屋利害关系人提出的鉴定委托；

3 建设单位、施工企业提出的施工区域周边房屋的鉴定委托；

4 房屋所在住宅小区的业主委员会或者社区居民委员会提出的整栋房屋鉴定委托；

5 因灾害、事故导致房屋受损的，可接受市、区人民政府及其房屋主管部门对受损房屋的鉴定委托；

6 市、区房屋主管部门因房屋安全管理工作需要提出的鉴定委托。

6.1.2 房屋鉴定单位不得受理以下房屋安全鉴定委托：

1 主体已损毁或灭失的房屋；

2 利益相关人人为破坏的房屋。

6.1.3 房屋鉴定单位在受理鉴定委托时，宜查验委托人下列合法证件、资料，并归档：

1 房屋所有权证或不动产权证书、住房租约等相关权属证明材料；

2 委托人身份证或其他有效证件（个人），营业执照（单位）；

3 房屋相关勘察、设计、施工、验收、改造、鉴定等资料。

6.1.4 涉及农村危房改造的项目，还应收集：

1 区建设局的鉴定委托书，委托书要注明为农村危房改造；

2 民政部门或扶贫部门等出具的建档立卡的特困户证明资料；

3 街道、乡镇或村民委员会出具的为本村村民且为唯一宅基地证明资料。

6.1.5 鉴定单位在接受鉴定委托时，应与委托人签订《房屋安全鉴定合同》，与委托人约定现场查勘日期，并交代准备事项。

6.1.6 《房屋安全鉴定合同》宜以武汉市房屋安全鉴定行业协会制定的范本为合同样本。

6.1.7 对于应急鉴定的委托，鉴定单位不得因资料提交不全等原因而推诿。

6.2 调查查勘

6.2.1 鉴定单位应按房屋规模大小、结构复杂程度选派相应数量的鉴定人员（不应少于两人）承担鉴定工作。

6.2.2　鉴定人员应向委托人调查被鉴定房屋的图纸资料和使用历史情况：

1　图纸资料：包括岩土工程勘察报告、施工图、设计变更记录、施工及施工变更记录、竣工图、质检及验收文件（包括隐蔽工程验收记录）、房屋变形观测报告、事故处理报告、维修记录、历次加固改造图纸等；

2　使用历史情况：包括使用、功能、维修、改造、灾害等情况。

6.2.3　鉴定人员应根据调查资料准备必要的检测工具、仪器，进行现场查勘。

6.2.4　现场查勘

1　鉴定人员现场查勘应当按照规定的程序进行，现场查勘情况应详细、工整记录在《房屋安全鉴定现场查勘表》（见附录 A）上，并在查勘结束后由鉴定人员签字存档；

2　查勘工作应本着先室外（包括周边环境、地下设施等）后室内，先下层后上层，宜按地基基础、墙、柱、梁、板、屋架、屋面，逐层、逐间、逐项检查；

3　对鉴定委托中提出和初始调查中确定的重点检查项目，应仔细查勘、详细记录；

4　绘制房屋平面图，并以编号和图例的形式在平面图上标记主要受损构件，并在查勘表中记录各种受损构件的类型、部位、程度及数量；

5　现场查勘发现房屋结构情况复杂，一次进场难以完成所有工作或发现有必要开展更多检测工作时，应根据需要做充分准备，进行二次查勘或多次查勘。

6.2.5　现场查勘中应根据实际需要确定检查内容，一般包括但不限于以下内容：

1　场地及周边环境

①结合岩土工程勘察报告，检查房屋所处场地是否为不利、危险地段，如软弱土、液化土、陡坡、河岸和边坡的边缘等可能发生滑坡、崩塌、地陷、地裂、泥石流等灾害的位置；

②调查房屋外部环境，包括周边新建建筑物、基坑开挖、施工降水、地基浸水、土壤腐蚀、施工振动等影响因素。

2　房屋使用现状

①使用用途：现用途是否与原设计用途一致；

②荷载：是否有增大荷载而超过荷载设计标准值、集中堆载等现象；

③使用环境：是否有腐蚀、浸水等情况；

④房屋完整性：是否有拆改原结构、降低房屋地面地坪标高、违章搭建等情况。

3　地基基础：

①上部结构的不均匀沉降裂缝和倾斜位移状况；

②地基不稳定滑移、特殊土质变形和开裂的状况；

③基础老化、腐蚀、酥碎、折断导致上部结构出现的倾斜、位移、开裂、扭曲的状况；

④基础与承重砖墙连接处的水平、竖向和斜向阶梯形裂缝状况；

⑤基础与框架柱根部连接处的水平裂缝状况等。

4 上部结构、构件

①结构体系及其整体性，包括房屋高度、层数和层高，竖向和水平承重构件布置，支撑（或其他抗侧力体系）布置等；

②结构构件及其支承、连接，包括结构构件几何参数、材料强度、连接构造等；

③结构损伤、缺陷，包括材料和施工缺陷、结构构件及其连接节点的裂缝、损伤和腐蚀等；

④结构位移和变形，包括结构顶点和层间位移，受弯构件的挠度与竖向构件的侧弯及局部侧倾等。

5 围护结构、装饰装修和附属设备等损坏状况。

6.2.6 在对房屋裂缝进行调查时，应区分结构性裂缝和其他裂缝；综合评定时，只有当结构性裂缝达到危险点标准时，才可判定构件为危险点。鉴定过程中，若难以判定裂缝性质，须开凿砂浆抹灰层，准确判断。

6.2.7 对房屋进行局部鉴定时，除应对委托鉴定范围进行勘查外，尚宜考虑被鉴定区域与整个结构体系的关联性，从而做出是否扩大勘查及鉴定范围的合理化建议。若查勘发现房屋局部存在危险构件，应根据结构受力体系关联性扩大鉴定范围，必要时可扩大到对整幢房屋进行鉴定。

6.2.8 对房屋进行局部鉴定时，重点检查内容应包括但不限于：

1 对局部鉴定区域荷载有影响的情况，包括增大使用荷载、改变使用用途等；

2 局部鉴定区域内破坏主体结构的情况，包括拆改结构、降低地面地坪标高等；

3 鉴定区域与周边构件的关联影响情况；

4 房屋地基基础受损状况。

6.3 检测鉴定方案

6.3.1 检测鉴定方案应由鉴定人员在调查查勘的基础上，根据鉴定类型、范围、目的和相关要求进行编制。

6.3.2 检测鉴定方案应包括以下主要内容：

1 房屋概况；

2 检测鉴定目的和范围；

3 检测鉴定的工作内容及依据；

4　检测仪器设备；

5　工作进度安排；

6　委托方配合工作；

7　检测中的安全保障和环保措施。

6.3.3　方案中检测数量的确定，应符合现行国家标准《建筑结构检测技术标准》GB/T 50344 的要求。

6.4　检测验算

6.4.1　现场结构检测应提供真实、可靠、有效的检测数据和检测结论。对检测数据的处理，应符合现行国家标准《建筑结构检测技术标准》GB/T 50344 和《数据的统计处理和解释 正态样本离群值得判断和处理》GB/T 4883 的规定。

6.4.2　现场鉴定时，要有针对性地对房屋进行检测。主要检测项目有：沉降量、位移量、倾斜率、挠度、裂缝（宽度、长度）、尺寸及轴线复核，承重构件材料强度等。

6.4.3　进行房屋变形测量的情形：

1　进行房屋鉴定时，应对房屋进行整体倾斜观测；

2　周边有新建建筑物、基坑开挖、隧道施工、施工降水等情况时，应对房屋进行倾斜观测，必要时进行沉降观测；

3　墙、柱、屋架相对于房屋整体有较大局部倾斜变形时，应对其进行变形检测；

4　梁、板、屋架、檩条、格栅出现明显的弯曲、下挠变形时，应对其挠曲变形进行检测。

6.4.4　开展材料强度检测，并对相应构件进行承载能力验算的情形：

1　砌体承重墙或柱表面风化、剥落、砂浆粉化等，造成有效截面削弱，有必要验算其承载能力时；

2　承重墙出现挠曲鼓闪等侧弯变形现象，有必要验算其承载能力时；

3　过梁、悬挑构件有断裂、倾覆可能，有必要对其承载能力及抗倾覆进行验算时；

4　承重结构遭受浸水、腐蚀、火灾等，可能导致材料强度大幅下降时；

5　经调查，结构实际使用荷载加大（包括改变用途、违章搭建等），需对承载能力进行验算时；

6　结构连接构造或施工工艺严重不符合规范要求，需对承载能力进行验算时；

7　未经正规设计与施工，擅自拆改结构，需对承载能力进行验算时；

8　对大跨度梁、预制板、屋架和底部框架抗震墙结构，当连接构造不符合要求或出现倾斜、开裂等病害时，需对承载能力进行验算；

9 房屋使用年限较长，对材料强度有怀疑时；

10 其他认为有必要的情况。

6.4.5 对房屋进行局部鉴定时，对单个构件或部分构件进行检测的结论不得扩大到未检测的构件或范围。

6.4.6 当结构构件的破坏特征达到本规程第8章规定的危险点时，直接评定该构件为危险点，可不对该构件进行承载力验算。

6.5 鉴定评级

6.5.1 整幢房屋安全鉴定应按照本规程第9章的规定，划分为A级（非危险房屋）、B级（危险点房）、C级（局部危房）、D级（整幢危房）。

6.5.2 局部房屋安全鉴定仅对被鉴定范围出具鉴定结论，明确鉴定范围的安全状况，不评定等级。

6.5.3 经鉴定属于A级（非危险房屋）的，应按照《房屋完损等级评定标准》评定为完好房、基本完好房、一般损坏房和严重损坏房。并在《房屋安全鉴定书》上注明该房屋在正常使用条件下鉴定书的有效时限，一般不超过一年。

6.5.4 在对被鉴定房屋提出处理建议时，应结合周边环境、经济条件等各类因素综合考虑。

6.5.5 经鉴定属于A级（非危险房屋）的，可根据4种完损等级状况在《房屋安全鉴定书》上提出以下处理意见：

1 完好房：正常使用；

2 基本完好房：正常使用并加强日常检查和维护；

3 一般损坏房和严重损坏房：对损坏部位进行维修、加固或更换。

6.5.6 经鉴定属于B级危险房屋的，可根据危险构件的破损程度和具体情况，提出以下处理意见：

1 减少结构使用荷载；

2 加固或更换危险构件；

3 针对危险构件，采取适当安全技术措施后观察使用；

4 停止使用（注明停止使用的区域范围）；

5 拆除部分结构（注明拆除的范围）；

6 其他（自行填写）。

6.5.7 经鉴定属于C级、D级危险房屋的，可提出以下处理意见：

1 观察使用：适用于采取适当安全技术措施后，尚能短期使用，但需继续观察的房屋；

2 处理使用：适用于采取适当技术措施后，可解除危险的房屋；

3 停止使用：适用于已无修缮价值，但暂时不便拆除，又不危及相邻建筑和影响他人安全的房屋；

4 整体拆除：适用于整幢危险且无修缮价值，需立即拆除的房屋；

5 按相关规定处理：适用于有特殊规定的房屋，如文物建筑或历史保护建筑。

6.5.8 针对局部鉴定，按照鉴定部位是否存在危险点来提出不同情况的处理意见：

1 当鉴定部位存在危险点时，参考 B 级危险房屋，可采用本规程 6.5.6 条中的 6 种处理意见；

2 当鉴定部位不存在危险点时，参考 A 级房屋，可采用本规程 6.5.5 条 3 中的种处理意见。

6.6 鉴定书签发及备案

6.6.1 《房屋安全鉴定书》应按附录 B 中模板内容及格式进行编写，应包括下列内容：

1 房屋的建筑、结构概况以及使用历史、维修情况等；

2 鉴定目的、内容、范围、依据及日期；

3 调查、检测、分析过程及结果；

4 评定等级或评定结果；

5 鉴定结论及建议；

6 相关附件。

6.6.2 《房屋安全鉴定书》应按以下程序进行签发备案：

1 鉴定技术人员将鉴定报告录入武汉市房屋安全信息管理系统，确认无误后提交；

2 经鉴定单位技术负责人系统中审核通过后，生成鉴定报告编号；

3 出具《房屋安全鉴定书》，连同《房屋安全鉴定现场查勘表》一起签字、盖章，并扫描上传至武汉市房屋安全信息管理系统；经鉴定单位技术负责人审核扫描件通过后，提交区局备案。《房屋安全鉴定书》提交后不得擅自修改。

6.6.3 《房屋安全鉴定书》应当由鉴定负责人、技术负责人、单位负责人签字，加盖单位公章后方可生效。房屋安全鉴定单位及相关负责人对出具的鉴定书承担法律责任。

6.6.4 房屋安全鉴定单位应当及时向鉴定委托人出具《房屋安全鉴定书》，并将该鉴定书同时报房屋所在地的区房屋主管部门备案。鉴定结论为危险房屋的，房屋安全鉴定单位应当在作出鉴定结论后 24 小时内将鉴定书送达鉴定委托人。在鉴定过程中发现房屋存在重大险情的，要及时向房屋所在地的区房屋主管部门报告。

6.6.5 凡涉及房屋安全鉴定的原始资料，如：鉴定文书、委托书、委托人及当事人资料，房屋新改扩施工图纸、图片资料、初始调查表、构件勘查表、检测原始记录等应归档留存，保证其具有可追溯性，且保存期限不少于6年。

7. 地基危险性鉴定

7.1 一般规定

7.1.1 本章适用于既有房屋地基的危险性鉴定。

7.1.2 地基的危险性鉴定，应根据地基承载能力、地基变形、土体位移等进行确定。对紧邻高切坡、挡土墙的房屋，还应考虑高切坡、挡土墙的稳定性。

7.1.3 根据地基基础资料与现场调查查勘、检测结果，若房屋存在以下情况之一，可直接评定地基为非危险状态：

1 房屋不存在因地基不均匀沉降引起的裂缝、倾斜等问题；

2 房屋存在因地基不均匀沉降引起的细微裂缝或倾斜，但均在本标准规定的允许范围内，且地基沉降已稳定。

7.1.4 对地基进行危险性鉴定时，应重点注意以下几种情况：

1 结构构件中出现与地基变形有关的裂缝或倾斜现象且仍在继续发展；

2 处于湖泊、河道、水渠、山坡、基坑隧道等工程施工周边或地质灾害影响范围内，并出现结构构件损伤状况的；

3 当地下水位有较大变化，或土压力、水压力有显著改变，特别是地基基础经漫水长时间浸泡，可能对房屋安全产生不利影响的。

7.1.5 房屋建筑的地基危险性鉴定宜包括下列内容：

1 通过房屋的地质勘察报告等资料对地基的状态进行分析和判断，包括地基土的土层分布及下卧层情况、地基的稳定性等；

2 检查地基变形，房屋结构的倾斜，以及室外散水、台阶与主体结构之间、主体结构或填充墙体中因地基不均匀沉降引起的裂缝、变形等反应，并进行分析；

3 当房屋建筑周围存在基坑开挖或管沟施工以及振动源等情况时，应对房屋建筑的倾斜、结构构件开裂和不均匀下沉的情况进行检查；

4 调查其他因素，如地下水位变化、地基浸水等影响或作用；

5 根据房屋建筑地基与上部结构的适应性，以及地基引起的结构变形与损伤等状况的检查结果，对地基的安全性进行综合评价。

7.2 评定方法

7.2.1 地基承载力验算方法应符合现行国家《建筑地基基础设计规范》GB 50007 中的规定。

7.2.2 需对地基进行承载力验算时，应通过地质勘察报告等资料来确定地基土层分布及各土层的力学特性，同时宜考虑建造时间对地基承载力提高的影响，地基承载力提高系数，可参照表 7.2.2 取值。

表 7.2.2 **地基土承载力长期压密提高系数**

年限与岩土类别	p_0/f_a			
	1.0	0.8	0.4	<0.4
2 年以上的砾、粗、中、细、粉砂 5 年以上的粉土和粉质黏土 8 年以上地基土承载力特征值大于 100kPa 的黏土	1.2	1.1	1.05	1.0

注：1. p_0指基础底面实际平均压应力（kPa），f_a指地基土承载力特征值（kPa）；2. 使用期不够或岩石、碎石土、其他软弱土，提高系数可取 1.0。

7.2.3 当单层或多层房屋地基出现下列现象之一时，应评定为危险状态：

1 当房屋处于自然状态时，地基沉降速率连续两个月大于 4mm/月，并且短期内无收敛趋势；当房屋处于相邻地下工程施工影响时，地基沉降速率大于 2mm/天，并且短期内无收敛趋势；

2 因地基变形引起砌体结构房屋承重墙体产生单条宽度大于 10mm 的沉降裂缝，或产生最大裂缝宽度大于 5mm 的多条平行沉降裂缝，且房屋整体倾斜率大于 10‰；

3 因地基变形引起混凝土结构房屋框架梁、柱出现开裂，且房屋整体倾斜率大于 10‰；

4 两层及两层以下房屋整体倾斜率超过 30‰，三层及三层以上房屋整体倾斜率超过 20‰；

5 地基不稳定产生滑移，水平位移量大于 10mm，且仍有继续滑动迹象。

7.2.4 当高层房屋地基出现下列现象之一时，应评定为危险状态：

1 不利于房屋整体稳定性的倾斜率增速连续两个月大于 0.5‰/月，且短期内无收敛趋势；

2 上部承重结构构件及连接节点因沉降变形产生裂缝，且房屋的开裂损坏趋势仍在继续发展；

3 房屋整体倾斜率超过表 7.2.4 规定的限值，且同时出现以下情形之一：

①根据竣工图，地基竖向承载能力验算结果不符合现行国家《建筑地基基础设计规范》GB 50007 的要求；

②房屋经沉降观测确定其地基处于非稳定状态，且短期内沉降速率无收敛

趋势；

③临近边坡或基坑的房屋周边土层出现位移或裂缝，且与建筑物倾斜相关联；

④存在与倾斜方向相符的不均匀沉降。

表 7.2.4 **高层房屋整体倾斜率限值**

房屋高度（m）	24<Hg≤60	60<Hg≤100
倾斜率限值	7‰	5‰

注：Hg 为自室外地面起算的建筑物高度（m）。

8 构件危险性鉴定

8.1 一般规定

8.1.1 单个构件安全性的鉴定方法，应根据构件的不同种类，分别按本章第 8.2 节至第 8.7 节的规定执行。

8.1.2 单个构件的划分应符合下列规定：

1 基础应包含下列内容：

①独立基础以一个基础为一个构件；

②柱下条形基础以一个柱间的一轴线为一个构件；

③墙下条形基础以一个自然间的一轴线为一个构件；

④带壁柱墙下条形基础以按计算单元的划分确定；

⑤单桩以一根为一个构件；

⑥群桩以一个承台及其所含的基桩为一个构件；

⑦筏形基础和箱形基础以一个计算单元为一个构件。

2 墙体应包含下列内容：

①砌筑的横墙以一层高、一自然间的一轴线为一个构件；

②砌筑的纵墙（不带壁柱）以一层高、一自然间的一轴线为一个构件；

③带壁柱的墙以按计算单元的划分确定；

④剪力墙以按计算单元的划分确定。

3 柱应包含下列内容：

①整截面柱以一层、一根为一个构件；

②组合柱以层、整根（即含所有柱肢和缀板）为一个构件。

4 梁式构件应以一跨、一根为一个构件；若为连续梁时，可取一整根为一个构件。

5 杆（包括支撑）应以仅承受拉力或压力的一根杆为一个构件。

6 板应包括下列内容：

①现浇板按计算单元的划分确定；

②预制板以梁、墙、屋架等主要构件围合的一个区域为一个单元；

③木楼板以一开间为一个构件。

7 桁架、拱架应以一榀为一个构件。

8 网架、折板、壳应以一个计算单元为一个构件。

9 柔性构件应以两个节点间仅承受拉力的一根连续的索、杆等为一个构件。

8.1.3 构件的承载力验算及结构分析应符合下列规定：

1 结构分析方法应考虑环境对材料、构件和结构性能的影响，以及结构累积损伤的影响，应符合国家现行设计规范的规定。

2 结构构件验算使用的计算模型，应符合其实际受力与构造状况。

3 结构上的作用应经调查或检测核实，并参考《民用建筑可靠性鉴定标准》GB 50292 附录 J 的规定取值。

4 结构构件作用效应的确定，应符合下列要求：

①作用的组合、作用的分项系数及组合值系数，应按国家现行《建筑结构荷载规范》GB 50009 的规定执行；

②当结构受到温度、变形等作用，且对其承载有显著影响时，应计入由之产生的附加内力。

③根据不同建造年代的房屋，其抗力与效应之比的调整系数 ϕ 应按表 8.13 取用。

表 8.13 **结构构件抗力与效应之比调整系数（ϕ）**

构件类型 \ 房屋类型	砌体构件	混凝土构件	木构件	钢构件
Ⅰ	1.15（1.10）	1.20（1.10）	1.15（1.10）	1.00
Ⅱ	1.05（1.00）	1.10（1.05）	1.05（1.00）	1.00
Ⅲ	1.00	1.00	1.00	1.00

注：1. 房屋类型按建造年代进行分类，Ⅰ类房屋指 1989 年以前建造的房屋，Ⅱ类房屋指 1989—2002 年间建造的房屋，Ⅲ类房屋是指 2002 年以后建造的房屋；2. 对楼面活荷载标准值在历次《建筑结构荷载规范》GB50009 修订中未调高的试验室、阅览室、会议室、食堂、餐厅等民用建筑及工业建筑，采用括号内数值。

④计算时可不计入地震作用。

5　构件材料强度的标准值应根据结构的实际状态按下列原则确定：

①若原设计文件有效，且不怀疑结构有严重的性能退化或设计、施工偏差，可采用原设计的标准值；

②若调查表明实际情况不符合本条第 1 款的要求，应按《民用建筑可靠性鉴定标准》GB50292 附录 L 的规定进行现场检测，并确定其标准值。

6　结构或构件的几何参数应采用实测值，并应计入锈蚀、腐蚀、腐朽、虫蛀、风化、裂缝、缺陷、损伤以及施工偏差等的影响。

8.1.4　当检查一种构件的材料由于与时间有关的环境效应或其他均匀作用的因素引起的性能变化时，可采用随机抽样的方法，但不宜低于构件总数的 30%，在该种构件中取 5～10 个构件作为检测对象，并按现行检测方法标准规定的从每一构件上切取的试件数或划定的测点数，测定其材料强度或其他力学性能，当构件总数少于 5 个时，应逐个进行检测。

8.1.5　当建筑物中的构件同时符合下列条件时，可直接评定为非危险构件：

1　构件未受结构性改变、修复或用途及使用条件改变的影响；

2　构件无明显的开裂、变形等损坏；

3　构件工作正常，无安全性问题。

8.2　基础构件

8.2.1　基础构件的危险性鉴定，应根据基础构件的承载能力、构造与连接、裂缝和变形等内容确定。

8.2.2　基础构件的危险性鉴定应符合下列规定：

1　通过分析房屋的近期沉降、倾斜观测资料和其因不均匀沉降引起上部结构反应的检测结果进行判定。

2　判定时，重点检查的内容主要有：基础与上部结构竖向承重构件（承重砖墙、剪力墙、混凝土柱、钢柱、木柱等）连接处的裂缝，房屋的整体倾斜和位移，房屋外墙根部和四周室外地坪的裂缝、地基稳定（滑坡）、持殊土质变形和开裂，以及建筑物内部伸入地下土体内的管道设备的变形情况等。

3　必要时，宜结合开挖方式对基础构件进行检测，通过验算承载力进行判定。

8.2.3　基础构件以及与基础相连的房屋上部结构的沉降、倾斜观测应按国家现行《建筑变形测量规程》JGJ 8 的规定执行。

8.2.4　基础构件承载力验算时，应按国家现行《建筑地基基础设计规范》GB 50007 的规定执行。

8.2.5　当需对基础构件进行承载力验算时，应对构件材料强度及力学性能进行检测；所采用的截面计算值为扣除各种因素导致截面削弱后的有效值。

8.2.6 当房屋基础构件有下列现象之一者，应评定为危险点：

1 基础构件承载能力与其作用效应的比值不满足式（8.2.6）的要求：

$$\frac{R}{\gamma_0 S} \geqslant 0.90 \tag{8.2.6}$$

式中：R——结构构件抗力；

S——结构构件作用效应；

γ_0——结构构件重要性系数。

2 因基础老化、腐蚀、酥碎、折断导致上部结构出现明显倾斜、位移、裂缝、扭曲等，或基础与上部结构承重构件连接处产生水平、竖向或阶梯形裂缝，且最大裂缝宽度大于 10mm。

3 基础已有滑动，水平位移速度连续 2 个月大于 2mm/月，且在短期内无收敛趋势。

8.3 砌体结构构件

8.3.1 本节适用于砌体结构构件的危险性鉴定，包括砖砌体、砌块砌体和石砌体结构构件等，也适用于底层框架砌体房屋、内框架砌体房屋的上部砌体结构构件的安全鉴定。

8.3.2 砌体结构构件的危险性鉴定应根据承载能力、构造与连接、裂缝和变形或其他损伤等内容确定。

8.3.3 在进行砌体结构构件危险性鉴定时，现场检查的内容应包括：

1 不同类型构件的构造连接部位状况；

2 纵横墙交接处的斜向或竖向裂缝状况；

3 承重墙体的变形、裂缝和拆改状况；

4 拱脚裂缝和位移状况，以及圈梁和构造柱的完损情况；

5 裂缝宽度、长度、深度、走向、数量及分布情况，并观测裂缝的发展趋势；

6 砌体结构房屋，重点检查项目包括：

①砌体的高厚比；

②构造柱、圈梁、墙梁、过梁和梁垫布置、截面尺寸；

③预制板的支承长度；

④阳台及其他悬挑结构的抗倾覆性和稳定性；

⑤雨棚、檐口、女儿墙的连接构造等；

⑥空斗墙砌体结构房屋是否受到振动荷载影响。

8.3.4 对大跨度砌体结构，应重点检查大跨度预制板是否有足够的支承长度和可靠的连接，支承在墙、柱上的吊车梁、屋架及大跨度预制梁的端部是否设置有支承垫块，大跨度梁在支承处是否开裂、是否设置有扶壁柱或其他加强措施等。

8.3.5 砌体结构构件承载能力验算

1 构件的承载能力根据砌筑块材、砌筑砂浆以及砌体强度确定。

2 构件关于砌筑块材、砌筑砂浆以及砌体强度的检测应按照国家现行《建筑结构检测技术标准》、《砌体工程现场检测技术标准》的规定执行。

3 构件的承载力验算应按照国家现行《砌体结构设计规范》GB 50003 的规定执行。

8.3.6 构造与连接检测

1 砌体结构构件关于构造与连接的检测应按照国家现行《建筑结构检测技术标准》GBT50344 的规定执行。

2 砌体结构构件的构造与连接应符合国家现行《砌体结构设计规范》GB 50003 的规定。

8.3.7 对底框结构房屋，应重点检查墙梁尺寸及其上砌体洞口设置情况、圈梁和构造柱的设置情况。

8.3.8 砌体结构构件变形与损伤的检测应按照国家现行《建筑结构检测技术标准》GBT50344 的规定执行。

8.3.9 砌体结构构件有下列现象之一者，应评定为危险点：

1 砌体构件承载力与其作用效应的比值，主要构件不满足式（8.3.9-1）的要求，一般构件不满足式（8.3.9-2）的要求：

$$\phi \frac{R}{\gamma_0 S} \geqslant 0.90 \tag{8.3.9-1}$$

$$\phi \frac{R}{\gamma_0 S} \geqslant 0.85 \tag{8.3.9-2}$$

式中：ϕ——结构构件抗力与效应之比调整系数，按表 8.1.3 取值。

2 承重墙或柱因受压产生缝宽大于 1.0mm、缝长超过层高 1/2 的竖向裂缝，或产生缝长超过层高 1/3 的多条竖向裂缝；

3 承重墙或柱表面风化、剥落，砂浆粉化等，有效截面削弱达 15%以上；

4 支承梁或屋架端部的墙体或柱截面因局部受压产生多条竖向裂缝，或裂缝宽度已超过 1.0mm；

5 墙或柱因偏心受压产生水平裂缝；

6 单片墙或柱产生相对于房屋整体的局部倾斜变形大于 7‰，或相邻构件连接处断裂成通缝；

7 墙或柱出现因刚度不足引起的挠曲鼓闪等侧弯变形现象，侧弯变形矢高大于 $h/150$，或在挠曲部位出现水平或交叉裂缝；

8 砖过梁中部产生明显竖向裂缝或端部产生明显斜裂缝，或产生明显的弯曲、下挠变形，或支承过梁的墙体产生受力裂缝；

9 砖筒拱、扁壳、波形筒拱的拱顶沿母线产生裂缝，或拱曲面明显变形，或拱脚明显位移，或拱体拉杆锈蚀严重，或拉杆体系失效；

10 墙体高厚比超过现行国家标准《砌体结构设计规范》GB 50003 允许高厚比的 1.2 倍。

8.4 混凝土结构构件

8.4.1 本节适用于多层和高层钢筋混凝土结构房屋建筑的混凝土结构构件的危险性鉴定，包括现浇混凝土及预制混凝土结构构件，底部框架——抗震墙砌体房屋的混凝土结构构件也可参照本节的要求进行危险性鉴定。

8.4.2 混凝土结构构件的危险性鉴定应根据承载能力、构造与连接、裂缝和变形等内容确定，必要时可进行结构构件性能的荷载检验或动力性能测试。

8.4.3 在进行混凝土结构构件危险性鉴定时，现场检查的内容应包括：

1 墙、柱、梁、板、节点及屋架的受力裂缝和钢筋锈蚀状况；

2 柱根和柱顶的裂缝状况；

3 屋架倾斜以及支撑系统的稳定性情况；

4 易导致局部倒塌或坠落伤人的构件的安全情况；

5 混凝土结构房屋，重点检查项目包括：

①外观质量：包括几何尺寸，垂直度、平整度，钢筋裸露情况，混凝土结构构件外观质量等；

②构件连接：包括预埋件的稳定性，梁柱节点和主次梁连接点的受力形态，填充墙的抗震构造措施（包括构造柱、水平系梁）的设置等；

③构件受力：包括墙、框架梁柱、托架、桁架、梁、板、悬臂构件受力状态等；

④构件变形：包括构件挠度，裂缝形态、数量、长宽、性质等。

8.4.4 混凝土结构构件承载能力验算

1 构件的承载能力应根据混凝土和钢筋的材料强度、截面尺寸以及钢筋的配置情况，计算确定。

2 混凝土与钢筋材料强度、钢筋的配置与锈蚀的检测应按照国家现行《建筑结构检测技术标准》GB/T 50344 和《混凝土中钢筋检测技术规程》JGJ/T 125 的规定执行。

3 构件的承载力计算应按照国家现行《混凝土结构设计规范》GB 50010 中规定的方法进行。

8.4.5 混凝土结构构件变形与损伤、性能与荷载试验应按照国家现行《建筑结构检测技术标准》GB/T 50344 和《混凝土结构试验方法标准》GB 50152 的规定执行。

8.4.6 混凝土结构构件有下列现象之一者，应评定为危险点：

1 混凝土结构构件承载力与其作用效应的比值，主要构件不满足式（8.4.6-1）的要求，一般构件不满足式（8.4.6-2）的要求：

$$\phi \frac{R}{\gamma_0 S} \geqslant 0.90 \qquad (8.4.6\text{-}1)$$

$$\phi \frac{R}{\gamma_0 S} \geqslant 0.85 \qquad (8.4.6\text{-}2)$$

2 梁、板产生超过 $l_0/150$ 的挠度，且受拉区的裂缝宽度大于 1.0mm；或梁、板受力主筋处产生横向水平裂缝或斜裂缝，缝宽大于 0.5mm，板产生宽度大于 1.0mm 的受拉裂缝；

3 简支梁、连续梁跨中或中间支座受拉区产生竖向裂缝，其一侧向上或向下延伸达梁高的 2/3 以上，且缝宽大于 1.0mm，或在支座附近出现剪切斜裂缝；

4 梁、板主筋的钢筋截面锈损率超过 15%，或混凝土保护层因钢筋锈蚀而严重脱落、露筋；

5 预应力梁、板产生竖向通长裂缝，或端部混凝土松散露筋，或预制板底部出现横向断裂缝或明显下挠变形；

6 现浇板面周边产生裂缝，或板底产生交叉裂缝；

7 压弯构件保护层剥落，主筋多处外露锈蚀；端节点连接松动，且伴有明显的裂缝；柱因受压产生竖向裂缝，保护层剥落，主筋外露锈蚀；或一侧产生水平裂缝，缝宽大于 1.0mm，另一侧混凝土被压碎，主筋外露锈蚀；

8 柱或墙产生相对于房屋整体的倾斜、位移，其倾斜率超过 10‰，或其侧向位移量大于 $h/300$；

9 构件混凝土有效截面削弱达 15%以上，或受力主筋截断超过 10%；柱、墙因主筋锈蚀已导致混凝土保护层严重脱落，或受压区混凝土出现压碎迹象；

10 钢筋混凝土墙中部产生斜裂缝；

11 屋架产生大于 $l_0/200$ 的挠度，且下弦产生横断裂缝，缝宽大于 1.0mm；

12 屋架的支撑系统失效导致倾斜，其倾斜率大于 20‰；

13 梁、板有效搁置长度小于现行相关标准规定值的 70%；

14 悬挑构件受拉区的裂缝宽度大于 0.5mm。

8.5 木结构构件

8.5.1 本节适用于木结构构件的危险性鉴定。

8.5.2 木结构构件的危险性鉴定应根据承载能力、构造与连接、裂缝和变形等内容确定。

8.5.3 在进行木结构构件危险性鉴定时，现场检查的内容应包括：

1 腐朽、虫蛀、木材缺陷、节点连接、构造缺陷、下挠变形及偏心失稳情况；

2 木屋架端节点受剪面裂缝状况；

3 屋架的平面外变形及屋盖支撑系统稳定性情况。

8.5.4 木结构构件承载能力验算

1 构件的承载能力应根据木材性能、构件尺寸等来确定。

2 构件关于木材性能、尺寸与偏差的检测应按照国家现行《建筑结构检测技术标准》GBT50344 的规定执行。

3 构件的承载力计算应按照国家现行《木结构设计规范》GB 50005 中规定的方法进行。

8.5.5 木结构构件的连接及缺陷、变形与损伤的检测应按照国家现行《建筑结构检测技术标准》GBT50344 的规定执行。

8.5.6 木结构构件有下列现象之一者，应评定为危险点：

1 木结构构件承载力与其作用效应的比值，主要构件不满足式（8.5.6-1）的要求，一般构件不满足式（8.5.6-2）的要求：

$$\phi \frac{R}{\gamma_0 S} \geqslant 0.90 \tag{8.5.6-1}$$

$$\phi \frac{R}{\gamma_0 S} \geqslant 0.85 \tag{8.5.6-2}$$

2 连接方式不当，构造有严重缺陷，已导致节点松动变形、滑移、沿剪切面开裂、剪坏或铁件严重锈蚀、松动致使连接失效等损坏；

3 主梁产生大于 $l_0/150$ 的挠度，或受拉区伴有较严重的材质缺陷；

4 屋架产生大于 $l_0/120$ 的挠度，或平面外倾斜量超过屋架高度的 1/120，或顶部、端部节点产生腐朽或劈裂；

5 檩条、搁栅产生大于 $l_0/100$ 的挠度，或入墙木质部位腐朽、虫蛀；

6 木柱侧弯变形，其矢高大于 $h/150$，或柱顶劈裂、柱身断裂、柱脚腐朽等受损面积大于原截面 20%以上；

7 对受拉、受弯、偏心受压和轴心受压构件，其斜纹理或斜裂缝的斜率 ρ 分别大于 7%、10%、15%和 20%；

8 存在心腐缺陷的木质构件；

9 受压或受弯木构件干缩裂缝深度超过构件直径的 1/2，且裂缝长度超过构件长度的 2/3。

8.6 钢结构构件

8.6.1 本节适用于钢结构构件的危险性鉴定。

8.6.2 钢结构构件的危险性鉴定应根据承载能力、稳定性、构造和连接、变形等内容确定，必要时可进行构件性能的荷载检验或动力性能测试。

8.6.3 在进行钢结构构件危险性鉴定时，现场检查的内容应包括：

1 各连接节点的焊缝、螺栓、铆钉状况；

2 钢柱与梁的连接形式以及支撑杆件、柱脚与基础连接部位的损坏情况；

3 钢屋架杆件弯曲、截面扭曲、节点板弯折状况和钢屋架挠度、侧向倾斜等偏差状况。

4 钢结构重点检查内容包括：

（1）构件连接，钢屋架、吊车梁支座节点、屋脊节点的状况；

（2）构件尺寸和锈蚀状况；

（3）构件的长细比、宽厚比，支撑系统稳定性；

（4）防腐涂层和防火涂层的状况。

8.6.4 钢结构构件承载能力与稳定性验算

1 构件的承载能力应材料力学性能、截面形状及尺寸确定。

2 构件的稳定性应根据材料力学性能、截面形状及尺寸、连接与支撑情况确定。

3 构件关于材料力学性能的检测应按照国家现行《建筑结构检测技术标准》GB/T 50344 和《金属材料室温拉伸试验方法》GB/T 228 的规定执行。

4 构件的承载力计算应按照国家现行《钢结构设计规范》GB 50017 中规定的方法进行。

8.6.5 钢结构构件关于连接与构造、尺寸与偏差、缺陷与损伤、变形的检测应按照国家现行《建筑结构检测技术标准》GBT 50344 的规定执行。

8.6.6 钢结构构件有下列现象之一者，应评定为危险点：

1 钢结构构件承载力与其作用效应的比值，主要构件不满足式（8.6.6-1）的要求，一般构件不满足式（8.6.6-2）的要求：

$$\phi \frac{R}{\gamma_0 S} \geqslant 0.90 \tag{8.6.6-1}$$

$$\phi \frac{R}{\gamma_0 S} \geqslant 0.85 \tag{8.6.6-2}$$

2 构件或连接件有裂缝或锐角切口；焊缝、螺栓或铆接有拉开、变形、滑移、松动、剪坏等严重损坏；

3 连接方式不当，构造有严重缺陷；

4 受力构件因锈蚀导致截面锈损量大于原截面的 10%；

5 梁、板等构件挠度大于 $l_0/250$，或大于 45mm；

6 实腹梁侧弯矢高大于 $l_0/600$，且有发展迹象；

7 受压构件的长细比大于现行国家标准《钢结构设计规范》（GB50017）中规定值的 1.2 倍；

8 钢柱顶位移，平面内大于 $h/150$，平面外大于 $h/500$，或大于 40mm；

9 屋架产生大于 $l_0/250$ 或大于 40mm 的挠度；屋架支撑系统松动失稳，导致屋架倾斜，倾斜量超过 $h/150$。

8.7 围护结构承重构件

8.7.1 围护结构承重构件主要包括围护系统中砌体自承重墙、承担水平荷载的填充墙、门窗洞口过梁、挑梁、雨篷板及女儿墙等。

8.7.2 围护结构承重构件的危险性鉴定应根据承载能力、构造和连接、变形等内容确定。

8.7.3 围护结构承重构件的危险性鉴定根据其构件类型按本章第 8.3~8.6 节中的相关条款进行评定。

9 房屋危险性鉴定

9.1 一般规定

9.1.1 房屋危险性鉴定应根据被鉴定房屋的结构形式和构造特点，按其危险程度和影响范围进行鉴定。

9.1.2 房屋基础及楼层危险性鉴定，应按下列等级划分：

1 A_u 级：无危险点；

2 B_u 级：有危险点；

3 C_u 级：局部危险；

4 D_u 级：整体危险。

9.1.3 房屋危险性鉴定应根据房屋的危险程度，按下列等级划分：

1 A 级：无危险构件，房屋结构能满足安全使用要求；

2 B 级：个别结构构件评定为危险构件，但不影响主体结构安全，基本能满足安全使用要求；

3 C 级：部分承重结构不能满足安全使用要求，房屋局部处于危险状态，构成局部危房；

4 *D* 级：承重结构已不能满足安全使用要求，房屋整体处于危险状态，构成整幢危房。

9.1.4 对初始调查、现场查勘、检测、验算获得的数据资料进行全面分析，综合评定，对照现行中华人民共和国住房和城乡建设部发布的《危险房屋鉴定标准》、《房屋完损等级标准》及有关规范、标准，确定房屋的危险程度或损坏等级。

9.2 综合评定原则

9.2.1 房屋危险性鉴定应对初始调查、现场查勘、检测、验算获得的数据资料进行全面分析，以房屋的地基、基础及上部结构构件的危险性程度判定为基础，结合房屋的历史状态、环境影响以及发展趋势，对照本规程和国家现行《危险房屋鉴定标准》、《房屋完损等级标准》，全面分析，确定房屋的危险程度或损坏等级。并按判定的鉴定结论，提出原则性的处理建议。

9.2.2 房屋危险性鉴定时，综合评定考虑因素应包括：

1 各危险构件的损伤程度；

2 危险构件在整幢房屋中的重要性、数量和比例；

3 危险构件相互间的关联作用及对房屋整体稳定性的影响；

4 周围环境、使用情况和人为因素对房屋结构整体的影响；

5 房屋结构的可修复性。

9.2.3 在地基、基础、上部结构构件危险性呈关联状态时，应联系结构的关联性判定其影响范围。

9.2.4 房屋危险性等级鉴定应符合下列规定：

1 在第一阶段（本规程第7章）地基危险性鉴定中，当地基评定为危险状态时，应将房屋评定为 *D* 级；

2 当地基评定为非危险状态时，应在第二阶段鉴定中，综合评定房屋基础及上部结构（含地下室）的状况后作出判断。

9.2.5 对传力体系简单的两层及两层以下房屋，可根据危险构件影响范围直接评定其危险性等级。

1 对于简易结构房屋，其危险构件影响范围明确，采用类似于快速鉴定的方法进行鉴定。对于简单结构房屋，如排架结构体系的房屋，可按危险构件影响面积的评判方法进行鉴定。

2 鉴定人员应在全面分析、综合判断的基础上，首先确定鉴定房屋的危险构件，分析每个危险构件的直接影响面积（m^2），并求和，得到鉴定房屋总危险面积，然后计算总危险面积与鉴定房屋面积（m^2）的比值，以该比值作为评定的依据：

（1）比值为零时可评为结构安全（*A* 级）；

（2）比值大于零且小于或等于 5%时可评定为危险点房屋，（*B* 级）；

（3）比值大于 5%但小于或等于 25%时可评定为局部危房（*C* 级）；

（4）大于 25%时可评定为整幢危房（*D* 级）。

3 鉴于建筑面积计算的复杂性，对于该方法中的面积计算，可按轴线所围范围简化计算。

9.3 综合评定方法

9.3.1 基础危险构件综合比例应按式（9.3.1）确定：

$$R_f = n_{df}/n_f \qquad (9.3.1)$$

式中：R_f——基础危险构件综合比例（%）

n_{df}——基础危险构件数量；

n_f——基础构件数量；

9.3.2 基础层危险性等级判定准则应符合下列规定：

1 当 $R_f=0$ 时，基础层危险性等级评定为 A_u 级；

2 当 $0<R_f<5\%$时，基础层危险性等级评定为 B_u 级；

3 当 $5\% \leqq R_f<25\%$时，基础层危险性等级评定为 C_u 级；

4 当 $R_f \geqq 25\%$时，基础层危险性等级评定为 D_u 级。

9.3.3 上部结构（含地下室）各楼层的危险构件综合比例应按式（9.3.2）确定，当本层下任一楼层中竖向承重构件（含基础）评定为危险构件时，本层与该危险构件上下对应位置的竖向构件不论其是否评定为危险构件，均应计入危险构件数量：

$$\begin{aligned} R_{si} = (&3.5n_{dpci}+2.7n_{dsci}+1.8n_{dcci}+2.7n_{dwi}+1.9n_{drti}+\\ &1.9n_{dpmbi}+1.4n_{dsmbi}+n_{dsbi}+n_{dsi}+n_{dsmi})\ /\ (3.5n_{pci}+\\ &2.7n_{sci}+1.8n_{cci}+2.7n_{wi}+1.9n_{rti}+1.9n_{pmbi}+\\ &1.4n_{smbi}+n_{sbi}+n_{si}+n_{smi}) \end{aligned} \qquad (9.3.2)$$

式中：R_{si}——第 i 层危险构件综合比例；

n_{dpci}、n_{dsci}、n_{dcci}、n_{dwi}——第 i 层中柱、边柱、角柱及墙体危险构件数量；

n_{pci}、n_{sci}、n_{cci}、n_{wi}——第 i 层中柱、边柱、角柱及墙体构件数量；

n_{drti}、n_{dpmbi}、n_{dsmbi}——第 i 层屋架、中梁、边梁危险构件数量；

n_{rti}、n_{pmbi}、n_{smbi}——第 i 层屋架、中梁、边梁构件数量；

n_{dsbi}、n_{dsi}——第 i 层次梁、楼（层）面板危险构件数量；

n_{sbi}、n_{si}——第 i 层次梁、楼（层）面板构件数量；

n_{dsmi}——第 i 层围护结构危险构件数量；

n_{smi}——第 i 层围护结构构件数量；

9.3.4 上部结构（含地下室）楼层危险性等级判定应符合下列规定：

1 当 $R_{si}=0$ 时，楼层危险性等级评定为 A_u 级；

2 当 $0<R_{si}<5\%$ 时，楼层危险性等级评定为 B_u 级；

3 当 $5\% \leqq R_{si}<25\%$ 时，楼层危险性等级评定为 C_u 级；

4 当 $R_{si} \geqq 25\%$ 时，楼层危险性等级评定为 D_u 级。

9.3.5 整体结构（含基础、地下室）危险构件综合比例应按式（9.3.3）确定：

$$
\begin{aligned}
R = (& 3.5n_{df} + 3.5\sum_{i=1}^{F+B} n_{dpci} + 2.7\sum_{i=1}^{F+B} n_{dsci} + 1.8\sum_{i=1}^{F+B} n_{dcci} \\
& + 2.7\sum_{i=1}^{F+B} n_{dwi} + 1.9\sum_{i=1}^{F+B} n_{drti} + 1.9\sum_{i=1}^{F+B} n_{dpmbi} + 1.4\sum_{i=1}^{F+B} n_{dsmbi} \\
& + \sum_{i=1}^{F+B} n_{dsbi} + \sum_{i=1}^{F+B} n_{dsi} + \sum_{i=1}^{F+B} n_{dsmi}) / (3.5n_{f} + 3.5\sum_{i=1}^{F+B} n_{pci} \\
& + 2.7\sum_{i=1}^{F+B} n_{sci} + 1.8\sum_{i=1}^{F+B} n_{cci} + 2.7\sum_{i=1}^{F+B} n_{wi} + 1.9\sum_{i=1}^{F+B} n_{rti} \\
& + 1.9\sum_{i=1}^{F+B} n_{pmbi} + 1.4\sum_{i=1}^{F+B} n_{smbi} + \sum_{i=1}^{F+B} n_{sbi} + \sum_{i=1}^{F+B} n_{si} + \sum_{i=1}^{F+B} n_{smi})
\end{aligned}
\qquad (9.3.3)
$$

式中：R——整体结构危险构件综合比例；

F——上部结构层数；

B——地下室结构层数。

9.3.6 地下室按实际结构层分层计算，但架空层不作为一层。

9.3.7 本规程的竖向危险构件的关联影响范围应辐射到该构件上方的所有楼层，即当本楼层竖向构件评定为危险构件时其上各楼层该部位的竖向构件均应计入危险构件数量。

9.3.8 在分层计算时，对于局部地下室或局部出屋面楼层，可合并归入相邻楼层计算危险构件百分比，不单独作为一层计算。

9.3.9 房屋危险性等级判定准则应符合下列规定：

1 当 $R=0$，应评定为 A 级；

2 当 $0<R<5\%$，若基础及上部结构各楼层（含地下室）危险性等级不含 D_u 级时，应评定为 B 级，否则应为 C 级；

3 当 $5\% \leqq R<25\%$，若基础及上部结构各楼层（含地下室）危险性等级中 D_u 级的层数不超过 $(F+B+f)/3$ 时，应评定为 C 级，否则应为 D 级；

4 当 $R \geqq 25\%$ 时，应评定为 D 级。

附录 A 房屋安全鉴定现场查勘表

<table>
<tr><td>委托方</td><td colspan="5"></td><td>委托方联系人</td><td></td></tr>
<tr><td rowspan="11">房屋基本概况</td><td>房屋名称</td><td colspan="4"></td><td>联系电话</td><td></td></tr>
<tr><td>房屋坐落</td><td colspan="4"></td><td>产权性质</td><td></td></tr>
<tr><td>建筑面积</td><td>约 m²</td><td colspan="2">建筑高度</td><td>约 m</td><td>权证编号</td><td></td></tr>
<tr><td>建成年份</td><td></td><td colspan="2">层高</td><td>约 m</td><td>层数</td><td></td></tr>
<tr><td>勘察单位</td><td colspan="3"></td><td>设计单位</td><td colspan="2"></td></tr>
<tr><td>施工单位</td><td colspan="3"></td><td>监理单位</td><td colspan="2"></td></tr>
<tr><td>设计用途</td><td colspan="3">□住宅、宿舍 □办公
□商业用房 □综合楼
□工业厂房 □仓库 □医院
□教学楼 □幼儿园 □商店
□剧场、礼堂 □其他</td><td>现用途</td><td colspan="2">□住宅、宿舍 □办公
□商业用房 □综合楼
□工业厂房 □仓库 □医院
□教学楼 □幼儿园 □商店
□剧场、礼堂 □空置 □其他</td></tr>
<tr><td>地基处理</td><td colspan="3">□粉喷桩复合地基 □换土垫层 □其他 □不详</td><td>楼面型式</td><td colspan="2">□预制圆孔板 □现浇钢筋砼板
□木楼面 □钢楼层板 □无</td></tr>
<tr><td>基础型式</td><td colspan="3">□桩基础 □柱下独立柱基
□条形基础 □其他 □不详</td><td>屋面构造</td><td colspan="2">□预制圆孔板 □现浇钢筋砼板
□红瓦 □石棉瓦 □压型钢板
□其他</td></tr>
<tr><td>墙体</td><td colspan="3">□红砖 □砌块
□框架填充墙 □板条墙
□压型钢板 □其他</td><td>结构类型</td><td colspan="2">□混合 □框架 □砖木
□框肢剪力墙 □排架
□门式钢架 □框筒</td></tr>
<tr><td>楼梯类型</td><td colspan="3">□现浇钢筋砼楼梯
□预制钢筋砼楼梯
□钢楼梯 □木楼梯 □无</td><td>抗震登记</td><td colspan="2">□级 □无 □不详</td></tr>
<tr><td rowspan="4">历史变更</td><td>用途变更</td><td colspan="2">□有 □无</td><td rowspan="4">使用情况</td><td>拆改结构</td><td colspan="2">□有 □无</td></tr>
<tr><td>改造扩建</td><td colspan="2">□有 □无</td><td>乱搭乱盖</td><td colspan="2">□有 □无</td></tr>
<tr><td>加固修缮</td><td colspan="2">□有 □无</td><td>超载使用</td><td colspan="2">□有 □无</td></tr>
<tr><td>灾害</td><td colspan="2">□有 □无</td><td>其他</td><td colspan="2">□有 □无</td></tr>
</table>

续表

证件图纸资料		□产权证复印件 □场区总平面图 □设计施竣工图 □地贡勘察报告 □基坑支护方案 □质检验收资料 □改造扩建资料 □加固修缮资料 □变形监测资料
周边环境	建房、施工、堆载、降水、滑坡等	□正常，查勘时该房屋周边无建设施工。 □距该房屋侧约米处进行深基坑施工。现场查勘时，桩基施工，基坑土方开挖。
现场草图		

房屋受损情况	
查勘人 签名	
查勘时间	

附录 B　《房屋安全鉴定书》范本

计量认证证书编号：161701280×××
技术资质证书编号：鄂建检字第 AJ×××××号

房屋安全鉴定书

鉴定编号：
房屋名称：

武汉×××工程技术有限公司
××××年×月×日

声　明

1. 本鉴定报告出现涂改、错页、换页、漏页等无效；

2. 本报告无我单位公章及计量认证 CMA 章无效；

3. 本报告无鉴定人、审核人、批准人签字无效；

4. 未经书面同意不得复制或作为他用；

5. 如对本鉴定报告有异议或需要说明之处，可在报告发出后 15 天内向我单位书面提出，我们将于 5 个工作日内给予答复。

检测单位：×××工程技术有限公司
地　　址：湖北省武汉市×××××
邮　　编：
电　　话：
联 系 人：
查询网址：

首　页

工程名称	湖北××××××股份有限公司宿舍楼	主体结构型式	
委托单位	湖北××××××股份有限公司	建成年代	××××年
鉴定日期	××××年×月×日	报告日期	××××年×月×日

1. 结论：

2. 建议：

武汉×××工程技术有限公司

批准：　　　　审核：　　　　检测：

湖北××××××股份有限公司
宿舍楼安全鉴定书

目　录

一、房屋概况

房屋概况表

委托单位（委托人）		联系人	
		联系电话	
房屋名称		产权性质	
房屋坐落		产权证号	
产权人		建筑面积	m^2
使用人		建成年份	
地勘单位		设计用途	
设计单位		现用途	
施工单位		委托日期	
监理单位		查勘完成日期	
是否农村危房改造	□非农村危房改造 □非农村危房改造		
鉴定类别	整体（局部）鉴定	鉴定面积	m^2
鉴定类别说明			
委托人提供资料			
房屋使用维修改造灾害等历史情况			
房屋外部环境及周边建设施工情况			

续表

<table>
<tr><td rowspan="3">房屋地质勘察、地基基础、主体结构及其他情况</td><td>结构类型</td><td></td><td>屋盖型式</td><td></td><td>基础型式</td><td>钢筋混凝土条形基础</td></tr>
<tr><td>层 数</td><td></td><td>檐口高度</td><td>m</td><td>楼盖型式</td><td>预制板楼盖</td></tr>
<tr><td colspan="6"></td></tr>
<tr><td>备注</td><td colspan="6"></td></tr>
</table>

总平面示意图

二、检测目的、范围及检测内容

检测目的：
检测范围：
主要检测内容：

三、检测依据

1.《危险房屋鉴定标准》（JGJ125-2016）
2.《房屋完损等级评定标准》（城住字〔1984〕第678号）
3.《建筑地基基础设计规范》（GB50007-2011）
4.《建筑变形测量规范》（JGJ8-2007）
5.《建筑结构检测技术标准》（GB/T 50344-2004）
6. 其他相关资料及规范。
（根据报告实际采用的规范、标准填写）

四、房屋危险程度等级评定标准

根据《危险房屋鉴定标准》JGJ 125-2016 的规定，房屋危险程度等级划分如下表所示。

等级	等级划分标准
A 级	无危险构件，房屋结构能满足安全使用要求
B 级	个别结构构件评定为危险构件，但不影响主体结构安全，基本能满足安全使用要求
C 级	部分承重结构承载力不能满足正常使用要求，局部出现险情，构成局部危房
D 级	承重结构承载力已不能满足正常使用要求，房屋整体出现险情，构成整幢危房

五、主要检测设备

主要检测设备一览表

序号	设备名称	型号	编号	有效检定日期

六、现场勘验及检测成果

1. 结构平面图绘制

通过现场实测，所测建筑物的结构平面示意图见报告后附图。

2. 使用条件调查

（1）结构上的作用：

（2）使用环境：

（3）使用历史：

3. 地基检测

3.1　建筑物倾斜观测

现场采用全站仪（经纬仪）对建筑物的倾斜情况进行了测量，实测数据显示：该建筑物的最大倾斜率为××‰，超过（未超过）《危险房屋鉴定标准》JGJ 125-2016 规定的限值。测量成果详见报告后附《建筑物倾斜观测成果表》。

经现场查勘及建筑物倾斜观测数据分析：该建筑物整体倾斜超过（未超过）《危险房屋鉴定标准》JGJ 125-2016 规定的限值，且上部承重构件发现（未发现）因地基变形产生的裂缝等异常，据此该房屋地基评定为危险（非危险）状态。

4. 上部承重结构检测

4.1　基础检测

4.2　混凝土强度检测

现场对该建筑物构件的砼强度采用回弹法进行了检测，实际操作按照《回弹法检测砼抗压强度技术规程》JGJ/T23-2011 执行，（如构件砼龄期超过 1000d，应进行修正处理），检测结果如下表所示。

构件混凝土强度检测成果表

检测楼层	构件类型	构件轴线部位	砼强度设计等级	测区砼强度平均值（MPa）	测区砼强度标准差（MPa）	砼抗压强度推定值（MPa）

砼强度评定：

4.3　砌体砖强度检测

现场对建筑物承重砌体的砖强度采用回弹法进行检测，试验按照《砌体工程现场检测技术标准》GB/T 50315-2011 的相应条款执行，详细结果如下表所示。

砖强度检测成果表

检测楼层	测区抗压强度平均值（MPa）	测区抗压强度标准差	测区抗压强度标准值（MPa）	强度变异系数	抗压强度推定等级

4.4　砌体砂浆强度检测

现场对建筑物承重墙体的砂浆强度采用回弹法进行了检测，试验按照《砌体工程现场检测技术标准》GB/T 50315-2011 的相应条款执行，详细结果如下表所示。

砂浆强度检测成果表

检测楼层	测区抗压强度平均值（MPa）	测区抗压强度标准差	测区抗压强度最小值（MPa）	砂浆抗压强度推定值（MPa）

4.5　构件截面尺寸测量、构造及外观质量检查

现场对所测建筑物结构构件的截面尺寸、构造及外观质量（裂缝、变形等）进行了抽样检测，其结果如下表所示。

构件质量检查成果表

检测楼层	构件类别	构件轴号	构件设计截面尺寸（mm）	构件实测截面尺寸（mm）	检查情况	结果评定

5. 围护系统质量查勘

本次对所测建筑物围护系统进行了抽样检查，其结果如下表所示。

围护系统检查成果表

序号	检查内容	检查结果	等级评定
1	自承重墙承载力、构造、连接、变形等现状		
2	门窗洞口过梁、挑梁、雨篷板构造、外观等现状		
3	女儿墙是否牢靠		
4	承担水平荷载填充墙体现状		
5	栏杆等是否牢靠，杆件是否有破损。高度能否满足规范要求		
6	屋面防水、排水是否完善，是否有渗漏		
7	天棚吊顶是否产生明显变形和破损		
8	门窗现状		

七、承载力验算（根据具体情况确定）

八、房屋地基危险性鉴定

房屋地基危险性鉴定评定表

名称		轴线部位	地基查勘情况	评定结果	评定标准条款
地基					

九、房屋构件危险性鉴定

房屋构件危险性鉴定评定表

名称		轴线部位	地基查勘情况	评定结果	评定标准条款
基础					
上部承重结构					
围护结构					

十、房屋基础及楼层危险性鉴定

房屋基础及楼层危险性评定表

建筑物组成部分	分析结果	评定等级
基础		
上部结构 (含围护结构)		

十一、房屋危险性鉴定评级

房屋危险性鉴定评定表

房屋名称	房屋危险性等级	备注

十二、房屋鉴定结论及处理建议

房屋损坏 情况综述	
房屋损坏 原因分析	
鉴定结论及 处理建议	结论：
	建议：

十三、附件

附件 1：建筑物倾斜观测成果表；
附件 2：平面示意图；
附件 3：现场检测照片。
（根据实际报告内容确定）

附录 C 本标准用词说明

1 为便于在执行本标准条文时区别对待，对要求严格程度不同的用词说明如下：

1）表示很严格，非这样做不可的：

正面词采用“必须”，反面词采用“严禁”；

2）表示严格，在正常情况下均应这样做的：

正面词采用“应”，反面词采用“不应”或“不得”；

3）表示允许稍有选择，在条件许可时首先这样做的：

正面词采用“宜”，反面词采用“不宜”；

4）表示有选择，在一定条件下可以这样做的，可采用“可”。

2 条文中指明应按其他有关标准执行的写法为：“应符合……的规定”或“应按……执行”。

附录D 条文说明

1 范 围

1.0.2 本条规定了本规程的适用范围，即建筑高度100m以下既有房屋的危险性鉴定。对于新建建筑，没有履行验收程序就投入使用的房屋，或者为了补全手续，取得房产证而要求进行安全性鉴定的房屋，其安全性鉴定不适用于本规程。

对于高度超过100m的高层建筑的安全性鉴定，应根据实际情况和鉴定需求按照《民用建筑可靠性鉴定标准》GB50292、《建筑抗震鉴定标准》GB50023和相关设计规范等规定进行。

4 总 则

4.0.1~4.0.2 根据《武汉市房屋安全管理条例》的规定，武汉市在房屋安全鉴定管理方面做了大量的工作，解决了很多实际问题，积累了不少的经验。为了进一步提高房屋安全鉴定行业的整体技术水平、规范鉴定行为、完善鉴定程序，经过系统的技术研究，也取得了一定的成果。为此，在总结实践经验和科研成果的基础上，编制了本规程。

5 基本规定

5.1 鉴定分类

5.1.1 这里给出了划分整幢房屋的方法，通常按变形缝所划分的某个独立区段作为整幢房屋，这里变形缝主要指的是沉降缝，此类变形缝可以将基础及上部主体结构按区段进行独立的划分。

依据2014年1月实施的《武汉市房屋安全管理条例》第二十二条规定，可以对房屋进行局部鉴定。对房屋局部委托鉴定的，仅对委托部位进行勘查，出具鉴定结论，明确鉴定部位的安全状况。

6 鉴定基本要求

6.1 受理委托

6.1.1~6.1.2 房屋鉴定单位在受理委托时应调查了解委托原因，只有当委托人有合理、合法原因时，方可接受鉴定委托。对于结构体系出现垮塌、损毁导致承重结构不完整或缺失较多，或者受到人为恶意破坏的，鉴定单位不得接受委托。

6.1.3~6.1.4 房屋鉴定单位在受理委托时，应向委托人查验、收集相关证件、资料，并复印归档。涉及农村危房改造的，还应按武汉市房屋主管部门要求收集相关资料。

6.1.7 应急鉴定的房屋往往由于遭受灾害、事故等原因，可能出现险情，危及人民生命、财产安全。在接受应急鉴定委托时，鉴定单位应及时进行现场查勘，快速给出结论和处理意见。

6.2 调查查勘

6.2.5 现场详细查勘中的工作内容较为系统，但不要求全面执行，故采用了“可根据实际需要选定”的措词。至于每一调查的查勘项目需要哪些具体检查工作，还需根据实际所遇到的问题进行研究，才能使鉴定人员所制定的检测、试验工作大纲具有良好的针对性。

6.2.7~6.2.8 局部鉴定时，应综合分析鉴定区域与周边构件的关联影响，判断是否需要扩大鉴定范围。局部鉴定时，不仅要对受委托区域进行查勘鉴定，而且要对关联影响区域的荷载、使用用途、拆改情况、构件损坏情况和房屋地基基础情况进行调查查勘。

6.4 检测验算

6.4.4 对构件材料强度进行检测的主要目的是验算构件的承载力。若构件根据第八章的条文可直接判定为非危险构件或危险点，则不需进行材料强度检测。

6.5 鉴定评级

6.5.1~6.5.3 对房屋进行安全鉴定时，先根据现行中华人民共和国住房和城乡建设部发布的《危险房屋鉴定标准》判断房屋是否为危房。若为危房，则确定其危险程度（B、C、D 级）；若为非危房（A 级），则依据《房屋完损等级标准》确定其损坏等级（完好、基本完好、一般损坏、严重损坏）。

7 地基危险性鉴定

7.1 一般规定

7.1.2 影响地基安全性的因素很多。紧邻高切坡、挡土墙的房屋，除需鉴定其地基承载是否安全外，尚需参照现行国家标准的有关规定对其高切坡、挡土墙的稳定性进行评价，以期得到更全面的考虑。

7.1.3 本标准采用两阶段的鉴定方法，将地基和基础分别进行鉴定。对地基部分，作为鉴定的第一阶段，当地基鉴定为安全状态时，再进行第二阶段即基础、上部结构的鉴定，然后对房屋危险性进行整体鉴定；当地基鉴定为处于危险状态时，可直接判定房屋为危险房屋。

7.1.4 当发现建筑结构中出现与地基沉降有关的裂缝或倾斜现象且在发展时，应进行变形观测和基础类型、基础宽度和埋深等检测鉴定。对于处于河涌、水渠、山坡、采空区等地质灾害影响范围内并出现建筑结构损伤状况的，应进行地质灾害的调查、监测与评估。

地下水位变化包括水位变动和冲刷；水质变化包括 pH 值改变、溶解物成分及浓度改变等，其中尤应注意 CO_2、NH_4^+、Mg^{2+}、SO_4^{2-}、Cl^- 等对地下构件的侵蚀作用。当有地下墙时，尚应检查土压和水压的变化及墙体出现的裂缝大小和所在位置。

7.1.5 对建在河涌、水渠、山坡、采空区等危险地段的房屋建筑和同一建筑单元存在不同类型基础或基础埋深不同的情况，给出了相应的检查要求，对房屋建筑周围的基坑开挖、降水或管沟施工以及有振动源等应对可能造成的影响进行安全评估。

7.2 评定方法

本节中多层及高层房屋的定义参照国家现行《民用建筑设计通则》GB 50352-2005 对民用建筑的分类进行划分。本节所指多层房屋指层数不超过六层或建筑总高度不大于 24m 的房屋，对于住宅类建筑，低层建筑不再单独列出；高层房屋指层数超过六层或建筑总高度大于 24m 但不大于 100m 的房屋。

7.2.2 本条规定的内容主要针对既有房屋建造一定时间后，其地基承载力相对于原设计时有一定程度的提高，特别是在软土地基上建造的房屋，其提高效应明显，因此在地基承载力计算时宜予以考虑。

7.2.3 “房屋处于相邻工程施工影响”是指房屋坐落的地基土可能受到邻近的工程施工影响而产生沉降或滑移等变形，如基坑开挖、桩基工程施工、地下隧道或管道施工等。

条文中列出的地基沉降速度 4 mm/月是根据国内外常年观测统计结果确定，2 mm/天是通过大量工程实例总结得到的经验数据，具体计算时应根据实际工程情况在一定的观察时间段内取值。在判断房屋地基沉降变形的发展趋势时，用“收敛”比用“终止”、“稳定”等更准确，也更符合实际。关于收敛时间界定，因不同地质条件和不同的影响源均有所差异，本标准对所称的短期内时间界限不作具体规定，鉴定人员宜根据影响源、房屋沉降速率等因素综合分析和判断。

列出的房屋整体倾斜率限值，是根据不同结构类型、不同高度房屋的抗变形耐受力特点，以及大量的工程实践经验，经综合考虑得出。

房屋的整体倾斜率宜按倾斜测点单一方向倾斜率的平均值取值。

7.2.4　条文中列出的房屋倾斜率增量限值和整体倾斜率限值，是根据高层房屋的特殊性，结合工程实例和专家意见经综合考虑后确定。

8　构件危险性鉴定

8.1　一般规定

8.1.3　本条对构件承载力验算时的要点进行了规定，包括结构荷载、材料强度、几何参数等，均应在危险性鉴定中予以调查考虑。

8.1.5　本条针对处于正常使用状态下的构件，当鉴定人员对其安全状态无怀疑时，可直接评定为非危险构件，以提高鉴定效率。

8.2　基础构件

基础的检测鉴定是房屋危险性鉴定中的难点，本节根据有关标准的规定和大量的实际工作经验，确定了基础的鉴定内容和危险限值。

8.2.1　本条规定了基础危险性鉴定的主要内容。

8.2.2　本条规定了基础危险性鉴定的主要方法。

8.2.5~8.2.6　规定了基础危险性的评定原则。当需对基础构件进行承载力验算时，应对构件材料强度及力学性能进行检测；所采用的截面计算值为扣除各种因素导致截面削弱后的有效值。

8.3　砌体结构构件

8.3.1　本条规定了本节砌体结构构件鉴定所适用的范围。

8.3.2　本条规定了砌体结构构件危险性鉴定的基本内容。

8.3.3 本条规定了在进行砌体结构构件危险性鉴定时，现场应重点检查的内容和部位，以及可能出现的损坏特征，规定的这些内容应为砌体结构构件危险性鉴定时必须检查的内容。对于砌体高厚比，构造柱、圈梁、过梁等设置情况，预制板的支承长度，阳台等悬挑构件的抗倾覆性，易倒塌伤人的女儿墙、雨棚等构件连接构造，空斗墙受振动荷载影响应进行重点检查。

8.3.4 本条对大跨度砌体结构重点检查内容进行了规定，大跨度砌体结构以构造检查为主。

8.3.7 本条对底框结构房屋重点检查内容进行了规定。

8.4 混凝土结构构件

8.4.1 本条规定了本节混凝土结构构件鉴定所适用的范围。

8.4.2 本条规定了混凝土结构构件危险性鉴定的基本内容。对于通过调查、检测仍难以判定危险程度的构件，可进行荷载检验或动力性能测试。

8.4.3 本条规定了在进行混凝土结构构件危险性鉴定时现场应重点检查的内容和部位，以及可能出现的损坏特征，规定的这些内容应为混凝土结构构件危险性鉴定必须检查的内容。

8.5 木结构构件

8.5.1 本条规定了本节木结构构件鉴定所适用的范围。

8.5.2 本条规定了木结构构件危险性鉴定的基本内容。

8.5.3 本条规定了在进行木结构构件危险性鉴定时现场应重点检查的构件和部位，以及可能出现的损坏特征，规定的这些内容应为木结构构件危险性鉴定必须检查的内容。

8.6 钢结构构件

8.6.1 本条规定了本节钢结构构件鉴定所适用的范围。

8.6.2 本条规定了钢结构构件危险性鉴定的基本内容。

8.6.3 本条规定了在进行钢结构构件危险性鉴定时现场应重点检查的构件和部位，以及可能出现的损坏特征，规定的这些内容应为钢结构构件危险性鉴定必须检查的内容。钢结构构件的危险性鉴定应从构造连接、变形等方面着手，因此，本条规定了钢结构构件的构造连接、变形等方面为现场重点检查的内容，应重点检查连接部位的损坏现状和各构件的平面内、平面外变形、构件长细比、宽厚比、支撑系统稳定性等情况。

9 房屋危险性鉴定

9.1 一般规定

9.1.1 本条对房屋危险性鉴定的原则进行了说明。房屋危险性鉴定应以“幢”为鉴定单位。当房屋上部结构设有结构缝时，应对传力体系独立的各结构单体分别进行鉴定后作出鉴定结论。

9.1.3 为便于综合评判，将房屋各组成部分的危险构件比例作为基本参量，以量变引起质变的辩证原理来划分房屋的危险性等级。

9.2 综合评定原则

9.2.1 本条规定了房屋危险性鉴定综合评定应遵循的基本原则，全面分析，综合判断，以求在按照本标准进行房屋危险性鉴定的过程中，当遇到本标准未提及的特殊类型房屋时，最大限度地发挥鉴定人员的工程实践经验和综合分析能力，更好地保证鉴定结论的科学性。

9.2.3 本条规定了在地基危险状态及基础和上部结构构件危险性判定时，应综合分析构件的关联影响。对有关联的危险构件，应防止漏判；对无关联的危险构件，应避免误判。本条为强制性条文，必须严格执行。

9.2.4 本规程危房鉴定采用“两阶段”的鉴定程序。首先应对地基的危险性进行鉴定，若地基处于危险状态则可直接判定房屋属整幢危房，不再进行第二阶段的鉴定。若地基处于非危险状态，则继续第二阶段的鉴定工作，通过综合考虑基础及上部结构（含地下室）两个组成部分的具体情况作出综合判断。本条为强制性条文，必须严格执行。

9.3 综合评定方法

9.3.1 将基础部分视作一个“楼层”来考虑，通过基础部分所含危险构件比例来确定基础层的危险性等级，每幢房屋的基础均只含基础一层。

9.3.3 本条所述的上部结构既包括通常意义的±0.000以上部分，又包括地下室部分，地下室按结构层分层，有几层算几层，架空层不作为一层。

公式中的系数3.5（中柱）、2.7（边柱）、1.8（角柱）、2.7（墙）、1.9（主梁）、1.9（屋架）、1.4（边梁）、1.0（次梁）、1.0（楼板）、1.0（围护构件）等反映了房屋不同结构构件的重要性程度。

考虑竖向构件的传力特点，本规程将竖向危险构件的关联影响范围辐射到该构件上方的所有楼层中，即当本层竖向构件评定为危险构件时，其上各楼层该轴线位置的竖向构件均计入危险构件数量。

在分层计算时，对于局部地下室或局部出屋面楼层，可合并归入相邻楼层计算危险构件百分比，不单独作为一层计算。

9.3.9　本条规定了房屋危险性等级判定的准则，采用房屋整体结构（含地下室）危险构件综合比例值结合基础、楼层（含地下室）危险性等级两个参数进行综合判定。主要是考虑在计算房屋整体结构（含地下室）危险构件综合比例时，不能反映危险构件的分布情况，特别是当危险构件集中出现在某层或集中出现在各层的同一部位时，整体结构（含地下室）危险构件综合比例所代表的计算结果可能导致其危险程度降低。增加楼层危险性等级判定后，可有效避免这类情况的出现。

8. 武汉市商品住宅专项维修资金征缴范围的细化研究

武汉市住房保障和房屋管理局资金监管处
武汉曼克投资咨询有限公司

课题负责人： 王传耀　武汉市住房保障和房屋管理局　巡视员
课题组成员： 黄红云　吴　彤　姚　克　董实忠　傅嘉亮
杨瑜娴　杨　帆　陈古月
课 题 统 稿： 吴　彤　姚　克

摘　要

住宅专项维修资金是房屋的养老金，属于全体业主所有，旨在保修期满后对住宅小区的共有部位、共用设施设备进行修缮和更新，保障业主的共同利益。随着商品住宅类型的多元发展以及市场需求的不断变化，住宅专项维修资金制度的保障作用愈发明显，同时也面临着更加复杂多样的现实困境。本课题以武汉市商品住宅专项维修资金的征缴范围为研究对象，首先，对住宅专项维修资金制度的相关理论及其历史沿革进行了阐述和回顾；其次，围绕武汉市的相关情况，从国内现行制度的评析与比较、国外制度的总结和借鉴、征缴范围的确立基础、征缴范围的发展趋势、商品住宅类型变化的影响、征缴与需求之间的结构性矛盾五个方面进行了详细说明；再次，我们发现，尽管武汉市先后出台了管理办法及配套文件，依法依规对商品住宅专项维修资金进行征缴与管理，但仍然面临着结构相连界限不清、交存标准不相统一、征缴时点提前需求、配套用房征缴问题、维修资金续交难题、维修资金权属不明等实践难题；最后，为更好地细化武汉市商品住宅专项维修资金的征缴范围和征缴标准，本课题组针对这些现实问题逐一提出了完善思路，建议武汉市有关部门从修订相关政策制度、准确界定结构相连、简化多重交存标准、提前业主交存时点、取消配套用房交存、建立健全续交制度、明确资金权属性质、建立完整风控系统等方面入手，切实助推武汉市商品住宅专项维修资金征缴工作有序开展。

一、研究背景

（一）研究意义

从福利分配制度到住宅商品化，30 多年间，中国房地产市场发生着天翻地覆的变化。随着社会经济的不断发展，房改制度的不断推进，房屋的形态和用途逐渐呈现多元化特征，房屋的管理也由国家负责转向业主个人维护，住宅专项维修资金制度开始走进大众的视野。专项维修资金是房屋的“养老金”，旨在对已过保修期的房屋共用部位、共用设施设备需要进行重大维护修缮时提供资金支持。住宅高度私有化带来的是产权分散，当共有产权部分面临维修时，矛盾应然而生。因此专项维修资金的征缴必须采取强制措施，依靠公权力作为保障。

武汉市自 2002 年开设维修资金窗口以来，根据上位法的相关要求，结合本地实际，采取政府代管的模式，开展住宅专项维修资金管理工作。2011 年颁布《武汉市住宅专项维修资金管理办法》后，又陆续出台了《武汉市住宅专项维修资金交存操作规程》等配套文件，房屋管理部门依法依规对商品住宅专项维修资金进行征缴和管理。随着社会经济的发展，物业形态呈现多元化，商住混合的多功能型业态逐渐发展起来，维修资金的需求与日俱增。然而，社会的快速发展对现行法律法规不断提出新的挑战，专项维修资金制度中不够细致的一面逐渐显现。为此，武汉市房屋管理部门适时提出了“武汉市商品住宅专项维修资金征缴范围的细化研究”这一课题。本文通过对武汉市商品住宅市场的新发展及住宅专项维修资金制度安排进行分析，结合征缴过程中存在的突出问题，分析问题背后产生的原因，最终提出科学合理的解决办法，为武汉市住宅专项维修资金征缴工作的良好运行建言献策。

（二）重点内容

本文根据关于物权、建筑、维修资金管理等方面的法律法规以及经济学、物业管理等学科知识，参考其他城市经验，结合不同业（形）态商品住宅项目实际，综合分析研究，厘清权责关系，科学合理地细化、明确维修资金的征缴边界，具体来看，主要包括以下内容：

（1）国家现行法律法规有关商品住宅专项维修资金征缴范围的制度安排。

（2）武汉市商品住宅专项维修资金征缴范围的制度安排与其他主要城市商品住宅专项维修资金征缴范围的制度安排的比较。

（3）商品住宅类型（开发建设、经营等）的变化及对商品住宅专项维修资金征缴产生的影响。

（4）当前及未来商品住宅专项维修资金征缴范围存在或面临的主要问题。

（5）现行商品住宅专项维修资金征缴范围制度安排与商品住宅专项维修资金征缴需要之间的结构性矛盾。

（6）完善武汉市商品住宅专项维修资金征缴范围制度安排的政策建议。

（三）基本要求

课题研究的实践性：（1）本研究成果可推动商品住宅专项维修资金征缴工作的顺利开展；（2）本研究成果为完善武汉市商品住宅专项维修资金征缴范围制度安排的政策提供建议。

课题研究的效用性：根据商品住宅市场的新发展和商品住宅专项维修资金征缴中存在的突出问题，提出具有针对性的、科学合理的解决办法，从而推动商品住宅专项维修资金征缴工作的顺利开展，为商品住宅的使用和社区和谐稳定提供基础。

课题研究的创新性：以上位法、本市地方性法规政策为基本框架，以激活“商品住宅专项维修资金”市场机制为核心，以提升“商品住宅专项维修资金”可持续供给机制为支撑，以构建业主专项维修资金平台加强正面宣传引导为途径，推动商品住宅专项维修资金征缴工作的顺利开展。

课题研究的可推广性：（1）课题研究成果可以直接在武汉区域应用；（2）研

究成果可以为兄弟城市提供政策参考。

课题研究的重要性和迫切性：随着住宅小区品质稳步提升，商品住宅项目业态及形态越来越多样化，我市现行维修资金管理法规中关于征缴的规定细化不够，与项目实际和管理工作的需要不相适应的问题逐步凸显出来，要解决这些问题亟待出台更为细化的管理政策。

（四）基本思路

本文以武汉市住宅专项维修资金制度中商品住宅的征缴范围作为研究对象，结合当下市场经济发展的价值取向，以实地调研获取的真实数据为支撑，重点分析制度运行过程中由于规则细化程度不够带来的各种弊端。首先，对国内外住宅专项维修资金制度的理论研究进行介绍；其次，结合各种数据和案例对现状进行阐述；再次，总结武汉市住宅专项维修资金在征缴中存在的问题，并对化解问题的途径进行探讨；最后，给出合理可行的对策建议，力求将相关法规制度细化落实，引导商品住宅专项维修资金的征缴与市场发展的需求相配套，平衡供需之间的关系。

（五）研究方法

1. 文献资料法

全面收集书籍、论文、报刊及网络中关于商品住宅专项维修资金征缴范围的相关制度、相关文献、相关资讯，进行整理学习，发现新认识、新观点，帮助促进知识积累。

2. 比较分析法

在资料整理的工作中，课题组收集了国家现行的和武汉市现行的住宅专项维修资金管理办法及其配套文件，以及全国 30 多个其他省市制定的管理办法，分别采取纵向和横向比较方法，加深对研究目标的了解。

3. 访谈调查法

通过访谈、座谈会等方式深入接触武汉市商品住宅专项维修资金的征缴主体，了解他们对征缴范围的理解和看法，收集其反馈的各类问题与建议，最大限度地获取课题所需信息。

4. 个案研究法

通过研究市房屋管理部门提供的典型案例，了解当前存在的主要矛盾和突出问题，分析其产生的原因，明确各方诉求，有效帮助厘清研究思路，提出科学合理的解决办法，协助房屋管理部门在未来的征缴工作中做到依法合理行政。

5. 实地观察法

通过对全国范围内住宅专项维修资金制度的总结，课题组选取一些带有典型特色的其他城市作为调研点，赶赴实地，与所在地的市房屋管理部门进行深度交流，了解其他城市在商品住宅专项维修资金制度征缴范围上的特色安排，以及实际运行过程中所取得的良好成果，开阔课题组的思路和视野。

（六）基本过程

1. 准备阶段（2017.5—2017.6）

针对不同调研对象，制定不同研究方案，合理配置人员。召开课题开题报告会，与市房屋管理部门充分沟通，达成共识。研究国家和武汉市关于住宅专项维修资金的法律法规，对比分析制度安排上的差异，整理书籍、学术论文中的主要观点，多渠道获取课题所需的信息，从理论上开拓思路。

2. 实施阶段（2017.7—2017.8）

（1）在市房屋管理部门的组织协调下召开了企业家座谈会，数十家武汉市知名度较高的房地产开发企业、物业服务企业参会。重点从专项维修资金征缴范围的合理性和管理的科学性两个方面进行交流讨论，提出对现有制度的看法以及在实际工作中遇到的问题，共同探讨解决问题的方案。

（2）对多个社区街道同时展开调研，了解供需关系现实情况。各街道负责人根据所辖社区特点，讲述了住宅专项维修资金在使用及续交上存在的棘手问题，没有缴纳专项维修资金的老旧小区矛盾尤为突出。

（3）课题组跟随市房屋管理部门到深圳、温州、苏州（昆山）三地进行调研，打破地域限制，跳出困境解放思维。四座城市的专项维修资金制度各有特色，征缴范围各不相同，各城市房屋管理部门对于课题组提出的问题均给出了相应的解决办法，将政府与市场紧密联合，令课题研究思路豁然开朗。

3. 总结阶段（2017.8—2017.9）

对前期收集到的全部资料进行汇总整理，分析相关数据和经典案例，提炼亮点，结合本地实际情况与外地有效做法，对课题内容进行撰写，并邀请市房屋管理部门相关负责人及专家学者进行结题评审。

二、制 度 研 究

（一）理论基础

1. 住宅专项维修资金的基本概念

住宅专项维修资金制度是建立在建筑物区分所有权基础之上的，与其紧密联系。建筑物区分所有权是物权法中关于不动产所有权的形态区分，由专有权、共有权和成员权组成，即业主对建筑物内居住的住宅享有专有权利，对于其他共有部分则享有共有权利，而作为住宅区域内共生的成员，对于区域内涉及全体业主利益的事务则享有管理的权利。住宅专项维修资金作为建筑物共有部分的修缮金，是业主享有与行使共有权的重要内容。

建筑物区分所有权有“一元论”“二元论”“三元论”这三种理论学说。“一元论”分为专有权说与共有权说，专有权说认为区分所有权是区分所有人对其专有部分享有的权利，专有权说最早是由法国学者在解释《法国民法典》时提出的主张，为日本及我国台湾地区的立法所承认。共有权说则强调集团性与共同性，将建筑物整体看待，视为全体区分所有权人的共有，由法国学者普鲁东与拉贝对《法国民法典》解释时作为反对专有权说提出的主张。“二元论”认为建筑物区分所有权，既包含所有人对专有部分享有权利，同时对于专有以外的共有部分享有共同使用的权利，是专有与共有两种权利的复合。这种学说为法国 1938 年制定的《有关区分各阶层不动产共有之法律》及 1965 年制定的《分层住宅所有权法》所肯定。“三元论”学说认为，建筑物区分所有权由专有权、共有权及成员权共同组成，由德国学者贝尔曼提出，为德国现行的《德国住宅所有权法》所采纳。

三种学说中，“三元论”较为完整地反映了建筑物区分所有权的实践现状。“一元论”忽视了专有部分以外的共有部分的权利状态，“二元论”则忽视了区分所有权人除了享有专有权及共有权利之外，还应当在行使其权利时不得妨碍他人权利的行使，也不能伤害全体区分所有权人的共同利益。我国在 2007 年制定的《物权法》中明确规定了业主的建筑物区分所有权这一章，并且确定了业主对专有部分享有专有权，对专有以外的共有部分享有共有和共同管理的权利。这说明我国立法采取了“三元论”。“三元论”学说的发展，将建筑物的所有权形态划分得更为清楚，使得住宅专项维修资金的设立目的更为明确。

2. 住宅专项维修资金的特征

（1）专用性。住宅专项维修资金设立的目的在于养护与更新小区内共用部位及共用设施设备，用途明确，权属清晰，属于全体业主所有，因此不能为他人使用。同时，维修资金账户专户专用，独立的资金归集渠道，管理与监督并行，增值方式单一，无论是交存还是使用都有严格的标准，并不具备一般资金的灵活性，这些都体现出专用性是维修资金最基本的法律属性。

（2）共有性。共有性不仅仅体现在产权共有与资金共有上，也贯穿于使用与管理过程中。业主在交存上具有整体性与一致性，即只要业主身份被确立就要交存维修资金，成为小区的共同体。尽管单一业主可以申请使用，但在表决上仍旧坚持全体投票的方式，共同决定是否使用以及如何使用。这是维修资金最重要的属性之一，同时也为维修资金在使用上带来了一些困扰。

（3）保障性。专项维修资金存在的意义是尽可能延长房屋的寿命，保障业主的生活质量。商品房出现的时间较短，但房屋质量纠纷已经成为物业纠纷中较为棘手的问题。基于现阶段业主的公共管理意识较为淡薄，政府采取强制交存方式，搭建维修资金蓄水池，为业主权利的保障奠定了基础。

3. 住宅专项维修资金的性质

住宅专项维修资金的属性在理论界存在着争议，国内学术界主要有以下几种观点：

（1）专用资金说。专用资金说认为住宅专项维修资金是为了特定目的而设立的资金，仅限于住宅小区内的共用部位及共用设施设备在保修期满以后的修缮维护，在交存、使用、管理上有着严格的规定，区别于一般投资资金的运作。随着经济的发展、物价的增长，大量闲散在银行里的资金被浪费，而唯一可以用于增值的方式——购买国债，由于其操作起来较为麻烦，依靠专项维修资金的收益去支撑共用部位及共用设施设备的维修是难以长久的。因此，住宅专项维修资金更多倾向于应急资金的性质。

（2）信托基金说。信托基金说认为住宅专项维修资金属于全体业主共有，用于维护建筑物内的共用部位及共用设施设备，同时依附于共用部位和共用设施设备，只要其一直存在，维修资金也将持续性存在。业主专款筹集，由业主大会的执行机构业主委员会进行管理。以上这些特征都符合信托基金的共用共有性、独立性、可变性、可转移性等特征，全体业主作为基金的管理人有权以自己的名义管理和使用维修资金。

（3）准公共产品说。准公共产品说认为住宅专项维修资金属于一种“准公共产品”。准公共产品是指具有有限的非竞争性或有限的非排他性的公共产品，它介于纯公共产品和私人产品之间。住宅专项维修资金属于全体业主所有，用以修缮小区内的公共部分，目的在于维护业主共同的利益，保障业主共同的生活质量，因此维修资金属于公共物品。同时，维修资金由业主个人交存，列入业主个人账户进行滚存，收益具有排他性。由此来看，维修资金并不属于完全意义上的公共产品，可视为“准公共产品”。

（二）制度沿革

1. 住宅专项维修资金制度的起源基础

中国历史上的主要建筑形态表现为一家一户、一户一栋。新中国成立后至推行住宅商品化之前，建筑物的所有属于国家和集体。1980 年代末随着房改制度的开始，国家鼓励与支持市场交易，倡导土地集约化与住宅商品化。与此同时，开始出现一栋建筑内所有人的多元化，在事实上形成了建筑物区分所有人的现象。亚里士多德曾断言，“凡是属于最多数人的公共事物常常是最少受人照顾的事物，人们关怀着自己的所有，而忽视公共的事物；对于公共的一切，他至多只留心到其中对他个人多少有些相关的事物”。公共产权因其共有的特性区别于个人的专有权，业主作为集体中的个人，理所当然地关注着住宅中专属于自己所有的部分，而对公共部分选择性看见。尤其是当公有部分产生需要共同承担的责任时，因其利益关联不及专有部分的密切，业主之间往往无法达成共识，住宅专项维修资金在此背景下应运而生。

尽管建筑物区分所有权的学说发展日趋健全，然而在实务操作中可以发现，关于专有权与共有权之间的界限划分并没有明确的标准，标准的不明确带来专有与共有之间的不确定，进一步影响到成员权的发挥。如停车位、架空层、会所等，在实践中往往无法依据明确的标准指引确定所有权人，导致业主与开发建设单位、物业服务企业之间形成不可调和的矛盾。住宅专项维修资金的设立旨在维护与更新共有部位及共有设施设备，在无法划清界限的情况下，那么交存的标准、使用的范围也随之变得模糊不清。

2. 住宅专项维修资金制度的立法沿革

住宅专项维修资金在我国不同地区的叫法不同，香港特别行政区称为“备用基金”，台湾地区称为“公共基金”，大陆地区也经过几次变更，从“专项维修资金”到“维修基金”再到“专项维修资金”，最终确定为“住宅专项维修资金”，但至今仍有部分省市称作“物业专项维修资金”。回顾维修资金的立法演进过程，探析立法目的的变化，有助于明确今后的发展方向。

（1）萌芽阶段。1989 年建设部第 5 号令发布的《城市异产毗连房屋规定》中指出，所称异产毗连房屋，系指结构相连或具有共有、共用设备和附属建筑，而为不同所有人所有的房屋。此处的房屋，按照字面意思可以理解为现代意义上结构具有相连性的房屋。房屋的共有部位、共有设备及附属建筑的修缮费用，由房屋的所有人按份额比例分担。该制度是我国法律文件中最早涉及建筑物区分所有权制度的规定。同时，规定中所提到的房屋共有部位及共用设施设备维修及费用承担的相关内容，也是住宅专项维修资金的雏形。

随后，1992 年建设部又公布了第 19 号令《公有住宅售后维修养护管理暂行办法》，该办法明确以住宅的维修养护为核心，规定了住房制度改革中向个人出售的公有住宅的售后维修和养护管理。共用部位和共用设施设备的维修责任由售房单位承担，而维修的费用可以由售房单位按照一定的比例向购房人收取，维修养护费用不足时，暂由原售房单位承担。这意味着住宅共用部位及共用设施设备的维修责任最终仍旧落到业主身上。

尽管两个文件的颁布已经开始初步确定了专项维修资金的概念，但此时处于房改的初级阶段，房屋产权尚未完全实现私有化，规定及办法的主要对象也是公有住宅私有化这部分群体。因此，这一时期属于住宅专项维修资金的萌芽时期。

（2）形成阶段。1998 年，为了贯彻党的十五大精神，进一步深化城镇住房制度改革，加快住房建设，国务院发布了《关于进一步深化城镇住房制度改革加快住房建设的通知》，其中第一次提出了“专项维修资金”概念，要求建立住房共用部位、设备和小区公共设施专项维修资金，健全业主对专项维修资金管理和使用的监督制度。不再强调公有住宅，逐渐停止住房实物分配，鼓励市场化交易。

随后，为了响应国务院的号召，建设部同财政部联合出台了《住宅共用部位共用设施设备维修基金管理办法》，将“维修基金”定义为专项用于住宅共用部位、共用设施设备保修期满后的大修、更新、改造，将交存的对象从售后公有住房扩大至新建商品住房，并对二者的交存主体和交存标准作了明确规定，并规定了一次性交存、专款专用、可购买国债实现增值等要求，该管理办法与当下现行的住宅专项维修资金制度大体结构一致，以部门规章的形式正式确立了“住宅专项维修资金”的架构体系。

同年，财政部发布《物业管理企业财务管理规定》（财基字〔1998〕7 号），文件中提到的代管基金即为住宅专项维修资金，明确了物业企业可以接受业主管理委员会或者业主的委托代为管理住宅专项维修资金，并且可以有偿使用共用设施设备，有偿使用支出的费用可转入住宅专项维修资金滚存使用。事实上建立了物业企业代管住宅维修资金的模式。

（3）确立阶段。2003 年由国务院制定，后于 2007 年修改的《物业管理条例》，将物业管理上升到行政法规的层面，正式确立了住宅专项维修资金制度，明确由业主依法缴纳，归全体业主所有，不得擅自挪用。

2007 年，全国人大制定并颁布施行《中华人民共和国物权法》（以下简称《物权法》），其中第六章第七十九条规定："建筑物及其附属设施的维修资金，属于业主共有。经业主共同决定，可以用于电梯、水箱等共有部分的维修。"尽管条文中对住宅维修资金着墨不多，但这是我国第一次将住宅专项维修资金的权属及使用写入法律，意义深远，具有普适性。

2008 年，建设部联合财政部再次发布《住宅专项维修资金管理办法》，该办法的出台意味着《住宅共用部位共用设施设备维修基金管理办法》的终止，同时也标志着完整的住宅专项维修资金体系正式建立。该办法从交存、使用、管理、监督以及法律责任五个方面展开，全面覆盖了住宅维修资金的内涵外延，首次对住宅维修资金的增值保值提出了适用方法，弥补了《物业管理条例》及《物权法》中对专项维修资金制度细化的缺失，解决了实际操作中因规定过于宽泛而带来的各种纠纷，并施行至今。此后，住宅专项维修资金的发展逐渐走向成熟。

3. 住宅专项维修资金征缴范围的沿革

早在住宅专项维修资金制度的萌芽时期，尽管政府已经意识到房屋私有化将带来公共产权维修上的冲突困境，但彼时商品房交易刚刚起步，公权力对于房屋的控制仍然占据主导地位，因此仅仅强调房屋的共有部位及共用设施设备的维修费用应该由房屋的所有人按照比例来分摊。这意味着初期的住宅专项维修资金是即时产生即时分摊，依靠个人的自觉意识，不存在强制征缴的情况。

商品住宅专项维修资金征缴范围第一次具化体现在制度上的安排是 1998 年的《住宅共用部位共用设施设备维修基金管理办法》。其中，第五条第一款规定，商品住房在销售时，购房者与售房单位应当签订有关维修基金缴交约定，购房者应当按购房款 2%至 3%的比例向售房单位缴交维修基金。售房单位代为收取的维修基金属全体业主共同所有，不计入住宅销售收入。根据相关条款可知，业主为维修资金的交存主体，开发商是代收主体。在办理房屋产权证书时，再由开发商统一交给房屋主管部门。而各省市的具体收缴比例则由地方制定相应规定。

随后，2008 年颁布并施行至今的《住宅专项维修资金管理办法》中，对征缴的范围作了进一步细化。首先，明确征缴对象，包括住宅和两种特殊情况下的非住宅，即住宅小区内的非住宅以及住宅小区外与单幢住宅结构相连的非住宅。其次，在征缴的比例上，商品住宅的交存标准是每平方米建筑面积交存首期住宅专项维修资金的数额为当地住宅建筑安装工程每平方米造价的 5%至 8%。

相比之下可知，商品住宅专项维修资金征缴范围的变化体现在两个方面：其一，征缴对象从单纯的商品住房到住宅，同时对住宅的定义进行一分为二的概括；

其二，征缴的计算标准从以购房款为基数转变为以住宅建筑安装工程的造价为基数，同时将比例从 2%至 3%调整为 5%至 8%。这些都体现了制度修改的严谨性和科学性。

三、实践探索

（一）国内现行制度安排与比较

1. 从国家到地方的制度安排及其特点

（1）制度安排。国家层面上，关于住宅专项维修资金制度的法律渊源，主要包括《中华人民共和国物权法》《物业管理条例》和《住宅专项维修资金管理办法》等法律法规的规定。其中，《中华人民共和国物权法》的法律位阶最高，对住宅专项维修资金作出了一些原则性规定，明确了专项维修资金应由业主共同决定；《住宅专项维修资金管理办法》作为直接规定专项维修资金事宜的部门规章，明确界定了住宅专项维修资金的法律性质，即“业主交存的住宅专项维修资金属于业主所有”，更准确地说应是业主共有，享有不可分割之共同所有和共同使用的权利。这些法律法规的相关内容，均是武汉市商品住宅专项维修资金征缴范围的制度基础，都与武汉市商品住宅专项维修资金征缴范围的制度安排密切相关。

地方层面上，武汉市关于商品住宅专项维修资金征缴范围的有关规定，集中见于《武汉市住宅专项维修资金管理办法》（下文简称为《管理办法》）和《武汉市住宅专项维修资金管理办法的实施意见》中。为使相关制度顺利施行，市房屋管理部门又先后出台了《武汉市住宅专项维修资金交存操作规程》《武汉市住宅专项维修资金使用操作规程》《关于加强商品住宅专项维修资金使用管理的通知》《武汉市商品住宅专项维修资金应急使用暂行办法》等配套文件。

（2）特点分析。梳理上述政策法规可以发现，武汉市结合地方实际情况对国家规定进行了具体细化，使相关规定操作性更强，便于实施落地，也在法律授权范畴内进行了一些变通和扩充。具体包括：①将交存主体由业主扩充为开发建设单位和业主，这是武汉市最主要的制度特点。在此基础之上，武汉市针对两类交存主体分别规定了不同的且更为明确的交存标准和交存时间。②交存标准由“每平方米建筑面积交存首期住宅专项维修资金的数额为当地住宅建筑安装工程每平方米造价的 5%至 8%”，具体化为“开发建设单位按照物业总规模建安造价的 1.5%（配置有电梯的按照 2.5%）交存；购房人按照所拥有物业的建筑面积交存，每平方米建筑面积交存金额为每平方米建安造价的 5%”，“市房屋行政主管部门应当根据市建设行政主管部门公布的建安造价确定、公布首期住宅专项维修资金的具体交存标准，并适时调整”。其中，在《管理办法》实施前购置房屋的业主，交存时仍旧按照 2000 年施行的《武汉市住宅共用部位共用设施设备维修基金管理实施办法》中的相关标准，即“由购房者按购房款 2%的比例向售房单位缴交维修基金”，并且，市房屋行政主管部门“应当根据市建设行政主管部门公布的建安造价确定、公布首期住宅专项维修资金的具体交存标准，并适时调整”，具有一定的自由裁量空间。③为开发建设单位设置了垫付义务，规定“初始登记时尚未售出的房屋，开发建设单位还应当作为业主交存首期住宅专项维修资金；房屋售出后，购房人应当向开发建设单位交纳该住宅专项维修资金”。④交存时间由“办理房屋入住手续前”，细化为“业主交存专项维修资金的时间为办理房屋交付使用手续前，开发商交存的时间为办理项目初始登记前”。同时，对专项维修资金的划转程序和划转时间规定得更为详细，注重发挥“业委会”的积极功能，保障业主的知情权、参与权和表决权。

武汉市将商品住宅专项维修资金的交存主体由业主增加为开发建设单位和业主，并要求开发建设单位对“初始登记时尚未售出的房屋”垫付专项维修资金，有其法律意义和现实效应的考量。从法律意义而言，保障合理比例的商品住宅专项维修资金足够交存，是申请使用专项维修资金的前提条件之一，也是保障业主房屋居住权的重要因素之一。强调开发建设单位的交存义务，还可以利用法律威慑力来督促开发建设单位做好商品住宅的开发建设，更大程度地保证商品住宅的质量。从社会效应而言，该办法刚颁布实施后，专项维修资金的归集效果明显，使用率大大提高。

2. 城市之间制度安排的横向比较

根据课题组到深圳、温州、苏州三地调研获得的相关情况，以及收集到的国内一些重要城市的制度规定，目前，我国各大城市商品住宅专项维修资金征缴范围所呈现出的主要内容和突出特点，包括以下几个方面。

（1）在交存主体方面，存在单一主体、双重主体两种模式，并以此为基础细化交存标准和交存比例（详见表 1）。一部分省市将业主作为唯一交存主体，如北京市、重庆市、浙江省、湖南省、安徽省等。单一交存主体更强调专项维修资金“业主共有”的法律属性，始终保持权利义务的对应性。也有不少省市规定开发建设单位和业主都要交存专项维修资金，如上海市、天津市、深圳市、江苏省、吉林省等。将开发建设单位也作为交存主体，以双重主体保证专项维修资金的足额征缴，是对足额归集专项维修资金的更高要求，也是对商品住宅质量的更多关注。从交存比例上看，绝大部分城市按照《住宅专项维修资金管理办法》给出的上下限范围提出了明确的比例要求，以便于具体操作；也有部分省市规定交存的比例要求仍是浮动范畴，预留了自由处理的空间。

表 1 九大城市交存主体和交存标准比较

城市	交存主体	交存对象	交存标准	交存时点
北京	业主	住宅	1. 独立式住宅、非住宅为 50 元/平方米 2. 多层住宅、非住宅为 100 元/平方米 3. 高层住宅、非住宅为 200 元/平方米	办理房屋入住手续前
天津	开发建设单位、业主	住宅、非住宅	1. 不配备电梯的商品住宅，开发建设单位和购房人各按 1%交存维修基金 2. 配备电梯的商品住宅，开发建设单位按 1.5%，购房人按 1%交存维修基金 3. 开发建设单位和购房人都按照每建筑平方米 100 元交存	购房人或开发建设单位统一在商品房买卖合同备案时
上海	开发建设单位、业主	住宅	1. 开发商配电梯按建筑面积成本价的 4%缴纳（不配电梯的按照 3%） 2. 购房人配电梯按建筑面积成本价的 3%交纳（不配电梯的按照 2%）	1. 开发建设单位在办理初始登记前 2. 购房人已购房屋在办理转移登记前
杭州	业主	住宅、非住宅	购房人按建筑面积以不低于房屋建筑安装造价 5%的比例缴纳	开发建设单位代收代交。业主在物业交付时交存，开发建设单位在办理初始登记前
成都	业主	住宅	1. 开发建设单位配电梯按建筑面积成本价的 3.5%缴纳（不配电梯的按照 3%） 2. 购房人配电梯按建筑面积成本价的 2.5%缴纳（不配电梯的按照 2%）	1. 开发建设单位在办理商品房所有权初始登记前 2. 购房人在办理房屋所有权分户登记前

续表

城市	交存主体	交存对象	交存标准	交存时点
长沙	业主	住宅、非住宅	购房人按照所拥有物业的建筑面积交存，每平方米建筑面积交存金额为建筑安装工程每平方米造价的 5%至 8%	1. 购房者在办理房屋入住手续前 2. 自建、代建的房屋，房屋所有权人在办理房屋初始登记前
西安	业主	住宅	购房人按照所拥有物业的建筑面积交存，每平方米建筑面积交存金额为建筑安装工程每平方米造价的 5%至 8%	业主在办理房屋入住手续前
武汉	开发建设单位、业主	住宅	1. 开发建设单位按照物业总规模建安造价的 1.5%（配置有电梯的按照 2.5%） 2. 购房人按照所拥有物业的建筑面积交存，每平方米建筑面积交存金额为每平方米建安造价的 5%	1. 开发建设单位在办理项目初始登记前按照物业总规模交存住宅专项维修资金 2. 购房人在办理房屋交付使用手续前

（2）在交存时间和交存程序方面，存在“办理房屋交付使用手续前”还是“办理产权转移登记前”交存的区别。具体原因涉及整个房地产开发与销售流程，该流程全国各地或有出入，但基本大同小异。有的城市要求在“办理产权转移登记前”交存维修资金，如上海、杭州、成都等，这样可由维修资金归集窗口根据即将发给业主产权证上的实测面积，计算业主交存的维修资金数额。其所考虑的是，如果将业主的交存时间提前到交房之前，就需要房屋管理部门从产权处获取房屋实测面积等有关信息，根据信息办理维修资金开户建档手续并计算每套房屋的业主应交金额，这种做法工作量将非常大，并且涉及测绘成果数据在多个部门的采集、校核和使用的流转程序，短时间内难以快速完成，往往不利于满足业主尽快收房和开发建设单位及时交房的需求。

有的城市则要求业主在“办理房屋交付使用手续前”交存专项维修资金，如北京、西安、武汉等。针对上述操作难题，武汉市通过提升专户银行服务、更新示范合同、借助信息化手段，在“预售许可”“商品房竣工验收”“商品房交付使用备案”等环节强化对专项维修资金征缴工作的管理，成功运用实测成果，将维修资金归集工作由“窗口核算、一道把关”的粗放、简单式归集变革为“一成果、两提醒、三把关、四中心、五处室”的规范操作、精密配合下的准确式、高效式维修资金归集程序（详见图 1）。这种制度安排能有效解决当部分业主还未办理或不办理产权登记时，专项维修资金归集力度不够的问题。

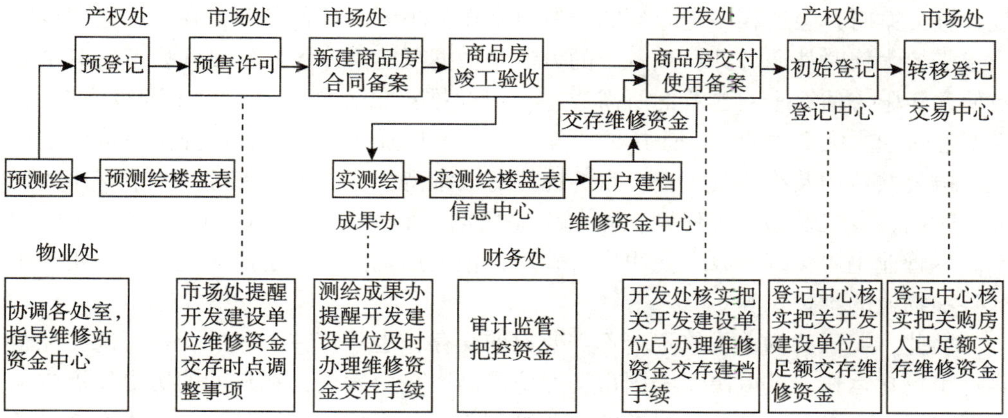

图 1　武汉市维修资金归集程序图

（3）在维修资金来源方面，公共收益、增值收益、维修资金的续交等备受关注，各大城市的相关规定各有所长。苏州在公共收益方面规定得较为细致，例如，《苏州市住宅专项维修资金管理办法》第八条明确规定："利用共用部位、共用设施设备进行经营的，经营所得收益的 70%，物业服务合同另有约定的除外"，应当作为住宅小区的专项维修资金。温州在续交办法方面值得借鉴，不但规定了余额不足首期的 30%时续交，还进一步明确了业主续交的具体程序，通过提升续交程序的可操作性，促使续交程序有序实现，为专项维修资金的使用申请奠定足额的资金归集基础，使专项维修资金的整体征缴更加灵活和人性化。深圳则十分重视发挥业主的自治组织能力，在公共收益和维修资金续交方面都赋权由业主大会、业委会自主决定，并设置了备用金制度，如《深圳市住宅专项维修资金管理办法》第二十一条规定："业主大会可以决定设立用于物业共用部位小额维修的物业专项维修资金备用金（以下简称备用金），并授权业主委员会进行备用金使用、再申请的审核。"

（二）国外经验做法借鉴

1. 美国住宅小区维修资金管理制度

住宅专项维修资金在美国通常被称作物业维修资金，包括物业养护费以及维修备用金两块，是物业服务费用的重要组成部分。物业养护费主要是指小区内的共用部位及共用设施设备日常维护需要支出的人工、材料和管理这三块费用，列支的对象包括道路养护、围墙修缮、油漆粉刷、安保消防等。维修备用金则是通过预算预留的准备金，以备将来不时之需。具体而言，住宅小区的管委会在编制业主协会年度预算方案时，会留存一定金额的维修金来作为小区的预备基金，在小区共用设施设备需要大修时使用。计算预备金的方法是根据可能需要大修的设施设备的剩余有效使用年限来估算重新购置的所需成本，以此推算出大概金额。提出预算方案后，需要经过业主大会的审议和表决，直至通过。美国业主协会有权向业主收取住宅小区公摊公共费用及物业管理费，目的在于有效维持小区的资金来源。收取费用的标准、时间、方式及违约责任则依据每个小区的《设立物业小区总协议书》中的规定。尽管业主协会统一收取费用进行管理，但费用仍然属于全体业主所有，用于小区各项物业的维护保养。

因此，美国的物业维修资金不需要提前交存，也不存在统一的交存标准，完全实行市场化运作。这取决于美国市场经济的高度自由发展，在长期的历史发展中已经形成了一套专业、高效、成熟的物业管理制度。当住宅共用部位、共用设施设备需要维修时，物业管理公司采取招投标方式，由业主自主选择其认为合适的公司来对小区进行修缮，费用从业主缴纳的维修资金中列支。同时，基金公司通过代管协议管理物业维修资金，有效实现增值。为了避免风险，基金公司还设立保证金，在无法归还维修资金时作为代偿，保障业主权利。

在追缴方面，美国也有一套完整的针对欠缴和拒缴业主的惩罚机制。当业主迟迟不履行交存义务时，会收到律师发出的欠缴通知，要求其尽快补交。一段时间后业主仍不主动交存时，律师将会通知银行开始计算滞纳金、律师费及各种相关的费用，并由律师事务所再次通知业主，将欠缴业主的房屋进行质押登记，直到业主还清欠款后才能撤销登记。在满足一定条件的情况下，律师还可以向法院申请拍卖，以此实现优先受偿权。

2. 英国专项维修资金制度

在英国，通常采取物业管理企业包干制，包干费用涉及安保、清洁、房屋维护等服务成本以及由其收取的酬金。规模较大的小区一般由物业管理公司进行打理，而规模较小的则偏向于选择房屋经理进行打理，这样能节约不少成本。属于业主利益范围内的事务由业主大会进行决议。对于建筑内公共部位的维修问题，该不该修以及如何修是由所有受益业主共同协商决定。全体业主在无法达成一致意见的情况下，任何业主都可以向政府主管部门申请由其进行裁决。主管部门在接受申请以后，亲临小区对需要维修的部位进行勘察，当认定需要维修时，则责令全体业主在限期内必须达成统一意见，否则，将由政府部门组织专门单位进行强制维修，事后由业主分摊所有费用，除此之外，还要加收部分额外费用作为政府收入。此举既保障了业主的权利，也能督促业主有效行使自己的权利，尽快达成统一意见。

3. 澳大利亚住宅维修资金管理制度

澳大利亚独门独户的住宅由业主自己负责打理，维修资金制度主要针对多层建筑而言。多层建筑的管理一般由物业公司负责，而建筑的日常维修养护则是物业管理的主要工作内容。业主委员会委托物业公司作为其代理人，向业主收取维修资金并代为管理，在得到业主大会批准后方可投入使用。通常，物业公司会提前向业主收取一定数额的维修资金作为备用金，然后存入银行的信托账户进行保值增值。物业公司会定期对所有物业进行勘验检查，并制定物业维修计划和维修资金的预算方案。制定好方案以后，提交业主大会在年度会议上进行讨论，通过以后，业主大会签署文件，物业公司即可拿着文件向资金存储银行要求放款。每年年终，物业公司会对维修资金的使用情况进行结算，将结果报告给业主大会。资金使用之后，物业公司会按照一定的比例向业主收取费用，继续补充维修资金。

4. 新加坡维修资金管理制度

新加坡的住宅小区专项维修资金是与物业管理相分离的，物业管理公司并不直接参与维修过程，只负责制定每年的年度维修方案以及需要维修时的招投标工作。而住宅小区的共用部位和共用设施设备的维修，由设施管理理事会负责。设施管理理事会是由业主组成的，作为业主管理委员会的组成部分之一，主要负责专项维修资金的收缴与使用。

新加坡在1967年以前，由于法律制度不够健全，维修资金是按照租约规定收取，但由于欠租情况严重，因此维修情况并不理想。新加坡于1973年颁布了《建筑与共用产业法令》，规定由建筑总监对住宅小区的共用部位及共用设施设备的维修保养进行监督管理。小区由业主管理委员会进行自治，业主对公共部分有维护的法律责任，当其怠于维修时，建筑总监有权要求业主管理委员会立即实施维修。如果业主管理委员会仍旧不执行，建筑总监可以通过诉讼方式向法院起诉要求强制执行。

事实上，新加坡没有设立专门的住宅专项维修资金，也不预留这笔资金。当小区内的共用部位和共用设施设备出现需要维修的情况时，只要经过半数以上的业主同意，就可以向全体业主收取一定的费用用于维修。而对于拒不缴纳维修资金的业主，将被房屋管理部门限制产权交易，直至业主补齐资金时为止。

5. 日本住宅修缮积立金制度

在日本，住宅专项维修资金被称为修缮积立金，是指为建筑的共用部分如墙体、外立面、楼梯、屋顶、道路、消防、电梯等，开展定期的、有计划的大规模维修而征收的费用。每个月在收取管理费用时由管理组合一同收取。日本的管理组合负责房屋的日常打理、修缮维护、制定规则、安全维护等。修缮积立基金则是指在购房之时就已经支付的专门用于日后房屋维修管理的那部分资金，由开发商交存。除此之外，还有临时性征收的临时积立金。这些资金主要用于对房屋共用部分进行定期维护、小区共用部分管理、增强电信等设施设备信号。对于外墙、屋顶、给排水管等住宅共用部位的维修，一般会在事先制订好长期维修计划，根据计划来使用修缮积立金，保证资金真正用到实处。计划内容中，通常会涉及维修的周期、维修时间、维修项目、预算费用等内容，涵盖方方面面。

日本的管理费和修缮积立金是分开管理的，管理费包括管理组合运营费、管理委托费、清洁委托费、保险费等，而修缮积立金则是为实施未来住宅维修计划而专门设立的，积立金的管理账户是由管理组合或者管理者的名义设立，专款专用。对于大型住宅而言，每月收取的维修资金可以高达千万日元，因此对于修缮积立金的管理必须更加慎重。管理组合的理事通常从区分所有者（业主）中选举，具备一定的专业知识，能够对资金进行更好的管理。修缮积立金的管理情况会在总会的决算书中进行记录，向区分所有者进行公开。

为了使修缮积立金免遭风险，当资金存入的金融机构发生破产等事件时，根据日本《区分所有法》的规定，有 30 人以上的区分所有者组成的管理组合，只要在大会上有 3/4 的人数以及 3/4 决议票数同意，就被认为是管理组合法人，由管理组合法人作为权利社团进行操作，及时挽回资金。

（三）征缴范围的确立基础

根据现行法律法规，凡商品房都应当建立专项维修基金。专项维修资金是业主为了本住宅小区共用部位、共用设施设备的维修养护事项而缴纳一定标准的钱款至专项账户，并按照法律规定授权业主委员会统一管理和使用的基金。构建商品住宅专项维修资金的初衷，就是为了筹措资金以专项用于住宅共用部位、共用设施设备在保修期满后的维修、更新和改造。

因此，专项维修资金的具体指向是“业主共用”，其征缴范围的确立基础是“业主共有”，即所有业主对“业主共用”建筑物享有共同所有、共同使用、共同承担风险的权利义务。为维护“业主共用”建筑物，所有业主共同筹集维修资金，按照各自拥有共用建筑面积的比例分摊相关维修费用。相关业主按照缴纳比例享有维修基金的所有权，但使用权归全体业主而非单个业主所有，单个业主不得向银行提取自己所交的维修基金部分。

与“业主共有”相对应的是“业主专有”，即一个业主所专有且与其他物业不具有共用部位、共用设施设备的。“业主专有”部分，既具有构造上的独立性，能够明确区分；又具有利用上的独立性，可以排他使用。业主对专有部分独自享有占有、使用、收益和处分的权利，但业主行使对专有部分的权利时，不得危及建筑物的安全，不得损害其他业主的合法权利。由于建筑物专有部分与共有部分具有一体性、不可分离性，业主转让专有部分时，共有部分也一并转让。因而，共有部分从属于专有部分，“业主共有”与“业主专有”如影随形、同命相存。

区分“业主专有”和“业主共有”的法理依据是业主的“建筑物区分所有权”。业主对建筑物内属于自己所有的住宅、经营性用房等专有部分享有单独所有权，而对专有部分以外的共有部分享有共有权和共同管理的权利。其中，专有权具有主导性，权利人因拥有了专有权就必然拥有共有权、成员权，专有权是共有权、成员权的基础。但建筑物区分所有权不是权利的组合，而是一个独立、统一、整体的权利。业主转让专有权时，对共有部分享有的共同所有、共同使用、共同承担风险的权利义务也一并转让。并且，业主在享有建筑物区分所有权的同时，也必须履行相应的义务，包括遵守法律法规的规定和业主委员会的约定、认缴建筑物共有部分的维护资金等。

（四）征缴范围的发展趋势

征缴专项维修资金属于《中华人民共和国物权法》的强制性规定，它对建立社会化、专业化、市场化的物业管理体制以及维护社会的稳定发挥着重要的作用。专项维修资金征缴工作开展至今，整体状况良好，汇集了相当数量的维修资金，资金专户已全面建成。截至 2016 年 12 月 31 日，武汉市共归集维修资金 163.15 亿元。2016 年，全市拨付维修资金 3321 笔，金额 3.89 亿元，用于小区共用部位、共用设施设备的维修、更新和改造。其中，紧急维修资金 343 笔，涉及金额 5067.04 万元。维修资金开户建档 413 起，总建筑面积 2884.20 万平方米，计 290700 户，全年实际交存维修资金 29.45 亿元，其中，开发建设单位交存 8.09 亿元，业主交存 21.36 亿元。

当前阶段，总体上，专项维修资金的征缴目标不仅仅局限于资金归集的数量，而是更多地考虑如何征缴才是最理想的方式，以便促使维修资金真正应用到实处，并能及时应对遇到的新情况新问题，赋予专项维修资金以持续的生命力。专项维修资金的征缴并不是越多越好，而应以合适为宜。因此，专项维修资金的征缴工作应逐渐从强调归集转向强调科学征缴、合理使用的可持续发展。

征缴对象方面，要重视权利义务的一致性，理清权利义务主体，原则上以对共用部位、共用设施设备享有“共有权”和“管理权”的业主进行专项维修资金的征缴及管理为重点。政府在主导维修资金的征缴工作中，要摆正政府与市场的关系，只做政府必须做的事情，或是协调市场做不了或做不好的事情，努力实现“有效市场，有效政府”。要意识到，业主对维修资金的交存、使用及其决策机制才是健全商品住宅专项维修资金制度的重点所在。

征缴维度方面，以维修资金使用情况为导向，区分实际生活中哪些项目是专项维修资金负责维修的部分，哪些项目是物业费负责维修的部分，关注维修资金使用的重点方面，这些方面也是维修资金征缴范围应涵盖的必要方面。据统计，2016年，武汉市共使用商品房专项维修资金 876 笔，使用金额 11947.76 万元，同比上涨 58.9%。走应急通道的维修项目（含电梯故障、屋面外墙漏水、消防故障等）共 134 笔，使用金额达 2472.93 万元，占比 20.7%，同比增长 144.2%，效果明显。其中，屋面、外墙维修项目使用金额 4318.6 万元，占比 36%；电梯维修项目使用金额 3155.1 万元，占比 26%；安防维修项目使用金额 2052 万元，占比 17%；审价维修项目使用金额 256.2 万元，占比 2%；其他维修项目使用金额 630.8 万元，占比 5%（详见图 2）。这些项目均属于专项维修资金征缴范围涵盖的必要项目。相应的，那些根据物业服务合同约定，应当由物业服务企业承担的住宅共用部位、共用设施设备的维修和养护费用，则不得从专项维修资金中列支，应排除在专项维修资金征缴范围之外。

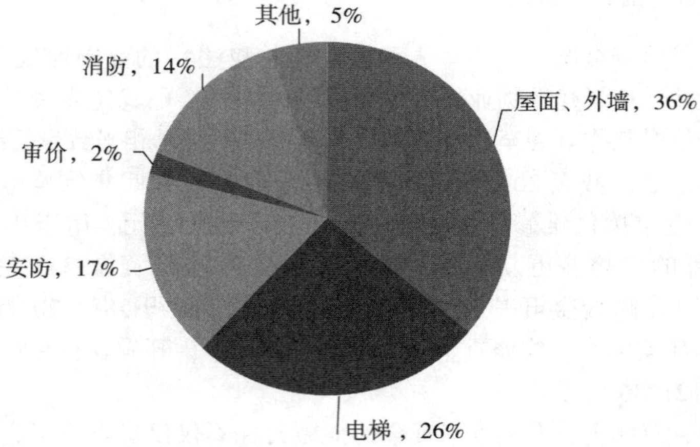

图 2　武汉市 2016 年维修资金使用类型图

征缴标准方面，应化繁为简，制定更为细化的、更具有统一标准的、更具有操作性的规定，限制征缴工作的自由裁量空间，避免征缴情况的差异性。比如，住宅小区中住宅部分及其他公共服务设施配套既有配电梯的也有不配电梯的，《管理办法》中以是否配置电梯为标准按不同比例对开发建设单位征缴专项维修资金，导致住宅小区常常被分割成若干零散部分而无法恰好还原为物业总规模，造成了征缴工作的复杂性。又如，有的住宅小区的地下室面积比住宅小区面积大甚至大很多，征缴专项维修资金时，会对涵盖物业管理区域的地下室部分按照住宅小区标准征缴，而未涵盖物业的地下室部分按照最低标准征缴，导致征缴标准难以统一。因此，只有尽可能推进商品住宅专项维修资金征缴标准的统一性，才能有效提升维修资金征缴工作的整体效能。

（五）商品住宅类型变化对征缴范围的影响

按照房屋的用途，可以将房屋区分为住宅用房、商业用房、办公用房、工业用房及其他用途房屋。根据武汉市房屋全生命周期管理基础信息调查工作在全市国有土地988平方公里（其中拆迁、在建、禁测区149平方公里）内的统计调查，截至2015年底，我市调查范围内共有房屋建筑面积43269.33万平方米，包括住宅面积29076.98万平方米、商业用房面积3963.67万平方米、办公用房面积3436.43万平方米、工业用房面积3176.72万平方米、其他用房面积3615.53万平方米，分别占比为住宅用房占比67.20%、商业用房占比9.16%、办公用房占比7.94%、工业用房占比7.34%、其他用房占比8.36%。其他用房指调查房屋用途为文化、教育、军事和其他四类的面积的综合。在各个房管区中，住宅类型中蔡甸区占比最大，为81.56%，经济开发区占比最小，为45.23%；商业类型中江汉区占比最大，为16%，青山区占比最小，为4.03%；办公类型中东湖高新区占比最大，为15.76%，新洲区占比最小，为2.57%；工业类型中经济开发区占比最大，为33.26%，东湖风景区占比最小，为0.11%（详见图3）。

现代城市中，城市土地集约利用是城市发展的必然趋势，应以合理布局、优化用地结构和可持续发展为依据，不断提高土地使用效率和经济效益。随着生活节奏的加快和生活水平的提高，人们也越来越注重住宅小区的周边环境和生活便利。因此，商品住宅类型正不断发生多样化改变：一是单一的住宅小区不再是城市住宅的唯一形态，城市综合体大量涌现，多功能型小区内除了住宅用房外还会存在商业用房、办公用房甚至工业用房，商业住宅相连且商用比例较大甚至大幅超过了住宅比例；二是城市住宅相关配套日益丰富，大多数小区都设置了物业管理办公室、警务室、社区活动室等，有的小区还配建了公立幼儿园、公立学校、社区医院等具有公益性质的设施。

相应的，商品住宅专项维修资金征缴过程中常常遇到两类突出问题，即：商业住宅相连时对“住宅小区外与单幢住宅结构相连的非住宅”的征缴标准问题，以及住宅小区中公共服务设施用房征缴问题。随着市场经济和社会需求的发展，商品住宅类型的变化也会引起专项维修资金征缴范围的变化。当现行制度规定不明或空缺时，需要通过挖掘该项规定背后的法律内涵，充分考虑制度适用的合理性，对制度的适用予以矫正，以及时应对征缴工作中的新情况新问题。针对当前以及未来住宅小区多样化的发展，针对住宅小区内不同的共用部位、共用设施设备以及不同类型的房屋，要以不同政策法规区别对待。本课题第四部分，将对这两类问题分别进行深入的解析，在此不再赘述。

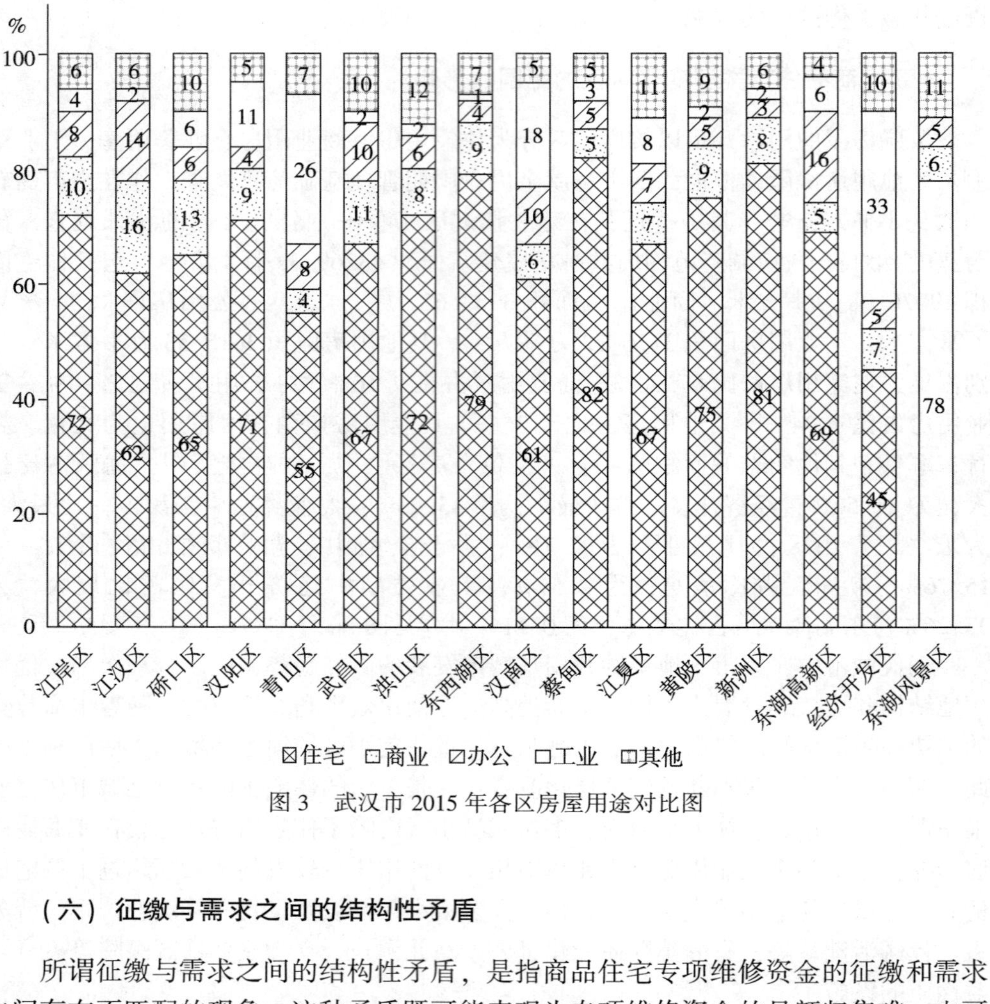

图 3　武汉市 2015 年各区房屋用途对比图

（六）征缴与需求之间的结构性矛盾

所谓征缴与需求之间的结构性矛盾，是指商品住宅专项维修资金的征缴和需求之间存在不匹配的现象。这种矛盾既可能表现为专项维修资金的足额归集难，也可能表现为专项维修资金的使用渠道不畅，或是需求的时候不够用，或是无法正常合规使用。现实生活中，由于供给和需求之间的结构性平衡常常难以实现，就会出现一些共用部位、共用设施设备需要修缮时，专项维修资金却不能到位的现象。在武汉市的住宅小区中，这种结构性矛盾普遍存在。究其深层次原因，主要有以下几点。

1. 制度因素

近些年来，尽管国家层面和地方层面都出台了一些关于专项维修资金的政策法规，但相关制度还不够完备，操作指导时仍感欠缺。国家层面上，《中华人民共和国物权法》是关于专项维修资金的唯一一部现行法律，但它规定得过于原则，可操作性不强；规制内容较全面的《住宅专项维修资金管理办法》属于部门规章，法律位阶相对较低。在上位法缺失的情况下，《住宅专项维修资金管理办法》的调整对象却涉及业主、政府主管部门、开发建设单位、物业服务企业等诸多方面，规制力度显得有限。地方层面上，武汉市的相关规则也有不完善之处，有的内容比较粗放，不便于操作。例如，业主交存的维修资金理应由业主享有，但开发建设单位交存的维修资金由谁享有并不明晰。

2. 权利保障因素

业主对专项维修资金的权益若没有得到充分保障，相关权利行使不畅，就会导致专项维修资金的征缴难和使用难。业主的权利应包括业主的知情权、参与权、表决权和监督权等。在专项维修资金征缴方面，业主的知情权主要表现为查阅权，包括全面了解专项维修资金的征缴和使用情况、公共收益和增值收益情况等；参与权和表决权主要体现为业主参与申请使用和续筹专项维修资金的权利，是业主权利的核心部分；同时，业主可以通过对专项维修资金交存情况提出异议来行使监督权。然而现实情况却是，因政策法规不明确不具体、操作程序难以落地、体制机制配套不足，导致业主难以全面享有和行使法律法规授予的相关权利。

3. 主观意识因素

业主、开发建设单位、物业服务企业等主体若对于归集和使用专项维修资金的规范意识不强，就会妨碍法律法规的落实，引起征缴与需求之间的结构性矛盾。在现行制度的基础上，业主、开发建设单位、物业服务企业等主体只有不断提高法律意识，提升政策执行力，规范地按照法律法规的要求去行动，才能实现法律法规的及时落地和有效实施。其法律意识是理解、尊重和执行专项维修资金相关制度的重要保证。现实情况却恰恰相反，业主、开发建设单位、物业服务企业常常基于“怕麻烦”“少用钱”“图省事”的想法，简单处理专项维修资金的征缴事项，随意对待共用部位、共用设施设备的修缮事宜，导致已有的一些政策法规形同虚设。比如，有的物业服务企业未将共用部位、共用设施设备的公共收益归集到专项维修资金中，修缮时所用资金并不一定来自专项维修资金，有些业主对此也懒得深究。

四、现状分析

通过调查研究可以发现，武汉市商品住宅专项维修资金的实际征缴工作面临着结构相连界限不清、交存标准不相统一、征缴时点提前需求、配套用房征缴问题、维修资金续交难题、维修资金权属不明等突出情况，这些都与进一步明确和细化专项维修资金的征缴范围息息相关，亟待逐一探究和分析。

（一）结构相连界限不清

《管理办法》第六条第二项规定“住宅小区内的非住宅或者住宅小区外与单幢住宅结构相连的非住宅”应当交存专项维修资金。实际征缴过程中，对于“住宅小区外与单幢住宅结构相连的非住宅”往往存在过度解读的问题，有时只要有任何相连的情形，如仅仅是共用一个过道或共用一根管道，就以结构相连处理，由开发建设单位承担所有非住宅的专项维修资金。但是，当前一些以商业业态为主的小区并不同于传统的围合式住宅小区，而是开放式的商业体中有一些住宅配套，尽管与商业住宅相连，却仅仅是住宅小区外的非住宅与单幢住宅之间共用设施设备相连，且有的商用面积比例占比特别大。此种情形下，若一刀切地要求开发建设单位对“住宅小区外与单幢住宅结构相连的非住宅”都按照《管理办法》的相关规定交存专项维修资金，值得商榷。

1. 结构相连的界定及分类

结构相连的征缴标准不明，源于结构相连的界定和分类不明。何为“结构相连”，其既不是一个约定俗成的建筑用语，在现行法律制度中也没有明确的内涵界定，只能依循业主的建筑物区分所有权进行理解，导致实际操作中主观性较强。何为“结构相连”的分类标准，是以不同的面积区域为标准还是以不同的建筑形式为标准来区分，一直是专项维修资金征缴过程中难以把握的事情，也给征缴工作留下了很大的自由裁量空间。

因此，厘清“结构相连”的内在意蕴，是明确结构相连征缴标准的前提要求。结合市房屋管理部门提供的参考案例以及现实生活中物业展现的多种形态，可以将住宅小区外与单幢住宅结构相连的非住宅的表现形式划分为两种类型：（1）共用部位相连。即单纯的建筑物相连，是指地上建筑物在结构上具有显著的相连特征，主要包括建筑物的基础、承重墙体、柱、梁、楼板、屋顶以及户外的墙面、门厅、楼梯间、走廊通道等共有。（2）共用设施设备相连。主要包括电梯、天线、公共照明、消防设施、安防设施、绿地、道路、沟渠、池、井、非专有车位车库、公益性文体设施和共用设施设备使用的房屋等相连。

2. 征缴标准的明确

专项维修资金征缴并不是越多越好，而应以合适为宜。如果统一要求开发建设单位对“住宅小区外与单幢住宅结构相连的非住宅”都缴纳专项维修资金，产生的问题是：有的开发建设单位对相连的共用设施设备仅享受了极为有限的权利，却要承担着与有限权利并不等价的交付义务；而且，开发建设单位对“非住宅”交存了大额专项维修资金，导致大量资金受限，直接影响其生产经营，市场上对此反应强烈。

这一问题已经引起了武汉市房屋管理部门的重视。例如，武汉万达东湖置业有限公司开发建设的武汉中央文化区 K6K7 地块，从业态上来看绝大部分是商业，总建筑面积约 62 万平方米，其中住宅建筑面积为 2.6 万平方米，只占整个项目的 4.19%。有鉴于此，武汉万达东湖置业有限公司提交了相关资料，对相对独立的情况进行了说明，申请在办理维修资金收缴手续时，只对 K6K7 地块中住宅性质的公寓楼及其底商部分缴纳专项维修资金，并承诺根据不同类型的合同约定其他部分的后期维修管理，且自行承担和解决相应的法律纠纷。最终，2016 年 10 月，市房管局在邀请相关行业的学者和专家对“关于武汉中央文化区项目 K6K7 地块维修资金缴交问题的签报”进行充分论证的基础上，支持了这一申请。

因此，在现行制度模糊不明的情况下，房屋管理部门在专项维修资金的征缴过程中，应该兼顾行政法规的合法性原则和合理性原则，考虑法律制度实施的公平正义意蕴，结合商业体对运营资金以及专项维修资金的现实需求，以最为合理的标准征缴专项维修资金。

具体而言：（1）共用部位相连时，因共有部位与房屋主体结构相关性强，当发生需要维修的情况时，相关主体必须共同承担维修责任，即业主和开发建设单位都要交存专项维修资金。（2）共用设施设备相连时，因共用设施设备发生维修的几率较房屋本身而言相对低一些，发生损害时一般对房屋本身的影响也相应较小，因而可以酌情减轻或免除开发建设单位的交存义务，并采取即时维修即时缴纳的方式，由业主和开发建设单位按约定比例分摊维修费用。

（二）交存标准不相统一

根据《管理办法》规定，开发建设单位在办理项目初始登记前按照物业总规模建安造价的 1.5%（配置有电梯的按照 2.5%）交存。但在实际收缴工作中，却存在着多重标准，给房屋管理部门的计算带来了不小的负担。按照收缴一般流程，首先，要根据开发建设单位提交的物业总规模与规划批准的规模进行核准，确定二者之间是否具有同一性。其次，在具体计算方法上，以是否配置电梯为临界点，又可以再分为砖混结构、框架结构、高层、低层这四种不同的标准。最后，地上覆盖物业与地下空间需要分开计算，地下空间以无框架结构为基础，单独核算后收费。

一个物业区域内同时存在着横向与纵向交叉的多重计算标准，这些标准的存在将一个完整的物业区域划分成零散的若干块，在面积核算上，最终往往会导致开发建设单位提交的面积与规划面积不一致，而面对多重复杂标准的计算，则需要反复进行验证，保证数据的准确性。交存标准的多样性不仅加重了房屋管理部门工作的繁琐性，也与科学合理归集维修资金的初衷背道而驰。

武汉市将开发建设单位作为交存主体的最初目的是为了增加维修资金的来源，更加充分地保障维修资金使用工作的开展。但随着社会经济的发展，业主公共意识的增强，维修资金的归集及使用应当回归业主自我决策，政府作为管理者，更多地应从制度上搭建框架，而真正的决策者是业主本身，维修资金的归集应当科学而合理，并非越多越好。

当下，开发建设单位的交存标准需要简化。建议保存现有标准中的“以是否配置电梯作为区别”，分别计算同一物业区域内的带电梯物业和不带电梯物业的收费标准，不再区分砖混结构、框架结构以及高低层。同时，还应统一地上与地下的交存标准，无论地上还是地下，均以是否配置电梯进行相应的计算，统筹整个物业区域内的所有建筑面积计算方式，化繁为简。

（三）征缴时点提前需求

《管理办法》第十条第三款规定，初始登记时尚未售出的房屋，开发建设单位还应当作为业主交存首期住宅专项维修资金；房屋售出后，购房人应当向开发建设单位交纳该住宅专项维修资金。该条规定意味着，开发建设单位除了交存自己应缴部分外，在房屋出售之前还要先行垫付该部分的维修资金。

这就意味着，开发建设单位在办理初始登记时，要交存两部分维修资金：一部分是以物业总规模为基础计算所得的开发建设单位所需交存的维修资金，这是其应尽的义务；另一部分则是以具体的房屋面积为基础计算所得的该套房屋所应交存的维修资金，该部分维修资金的交存主体应是业主，所以开发建设单位的交存行为属于“垫付”。在房屋出售时，垫付的资金再由开发建设单位与业主以合同的形式在业主收房前将其收回。

从调研收集的信息来看，垫付行为在事实上加重了开发建设单位的负担，使得开发建设单位的资金无法及时回笼，对其产生较大困扰。从售房到业主收房，中间存在较长的时间差，开发建设单位交房与业主收房在时间上往往不具有统一性，需要垫付的维修资金数额较大，收回时间相对较长，对开发建设单位造成一定程度上的实质利益损害。此外，业主对于交付房屋使用前由开发建设单位代收维修资金的行为有抵触情绪，在认知上容易出现误解，认为收缴维修资金的主体应当是房屋管理部门，开发建设单位无权要求业主交存，开发建设单位的代收行为是违法行为，使得业主缓交慢交，也为后续维修资金的使用启动埋下矛盾的导火索。

作为开发主体的开发建设单位，在房地产市场上占据着重要的地位，房屋管理部门应当充分保护其合法利益。因此，建议将业主交存住宅专项维修资金的时点适当前移，由购房人在“签订购房合同后、办理合同备案前”交存维修资金，不交存则无法办理房屋合同备案。此举既能减轻开发建设单位的负担，避免因代收与业主产生矛盾，同时也保证了首期专项维修资金的足额归集，一举两得。

（四）配套用房征缴问题

现实生活中，很多住宅小区设置了社区管理、物业管理、警务，以及学校、医院、邮电所等配套用房，以实现服务全体业主的功能。然而按照《管理办法》的现行规定，“初始登记时尚未售出的房屋，开发建设单位还应当作为业主交存首期住宅专项维修资金”，并没有对配套用房给予区别对待。表面上看，开发建设单位应当既作为待售商品房的业主亦作为配套用房的业主，对两类房屋都缴纳专项维修资金。现实生活中常常也是这样处理的，但其正当性和合理性受到越来越多有识之士的质疑。

配套用房包括了设施设备用房、服务性用房和其他用房，其中大部分属于公共服务设施用房。应当明确的是，公共服务设施用房与待售的商品房有着本质上的区别。公共服务设施用房具有特殊的公益属性，其公共服务功能归全体业主共同享用，而非开发建设单位专有，且公共服务设施用房最终不存在出售的问题，也不具备营利性，若还按照待售的房屋标准交存专项维修资金，既不符合法律上权利义务对等的正当要求，也显然不合理，应当予以免除。

配套用房的征缴问题，是伴随着市场经济和社会需求的发展变化而随之产生的问题。不久的将来，随着人们对住宅小区内公共服务、教育医疗、文化休闲等方面的设施需求不断增大，住宅小区的综合性程度越来越高，相关配套用房的征缴问题会更加凸显。当法律法规不足以规范社会存在的新情况新问题之时，若不及时出台相关规定，就无法跟上时代的步伐，无法囊括住宅小区的所有类型和相关需求。

武汉市房屋管理部门在商品住宅专项维修资金征缴工作中已经注意到了这一问题。相关部门制定了“开发建设单位作为业主交存维修资金对照表”，其中包括：（1）不需交存的设备设施用房：水泵房、消防水池、配电间、弱电间、变电间（专用、公用）、开闭所、风井（地下梯）、风机房、报警阀门、监控中心、消防控制中心、电梯井、设备间、设备管线、设备层。（2）不需交存的服务性用房：业主委员会用房、物业管理用房、观景休闲架空、过道、地下车库入口、垃圾房、雨水回收机房、保安室、卫生间、门卫房（门房）。（3）需要交存的其他用房：地下人防、自行车库、地下层停车库、储藏室、社区居委会用房、邮电所、卫生服务站、社区用房、治安联防站、警备室、幼儿园、学校。例如，华润橡树湾项目二期C组团中包括7栋住宅、1栋小学、1栋幼儿园和地下室等，其中无偿配建的橡树湾小学已于2015年5月无偿移交给武昌区教育局，该项目的开发建设单位华润置地（武汉）实业有限公司在办理初始登记前，申请不为该小学代缴业主应缴纳的专项维修资金。2016年7月，市房管局针对“关于橡树湾项目二期C组团中橡树湾小学维修资金缴交问题的签报”，组织召开了专题工作会，支持了这一申请，并议定对于同类情况同样处理。

因此，建议以公共服务属性为标准，对配套用房进行分类。对于一些服务性用房，如社区用房、警备室等，开发建设单位在办理初始登记前，该类用房并不适用“初始登记时尚未售出的房屋，开发建设单位还应当作为业主交存首期住宅专项维修资金”这一规定。而对于一些为政府部门代建的公共服务设施用房，如公立学校、公立医院等，因其主管单位多是政府部门，由财政预算负责开支，若向其征缴维修资金则需从地方财政运作模式着手，操作难度较大且监管成本较大，建议将该类代建的公共服务设施用房的维修事宜交由其管理主体自主安排。

（五）维修资金续交难题

以时间为分类标准，商品住宅专项维修资金的资金来源应包括首期资金来源和后续资金来源。按照现行法律法规的规定，对首期专项维修资金实行强制征缴，而对包括公共收益和因“业主分户账中余额不足”的续交资金这些后续资金采取不同种类的、有较为灵活的制度安排。目前，后续维修资金的筹措效果并不理想。

1. 公共收益的指向不明

《管理办法》第三十二条中规定：“利用住宅共用部位、共用设施设备进行经营的所得收益”应当转入住宅专项维修资金滚存使用。因业主对商品住宅小区的共用部位、共用设施设备“共同所有”，当然对其公共收益亦享有“共同所有”的权利。但是，公共收益主要表现为哪些形式，纳入专项维修资金来源的具体比例，以及如何处理公共收益的成本、票据开取等问题，《管理办法》并没有涉及。实际操作中，公共收益转入专项维修资金滚存使用的情况并不明朗。每个小区所掌握的公共收益不同，在对公共收益的理解上也有所偏颇，导致以公共收益来补充维修资金蓄水池的这一想法始终无法实现正常运转。

因此，要进一步明确公共收益的范围以及划转比例，减少疑义的空间。结合法理与现实，我们认为公共收益的范围应包括公共管理区域、共用部位及共用设施设备的经营所得，常见的譬如利用小区广场出租摊位的出租费，利用公共停车位收取的停车费，利用业主住宅共用的外墙、楼顶等经营广告所得，以及利用电梯、公共文体设施设备等经营所得，都可列明为公共收益的范畴。划转比例上，结合武汉市本地的情况，再借鉴其他城市的做法，建议在公共收益的 50%至 70%之间选取适当的数值，划入维修资金蓄水池，分摊至业主个人账户，用于业主共有部位及共有设施设备的维护与更新。

2. 维修资金续交的监管节点有限

《管理办法》在第十九条中明确规定“房屋分户账中住宅专项维修资金余额不

足首期应交存额30%的"应当续交，同时"应当按照业主大会决定的续交方案及时续交住宅专项维修资金。尚未成立业主大会的，续交的具体管理办法由市房屋行政主管部门会同市财政部门制定"。事实上，房屋管理部门对于业主拒绝续交时可以采取的手段寥寥无几，通常而言只能根据第三十三条的相关规定，以限制房屋所有权的转让来实现对业主的掣肘，除此之外别无他法。结合调研情况来看，多数住宅小区的业主大会也并没有制定切实可行的维修资金续交方案，更多地将关注点放在资金的使用这一焦点上，以至于在续交问题上，情况普遍不理想。

为了保持维修资金蓄水池的活泛状态，解决续交方案基本处于空白的难题，建议房屋管理部门逐步完善续交监管机制。对于业主延迟续交或拒不续交专项维修资金的，房屋管理部门可以向业主发出催缴通知书，并将其抄送给业委会、居委会、街道或者物业服务企业，由其督促业主在规定时间内完成续交程序。业主仍不续交时，则将该情况在物业管理区域内显著位置公示。同时，借助互联网技术，在全市范围内建立业主个人诚信系统，将拒不续交的业主纳入信用污点，从使用、购买、转让等权利上实现对业主的制约，多方保障维修资金续交的有效实现。

（六）维修资金权属不明

根据武汉市现有制度安排可知，武汉市商品住宅专项维修资金的交存主体为开发建设单位和业主。较之《武汉市住宅专项维修资金管理办法》的规定，武汉市在交存主体上增加了开发建设单位，拓宽了维修资金的来源渠道。但纵观全文，《管理办法》对维修资金的权属并未作出任何规定。

关于业主交存的维修资金，虽然没有明确规定，但可以参考《管理办法》对于住宅共用部位、共用设施设备的维修、更新和改造的费用分摊原则，来理解权属问题。其中，除了车位的维修由业主按照车位的比例进行分摊外，无论是全体业主共有还是单幢房屋内业主、同一单元内业主共有的共用部位和共用设施设备，抑或是相邻业主共有部位的维修，均由业主按照其所拥有房屋建筑面积的比例进行分摊。这意味着，无论是需要全体小区业主承担的费用还是部分业主承担的费用，最终均由业主个人账户按照应当承担的比例进行划转。

关于开发建设单位交存的维修资金，却让管理者更加茫然。《武汉市住宅专项维修资金管理办法》仅规定业主交存的专项维修资金属于业主所有，并未对开发建设单位交存的权属有所指引。《管理办法》中对于武汉市增加的维修资金交存主体——开发建设单位的维修资金权属也没有给出明确的解释。因此，开发建设单位交存的维修资金的权属模糊不清，导致实际操作过程中存在诸多问题，例如，该部分维修资金应当归谁所有，应当如何设账？可以用于小区哪些部分的维修？是采取"先到先得"原则还是"全体业主共有共用"原则启动该部分资金的使用？这些疑惑都不得而知。若上述问题长期得不到解决，将对业主在日后启动维修资金使用时埋下隐患。

为了化解维修资金权属不明的尴尬境地，避免维修资金使用时因权属不明带来的矛盾纠纷，急需在以后的收缴工作中明确维修资金的归属，尤其是开发建设单位交存的那部分维修资金的权属。参考《中华人民共和国物权法》相关规定，建筑物及其附属设施的维修资金，属于业主共有。再结合武汉市增设开发建设单位作为交存主体的初衷，建议将开发建设单位交存的维修资金作为一个整体，明确为全体业主所有，单独设立账户，使用范围为小区内全体业主共有的共用部位和共用设施设备，如消防、监控等。业主交存的维修资金属于业主所有，涉及同幢房屋、同一单元、相邻部位以及与房屋相连的汽车车库等部分业主共有的部位、设施设备的维修时，由业主个人账户按照其所拥有房屋建筑面积比例进行分摊划转。

五、对策建议

综上所述，本课题探讨了武汉市商品住宅专项维修资金征缴范围的基本情况，分析了实际运行过程中遇到的主要问题，并提出了解决思路。为更好地实现研究目标，拟从如下几个方面提出一些对策建议，力求为征缴范围的细化提供明确的完善方向和良好的运行环境，为武汉市商品住宅专项维修资金征缴工作的有效运行建言献策。

（一）修订相关政策制度，完善维修资金征缴范围

为了更好地吸收本课题的研究成果，及时修订《武汉市住宅专项维修资金管理办法》，并通过发布通知、公告、意见等政策文件的形式，推进商品住宅专项维修资金征缴范围的细化和完善，借以充分保障业主的合法权益，不断强化业主、开发建设单位、物业服务企业等相关主体的征缴规范意识。

（二）准确界定“结构相连”，针对不同情况分类施策

明确“结构相连”的表现形式，当住宅小区外的非住宅与单幢住宅共用部位相连时，相关主体必须共同承担维修责任，因此，业主和开发建设单位应当按照《管理办法》规定的标准进行交存。当住宅小区外的非住宅与单幢住宅出现共用设施设备相连时，因共用设施设备发生维修的几率较房屋本身而言相对低一些，发生损害时一般对房屋本身的影响也相对较小，因此，建议开发建设单位按照该共用设施设备建安造价的 10%交存，并采取即时维修即时缴纳的方式，由业主和开发建设单位按约定比例分摊维修费用。为了尽量避免结构相连问题的出现，开发建设单位可以在规划上采取措施阻断结构相连，如以不同的物业区域为界限区分，或以门、栏杆等为界进行物理隔断，尽量将商业建筑与住宅小区隔离开来。

（三）简化多重交存标准，提升房管部门工作效率

保存现有标准中的“以是否配置电梯作为区别”，分别计算同一物业区域内的带电梯物业和不带电梯物业的收费标准，不再区分砖混结构、框架结构以及高低层。同时，统一地上与地下的交存标准，无论地上还是地下，均以是否配置电梯进行相应的计算，严格按照《管理办法》中所规定的物业总规模建安造价的 1.5%（配置有电梯的按照 2.5%）的标准进行交存。统筹整个物业区域内的所有建筑面积计算方式，化繁为简。在日后的征缴工作中推广统一的征缴标准，一方面可以推动房屋管理部门工作效率的大幅度提高，另一方面也能增加开发建设单位与房屋管理部门之间的信任度，使维修资金的归集更加趋于合理，更具有说服力。

（四）提前业主交存时点，纠正资金管理错位问题

作为房地产市场的开发主体，房屋管理部门有责任保护开发建设单位的合法利益，充分调动其积极性，营造良好有序的市场氛围。因此，建议将业主交存住宅专项维修资金的时点适当前移，由购房人在“签订购房合同后、办理合同备案前”交存维修资金，不交存则无法办理房屋合同备案。由房屋管理部门对业主交存情况进行把关，既能减轻开发建设单位代交代收压力，纠正维修资金征缴主体错位的问题，同时也能解除业主对维修资金收缴主体的误解，化解业主与开发建设单位之间不必要的矛盾，为保障首期维修资金的应收部分足额归集奠定良好基础。

（五）取消配套用房交存，实现权利义务主体统一

建议以配套用房的公益性、不可营利等公共服务属性为划分标准，对于配套用房中的设施设备用房、服务性用房，以及诸如社区居委会用房、警备室、公立幼儿园、公立学校、社区医院、社区文化休闲等其他用房，开发建设单位在办理初始登记前，只需交存应交存的首期住宅专项维修资金，而不必履行“初始登记时尚未售出的房屋，开发建设单位还应当作为业主交存首期住宅专项维修资金”的规定。其中，服务性用房可由物业公司进行日常维护。而对于一些为政府部门代建的公共服务设施用房，如公立学校、公立医院等，应由该政府部门作为其管理主体负责此类配套用房的维修事宜。

（六）建立健全续交制度，完善维修资金监管机制

在解决续交难的问题上，可以从两个方面同时入手：一方面，将公共收益划转至维修资金账户，保持资金长期处于充足状态。另一方面，采取多种手段保障续交的有效实现，强化业主的续交意识。明晰公共收益范畴，包括小区公共管理区域、共用部位及共用设施设备经营所得三部分，常见的譬如利用小区广场出租摊位的出

租费，利用公共停车位收取的停车费，利用业主住宅共用的外墙、楼顶等经营广告所得，以及利用电梯、公共文体设施设备等经营所得，都可列明为公共收益的范畴。将收益的50%至70%划转维修资金账户，分摊至业主个人账户，保持资金长期处于充足状态。当业主个人账户的维修资金低于首期归集的30%时，建议采用书面催缴、公示公告、个人诚信系统污点记录等公开透明、循序渐进的方式对业主进行约束，有效发挥业委会、居委会、街道及物业服务企业的催缴作用，最终保证续交的有效实现，让业主在享受权利的同时主动承担应尽的义务。

（七）明确资金权属性质，实现全体业主共有共用

明确维修资金权属，避免因权属不清带来的使用纠纷。开发建设单位交存的专项维修资金属于全体业主共同所有，以小区名义设立整体账户，用于小区内全体业主共有的共用部位和共用设施设备的维护、修缮与更新，如消防、监控等。业主交存的专项维修资金属于业主所有，用于部分业主所有的、相邻的共用部位及共用设施设备，涉及同幢房屋、同一单元、相邻部位以及与房屋相连的汽车车库等部分业主共有的部位、设施设备的维修时，由业主个人账户按照其所拥有房屋建筑面积比例进行分摊划转。

（八）建立完整风控系统，保障维修资金良好运行

房屋管理部门作为物业管理的主导者，在专项维修资金的交存、使用、监管上都承担着指导责任，对内应及时总结专项维修资金在实际运行过程中产生的各类问题，不断通过制度的修正实现思想的修正，从整体出发把握维修资金交存与使用的节点，建立完整的风控系统；对外应面向社会广泛征求意见，实现各方的高度参与，共同推动专项维修资金相关工作的向前发展。同时，重点整治业委会、物业服务企业的乱作为、不作为、不敢为问题，规范业委会、物业服务企业对专项维修资金的管理和使用，实现三方权利义务的统一。

◎ 参考文献

[1] 武汉市住房保障和房屋管理蓝皮书（2017 版）.

[2] 张军建．住宅专项维修资金信托法律制度研究［D］．中南大学，2008.

[3] 渠天龙．我国物业小区住宅专项维修资金法律制度研究［D］．山西大学，2010.

[4] 潘品．我国物业专项维修资金制度完善的研究［D］．安徽大学，2011.

[5] 王申．住宅专项维修资金制度法律研究［D］．暨南大学，2011.

[6] 朱华汉．我国住宅专项维修资金制度研究［D］．湘潭大学，2014.

[7] 郑华. 国外经验与理论对我国公共维修基金管理的启示 [J]. 物业管理，2005 (11).

[8] 金锦萍. 专项维修资金监管问题研究——兼评《建筑物区分所有权司法解释（征求意见稿）第12条》[J]. 政治与法律，2009 (2).

[9] 张慧彦，李丽红. 我国住宅专项维修资金制度完善刍议 [J]. 法制与社会，2014 (9).

[10] 樊丽君. 政府在住宅专项维修资金管理中的应有作用 [J]. 经营与管理，2015 (2).

[11] 吴燕. 住房专项维修资金管理使用中存在的不足与建议 [J]. 现代物业（上旬刊），2015 (4).

[12] 杨勉秀，李先俊. 住宅专项维修资金存在的问题和建议 [J]. 理财，2015 (9).

[13] 凌德庆. 当下商品房维修资金面临的焦点问题——评湖南省《物业专项维修资金管理暂行办法》[J]. 住宅与房地产，2016 (34).

[14] 骆绍莲. 物业专项维修资金管理模式探讨——国际经验借鉴与启示 [J]. 经营管理者，2017 (2).

[15] 王东，陈德豪，刘景矿，等. 老旧小区住宅专项维修资金问题研究——基于广州市的调查 [J]. 中国房地产，2017 (6).

9. 房管网络信息数据安全机制课题研究报告

武汉市住房保障和房屋管理局房屋科技处
武汉大学资源与环境科学学院

课题负责人：邓绪海　武汉市住房保障和房屋管理局　总工程师
课题组成员：詹长根　刘　洋　王观松　张雅杰　胡石元
焦利民　勋建平　徐　磊　周民杰　杨　捷
李　东　黄鑫鑫
课题统稿：刘　洋　周民杰　杨　捷　李　东　黄鑫鑫

一、概　　述

（一）研究背景

为指导开展“十三五”期间网络信息安全工作，更好地服务网络强国建设和全面建成小康社会的目标要求，服务国家安全和社会稳定的大局，依据《中华人民共和国网络安全法》《中华人民共和国国民经济和社会发展第十三个五年规划纲要》和《国家网络空间安全战略》，工业和信息化部制定印发了《信息通信网络与信息安全规划（2016—2020 年）》，确定了到 2020 年建成“责任明晰、安全可控、能力完备、协同高效、合作共享”的信息通信网络与信息安全保障体系的工作目标。在此背景下，武汉市住房保障和房屋管理局（下文简称房管局）作为武汉市政府主要职能部门应明确当前所面对的新环境，主动适应“互联网时代”。在提高房管局服务能力的工作方法上，一方面继续运用传统的高效方法和途径，另一方面更要积极向网络空间延伸，努力实践“互联网+政务工作”，从而提高政务服务水平。

房管信息数据是房产管理部门在房地产管理过程中直接形成的具有保存价值的原始记录，是法律认可的确认房产产权归属、产权处置的唯一有效证明，具有排他性，对个人权利具有保障作用。规范房地产市场行为、促进房改政策落实离不开房管信息数据。其一，房管信息数据为政策出台提供决策依据。在房地产项目实施前或者房屋改革政策出台前，都需要大量的调查研究工作。科学决策需要汇集各种真实的统计数字、文件汇编、资料等。在领导决策之前，档案部门就要根据领导意图，查找有关的历史及实时数据，并跟进对比、加工处理、编辑，为领导决策提供依据，促进领导决策民主化和科学化。房地产档案工作者只有及时了解工作动态，提早准备，工作才能有的放矢，更好地满足决策者的需求。其二，为旧城改造、企业投资提供可依赖数据。近年来，我国很多城市都进行了大规模的城市改造，尤其是一些老城区，在国家政策的扶持下，因改善居民的生活条件，急需拆除一些低矮破旧的棚户区，改变城市的面貌，提升城市的品位。在这项工作中，无论是政府牵头，还是开发商运作，都需要对拆迁范围内的房产进行摸底调查，以便进行成本核算、方案设计。

武汉市房管局近年来的信息监督管控以及网络数据安全防范状况存在某些较为薄弱的地方，究其原因是管理制度的体系化不够、管理行为的规范化程度不高、监督手段欠力度。为此，对照国家信息安全建设的一系列标准、法规和政策，结合信息化建设发展十三五规划，房管局立项研究“房管网络信息数据安全机制”，以期为房产管理提供新思路。

（二）研究目标与内容

本课题的研究目标是：梳理武汉市房管局现有信息化网络数据安全制度建设和管理现状，分析互联网技术、数据价值链和信息利用的特点，查找在信息化建设中各环节风险点，完善补充监督、保密等制度，规范管理，杜绝管理缺位；技术上加强权限管理、保护等级及监控手段，防治管理漏洞；明晰房管信息中政府公权信息与社会企业个人信息的关系，建立安全保密、功能健全、性能优良的信息管护体系，确保信息系统的安全运行，持续提升安全管理水平和公共行政能力；研究成果能够为房管局网络信息数据安全体系建设提供可行的指导。

课题研究分为信息化管理制度研究、项目管理体系研究、网络安全管理体系研究和数据安全管理体系研究四个部分。课题研究的具体内容如下：

（1）信息化管理制度研究。分析房管局信息化建设现状，查找信息化管理中存在的不足，研究房管信息的分类及其密级划分，完善补充覆盖事前、事中、事后全流程的信息安全管理制度。研究成果一是能够指导项目建设前期的需求审核、预算编制、项目申报工作，二是能够强化项目建设中期的采购监管、进度控制工作，三是能够规范项目建设后期的资金监管、资产监管、项目验收、资料归档等工作，四是能够落实主体责任和监督责任，防治管理漏洞，促进信息化建设的有序发展。

（2）项目管理体系研究。从制度、运行、管理等角度研究信息化系统项目监管（管理、监督）体系，设计以项目监管体系为核心的项目组织架构，对信息化项目建设中涉及的项目建设管理、外协单位管理、内部人员管理、项目成果管理等问题提出信息化解决方案。研究成果一是能够实现信息化平台管理，二是能够实现项目的需求收集、立项、采购、合同订立、进度管控、验收、质保、收尾等工作全流程监管，三是能够加强对软硬件配置选型、项目招投标环节的全面管控。

（3）网络安全管理体系研究。按国家有关法律法规的相关要求和武汉市住房保障和房屋管理局信息化建设总体规划，立足于“互联网+房管”的政府公共服务需求，分析我局网络建设现状，查找网络安全体系中存在的问题，研究市区两级网络安全防控管理体系，对网络安全中涉及用户权限管理、设备配置管理和网络分级管理等问题提出技术解决方案。

（4）数据安全管理体系研究。从现有数据管理体系的存储、备份、访问、应用等环节着手，对数据的安全应用、风险防范、灾难恢复等方面进行全面分析，评估现有数据管理体系的安全风险，制定数据安全运行技术措施和实施步骤，包括：研究数据流转的分级管理和分类使用机制，提出数据使用环节的加密、脱密、脱敏措施，研究多源数据的获取、生产、发布、利用的安全工作机制，对数据干扰、污染等问题提出完善的管控技术解决方案。

（三）研究技术路线与方法

1. 研究技术路线

采用调查研究、专家咨询的方法，总结近年来武汉市房管网络信息数据安全管理的得失；依托档案管理、信息分类和数据结构的理论，深入研究武汉市房管网络信息数据安全的分类及其结构；以国家、省、市相关信息公开、保密和使用的相关法律法规、行政规章和技术规定为依据，在摸清现在和未来房管网络信息数据的收集和使用方式方法的基础上，科学合理确定其密级的类别及其限制条件；以为社会提供公共行政服务为导向，寻找武汉市房管网络信息数据的公开与保密之间的耦合关系及其协调规律，提出满足保护权利人及其利害关系人的利益并全方位提升政府公共行政能力的协调机制；运用档案管理、信息系统的知识，构建基于 IT 技术和信息公开保密条件下的武汉市房管网络信息数据安全管理体系框架，重点解决信息化管理中事前、事中、事后存在的管理程序不到位、监督管控不及时以及网络信息数据泄密等问题，提出相应的制度和解决方案建议。

2. 研究方法

本课题主要采用文献研究法、实地调研法、实验观察法、专家研讨法和系统研究法。

（四）研究依据

1.《中华人民共和国网络安全法》的实施

《中华人民共和国网络安全法》（以下简称《网络安全法》）于 2017 年 6 月 1 日正式施行。作为我国第一部全面规范网络空间安全管理的基础性法律，它的施行，标志着我国网络安全从此有法可依，网络空间治理、网络信息传播秩序规范、网络犯罪惩治等翻开了崭新的一页，对保障我国网络安全、维护国家总体安全具有深远而重大的意义。该法的出台，对于维护网络运行安全、保障网络信息安全具有基础性、全局性的意义。

《网络安全法》共七章七十九条。其中，涉及房管局网络信息工作的主要内容包括：

（1）维护网络主权与合法权益。该法第一条即明确规定“维护网络空间主权和国家安全、社会公共利益，保护公民、法人和其他组织的合法权益，促进经济社会信息化健康发展”。

（2）支持与促进网络安全。该法专门拿出一章的内容，要求建立和完善国家网络安全体系，支持各地各相关部门加大网络安全投入、研发和应用，支持创新网络安全管理方式，提升保护水平。

（3）强调网络运行安全。该法利用两节共十九条的篇幅作了详细规定，突出“国家实行网络安全等级保护制度”和“关键信息基础设施的运行安全”。

（4）监测预警与应急处置。该法要求建立健全网络安全监测预警和信息通报制度，建立网络应急工作机制，制定应急预案，重大突发事件可采取“网络通信管制”。

总体来说，《网络安全法》正式实施对于房管局网络信息安全工作重点和发展方向都起到了重要的指导作用。

2. “十三五”国家信息化规划的提出

国务院在关于印发“十三五”国家信息化规划的通知中指出，“十三五”时期是全面建成小康社会的决胜阶段，是信息通信技术变革实现新突破的发轫阶段，是数字红利充分释放的扩展阶段。信息化代表新的生产力和新的发展方向，已经成为引领创新和驱动转型的先导力量。围绕贯彻落实“五位一体”总体布局和“四个全面”战略布局，应加快信息化发展，直面“后金融危机”时代全球产业链重组，深度参与全球经济治理体系变革；加快信息化发展，适应把握引领经济发展新常态，着力深化供给侧结构性改革，重塑持续转型升级的产业生态；加快信息化发展，构建统一开放的数字市场体系，满足人民生活新需求；加快信息化发展，增强国家文化软实力和国际竞争力，推动社会和谐稳定与文明进步；加快信息化发展，统筹网上网下两个空间，拓展国家治理新领域。

3. 武汉市住房保障和房屋管理局“十三五”信息化规划

在全球宏观形势错综复杂、国内经济下行压力加大的“新常态”背景下，基于“互联网+”的新业态、新模式、新产业，成为推动经济与社会发展进步的基本战略之一。充分认识经济“新常态”，遵循《武汉市住宅与房地产业发展“十三五”规划》，客观科学地制定《武汉市智慧房管“十三五”信息化建设规划》，对于房管局全面落实“四个全面”总体战略，贯彻“五大发展”理念，紧紧围绕“服务民生、保障发展”的双重职责，按照政府保障和市场配置相结合、强化管理和优化服务相结合的总体要求，着眼打造经济、城市、民生三个升级版，具有重要的战略意义。

4. 相关法律法规

（1）《中华人民共和国保守国家秘密法》
（2）《中华人民共和国国家安全法》
（3）《中华人民共和国网络安全法》
（4）《中华人民共和国电子签名法》
（5）《中华人民共和国反不正当竞争法》
（6）《中华人民共和国公务员法》
（7）《中华人民共和国侵权责任法》
（8）《计算机信息系统国际联网保密管理规定》
（9）《涉及国家秘密的计算机信息系统分级保护管理办法》
（10）《互联网信息服务管理办法》
（11）《非经营性互联网信息服务备案管理办法》
（12）《计算机信息网络国际联网安全保护管理办法》
（13）《中华人民共和国计算机信息系统安全保护条例》
（14）《信息安全等级保护管理办法》
（15）《公安机关信息安全等级保护检查工作规范（试行）》
（16）《通信网络安全防护管理办法》（工业和信息化部令第 11 号）
（17）《电信和互联网用户个人信息保护规定》（工业和信息化部令第 24 号）

5. 相关技术标准和规范

（1）GB/T 20269-2006《信息安全技术 信息系统安全管理要求》
（2）GB/T 20270-2006《信息安全技术 网络基础安全技术要求》
（3）GB/T 20271-2006《信息安全技术 信息系统通用安全技术要求》
（4）GB/T 20272-2006《信息安全技术 操作系统安全技术要求》
（5）GB/T 20273-2006《信息安全技术 数据库管理系统安全技术要求》
（6）GB/T 20984-2007《信息安全技术 信息安全风险评估规范》
（7）GB/Z 20985-2007《信息技术 安全技术 信息安全事件管理指南》
（8）GB/Z 20986-2007《信息安全技术 信息安全事件分类分级指南》
（9）GB/T 20988-2007《信息安全技术 信息系统灾难恢复规范》
（10）GB/T 22080-2008《信息技术 安全技术 信息安全管理体系要求》
（11）GB/T 22081-2008《信息技术 安全技术 信息安全管理实用规则》
（12）GB/T 22239-2008《信息安全技术 信息系统安全等级保护基本要求》
（13）GB/T 22240-2008《信息安全技术 信息系统安全保护等级定级指南》

（14）GB/T 24363-2009《信息安全技术 信息安全应急响应计划规范》

（15）GB/Z 24364-2009《信息安全技术 信息安全风险管理指南》

（16）GB/Z 24294-2009《信息安全技术 基于互联网电子政务信息安全实施指南》

（17）GB/T 25058-2010《信息安全技术 信息系统安全等级保护实施指南》

（五）研究结论

（1）通过收集近年来武汉市房管局机关及各部门的有关文件、政策、管理办法等245份制度文件，从中筛选出131份与房管信息化管理工作相关的制度文件，并分别按照管理对象为导向和全流程导向对现有信息化相关制度进行了归类和细致分析，总结武汉市房管局在信息化制度建设方面应当设计完善的四个方面制度，包括房管信息密级划分制度、房管信息网络安全管理制度、房管信息安全应急预案和网络安全组织管理制度，以及《市房管局机房及设备管理规定》《机房管理规定》《计算机硬件设备管理规定》《网络管理规定》《外协单位及人员管理规定》《安全生产应急预案》等6项制度需要补充相关条款予以完善。详见表1中的1~4项。

（2）综合国家相关法律法规和房管局工作实际，课题组制定了房管涉密信息的分类和密级划分的界定和划定标准，并通过对武汉市房管局现有31个业务应用信息系统的详细调研，对系统中的494项房管业务指标初步划定了涉密信息类别和密级，为下一步实施基于信息要素（字段）级的房管信息密级划分奠定了坚实的基础。详见表1中的第1项和本报告附件二。

（3）界定了房管信息涉密人员范围，依据其在业务系统中的访问房管信息的密级程度的权限设置，初步划分了41个用户角色所代表的房管信息涉密人员的涉密级别，为房管局建立房管信息密级与涉密人员的对应关系，加强房管信息安全管理起到参考作用。详见表1中的第1项和本报告附件三。

（4）概略设计了武汉市房管局信息化项目监管系统。作为以项目监管体系为核心的信息化项目管理系统平台，该系统主要包括项目建设管理、预算及费用管理、招投标管理、内外部人员管理、合同管理、文档管理、项目成果管理和维修管理八大模块。涵盖了信息化项目的需求收集、立项、采购、合同订立、进度管控、验收、质保、收尾等工作全流程监管。该系统的设计开发将使现有的项目实施、监管效率有较大程度的提升，并为将来信息化项目监管系统的开发起到指导作用。详见表1中的第5项。

（5）通过课题组与网络安全管理部门的调研，分析武汉市房管局网络建设现状，从信息安全等级保护合规性建设、网络安全等级保护完善和涉密专区建设共三个方面描述分析了现有网络安全建设方面能够满足当前工作需要的内容，查找并总结了武汉市房管局网络安全体系中需要独立完成、开发完善、升级优化的六个方面的问题，包括增加存储、灾备与服务器资源问题，网络安全准入系统开发建设问题，网络定期安全评估问题，信息系统安全保护等级测评与备案问题，大数据网络安全态势感知平台建设问题和涉密专区改进与完善问题。对涉及的网络安全管理问题提出了技术或管理解决方案概念设计，为网络安全管理部门完善武汉市房管局网络安全建设提供依据。详见表 1 中的 6~11 项。

（6）从现有数据管理体系的存储、备份、访问、应用等环节着手，对数据的安全应用、风险防范、灾难恢复等方面进行全面分析，概略设计了数据库安全监管系统，构建了层次化的房管数据安全运行技术框架方案，并对实现该方案的 10 项数据安全关键技术的应用要点进行了分析，并对数据库加固技术应用项目——数据库脱敏、加密问题进行了项目落实。详见表 1 中的 12~13 项。

（六）研究建议项目汇总

根据上述研究结论，为提高项目研究的实用性。课题组明确了武汉市房管局在近期信息安全领域建议开展的建设项目，共计 13 个项目（见表 1），为房管信息主管部门和有关领导决策提供参考依据。

表 1　**武汉市房管局信息化安全建设项目一览表**

序号	项目名称	项目类型	工作内容	“十三五规划”项目落实建议
1	房管信息密级划分项目	咨询类	基于信息要素（字段）级别的房管信息密级划分、房管涉密人员划分 房管信息密级划分制度建设	2018 年度科技处研究项目
2	房管信息网络安全管理制度设计与完善项目	咨询类	房管信息网络密匙和口令安全管理 武汉市房管局涉密设备安全管理 武汉市房管局信息网络安全审计 武汉市互联网信息监测和预警 武汉市房管局员工定期安全培训 有关制度条款补充	2018 年度根据《网络安全法》需新增的研究项目

续表

序号	项目名称	项目类型	工作内容	“十三五规划”项目落实建议
3	信息安全应急预案设计与完善项目	咨询类	武汉市房管信息安全事件分类分级 房管网络信息安全事故披露和案例分析 武汉市房管局信息安全风险评估	2018 年根据《网络安全法》第五章需新增可单独立项的项目
4	网络安全组织管理制度建设项目	咨询类	网络信息安全方案评审 信息安全资产分类清单编制 网络信息安全审查 全员信息安全管理培训	2018 年度根据《网络安全法》第 34 条需新增可单独立项的项目
5	房管局信息化项目监管系统项目	软件开发类	房管局信息化项目监管系统开发建设	2018 年建设计划—数据建设—大数据支撑平台建设—大数据管理与服务工具的开发
6	增加存储、灾备与服务器资源项目	基础设施建设类	增加存储资源与服务器资源 增加灾备存储资源	2018 年建设计划—环境建设—基础设施建设—调整、新增存储、服务器等计算存储设备
7	网络安全准入系统项目	软件及硬件的综合解决方案类	房管局网络安全准入系统开发建设	2017 年建设计划—网络安全建设—网络安全保障体系建设—网络安全准入系统建设
8	网络定期安全评估项目	系统安全评估类	房管局网络定期安全评估	2017 年建设计划—网络安全建设—网络安全保障体系建设—开展房管系统内网安全评估工作
9	涉密专区建设项目	环境建设类	涉密专区改进与完善	2017 年建设计划—环境建设—机房改造—局机房改造
10	信息系统安全保护等级测评与备案项目	系统安全评估类	房管局关键基础信息系统安全保护等级测评与备案	2018 年根据《网络安全法》要求可单独立项的项目
11	大数据网络安全态势感知平台项目	软件及硬件的综合解决方案类	房管大数据网络安全态势感知平台建设	2018 年建设计划—数据建设—大数据支撑平台建设—大数据支撑平台的采购

续表

序号	项目名称	项目类型	工作内容	“十三五规划”项目落实建议
12	数据库安全监管系统项目	软件开发类	房管信息数据库安全监管系统开发建设	2018 年建设计划—数据建设—大数据支撑平台建设—大数据管理与服务工具的开发
13	数据库加固技术应用项目	软件及硬件的综合解决方案类	数据库加固、数据库脱敏、数据库加密	2018 年建设计划—数据建设—大数据支撑平台建设—ETL 工具的定制开发

二、武汉市房管信息化管理工作现状

（一）现状调查与分析

课题组调研收集了近年来武汉市房管局机关及各部门的有关文件、政策、管理办法等制度文件，并从中筛选出与房管信息化管理工作相关的制度文件，为下一步开展信息化制度建设研究奠定基础。共涉及科技信息处、房产信息中心、档案馆、房产测绘中心、房产开发与市场监督处、住房保障管理处、产权管理处、物业管理处、住房改革与发展处、房屋安全维护管理处等部门的政策文件 245 份，详见研究报告附件一。

武汉市房管局科技信息处是主管武汉市房管信息化建设工作的业务部门。武汉市房产信息中心作为市房管局的直属事业单位担负着武汉市房管信息化建设工作的技术支撑与保障服务职能。房产信息中心的前身为武汉市房产档案馆，为全市住房保障和房屋管理业务提供技术保障，为住房保障和房屋管理决策提供技术支持和服务，促进住房保障和房屋管理的科技创新。业务范围包括：开展住房保障和房屋管理信息咨询、技术咨询、技术服务、技术成果转让；提供档案综合服务、教育培训等。房管局现有的信息化建设有以下鲜明的特点：

（1）武汉市房屋基础信息调查及建库工作基本完成

（2）房屋全生命周期管理平台的支撑作用明显

（3）互联网+房管综合平台体系初步建立

（二）武汉市房管局信息化项目管理现状

武汉市房管局信息化基础设施建设粗具规模，实现了管理业务流程的梳理和优化，业务信息系统全覆盖，形成了新建商品房的房屋全生命周期全口径数据库，搭建了以门户网站、移动 APP、触摸屏为支点的公共服务体系，房屋综合管理平台基本建成，适时满足了全市房管工作的需要。

（1）信息标准化建设

按照信息化建设总体部署，市房管局先后开展了“数字房产”和“房屋全生命周期管理”两大信息化工程建设，组织制定各类数据技术标准，启动业务流程整理工作，归纳整理全局51个业务点，形成了《业务流程梳理手册》；编制完成了《武汉市“数字房产”数据标准》《武汉市房屋楼盘表管理规范》《武汉市房产基础地理信息平台建库标准》《武汉市房屋编码标准》《武汉市房管政务信息资源手册》《武汉市房管“主数据库”技术标准》《房屋全生命周期管理主数据库数据标准》等技术文件；参与编制了湖北省建设厅组织的《湖北省城镇个人住房信息数据标准》；完善了系统运维、数据管理、硬件基础设施管理等相关管理标准制度。

（2）信息安全基础设施建设

截至“十二五”期末，房管局已建成面积200多平方米机房，购置服务器65台，总存储设备容量为200TB，UPS不间断电源4套（在线时长2小时），主要网络及安全设备60台左右，并在洪山区局建有灾备机房，实现数据同城异地备份。根据协同工作、安全保密、交换实时的需求，建成政务网（包括政务外网和政务专网）、房产专网、互联网三类不同的网络。政务外网和房产专网覆盖市区两级，满足核心业务系统运行需要；政务专网实现同市民之家、市监察局的链接，满足专用信息的交换需要；“住建部专网”、“两实专网”、“金融专网”三种专网，满足信息专报、实用人口和房屋信息交换，以及金融机构的特殊要求；互联网接入带宽达150M，为房管政务网站、网上合同备案和日常查询服务等提供通道。

（3）信息数据资源建设

在“十二五”期间，以地理信息为基础，以楼盘表为核心，实现新建商品房按“幢”为单位的空间数据（丘、幢、层、户）、房屋属性数据、建设属性数据、经济属性数据、物业管理数据、保障对象数据等的紧密关联。通过基础数据关联，建立五大业务数据库：房地产市场数据库、住房保障数据库、物业管理数据库、房屋安全与维护数据库以及综合办公数据库；开展了全市产权登记历史档案扫描与数据整理、全市房屋基础信息采集、维修资金历史数据清理、住房保障历史数据清理、直管公房数据清理、档案管理省特级复查换证和年度机关档案收集整理工作等，扫描加工产权登记历史档案274万卷，关联影像件9275万页；补录整理产权登记、抵押限制、合同备案等各类数据667.4万条，数据存储量达120TB，产权登记历史档案扫描与数据整理项目被列入住建部2013年科学技术信息化示范工程；与近40个单位，包括国土规划、公安、民政等15家政府部门和22家商业银行开展数据交换工作，涉及各类数据1530万条，实现了信息动态共享；在全市范围内实施了房屋基础信息调查工作，初步完成了调查采集入库，建立了基于房屋全生命周期管理的动态数据库。

（4）房管信息应用系统建设

应用 GIS 技术，以全生命周期管理为主线，以楼盘表为载体、以房屋编码为标识，实现了房屋从立项建设到灭失注销等全生命周期进程的信息化管理。按照业务流程标准化、数据信息化、办理网络化以及档案资料数字化的要求，把业务系统整合为五大板块，共完成 31 个应用系统（含新增 16 个系统、改并扩建 15 个系统）的建设，覆盖全部核心业务。

（三）信息化建设的不足

房管局信息化建设虽取得长足进步，但与中央、省、市信息化发展战略要求相比，尚有一定差距并存在一些制约发展的因素。思想意识方面、政务信息化建设方面、社会服务方面、信息基础设施方面和建设模式方面都是我们谋划推进“十三五”信息化建设的重点难点。只有跳出原有“数字房产”和“房屋全生命周期”偏重于管理轻服务的固化思维，引入互联网机制，研究我局各类房管业务互联网基因，在补齐短板上多用力，实现互联网与房管业务的深度融合，才能推动房管体系建设跨越式发展。

三、武汉市房管信息化管理制度的完善

（一）信息安全管理制度体系设计

1. 基于对象的信息安全管理制度体系

所谓信息安全管理，指的是国家、组织或个体为了实现信息安全目标，运用一定的手段或技术体系，对涉及信息安全的非技术因素进行系统管理的活动。从定义中可以看出，本次信息安全管理制度设计的主体即武汉市房管局，制度的管理对象即信息安全的非技术因素，目的是实现信息安全目标，并强调手段或技术体系的运用与系统管理。对于信息安全管理制度内容，目前只有少量文献专门进行了研究与归纳，根据狭义的信息安全管理定义，我们将武汉市房管局的信息安全管理制度体系划分为信息安全管理制度、设施安全管理制度、人员安全管理制度和运行安全管理制度四个方面的内容（见图 1）。

2. 基于过程导向的信息安全管理制度体系

过程导向的信息安全管理制度是具有“事前预防”—“事中监督”—“事后处理”的全流程信息安全制度。其中，事前预防是一种预防性控制，作为控制者

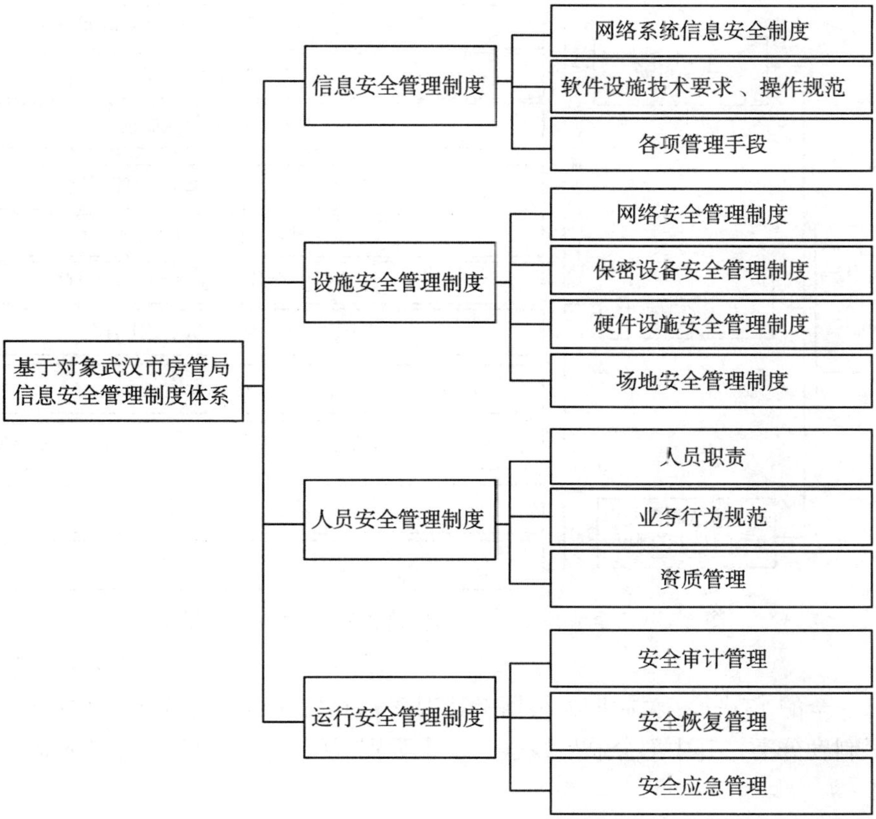

图 1　基于对象的房管信息安全管理制度体系图

事先深入实际，调查研究，预测出发生差错的问题与概率，并制定出预防措施、关键控制点与保护性措施。事中监督是指在采取行动执行有关控制目标或标准的过程中，即可及时获得实际状况的信息反馈，以便及时发现问题，解决问题，采取措施，预防纠偏。事后控制是指在实际行动发生以后，在分析、比较实际后果与控制目标或标准之间的差异基础上，采取相应的措施防错纠偏，并给予造成差错者以适当的处罚。按照“预防为主，综合防范”的原则，我们应将网络与信息安全工作重点从“事后处理”转移到“事前预防”和“事中监督”上来，努力营造安全可靠的网络环境（见图 2）。

（二）房管局信息安全管理制度分类

我们在收集武汉市房管局所有行政、业务、技术管理制度的基础上，筛选出涉

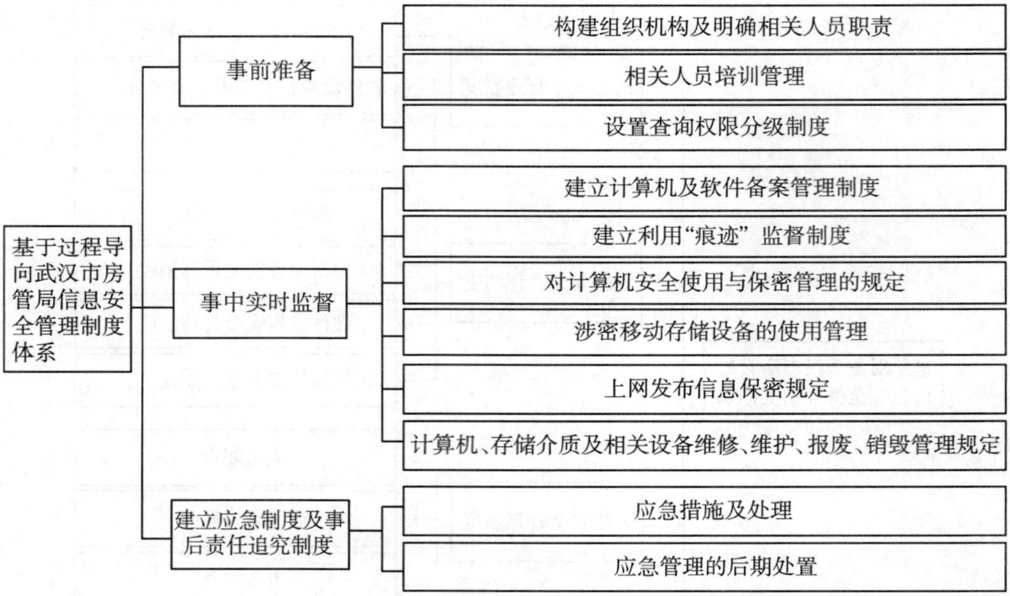

图 2　基于全流程导向的房管信息安全管理制度体系图

及信息安全的 131 个相关制度，根据上述对于信息安全制度体系的结构内容设计，进行了制度分类，其中部分制度覆盖了多个类别，因此会重复出现。详见附件一的附表 I 。

（三）房管局信息安全管理制度现状分析

1. 信息的安全管理制度

随着武汉市房管局信息化建设的发展，房管局现有信息的安全管理制度包括三个层次的内容：一是信息采集、传输、处理和存储的安全管理制度；二是使用的各种软件的管理制度；三是作为部门安全管理手段的密钥和口令等信息的管理制度。

武汉市房管局对于房管信息的采集、传输、处理和存储已经建立了严格的管理制度，并且制定有操作性很强的信息数据规划建设方案。但是其制度缺陷也十分明显，除了政府机要文件按照《中华人民共和国保守国家秘密法》根据不同密级进行保密管理之外，其余的所有房管信息和技术文档均没有根据房管信息对个人、组织、企业、社会、国家安全等影响程度，基于保密原则进行房管保密信息的分类以及保密程度的密级划分。综上所述，基于密钥和口令信息在信息安全管理的关键地位，可以考虑单独编制系统密匙和口令管理办法。

2. 人员的安全管理制度

武汉市房管局制定有《专业技术委员会管理制度》《局属事业单位主要职责内设机构和人员编制规定》等涉及信息安全，针对房管局行政人员、技术人员的工作职责管理制度10项。在《工作人员行为规范》《外协单位及人员管理规定》《房地产经纪管理办法》和《城市房地产权属档案管理办法》等36项制度中，对政府公务员、事业单位技术人员、房地产从业人员、社会人员在信息采集、访问、管理过程中的责任、业务行为做出了规范要求，建立了信息技术服务外包业务的审查认证、持证上岗制度。

综上所述，武汉市房管局通过多层级的人员职责、业务行为规范和资质管理，构建了较为完善的人员安全管理制度。

3. 设施的安全管理制度

设施的安全管理包括信息管理网络的安全管理制度、硬件设施的安全管理制度、保密设备的安全管理制度、场地的安全管理制度等。

武汉市房管局已拥有较完善的场地设施的安全管理制度，但有三方面不足，一是对于电磁辐射防护，没有明确出台对设备防护、建筑物防护、区域性防护、磁场防护等的规定；二是对于涉密设备需要制定专门的安全管理办法；三是由于没有对房管信息涉密人员进行统一的密级划分，所以无法根据人员的安全等级和涉密范围，明确应采取的控制措施强度。

4. 运行的安全管理制度

信息系统和网络在运行中的安全管理制度主要包括安全审计、安全恢复、应急安全管理共三方面制度。

由于充分考虑到信息安全事件的复杂性和突发性，武汉市房管局的应急安全管理机制还是比较完善的，应急处理流程响应及时，在近年的一起外部人员安全事件和一起内部人员安全事故中及时发挥了作用。但是，在处理流程中缺失了重要的一环，即对信息安全事件分类分级处理。因为这一环无论是对应急处理响应程度，对信息安全事件评估，还是对相关人员责任界定及追责都具有重要作用。

（四）武汉市房管信息安全制度建议

根据前述对武汉市房管信息安全管理制度的分析，我们建议在以下方面开展信息安全制度研究，以完善武汉市房管信息安全制度体系。

1. 房管信息密级划分制度建设

构建房管信息密级划分制度，是依照相关法律、行政法规的规定，从信息保密角度划分武汉市房管信息的类别，并确定对应的保密级别。具体分类和分级标准，以及对各类房管信息的划分结果请详见本研究成果报告的第四部分。

由于本次研究问题的范围边界设定，我们对武汉市房管局 31 个业务应用系统涉及的各类房管信息进行了基于业务功能级别的房管信息密级划分。房管局可以通过专项研究，组织房产信息中心在该分级结果基础上，进一步开展更为细致的基于信息要素（字段）级别的房管信息密级划分项目，作为 2018 年度武汉市房管局科技处研究项目。

武汉市房管局涉密人员密级划分制度的制定工作可以与武汉市房管信息密级划分工作同时进行。具体的涉密人员划分标准与主要业务工作角色的涉密级别划定请详见研究成果报告第四部分相关内容。

2. 房管信息网络安全管理制度建设

武汉市房管局网络安全管理制度的设计与完善，包括武汉市房管局信息网络密匙和口令安全管理、武汉市房管局涉密安全管理、武汉市房管局信息网络安全审计、武汉市互联网信息监测和预警制度和武汉市房管局员工定期安全培训等五个方面的制度内容，可根据《网络安全法》需新增的工作要求列入 2018 年研究项目。

3. 信息安全应急预案设计与完善

武汉市房管局信息安全应急预案设计与完善包括武汉市房管局信息安全事件分类分级、武汉市房管局网络信息安全事故披露和案例分析和武汉市房管局信息安全风险评估等三方面制度内容。

4. 信息安全组织管理制度设计

武汉市房管局信息安全组织管理制度，应包括完善网络信息安全审查制度、信息安全资产分类清单编制制度、武汉市房管局全员信息安全管理培训制度共三方面制度内容，可列入 2018 年根据《网络安全法》第五章第 27 条要求而需新增的研究项目。另外，可以将网络信息安全方针整合到该项目中。

5. 信息安全管理制度补充

（1）对于《市房管局机房及设备管理规定》《机房管理规定》《计算机硬件设备管理规定》《网络管理规定》等制度需进行补充完善。特别是对常见的网络设备的防止电磁辐射、电磁泄漏和自然老化，对集线器、交换机、网关设备或路由器的防止受到拒绝服务、访问控制、后门缺陷等威胁，对传输介质的防止电磁干扰、搭线窃听和人为破坏等应做出对应的细化规定。

（2）对《市房管局机房及设备管理规定》《机房管理规定》《外协单位及人员管理规定》等制度进行补充完善，并根据房管信息涉密人员的安全等级和涉密范围，确定应采取的控制措施强度。

（3）《安全生产应急预案》网络应急处置过程中补充对信息安全事件的分类分级环节。

以上安全制度需要对有关条款进行补充完善，该项工作不需要单独立项，可以列入房管信息网络安全管理制度设计与完善项目中。

（五）房管局过程导向的全流程信息安全制度体系分类

根据“事前预防”“事中监督”“事后处理”的各阶段制度要点，我们对房管局信息安全的相关制度进行了分类，其中标有 * 的为前述相关建议研究的制度内容。详见附件一的附表Ⅱ。

四、房管信息的分类及密级划分

（一）武汉市房管信息的现状分析

对房管信息的保密是物权保护原则的延伸，是房管信息登记机构、房管信息共享单位及其工作人员贯彻落实党和国家保密工作方针政策，将房管信息控制在一定知悉范围内，并防止被泄露或被非法利用的行为。

从房管业务角度划分，武汉市房管信息可以分为五大业务信息数据：房地产市场信息、住房保障信息、物业管理信息、房屋安全与维护信息以及综合办公信息。在本次项目研究中，我们逐一调研了市房管局 31 个业务应用系统所包含的共计 494 条房管业务信息，以及各业务系统涉及的共计 41 个用户角色。从档案管理角度划分，武汉市房管信息可划分为文书档案、科技档案、会计档案、声像档案、电子档案、实物档案、房管专业档案等 7 类档案信息。通过档案收集整理工作，扫描加工产权登记历史档案 274 万卷，关联影像件 9275 万页；补录整理产权登记、抵押限制、合同备案等各类数据 667.4 万条。现在武汉市房管信息的数据存储量已达到 120TB。房管信息数据交换涉及近 40 个单位，包括国土规划、公安、民政等 15 家政府部门和 22 家商业银行，涉及各类数据 1530 万条。

（二）房管信息的分类及密级划分体系设计

武汉市房管信息的分类及密级划分主要法律依据是《保守国家秘密法》《公务

员法》《反不正当竞争法》《侵权责任法》《中华人民共和国城市房地产管理法》和《中华人民共和国档案法》；而相关的法规、技术规范包括《BMB20-2007 涉及国家秘密的信息系统分级保护管理规范》《武汉市房屋权属登记档案整理标准》《武汉市房管局房管档案管理规定》《武汉市房屋权属登记信息查询办法》等。信息密级划分以及涉及的制度类型如图 3 所示。

- 保密信息分类
  - 国家保密
    - 绝密（7项）
    - 机密（10项）
    - 秘密（13项）
  - 工作保密
    - 核心（29项）
    - 重要（259项）
    - 一般（78项）
    - 公开（15项）
  - 商业保密
    - 重要（32项）
    - 一般（13项）
    - 公开（2项）
  - 个人隐私
    - 重要（25项）
    - 一般（10项）

图 3　房管保密信息分类及密级划分

（三）房管信息的分类和密级划分

根据上述房管信息分类和密级划分标准与界定，我们对武汉市房管局的各个业务应用系统的所有房管信息进行了分类和密级划分，详见附件一。

（四）涉密人员密级划分

1. 房管信息涉密人员的界定

房管信息涉密人员是指在房管信息登记业务中接触、知悉、管理房管信息的人员。房管信息涉密人员可分为核心涉密人员、重要涉密人员、一般涉密人员三类。

2. 房管信息涉密人员的分类

我们对武汉市房管局各业务系统涉及的 41 个用户角色所代表的典型涉密人员，依据其在业务系统中的访问房管信息的密级程度的权限设置，初步划分了房管信息涉密人员的涉密级别，为武汉市房管局建立房管信息密级与涉密人员的对应关系，加强武汉市房管信息安全管理起到参考作用。武汉市房管局房产信息中心可在本研究划分标准的基础上，结合基于信息要素（字段级）的房管信息分类和密级划分工作项目，进一步制定细致的涉密人员分类体系。详见附件三。

五、信息化项目监管体系构建

（一）武汉市房管局信息化项目管理现状分析

课题组将武汉市房管局信息化项目分成两大类，一类是业务分类，包括产权市场类、住房保障类、房屋安全类、物业类和办案交易平台类。另一类是对象分类，包括硬件采购类、软件开发类、数据整理类、规划类和培训类，见图4。

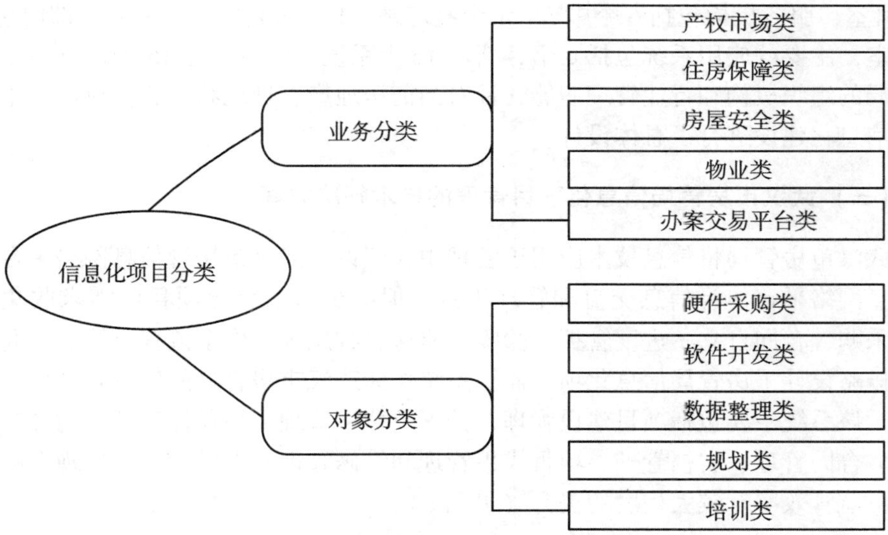

图4 武汉市房管局信息化项目分类

武汉市房管局根据信息化项目需求制定了5年信息化规划，以及相应需要达到的目标，当国家政策发生变化时，能做出相应的调整。武汉市房管局信息化项目的流程，一般是根据相关需求制定的规划或者各业务处室的要求提出信息化项目建设目标，报财政局预算，经批准后进行立项，将工作内容、计划安排和经费评估作为招标内容进行招标，但对于新的项目还需要提交课题报告交财政局审核。信息化项目验收修改后可由外协单位与武汉市房管局内部共同进行信息化项目建设，在监管措施上，分人员、组织、技术三部分对信息化项目进行监管。人员上，每周由项目负责人、科室领导、科技处等就项目召开研讨性例会；组织上，有项目组推进会、工作会还有生产调度会以及监管科；技术上，有研发、软件、数据库等部门及纪委会，受科技处委托进行工作或监管。在进行工作前期，所有进场人员需签订保密协议书，然后发放工作牌进入场内，对硬件也进行相应的技术检查。

显然，武汉市房管局在信息化项目监管方面做出了颇有成效的监管措施，对于信息化项目的合同备案、成果审核、外协人员管理均采用 Excle 表格形式进行记账式管理，但未作系统化的监管，且并无相应的监管系统对信息化项目成果进行合理的体系化。

（二）武汉市房管局信息化业务的组织架构

武汉市房管局信息化业务的组织架构见图 5，由图可知，主要业务职能部门分四大部分，分别为局机关、服务机构、业务主管和相关信息系统。其中局机关包括 8 个科室，服务机构包括 6 个中心，1 个鉴定站，1 个研究所，业务服务部门包括 8 个处室，主要的应用系统包括 6 个，新增 16 个系统，改并扩建 15 个系统。立足于房管局的组织机构和行业管理职能，针对当前房地产管理现状，我们对武汉市房管局的信息化建设进行了总体设计。

（三）武汉市房管局信息化项目管理的技术解决方案

武汉市房管局将信息技术应用于管理中，建设了武汉市房管信息网络平台，以此信息网络平台作为信息交流和管理工具，但缺少对信息化项目的需求收集、立项、采购、合同订立、进度管控、验收、质保、收尾等工作全流程监管。因此，课题组概略设计了房管局信息化项目监管系统作为武汉市房管局的项目管理信息系统平台。该系统主要包括项目建设管理、预算及费用管理、招投标管理、内外部人员管理、合同管理、文档管理、项目成果管理和维修管理八大模块，将使现有的项目实施、监管效率有较大程度的提升（见图 6）。

六、房管网络安全管理体系研究

（一）武汉市房管局网络安全研究概述

房管网络安全管理体系研究的技术路线是：按国家有关法律法规的要求和武汉市住房保障和房屋管理局信息化建设总体规划，立足于“互联网+房管”的政府公共服务需求，通过课题组与网络安全管理部门的调研，分析市房管局网络建设现状，查找网络安全体系中存在的问题，研究市区两级网络安全防控管理体系，对涉及的网络安全中的管理问题提出技术或管理解决方案，并提出网络信息安全项目建议。

研究结论分为三部分，第一类是现有网络安全建设方面用于满足“等保合规”

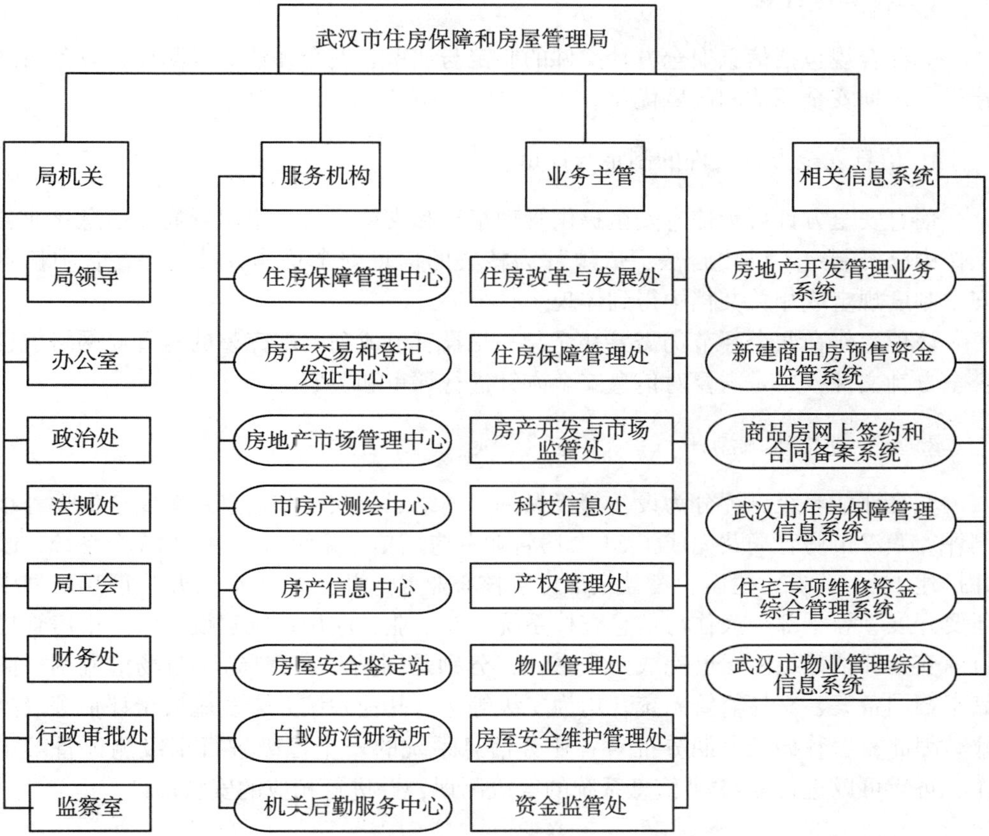

图 5　武汉市房管局信息化业务的组织构架

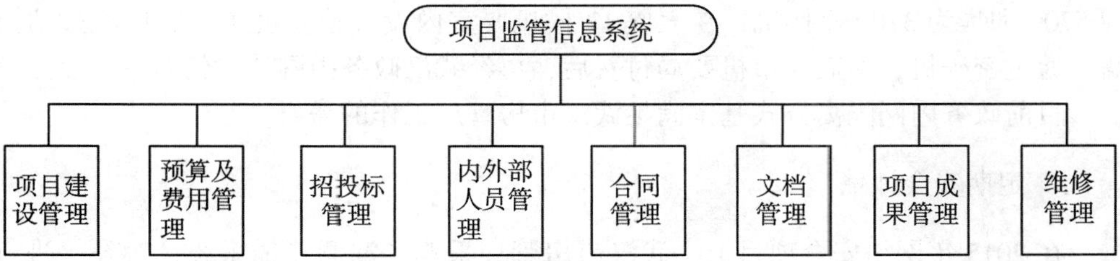

图 6　信息化项目监管系统架构

工作需要的内容描述分析；第二类是现有网络安全建设方面用于满足“安全等级保护”，已经开展或完成了部分工作，或者完成的工作不能完全满足当前工作需要，可以升级完善的建设内容；第三类是涉密专区建设。

（二）等保合规

等保合规包括信息安全方针文件的制定与评审、安全评估等级测评、政务内网建设、定期安全评估和区域优化。

1. 信息安全方针文件的制定与评审

信息安全方针可为信息安全提供管理指导和支持。武汉市房管局在信息化业务工作中已经制定了以“合法、依规”为核心的信息安全总体方针，并在各项信息安全制度规定或相关文档中得到体现。

该项工作在两个环节仍需要补充，一是没有形成独立、完整的房管局网络信息安全方针文件；二是需要对信息安全方针进行评审和鉴定。

2. 安全评估等级测评

安全评估等级测评分为设备等级保护、网络运行安全和信息系统安全保护等级测评。武汉市房管局共完成了 31 个房管业务应用信息系统（含新增 16 个系统、改并扩建 15 个系统）建设，覆盖全部房管核心业务，并且在“十三五”信息规划中还要开展领导干部个人住房信息查核系统等 5 个业务应用系统建设。武汉市房管局目前安全评估等级测评已完成四个系统，分别是网站（房管局）、市场信息网、商品房合同备案、交易监管系统，均为二级等保。其他系统并未实施安全评估等级测评。因此，房管局应分期分批对各业务信息系统的安全等级进行定级测评备案工作，每年可以进行 4~5 个信息系统的等级测评，并进行相应的安全培训。

3. 政务内网建设

武汉市房管局对政务内网采用的也是物理隔离的方式，使用政务内网路由器华为 5700 和华为 3700 交换机，在大厦 17 楼机要室内设置独立机房。数据经过防火墙，通过密码机，由武汉市机要局付费后，再经武汉政务内网传输给对方。

目前政务内网隔离方式基本满足武汉市房管局工作的需要。

4. 定期安全评估

在 2015 年网络安全项目上，武汉市房管局采购了漏洞扫描系统，对补丁进行管理，来实现网络漏洞扫描及修补。局里现有漏洞扫描系统使用的安全扫描技术主要是主机安全扫描技术，而这一过程未能很好地满足对网络漏洞的修补，扫描技术的覆盖面不足，无法满足全方位的安全需求。

针对这一问题，目前已有新技术基线安全扫描、应用漏洞扫描、数据库漏洞扫描、等级保护合规扫描等，可购买相关产品，并邀请专业的机构进行定期安全评估，从而满足全方位的安全需求。

5. 区域优化

建议武汉市房管局内部安全区域可划分为核心服务区和非核心服务区，实现双区域划分，将核心应用系统逐步迁移，建立核心应用区，由于核心应用区都有专门的维护，迁移稳定性、可控性高，这样保证了网络中断的最小化，对系统影响相对较小。

（三）安全等级保护

目前，武汉市房管局的信息安全保护等级划分在二级——系统审计保护级别，已满足房管局网络信息安全工作要求。根据武汉市房管局信息安全工作需求和现状分析，建议仍然保持在二级安全等级较为适宜。下面从物理基础类、网络控制类、终端类、应用/服务类四个方面分析房管局网络安全应补充完善的工作。

1. 物理基础类

物理基础类包括资产控制、增加存储资源与服务器资源。按照《武汉市行政事业单位国有资产处置管理办法》关于行政事业单位常用固定资产使用年限的规定，服务器、存储设备及核心网络设备使用年限为 8 年。为保障系统正常运行，需要定期予以更新。通过对“十三五”建设项目的资源的需求估算，现有 103 台服务器和 320T 存储设备无法满足要求，需要把公共存储扩充到 1PB，云服务器达到 1000 个，按照云资源统一建设和购买服务的原则，市房管局将与市政务云对接，实现计算资源和存储资源的动态扩充。根据武汉市房管局规划，可以采购 4 台服务器，替换 2008 年采购的 10 台 DELLR900 服务器和采购 1 台高性能存储和 1 套抗拒绝服务系统。

2. 网络控制类

（1）外网建设

武汉市房管局外网传输数据，主要有绿盟堡垒机、网神 VPN、深信服行为审计、方正防火墙、联想网御防火墙、京泰网闸、前置服务器这些设备，其中 2010 年由房产信息中心自购的方正 8000 防火墙，端口速率为 1000M，用于外网维护；2016 年由保障房数据清理项目采购的绿盟堡垒机，端口速率为 1000M，用于服务器运维审计；2013 年采购的 CISCO 4507 交换机，用于核心网络交换数据；2010 年更新的思科 3750 楼层交换机，宽带为 100M；网神 X1500SSLVPN 用于远程加密访问；深信服 5400 行为审计用于上网行为审计；方正 6000 防火墙用于对外网的防护；天融信 TopWAF 网页防篡改软件用于网站检测和自动修复；绿盟 NIPS2000 入侵防御系统用于对外网攻击的防御；2012 年购买的外网入侵防御系统用于数据防护和安恒 WAF-V3 WAF 作为 WEB 应用的防火墙。

目前外网隔离方式虽然基本满足武汉市房管局工作的需要，但就目前房管局所使用的防火墙而言，时间太长，对于网络设备，财政科采购部规定设备使用最多 8 年时间，因此需要进行更换。

(2) 网络安全审计

目前武汉市房管局网络使用的安全审计系统已有数据库升级系统、内网防病毒系统、运维管理系统、漏洞扫描系统、WEB 防篡改系统和堡垒机系统。数据库升级系统主要是对数据库行为进行审计；内网防病毒系统主要是保证内网终端安全；运维管理系统主要是对服务器及网络设备等状态进行监控和管理；漏洞扫描系统在 2015 年网络安全项目期间予以采购，用于补丁管理，实现网络漏洞扫描和修补；WEB 防篡改系统主要是对网站页面进行防护管理；堡垒机系统属于运维行为审计，主要用于对服务器运维人员的行为监控和审计。其功能范围有网络系统、数据库系统和运维操作，通过运维审计、数据库审计来实现对数据安全的控制。按照国家二级保护标准，安全审计区需要做到安全区域进不来、看不懂、带不走、改不了、毁不掉的要求，但是武汉市各类网络审计数据较为零散，未能完全满足要求。因此，实现局内安全审计区审计数据集中化管理是保证安全审计区管理的重要方式。目前武汉市房管局已经购买了天融日志审计系统。

3. 终端类

终端类包括网络安全准入和主机防病毒，目前武汉市房管局终端并无相关系统接入进行监测，仅靠人工控制。一套安全准入系统由硬件设备和终端构成，终端能监测是否符合准入条件，可以在准入中设置条件，国产的准入产品有北信源、盈高、联软和华为，质量相对较好。

主机安全，其核心内容包括安全应用交付系统、应用监管系统、操作系统安全增强系统和运维安全管控系统。它的具体功能是指保证主机在数据存储和处理的保密性、完整性、可用性，它包括硬件、固件、系统软件的自身安全，以及一系列附加的安全技术和安全管理措施，从而建立一个完整的主机安全保护环境。

4. 应用/服务类

(1) 业务部门数据交换

武汉市房管局数据通过方正 8000 和绿盟 G2000 两道防火墙后分别传输给相关业务部门，这些业务部门分为十个部分，包括市民之家、规划局、公安局、各区房管局、公积金中心、地税专网、民政局、银行网络和住建部。

（2）灾备

武汉市房管局目前已建成面积200多平方米机房，购置的服务器有103台，总存储设备容量为320TB，UPS不间断电源4套（在线时长2小时），主要网络及安全设备60台左右，并且为了实现武汉市房产数据的同城异地备份，在洪山区局建有灾备机房，使用的IBM DS3700存储阵列为远程灾备专用阵列，配置容量为140T，但目前已使用130T。

武汉市房管局和洪山区灾备中心各有一套灾备一体机，包括备份软件和存储软件，其中，备份软件是利用现有存储空间，本地同城异地同时备份。随着武汉市社会经济的不断发展，无论是房产数据的更新还是录入，均需要更大的存储空间，因此，建议武汉市房管局扩大灾备存储空间，来满足局内正常工作需要。

（3）病毒防范

武汉市房管局在安全控制上采用的是内网防病毒系统、主机防病毒技术和360防病毒软件，基本满足当前工作需要。但是，针对一些新出现的病毒，通过防病毒软件方式无法实现提前预警。例如，“零日漏洞”又叫零时差攻击，是指被发现后立即被恶意利用的安全漏洞，这种攻击往往具有很大的突发性与破坏性。建议采用沙盒病毒分析技术来实现对病毒的检查预警，如旁路配置具备沙盒检测技术的APT预警平台等设备。

（4）大数据网络安全态势感知平台

网络安全态势感知是对网络系统安全状态的认知过程，落实到武汉市房管局网络信息数据管理中，主要是“十三五”期间的网络监测管理平台。包括对从系统中测量到的原始数据逐步进行融合处理和实现对系统的背景状态及活动语义的提取，识别出存在的各类网络活动以及其中异常活动的意图，从而获得据此表征的网络安全态势和该态势对网络系统正常行为影响的了解。

（四）涉密专区建设

武汉市房管局涉密专网目前网络铺设已经完成，在大厦17楼有接入点，与目前网络采用物理隔离方式。大厦保密专网数据经过防火墙后存入三合一保密设备中，通过视频干扰器、红黑电源、专用设备等处理后，再经过武汉市保密专网将数据传输到武汉市保密局。

目前专网隔离方式基本满足武汉市房管局工作的需要。武汉市房管局在机房建设中可以完成屏蔽壳体、电磁屏蔽门、光纤网络屏蔽装置、气体消防装置、环境监控装置、视频监控装置、独立UPS供电等工作，满足涉密数据安全的工作需要。

七、数据安全体系研究

（一）房管信息数据库现状

1. 现状分析

武汉市房管局现阶段已建立了五大业务数据库：房地产市场数据库、住房保障数据库、物业管理数据库、房屋安全与维护数据库以及综合办公数据库。使用的数据库安全技术包括数据库审计、数据库安全加固，并在整个武汉市范围内实施了房屋基础信息调查工作，初步完成了调查采集入库，对数据进行全面梳理，建立了基于房屋全生命周期管理的动态数据库，基本满足房管局日常工作的需求。房产信息中心建设开发有房管信息数据交换平台，初步实现了数据隔离交换功能。

数据库安全控制这一方面，主要采用了数据库审计技术和数据库安全加固技术。在安全审计区建有专门的数据库审计系统，来实现对数据库行为审计的功能。通过这种对数据库监控和审计的方式，对数据库漏洞攻击、SQL 注入、风险操作等数据库风险操作进行发生记录与警告。

Oracle 数据库作为主流的大中型数据库管理软件，在各专业应用系统中得到广泛应用。数据库管理系统作为信息系统的核心部件，存储了应用系统的全部数据和信息。数据库的安全性与保密性对于整个信息系统安全是至关重要的。Oracle 数据库作为大型关系型数据库，自身具有强大的安全机制。

2. 存在的问题

目前已有的安全建设重点围绕着网络防护、主机访问和应用层安全防护以及服务器层安全防护进行，对真正核心的数据存储管理的核心数据库采取了有效的防护措施。使用的 Oracle 安全加固包括前置代理、应用加密、Oracle 自带加密选件 DTE 等。在安全审计区，经过审计的数据结果是零散的，未实现集中化的审计数据管理，对于安全审计结果分析相对会有一定难度，建议建立安全审计集中化管理体系。

（二）数据库安全监管系统

根据课题组调研，房产信息中心作为房管信息数据管理部门，需要开发一套数据库安全监管系统，以实现对数据库从建立、使用到报废全过程进行监管的目的。结合武汉市房管局数据安全状况及数据库监管系统实际需求，可将该监管系统划分为数据源管理、用户权限管理、知识库管理、数据库调试优化管理和数据库巡查五大模块。五大模块相互协调处理完成数据库实时监控，Oracle 数据库实时监控系统的功能模块组成如图 7 所示：

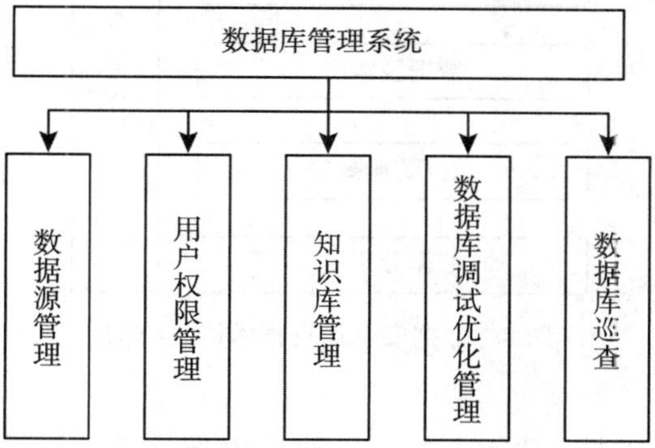

图 7 数据库安全监管系统框架图

（三）数据安全管理体系架构设计

武汉市房管局已经采取了多项数据库加固技术，但缺少系统化的数据库安全监管体系建设，同时，完成数据库安全技术项目的持续升级也是日常工作的重要内容。

1. 数据安全管理体系平台设计

数据安全运行需要构建一个统一平台，通过分层建设、分级防护，达到平台能力及应用的可成长、可扩充，创造面向数据的安全运行技术体系系统框架。数据安全运行技术体系架构自下而上分为：数据分析层、数据防泄露层、数据脱敏层、敏感数据隔离交换层和数据库加固层，从而组成完善的数据标准体系和安全运行的技术体系，如图 8 所示。

2. 数据安全关键技术

房管局数据安全管理体系平台建设需要运用若干数据安全技术，其中关键技术主要包括访问控制技术、数据库水印技术、数据备份恢复技术、数据安全分析技术、敏感数据隔离交换技术、数据防泄露技术、数据加密技术、数据加固技术和数据审计追踪技术。

房管局采用的数据库加固技术的解决方案应当总体上符合国家安全政策、性能

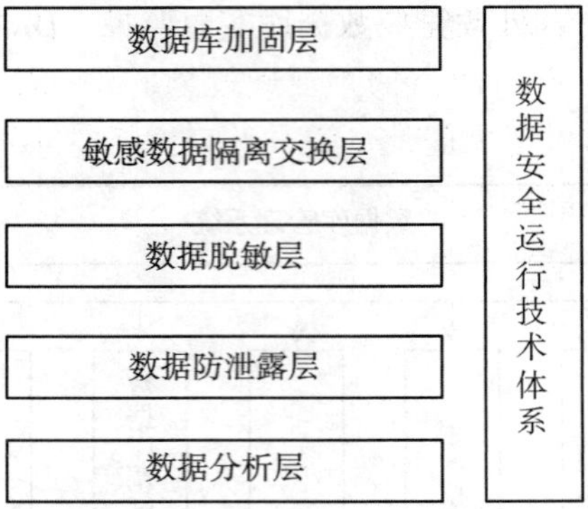

图 8　数据安全运行技术体系架构

好、服务好、透明、Oracle 功能无损，并达到以下功能：该软件产品能够实现对 Oracle 数据的加密存储、增强权限控制、敏感数据访问的审计；可以防止绕过防火墙的外部数据攻击、来自内部的高权限用户的数据窃取，以及由于磁盘、磁带失窃等引起的数据泄密。

3. 数据安全运行技术体系的实施

不同的企业和政府部门的网站在建立健全信息安全管理体系并实施应用过程中，可根据自己的特点和具体情况采用不同的实施策略。在大数据量的环境下的房管网络数据安全运行实施过程可参考 PDCA（Plan——计划、Do——实施、Check——检查、Action——行动）螺旋循环原则，将每一周期具体管理实施过程分为四个阶段，并随时间推移而迭代循环持续改进。每个阶段的任务及主要工作内容规划如表 2 所示：

表 2　　数据安全运行体系规划

工作阶段	任务	内　容
计划阶段	成立组织、规划目标、建立框架	召开安全小组会议，建立框架，制定管理范围，安全责任落实到人
实施阶段	风险分析、明确细则、开展行动	调查分析安全状况差距，确认安全漏洞和风险，制定应对手段，开展行动
检查阶段	复查审计	检查管理措施的有效性
处理阶段	修改完善	纠正不足，不断优化

数据安全运行技术体系实施过程是螺旋式循环上升的过程，每一轮循环都会使管理效果上一个台阶，使信息管理水平得到不断提高。在大数据量的环境下数据安全运行涉及网络系统的方方面面，只有合理规划、正确实施、全面检查、有效改进，才能构建出一个完整、可靠的信息安全管理体系，才能真正和数据安全技术体系相结合，全面维护数据的安全。

附件：

附件一 武汉市房管局信息安全制度体系分类表

附表Ⅰ 武汉市房管局信息安全制度体系分类表

<table>
<tr><th>对象</th><th>二级分类</th><th>制度名称</th></tr>
<tr><td rowspan="2">人员的安全管理制度</td><td>人员职责</td><td>专业技术委员会管理制度
局属事业单位主要职责内设机构和人员编制规定
部门岗位职责
总办公室岗位职责
生产技术科岗位职责
系统研发科岗位职责
数据管理科岗位职责
网络管理科岗位职责
档案管理科岗位职责
档案人员职责
机关、企业科技事业单位档案工作目标管理等级考评中有关问题的说明</td></tr>
<tr><td>业务行为规范</td><td>工作人员行为规范
工作人员廉洁自律
工作人员学习培训制度
专业技术岗位评聘管理暂行规定
外协单位及人员管理规定
房地产经纪管理办法
城市房地产权属档案管理办法
城市房地产抵押管理办法
武汉市房屋安全管理条例
武汉市房屋租赁管理办法
城市商品房预售管理办法
城市房地产转让管理规定
城市房地产中介服务管理规定
房产测绘管理办法
关于印发《湖北省实施〈房产测绘管理办法〉细则》的通知
市房产局关于加强房地产价格评估管理的通知
国有土地上房屋征收评估办法</td></tr>
</table>

续表

对象	二级分类	制度名称
人员的安全管理制度	业务行为规范	印章管理规定 公文管理制度 年度考核制度 信息保密制度 会议制度 安全管理制度 市房管局信息化项目建设实施规定 湖北省机关档案工作目标管理等级考评办法 档案归档制度 档案保密制度 档案安全管理制度 档案安全定期检查制度 市房产局关于印发《武汉市城市房屋拆迁估价操作技术规范》的通知 武汉市廉租住房保障办法 武汉市经济适用住房管理办法 市房管局关于印发《武汉市商品房预售方案管理暂行规定》的通知 市人民政府关于印发《武汉市新建商品房预售资金监管实施细则》的通知 市房管局关于印发《武汉市住宅专项维修资金使用操作规程》的通知 市房管局、市民政局关于调整武汉市公共租赁住房租赁资格审核流程的通知
	资质管理	房地产开发企业资质管理规定 物业服务企业资质管理办法 武汉市房管局关于印发《武汉市房地产经纪行业信用信息管理办法》的通知 市房管局关于印发《武汉市物业服务企业和项目经理信用信息管理暂行办法》的通知 市房管局关于印发《武汉市前期物业管理招标评标专家及评标专家库管理办法》的通知 市房管局关于印发《在汉从事物业管理的外地企业实施资质备案程序规定》的通知 市房管局关于印发《武汉市房屋安全鉴定单位信用信息管理办法》的通知 房地产经纪管理办法 城市房地产中介服务管理规定

续表

对象	二级分类	制度名称
设施安全管理	网络安全管理	生产管理制度 电子政务管理制度 数据管理制度 网络管理规定 房产信息系统上线管理制度 信息保密制度 安全管理制度 市房管局信息化项目建设实施规定 系统运维管理制度
	保密设施安全管理	计算机硬件设备管理规定
	硬件设施安全管理	机房管理规定 市房管局机房及设备管理规定 信息保密制度 安全管理制度 市房管局信息化项目建设实施规定 计算机硬件设备管理规定
	场地安全管理	机房管理规定 档案库房管理制度 市房管局机房及设备管理规定 外协单位及人员管理规定
信息的安全管理	在网络和系统中采集、传输、处理和存储信息的管理制度	武汉市“数字房产”数据标准 武汉市房屋楼盘表管理规范 武汉市房产基础地理信息平台建库标准 武汉市房屋编码标准 武汉市房管政务信息资源手册 武汉市房管“主数据库”技术标准 房屋全生命周期管理主数据库数据标准 湖北省建设厅《湖北省城镇个人住房信息数据标准》 档案管理规定 房产信息中心档案管理暂行规定 机关文件材料归档范围和文书档案保管期限规定

续表

对象	二级分类	制度名称
信息的安全管理	在网络和系统中采集、传输、处理和存储信息的管理制度	各级各类档案馆收集档案范围的规定 全宗卷规范 全宗指南编制规范 湖北省档案管理条例 湖北省照片档案规范管理指导意见 湖北省机关档案工作业务建设规范 武汉市档案管理条例 武汉市归档管理条例 武汉市归档文件整理办法 市房管局对外报送房管数据规定 市房管局房管档案管理规定 湖北省企业、科技事业单位档案工作规范管理等级评审办法 武汉市房屋权属登记信息查询办法 市房管局关于开展房管业务资料影像化工作的通知 档案移交制度 档案保管制度 档案利用制度 档案统计制度 武汉市房屋权属登记档案整理标准 武汉市住房保障工作档案管理暂行规定 武汉市房产测绘成果档案管理暂行规定 房屋产权基础信息（测绘成果）审核 市人民政府关于印发《武汉市职工住房分配货币化实施办法》的通知 市房管局关于进一步规范商品房网上签约和合同备案系统信息数据修改有关问题的通知 市房产管理局、市工商行政管理局关于统一启用《武汉市存量房居间（买卖）合同》示范文本的通知 市房管局关于印发武汉市房屋权属登记信息查询的通知 市房改办市财政局关于印发《武汉市行政事业单位建立职工住房档案规定》的通知 市房管局关于印发《武汉市房屋安全鉴定单位名录管理实施办法》的通知 市国土房产局等五部门关于武汉市享受优惠政策普通住房标准的实施意见 武汉市保障性住房申请条件及保障标准

续表

对象	二级分类	制度名称
信息的安全管理	在网络和系统中采集、传输、处理和存储信息的管理制度	市国土房产局关于公布 2008 年申请购买经济适用住房条件和申请廉租住房租赁补贴的条件及保障标准的通知 市国土房产局市民政局关于低收入家庭人口及现住房面积认定的通知 市房管局关于印发武汉市廉租住房保障资格审核流程管理规定的通知 关于印发《武汉市前期物业服务合同（示范文本）》的通知 市房管局关于印发《武汉市住宅物业服务等级指导标准》（试行）的通知 关于印发《武汉市物业服务合同（示范文本）》的通知 市房管局关于贯彻落实我市中心城区商品住房限购政策的通知 市房管局关于公布武汉市房屋安全鉴定单位名录的通告 市人民政府办公厅关于《印发武汉市优秀历史建筑分级保护及评审管理办法》的通知
	软件管理	房产信息系统质量管理制度 房产信息系统上线管理制度 系统运维管理制度 * 各房管信息管理系统的技术文档（设计书、用户说明、数据字典、测试报告等） 计算机硬件设备管理规定
	安全管理手段的密钥和口令信息	市房管局信息系统运行维护管理规定 信息保密制度 安全管理制度
运行的安全管理制度	安全审计	2016 年房管局信息系统数据库安全审计报告（房产信息中心）
	安全恢复	市房管局数据备份管理规定
	安全风险管理	安全生产应急预案 档案安全隐患整改工作跟踪督办制度 武汉市住房保障和房屋管理局档案工作突发事件应急处置预案

附表Ⅱ **过程导向的全流程信息安全制度体系分类表**

<table>
<tr><th>流程阶段</th><th>对象</th><th>制度名称</th></tr>
<tr><td rowspan="3">事前预防</td><td>人员职责制度</td><td>专业技术委员会管理制度
局属事业单位主要职责内设机构和人员编制规定
部门岗位职责
总办公室岗位职责
生产技术科岗位职责
系统研发科岗位职责
数据管理科岗位职责
网络管理科岗位职责
档案管理科岗位职责
档案人员职责</td></tr>
<tr><td>员工培训制度</td><td>机关、企业科技事业单位档案工作目标管理等级考评中有关问题的说明
工作人员行为规范
工作人员廉洁自律
工作人员学习培训制度
专业技术岗位评聘管理暂行规定
外协单位及人员管理规定
房地产经纪管理办法
城市房地产权属档案管理办法
城市房地产抵押管理办法
武汉市房屋安全管理条例
武汉市房屋租赁管理办法
城市商品房预售管理办法
城市房地产转让管理规定
城市房地产中介服务管理规定
房产测绘管理办法
关于印发《湖北省实施〈房产测绘管理办法〉细则》的通知
市房产局关于加强房地产价格评估管理的通知
国有土地上房屋征收评估办法</td></tr>
<tr><td>查询权限制度</td><td>*武汉市房管信息密级划分制度
印章管理规定
公文管理制度
安全管理制度
房产信息中心档案管理暂行规定</td></tr>
</table>

续表

流程阶段	对象	制度名称
事前预防	查询权限制度	市房管局房管档案管理规定 机关文件材料归档范围和文书档案保管期限规定 档案归档制度 档案移交制度 档案保管制度 档案利用制度 档案保密制度 档案统计制度 档案库房管理制度 档案安全管理制度 市房管局关于印发《武汉市房屋权属登记信息查询》的通知 建设部关于印发《房屋权属登记信息查询暂行办法》的通知 城市房地产权属档案管理办法 市房管局关于印发《武汉市住宅专项维修资金使用操作规程》的通知 市房管局关于印发《武汉市物业服务项目经理管理暂行办法》的通知 市房管局关于印发《武汉市物业服务企业和项目经理信用信息管理暂行办法》的通知 房地产开发企业资质管理规定 物业服务企业资质管理办法 武汉市房管局关于印发《武汉市房地产经纪行业信用信息管理办法》的通知 市房管局关于印发《武汉市前期物业管理招标评标专家及评标专家库管理办法》的通知 市房管局关于印发《在汉从事物业管理的外地企业实施资质备案程序规定》的通知 市房管局关于印发《武汉市房屋安全鉴定单位信用信息管理办法》的通知 房地产经纪管理办法 城市房地产中介服务管理规定

续表

流程阶段	对象	制度名称
事中监督阶段	软硬件备案管理制度	计算机硬件设备管理规定 机房管理规定 信息保密制度 安全管理制度 网络管理规定 *武汉市房管局信息系统安全等级保护制度
	日志查询制度	网络管理规定 *信息网络安全审计制度
	计算机安全使用与保密规定	市房管局机房及设备管理规定 网络管理规定 信息保密制度 安全管理制度 房产信息系统质量管理制度 房产信息系统上线管理制度 系统运维管理制度
	用户密码安全保密管理规定	*武汉市房管局密匙和口令安全管理制度
	涉密移动存储设备的使用管理	*武汉市房管局涉密设备安全管理制度
	数据复制操作管理规定	数据管理制度 市房管局对外报送房管数据规定
	上网发布信息保密规定	保密制度 *武汉市房管局互联网信息监测和预警制度
	计算机存储及设备维修、维护、报废、销毁管理规定	市房管局信息系统运行维护管理规定 计算机硬件设备管理规定 机房管理规定 *武汉市房管局涉密设备安全管理制度
事后处理阶段	应急措施及处理	安全生产应急预案 档案安全隐患整改工作跟踪督办制度
	应急管理的后期处置	武汉市住房保障和房屋管理局档案工作突发事件应急处置预案 *信息安全事件分类分级制度 *信息网络安全审计制度

附件二 武汉市房管局信息安全密级分类表

附表 I 国家秘密类型的房管信息密级分类表

密级	信息名称	密级	信息名称
绝密	国家绝密机要文件	机密	1：2.5 万、1：5 万和 1：10 万国家基本比例尺地形图及其数字化成果
绝密	国家大地坐标系	机密	空间精度及设计的要素和范围相当于上述机密基础测绘成果的非基础测绘成果
绝密	地心坐标系	秘密	国家秘密机要文件
绝密	分表率高于 5＊5，精度高于±1 毫米的全国性高精度重力异常成果	秘密	构成环线或线路长度超过 1000 千米的国家等级水准网成果资料
绝密	1：1 万、1：5 万全国高精度数字高程模型	秘密	重力加密点成果
绝密	地形图保密处理技术参数及算法	秘密	分辨率在 30＊30 至 1＊1，精度在±5 毫米至±10毫米的重力异常成果
机密	国家机密机要文件	秘密	精度在±1 米至±2 米的高程异常成果
机密	国家等级控制点坐标成果以及其他精度相当的坐标成果	秘密	精度在±3 米至±6 米的垂线偏差成果
机密	国家等级天文、三角、导线、卫星大地测量的观测成果	秘密	非军事禁区 1：5 千国家基本比例尺地形图
机密	国家等级重力加密点成果	秘密	多张连续的、覆盖范围超过 6 平方千米的大于 1：5 千的国家基本比例尺地形图及其数字化成果
机密	其他精度相当的重力加密点成果	秘密	1：60 万、1：25 万、1：1 万国家基本比例尺地形图及其数字化成果
机密	分辨率高于 30＊30，精度高于±5 毫米的重力异常成果	秘密	军事禁区及国家安全要害部门所在地的航摄影像
机密	精度高于±1 米的高程异常结果	秘密	空间精度及涉及的要素和范围相当于上述秘密基础测绘成果的非基础测绘成果
机密	精度高于±3 的垂线偏差成果	秘密	涉及军事、国家安全要害部门的点位名称及坐标
机密	涉及军事禁区的大于或等于 1：1 万的国家基本比例尺地形图及其数字化成果	秘密	涉及国民经济重要工程设施精度优于±100 米的点位坐标

附表Ⅱ　　**工作秘密类型的房管信息密级分类表**

密级	信息名称	密级	信息名称
核心	房屋产权交易档案信息	重要	项目档案信息
核心	房屋产权数据信息	重要	项目建设计划信息
核心	档案出入库信息	重要	项目建设进度信息
核心	档案借阅信息	重要	项目进度信息
核心	档案移库信息	重要	项目目标计划信息
核心	电子档案信息	重要	项目目标调整信息
核心	房屋权属登记信息	重要	项目目标信息
核心	管理项目基本信息	重要	项目配租登记信息
核心	会计档案信息	重要	项目申报信息
核心	科技档案信息	重要	项目审批进度信息
核心	历史文书档案信息	重要	项目数据清理信息
核心	历史项目信息	重要	项目巡查信息
核心	声像档案信息	重要	项目预安排信息
核心	实物档案信息	重要	新增楼盘表信息
核心	数据清理项目信息	重要	信访信息
核心	投标申请信息	重要	修改转办件信息
核心	网络安全信息	重要	续签审核信息
核心	维修资金信息	重要	选房配租信息
核心	文书档案信息	重要	选房信息
核心	物业管理区域申请信息	重要	业务指标信息
核心	物业管理项目综合信息	重要	一般抵押权设立信息
核心	系统管理信息	重要	一体机查询记录
核心	项目报表信息	重要	移交档案信息
核心	销毁档案信息	重要	遗失补发登记信息
核心	住房保障数据信息	重要	已办契纸转移登记信息
核心	专业档案驳回信息	重要	已备案存量房合同信息
核心	专业档案信息	重要	已分配入住公租房项目信息
核心	资金使用信息	重要	已完成信息化项目信息

续表

密级	信息名称	密级	信息名称
重要	物业服务合同备案信息	重要	异动申请信息
重要	安全管理信息	重要	异动审批信息
重要	保障方式变更信息	重要	异议设立登记信息
重要	保障情况信息	重要	异议注销登记信息
重要	保障项目信息	重要	因生效法律文书导致房屋所有权发生转移信息
重要	保障住房信息	重要	银行交互服务信息
重要	报表主题信息	重要	银行数据信息
重要	被删除投诉信息	重要	银行账号信息
重要	并轨数据信息	重要	优秀历史建筑信息
重要	并行申请情况信息	重要	预登记信息
重要	不良信息	重要	预购商品房抵押权预告登记信息
重要	拆迁还建产权调换信息	重要	预购商品房合同抵押权设立信息
重要	拆迁还建产权信息	重要	预购商品房合同抵押转一般抵押权信息
重要	撤销交易（抵押）信息	重要	运营机构项目分配信息
重要	澄清公告申请备案信息	重要	在建工程抵押变更信息
重要	存量房备案信息	重要	在建工程抵押权设立信息
重要	存量房房源信息	重要	在建工程信息
重要	存量房合同备案信息	重要	赠与（受遗嘱）房屋登记信息
重要	存量房合同信息	重要	招标备案信息
重要	存量房纳税台账信息	重要	正在进行的信息化项目
重要	存量房评税结果信息	重要	政治活动信息
重要	存量房评税审核信息	重要	直管公房信息
重要	存量房税务评分	重要	职工补贴信息
重要	档案号信息	重要	中标备案信息
重要	档案解锁信息	重要	住房限购资格复查信息
重要	档案跨区迁移信息	重要	住房限购资格信息
重要	档案清册	重要	资格复核信息

续表

密级	信息名称	密级	信息名称
重要	档案删除信息	重要	资格审批信息
重要	档案提交审核申请信息	重要	资料类别信息
重要	档案提交审核信息	重要	自建房初始登记信息
重要	档案注销信息	重要	租金补贴发放信息
重要	档案资料变更信息	重要	租金核减管理信息
重要	到期解约审核信息	重要	租金减免信息
重要	抵押变更登记信息	重要	租金缴纳信息
重要	抵押注销登记信息	重要	租金收入信息
重要	抵债信息	重要	租赁补贴清册
重要	地役权设立登记信息	重要	租赁合同审核信息
重要	地役权注销登记信息	重要	租赁合同信息
重要	地役权转移登记信息	重要	最高额抵押登记信息
重要	电子数据迁移信息	重要	作废档案信息
重要	动态登记信息	重要	坐落变更登记信息
重要	对账流水号信息	重要	不动产项目信息
重要	房屋安全信息	重要	财务凭证复核信息
重要	房屋抵押权预告登记变更信息	重要	财务凭证记账信息
重要	房屋抵押权预告登记信息	重要	财务凭证信息
重要	房屋抵押权预告登记注销信息	重要	房屋归属项目信息
重要	房屋翻建、改建的变更登记信息	重要	分户信息
重要	房屋费用信息	重要	关联银行流水信息
重要	房屋基本信息	重要	计划预拨审核信息
重要	房屋基础数据	重要	科目余额信息
重要	房屋交易产权档案结果信息	重要	年度结息信息
重要	房屋交易产权档案作废信息	重要	人工关联信息
重要	房屋交易审核信息	重要	日终对账信息
重要	房屋空间信息	重要	维修使用信息
重要	房屋名称变更登记信息	重要	维修资金拆分合并信息

续表

密级	信息名称	密级	信息名称
重要	房屋其他产权注销信息	重要	维修资金缴纳信息
重要	房屋清册	重要	项目拆分合并信息
重要	房屋所有权转移预告登记变更信息	重要	一次性资金结算拨付信息
重要	房屋所有权转移预告登记注销信息	重要	银行核心流水账信息
重要	房屋因拆迁、拆除、焚毁、倒塌等原因灭失或放弃所有权的注销登记信息	重要	预拨额度信息
重要	房源审核信息	重要	预拨附件信息
重要	房源数据清理信息	重要	预警提醒信息
重要	房源数据信息	重要	增补拨款信息
重要	房源调整信息	重要	账目信息
重要	非同一所有人房屋分割、合并信息	重要	资金结算拨付信息
重要	公房产权信息	重要	资金使用财务信息
重要	公租房保障信息	重要	资金使用业务信息
重要	公租房录入信息	重要	资金预算拨付信息
重要	公租房摇号结果信息	重要	维修现状信息
重要	公租房重复保障信息	重要	维修资金
重要	公租房资格证信息	重要	未完成信息化项目信息
重要	公租房租赁补贴信息	重要	物管巡查信息
重要	公租住房资格申请信息	重要	物业承接查验备案信息
重要	归档信息	重要	物业服务咨询机构备案审核信息
重要	合同备案登记信息	重要	物业管理区域备案信息
重要	合同续签信息	重要	物业管理信息
重要	合租退出信息	重要	物业小区防涝排渍审核信息
重要	换发权证登记信息	重要	物业专业化住宅项目信息
重要	换证信息	重要	系统服务信息
重要	基础数据信息	重要	项目动态登记信息
重要	集体土地房屋转让登记信息	重要	项目归档信息
重要	集体土地转国有土地房屋登记信息	重要	项目基础信息

续表

密级	信息名称	密级	信息名称
重要	监管项目信息	重要	配租方案信息
重要	接收档案信息	重要	棚改户安置管理信息
重要	街道信息	重要	其他房屋初始登记信息
重要	经纪机构备案信息	重要	企业申报信息
重要	经批准优先配租对象审核信息	重要	企业房屋登记信息
重要	经适房流程状态信息	重要	企业资质审核信息
重要	经适房摇号信息	重要	签约分类信息
重要	经适房资格证信息	重要	前期物业服务合同备案信息
重要	警示记分调整信息	重要	强制解约复议审核信息
重要	开发资质审核信息	重要	区街道社区信息查询
重要	库房规划信息	重要	权属变更申请信息
重要	历史数据清理成果信息	重要	权属变更审批信息
重要	廉租房、公租房购置信息	重要	权属档案信息
重要	廉租房保障资金情况信息	重要	权属和房屋更正登记信息
重要	廉租房流程状态信息	重要	权限申请信息
重要	廉租房散户配租信息	重要	权限资源信息
重要	零散房源信息	重要	人民政府生效征收补偿决定的所有权注销登记信息
重要	流程配置信息	重要	入住登记信息
重要	楼栋基本信息	重要	商品房初始登记信息
重要	楼盘表管理信息	重要	商品房登记信息
重要	楼盘表信息	重要	商品房合同备案变更登记信息
重要	录入错误数据信息	重要	商品房合同备案信息
重要	年度审核信息	重要	商品房合同备案注销登记信息
重要	配房清册	重要	商品房项目备案登记信息
重要	配置信息	重要	上传区局审批信息

续表

密级	信息名称	密级	信息名称
重要	社会类房源信息	一般	事项通知信息
重要	社区信息	一般	投诉处置信息
重要	实施依法征收补偿后房屋所有权注销登记信息	一般	投诉责任主体信息
重要	事务日志	一般	外地来汉企业资质备案申请信息
重要	数据备份事务日志	一般	维修计划信息
重要	数据错误信息	一般	文件下发信息
重要	数据维护信息	一般	问题反馈信息
重要	他项权利更正登记信息	一般	物业承接查验申请信息
重要	他项权利证书（证明）遗失补发登记信息	一般	物业服务合同申请信息
重要	他项权利转移登记信息	一般	物业服务咨询及备案申请信息
重要	图片文件信息	一般	物业小区防涝排渍上报信息
重要	退出保障信息	一般	物业小区防涝排渍信息
重要	退出恢复申请信息	一般	系统信息
重要	退出恢复审核信息	一般	异议申请信息
重要	外地来汉企业资质备案审核信息	一般	影像要件信息
重要	网签物业服务合同申请信息	一般	预购商品房抵押权预告登记变更信息
一般	企业资质清理审核信息	一般	预购商品房抵押权预告登记注销信息
一般	前期物业服务合同申请信息	一般	招标申请信息
一般	强制解约复议申请信息	一般	招标项目信息
一般	区县留言信息	一般	证书信息
一般	区域信息	一般	职务信息
一般	社区留言信息	一般	志愿者服务队信息
一般	湿温度信息	一般	专业化住宅小区信息
一般	实物借阅信息	一般	资质动态月报表信息

续表

密级	信息名称	密级	信息名称
一般	市场审核信息	一般	资质清理申报信息
一般	房屋栋足额交存信息	一般	财务结转申请信息
一般	工商注册地变更审核信息	一般	财务结转审核信息
一般	工作分配信息	一般	房屋栋足额交存信息
一般	公租房登记地点信息	一般	房屋注销信息
一般	合同备案号信息	一般	公共户信息
一般	合同证件号信息	一般	科目配置信息
一般	回复投诉信息	一般	灭失退款信息
一般	回执单信息	一般	欠费项目信息
一般	货币化补贴标准	一般	维修计划预拨申请信息
一般	机构信息	一般	维修资金历史使用情况信息
一般	记分告知信息	一般	维修资金退款信息
一般	街道留言信息	一般	业主委员会注册信息
一般	居间资格信息	一般	资金使用范围信息
一般	历史在管项目信息	一般	存量房超期合同信息
一般	留言板信息	一般	存量房评税标准
一般	内部发文	一般	存量房资格信息
一般	案卷目录信息	一般	档案监控信息
一般	办结投诉信息	一般	党员示范服务队信息
一般	保障评分标准信息	公开	发布公告信息
一般	保障条件标准信息	公开	废标申请信息
一般	产权证信息	公开	区县公告通知信息
一般	车辆管理信息	公开	社区公告通知信息
一般	澄清公告申请信息	公开	受理要件清单
一般	到期解约申请信息	公开	投诉受理渠道信息
一般	地役权变更登记信息	公开	系统公告通知信息

续表

密级	信息名称	密级	信息名称
公开	工商注册地变更申请信息	公开	招标公告信息
公开	红黄牌信息	公开	中标公告信息
公开	街道公告通知信息	公开	资源共享公告信息
公开	警示公开信息	公开	变更申请信息
公开	评标结果信息		

附表Ⅲ　**商业秘密类型的房管信息密级分类表**

密级	信息名称	密级	信息名称
核心	存量房买卖信息	核心	增值收益信息
核心	定期存款信息	核心	资产负债信息
核心	法人代表业绩信息	核心	资产结转信息
核心	房改房买卖信息	核心	总经理业绩信息
核心	房屋出资入股信息	重要	企业资质信息
核心	集资建房买卖信息	重要	企业综合信息查询
核心	离婚分割房屋信息	重要	预售方案信息
核心	拍卖房屋买卖信息	重要	注册企业基本信息
核心	票据登记信息	重要	从业企业基本信息
核心	企业业绩信息	重要	抵押证明信息
核心	企业注册资本构成信息	重要	房屋安全鉴定信息
核心	企业资质管理信息	重要	开发商信息
核心	商品房买卖信息	一般	房屋互换信息
核心	物业企业基本信息	一般	继承房屋信息
核心	物业企业推出备案报备信息	一般	经济适用房买卖信息
核心	物业企业信息	一般	开发单位交款信息
核心	物业项目运营信息	一般	开发建设单位维修资金信息
核心	项目经理业绩信息	一般	票据核销信息
核心	项目业绩信息	一般	票据作废信息
核心	业绩信息	一般	企业部门设置信息

续表

密级	信息名称	密级	信息名称
一般	物业企业市场信息	一般	资格证书编号信息
一般	项目经理市场信息	公开	企业业绩公开信息
一般	项目在管物业企业信息	公开	企业基本信息
一般	银行信息		

附表Ⅳ **个人隐私类型的房管信息密级分类表**

密级	信息名称	密级	信息名称
重要	保障对象信息	重要	新增人员审核信息
重要	查封信息	重要	信用登记信息
重要	个人抵押状况信息	重要	业主委员会信息
重要	房产查询结果信息	重要	用户信息
重要	购房人借款信息	重要	职工基本信息
重要	购房人信息	重要	中低收入家庭信息
重要	管理专业人员信息	重要	租户基本信息
重要	家庭收入分类信息	一般	产权证号信息
重要	家庭住房情况信息	一般	栋户信息
重要	配租人员信息	一般	房屋坐落信息
重要	权利人信息	一般	购房业主交款信息
重要	特殊人员信息	一般	购房业主维修资金信息
重要	物业服务企业新增人员信息	一般	家庭成员信息
重要	物业管理专业人员信息	一般	武汉市培训结业证书信息
重要	物业专业技术人员信息	一般	业主委员会账号信息
重要	系统用户管理信息	一般	重复成员信息
重要	项目经理基本信息	一般	外协单位人员信息

附件三　武汉市房管局房管信息涉密人员分类表

涉密分类	涉密人员在应用系统中的用户角色
核心涉密人员	市房管局领导
	区房管局领导
	系统管理人员
	系统开发人员
	网络安全管理人员
	数据安全管理人员
	数据检查人员
	市房管局科技信息处管理人员
	房屋权属信息查询及审核人员
	市房产测绘中心测绘成果管理及审核人员
重要涉密人员	市房管局资金监管人员
	公安局、检察院、法院业务联系人员
	区房管局财务科审核人员
	数据清理临时用户组
	市房管局技术人员
	区房管局技术人员
	市房产档案馆技术人员
	区房产档案馆技术人员
	市房产交易和登记发证中心技术人员
	市房产测绘中心技术人员
	市房管局信息化项目外协人员

续表

涉密分类	涉密人员在应用系统中的用户角色
一般涉密人员	银行业务联系人员
	街道业务人员、区民政业务联系人员
	社区业务联系人员
	市社会保障中心业务联系人员
	物业事务指导中心业务联系人员
	市地产集团业务联系人员
	市白蚁防治研究所业务联系人员
	区房管局物业科业务人员
	市住房专项维修资金管理中心业务人员
	区房管局财务科经办人员
	市房管局物业管理人员

10. 房管领域涉稳涉访问题化解与源头防范研究

武汉市住房保障和房屋管理局信访处
武汉市物业管理协会

课题负责人：潘臻肇　武汉市住房保障和房屋管理局　副局长
课题组成员：黄光宇　黄庆阳　邵志华　张兴华　顾玉兰
漆昌明　戚天伦

一、研究背景

（一）住房制度改革

我国住房制度改革经历了四个主要历程：1978—1993 年住房分配制度阶段；1994—1998 年住房实物分配向住房市场化改革过渡阶段；1999—2004 年住房市场化全面推行阶段；2005 年至今房地产市场宏观调控阶段。住房制度的逐步改革使我国逐渐建立起具有中国特色的房地产市场和住房供应与保障体系。住房的商品化、市场化促使住房供给制度、分配制度和管理制度发生了巨大变化，也进一步衍生出各种利益纠纷、监管矛盾和治理问题。

（二）城镇化进程加快

从国际发展经验来看，一个国家和地区人均 GDP 超过 3000 美元关口后，城镇化进程会加快。武汉市 2016 年人均 GDP 为 17000 美元，根据《武汉市国家新型城镇化综合试点工作方案要点》估计，到 2017 年，常住人口城镇化率将达到 81%以上，户籍人口城镇化率达到 71%以上；到 2020 年，常住人口控制在 1200 万～1300 万人左右，常住人口城镇化率达到 84%以上，户籍人口城镇化率达到 75%以上。随着城镇化进程的推进，土地征用、房屋拆迁、产权登记、物业管理、住房保障等矛盾纷纷凸显，房管领域的矛盾纠纷进入多发高发期。

（三）房地产经济发展

房地产经济的发展带动着各方利益格局的调整，在突飞猛进的城市开发建设背后，房管领域矛盾纠纷的发生率和激化率也在逐年上升，不仅群体性、突发性事件数量增多，尖锐和对立的程度加剧，而且纠纷与冲突涉及范围扩大，带有明显的多元性和发散性。房管领域中所发生的商品房买卖纠纷、物业管理纠纷、产权交易纠纷等一系列问题，是人民群众最关心，与人民群众利益最直接的现实问题。这些问题的产生是我国社会特有的政治、经济、文化等诸多因素矛盾冲突的综合反应，是改革与发展过程中特定历史阶段的产物。

房管领域之所以成为信访投诉的集中暴发区，是经济社会发展到现阶段的必然结果，随着住房制度改革的深化、城镇化进程的进一步加快，房管领域的矛盾与纠纷还有进一步加剧的可能。因此，认真研究当前房管领域矛盾纠纷的种类、特点和产生原因，对于房管领域矛盾纠纷的有效预防、防止激化、成功调处是十分必要且迫切的；从社会的宏观层面看，研究房管领域涉稳涉访问题的成因，探索房管领域涉稳涉访问题化解与源头防范的长效机制，对维护改革发展稳定大局，构建房管领域化解矛盾、维护稳定、管控风险的综合治理体系具有十分重要的现实意义。

二、主要理论

美国学者亨廷顿在《变化社会中的政治秩序》一书中指出："现代性孕育着稳定，而现代化过程却滋生着动乱。产生政治混乱并非没有现代性，而是由于要实现这种现代性而进行的努力。"利益冲突在转型期有着历史的必然性。每一次群体性事件的背后往往都会有复杂而深刻的原因，涉及政治、经济、法制、社会、文化、心理等各方面的因素，其中的诸多因素及矛盾又是交织在一起的。然而，在这诸多原因中，经济原因无疑是最根本的原因，绝大多数群体性事件都与经济利益有关。

马克思说："人们奋斗所争取的一切，都同他的利益有关。"追求利益是人类一切社会活动的动因，并且这种利益追求随着社会分工的发展而强化，而"利益冲突是人类社会一切最终冲突的根源，也是所有冲突的实质所在"。尽管信访、投诉及群体性事件发生的直接原因不同，涉及各种行业和领域，但归根到底都是与个人利益和群体利益有着密切的关系。

习近平同志指出，社会治理是一门科学，要求坚持系统治理、依法治理、综合治理、源头治理，确保社会既充满活力又和谐有序。信访工作本质上是群众工作，是党和政府密切联系群众的桥梁和纽带，也是推动解决群众反映的实际问题的重要渠道。在 2017 年 7 月召开的第八次全国信访工作会议上，习近平同志对今后全国各级各部门的信访工作指明了方向："信访工作作为了解民情、集中民智、维护民利、凝聚民心的一项重要工作，千方百计为群众排忧解难。要切实依法及时就地解决群众合理诉求，注重源头预防，夯实基层基础，加强法治建设，健全化解机制，不断增强工作的前瞻性、系统性、针对性，真正把解决信访问题的过程作为践行党的群众路线、做好群众工作的过程。"这也是本课题研究重要和现实的意义所在。

三、关键概念

房管领域：是指房地产开发建设完成后，围绕房屋的销售、中介、产权登记、物业管理、住房保障等与市房管局工作职能相关的工作领域。本课题主要是围绕商品房交易、产权登记、二手房中介、物业管理、住房保障等领域产生的信访、投诉问题展开研究。

涉稳涉访：主要是指在房管领域发生的影响社会稳定的信访、投诉和群体性事件。

源头防范：实质上是一种事前防控行为。房管领域涉稳涉访问题化解源头防范，从广义上讲，只要在涉稳涉访事件发生前采取一定的有效措施，避免其发生，即可视为源头防范。但从狭义的角度来讲，只有建立和完善房管领域的社会矛盾化解机制才能够真正做到防患于未然。

群体性事件：根据冯仕政对群体性事件的研究，它最初是公安部门用以描述其工作任务的一个治安概念，后来才随着防控群体性事件而上升为一项国家性的政治日程而上升为一个政治概念。当前群体性事件成为国家维稳布局的一个中心概念，维稳的重心是防范和化解群体性事件。

一般投诉：权益被侵害者本人对涉案组织侵犯其合法权益的违法犯罪事实，有权向有关国家机关主张自身权利。投诉人，即为权益被侵害者本人。

信访：是指公民、法人或者其他组织采用书信、电子邮件、传真、电话、走访等形式，向县级以上人民政府工作部门反映情况，提出建议、意见或者投诉请求，依法由有关行政机关处理的活动。信访所要遵循的原则是属地管理、分级负责，谁主管、谁负责，依法、及时、就地解决问题且与疏导教育相结合。

依法信访：依法信访主要是针对上访人提出的要求，由于广大民众自我维权意识的增强，群众的维权行动显著增多，但是在上访维权的过程中，少数上访人采用围攻政府、堵塞交通、阻碍施工等方式严重影响了生产、建设、办公等正常的社会秩序，侵犯了更多人的合法权益。依法信访是指上访人要依照法律法规和《信访条例》的相关规定，合理合法理性上访，以合法途径和方式解决问题或困扰。

四、当前武汉市房管领域涉稳涉访的形势与特征

（一）总体形势

从阳光信访平台、市长专线、城市留言板三大信访渠道的数据统计来看，2015 年 1 月至 2017 年 6 月，武汉市住房保障和房屋管理局共收到群众来信来访 12530 件，其中，阳光信访平台 2157 件，市长专线 9527 件，城市留言板 846 件，具体情况如表 1：

表 1　　　　近三年武汉市房管局信访内容分类及其来源统计表

内容分类 / 信访来源	阳光信访平台			市长专线		城市留言板	小计
	2015 年	2016 年	2017 年上半年	2016 年	2017 年上半年	2017 年上半年	
房地产市场监管类	130	699	424	2532	2901	557	7243
物业管理类	36	30	9	134	102	167	478

续表

内容分类 / 信访来源	阳光信访平台			市长专线		城市留言板	小计
	2015 年	2016 年	2017 年上半年	2016 年	2017 年上半年	2017 年上半年	
产权交易类	67	115	34	299	78	46	639
住房保障类	39	41	11	43	21	31	186
房屋安全管理类	1	2	3	15	4	14	39
其他	98	94	45	1546	1153	31	2967
历史遗留问题	81	145	53	417	282	0	978
合计	452	1126	579	4986	4541	846	12530

（1）2015 年，收到群众来信来访 452 件，均为阳光信访平台所收。其中，房地产市场监管类 130 件、物业管理类 36 件、产权交易类 67 件、住房保障类 39 件、房屋安全管理类 1 件，（房管系统）其他 98 件，历史遗留问题等 81 件。

（2）2016 年，收到群众来信来访 6112 件。按照信访内容分类，房地产市场监管类 3231 件、物业管理类 164 件、产权交易类 414 件、住房保障类 84 件、房屋安全管理类 17 件，（房管系统）其他 1640 件，历史遗留问题等 562 件。

（3）2017 年 1—6 月，共收到群众来信来访 5966 件，其中阳光信访平台 579 件，城市留言板 846 件，市长专线 4541 件；按照信访内容分类，房地产市场监管类 3882 件、物业管理类 278 件、产权交易类 158 件、住房保障类 63 件、房屋安全管理类 21 件，（房管系统）其他 1229 件，历史遗留问题等 335 件。

（二）主要特征

通过分析这三个渠道的数据，可以发现当前我市房管领域涉访涉稳形势呈现出以下特征：

（1）房地产市场监管类信访是我市房管领域信访投诉的主要类型，呈逐年上升趋势。近三年的统计数据表明，房地产市场监管类信访投诉达 7243 件，占整个统计数据的 57.8%。以阳光信访平台 3 年数据统计比较来看，全市商品房销售相关的信访量从 2015 年的 130 件，剧增到 2016 年的 699 件，2016 年是 2015 年的 5 倍之多，2017 年仅上半年就达到了 424 件，半年的信访量是 2015 年的 3 倍多，并且在房管领域信访总量中的占比是逐年加大，见图 1、图 2、图 3。

（2）物业管理类信访、投诉量呈逐年递减趋势。随着 20 世纪末和 21 世纪初大规模的房地产开发，进入到现阶段，大量的房屋已进入了维护、维修、翻新、改

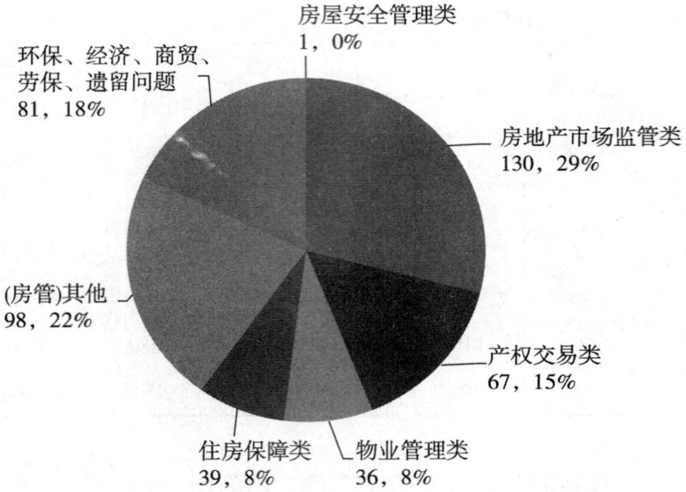

图 1　2015 年阳光信访平台数据分类

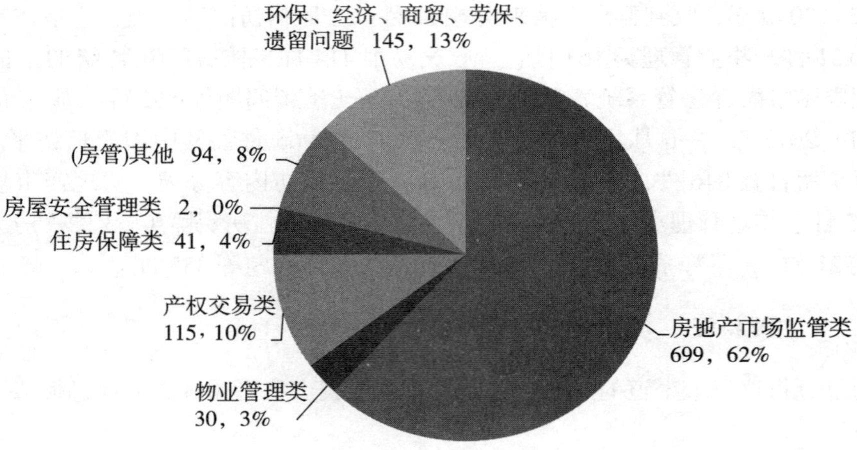

图 2　2016 年阳光信访平台数据分类

造的高峰期。房屋规划、设计、施工、前期物业管理、业主自治等各环节中存在的问题渐渐在后期的使用过程中暴露出来，但是，随着近十年武汉市政府和市房地产行政主管部门对物业管理工作的重视，这一领域的信访、投访得到了有效控制。

以阳光信访平台为例：2015 年、2016 年和 2017 年上半年，物业管理类的信访受理量分别占全年总受理量 8%、3%、2%；市长专线物业管理类受理量 2016 年也同样只占 3%。物业管理类信访、投诉量在全市房管领域的信访、投诉总量中占比

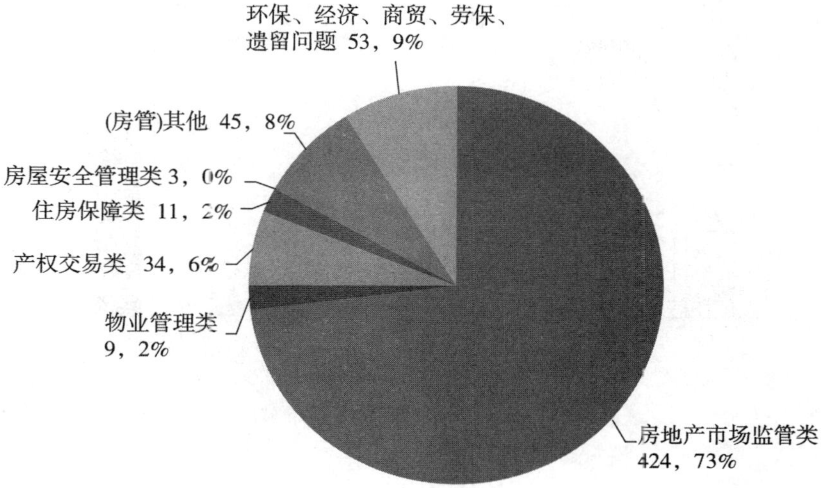

图 3　2017 年上半年阳光信访平台数据分类

仅为 4%，远远低于市场监管类、产权交易类（见表 1）。

（3）互联网时代群众选择的信访形式发生了巨大的变化。由传统的来信来访转变为以网络投诉为主，来信来访为辅，网络信访已成为主要形式。以阳光信访平台为例，近三年的数据表明，采用来信形式表达诉求意愿的群众越来越少，2015 年全年来信只有 97 件，在全年信访量中占比为 21%，到 2016 年，虽然来信为 107 件，比 2015 年略有增加，但来信在全年的信访量中占比仅为 10%。而网上投诉，从 2015 年的 113 件，占全年总信访量的 25%，到 2016 年的 799 件，占全年总信访量的 71%（见表 2）。分析近三年信访形式的数据时，有一组来访数据值得注意，虽然 2015 年、2016 年两年来访的数据基本持平，但来访在全年信访形式总量中的比重在下降，由 2015 的 54%下降到 2016 年的 20%，见图 4、图 5、图 6、图 7。

表 2　　近三年阳光信访平台信访形式分类统计表

信访形式	2015 年	2016 年	2017 年上半年	备注
来访	242	220	103	
来信	97	107	13	
网上投诉	113	799	463	
合计	452	1126	579	

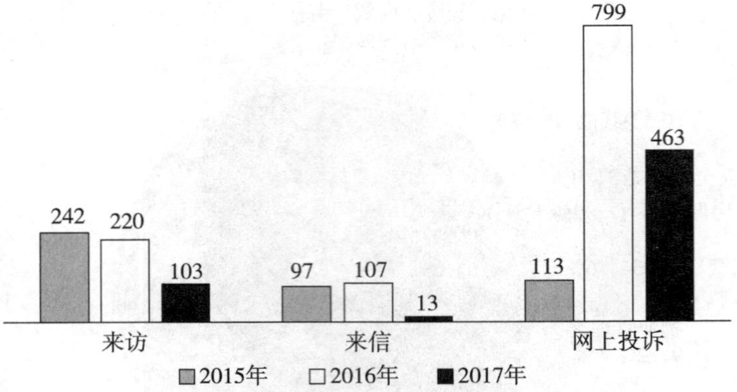

图 4　信访形式数据三年分布对比

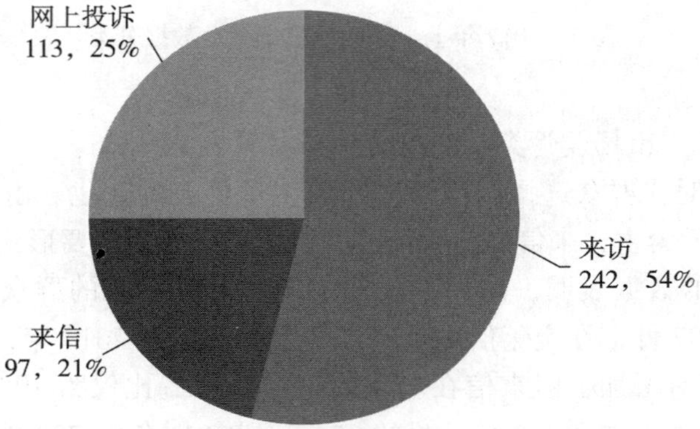

图 5　2015 年阳光信访平台信访形式分类

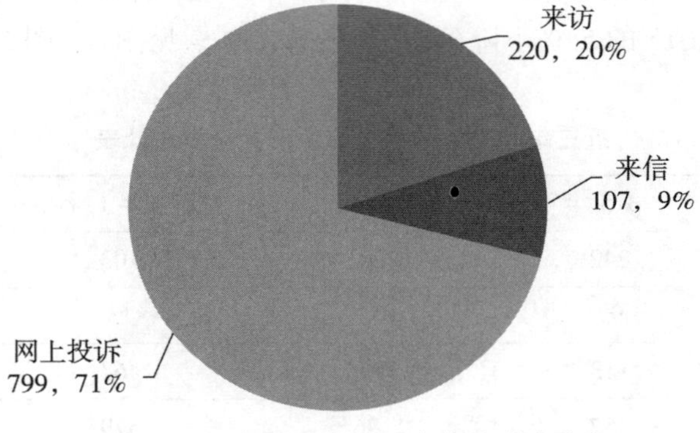

图 6　2016 年阳光信访平台信访形式分类

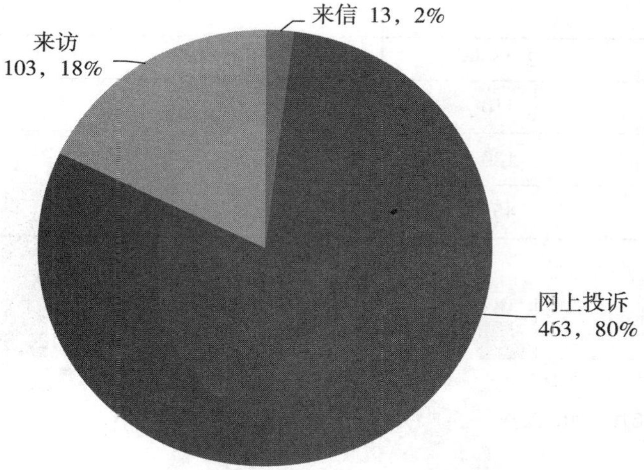

图 7　2017 年上半年阳光信访平台信访形式分类

（4）房管领域的信访、投诉有明显时令特征。年终岁末是房管领域信访、投诉的高发期。从 2015 年和 2016 年的统计数据来看，每年 10～12 月三个月的信访量在全年中处于高位。2015 年这三个月的信访量占全年信访总量的 67. 9%，2016 年 10～12 月三个月的信访量占全年总量的 52. 9%（见表 3）。两年的统计数据反映出一个共性特征：每年冬季是我市房管领域信访、投诉集中爆发期，占全年一半以上的信访、投诉量都发生在这三个月，见图 8、图 9、图 10、图 11。

表 3　**阳光信访平台信访月度数据统计表（以月为单位）**

信访月度	2015 年	2016 年	2017 年	备注
1 月	23	48	109	
2 月	5	22	72	
3 月	4	73	127	
4 月	12	69	132	
5 月	7	56	134	
6 月	11	45	5	
7 月	15	57	/	
8 月	23	89	/	
9 月	45	71	/	
10 月	77	99	/	

续表

信访月度	2015 年	2016 年	2017 年	备注
11 月	110	231	/	
12 月	120	266	/	
合计	452	1126	579	

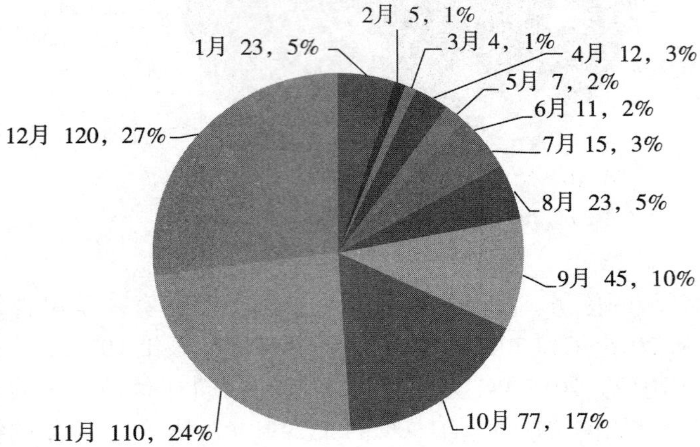

图 8　2015 年阳光信访平台信访月度分类

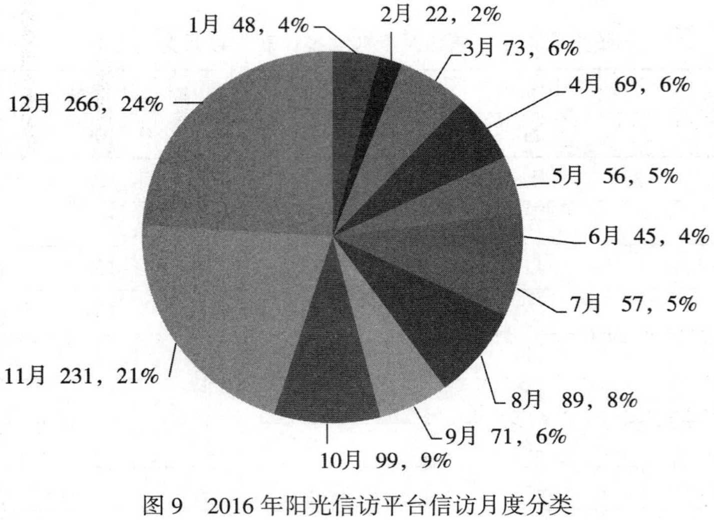

图 9　2016 年阳光信访平台信访月度分类

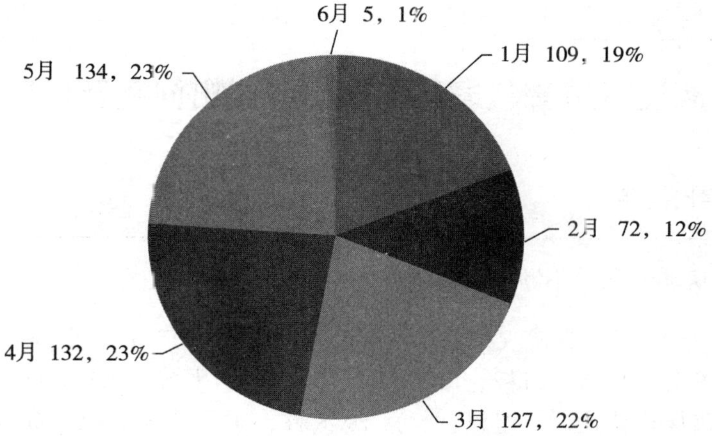

图 10　2017 年上半年阳光信访平台信访月度分类

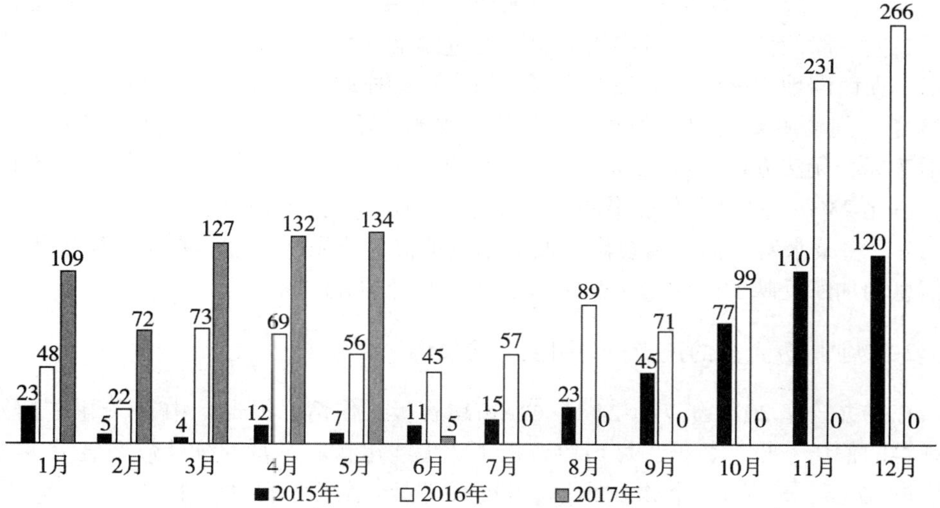

图 11　信访月数据三年分布对比

（5）在信访心理上，告御状的传统社会心理还占据着主导地位。在中国传统文化中，找青天大老爷、击鼓鸣冤的情愫一直广泛存在于百姓心中，世代因袭。统计近三年房管局各渠道信访数据，市长专线所受理的信访、投诉量远远高于阳光信访平台和城市留言板的受理量。仅 2017 年上半年市长专线就受理了 4541 件房管领域的信访、投诉，半年的受理量就超过阳光信访平台和城市留言板前两年的总量。这说明信访群众在选择信访、投诉渠道时，更倾向于市长专线。之所以选择打市长专线，隐含的心理是认为市长专线最有权威，找青天大老爷，他一定会为民做主的传统社会心理在起作用，这一传统社会心理的本质是信访不信法，相信权大于法。

五、武汉市房管领域涉稳涉访的突出问题及成因分析

（一）突出问题

1. 商品房购销纠纷不断，市场监管形势严峻

从 2016 年 10 月 3 日武汉市房产新政起，截止到 2017 年 5 月 26 日，武汉市主要民情收集平台（城市留言板、市长专线、阳光信访平台、12319 城管热线）共接到与房地产市场相关投诉、建议、留言 2978 件，主要涉及公积金贷款买房、认筹金退费、捆绑销售、办证难、捂盘、买不到房以及未按期交房等房产交易方面的问题。其中，公积金贷款购房投诉占 62.3%，认筹金退费投诉占 17.1%，捆绑销售占 7.5%，买不到房投诉占 4.4%，未按期交房占 1.9%，房产证办理投诉占 6.7%。

在同一时间段，长江日报报业集团通过网络舆情搜索平台，在新浪微博、长江论坛、人民网地方领导留言板等主要网站，一共抓取到反映我市房地产问题的消息 7403 条，问题主要集中在茶水费、捆绑精装修、公积金审批、捆绑车位销售、绿化不达标、无法办证等方面。其中，茶水费 2299 条，占比 31%；捆绑精装修 1705 条，占比 23%；捆绑车位销售 812 条，占比 10.9%；公积金审批 1543 条，占比 20.8%。将茶水费、捆绑精装修、捆绑车位销售、公积金审批等有关房屋销售相关的信息相加所反映的问题量占我市房地产问题量的 85.7%。

2. 物业服务企业的违规行为引发信访投诉

在局办公室 2017 年 7 月 24 日《城市留言板工作情况报告》中有一组关于物业管理类的信访、投诉数据，城市留言板正式上线运行一个月的统计数据显示：物业类投诉 82 条，涉及 67 个物业小区，投诉问题包括服务质量、车位车库、管道堵塞、房屋漏水、公共收益、垃圾清理、维修资金等多种类型。每个被投诉的小区问题各不相同，但被投诉小区涉及问题多在 3 种以上，个别小区被投诉的问题达 8~10种。物业管理投诉主要集中在三个方面：物业企业服务存在瑕疵、物业企业侵犯业主权益、物业企业乱收费。

3. 部分业主委员会沦为信访投诉的策划、组织和实施者

业主委员会作为业主大会的执行机构，在住宅小区管理事务中处于一个非常重要的地位。随着我市业主委员会的普遍建立，业主委员会在选聘、解聘物业服务企业、“四资”移交、公共收益的管理与使用过程中，业主委员会与新旧物业企业之

间、业主委员会成员之间、业主委员会与个别业主之间的利益冲突往往成为信访事由。业主委员会信访、投诉和单个业主的信访、投诉相比较，两者之间最大的不同是业主委员会主导的信访往往具有群体性，最容易引发群体性事件，影响社会稳定。

课题组通过收集整理我市业主委员会的信访资料，发现业主委员会的信访集中在以下方面：一是对物业管理服务合同约定事项的投诉；二是对业主公约、业主大会议事规则、业主委员会章程等业主大会审议通过的文件中约定事项的投诉；三是对业主大会、临时业主会议及业主委员会职权范围内作出决定事项的投诉；四是对物业管理服务中的其他民事纠纷进行调解等；五是对物业管理服务中住宅区公共设施专用资金和房屋公共维修金的使用范围和使用额度的投诉或查询；六是对其他违反物业管理法律法规行为的投诉。

信访触发源主要体现在以下三个关键环节上：一是物业管理不到位，"四资"移交成为主要的信访触发源；二是重新选聘物业服务企业，原有物业不依法退出成为重要的信访触发源；三是业主委员会换届时，原业委会不依法交接成为重要的信访触发源。

4. 街道、社区居委会等基层组织化解房管纠纷能力有限

"属地管理，重心下移"已经成为城市管理的一个主流模式，城市治安、环保、文明创建、人口管理、社会保障、物业管理、业主自治、维稳调解等涉及城市管理方方面面内容的领域都在实施这样一种管理模式，由此房管领域的信访投诉化解工作自然而然地落到了街道社区的头上。按照"属地管理，分级负责"的信访制度，绝大部分房管领域的信访第一发生地是在街道（社区）这一级。课题组在整理街道受理的信访案例后，发现街道办事处主要受理和处理的信访投诉事项包括：其一，业主与开发商就成立业主委员会的组织主体问题的投诉；其二，业主大会和业主委员会与开发建设单位、物业服务企业之间的纠纷投诉；其三，业主大会和业主委员会与社区居委会之间的矛盾纠纷，业主委员会登记备案工作中的问题等；其四，物业管理活动中有关主体违反法律法规行为的投诉。

5. 保障性住房多元主体投诉将成为新的涉稳涉访增长点

党中央、国务院对保障性住房建设高度重视，近年来相继推出了一系列政策和措施，武汉市对此进行了积极探索，取得了扎实成效。然而，有关保障房方面的投诉量逐年增加，比重也越来越大，已是目前房管领域发生信访、群体事件的另一个导火索。从武汉市近三年阳光信访平台、城市留言板和市长专线三个渠道统计的信访数据来看，房管领域的信访主要集中在房地产市场监管、物业管理、产权交易、住房保障、房屋安全管理等五个方面。虽然住房保障类的信访量在这五大类中排在第四位，然而2016年的信访量84件，是2015年39件的两倍多，2017年上半年的

数据就已达到 63 件，非常接近 2016 年全年的信访量。我市保障房类的信访形势不容乐观。

6. 房管领域信访、投诉化解效果群众满意度不高

在《2017 年 5—6 月市长专线电话受理事项办理和抽查情况通报》（武政办通报第 43 期）中，市房管局在全市 55 家单位中，受理的信访数为 1655 件，排在第一位；按时办结率为 100%，排在第一位；综合得分 77.82 分，排在第 45 位；满意率仅为 62.61%，排名倒数第二。课题组发现排名中一个十分有趣的现象，尽管满意率排名倒数第二，市房管局却获得了 7.73 加分，在全市 55 家单位中加分排名第一位。按照市长专线 2017 年 4 月 25 日下发的《关于调整市长专线考核计分办法的通知》，加分依据的是党政主要领导批示件的落实情况即非常满意件、表扬件的数量等。

分析这一组数据，可以得出 4 个结论：一是受理量全市第一，说明房管领域涉稳涉访形势严峻；二是办结率百分之百，说明市房管局高度重视信访维稳工作；三是加分排名第一，说明市主要领导对市房管局化解信访矛盾是满意的；四是调查满意率排名倒数第二，说明信访群众中有相当一部分人对信访结果不满意。由此而来的疑问是市房管局工作很努力，领导也满意，为何社会满意率的排名仍是倒数？

7. 信访群众信访不信法，房管部门依法处理信访、投诉能力相对薄弱

武汉市住房保障和房屋管理局 2015 年办理诉讼 72 件，2016 年 61 件，2017 年 31 件，近三年共办理诉讼 164 件。其中，已结案 57 件中，胜诉 31 件，败诉 13 件，撤诉 13 件。相对于近三年的信访量 12530 件，诉讼量仅占 1.3%。近三年的统计数据一方面说明我市房管系统高度重视信访工作，并且化解工作富有成效；另一方面也说明广大信访群众在遇到问题和矛盾时，首先选择的不是利用法律来维权，而是通过信访来提出诉求。

（二）问题归因

根据房屋全生命周期的理念，建筑物的整个生命周期主要由五个阶段构成，即项目前期决策阶段、设计阶段、建造、使用维护及最后的拆除废弃或改造等五个阶段。在寿命期内，建筑物的建造和使用维护这两个阶段都要涉及经济费用的优化问题。建筑物的使用维护阶段是建筑物完成其使用功能的重要阶段。为确保建筑物的健康状况，需要运用成本分析法确定建筑物的最优维修模式，因此，在建筑物的设计阶段应该为使用维护阶段的正常运作所收集的信息进行优化分析，从而确定最优设计方案。

房管领域涉稳涉访问题的产生大多与利益主体的利益受损有关，从房屋全生命

周期理念来看业主的利益，一方面，业主正在居住的房屋处在全生命周期中的使用维护阶段，这就不可避免地面临到经济成本的问题，也就直接涉及开发商、物业公司和业主本身的权责及利益问题，处理不当极易引发矛盾纠纷，造成投诉或上访。另一方面，处在使用维护阶段的房屋是经历了前期的决策、设计和建造，使用维护阶段出现的问题与全生命周期的前三个阶段关联密切，可以说每一个生命周期内的行为有隐患或缺陷都将导致后面阶段的问题出现，当这些问题累积爆发威胁业主的利益时，利益相关方之间将会矛盾纠纷不断。

因此，房屋全生命周期的理念对思考当前房管领域涉稳涉访问题的成因是一个全新的、关键的视角，对如何进行源头防范也提供了有效的思考路径。

1. 房屋销售和购买信息不公开、不透明是导致纠纷和引发信访的主要原因

以武汉市某房产二期项目为例（详细案例见附录例 1）。这是一起典型的由开发建设单位违规销售、捆绑装修销售、变相涨价的行为引起的购房纠纷案例。从 2016 年 9 月到 2017 年 4 月耗时 7 个多月，此案才得以化解。这其间，市房管局采取了一系列得力措施：约谈开发企业，对开发企业下达《整改通知书》，要求开发企业履行装修义务，将企业列入信用黑名单，给企业行政处罚。最后信访群众给市房管局送来了“忠于职守，为民服务”的锦旗。本案之所以发生，主要是因为备案信息和销售合同信息不透明。市房管局不知道开发商与业主签订的是毛坯房合同，业主也不知道开发商在市房管局是以精装修房备案的这一情况。

2. 物业管理企业权责模糊，胡乱作为成为引发纠纷及信访的重要导火索

近三年的数据统计表明，物业管理的信访逐年下降，而且在房管领域信访受理量中也占比很小，这说明我市物业管理市场秩序已出现良好势头。这个良好势头的出现是与多年来政府对物业管理工作的重视、法律制度体系建设日臻完善、房地产行政主管部门的充分履行监管责任、电视问政、三方联动、红色物业的推行等分不开的。但是，从城市留言板的统计数据来看，物业管理类的信访在房管领域中虽占比不大，却是除市场类信访外最大的一个类别。

以案例 2 为例，武汉某物业管理有限责任公司撕毁业主大会启动物业选聘的相关决议公告，物业公司侵犯业主大会权益，引发业主上访。以案例 3 为例，武汉一小区门禁卡“捆绑”物业费业主欠费进不了家，引发业主上访。这两个案例的公共点是物业管理公司的行为直接侵害了业主大会和业主的利益，因利益受损而上访（详见附录例 2 和例 3）。

事实上物业管理纠纷不仅限于物业公司本身与业主或业主大会之间的矛盾关系，梳理我市有关物业管理方面的投诉，物业管理纠纷有如下具体表现：一是业主与开发商之间的矛盾。因开发商在小区项目规划设计不合理、工程质量低劣、配套

设施不完善等遗留问题，业主入住发现上述问题后对开发商产生不满情绪。二是业主与物业公司之间的矛盾。因物业服务不到位，服务意识不强，在一定程度上造成了物业管理纠纷不断。有的物业管理企业不按合同约定提供质价相符的服务，多收费少服务以及收费不透明，甚至乱收费等问题不同程度地存在，由此引发业主不满，业主不肯交物业服务费。三是业主与业主之间的矛盾，部分小区业主为了自身利益利用公共用地乱搭乱建，侵占其他业主利益，影响其他业主的正常生活，此种矛盾在网上投诉举报较多。四是业主委员会与业主之间的矛盾，由于部分业主委员会不作为、乱作为或不按业主大会议事规则的相关规定议事决事，处理问题较主观，程序不到位，没充分征求大部分业主意愿随意处理问题，导致业主对业委会有意见和误解。

3. 部分业主委员会角色定位混乱，小区事务自治管理能力有限是导致信访发生的重要原因

以例 4“×××业委会反映小区物业管理问题”为例，业委会向原有小区物业管理公司提出书面整改建议，但遭到敷衍对待，业委会召开大会决定另聘其他物业管理公司管理本小区，结果遭到该物业管理公司的拒绝，小区业委会遂向房管部门投诉，要求调查和督办。例 5 反映的是两家物业公司合同之间的矛盾纠纷，其产生原因与业委会新选聘的物业公司有关。例 6 反映的是同一个小区两届业委会之间由交接存在的矛盾而引发的投诉（详见附录例 4、例 5、例 6）。

这三个典型案例的共同之处在于业委会本身在处理与新旧物业公司和新一届业委会之间矛盾纠纷中的相关能力有限。

4. 房管领域问题涉及面宽泛庞杂，街道（社区）无专职岗位和专业人员是街道（社区）力不从心的主要原因

以例 7 为例，×××居委会因在小区业主委员会组建中，存在着“宣传工作的广泛性、准备工作的细致性不足的问题，特别是对前期物业与业主间存在的较大矛盾不够重视”等问题，被质疑为暗中操控小区业委会的筹备和选择工作，忽略了广大业主的意愿和利益，因此被投诉。例 8，武昌×××小区业主大会筹备组推荐的业主委员候选人中有 4 位是物业公司推荐的，按照《武汉市物业管理条例》和《武汉市业主大会和业主委员会指导规则》的相关规定，物业服务企业不具备推荐业主委员会候选人的资格。该社区负责人在参与该小区业主大会筹备时明显忽略了这一规定（详见附录例 7、例 8）。

由于房管领域的大量问题涉及许多政策和法律法规，非常宽泛和庞杂，一般的律师和法律工作者难以胜任这类问题的处理。目前，街道（社区）既没有设立专门的物业管理岗位，也没有招聘专门的物业管理专员，更缺乏具备全面理解和执行

房管政策、法规与专业知识的人员，再加之城市管理各方面的工作都实行属地化管理，街道（社区）在化解房管领域矛盾纠纷时就显得力不从心，因此提高街道（社区）化解房管领域涉稳涉访问题的能力迫在眉睫。

5. 保障房的准入与退出机制不健全引发相关信访、投诉

武昌王先生4年前申请了保障性住房，时隔四年因收入提高和生活条件优化而被取消了申请资格，在最需要的时间段内没有享受到保障房福利（详见附录例9）。

通过分析全国其他城市保障房信访的代表性案例，发现其他城市遇到的问题和武汉大同小异，其主要原因是：目前保障性住房的进入退出机制在审批、核准、公示、管理等各个环节还存在一些问题，致使保障住房的实施效果与预期之间存在较大差异，使得政府的兜底保障理念得不到真正实施，社会公平、公正受损，一定程度上有悖于政府制定保障性住房政策的初衷。具体来看，一是一些“非低收入家庭”也被纳入了保障范围，而真正的低收入家庭住房尚得不到保证，从而出现了“经济了富人，穷人无力购买”的局面。二是购买经济适用房的家庭在收入提高或家庭人口出现变化后，依然享受政策补贴。由于非政策目标群体占用了部分住房保障资源，使得部分新增困难群体无法获得政策优惠。分析其原因，其一是缺乏严格的家庭收入调查制度。由于目前个人的资金管理、信用管理等相关制度和条件还不配套，所以难以调查清楚一个人真实的家庭年收入。工薪阶层的收入状况看似较为明了，但隐性收入和灰色收入则难以统计，而自由职业者等非工薪阶层的收入状况更难查明。其二是个人信用制度不健全。目前我国还没有建立全面、有效的个人信用制度，这不仅造成收入核定及准入确认的难度大，而且就业、收入变化时更难适时、准确地进行复核和清出，造成住房“准入”与“退出”的监管困难。三是缺乏科学严格的退出机制。经济适用房或廉租房的购买者或租用者，在一定年限后，随着自身经济状况的改善和提高，许多已不再符合申请资格却继续占用住房，导致大量排队等候的家庭无法正常进入，失去了保障性住房本来的作用。四是建设标准过高、性价比失调加大了权力寻租和腐败滋生的可能性。目前有些保障性住房小区不仅拥有两层地下车库，而且外观装修精美，园区内还有大片绿化场地，但售价远低于市场价格。这类豪华和精装的经济适用房，只要购买满5年就能进入市场流通，住户一卖就能挣得大钱，所以一些人会想方设法争取到经济适用房，住5年后卖掉获利。

6. 在征地拆迁、规划设计、施工建造、销售交易、使用维护等房屋全生命周期中，房管领域位于末端，信访问题成因复杂、难以化解，这是信访结果满意度低的主要原因

×××项目信访案是因开发商资金链断裂导致购房业主利益受损而引发的信

访。从 2008 年 7 月发生群体上访至 2017 年 5 月市局领导包案处理积案，时间跨度近十年。而此案最终得以化解得益于市、区政府及规划、房管、建设等部门的协调配合，而违法建筑的处置还须经市级领导同意，参照“两证”办理历史遗留问题的解决方式予以解决（详见附录例 10）。从此案例可以看出解决房管领域的信访问题，并非像处理一件“商户私设地锁，影响市民出行”投诉那样简单。房管信访问题的解决效果并非是立竿见影的。一个投诉往往涉及规划、建设、水、电、气等多重问题，房管部门对此并无处置权，因此协调难度大；加之这些问题的政策性强，房管部门更无权作出处置决断；如果上访者人数众多、诉求众多，问题往往在相当长的时间里悬而不决。因此在这种情形下就不可能获得满意的评价。

7. 行政主管部门依法行政能力不强，侵犯业主权益导致业主投诉

武汉×××小区业主委员会与武汉市××区住房保障和房屋管理局的诉讼案，案件结果是区房管局在二审中败诉（详见附录例 11）。造成如此结局是因为行政主管部门不作为，以权代法，以开发建设单位未进入筹备组为由，拒绝受理×××业委会的备案请求，其行为属于行政违法。依照《物业管理条例》第十六条第一款及《武汉市物业管理条例》第二十五条内容，业主委员会应当自选举产生之日起三十日内，向物业所在地的区、县人民政府房地产行政主管部门和街道办事处、乡镇人民政府备案。该区房管局及街道办事处没有履行对依法成立的业主委员会进行备案的法定职权。

六、外地城市房管领域源头化解涉稳涉访问题的做法与经验

课题组收集和研究了许多城市的相关案例和成功经验。比如：北京在建立和完善纠纷化解组织架构的同时，大力发展行业性、专业性调解组织，成立了全国首家省级多元调解发展促进会，培育新型调解组织，并加强与法院的诉调对接，推动形成行业性、专业性调解与人民调解、行政调解相互协调和全面覆盖的调解网络。又如：深圳市通过政府购买律师服务、聘请专业知识人员，打造了一个依法规范、专业高效的调解服务体系。再如：上海闵行区作为上海人口增长较快的区域，近年来进行了物业纠纷多元化解的积极探索与创新，得到中央及市有关部门的肯定。闵行区制定小区物业纠纷多元化解的相关政策；构建多元共治的小区物业纠纷化解组织体系，建立“1+14+N”的小区物业纠纷化解平台（“1”是区一级矛盾纠纷多元化解中心；“14”是 13 个街镇和 1 个工业区的物业纠纷多元化解中心，配备专职的物业调解委员会；“N”指的是扶持第三方专业调解类社会组织和律师组织，通过政府购买开展物业纠纷化解工作）；强化财政保障资金，推行“一居村一律师”，试点物业服务第三方评估机制，等等。这些城市的

做法都非常切合实际并富有成效，但课题组认为，房管系统作为城市社会管理大系统中的一环，其涉稳涉访与全社会的治理有着千丝万缕的联系。研究房管领域的涉稳涉访的源头化解机制建设，最重要的是一个全社会的涉稳涉访源头化解的生态建设，此所谓本正而源清。

经济体制深刻变革，社会结构深刻变动，利益格局深刻调整，各种深层次矛盾大量出现，已经成为影响社会稳定最主要、最直接、最深刻的因素。房管领域的涉稳涉访是当前社会矛盾纠纷在房管领域的集中反映，因此，化解房管领域的涉稳涉访问题不能孤立地看成是房管系统的事，而要从健全社会矛盾纠纷调处化解机制上下功夫。如何建立一种在法治基础上，能够满足社会主体多种需求的多方面、多层次的矛盾纠纷多元解决机制成为保障和实现社会和谐的客观需要。房管系统作为城市社会管理大系统中的一环，涉稳涉访与全社会的治理有着千丝万缕的联系。研究房管领域涉稳涉访的源头化解机制建设，最重要的是有一个全社会的涉稳涉访源头化解的生态建设。

（1）注重资源整合，着力完善组织机制。在新旧体制转换过程中，原有利益格局不断调整，导致各类矛盾大量显现，而且矛盾主体的多元性，决定了在处置上必须突出综合性和权威性，建立横向到边、纵向到底的全覆盖网络，做到上下联动、条块结合、左右协调、部门配合。

（2）注重源头防范，着力完善大调解预警机制。实行风险评估机制和矛盾排查机制，早预防、早发现、早化解。对调解的矛盾纠纷，适时跟踪回访，避免矛盾反复，巩固调解成果。

（3）注重思想建设，着力加强政法干部观念转变。在探索建立起一个完善的社会矛盾纠纷解决机制的同时，关注干部思想观念的转变，这不仅有利于社会矛盾问题的顺利解决，更重要的是，能够使干部在处理政务时，真正以百姓的利益为重，从而从根本上减少干群矛盾的产生。

七、武汉市房管领域涉稳涉访问题化解对策与源头防范建议

（一）源头防范建议

有管理专家曾预言："21 世纪是风险管理的世纪。"当前中国正处于转型关键期，改革攻坚期，矛盾风险挑战之多前所未有。与之相随的是社会结构分化、利益多元化和利益博弈的趋势日益明显。由这种趋势和由财富、权力或风险分配不公正导致的社会冲突高发频发。中国的高风险社会已经来临。风险社会呼唤国家治理能力的提升和社会治理的创新。

有效规避、预防、降低和控制风险最好的办法是对它进行科学、系统的预测、

分析和评估，制定风险应对策略和预案。房管领域涉稳涉访问题的源头防范，本质是社会稳定风险的防控，就是将问题治理的关口前移，实现源头治理。

（1）建立涉房信息情报网络。在社区、物业服务企业普遍设立信息联络员，并设立矛盾纠纷排查调处流动岗，负责主动收集、分析矛盾纠纷信息，可以化解的当场化解，化解有困难的及时反映到社区和街道进行分流调处。形成街道（社区）横到边、纵到底，多渠道、多层次、上下联动的房管矛盾纠纷信息预警网络。特别是针对群体上访事件，要第一时间掌握事态形成前的酝酿串联动态信息，并及时对相关群众进行劝解，掌握工作主动权，把矛盾解决在萌芽状态，有效预防和遏制群体性事件的发生。

（2）构建多元化纠纷解决机制。构建科学合理的纠纷解决体系，搭建人民调解、仲裁、诉讼等各种纠纷解决机制进行协调的平台，逐步制定非诉讼纠纷解决规则体系，促进非诉讼纠纷解决的逐步规范化，保证不偏出最低的程序正义与实体正义的要求，能够提供多种多样、形式各异的纠纷解决路径供当事人选择。

（3）加强基层矛盾化解能力建设。源头预防化解工作的重心和关键，是加强区局、街道（社区）化解能力建设，这是多元化纠纷解决机制建设的落脚点，也是提高化解工作绩效的发力点。重点从落实排查机制开始，强化预警措施，增强化解矛盾纠纷的前瞻性，力求做到“早发现、早上报、早预案、早处置”。

（二）具体工作对策

1. 加强市场监管力度，健全房地产信息公开机制

违规操作只能在暗箱中进行，谣言传播都源于真相被雪藏。加强房地产市场监管，遏制违规现象的发生，最大限度地减少商品房销售环节的纠纷，必须进一步建立完善房地产信息公开机制，及时准确地向社会公布市场信息是从源头上化解销售环节信访投诉的关键。充分发挥互联网、大数据优势，建立全市预售、销售商品房项目信息库，让购房者可从官方渠道及时查询所需信息。开发商、代理机构应在销售现场开通网上查询服务，便于购房者查询房源、价格、质量等产品属性以及开发商资信情况。

2. 加快物业服务企业信用等级评价体系建设，通过信用体系规范物业服务企业的经营行为，减少违规行为发生

企业是以赢利为目的的，它的任何一项行为最终都将与其所得到的利益相关联。如果企业侵犯业主权益的行为所受到的惩罚比它所获得的利益要小，那么物业企业侵犯业主权益的行为总会发生。制度建设后面临两个核心问题：违规成本问题和受惩罚概率问题。一般而言，当物业企业感到侵犯业主权益的违规成本和受惩罚

概率过高，就会选择安守本分，从而使业主合法权益得以保全。如果制度建设从这个角度来设计，就是源头治理思维的一种体现。

规范企业市场经营行为最有效的方法就是建立企业及从业人员市场准入制度，让违法违规的企业和从业人员进入不了物业管理市场门槛，从根本上规范物业管理市场秩序，减少物业管理矛盾纠纷。然而，随着国务院行政改革的深入，物业管理行业仅有的市场准入制度：物业企业资质管理制度已被取消。在这种大环境下，如何加强对物业服务企业的监管，课题组认为武汉市应建立完善物业企业及从业人员诚信管理办法，通过信用评价、等级区分，将不规范的企业和从业人员挡在行业门外。

除了信用体系建设外，物业管理行政主管部门可鼓励支持物业企业与业主在签订物业服务合同时，采取交纳履约保证金等方式约束双方的违约行为，保证双方信守合同，提高物业服务质量，减少矛盾和纠纷，通过市场契约行为从源头上来解决和化解物业管理的矛盾纠纷。

3. 加速打造“红色业委会”，建立住宅小区信访值班工作制度

业主委员会作为业主大会的执行机构，是业主自治意志的集中体现，随着我市业主自治组织的应建尽建，业主委员会在维护小区业主自身权益方面发挥着越来越大的作用。当小区出现矛盾纠纷，特别是在新旧物业企业更迭、公共收益分配、小区设施设备权属划分、专项维修资金使用等环节上发生矛盾时，业主委员会往往是群体上访的组织者和策划者，而没有回归到小区矛盾化解者、小区和谐维护者，引导小区业主理性维权的本位上。小区业主委员会回归本位，是完善住宅小区监管和社区基层综合治理的关键。

当前环境下，建议抓住市委推进红色物业的大好机遇，围绕打造“红色业委会”，提升和强化街道、社区党组织对业委会组建、履职的指导和监督，推进业委会党组织建设，推动党的基层组织向业主自治组织覆盖，不断完善基层社会治理体系，整体提升基层社会治理水平。建设“红色业委会”，通过党建引领，发挥“红色细胞”的作用，可以有效化解各利益主体之间的对立，促进物业服务企业和业主之间、业主与业主之间的健康良性互动，增强社区的信任和合作，构建和谐的人际关系，从而把矛盾稳控在小区、化解在基层。住宅小区还可以借鉴外地经验，建立业委会信访值班工作机制，由退休党员干部轮流值勤，以便业主、物管和开发商及时沟通，把矛盾化解在基层。

4. 建立第三方纠纷调解机制，提高基层组织的矛盾纠纷化解能力

街道办事处，作为市区人民政府的派出机构，代表政府行使管理职能，各职能部门工作的千条线最终指向街道，可以说街道是政府实现管理职能的基点。在街道

创设新服务主体，通过政府购买服务、引入第三方机构、聘请志愿者等方式，为律师、人民调解员、法律服务志愿者等专业人士在基层参与房管领域矛盾化解搭建工作平台。整合社会治理资源，发挥律师、物业管理专家、社会工作者等专业人士在化解房管领域矛盾的作用，是将矛盾化解在街道、社区的有效措施。第三方主体可以通过预约接谈、专家咨询、信访化解、帮扶救助、信访听证、心理疏导等方式参与房管领域涉稳访矛盾化解工作。上述参与方式是有机的整体、相互衔接、互有交叉，综合运用好这些方式，才能更好地发挥第三方参与的作用。

5. 建立和完善保障性住房的准入退出机制，加强全过程监督

从目前来看，住房保障投诉数量在全市房管系统的信访量中占比不大，但随着国家宏观政策的调整，租售同权的推进，保障性住房的信访投诉会有增长和频发趋势。针对保障性住房出现的多元主体投诉，建议提前做好制度和机制的构建，从源头上做好化解信访问题的准备。

一是建设全市一体化的住房保障信息网络系统。将保障性住房房源统一纳入住房保障信息网络系统，并建立相应的房源、租赁、监督管理制度，人口、户籍、计生服务的综合协作管理制度。市、区住房保障主管部门应当健全当地保障性住房管理信息系统和信息发布制度，全面、及时、准确地发布保障性住房供求信息，保证保障性住房管理工作的公开、透明与高效；完善保障性住房档案管理制度，提高保障性住房档案管理的信息化程度，对住房保障对象的家庭收入标准、住房困难标准和保障面积实行动态管理，根据申请家庭享受住房保障变动情况，及时更新住房档案，并可通过互联网随时随地查询；完善个人信用体系，建立详细数据支撑的个人信用体系，确保在保障性住房的销售或者配租中能够有效分离不符合申请条件的居民，从而极大地提高住房保障政策的运作效率；对保障性住房的分配实行家庭成员全名制。

二是健全保障性住房的公示制度。申请者获得实物配售、配租或者货币补贴后，应当接受人大代表、政协委员、新闻媒体和人民群众全过程监督。建立投诉举报制度，并且延长公示期限，通过公众监督，可以有效地辨别申请人的类型，提高住房保障工作的透明度。

三是制定严格的惩罚制度。对于不符合资格以及违规转售和出租的，要严肃予以查处惩罚，做到过程和结果公开公平公正。

除了在保障房的供给环节加强制度和机制建设外，对于保障房的规划、设计、施工等环节也应加强监管，以最大限度地减少因规划设计、建筑质量问题引发的信访投诉。

6. 畅通民意表达渠道，建立房管系统信访投诉反馈跟踪机制，优化信访答复制度，提升信访投诉工作满意度

建设服务型政府是我国行政体制改革的重要目标，服务型政府的重要特征是重视治理绩效评价，通过提高服务品质来提升客户满意度，实现为人民服务的宗旨。作为公共服务提供者的房管部门，其最终目标是如何提高公众满意度，从而增强公众对房管部门的信任感。

社会心理学研究表明，群众的期望或利益需要得不到满足就会产生挫折感等情绪体验，挫折感的存在会导致某种形式的攻击行为。而信访、投诉的产生往往是由于在房地产市场监管、产权交易、物业服务、住房保障等方面群众的期望或利益得不到满足而引发的。如果从客户服务的角度来看待信访、投诉，它是一种公众在接受房管服务中产生挫拆感后的一种攻击行为，如何化解这种攻击行为，让公众在信访、投诉时感到满意，这对房管部门是一个崭新的课题。

世界很多国家都开发了属于自己的公众满意度评价模型。学者研究认为，公众满意度与以下几个要素有关：①有形性，指服务中的设备、设施及员工仪表等有形因素；②可靠性，指可靠、准确完成承诺服务的能力；③响应性，指服务人员愿意帮助客户并提供快捷的服务；④保证性，指服务人员的知识、礼貌及引发客户信任和信心的能力；⑤移情性，即是否能设身处地为客户提供周到、个性化的服务。

具体到如何提高化解房管领域涉稳涉访问题的群众满意度，课题组认为，首先要拓宽民意表达渠道，即在“有形性上”下功夫。一方面通过加入全市信访投诉大平台，减少信访层级，缩短信访回复时间，避免小事拖大；另一方面，还应加快各类信访渠道的整合，避免同一问题多头投诉，提高房管部门应对信访的主动性和控制力，迅速化解房管纠纷，掌握信访动态。

同时也要清醒地认识到，房管领域的涉稳涉访问题化解的复杂性和长期性两个主要特征，有许多问题并不是一朝一夕就可以解决的，需要一个相当长的过程。这也是导致公众对房管部门处置信访、投诉等问题不满意的重要因素。如何改变这种状态呢？课题组认为，在增加有形性应对涉稳涉访问题的同时，应该从信访处理流程中增加主动回访与反馈机制。目前，除领导包案外，大量的信访都是按固定的流程办理，没有体现房管部门的“客户服务”功能。如果在处理复杂的信访问题中，虽然一时难以得出办理结果，但化解过程中增加主动回访与反馈环节，加强信息的交流与沟通，对提高公众的满意度将是非常有效的举措。

7. 厘清信访与其他法定途径之间的受理范围，合理分流、依法处理各类投诉请求

根据中央关于信访制度改革的总体部署和国家信访局关于推进信访事项“法

定途径优先”分类梳理工作精神，按照住房和城乡建设部和省信访局对推进通过法定途径分类处理信访投诉请求工作的要求，课题组认为应做好法定途径分类处理信访投诉工作。

针对目前信访不信法的痼疾，要加强宣传，引导群众通过法定途径提出投诉请求。厘清信访工作职责边界，畅通群众诉求表达、利益协调和权益保障渠道，完善涉法涉诉信访依法终结制度，引导群众通过法律途径，在法治框架内解决矛盾纠纷，逐步把信访纳入法治化轨道，是源头化解房管领域涉稳涉访问题的重要举措。

八、附录：典型案例

【例 1】

因开发建设单位违规销（预）售导致的购房纠纷

某房产二期项目，由武汉某置业有限公司开发，2016 年 9 月 1 日取得预售许可证，预售范围为住宅楼 1 栋、5 栋、6 栋、8~11 栋，交付条件为装修房(备案均价 11596.87 元/平方米，其中，含装修备案价 2857.67 元/平方米)。项目主要问题是开发商报备精装修房屋，却与购房人签订毛坯房合同。该项目涉及业主 444 户，自去年以来，业主多次到市房管局群访，每次群访人数少则二三十人，多则近百人。主要的诉求有三：（1）要求开发企业按报备的装修价签订补充协议，落实装修方案中材料的规格、品牌等信息；（2）按报备的装修价格退装修款；（3）退房。

【例 2】

关于要求主管部门履行行政监管职责，依法处罚××物业管理有限责任公司的申请报告

××区住房保障和房屋管理局：

本小区业主大会业主委员会已经于 5 月 17 日给贵局物业管理科发函，报告武汉××物业管理有限责任公司撕毁业主大会业主委员会启动物业选聘的相关决议公告，要求贵局履行行政监管职责，敦促××物业公司立即停止撕毁业委会公告的侵权违法行为，采取措施确保小区安全，特别是保证业主大会业主委员会公告的完整安全，确保小区业主大会的顺利举行，维护小区和谐安定。

至今贵局没有任何处理意见。5 月 29 日晚，本小区业主大会业主委员会

张贴的公告再次被物业公司撕毁，业主的物权、知情权再次受到严重侵害，广大业主极为愤慨。

我们认为，××物业公司作为本小区物业服务企业，不仅不能为小区业主提供规范的物业服务，反而侵害业主基本的知情权，丧失了物业服务企业的基本条件。

现根据《物业管理条例》《武汉市物业管理条例》《物业服务企业资质管理办法》的规定，要求贵局履行行政监管职责，撤销××物业公司的物业服务企业资质，并请贵局指定有资质的物业服务企业临时托管本小区，直到8月31日本小区物业服务企业选聘完成为止。本会同时要求贵局采取措施切实保证业主大会业主委员会全体委员、业主的人身安全，确保小区选聘物业服务企业的业主大会会议的顺利举行，维护小区和谐。

由于贵局拒绝履行行政监管职责，造成小区任何后果，由贵局承担。本会保留依法提起行政诉讼或者行政复议的权利追究贵局的行政不作为。

特此报告

×××业主大会业主委员会

2013年5月30日

【例3】

门禁卡与物业费“捆绑”引发业主上访

武汉一小区门禁卡“捆绑”物业费业主欠费进不了家

（发布时间：2015-08-03 08:16:01 来源：长江日报电子报）

本报讯（记者耿珊珊）昨日，东西湖吴家山某小区业主张栋（化名）告诉记者，因物业费到期，门禁卡也失效，连家门都进不去。长江日报公益律师回应，门禁卡与物业费“捆绑”违法，可要求物业解除捆绑。

张栋说，7月1日门禁卡突然刷不开门禁，7月2日去物业办公室才知道，物业费6月30日到期，门禁卡的使用时间与物业费缴费期同步。他要求物业解除捆绑，物业说交半年物业费门禁卡就升级9个月，交一年物业费就升级18个月。否则，就需要业主每个月来升级门禁卡。尽管如此，物业还是给张栋免费升级了门禁卡，截至目前，张栋的物业费也没有交。

据了解，该小区2013年才入住，小区业委会刚成立半年。业委会主任介绍，自物业进驻，门禁卡和物业费就是“挂钩”的，而且没有任何缓冲期，“这样做有利于小区管理，也给物业公司省去了很多麻烦”。

业委会成立后才跟物业商议了“缓冲期协议”，即不交物业费的都可以免费升级 2 次，每次 1 个月，2 个月过后业主再不交物业费的，门禁卡就不给升级。昨日，该物业公司告诉记者，事实上，即便业主欠缴物业费，他们也对门禁升级，只是有期限限制。

长江日报公益律师吴良涛认为，业主享有房屋所有权和使用权，“进家门”是业主最基本的权利，只要该权利受到侵害，业主完全可以要求排除妨害。

物业公司把物业费和门禁卡“挂钩”算不算“捆绑”？是否违法？他说，物业公司不仅把门禁卡和物业费挂钩，还设置期限，就是事实上的“捆绑”，哪怕每次免费升级门禁卡，也是侵权行为。如果物业公司要收取物业费，可以采取其他手段维护正当权益。

市房管局物业科相关负责人表示，尽管我市尚未出台关于物业费和门禁卡“捆绑”的相关文件，但是经常接到类似投诉。相关部门可以责成物业公司停止该行为，同时，缴纳物业费是业主的义务，应当及时缴费。

【例 4】

×××业委会反映小区物业管理问题

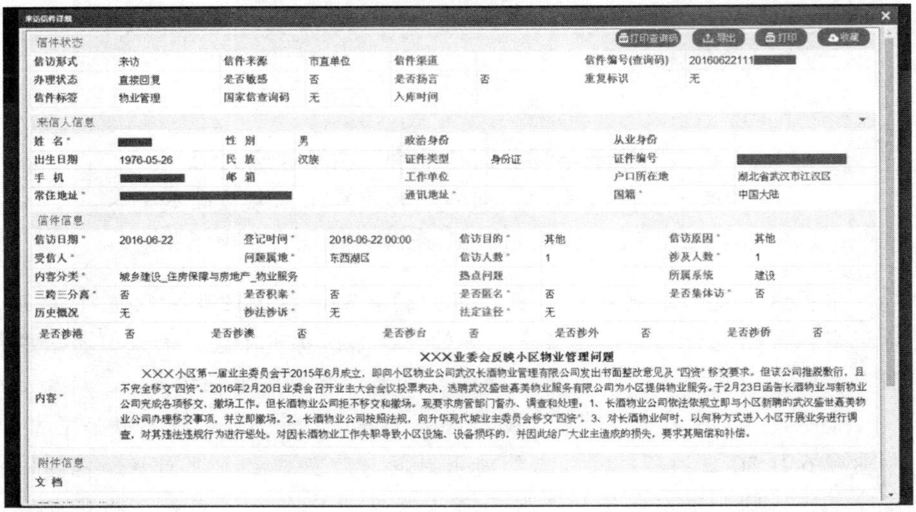

来访信件详情

打印查询码 导出 打印 收藏

信件状态

信访形式	来访	信件来源	市直单位	信件渠道		信件编号(查询码)	2016062211[redacted]
办理状态	直接回复	是否敏感	否	是否扬言	否	重复标识	无
信件标签	物业管理	国家信查询码	无	入库时间			

来信人信息

姓名*	[redacted]	性别	男	政治身份		从业身份	
出生日期	1976-05-26	民族	汉族	证件类型	身份证	证件编号	[redacted]
手机	[redacted]	邮箱		工作单位		户口所在地	湖北省武汉市江汉区
常住地址*	[redacted]			通讯地址*		国籍*	中国大陆

信件信息

信访日期*	2016-06-22	登记时间*	2016-06-22 00:00	信访目的*	其他	信访原因*	其他
受信人*		问题属地*	东西湖区	信访人数*	1	涉及人数*	1
内容分类*	城乡建设_住房保障与房地产_物业服务			热点问题		所属系统	建设
三跨三分离*	否	是否积案*	否	是否匿名*	否	是否集体访*	否
历史概况	无	涉法涉诉*	无	法定途径*	无		

是否涉港 否 是否涉澳 否 是否涉台 否 是否涉外 否 是否涉侨 否

内容*

×××业委会反映小区物业管理问题

×××小区第一届业主委员会于2015年6月成立，即向小区物业公司武汉长酒物业管理有限公司发出书面整改意见及“四资”移交要求。但该公司推脱敷衍，且不完全移交“四资”。2016年2月20日业委会召开业主大会会议投票表决，选聘武汉盛世嘉美物业服务有限公司为小区提供物业服务。于2月23日函告长酒物业与新物业公司完成各项移交、撤场工作。但长酒物业公司拒不移交和撤场。现要求房管部门督办、调查和处理。1、长酒物业公司依法依规立即与小区新聘的武汉盛世嘉美物业公司办理移交事项，并立即撤场。2、长酒物业公司按照法规，向升华现代城业主委员会移交“四资”。3、对长酒物业何时、以何种方式进入小区开展业务进行调查，对其违法违规行为进行惩处。对因长酒物业工作失职导致小区设施、设备损坏的，并因此给广大业主造成的损失，要求其赔偿和补偿。

附件信息

文档

【例 5】

武汉××物业管理有限公司与武汉××商贸有限公司物业服务合同纠纷案

本案看似是两个物业公司之间的合同纠纷案，但产生合同纠纷的原因与业主委员会选聘新物业服务企业有关。新选聘的物业服务企业武汉××公司最后胜诉，但整个事件过程中，业主委员会多次上访，法院庭审中采信的证据中就有一长串信访的复印件：

①××业委会（第三号）公告关于更换物业公司的公示、致歉信；

②武汉市公安局针对投诉××业委会带人打砸抢的回复；

③武汉市住房保障和房屋管理局对投诉尽快召开业主大会的回复；

④关于××公司反映××大厦物业管理问题信访事项答复意见书（2012年9月12日）；

⑤关于×××等250户业主反映××业委会不按规定召开业主大会等信访事项答复意见书（2012年10月27日）；

⑥关于××公司反映××大厦物业管理信访事项的答复意见书（2012年10月9日）；

⑦关于×××等业主反映××业委会选举程序等信访事项的答复意见书（2012年10月9日）

【例6】

××小区业主委员会交接案

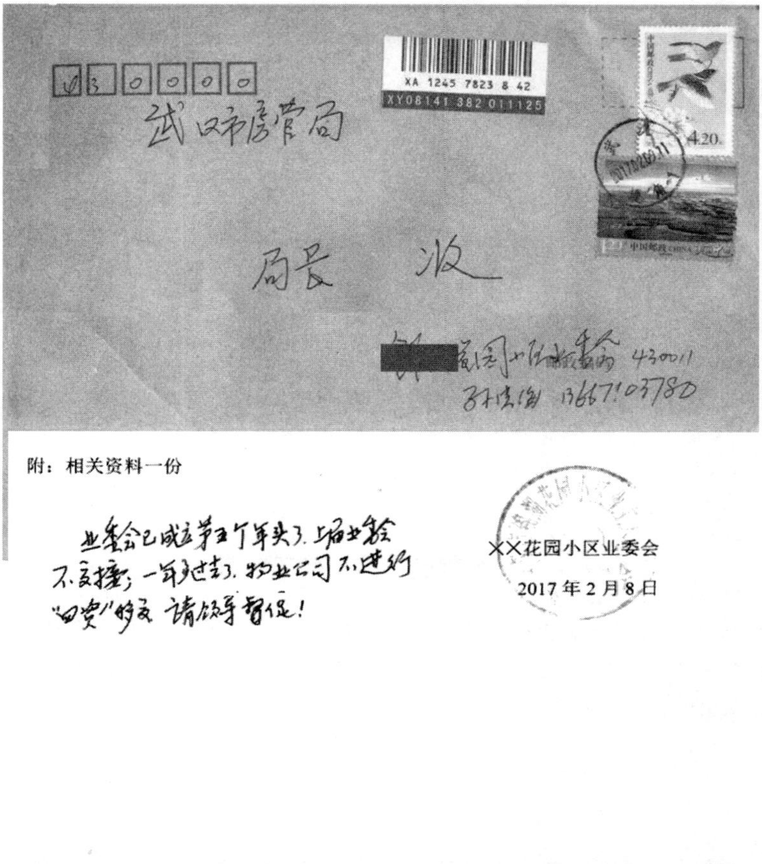

【例 7】

网上投诉居委会暗箱操作×××业主大会成立案

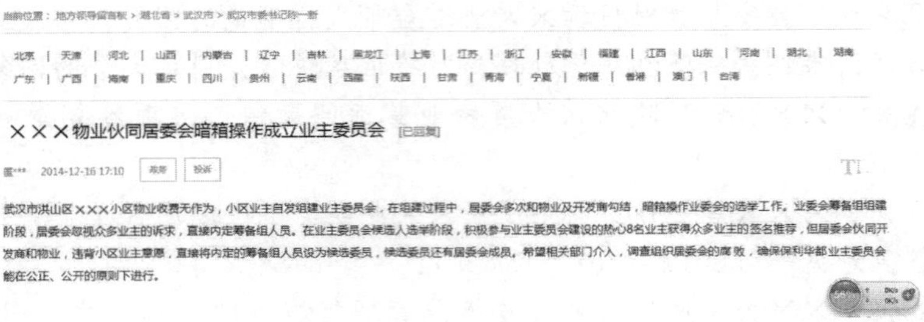
当前位置：地方领导留言板 > 湖北省 > 武汉市 > 武汉市委书记陈一新

北京 | 天津 | 河北 | 山西 | 内蒙古 | 辽宁 | 吉林 | 黑龙江 | 上海 | 江苏 | 浙江 | 安徽 | 福建 | 江西 | 山东 | 河南 | 湖北 | 湖南
广东 | 广西 | 海南 | 重庆 | 四川 | 贵州 | 云南 | 西藏 | 陕西 | 甘肃 | 青海 | 宁夏 | 新疆 | 香港 | 澳门 | 台湾

×××物业伙同居委会暗箱操作成立业主委员会 [已回复]

董*** 2014-12-16 17:10 求助 投诉

武汉市洪山区×××小区物业收费无作为，小区业主自发组建业主委员会，在组建过程中，居委会多次和物业及开发商勾结，暗箱操作业委会的选举工作。业委会筹备组组建阶段，居委会忽视众多业主的诉求，直接内定筹备组人员。在业主委员会候选人选举阶段，积极参与业主委员会建设的热心8名业主获得众多业主的签名推荐，但居委会伙同开发商和物业，违背小区业主意愿，直接将内定的筹备组人员设为候选委员，候选委员还有居委会成员。希望相关部门介入，调查组织居委会的腐败，确保保利华都业主委员会能在公正、公开的原则下进行。

【例 8】

揭秘江城物业乱象：业主委员会候选人被内定

揭秘江城物业乱象：业主委员会候选人被内定

2014-11-13 10:08 我要评论 分享到： 0 调整字体

楚天金报讯 金报讯（记者廖桥）“业委会代表的是小区业主的利益，应当由业主自己选举产生，现在物业公司内定了4名候选人，并且强行为他们拉票，如果这4个人当选，最后代表的究竟是物业公司的利益还是业主的利益？”连日来，武昌某小区多名业主致电本报反映，小区物业公司越俎代庖的做法，侵犯了他们的利益。

【例 9】

公租房保障如何不断档

武昌水果湖街王先生，2012 年参加工作，因收入较低，2013 年申请办理了公租房租赁资格证，随后在合租房中慢慢等待，4 年之后，公租房来了，他却因收入增加被取消资格。

记者采访了解到，武昌区本次公租房配租，有51户因人口变化、收入增加等因素被取消资格，另有6户放弃登记选房。在最需要的时间里得不到有效保障，类似王先生情况的保障对象不在少数。(《湖北日报》5月5日第14版)

【例10】

×××项目信访案

×××项目位于江汉区新华下路，由武汉××置业公司开发建设。2005年动工建设，2007年12月对外销售，因公司经营不善，资金链断裂，自2008年7月起，先后两次停工，严重损害了近300名购房业主的切身利益。2009年7月以来，业主频繁至省、市、区三级政府及市房管局群访，部分业主甚至采取堵塞交通干道等过激行为，强烈要求政府行使监管职能，化解纠纷，恢复施工，尽快交付商品房，维护购房人的合法权益。

【例11】

武汉×××小区业主委员会与武汉市××区住房保障和房屋管理局诉讼案

案情介绍：

2013年11月7日，武汉市×××小区业主联名向街道办事处申请筹备设立业主大会。街道办事处委托×××小区业主组成业主委员会筹备组，于2014年1月1日向×××业主发布了《关于报名参加×××首次业主大会筹备组的通知》，载明业主大会筹备组人数暂定为8人，其中建设单位代表1名，该《通知》在小区的物业宣传栏予以张贴公告。

(后略)

11. 新时代武汉房管战线思想政治工作创新研究

武汉市住房保障和房屋管理局直属机关党委
中共武汉市委党校

课题负责人： 杨进　武汉市住房保障和房屋管理局　直属机关党委书记
课题组成员： 薛建高　吴世伟　姜焕叶　张　璇　朱玲琳
杨学文　杜彬伟　侯赞华
课 题 统 稿： 吴世伟　姜焕叶　朱玲琳

党在革命、建设、改革的实践中，得出一条重要结论：思想政治工作是经济工作和其他一切工作的生命线。党的十八大以来，习近平总书记在多个场合强调思想政治工作的重要性，党的十九大报告宣告中国特色社会主义进入了新时代，我国社会的主要矛盾已经发生变化，这种变化是关系全局的历史性变化，对党和国家工作提出了许多新要求，也给思想政治工作带来了许多新情况、新任务和新挑战。在中国特色社会主义建设的新时代，在新的历史方位中，要更好地发挥思想政治工作在房管战线“生命线”的作用，就必须按照习总书记的要求，实现理念创新、手段创新、基层工作创新，使之最大限度地调动干部职工干事创业的积极性，推动武汉房管事业走上新的发展阶段。

一、新时代房管战线思想政治工作创新的重要意义

在房管战线的发展、改革过程中，思想政治工作是推动房管工作的强大精神支柱，在房管干部职工中发挥了政治导向作用、目标凝聚作用、精神激励作用、规范调控作用和带动引领作用。在我国进入新时代后，思想政治工作要适应新时代的挑战，就必须在形式、手段、内容等各个层面上进行创新。

（一）理论意义

首先，房管战线思想政治工作创新问题研究，有助于为房管战线思想政治工作提供理论指导，增强新时代房管战线思想政治工作的针对性和实效性。当前房管战线的思想政治工作面临着前所未有的挑战，诸如价值多元化、利益多样化、社会思潮此起彼伏等，这些挑战所带来的新问题、新变化不能再以传统的工作机制、思路和方法来解决和应对，必须在理论上给予创新。通过思想政治工作的创新，更好地发挥思想政治工作在房管战线中的“生命线”作用，在新的条件下再次赋予思想政治工作强大的生命力、战斗力，成为当前一项重要任务。

其次，房管战线思想政治工作创新问题研究，有助于提高政工干部队伍的素质，为房管战线思想政治工作提供有力的人才保证。从现实来看，房管战线的政工干部通常是在工作实践中学习和成长起来的，大部分人没有接受过系统的专业学习和培训，工作中往往凭上级的安排和自身经验做事，带有较大的随意性。仅仅以过去的感性经验，而没有创新的理论支撑，就难以应对复杂的内外部环境，工作就会在低层次上循环。大力加强房管战线思想政治工作创新研究，提出政工干部基本素质构建的基本内容和提高素质的措施与对策，使广大政工干部能够掌握规律并在实践中运用规律，必将有利于加强和改进房管战线思想政治工作，保证思想政治工作有效开展。

最后，房管战线思想政治工作创新问题研究，有助于对政府机关和事业单位思

想政治工作这门学科进行发展和完善。思想政治工作在不同的组织机构中具有特殊性，但同时也具有一定的普遍性，尤其对政府机关和事业单位来说，这种普遍性表现得更为明显。房管战线思想政治工作在长期实践中，培养了一批专业政工干部，积累了较为丰富的工作经验，通过对最新实践经验的总结以及理论的创新性研究，对当前房管战线以及机关事业单位所面临着共性问题提出有价值的回答，必将推动机关事业单位思想政治工作学科建设的不断丰富和发展。

（二）实践意义

首先，创新思想政治工作是落实全面从严治党战略的需要。随着全面从严治党战略的深入推进，思想政治工作的重要性更加凸显。房管战线有为数众多的党员群体，要在房管战线落实全面从严治党战略，就必须把创新思想政治工作作为关乎全局的长期任务，加快形成风清气正、崇廉尚实、干事创业、遵纪守法的良好政治生态；必须不断创新思想政治工作思路，落实好中央、省、市从严治党的决策部署，认真完成“规定动作”，并且创造性地完成符合房管业务实际的“自选动作”，增强全面从严治党的思想自觉、政治自觉和行动自觉。

其次，创新思想政治工作是应对当前房管战线思想政治工作新形势的需要。随着我国改革开放的深入和社会主义市场经济的发展，房管战线思想政治工作面临着诸多新形势、新状况：一是利益多元化的挑战。利益多元表现为利益主体多元和利益多元。在房管战线中，存在着不同的群体，对内有党员干部群体、普通职工群体；对外有干部职工群体、房管服务对象群体、业务来往群体。从范围来看，有个人、群体与社会的不同利益。不同的利益群体在追求自身的利益过程中会产生各种矛盾和冲突。从利益多元化的角度来看，市场经济体制的确立使得计划经济体制下整体化的利益结构复杂化，人们对利益的需求越来越多元化，从利益的具体内容来看，表现为经济利益、政治利益和文化利益；从利益的实现时段来看，表现为短期利益与长远利益；从涉及范围来看，表现为个人利益、群体利益与社会利益；从利益的性质来看，有普遍利益与特殊利益。二是价值多样化的挑战。随着社会经济的发展，房管干部职工的思想观念发生了深刻变化。如果说在计划经济时期，整个社会包括房管战线都有相对统一的评价标准，例如集体主义、讲求奉献等，那么在市场经济不断发展、西方各种观念不断冲击的情况下，干部职工的价值选择都不再是整齐划一，而是越来越务实、多元、创新，个人的个性也得到了极大的彰显和体现。三是网络化的挑战。现代信息技术的深入发展已经大大拓宽了人们获取信息的方式，也大大改变了人与人之间相互交往的方式。据中国互联网信息中心（CNNIC）在2016年初发布的《中国互联网络发展状况报告》显示，截至2015年12月，中国网民规模达6.88亿，互联网普及率达到50.3%，已经超过了半数，2015年新增网民3951万人，增长率为6.1%，比起1997年的62万网民人数，20年间网民数量呈几何倍数递增，并且这其中手机网民规模达6.20亿，有90.1%的网民通过手机上网。网络是一把双刃剑，在给网民带来便利的同时，也给思想政治工作带来了挑战。网络舆论的非理性特征突出，任何人只要有一部手机、能够接入互联网，就可以随时把所见、所思放到网络上进行传播，这其中不乏有真知灼见，但也存在大量非理性的表达。网络的匿名性特征使得一些非理性、情绪化的表达很容易大范围地得到传播，对干部职工也带来一定感染和影响，甚至使他们失去对事件的理性而冷静的思考。而传统的通过权威的力量、意识形态的灌输等方式来进行思想政治工作的方式也遭遇到网络的挑战，网络的虚拟性、开放性、平等性、互动性、参与性、去中心化等特点使得权威不断受到挑战，通过权威的力量、上传下达式的思想政治工作方式已经很难发挥出过去的作用。

最后，创新思想政治工作是解决当前房管战线思想政治工作存在的诸多问题的需要。当前，随着社会经济的发展，我国社会主要矛盾的变化，社会结构的深刻变革以及利益关系的重大调整，一些新课题摆在房管思想政治工作者面前。有的问题是在过去就没有很好解决的，有的则是过去行之有效但因为形势变化而面临新考验的；有的问题来自外部，有的则来自房管战线内部，例如：干部职工对思想政治工作的认识不足、干部职工利益认识的落差加大、房管业务工作繁重与思想政治任务之间矛盾突出、思想政治工作手段陈旧等，许多过去遗留老问题的存在以及新问题的产生使得思想政治工作需要谋求创新，以更好地发挥其在房管战线的作用。

二、武汉房管战线思想政治工作的开展现状

（一）前期主要工作

1. 在思想上，党组高度重视思想政治工作

武汉房管战线高度重视思想政治工作凝聚力量、推动改革、促进发展、维护和谐的重要作用，坚持发现问题与解决问题相结合，坚持突出重点与围绕基层相结合，坚持立足现实与改革创新相结合，局党委高度重视，有力部署思想政治工作。一是专班主持工作。成立由局党组书记任组长的思想政治工作改革创新领导小组，下设办公室，具体策划、组织、实施局机关和局直属单位思想政治工作的开展，并要求所有党员干部努力率先垂范，发挥先锋模范作用。二是领导亲自挂帅。局党组和各直属单位党委、党总支领导班子对本单位思想政治工作承担主体责任，书记是第一责任人，分管领导是直接责任人。局党组和直属单位党委（党总支）每年至少听取1次思想政治工作情况汇报，每年开展2次专题研究，直属单位党委（党总支）、局机关支部每半年向机关党委汇报1次本单位（处室）思想政治工作开展的

情况。三是注重工作实效。局党组通过专题调研、借用外脑、基层走访、加大宣传等方式，丰富思想政治工作形式，并通过专项督查、巡回指导、随机抽查等方式，将党建纳入年终绩效目标考核中，用思想政治工作推动其他工作的开展。

2. 在制度上，不断进行探索完善

自十八大以来，市房管局党组深入学习宣传贯彻党的精神，牢牢把握加强党的执政能力建设、先进性和纯洁性建设这条主线，以服务中心、建设队伍为核心任务，以建设学习型、服务型、创新型党组织为目标，深入开展党的群众路线教育实践活动，从制度层面对党的建设以及思想政治工作的形式进行完善。尤其是今年上半年出台了《市房管局基层思想政治工作改革实施方案》，对思想政治工作的改革进行了制度安排，归纳起来主要有三点：一是加强理论学习，提高自身修养。二是加强沟通交流，拓展多向畅通渠道。三是加强机关文化建设，凝聚团结奋斗精神。

3. 在成效上，基层思想政治工作形成了各自的特色

基层思想政治工作一直都是房管战线的工作重点，以各区局和二级单位为核心的基层党委（党总支）结合自身工作特点，开展特色各异、主题鲜明的创建活动。房管信息中心善用“信息”优势，运用“互联网+党建”、“互联网+政务服务”在中心 OA 建立组织建设、党建动态、党员之声、学习园地、移动办公、个人中心等板块，开启了“指尖上的党支部”新模式，并且通过加强党员学习、作风建设等，以此推动业务工作的开展，近年来在优化全市房屋数据管理，针对危房、旧城、保障性住房、为房地产市场提供各类数据支撑和服务保障方面，涌现了大批值得学习的先进人物。白蚁所树立“服务”优势，营造单位文化，围绕为民服务品牌文化、风清气正政治文化、优化制度管理文化、职业道德规范文化、以人为本和谐文化、反腐倡廉特色文化、文明素质行为文化、安全施工生产文化，以“五星级服务”标准立足基层、乐于奉献、突出工匠、树立品牌，获得了全国、省、市各项殊荣。保障中心发挥“细节”优势，通过制度建设、理论学习、塑造文化、培养队伍、树岗清责、动态监管等方式，夯实了工作基础，取得了突出成绩。住房保障中心以党建制度建设、“两学一做”学习制度建设、内部管理制度建设、文化制度建设等为着力点夯实了思想政治工作的基石。交易中心、市场中心、物业指导中心、后勤中心、测绘所等单位围绕局党组中心工作，结合各自职责特征，发挥思想政治工作专长，各尽其责，各施其长。

（二）当前存在的问题

思想政治工作的出发点是人，落脚点还是人。新常态下思想政治工作根本目的

是以人为本，最终由人评价，其主要方式是最大限度地调动人的一切主观能动性，将思想统一到立足岗位工作、贡献房管战线、服务全市中心工作上来。为此，本课题组专门设计调查问卷并进行座谈走访，以人为本，完整性、真实性、科学性地针对广大干部职工对房管战线近年来开展的思想政治工作进行总体评价与综合衡量。

此次调研活动采取调查问卷、现场走访、会议座谈等形式，其中发放并回收有效问卷 1069 份，覆盖整个房管战线。问卷当中局机关工作人员占 16. 83%，局下属单位工作人员占 78. 54%，社会组织工作人员占 4. 63%，包括 59. 31%的男性员工和 40. 69%的女性员工。具体文化程度、政治面貌、工作年限情况如图 1、图 2、图 3 所示。

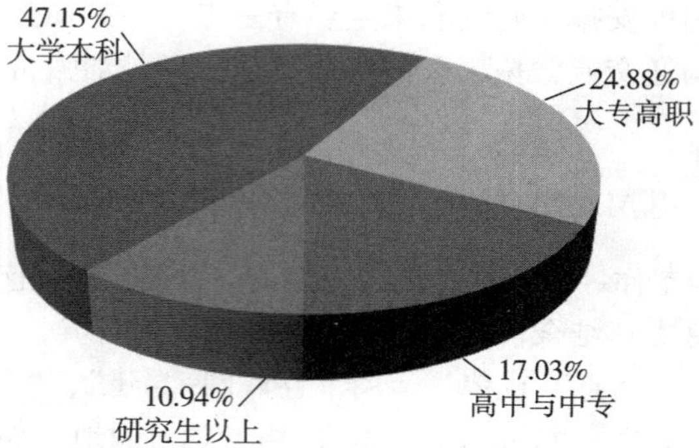

图 1　思想政治工作对象学历情况

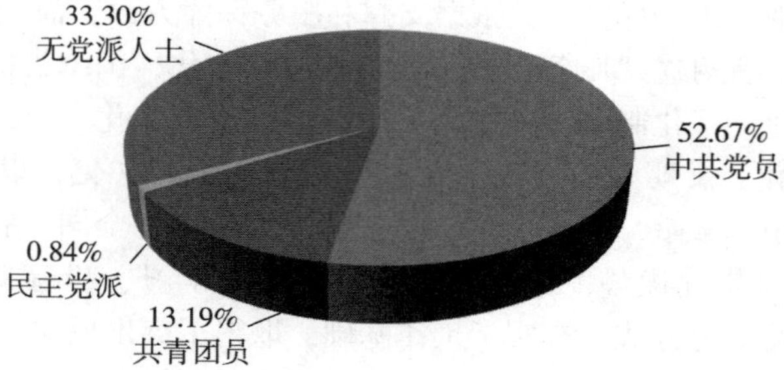

图 2　思想政治工作对象政治面貌情况

由图可见，房管战线思想政治工作的对象是以局下属单位为主的基层员工，且以文化程度较高、政治面貌较高、工龄时间各异的中年人为主，这就决定了思想政治工作的出发点将满足这类人群的需求。

此次调研历时近一个月的时间，采用匿名调查的方式，其主要目的是真实有效

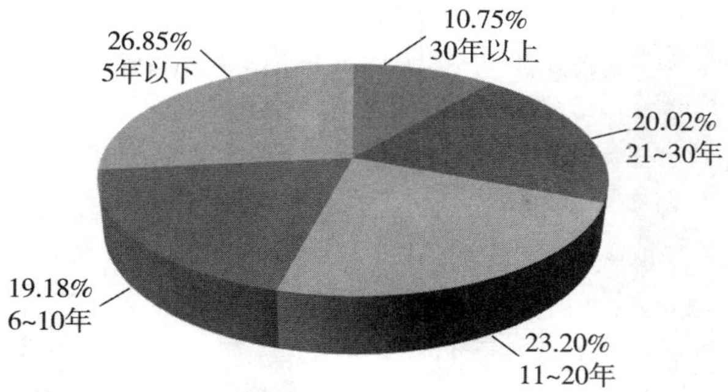

图 3 思想政治工作对象工作年限情况

地自上而下剖析当前思想政治工作在效果上、形式上尚存在的问题，同时自下而上收集工作中的薄弱环节，收集广大干部职工对未来工作的所思所想。问卷主观选择题共 50 题，分为两大部分，首先是对调查人员基本情况进行摸底，其次是对当前工作进行评价。对当前工作的评价分三部分，分别是对思想政治工作的总体评价，共 10 题；对单位内部管理、廉洁文化评价，共 17 题；对个人的自身评价，共 10 题。涵盖对局机关、所处党支部、支部书记、身边党员及个人在思想政治工作、支部活动、廉政建设、单位文化、内部运行、自身价值、服务意识等诸多方面的内容，科学地反映了房管战线广大干部职工对当前思想政治工作的真实评价。因此，房管战线思想政治工作的最佳实现形式是将岗位工作、廉政意识、企业文化与每个员工的自我实现价值有效统一，使“润物细无声”的思想政治工作促进人、事、岗、责的良性互动。通过调研，本课题组梳理并发现了如下问题。

1. 员工对思想政治工作满意度和工作实效性评价整体较高，但仍有较大提升空间

从干部职工对当前思想政治工作的整体满意度、效果评价、必要性、重视程度的反馈来看，尽管员工对思想政治工作的整体满意度较高，但满意度仍有一定的提升空间（见图 4、图 5、图 6 与图 7）。

具体来说，一是党支部对各项活动安排贯彻落实得不够。按照“三会一课”制度，党员大会应每季度召开，但 2. 4%的职工认为三个月至半年才召开，0. 8%的职工认为一年才召开，0. 7%的职工认为根本没召开过，而有 16. 4%的职工根本就不太清楚是否召开过。对党支部书记在支部思想政治工作中的核心和示范作用，职工的评价如图 8 所示，表明以支部书记为模范带头的“红色引擎”作用还需要进一步加强。

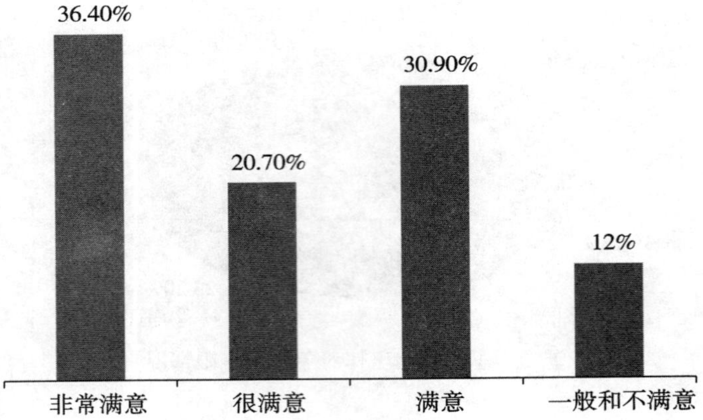

图 4　干部职工对思想政治工作的整体满意度

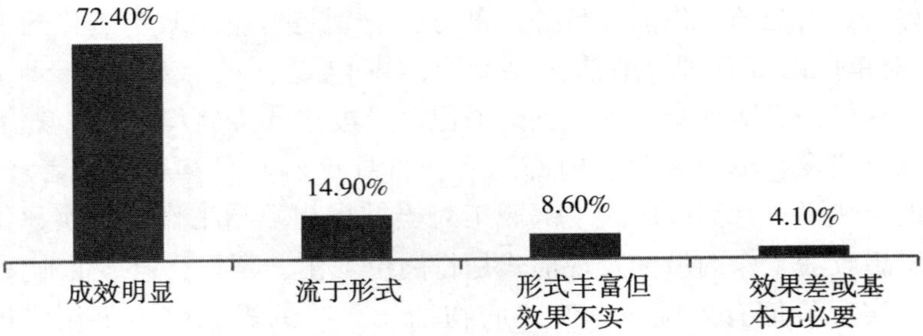

图 5　干部职工对思想政治工作的效果评价

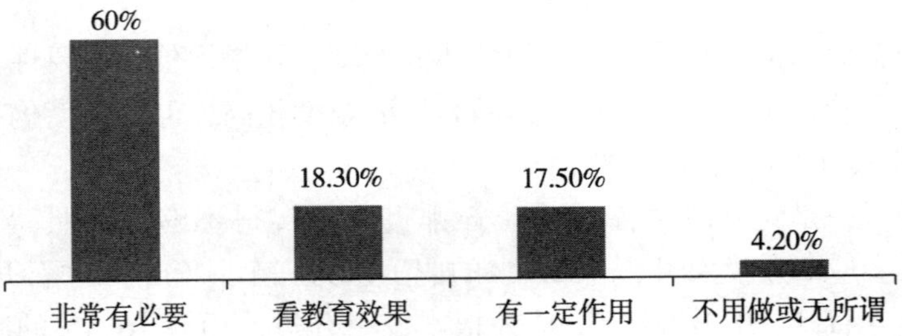

图 6　干部职工对思想政治工作开展的必要性评价

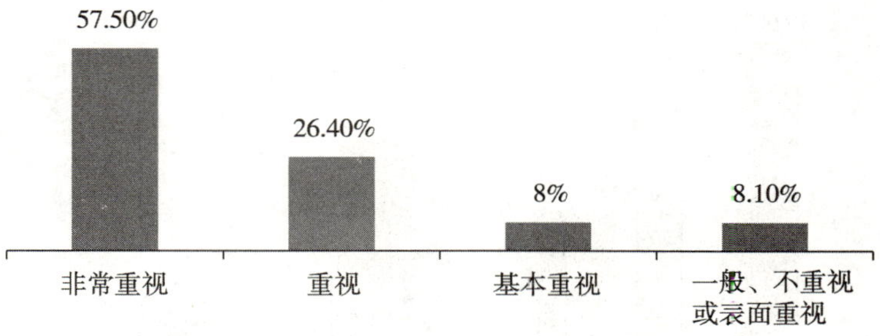

图 7　干部职工对单位思想政治工作的重视程度评价

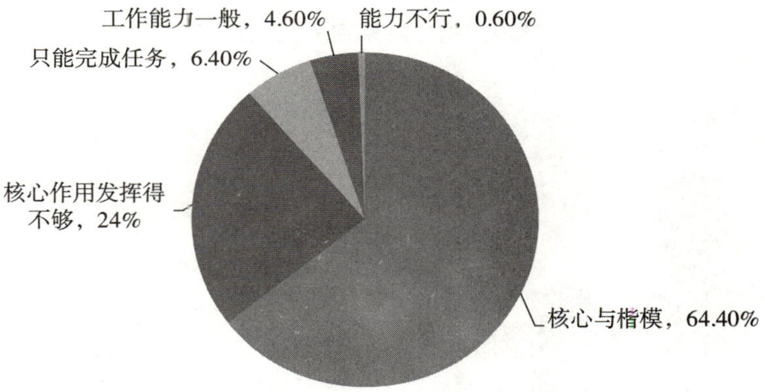

图 8　干部职工对党支部书记在支部思想政治工作中的核心和示范作用的评价

二是以支部为基础的创新活动形式不够丰富。房管战线职工对所在党支部过去几年开展的印象最深的工作项目统计结果如图 9 所示。

可见，在职工印象中，本单位思想政治工作开展的形式仍以传统的会议、文件、领导讲话为主（见图 10）。

对党务活动形式开展的效果，11.7%的职工认为是技能竞赛，12.7%的职工认为是读书活动，17.9%的职工认为是文体活动，17.8%的职工认为是民主管理，36.8%的职工认为是职工教育，2.8%的职工认为没有好的。对当前管理秩序，46.4%的职工认为很好，45.1%的职工认为可以但还应该进一步改善。由此可见，房管战线广大干部职工认为当前思想政治工作的形式仍然比较传统和单一，内部管理秩序还需要不断完善。

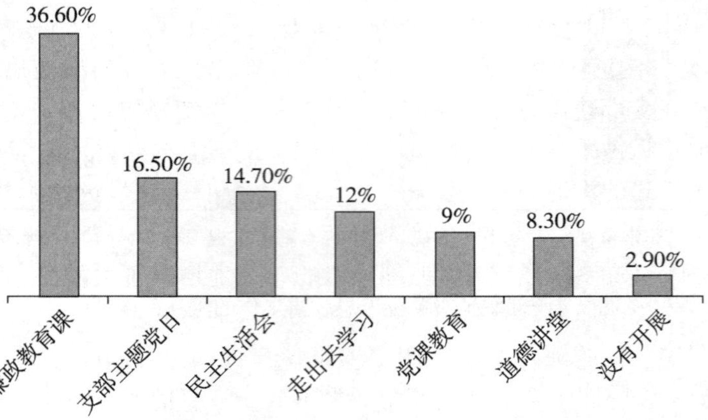

图 9　干部职工对印象最深的党支部活动项目

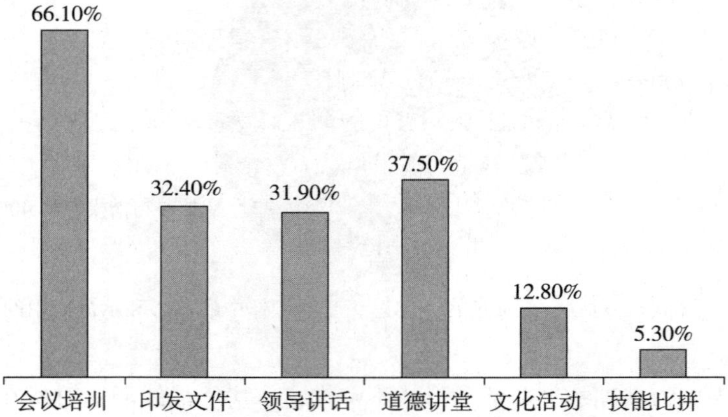

图 10　干部职工印象中思想政治工作开展的主要形式

2. 以单位组织为核心，民主沟通、管理能力、单位文化、社会认同尚待提高

现在有一些职工认为，房管战线的主业是住房管理和保障，党建工作、思想政治工作不是重点，但放到党和国家治国理政的大方略中来看，思想政治工作非但不能放松，反而应该得到加强。习近平同志曾多次强调，理想信念是共产党人精神之“钙”，这更加凸显了做好思想政治工作的重要性，它对推动房管战线业务发展、内部管理、文化建设、勤政廉政与文化形象的认同都起着至关重要的作用，为各项工作任务的顺利完成提供了重要政治保证。

一是民主沟通机制尚需加强。从调研结果来看，在支部建设、上下级沟通等方面，房管战线还需要在纵向式、横向式、发散式、网络式等渠道加强沟通。在上下级的纵向沟通上，38.6%的职工认为沟通及时，52.3%的职工认为很少沟通，9.1%的职工认为沟通不顺畅或从不沟通。在以支部为单位的横向沟通上，45.4%的职工很愿意在支部建设方面发表意见或建议，认为领导很重视，10.4%的职工认为经常参与但意见被采纳的很少，43.7%的职工认为没有发表意见的渠道或没有人当回事。在发散式的沟通方式上，42%的职工认为上级领导的沟通能及时解决问题，帮助个人成长，32.1%的职工认为能根据个人缺点与不足提出指导意见，10.5%的职工认为领导只关心工作业绩，对职工其他情况不太关心，15.4%的职工认为沟通无效或想沟通但没有渠道。在网络式的沟通方式上，大家认为在民主评价时，对其他同志存在的缺点敢于大胆提出批评意见的占28.9%，含蓄提出建议的占45.6%，25.5%的职工会视情况而定或者不敢、不愿批评。因此，房管战线从沟通渠道、沟通方式、沟通氛围、沟通效果等方面都有待进一步加强。只有建立平等性、理解性、创造性、开放性的沟通模式，才能将人的主观性与工作的挑战性有机结合，实现双向共赢，促进人与工作的良性互动。

二是领导班子与制度建设被寄予厚望。从调研结果看，房管战线干部职工对廉政勤政认可度较高，对领导班子和内部制度寄予了较高厚望。在廉政建设上，60.5%的职工认为党支部非常廉洁，17.6 的职工认为基本廉洁，81.3%的干部职工认为通过“两学一做”学习教育活动党的政治生活制度和组织生活制度得到了落实加强。在勤政建设上，31.6%的职工认为身边学习的楷模很多，都是工作的榜样，40.1%的职工认为多数党员带头作用较好，带头作用较强，30.3%的职工认为工作环境中不够敬业、乱发牢骚的人非常少。因此，房管战线在勤政廉政建设上得到了广大干部职工的认可。而在领导班子建设上，46.1%的职工认为一个好的单位最关键的因素是好的领导班子，22.6%的职工认为是高素质的干部，21.6%的职工认为是科学民主管理制度。52.8%的干部职工认为影响干部拼搏积极性的主要原因是激励机制不健全，做了也得不到认可，31.1%的职工认为是容错纠错机制尚未完全建立，16.7%的职工认为是因为职业倦怠，对工作热情减退，还有9.4%的职工认为工作难度变大，自身能力有些跟不上。较多干部职工认为细致的思想政治工作、有效的心理疏导、丰富多彩的文化生活、切实解决工作与生活实际困难、加强业务技能培训等方式最能体现组织的人文关怀。可见，广大干部职工对领导班子和内部制度建设均寄予较高期望，在自身学习能力提升、消除职业倦怠、组织人文关怀等方面希望得到改善。

三是内塑组织文化、外塑房管形象意识有待提高。思想政治教育过程中，文化是不可或缺的重要维度，文化的核心和精髓是价值观，思想政治教育最重要的目的就在于帮助人们树立正确的世界观、人生观、价值观，而厚重的文化底蕴为思想政治教育提供了精神滋养和养成方式，使得思想政治教育不再是空洞的、虚假的、易废除的、流变的道德真空场所。通过调研，41.8%的职工认为房管战线有主题突出的单位（机关或企业）文化，43%的职工认为有文化，但不清晰，比较模糊，8.4%的职工认为根本就没有内部文化。52.6%的职工认为本单位有典型人物或先进事迹值得学习，17%的职工认为虽然有但单位没有树立，24.8%的职工认为可能有但觉得非常模糊。88.5%的职工认为本单位所做的主要工作基本能够得到武汉广大市民的认可，11.5%的职工认为广大市民根本不知道或是不认可自身所做的工作。

3. 以个体为根本，每个干部职工的自我价值实现、知识技能增加、主动融入集体等方面都还存在一定缺失

美国心理学家马斯洛 1943 年在《人类激励理论》中提出人的需求像阶梯一样从低到高按层次分为五种，分别是生理需求、安全需求、社交需求、尊重需求和自我实现需求。通过调研发现，房管战线广大干部职工的需要主要集中在后三者。对于工作的成就感，相当一部分职工认为工作中所获得的成就感不高，如图 11 所示。

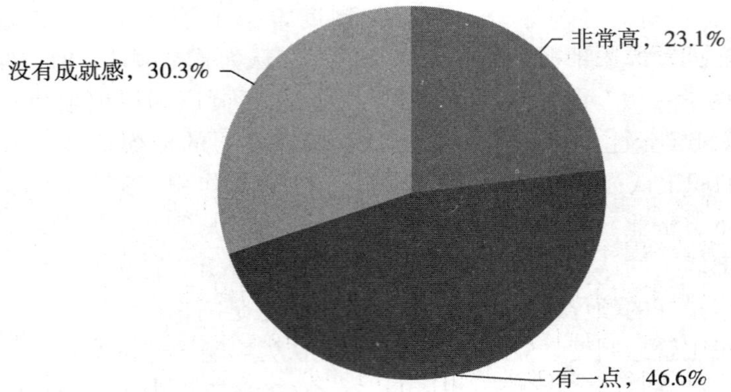

图 11　干部职工的工作成就感自评

关于干部职工的工作状态，42.4%的职工认为踏实认真，32.3%的职工认为兢兢业业，认为积极主动创新的仅占 13%，18.4%的职工认为基本完成任务，近 7%的职工认为迷茫、疲惫，可见改革创新、主动意识、拼搏进取的氛围在房管战线还不够浓郁。但是，如果单位需要员工义务奉献时，大多数干部职工的态度都比较积极，有 70%以上的员工表示会随时待命，见图 12。

在选择努力目的时 52.9%的职工认为是想实现自我价值并得到认可，对于影响工作能力提升的因素，32.8%的职工认为没有时间学习，25.3%的职工认为缺乏培训机会，14.7%的职工认为个人知识水平不足，17.2%的职工认为锻炼机会太

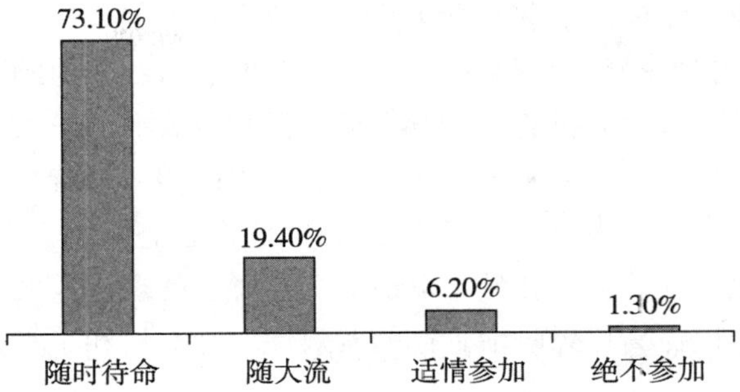

图 12　干部职工对需要义务奉献时的态度

少。近三分之一的职工认为上升空间有限严重制约了自身积极性发挥，近三分之二的职工对工作以外的文化生活感兴趣，近一半的职工认为增长知识才干是未来最期盼的。可见，房管战线广大干部职工对提升自身素质、知识水平、业务技能、晋升通道等方面有极大的渴求，这也是下一步提升思想政治工作成效的努力方向。

（三）问题原因剖析

1. 需求多元性、社会多变性是造成广大干部职工思想活动变化的主要原因

随着社会飞速变化，价值取向多元、个性需求增加等新时期的新变化，导致房管战线思想政治工作也面临许多新挑战、新问题。36. 6%的职工认为当前思想压力最大的是对未来的不确定，家庭收入低、专业知识缺乏、社会认同感不高等现实问题都困扰着大家，他们对增加知识才干、减轻工作压力、得到认可承认、解决实际困难等都有不同程度的需求。由于新时期外部变革加速，职工对自身需求多元化的诉求不断增加，对思想政治工作也提出了更高要求。另外，思想政治工作是针对人的思想开展的活动，人的思想是最活跃、最多变的因素之一，而且房管战线每个年龄阶段的员工分布均匀，不同年龄的人对思想政治工作的需求也不同。因此，下一步应主动联系干部群众，改进思想工作方法，丰富教育活动形式，掌握思想动态变化，树立风清气正的舆论导向，有针对性地开展思想政治工作并不断提高工作的实效性是对思想政治工作者提出的新要求。

2. 缺乏个性化、激励化、认同感的人文关怀机制

当今时代是一个人的主体性日益张扬的时代，也是人文关怀需求日益凸显的时代，对人的存在、本质、价值和发展等一系列问题的回答及关注，直接关系到对社

会主体的本质和价值的理解，从而影响到社会主体的价值取向、思维方式和行为方式，最终影响和决定主体的前途和命运。从调研中我们发现广大的干部职工对新常态下的未来趋势、技能提升、激励措施、社会认同、自我价值的实现方面都有较高需求，但苦于缺乏有效沟通机制、晋升渠道、活动方式等，导致大家的所思所想所盼不能有效表达。房管战线的领导干部和广大思想政治工作者必须坚持以人为本的价值理念，以现代“人文关怀”的视域，自觉地将思想政治工作从传统的单一政治型向政治与文化心理综合型转型，以适应日益彰显的现代人文价值理念的时代发展趋势，从而有效地提高思想政治工作的实效性、针对性和亲和力。

三、房管战线思想政治工作创新的基本思路

房管战线思想政治工作创新，要坚持马克思主义的科学精神和基本原理，从思想政治工作的对象、本质和规律出发，按照“一个根本、两个保证、三个坚持”的逻辑思路来实施。

（一）一个根本——党的领导

党的十九大报告指出，坚持党对一切工作的领导。必须增强政治意识、大局意识、核心意识、看齐意识，自觉维护党中央权威和集中统一领导，自觉在思想上政治上行动上同党中央保持高度一致，完善坚持党的领导的体制机制。这就意味着思想政治工作要牢牢把握一个根本，那就是党的领导。

邓小平同志曾对思想政治工作与党的领导的关系进行了详细的论述，他指出：“我们说改善党的领导，其中最主要的，就是加强思想政治工作。中央认为，从原则上说，各级党组织应该把大量日常行政工作、业务工作，尽可能交给政府、业务部门承担，党的领导机关除了掌握方针政策和决定重要干部的使用以外，要腾出主要的时间和精力来做思想政治工作，做人的工作，做群众工作。如果一时还不能完全做到这一点，至少也必须把思想政治工作放在重要地位上，否则党的领导既不可能改善，也不可能加强。”

思想政治工作中坚持党的领导，就是要坚持党在社会主义意识形态中的领导地位，牢牢把握思想政治工作的大方向，把握社会舆论的正确导向。就是党组要高度重视思想政治工作，自觉地反对轻视思想政治工作的错误倾向，清醒地意识到思想政治工作对经济工作、业务工作的重要作用，研究思想政治工作的重点、难点、弱点，积极主动地探索新规律、新途径、新方法，切实加强党对思想政治工作的领导。

坚持党的领导还意味着要坚持党管思想政治工作的原则，要构建党委统一领

导，党委宣传部门负责，党政部门和群团组织齐抓共管、分工协作和社会广泛参与的领导体制，从制度上对思想政治工作的党政部门和群团组织的职责进行科学划分，做到既责任明确，又互相合作，建设覆盖思想政治工作各个领域、各个环节的一体化、立体化、网络化的工作格局。

（二）两个保证——保证员工人心凝聚好、保证中心工作完成好

从本质上讲，思想政治工作是经济工作和其他一切工作的生命线，在房管战线中发挥着教育职工、凝聚人心、保证发展的重要作用。

1. 保证员工人心凝聚好

创新房管战线思想政治工作，就要凝聚人心。实践证明，做不好思想政治工作就无法凝聚人心，抓不好队伍，也就做不好各项房管工作。从我们的调研来看，有相当比例的员工对工作的成就感有怀疑，还有相当比例的员工认为当前的激励机制不健全，做了也得不到认可。为此要通过员工思想政治工作，让干部职工明确房管战线发展战略目标，帮助所有干部职工树立正确的世界观和人生观，让员工在房管事业的发展中获得成就感，从而凝聚人心、鼓舞斗志，调动起所有员工为房管事业努力奋斗的主动性、积极性和创造性。

2. 保证中心工作完成好

思想政治工作作为“生命线”，要围绕房管中心工作来开展，为房管战线的发展建设提供精神支持，服务于单位的中心工作。要围绕当前房管战线的各项任务，确定思想政治工作的工作目标和重点。脱离实际工作，单纯的理论灌输、大道理说教只会让思想政治工作流于形式，甚至惹人反感，失去思想政治工作的作用。随着改革开放的深入，当前房管业务面临各种挑战和改革，房管各项业务工作关系到千家万户，2017 年中央经济工作会议对房地产市场的发展也提出了明确的要求。对照中央要求，要教育和引导房管战线全体员工清醒地认识自己在新世纪新阶段肩负的崇高责任，切实增强政治责任感和历史使命感，牢固树立政治意识、大局意识、核心意识、看齐意识，为巩固共产党执政地位、维护国家长治久安、保障人民安居乐业、促进经济社会发展做出贡献。

（三）三个坚持——坚持以人为本、坚持问题导向、坚持实践创新

1. 坚持以人为本

党的十九大报告将人民放在首位，提出以人民为中心的价值理念。房管战线思

想政治工作也要以人为本，首先，应该树立把人当做目的而不是手段的理念。要改变“以人为载体”、“以人为工具”的观念，将“人”当做思想政治工作的出发点和目的，关注干部职工的各种感性需求、心理需求、利益需求以及发展需求；重视干部职工个体价值、政治参与、晋升发展、生活方式多样化等，创造宽松和谐的环境，在思想政治工作中加大力度激发干部职工的参与意识、主观能动性和创新精神。

其次，要改变以“事”为本的观念。房管战线过去的思想政治工作存在着以完成任务为核心的现象，尤其是当任务比较紧急或者在“出事”时，如何完成上级布置的思想政治工作任务或者处理和平息事态就成为政工干部首先要考虑的问题，对完成任务的人本身的关注则相对显得不够。在当前全面从严治党的新常态下，关注的重点应该由“事”转向“人”，将思想政治工作纳入到常规工作中，通过日常工作对干部职工进行关心、尊重、鼓舞、激励和教育，改变以“事”为本的观念。

再次，要破除传统的思想政治工作把人的思想意识问题完全归结于政治问题、道德问题等的片面性，实现思想意识形态和一般性社会文化心理的有机统一。在思想文化领域多样化和社会成分多层化的现实情景下，一方面，我们要坚持思想政治工作的意识形态功能，在坚持主流意识形态主导的原则下，提升核心价值文化观念，把价值的合理性和时代的现实性结合起来，以社会主义核心价值体系引领社会思潮，整合社会成员的思想意识，为中国特色社会主义形成共同的理想和信念，为党和国家意识形态的健康发展提供社会精神基础；另一方面，我们也要充分发挥思想政治工作的社会文化心理功能，通过各种文化形式和心理调适活动，在更基础、更广泛的社会层面上，培养社会成员的积极性、主动性和创造性的文化人格，矫正不良人格，形成符合人自身发展需要和社会发展需要的积极健康的社会精神氛围。为此，我们必须在新的历史条件下，坚持与时俱进的开拓精神，自觉地进行思想政治工作的转型，拓展思想政治工作的范围，从单一的政治型向政治—文化综合型转变，为建立新型的思想政治工作模式创造前提条件。

最后，要认识和理解人的本质的丰富性。每个个体都具有不同的个性，具有不同的需求，同一个个体也有多样性的需求，这些都决定了人的思想产生、发展原因具有多样性。因此，思想政治工作不能以完全同样、整齐划一的方式进行，而应该从不同对象、不同类型的区别上把握每个人的思想观点，找到他们思想意识产生发展的规律性和正确的处理方法。从干部职工的不同岗位、不同物质生活条件以及不同的个性特征出发，我们可以将房管战线的思想政治工作分为三个层次：第一层次是最基本的道德要求（包括公民道德、社会公德、职业道德、家庭美德和个人品德），第二层次是公民社会的思想行为准则，第三层次是全心全意为人民服务。通过对党员干部和普通职工等不同人群以及同一人群不同时期思想状况的实际进行区分，采取不同的工作方法，力求从人人都能达到最低层次的“立足本职岗位认真工作”的小观念、小行为，到“我是房管主人翁”的准则严格要求自己，最后达到“全心全意为人民服务”的大境界。此外，人的本质的丰富性还意味着要实现对思想意识层面与心理层面的共同关注。不仅要关注人的思想意识层面，还要关注人的心理层面，尊重教育对象人格，形成沟通、理解、信任的平等关系，激发教育对象主体意识，发挥他们的积极性、主动性、创造性，使他们按社会要求塑造自己良好的思想品德，不断发挥思想政治工作在完善人格、丰富个性、促进人的发展中的作用。

2. 坚持问题导向

房管战线思想政治工作创新，最根本的是要解决当前干部职工思想政治状况存在的问题。马克思曾经强调，“问题就是时代的口号，是它表现自己精神状态的最实际的呼声”。毛泽东也说过，“什么叫问题？问题就是事物的矛盾，哪里有没有解决的矛盾，哪里就有问题”。矛盾或问题是无时不在、无处不在，有问题并不可怕，关键在于要正视、解决问题。通过调研了解房管战线思想政治工作中存在的诸多问题，正是坚持问题导向的体现。从解决问题的角度来看，这些问题一些是过去就一直存在而一直没有得到很好解决的，例如思想政治工作采取的形式单一的问题；也有一些是因为形势发生变化，过去的手段方式没有更新而未能得到解决的，例如职工对自身价值实现的要求比过去显得更加迫切，而我们的思想政治工作尚没有很好的解决这方面问题的办法。有一些是共性的问题，可以通过统一的办法来解决；也有一些是个性问题，只能个性化、“点对点”地解决。思想政治工作的创新，就是要解决这些不同类型的矛盾和问题。当然，问题的解决不是一劳永逸，也不是一蹴而就的，在认识世界和改造世界的过程中，旧的问题解决了，新的问题又会产生，因此要求我们在思想政治工作方面要不断完善、不断创新。

3. 坚持实践创新

（1）思想政治工作要坚持创新运行机制

思想政治工作的运行机制是整个思想政治工作中的重要环节，包括思想政治工作的实施、奖励、监督以及评估机制。

创新实施机制，就是要建立起一套行之有效、持之以恒的思想政治工作实施机制，包括计划、组织、管理在内的一整套制度安排，做到实施前有计划、实施中有监控、实施后有总结，减少随意性和盲目性，努力在实践中探索规律，改进方法。

在思想政治工作实施过程中，要将思想政治工作与房管重点业务、相关单位、房管文化等结合起来，以求真务实的精神，避免“两张皮”、“一手硬一手软”的现象，要做到思想政治工作与房管业务工作目标统一、机制衔接、任务融合、活动渗透。积极探索借鉴和使用新的活动载体，更新内容，改进方法，增强工作针对性、渗透性和实效性。

创新激励机制，就是要通过各种激励形式挖掘人的内在潜力，开发人的能力，充分发挥人的积极性和创造性，使每个干部职工感到力有所用，才有所展，劳有所得，功有所奖，进而自觉地努力工作。用关怀激励、榜样激励、支持激励和集体荣誉激励等不同的物质及精神激励方式更加有效地调动政工干部的积极性、创造性，发挥思想政治工作在理顺房管业务发展思路、解决情绪、化解矛盾、统一思想、凝聚人心上的作用。

创新监督机制，一是要增强干部职工对监督工作的认识，尤其是要让掌握资金和项目的工作人员正确处理权力、义务和责任的关系，增强他们主动接受监督的意识。二是要进行经常性的世界观、人生观、价值观、义利观教育和警示教育，筑牢抵制腐朽思想侵蚀的思想防线，始终把推动房管业务发展作为自己的责任。三是要拓宽监督渠道，建立起党内监督、专门机构监督、职工民主监督和舆论监督相结合的方式，通过强有力的监督，增强干部职工遵纪守法、正确行使权力的自觉性。

创新评估机制，就是要对思想政治工作的效果进行科学考察和评估，避免流于形式，不断提高思想政治工作的实效性。要建立起包含评估主体、评估客体、评估体系、评估原则、评估方法、评估程序和评估结果运用在内的一整套制度安排，在完善程序中体现规范的目标，进而达到推动房管事业发展、服务职工群众的目的。

（2）思想政治工作要坚持内容创新

思想政治工作内容要坚持“三个结合”，树立大的思想政治教育观，进一步拓宽教育内容，丰富内容形态，实现教育内容结构的创新。

一是将解决干部职工思想问题和实际问题相结合。干部职工的许多思想问题来自实际生活问题，思想政治工作内容要贴近干部职工的实际，一方面要体现改革开放和社会主义现代化建设的生动现实，重点涉及广大干部职工关注的热点和难点问题，及时了解并针对干部职工的思想状况，着力解决干部职工思想上的困惑，及时纠正错误思想苗头，及时疏导负面情绪，有效调动干部职工的工作积极性。另一方面要争取和保护职工合法权益，关心干部职工生活中的困难，了解干部职工的实际问题，在政策范围内为他们排忧解难，这是最直接、最生动、最有说服力的思想政治工作。

二是将传统思想政治教育与最新政策决策相结合。传统的思想政治教育包括马克思主义理想信仰、道德修养等教育，要将传统的思想政治教育与中国特色社会主义理论体系的最新成果相结合。习近平新时代中国特色社会主义思想是马克思主义的最新理论成果，也是中国特色社会主义的最新理论成果，是新一届党中央执政理念、治国方略、工作思路和信念意志的集中反映，需要干部职工坚持读原著、学原文、悟原理，帮助党员干部掌握讲话的核心要义和精神实质，努力做到学而信、学而用、学而行。

三是将思想政治学习与房管业务学习相结合。思想政治工作与房管业务工作是相互依存、互为条件、互相渗透的辩证统一关系，因此在实际工作中既不能把二者完全等同起来，也不能把二者人为地割裂开来，绝对地对立起来。应该将思想政治学习与业务学习相结合，将思想政治学习渗透到业务工作的各个环节，一方面使思想政治工作更加具有对性和有效性，另一方面使业务工作能够更好地执行党的路线、方针和政策，推动或促进各项业务的完成和效率的提高，保证各项业务工作沿着正确的方向健康发展。

（3）思想政治工作要创新工作方法

一是综合运用相关学科成果促进方法创新。将党建、教育学、心理学、管理学、美学、法学等学科交叉融合，运用到思想政治工作中。例如党建学科给思想政治工作提供内容和学理支撑；教育学对各项教育工作的任务、过程、内容、方法、组织形式以及教师等问题的研究，对确定房管战线思想政治工作科学的原则、方式、方法具有重要作用；心理学关于人的认识、情感、意志等心理过程的理论和关于人的能力、性格、兴趣等心理特征的理论，是增强思想政治工作针对性的重要依据；管理学对思想政治工作的组织架构、组织实施、人员管理等起到重要作用，等等。

二是综合运用多种手段推进方法创新。在思想政治工作具体实施过程中，要坚持理论与现实相结合、整体与个体相结合、思想政治工作与业务工作相结合、继承与创新相结合、灌输与案例相结合、疏导与帮扶相结合的原则，探索多种手段来开展工作。这些手段可以分为几类，一是传统的学习培训方式。在理论宣讲等传统的学习培训方式基础上，创新学习教育形式，可以采取模范典型报告会、讨论交流、案例分析、辩论式教学、情景模拟式教学、观看教育片、现场教学等多种形式开展思想政治工作的培训和教育。二是以活动为载体开展思想政治工作。可以针对干部职工的不同年龄、性别、民族、爱好，甚至性格的差异等，选择演讲比赛、文化娱乐活动、参观游览、心理咨询、志愿服务等不同活动形式，使干部职工将思想政治理论知识与实践相结合，把知和行统一起来，并使自己的认识水平和认识能力在实践中得到检验和提升。

三是运用现代科技推进方法创新。现代科技一方面给思想政治工作带来新的挑战，但另一方面也极大地推进了思想政治工作方法和手段的现代化。房管战线要加快思想政治工作的网络建设进程，利用信息网络数字化、多媒体、实时性、广泛性和交互式传递信息的独特优势，促进思想政治工作者和干部职工之间的沟通与交流。可以通过电子邮件、电子报刊、网上心理咨询室、网上论坛、留言板、微信公众号、朋友圈、微博、手机 APP 等灵活多样的方式，一方面使得干部职工可以充分表达自己的见解和主张、愿意和要求，另一方面政工干部也需要学习掌握计算机知识和相关网络信息技术，更好地研究和探索网络环境下思想政治工作的规律和方法，倾听干部职工的心声，把握网络环境下思想政治工作的主动权，对热点问题及时发声，解决干部职工思想上的困惑和谜团，提升思想政治工作的有效性和针对性。

四、武汉市房管战线思想政治工作创新对策建议

通过对房管战线当前存在问题的分析，按照思想政治工作创新的逻辑进路，针对当前武汉房管战线思想政治工作的实际存在问题，本课题提出从思想政治教育、文化、宣传和队伍建设四个方面进行创新，打造武汉房管战线“四心”工程，以不忘初心、牢记使命的初心，凝心聚力、开拓创新的聚心，争先创优、人民认可的信心，身先士卒、排忧解难的暖心，做好武汉房管战线思想政治工作，为建设“三化”大武汉做出房管人的贡献。

（一）创新思想教育，打造不忘初心、牢记使命的“初心”工程

思想政治教育是思想政治工作的重要内容，要通过思想教育，把党的理论、方针、政策向员工进行传递，教育员工、鼓舞员工，将全体员工都引领到武汉房管战线发展的轨道上来，打造不忘初心、牢记使命的“初心”工程。

1. 加强阵地建设，牢牢把握意识形态工作的领导权、管理权、话语权

正如习近平总书记在全国宣传思想工作会议上所指出的，经济建设是党的中心工作，意识形态工作是党的一项极端重要的工作。为此我们要按照党中央和市委市政府对意识形态工作的部署和要求，将意识形态工作纳入党委工作的重要议事日程，不断强化队伍和阵地建设，建立健全党委（党组）意识形态工作责任制，做到意识形态工作在房管战线中“有地位”“有制度”“有队伍”“有阵地”“有应对”。

一是要建立健全意识形态工作责任制。局机关及各二级单位要建立起党委（党组）领导班子主体责任制度，党委书记作为第一责任人，要真正做到重要工作亲自部署、重要问题亲自过问、重大事件亲自处置；其他党委班子成员要密切配合，恪尽职守。

二是要针对当前意识形态领域存在的热点、弱点、难点、重点问题，进行有针对性的解决处置，例如问卷中所反映出来的少数职工乱发牢骚的问题，要通过采取

个别谈话的方式将问题解决在萌芽状态；再如当前房管战线意识形态领域的很多热点难点问题出现在网络上，要重视抓好网上舆论工作，强化网络阵地建设，掌握工作主动权，制定与房管工作相关的网络舆情处置制度，及时把握网上舆情，化解矛盾。

三是要进一步落实好党风廉政建设主体责任，强化党委（党组）主要负责同志第一责任人的责任，把党要管党、从严治党各项要求落到实处。加强对党员干部群体的思想教育，研究廉政风险点和风险岗位，进行廉政风险评估，完善腐败预防制度，强化党员领导干部为民服务的初心，推进党风廉政建设和反腐败斗争向纵深发展。

2. 做好思想引领，帮助员工树立远大理想信念

正确理想信念和奋斗目标可以鼓舞人心，激发人们的斗志。党的十八大以来，习近平同志提出了“两个一百年”的目标，在中国共产党成立一百年时全面建成小康社会，在新中国成立一百年时建成富强民主文明和谐的社会主义现代化国家，从而对“国家富强、民族振兴、人民幸福”的中国梦的实现制定了更加明确具体的目标。正是在这些正确奋斗目标的指引下，党和人民对党所领导的事业充满信心，取得了一个又一个举世瞩目的成就。

一是定期邀请相关专家学者举行讲座，通过专家对马克思主义理论、新时代中国特色社会主义理论的解读，使员工看到努力的正确方向和未来的美好图景，从而自觉振奋精神、提振信心，增强中国特色社会主义事业的积极性，为中华民族伟大复兴而共同奋斗。

二是不定期利用内刊、公告栏、网络等载体，通过现场参观、收看电视节目等形式，及时对党中央以及省市最新方针政策进行刊载宣传，要让干部职工了解湖北省正处于重大机遇叠加期和转型升级关键期，担当着“建成支点、走在前列”的历史使命，持续建设“五个湖北”，实现全面建成小康社会的伟大目标；了解武汉当前的任务是要加快建设现代化、国际化、生态化大武汉，高水平全面建成小康社会，从而使他们能自觉地将自身的工作与省、市的发展联系起来。

三是机关党委应每年向干部职工推荐优秀书刊读物。结合房管战线实际需要，机关党委每年向全体员工推荐优秀书刊读物应不少于 20 本，印发推荐图书目录，鼓励员工深入学习中国特色社会主义最新理论、习总书记系列讲话读本精神，坚定理想信念，提高政治素养，锤炼道德操守，提升思想境界。推荐员工阅读房地产相关管理业务书籍，引导广大干部职工深刻领会新形势下房管部门的职能定位，重点学习新出台的法律法规和政策性文件，提高干部职工特别是一线人员的监管、执法、服务、维权等各项业务工作的整体技能，明确岗位职责，增强履职能力。

3. 做好活动引领，使员工树立爱岗敬业精神

一是在全战线开展“武房发展都尽责、都受益、都幸福”有奖征文比赛，促进员工思考树立正确的人生观、价值观、事业观和权力观。围绕“发展都尽责”，开展事业观和职业道德教育，引导员工干一行、爱一行。引导员工认清房管工作与国计民生、群众切身利益的相关性，认清工作中实现个人价值与社会价值的统一性，认清服务他人与自我实现的统一性，强化员工的主人翁意识，立足岗位，争创一流。围绕“发展都受益”，领导干部要深入实际、深入基层、深入群众，尤其要到有困难的地方去，到员工意见多的地方去，到工作推不动的地方去，及时了解员工的心理、困难，解决员工工作、生活中的后顾之忧。围绕“发展都幸福”，汇集员工智慧，将个人的梦想融入到武汉房管的发展中，融入到“中国梦”的实现中。

二是各单位开展读书交流活动，全房管战线评选“书香单位”、“最美读书人”。建立读书交流常态化机制，各单位每季度举办1~2次读书交流活动，由班子成员带头，全体干部职工参加，分期分批上台交流读书心得体会，向大家介绍和推荐自己读过的一本（套）好书。交流内容包括向大家推荐书籍的书名、作者、主要内容、阅读体会以及推荐的理由。通过交流活动，共享读书学习的乐趣，发现更多优秀书籍，实现互相启发，共同提高。年末在全房管战线中开展“书香单位”、“最美读书人”评选表彰活动，挖掘一批学习风气浓厚、经常性开展读书活动、通过读书学习使思想道德素质和业务素质得到明显提升的典型单位，培育一批勤读书、爱读书、保持良好读书习惯、积极与大家分享读书心得体会的先进个人。通过座谈会、经验交流会等形式介绍先进事迹，鼓励干部职工向榜样看齐，积极开展读书学习，营造“比学赶超、争当先进”的浓厚氛围。

三是开展志愿服务活动。开展进社区学雷锋志愿服务、义务宣传、与贫困户结对帮扶、关爱孤寡老人、捐资救助生病学子等公益活动，广泛联系群众、服务群众，了解市民对房管工作的需求、意见，解答咨询，回应诉求。

四是每年开展一次“爱岗敬业”主题演讲比赛，通过演讲交流，强化员工责任心，营造爱岗敬业、乐于奉献的氛围。

（二）创新文化建设，打造凝心聚力、开拓创新的“聚心”工程

文化是无形的力量，是凝聚人心、改变作风、促进工作的重要抓手，因此要充分发挥文化润物细无声的作用，打造凝心聚力、开拓创新的“聚心”工程。

1. 建立顺畅的沟通机制，建设“友善包容、和谐有序”的房管文化

从前文调研的问题以及问卷中反映出来的职工的期望来看，职工与上级主管单位或领导沟通的愿望非常强烈。应该在当前的“三必谈三必访”基础之上，建立

完善职工沟通机制，确定职工与上级主管部门或单位领导沟通的固定载体、渠道和工作时限，最大限度地吸引和方便员工参与到沟通中，形成理解人、尊重人和关心人的文化氛围，使职工始终保持健康向上的心态，积极支持和参与到武汉房管战线的发展中。

一是将与下级处室或单位职工的“面对面”交心谈心列入领导干部的绩效考核目标中，要求每位领导干部每年至少完成一定数量的下级处室或单位职工的沟通。武房5号文件中，对此项任务作了要求，但应该进行程序、规则的细化，要求将沟通的方式、沟通内容都要记录在案，纳入领导干部绩效考核目标。“面对面”沟通可以在不同场地进行，如办公室、会议室或现场办公场所。沟通要保证双向性特征，可以采取一对一或一对多等形式。

二是设立局长邮箱，职工可以以实名或匿名的方式向局长反映问题。设专人（如工会主席）及时收集员工反映的问题，并汇总归纳，每月固定一天为“局长答疑日”，对职工反映的共性问题通过内部邮箱或QQ群等方式进行反馈，能及时解决的公开宣布解决的措施，一时无法解决的问题开诚布公地向职工说明情况，对于个性问题则点对点沟通，形成员工沟通的闭环管理，做到件件有落实，给员工以满意的答复。

三是开展“我为武汉房管献一策”结构化讨论活动，发动群众力量推动武汉房管战线发展。群众的力量是无穷的，通过调查问卷的主观题梳理，我们发现不少干部职工对武汉房管战线的发展不乏真知灼见，是我们的宝贵精神财富。可以在年底在局机关和条件具备的下属单位开展“我为武汉房管献一策”结构化讨论，根据不同的单位工作性质和特点或者单位发展所面临的最棘手或职工最关心的问题设置更加具体、细化的议题，通过结构化讨论，发动全体员工对武房发展建言献策，增强干部职工的主人翁意识和参与意识。讨论结束后，对讨论情况进行汇总分析，使领导干部能更加了解群众的心声，吸收群众的智慧。

2. 推进清正的廉政建设，打造“勤政廉洁、为民务实”的房管文化

一是实施廉政文化工程，围绕“注重监督、预防为先、以人为本、文化促廉”的思路，根据各单位的岗位职责、潜在的廉政风险节点制定相应的防范措施，尤其是对住房保障中心、物业中心等存在较大廉政风险点的岗位进行重点监控。

二是组织开展廉政文化进机关活动。制作廉政宣传板，努力实现廉政标语处处有、廉政标牌天天见、廉政课堂周周办、廉政节目月月看、廉政书目长推荐、廉政准则记心间。开展廉政文化征文和廉政知识测试活动，在党员干部中广泛开展写廉政文化学习心得活动和征文活动，并组织廉政知识测试。开展廉政影视教育和警示教育，组织党员干部观看反腐教育影片，教会党员干部学唱廉政歌曲和革命红歌，组织党员骨干参观警示教育基地。

三是在武房战线中评选廉政文化示范点或示范单位，积极打造武房系统的廉政文化品牌，扩大品牌效应，并发挥廉政文化品牌传导和带动作用，推进廉政文化建设上台阶。

3. 开展丰富多彩的职工活动，建设“健康向上、奋发有为”的房管文化

一是不定期开展主题文化活动。结合市委市政府及市直机关工委的要求以及重大节日节点，开展相应的主题文化活动。例如 4 月 23 日世界读书日可开展读书交流活动，五四青年节可开展青年职工座谈会，国庆节可开展爱国演讲比赛，等等。

二是工会下拨一定活动经费，鼓励员工自发组成文体兴趣小组。从“健康生活、快乐工作”的理念出发，鼓励员工从自身特长、兴趣爱好出发自发组建文体兴趣小组，通过兴趣小组的活动，丰富员工的业务文化生活，并且打破部门间的隔阂，促进员工之间的沟通，提高工作效率，在各种兴趣小组中实现员工的自我教育、自我服务和自我成长。

（三）创新宣传工作，打造争先创优、人民认可的“信心”工程

习总书记在全国宣传思想工作会议上指出，宣传思想工作创新，重点要抓好理念创新、手段创新、基层工作创新，努力以思想认识新飞跃打开工作新局面，积极探索有利于破解工作难题的新举措新办法，把创新的重心放在基层一线。房管战线应该抓住自身特色，积极探索，加大对内及对外宣传力度，打造争先创优、人民认可的“信心”工程。

1. 加强对内宣传，发挥先进典型示范引领作用

一是建立荣誉室，集中展示优秀职工的先进事迹。职工获得荣誉既是对当事人的肯定和鼓励，同时也应该发挥优秀的典型示范作用，建议对五年内房管战线获得市级以上荣誉的职工及岗位信息进行统计汇总，通过开展专题宣传活动、召开典型人物座谈会、主题演讲、内部 OA、企业微信号、建设宣传栏等，深入挖掘优秀职工的内涵，使先进典型深入人心，掀起向优秀职工学习的热潮。

二是开展一年一度的“十大房管之星”评选活动。评选时可侧重于不同角度设定不同称号的房管之星，如“房管创新之星”、“房管服务之星”、“房管奉献之星”、“房管廉政之星”等不同称号，除了关注在关键时刻表现突出的典型之外，还要重点关注平时默默无闻、任劳任怨的职工，让更多在平凡岗位上做出成绩的职工脱颖而出，让所有职工都感到他们可亲、可敬、可信、可学，从而为不同的岗位赶学比超树立榜样，在全房管战线形成学习先进、提振精神、锐意进取的干事创业氛围。

三是集中梳理和宣传房管战线的各类集体奖项。房管战线局机关及诸多下属单位在多年的努力中，获得了许多优秀成果和奖励，如白蚁所的“中华全国总工会模范职工小家”、“中国物业管理协会白蚁防治工作先进单位”，房产信息中心获中国地理信息产业优秀工程金奖的“互联网+住房保障”信息系统项目等。通过集中梳理和展示这些成果和奖励，可以激发干部职工的职业自豪感和使命感。

2. 创新对外宣传，打造“情系百姓，致力安居”的房管新形象

一是以全市“红色引擎”工程为契机，大力推进“红色物业”建设。在全市开展首届“十大优秀红色物管新人”评选活动，通过组织推荐、个人述职、群众网上投票等方式进行评选，对在物业工作岗位上传递党的声音、收集社情民意、调解矛盾纠纷、促进和谐稳定的优秀大学生物业管理员进行评选表彰，扩大武汉“红色物管”的影响力和美誉度，激发起大学生物业管理员的积极性和主动性。

二是大力发挥窗口部门的形象代表作用，促进全市人民对房管战线的整体认可。房管战线有不少直接与市民打交道的部门和处室，这些部门和处室的服务态度、办事效率等直接影响到群众对房管工作的满意程度。提升这些窗口部门的形象是提升房管战线整体形象的重要抓手。目前武汉房管战线中共产党员达一半以上，在市民之家以及各区政务中心窗口部门中设立“党员形象岗”，可发挥党员的示范带头作用，培育引导全体职工爱岗敬业、履职尽责。

三是将房产信息中心党建微信企业号扩大到全局使用，并向全市宣传推广我局“互联网+党建”的工作创新平台。房产信息中心“互联网+党建”平台设置了组织建设、党建动态、党员之声、学习园地等板块，在党建信息即时发布的时效性、精准发布的针对性方面都远远优于传统的党建工作手段，同时在形式上突破了时间和空间的限制，融合图片、文字、音频、视频等内容，鲜活地表现出党建工作的深刻内涵。应该尽快由局机关党委接管此微信公众号，扩大到武汉房管战线全体员工使用，在武汉市打造“互联网+党建”的武汉房管品牌。

四是开发使用“武汉房管”微信公众号。目前武汉交管局、长江日报等多个单位已经开通微信公众号或开发使用 APP，对服务市民、提升单位形象起到了重要作用。2017 年 8 月初，房管局发布的《2017 年下半年达到销售条件的商品房项目清单》，对下半年达到销售条件的商品房信息进行了集中公布，受到群众的好评。因此应该尽快开发使用“武汉房管”微信公众号，由专人负责管理，及时发布房地产政策法规、房地产管理工作动态、新售住房、住房公积金政策、保障房、白蚁防治等群众关心的信息，扩大房管政策的知晓率以及房管部门的影响力。

（四）创新队伍建设，打造身先士卒、排忧解难的“暖心”工程

思想政治工作既要言传，又要身教，要发挥党员领导干部的表率作用，打造身先士卒、排忧解难的“暖心”工程，以无声的教育推动武汉房管战线思想政治工作。

1. 发挥党员领导干部的战斗堡垒作用，激发全体成员干事创业的热情

从我们的调研来看，干部职工对武汉房管战线党员领导干部的总体评价是好的，但与他们的期望相比仍然有着一定的差距，例如对支部书记的评价，仅有64.4%的职工认为党支部书记是支部思想政治工作的核心，能起到党员的示范效应。党员领导干部要发挥行为引领作用，关键在于党员领导干部自身的政治素质、思想水平、人品素养和业务能力。

第一，党员领导干部要做学习的表率。应深化落实中心组领导学习制度，定期组织中心组学习，把理论学习与专题研讨、调查研究和解决实际问题结合起来，将学习的体会和成果转化为谋划工作的思路、促进工作的措施、领导工作的本领。同时，根据学习的主题，不定期将参加人员扩大到中层干部，延伸学习链条，提升完善领导班子和中层领导干部的管理能力与发展创新能力，并以此带动干部职工参与学习的主动性，增强学习的影响力。

第二，党员领导干部要做干事创业的表率。推进思想政治工作容易陷入到与抓业务工作两张皮的误区中，要将两者统一起来，党员领导干部就应该做干事创业的表率。党员领导干部要经常深入一线开展调查研究，掌握充足可靠的信息，提升业务能力和管理水平，为武汉房管战线全局工作出谋划策。同时，针对半数以上的干部职工认为影响干部拼搏积极性的主要原因是激励机制不健全，做了也得不到认可的问题，应制定相应的激励机制，给“想干事”的人以机会，给“能干事”的人以舞台，给“干成事”的人以激励，形成良好有效的用人导向，全面推动武汉房管事业的健康发展。

第三，党员领导干部要做廉洁自律的表率。在我们的调研中，被调查对象中认为党员领导干部非常廉洁和基本廉洁的占78.1%，可见在房管战线党员领导干部在廉洁自律方面还需要进一步加强。应按照市直机关工委的统一部署，落实《关于新形势下党内政治生活的若干准则》和《中国共产党党内监督条例》的要求，将“两个责任”和“一岗双责”进行量化、细化和具体化，制定《领导班子及领导干部落实党风廉政建设责任制工作清单》，将督促检查、廉政教育、监督问责、带头遵守廉政准则、听取党风廉政工作汇报、廉政教育、廉政谈话或警示训诫谈话、对群众反映的突出问题进行调研和解决、民主生活会及支部组织生活会情况、执行重大事项请示报告制度情况等责任事项列入工作清单中，领导干部看册知责、

对照履责，最终营造起风清气正、干事创业的发展环境。

2. 加大政工干部的选拔培训力度，打造专业的思想政治工作人才队伍

一支强有力的队伍是房管战线推进思想政治工作的人力保障。提升政工干部的业务素质，充分发挥政工干部的积极性、主动性、创造性，是发挥思想政治工作地位作用的关键。要持续进行管理机制创新，健全和落实各项制度，确保组织落实、人员落实。

一是建立“大政工”的思想政治工作队伍体系。房管战线局机关及下属单位应从本单位的层次、性质、规模等实际出发，灵活机动地配备政工干部，有条件的可以设置专职政工干部岗位，把有意愿、有能力的思想政治工作人才选拔出来从事专职思想政治工作。也可采取“专兼结合”、“双肩挑”、“一岗两职”等多种模式，充分发挥行政管理人员主动开展思想政治工作的积极性，形成基层“大政工”的格局。另外，随着复合型人才的大量涌现，兼职政工干部不断增加，还应重视和加强兼职或业余思想政治工作队伍建设，将其作为专职政工队伍的重要补充。

二是加强思想政治工作队伍的培养培训力度。要将政工干部的培训纳入到整个培训计划之中，通过继续教育工程和其他渠道及措施对思想政治工作人才进行培训，拓宽政工干部的知识面，提升他们的思想政治素养、党务业务素养。对新上岗的政工干部要进行上岗前业务培训，同时加大思想政治工作人才后备干部的培养力度。

三是建立竞争上岗机制。通过营造有利于优秀政工干部脱颖而出的良好环境，建立竞争上岗机制；根据房管局的年龄层次特征，引入年轻化的思想政治工作人才，优化思想政治工作队伍结构，打造老、中、青相结合的思想政治工作队伍。

3. 认真研究解决员工突出问题，解决员工的后顾之忧

社会基础决定社会意识，从我们的调研来看，干部职工思想上的许多问题都源自工作和生活中的实际问题和困难，如果不注意解决干部职工的这些实际问题和困难，思想教育就会脱离群众，难以收到实效。因此，领导干部要倾听员工呼声，了解和解决员工困难，既讲道理，又办实事，认真贯彻落实相关政策，多做得人心、暖人心、稳人心的工作，把好事办实、实事办好，解决员工的后顾之忧。

一是了解职工实际困难，在政策允许范围内进行帮扶。制定困难职工帮扶标准，开展困难职工调查，建立困难职工档案，帮助落实各种帮扶措施。尤其对家庭月人均生活费收入低于我市居民最低保障线的职工以及家庭因病致贫和特殊生活困难的职工开展帮扶慰问。

二是重视心理疏导，关注职工心理健康。一是对长期从事重复性工作的职工进

行心理疏导，引导职工调整心态，减少和控制工作倦怠甚至负面情绪。二是在职工遇到工作的重大调整或挫折时，适当进行疏导，引导职工正确对待困难、挫折和荣誉，缓解其心理困惑和精神紧张。三是在职工遇到重大身体或生活变故时，将解决实际困难与消除心理困惑相结合，让职工感受到组织的关爱，避免产生孤立无助感。

12. 关于武汉市房屋建筑面积计算标准差异性及对相关行政管理工作影响的研究

武汉市房产测绘中心

课题负责人：邓绪海　武汉市住房保障和房屋管理局　总工程师

课题组成员：刘昌平　郑举汉　潘芾林　刘永启　詹长根

罗　蓓　江文祥　陈祖军　张　鹏　刘敦全

郭阿兰　杨　凡　尹　磊　陈　泉　杜　娟

课 题 统 稿：刘昌平　尹　磊

一、概　　述

（一）研究背景

房屋的建筑面积数据广泛用于房屋规划报建、买卖交易、登记发证、税费征收、维修资金收缴等各个方面，与开发商的成本核算和老百姓的民生、权益息息相关。由于我国房屋管理体制的原因，在房屋整个生命周期内，不同的阶段分属于不同职能部门管理，导致房屋面积的计算技术标准也因为管理部门的不同，而出现误差。房屋的建筑面积数据是行使政府职能的重要指标，涉及相关各方的权益。开发企业希望在规划许可范围内争取容积率的最大化，摊薄相应的建设费用和核算成本，确保一定的利润；在房屋产权登记管理方面，希望可销售的房屋建筑面积越多越好，以确保最大的利益。目前，武汉市规划部门和房产管理部门各有一套建筑面积计算标准，并且房屋的产权面积和规划面积差异较大，给开发企业的管理带来一定困扰，同时也使得政府行政非常尴尬。

近年来，开发企业和业主就建设项目中规划审批和房产测绘与产权登记管理中房屋建筑面积的问题经常性的咨询和维权信访，引起了政府的高度重视。产生面积差异的原因，主要是规划面积由规划部门审核确定，产权面积由房管部门审核确定。规划部门审核确定的规划面积执行的技术规范是GB/T 50353-2013《建筑工程建筑面积计算规范》，房管部门审核确定的产权面积执行的技术规范是GB/T 17986.1-2000《房产测量规范》，两个规范对同一房屋建筑计算面积的规定不同，导致两个职能部门确认的建筑面积存在较大的差异。

为了维护社会的和谐稳定，保障房屋产权人的合法权益，减少对行政管理部门和开发企业的影响，本文通过对规划、房管两个部门执行的建筑面积计算标准开展研究，在充分吸取其他城市先进管理方法的基础上，提出合法的、可行的建议，希冀为武汉市行政管理部门提供技术支持。

（二）研究的目的和意义

1. 为房管和规划部门建立沟通协调机制提供技术支撑

本次研究，力求通过梳理规划与房管两部门现行所有涉及面积计算的国家规范、地方标准、内部管理文件，找出其中的共同点和不同点，对不同点进行分析，提出建议，为房管和规划部门建立沟通协调机制提供技术支撑。

2. 维护老百姓的权益

房屋的建筑面积是房屋价值的直接体现，房屋配套面积的建设体现了政府对业主身心健康、生活娱乐、生命尊严的爱护和保障，若规划与房管两部门核算的面积不一致，则对维护老百姓的权益失去了技术支撑。

3. 有助于开发企业节约成本，提高办理业务效率

当规划许可面积与房产测绘面积不一致时，建设单位往往需要分别到两个部门反复沟通，造成建设单位人力、时间、财务等成本的增加。通过协调处理好两个技术规范，其对于提高办理业务效率，节约建设单位的成本，减少社会矛盾都有着非常积极的作用。

（三）研究的主要内容

1. 国内其他城市的概况及经验总结

通过问卷方式和面对面沟通方式，重点选取我国一些具有一定代表性的城市，如郑州、长沙、成都、杭州等城市，收集和了解当地政府发布的建筑面积计算标准及超建面积处理的有关文件，总结其处理方式，寻求解决武汉的规划许可面积与产权测量面积不一致问题的有效途径。

2. 规划、房管两部门的建筑面积计算标准存在的差异

无论是规划局还是房管局，在多年来的管理工作中均在不同时期、不同背景下出台了很多部门内部的建筑面积计算规定，本次研究，首先对两部门的技术标准、行业内的规定进行梳理，整理出现行的标准。然后针对现行的标准进行比对，研究存在的差异。

3. 分析成因，提出建议

梳理出两部门标准间存在的差异后，咨询相关专家和学者，分析其成因，综合考虑工程造价、产权登记、共有面积分摊等实际需求后提出研究结论和建议。

（四）研究方法

1. 调查研究法

从课题立项到研究的各个阶段，分别用问卷、访谈等多种形式进行不同内容的调查研究，提高研究的可行性。

2. 文献研究法

查阅文本资料及相关的信息网，搜集各职能部门执行的技术标准，分析研究其

时代背景，构建研究的理论框架，为课题研究奠定基础。

3. 经验总结法

由其他城市的具体经验，上升到科学总结，提高研究水平，为武汉市各职能部门统一房产面积计算标准提出设想和措施。

4. 对照分析法

通过对两部门目前正在执行的建筑面积计算规则进行对比，找出存在的差异，分析形成的原因，提出可行性建议。

二、武汉市面临的问题

（一）技术上面临的问题

规划部门在规划管理中，主要是控制建设项目的总建筑面积、容积率、建筑密度等指标，更多的是控制建设项目的总规模，建筑面积的计算执行的国家标准是GB/T 50353-2013《建筑工程建筑面积计算规范》。该规范主要是适用于新建、扩建、改建的工业与民用建筑工程预算及建筑面积计算。

房管部门对于房屋面积测算的内容包括建筑面积、共有建筑面积、套内面积、产权面积等的测算，侧重于房屋预售及房屋产权登记时的房屋面积测算，建筑单元的划分更加细致，执行的是GB/T 17986.1-2000《房产测量规范》及湖北省地方标准GB42/T1049-2015《房产测绘技术规程》，两部门执行的是房屋建筑面积计算规定差异很大的技术标准。

由于规划管理和产权管理的重心不同，服务的对象亦不相同，因体制原因，计容建筑面积与产权建筑面积难以相互兼容。规划管理中，除了审查建设项目的建筑面积，更关心的是该项目的容积率是否超过规划许可的要求。容积率的计算公式是：容积率=该项目总计容建筑面积÷用地面积。计容建筑面积与建筑面积有一定的关系，但一般情况下不相等。计容建筑面积的计算对于房屋的层高、阳台大小等进行了限制，若超过了一定的限制，其建筑面积则需要乘以相应的系数计入容积率。

而产权管理部门测算的是产权单元的建筑面积，不测算房屋的计容建筑面积。产权单元的建筑面积包含套内建筑面积和分摊的共有建筑面积两部分。共有建筑面积根据其功能和服务对象的不同，又可分为应分摊的共有建筑面积和不应分摊的共有建筑面积。诸如为多栋服务的设备房、管理用房、值班警卫室、社区服务用房等的建筑面积都属于不应分摊的共有建筑面积。在进行房屋登记时仅仅记录在房产登记簿上，不能分摊到业主的权属面积中。

以上因素造成的技术上的问题主要表现在以下三个方面：

（1）房屋总面积不一致；

（2）管理部门重点监管的配套用房面积不一致；

（3）同一功能区房屋的建筑面积不一致。

（二）行政面临的问题

房屋的整个生命周期，从设计—规划批准—开发建设—权籍管理—灭失等各环节，分属于不同的职能管理部门，对于同一个建设项目，同一栋楼房，规划许可的面积与房产测量的面积总是存在一定的差距，这些往往引起开发建设单位和购房人的维权投诉，由此也给各职能部门带来了很多困扰。

1. 常遭到群众的投诉

武汉市规划部门在房屋规划管理中，主要是控制建设项目的总规模、容积率、非计容面积、配套建筑、建筑密度等指标，这些指标的确认以房屋建筑面积为基础，是计算缴纳项目规费的依据，是开发商计算房屋开发成本的重要组成部分。规划部门计算的房屋建筑面积对于房屋的栋面积、功能区面积、配套建筑的面积比较抽象，不具体确认功能建筑物之间的共有面积的关系，也不确认各产权单元之间的共有关系和分摊计算。武汉市房管部门对于房屋面积测算包括栋总建筑面积、各户的套内面积、产权面积、共有建筑面积等的确认和测算，这些数据主要用于房屋的交易，房屋价值的测算。同时，也是房屋产权登记的基础资料。两个职能部门由于面积测量的方法不同，规定不一致，即使同一个项目、同一栋房屋、同一配套建筑也存在较大的差异。

不同的职能部门出具的房屋面积数据虽然各自独立使用，但对于业主来说，不同的数据直接影响其相关的权益。例如：同一栋房屋的建筑面积如果规划部门计算的数据大于房管部门计算的数据，意味着开发公司要缴纳更多的配套规费，而可销售的面积变小则直接影响其开发的利润。反过来，同一栋房屋的建筑面积如果规划部门计算的数据小于房管部门计算的数据，意味着开发公司在办理房屋初始登记时，会遇到很多的麻烦，尤其是面积差异超过3%以上时，完成初始登记会增加更多的流程，所需的手续会更复杂，时间会更长。所以，各职能部门管理的房屋面积差异对老百姓的利益造成了直接的影响，所以常常遭到投诉。

2. 政府公信力受损

一般的群众会认为，规划部门、房管部门皆是市政府领导下行使房屋管理的职能部门，对于同一开发项目，同一栋房屋，其建筑面积为什么会有不同？不同的管理环节其数据为什么能够允许存在这么大的差异？群众的权益如何能够得到保障？

面对群众的疑问，我们只能回答，各个职能部门有着各自的规定和要求，各部门测算的数据只能在本部门使用，对其他部门得出的数据无从解释。这样的回答，显得苍白无力，群众不会接受，也不会认可，同时也有悖于“群众的需求就是我们努力的方向，群众的满意就是我们的工作目标”的服务宗旨，会使政府的公信力严重受损。

三、国内其他城市的经验总结和借鉴

本次研究，我们将通过调研其他城市的先进方法，寻求解决武汉市面临的这些问题的途径。

（一）国内其他城市的概况

1. 郑州市

郑州市政府发布了规范房屋建筑面积计算及超建面积处理的文件，当房产测绘的房屋建筑面积小于规划部门批准的建筑面积时，房产测绘部门一般不作处理。当房产测绘的房屋建筑面积大于规划部门批准的建筑面积时，测绘机构要分析误差原因，区分出因执行不同规范超出的建筑面积和因其他原因超出的建筑面积，形成详细书面报告，由房管部门分别进行处理。

因 GB/T 17986.1-2000《房产测量规范》与 GB/T 50353-2013《建筑工程建筑面积计算规范》规定的面积计算标准不一致，出现房屋预（实）测建筑面积超出规划批准建筑面积时，开发建设单位持房管部门出具的“基础设施配套费补交通知书”到市非税收入管理局补交基础设施配套费后，方可继续办理房屋预（销）售许可手续。

非违法建设和施工原因造成的房屋预（实）测建筑面积超出规划批准建筑面积的，房管部门函告规划部门，由规划部门进行容积率和规划许可复核，容积率未发生变化的，规划部门函告房管部门，由开发建设单位持房管部门出具的“基础设施配套费补交通知书”，补交基础设施配套费后，办理房屋预（销）售许可手续；容积率发生变化的，开发建设单位持规划部门出具的交费通知书补交基础设施配套费、土地出让金、人防异地建设费等相关规费，规划部门出具超建面积认定意见后，方可办理房屋预（销）售许可手续。对违法建设应由规划、国土、建设、房管等部门依法处理到位后，方可办理房屋预（销）售许可手续。

2. 长沙市

长沙市城乡规划局负责全市城市规划行政管理的工作。在对建设工程进行规划行政许可时执行的建筑面积计算标准为2014年7月1日起实施的《建筑工程建筑面积计算规范》（GB/T 50353-2013）、《长沙市城市技术管理规定》（长政发〔2009〕30号）、《〈长沙市城市规划管理技术规定〉补充规定》（长政发〔2012〕3号）。

长沙市住房和城乡建设委员会直属机构长沙市房屋产权监理处，主要负责全市房屋产权产籍管理和房产测绘管理工作。房屋开发公司委托有房产测绘资质的单位按照《房产测绘管理办法》（建设部、国家测绘局令〔2000〕83号）、GB/T 17986.1-2000《房产测量规范》、《湖南省房产面积测量技术规程》、《长沙市房产测绘实施细则》（长房地政发〔2000〕124号）进行房屋建筑面积测量。

房产测绘主要以房屋实测为主，实测成果首先用于房屋竣工验收，当实地与规划核准不一致时，房产测绘机构提交面积差异对照表转规划部门，待竣工验收后，根据要求出具正式测绘成果。其中在竣工验收时，因房产与规划计算规则导致差异时，测量技术报告会明确差异原因。同时测绘成果完成后需经过测绘管理科（隶属交易中心）审核通过后方可用于后续管理。同时，测绘部门还成立了微信公示公告平台，对承办的各项业务进度情况予以公布。不动产登记机构隶属国土部门，从房产部门信息中心中提取房屋数据后办理后续业务。

3. 成都市

成都市规划管理局负责承担中心城区建设项目的规划管理。在建设工程进行规划许可时执行的计算标准是GB/T 50353-2013《建筑工程建筑面积计算规范》、《成都市规划管理技术规定》（2014）。

成都市城乡房产管理局负责房产测绘成果审核，要求房产测绘单位按照《房产测绘管理办法》（建设部、国家测绘局令〔2000〕83号）、GB/T 17986.1-2000《房产测量规范》、《四川省房产测绘实施细则》（2010年版）进行房屋面积测量。

《房屋建筑面积测绘成果报告》包含两部分内容：产权面积和竣工面积，分别依据GB/T 17986.1-2000《房产测量规范》和GB/T 50353-2013《建筑工程建筑面积计算规范》进行计算，并提供房屋竣工面积和房屋产权面积差异对比表。该套成果先提供规划部门进行规划验收使用，合格后再交房管局审核使用。

4. 杭州市

浙江省统一了房屋面积计算标准，各职能部门的房屋建筑面积计算标准大体执行的是房产面积计算的标准。2015年杭州又出台了补充规定，将面积计算的差异减小到最低。市政府计划将规划土地房产的测绘业务整合到一家测量机构，实行房屋面积预测量数据共享，并拟定出台《杭州市竣工验收测量规范》，将规划与房产的房屋面积计算标准完全统一。现阶段，各职能部门建立了畅通的联系机制。当房屋现状与规划设计不一致时，由房管部门给规划部门发送联系单，请予以配合确认。房产测绘和测绘成果管理隶属于房管局测绘科，对主城区的房产测绘成果予以统一审核和归档。

（二）国内其他城市的经验对武汉的启示

通过调研，国内多数城市也存在规划许可面积与产权测量面积存在差异的现象，最重要的因素是这两部门执行的面积计算规则不一致。目前，各城市遇到此类问题的主要解决方法有三种。

（1）两部门各自执行本部门的规定，建筑面积数据各自独立利用，相互间没有建立沟通渠道。若房测面积小于规划许可面积时，按房产测绘面积办理产权登记。若房测面积大于规划许可面积时，房屋登记部门按本城市已有的共识进行研究处理。

（2）规划和房管部门建立联系沟通机制，协调处理面积差异性问题。

（3）将房产实测前移到房屋竣工验收之前，反映房屋现状，待规划部门对房屋竣工验收后再根据情况出具用于登记的测算报告。

四、现行技术标准差异性研究

武汉市规划部门和房产管理部门在应用房屋建筑面积数据时存在着较大的差异性，其主要原因乃是各自执行了不同的技术标准。下面通过对两部门执行现行的技术标准进行梳理，找出差异，提出可行性建议，为行政管理提供技术支撑。

（一）两标准的制定初衷及适用范围

1.《房产测量规范》

1982 年，为了配合全国城镇房屋普查工作，国家经委基本建设办公室印发了《建筑面积计算规则》。在此规则的基础上，通过对普查工作中房屋建筑面积计算的技术问题进行了总结，结合房屋登记的需要，国家测绘局于 1991 年 5 月发布了行业标准 CH5001-1991《房产测量规范》，2000 年在行业标准的基础上，结合当时科技的发展状况和实际生产的需求，参照国内外有关标准和规定制定了国家标准 GB/T 17986. 1-2000《房产测量规范》，其目的主要是采集和表述房屋和房屋用地的有关信息，为房产产权、产籍管理、房地产开发利用、交易、征收税费，以及为城镇规划建设提供数据和资料。房产测量的基本内容包括：房产平面控制测量，房产调查，房产要素测量，房产图绘制，房产面积测算，变更测量，成果资料的检查与验收等。

2.《建筑工程建筑面积计算规范》

为了统一和规范工业与民用建筑工程建设全过程的建筑面积的计算方法，20世纪70年代我国制定了《建筑面积计算规则》，之后根据需要进行了多次修订。1982年，国家经委基本建设办公室印发了《建筑面积计算规则》，1995年建设部发布的《全国统一建筑工程预算工程量计算规则》（土建工程 GJDGZ-101-95）对1982年的《建筑面积计算规则》进行了修订。2005年建设部以国家标准发布了GB/T 50353-2005《建筑工程建筑面积计算规范》。2014年在总结2005年版《建筑工程建筑面积计算规范》实施情况的基础上，修订出台了GB/T 50353-2013《建筑工程建筑面积计算规范》，该规范主要适用于新建、扩建、改建的工业与民用建筑工程。规划部门以此规范为依据，在房屋规划报建审核、配套面积的批准、房屋的竣工验收等方面进行建筑面积计算。

（二）正在执行的技术标准

通过对房管局、规划局涉及面积计算规范、文件的梳理（详见附件二、附件三），我们知道了目前两部门现行的面积计算标准。武汉市房管局执行的是GB/T 17986.1-2000《房产测量规范》、湖北省地方标准DB42/T1049-2015《房产测绘技术规程》（以下简称“房产测绘规程”或“规程”）和《武汉市房产测绘实施细则（2010版试行）》（以下简称“房产测绘细则”）。武汉市规划局执行的是GB/T 50353-2013《建筑工程建筑面积计算规范》（以下简称“面积计算规范”或“规范”）和《武汉市规划管理建筑面积计算技术规定》（以下简称“面积计算规定”）。以下主要比较“房产测绘规程”和“面积计算规范”两个标准的异同点。

（三）两标准中计算标准一致的条文

通过比较，两个技术标准有很多相同之处。从面积计算的分类标准来看，都是分为计算全面积；计算1/2面积；不计算面积三大类；从条文编写方式来看，都是针对建筑的不同功能空间单独执行相应的规定。两个标准中对于很多建筑空间例如房间、楼梯间、管井等，算法是一致的。这些一致的条文不作为本次研究的重点内容。

（四）两标准中计算标准不一致的条文

通过对比分析，“房产测绘规程”与“面积计算规范”存在差异的条文主要分为层高、阳台、有柱走廊、雨篷、架空、室外楼梯、采光天井七大类。下面我们将逐一进行分析，提出建议。

1. 层高类面积计算差异

“房产测绘规程”与“面积计算规范”对于房屋层高的面积计算规定条文不同点见表 1。

表 1 层高类面积计算条文对比表

房产测绘技术规程		建筑工程建筑面积计算规范		条文比较	备注
8.2.1.b	房屋内的夹层、插层、技术层、结构转换层及其梯间、电梯间等，其层高在 2.20m 及其以上部位计算建筑面积	3.0.26	对于建筑物内的设备层、管道层、避难层等有结构层的楼层，结构层高在 2.20m 及以上的，应计算全面积；结构层高在 2.20m 以下的，应计算 1/2 面积	层高小于 2.2 米的，规范计算 1/2 面积，规程不算面积	
8.2.1.c	穿过房屋的通道，房屋内的门厅、大厅，均按一层计算面积。门厅、大厅内的回廊部分，层高在 2.20m 及其以上的，按其水平投影面积计算	3.0.2	建筑物内设有局部楼层时，对于局部楼层的二层及以上楼层，有围护结构的应按其围护结构外围水平面积计算，无围护结构的应按其结构底板水平面积计算，且结构层高在 2.20m 及以上的，应计算全面积，结构层高在 2.20m 以下的，应计算 1/2 面积	层高小于 2.2 米的，规范计算 1/2 面积，规程不算面积	
8.2.1.e	房屋屋面上属永久性建筑，层高在 2.20m 及其以上的楼梯间、水箱间、电梯机房及斜面结构屋顶，层高在 2.20m 及其以上的部位，按其外围水平投影面积计算	3.0.3	形成建筑空间的坡屋顶，结构净高在 2.10m 及以上的部位应计算全面积；结构净高在 1.20m 及以上至 2.10m 以下的部位应计算 1/2 面积；结构净高在 1.20m 以下的部位不应计算建筑面积	层高小于 2.2 米的，规范计算 1/2 面积，规程不算面积	

续表

房产测绘技术规程		建筑工程建筑面积计算规范		条文比较	备注
8.2.1.j	地下室、半地下室及其相应出入口，层高在2.20m及其以上的，按其外墙（不包括采光井、防潮层及保护墙）外围水平投影面积计算。连接多栋房屋的地下室及独立的地下车库、地下广场、商场等地下房屋，层高在2.20m及其以上的，计算建筑面积	3.0.5 3.0.6	地下室、半地下室应按其结构外围水平面积计算。结构层高在2.20m及以上的，应计算全面积；结构层高在2.20m以下的，应计算1/2面积。 出入口外墙外侧坡道有顶盖的部位，应按其外墙结构外围水平面积的1/2计算面积	出入口规范算1/2面积，规程计算全面积	
8.2.1.p	室内体育馆、剧院等场馆按实际层数计算建筑面积。看台下方空间加以利用的，高度在2.20m及其以上的部位，以围护结构外围水平投影面积按实际层数计算	3.0.4	场馆看台下的建筑空间，结构净高在2.10m及以上的部位应计算全面积；结构净高在1.20m及以上至2.10m以下的部位应计算1/2面积；结构净高在1.20m以下的部位不应计算建筑面积。室内单独设置的有围护设施的悬挑看台，应按看台结构底板水平投影面积计算建筑面积。有顶盖无围护结构的场馆看台应按其顶盖水平投影面积的1/2计算面积	净高大于1.2米小于2.1米的，规范计算1/2面积，规程不算面积	
8.3.2	对倾斜、弧状等非垂直墙体（或围护物）的房屋，层高在2.20m及其以上的部位计算建筑面积。房屋墙体（或围护物）向外倾斜，超出底板外沿的，以墙体（或围护物）底部外围投影计算建筑面积；房屋墙体（或围护物）向内倾斜，按距底板层高2.20m及其以上部位的水平投影计算建筑面积	3.0.18	围护结构不垂直于水平面的楼层，应按其底板面的外墙外围水平面积计算。结构净高在2.10m及以上的部位，应计算全面积；结构净高在1.20m及以上至2.10m以下的部位，应计算1/2面积；结构净高在1.20m以下的部位，不应计算建筑面积	规范按1.2米、2.1米分别计算面积，规程按2.2米分开计算	

面积计算条文分析：

房屋楼层结构大体分为平顶层和坡屋顶层两种情况。

（1）平顶层。对于平顶层的建筑空间，不论是在“房产测绘规程”还是“面积计算规范”中，层高是否小于 2.20 米决定着该建筑空间的面积计算标准，不同的是在“房产测绘规程”中，层高小于 2.20 米的建筑空间不计算面积，而在“面积计算规范”中层高小于 2.2 米的建筑空间计算 1/2 面积。

“房产测绘规程”、“面积计算规范”都主要适用于工业与民用建筑工程。按照《民用建筑设计通则》GB/T 50352-2005 的定义：民用建筑主要是指供人们居住和进行公共活动的建筑的总称，包含了供人们居住使用的建筑和供人们进行各种公共活动的建筑。查找我国相关设计规范中关于建筑层高的规定有：

GB/T 50096-2011《住宅设计规范》：（5.5.1）居住建筑层高宜为 2.8 米；（5.5.2）卧室、起居室（厅）的室内净高不应低于 2.4 米，局部净高不应低于 2.1 米，且局部净高的室内面积不应大于室内使用面积的 1/3；（5.5.4）厨房卫生间的室内净高不应低于 2.2 米。

《办公建筑设计规范》（JGJ67-2006）中第 3.1.11 条规定：办公室的室内净高不得低于 2.60m，设空调的可不低于 2.40m；走道净高不得低于 2.10m，贮藏间净高不得低于 2.00m。

《商店建筑设计规范》（JGJ48-2014）中，对于商业建筑规定其最小净高不小于 2.4 米。

通过查阅各种设计规范，结合日常工作中的实际项目，我们发现，平常遇到的居住建筑、商业建筑、办公建筑一般情况下层高均大于 2.20 米，关于这部分的面积计算，两个标准是一致的。而出现层高小于 2.20 米的往往是房屋内的附属层，如夹层、插层、技术层等。按照《房产测量规范》的术语解释，夹层是指建筑在房屋内部空间的局部层次，也指安插于上下两个相邻自然层中间的房屋，技术层是指建筑物内用作水、电、暖、卫生等设备安装或结构转换的层次。我们平常遇到的夹层、技术层等主要分为可使用和不可使用两类。

不可使用夹层、技术层一般是结构转换层、管道夹层。从规划管理的角度来看，结构转换层不会引起居住人口的变化，也不会对城市公共配套设施带来更多的影响。从工程量的角度来看，修建结构转换层确实会投入相当的人力、物力，若不计算建筑面积则会影响对于工程造价的评估，财务审计时也难以进行解释。可使用的夹层，有的设计层高超过 2.20 米，有的设计层高小于 2.20 米。层高小于 2.20 米的夹层一般都用于对层高要求不高的辅助功能用房（如储藏间等）。对于此类夹层，若不计算建筑面积，势必造成设计人员会通过不同的空间组合形式在建筑内形成大量层高不足 2.20 米，但可以进行利用的建筑空间，变相增加了建筑的地上规模，与规划管理的底线相违背。

房产测绘技术标准规定：层高大于 2. 20 米的夹层若作为套内空间则会计入产权面积，房屋内建设的设备（结构）转换层是不应分摊的建筑面积，无法计入产权面积中。层高小于 2. 20 米的夹层、插层、技术层都不计算面积，也就不存在计入产权面积的问题。

基于以上分析，建议：对于层高小于 2. 20 米，大于 1. 20 米的建筑空间，计算 1/2 建筑面积，小于 1. 2 米的建筑空间不计算建筑面积。

（2）坡屋顶层

对于坡顶的建筑空间，主要是指坡屋顶内和场馆看台下的空间。“房产测绘规程”中主要以两个要素来判断是否计算建筑面积：是否加以利用；层高是否超过 2. 2 米。对于设计加以利用并且层高超过 2. 2 米的部分计算建筑面积，层高不超过 2. 2 米部分不计算建筑面积。

而“面积计算规范”规定，只要形成了空间，不论是否加以利用，均按照结构净高在 2. 10m 及以上的部位应计算全面积；结构净高在 1. 20m 及以上至 2. 10m 以下的部位应计算 1/2 面积；结构净高在 1. 20m 以下的部位不应计算建筑面积。

对于坡屋顶下空间的计算方式，“房产测绘规程”与“面积计算规范”相差较大。

产权划分相关规定：

对于坡屋顶内和场馆看台下的建筑空间，若设计加以利用，则会办理相应的产权或纳入共有建筑面积进行分摊，应该计算面积。

基于以上分析，建议：对于坡屋顶的房屋结构净高小于 2. 10 米、大于 1. 20 米的建筑空间，计算 1/2 建筑面积，小于 1. 20 米的建筑空间不计算建筑面积。

2. 阳台类面积计算差异

“房产测绘规程”与“面积计算规范”对于房屋阳台类面积计算规定条文不同点见表 2。

面积计算条文分析：

近几年来，户型设计中出现阳台的情况越来越多，阳台面积占套内面积的比例有越来越大的趋势，甚至出现将整个房间设计为阳台，在房屋销售时又宣传可以当做房间使用的状况。这种将房间按照阳台计算 1/2 面积，销售后又作为房间使用的情况，实际上是变相地增加了项目的地上规模，增加了居住人口，导致周边的公共配套不足，同时导致国家税费的流失。为了对这种情况进行控制，在“面积计算规范”中将阳台划分为“主体结构内的阳台”和“主体结构外的阳台”。在主体结构内的阳台，计算全面积；在主体结构外的阳台，计算 1/2 面积。但该划分方式存在两个问题，一是由于建筑的结构设计非常复杂，每栋建筑的结构设计各不相同，有些阳台一部分在主体内，一部分在主体外，阳台的划分标准相对复杂；二是通过研究具体案例，通过改变结构设计，同样能够将整个房间变为在主体结构之外，达到只计算 1/2 面积的目的。

表 2　　**阳台类面积计算条文对比表**

<table>
<tr><th colspan="2">房产测绘技术规程</th><th colspan="2">建筑工程建筑面积计算规范</th><th>条文比较</th><th>备注</th></tr>
<tr><td>8. 2. 1. f</td><td>挑楼、封闭的阳台按其外围水平投影面积计算</td><td rowspan="3">3. 0. 21</td><td rowspan="3">在主体结构内的阳台，应按其结构外围水平面积计算全面积；在主体结构外的阳台，应按其结构底板水平投影面积计算 1/2 面积</td><td>对于阳台，规范以是否在主体结构内界定，规程以封闭界定</td><td rowspan="2"></td></tr>
<tr><td>8. 2. 2. c</td><td>未封闭的阳台、挑廊，按其围护结构外围水平投影内上盖水平投影面积的一半计算</td><td>规范以是否在主体结构内界定，规程以封闭界定</td></tr>
<tr><td>8. 2. 3. m</td><td>无上盖的未封闭阳台，不计算建筑面积。有下列情况之一的，视为无上盖，不计算面积：
底板至上盖高度达到或超过阳台所在层的两个层高；上盖为镂空建筑。</td><td>对于层高大于等于三个自然层的阳台，规范要计算面积，规程不计算面积</td><td>计算结果，规范比规程大</td></tr>
<tr><td>8. 3. 8. a. 2</td><td>上盖的水平投影大于或等于 1/2 围护结构（围护物）外围水平投影且小于围护结构（围护物）外围水平投影时，按上盖的水平投影一半计算建筑面积</td><td></td><td></td><td></td><td>规范无对应条款</td></tr>
</table>

在“房产测绘规程”中将阳台分为“封闭阳台”和“不封闭阳台”，封闭阳台计算全面积，不封闭阳台计算 1/2 面积。为了使城市界面更加整洁，在规划管理中通常会要求临城市主干道、景观敏感区域住宅建筑的阳台进行封闭处理。但是由于修建封闭阳台，一方面将造成产权面积增加，进而导致房屋总价上升，影响房屋的销售；另一方面因规划许可时封闭阳台计算 1/2 建筑面积，办理产权时封闭阳台计算全面积，产生的面积差，会带来建设单位补交土地出让金等问题，通常建设单

位都不愿意修封闭阳台。而对于不封闭阳台，两部门的计算标准基本上是一致的，即只计算 1/2 面积。

“房产测绘规程”第 8. 2. 3. m 条规定：“底板至上盖高度达到或超过阳台所在层的两个层高，视为无上盖，不计算面积。”该条文的制定初衷是当阳台的顶盖与底面之间高度过大时，阳台的使用功能基本消失，故该阳台底面可视为露台，不计算建筑面积。但通过对近几年的住宅户型进行调查研究，“空中花园、空中院馆”等参照不封闭阳台计算 1/2 面积，但实际作为房间使用的设计手法大量出现在目前的房地产市场中。若按照“房产测绘规程”的规定，对于层高大于等于三个自然层的阳台不计算建筑面积，设计师很可能通过不同的空间组合形式，让阳台层高大于等于三个自然层，达到不计算建筑面积的目的。但这将导致在建筑物变得越来越高的同时建筑面积却越来越小了，显然不符合实际情况。

“房产测绘规程”第 8. 3. 8. a. 3 条规定：“上盖的水平投影小于 1/2 围护结构（围护物）外围水平投影时，阳台不计算建筑面积。”该条规定与第 8. 2. 3. m 条规定的制定初衷类似，若阳台的顶盖设计得很小则基本失去了遮风挡雨的作用，该阳台底面可视为露台，而不计算面积。但若执行该算法，需要完成三项工作内容：①计算阳台底板投影的面积；②计算该阳台顶盖的面积；③将两个面积进行比较，确认顶盖面积是否超过阳台底板投影面积的 1/2。这种算法既增加了统计指标时的工作量，又会带来为了阳台不计算面积而去改变顶盖的原有造型设计。

产权划分相关规定：

在“房产测绘规程”中计入套内面积的阳台，办理产权，可以进行销售，公共阳台一般分摊给了各权属单元，也相当于办理了产权，进行了销售。

基于以上分析，我们建议：对于阳台的面积计算，结合规范、规程计算阳台的方法，形成更细致的计算方法。

3. 走廊门廊类面积计算差异

“房产测绘规程”与“面积计算规范”对于房屋走廊门廊类面积计算规定条文不同点见表 3。

面积计算条文分析：

走廊是指建筑物的水平交通空间。走廊既可以是室外的，也可以是室内的。对于有柱无围护结构的室外走廊的计算，“面积计算规范”与“房产测绘规程”的标准不同。“面积计算规范”按其维护设施外围水平投影面积的 1/2 计算建筑面积；“房产测绘规程”则按柱的外围水平投影计算全面积。

表 3　　　　**走廊门廊类面积计算条文对比表**

房产测绘技术规程		建筑工程建筑面积计算规范		条文比较	备注
8. 2. 1. h 8. 2. 2. a	与房屋相连的有柱走廊，两房屋间有上盖和双排柱的连廊，均按其柱的外围水平投影面积计算 与房屋相连有上盖无柱未封闭的走廊、檐廊、连廊、永久性架空通廊按其围护结构外围水平投影面积的一半计算	3. 0. 14	有围护设施的室外走廊（挑廊），应按其结构底板水平投影面积计算 1/2 面积；有围护设施（或柱）的檐廊，应按其围护设施（或柱）外围水平面积计算 1/2 面积	规范算1/2，规程计算全面积	计算结果，规程比规范核算的面积大
8. 2. 1. k	有柱或有围护结构的门廊、门斗，按其柱或围护结构的外围水平投影面积计算	3. 0. 15	门斗应按其围护结构外围水平面积计算建筑面积。结构层高在 2. 20m 及以上的，应计算全面积；结构层高在 2. 20m 以下的，应计算 1/2 面积	门斗两者均计算全面积，对于有柱门廊规范算1/2	
8. 2. 2. b	独立柱、单排柱的门廊、连廊、车棚、货棚等属永久性建筑的，按其上盖水平投影面积的一半计算	3. 0. 16	门廊应按其顶板的水平投影面积的 1/2 计算建筑面积	规程根据柱子情况进行了细分	

对于有柱无围护结构的室外走廊，当走廊宽度设计得非常宽时，在空间形态上，又与架空层有很多相似之处，如都处于建筑的主体结构以内，都是仅有结构支撑而无外围护结构。但对于架空层的面积计算，“面积计算规范”第 3. 0. 7 条规定：“建筑物架空层及坡地建筑物吊脚架空层，应按其顶板水平投影计算建筑面积。结构层高在 2. 20m 及以上的，应计算全面积；结构层高在 2. 20m 以下的，应计算 1/2 面积。”也就是说一个有柱支撑无围护结构的空间，若视为架空层则需要计算全面积，若视为有柱走廊则只计算 1/2 面积。如何区别架空层和有柱走廊又没有明确的标准。为了避免对于同一个空间，由于不同的人的界定标准不同而导致计算出的建筑面积的不同，有必要对计算标准进行统一。

产权划分相关规定：

按照“房产测绘规程”规定，仅为本幢服务的过（走）道、门廊纳入共有建筑面积分摊，而供多幢使用的通道不纳入共有建筑面积分摊。也就是说仅服务于本幢的走廊的面积将纳入共有建筑面积分摊后进行销售，而对于供多幢使用的走廊的面积无法进行产权办理进行销售。

基于以上分析，建议：对于走廊门廊类建筑按照“房产测绘规程”核算标准进行计算。

4. 雨篷车棚类面积计算差异

“房产测绘规程”与“面积计算规范”对于房屋雨篷车棚类面积计算规定条文不同点见表4。

表4 雨篷类面积计算条文对比表

房产测绘技术规程		建筑工程建筑面积计算规范		条文比较	备注
8.2.1.k	有柱或有围护结构的门廊、门斗，按其柱或围护结构的外围水平投影面积计算	3.0.16	有柱雨篷应按其结构板水平投影面积的1/2计算建筑面积；无柱雨篷的结构外边线至外墙结构外边线的宽度在2.10m及以上的，应按雨篷结构板的水平投影面积的1/2计算建筑面积。	规范算1/2，规程计算全面积	规程有柱雨篷在门前一般为有柱门廊，故按有柱门廊计算
8.2.1.l	属永久性建筑有柱的车棚、货棚等按柱的外围水平投影面积计算	3.0.22	有顶盖无围护结构的车棚、货棚、站台、加油站、收费站等，应按其顶盖水平投影面积的1/2计算建筑面积。	规范算1/2，规程计算全面积	计算结果，规程比规范核算的面积大
8.2.2.b	独立柱、单排柱的门廊、连廊、车棚、货棚等属永久性建筑的，按其上盖水平投影面积的一半计算	3.0.22	有顶盖无围护结构的车棚、货棚、站台、加油站、收费站等，应按其顶盖水平投影面积的1/2计算建筑面积	规程要有独立柱才算，规范无柱计算一半面积	

续表

房产测绘技术规程		建筑工程建筑面积计算规范		条文比较	备注
8. 2. 3. b	突出房屋墙面的构件、配件、装饰性的玻璃幕墙、金属幕墙及其他材料幕墙、垛、勒脚、台阶、无柱雨篷等不计入建筑面积	3. 0. 27	挑出宽度在 2. 10m 以下的无柱雨篷和顶盖高度达到或超过两个楼层的无柱雨篷不应计算建筑面积	挑出宽度不足 2. 1 米的不计算，规程无柱雨篷不计算	

面积计算条文分析：

“房产测绘规程”中，将雨篷的面积计算方式主要分为两类：一是多排柱雨篷、车棚、站台、加油站等按柱外围水平投影面积计算全面积；二是有永久性顶盖单排柱结构的车棚、雨篷、货棚、站台、加油站等按其顶盖水平投影计算 1/2 面积。“房产测绘规程”这种将雨篷、车棚、站台等区分为“多排柱”和“单排柱”分别计算的标准，可能会出现两种不合理的情况：一是两个同样投影范围的“多排柱”雨篷、车棚，因为柱的排列方式不同，造成建筑面积计算结果的不同；二是同样投影范围的“多排柱”雨篷、车棚和“单排柱”雨篷、车棚，因上盖面积不同可能出现计算全面积的“多排柱”雨篷、车棚的建筑面积小于计算 1/2 面积的“单排柱”雨篷、车棚的现象。

而在“面积计算规范”中，虽然将雨篷分为有柱雨篷（包括独立柱雨篷、多柱雨篷、柱墙混合支撑雨篷、墙支撑雨篷）和无柱雨篷（悬挑雨篷），但是面积计算方式均为按其结构板水平投影计算 1/2 面积，只是对于挑出宽度在 2. 10m 以下的无柱雨篷和顶盖高度达到或超过两个楼层的无柱雨篷两种特殊情况规定“不应计算建筑面积”。相较而言，“面积计算规范”的标准显得更合理和便于操作。

产权划分相关规定：

根据“房产测绘规程”规定，仅供本幢建筑使用的有柱雨篷属于应分摊的共有建筑面积，而独立的或供多幢建筑使用的车棚、雨篷等则属于不应分摊的共有建筑面积。

基于以上分析，建议：对于雨篷、车棚、货棚、站台等的面积计算按照“房产测绘规程”执行。

5. 架空类面积计算差异

“房产测绘规程”与“面积计算规范”对于房屋架空类面积计算规定条文不同点见表 5。

表 5　**架空类面积计算条文对比表**

房产测绘技术规程		建筑工程建筑面积计算规范		条文比较	备注
8. 2. 1. m 8. 2. 3. a	房屋架空层层高在 2. 20m 及其以上的部位，按柱或围护结构外围水平投影面积计算 层高小于 2. 20m 的房屋，包括夹层、插层、技术层、架空层及其楼梯间和电梯间，以及层高小于 2. 20m 的地下室和半地下室及其楼梯间和电梯间等不计算面积	3. 0. 7	建筑物架空层及坡地建筑物吊脚架空层，应按其顶板水平投影计算建筑面积。结构层高在 2. 20m 及以上的，应计算全面积；结构层高在 2. 20m 以下的，应计算 1/2 面积	规范按顶板水平投影计算全面积，规程按柱外围水平投影计算全面积。	

面积计算条文分析：

架空层是指仅有结构支撑而无外围护结构的开敞空间层。对于架空层，两个标准的算法有较大差异，主要是计算面积的范围。

对于架空层的计算面积的范围，在“房产测绘规程”中是按柱外围水平投影计算，而“面积计算规范”是按顶板水平投影计算。若建筑的外轮廓是规则的，那么不论是柱外围投影范围还是顶板的投影都相对确定，但当柱的分布不规则时，按照“房产测绘规程”的规定：“以柱外围水平投影计算”，在确定柱外围投影范围时则存在不确定性。当顶板的外轮廓不规则及和其他建筑的顶板如阳台空调机位等相连时若按“面积计算规范”的规定，则按顶板水平投影计算会存在不确定性。

架空层根据建筑布局的位置可以分为一般的平地架空层和坡地吊脚架空层。平地架空层多设计为非经营用途的公共开放休闲活动空间、公共通道等，这类架空层一般都是加以利用的。而坡地吊脚架空层多是由于用地局促，地形高差大等原因，为了提高土地的使用效率而采用的一种建筑形式。对于部分临崖、临河的吊脚架空层，确实存在无法利用的情况。而从工程量的角度来看，设计加以利用的架空层必然比不利用的工程量大，造价也会高，所以以是否加以利用来判断是否计算面积相对合理。

产权划分相关规定：

从产权划分相关规定来看，作为绿化、休闲及进入楼梯间的通道等功能的架空层的面积不纳入共有建筑面积进行分摊，不能销售，不能办理产权。在规划管理中，为了鼓励修建公共开放的架空层，对于居住底层公共开放的架空层的建筑面积是不计入容积率的。

基于以上分析，建议：坡地吊脚架空层不计算建筑面积，平地架空层按上一自然层外墙外围投影计算建筑面积。

6. 室外楼梯走道类面积计算差异

“房产测绘规程”与“面积计算规范”对于房屋室外楼梯走道类面积计算规定条文不同点见表 6。

表 6　**室外楼梯走道类面积计算条文对比表**

房产测绘技术规程		建筑工程建筑面积计算规范		条文比较	备注
8. 2. 1. g	属永久性结构有上盖的室外楼梯，按各层水平投影面积计算	3. 0. 20	室外楼梯应并入所依附建筑物自然层，并应按其水平投影面积的 1/2 计算建筑面积	规范算 1/2 面积，规程计算全面积	计算结果,规程比规范核算的面积大
8. 2. 2. d	无上盖的室外楼梯按各层水平投影面积的一半计算			一致	
8. 2. 2. a	与房屋相连有上盖无柱未封闭的走廊、檐廊、连廊、永久性架空通廊按其围护结构外围水平投影面积的一半计算	3. 0. 14	有围护设施的室外走廊（挑廊），应按其结构底板水平投影面积计算 1/2 面积；有围护设施（或柱）的檐廊，应按其围护设施（或柱）外围水平面积计算 1/2 面积	有上盖有围护设施的，规程按围护结构算一半面积，规范按结构底板算一半	基本一致

面积计算条文分析：

楼梯是指房屋层之间供垂直交通用的通道。室外楼梯通常是指设置在室外，用栏杆作为围护的楼梯。按照“房产测绘规程”将室外楼梯分为两种情况，有盖的计算全面积，无盖的计算 1/2 面积。而“面积计算规范”的规定只有一条，即按其所依附建筑物自然层计算 1/2 面积。

有些室外楼梯有上盖，仅仅一面为栏杆，其余三面都有墙体围护，和室内楼梯建造成本相差不大，如按规范仅计算一半面积，对开发企业就会造成一定的损失。

产权划分相关规定：

从产权办理的规定看，室外楼梯的面积是纳入共有建筑面积进行分摊和销售的。

基于以上分析，建议：室外楼梯或走道无论是否有上盖或柱，均按其外围水平投影面积的一半计算。

7. 采光天井类面积计算差异

“房产测绘规程”与“面积计算规范”对于房屋采光天井类面积计算规定条文不同点见表7。

表7 **采光天井类面积计算条文对比表**

房产测绘技术规程		建筑工程建筑面积计算规范		条文比较	备注
8.2.1.j	地下室、半地下室及其相应出入口，层高在2.20m及其以上的，按其外墙（不包括采光井、防潮层及保护墙）外围水平投影面积计算	3.0.19	有顶盖的采光井应按一层计算面积，且结构净高在2.10m及以上的，应计算全面积；结构净高在2.10m以下的，应计算1/2面积	规范算面积，规程不计算面积	计算结果，规范比规程核算的面积大

面积计算条文分析：

采光天井一般是指在地下室外及半地下室两侧外墙采光口外设的井式结构物。主要是解决建筑内个别房间采光不好的问题，同时兼具通风和景观的作用。但随着建筑设计的发展，在许多大型公共建筑的地下层中，为了满足通风、采光、景观、人流集散等方面的要求也会设计面积相对比较大的天井。在“房产测绘规程”中外墙外侧的采光井不计算建筑面积，对于地下室内可以达到使用的采光井，可以计算建筑面积，划分比较合理，而规范未作细分。

产权划分相关规定：

从产权办理的规定看，除仅作为通风或采光的天井，其他有顶盖的天井一般都会纳入与之服务的建筑空间进行分摊计算。

基于以上分析，建议：对于采光天井按照“房产测绘规程”进行计算。

（五）在面积计算规范中无对应条文

通过比对，“房产测绘规程”及补充规定中有几条规定在“面积计算规范”中无对应条文，归纳为以下4点：

（1）利用引桥、高架路、高架桥、路面作为上盖建造的房屋不计算面积。

（2）活动房屋、临时房屋、简易房屋不计算面积。

（3）复式楼套内楼梯间计算建筑面积。客户自理的复式楼梯间，依据设计图纸按自然层计算建筑面积。

（4）共有建筑面积的分摊。

规程对于共有建筑面积是否进行分摊，如何进行分摊制定了详细的条文，规范在共用面积的分摊计算方面没有相应的规定。

《房产测绘技术规程》制定的共有建筑面积分摊的条文包括：共有建筑面积的分摊原则、共有建筑面积按比例分摊的计算公式、共有部位的确认、分摊方法的确定、参与分摊区域的划分、共有建筑面积分摊方法、共有建筑面积的处理细则等。

《房产测绘技术规程》明确以产权单元为最小基本单元，各单元的共有面积按比例分摊。各功能区的建筑面积由各功能区的基本单元组成。能精确地计算出各产权单元的建筑面积是否超过 90 平方米等经济指标，为开发企业和业主缴纳税费提供依据。

“面积计算规范”基本上以项目为单位，幢的概念模糊，功能区的建筑面积以宏观的方式计算，仅能针对套内面积控制房屋是否超过 90 平方米等经济指标。

对于这些在面积计算规范中无对应条文的情况，建议直接按《房产测绘技术规程》的规定执行。

五、现行技术标准差异性对行政的影响

（一）对规划职能的影响

1. 房屋面积计算的路径和作用

武汉市规划部门控制建设项目指标的建筑面积数据，其流程是由各房屋设计机构按规划要求提供规范指标，经规划图审部门审核认可，规划部门发放规划许可证。房屋竣工后，规划勘测部门组织竣工验收，实地复查所有规划指标，对违规或超规的建筑进行处置，最后提供竣工验收合格文件，作为下一环节行使其他管理职能的依据。

房屋设计机构非专业的房产测绘人员，提供的规划指标仅仅是单一的某区域范围的理论面积数据，未能理解各建筑功能区间的相互共有的关系，与实际的规划指标可能产生较大的差异。规划竣工验收面积的测算，侧重于房屋宏观测量，忽略房屋功能的变化和违建现象。

GB/T 50353-2013《建筑工程建筑面积计算规范》作为规划部门对房屋面积计算各个指标及核定和验收的技术标准，有较大的局限性，只是宏观地规定房屋面积的计算方法，适用于房屋建筑成本的预决算，没有对房屋功能的认定和共有关系的分摊计算作出相应的规定，因此对各建筑权属的划分确认有着明显的缺陷。

2. 对规划影响的表现方面

（1）规划指标数据的影响

武汉市规划部门在房屋规划管理中控制建设项目的总规模、容积率、非计容面积、配套建筑、建筑密度等指标，这些指标的确认皆以房屋建筑面积为基础，建筑面积的大小直接或间接地影响各项规划许可的指标。

（2）对缴纳项目规费和配套建筑费用的影响

武汉市规划部门在房屋规划管理中控制建设项目的各项指标是开发建设企业建设成本核算的重要数据，各职能部门面积数据的差异性可能导致开发企业利润的估算存在较大的偏差，从而影响项目的建设质量，影响公共配套工程的完成，产生不可预知的矛盾和纠纷。

（3）政府公信力的影响

规划部门是房屋管理的上游环节，房产管理部门是房屋管理的下游环节，上游环节批准文件是下游管理环节的合法依据，当上游管理环节和下游管理环节因为重要数据指标不是采用同一标准时，必然会引起下游管理部门的质疑，造成各政府部门之间不可避免地产生矛盾，进而导致群众对市政府产生信任危机。

（二）对房管职能的影响

1. 房屋面积计算的路径和作用

武汉市房管部门行使房屋产权管理职能，其建筑面积数据首先由各开发公司委托房产测绘机构实施房产面积的预测绘和实测绘，经房管部门统一审核合格后，房产测绘数据用于购房合同的签订、房屋交易登记、物业管理等各个方面。房产面积测量细化到产权单元，侧重于房屋微观测量，重视房屋功能的变化和违规违建细节。

国家级、地方级及行业内的面积计算规定作为房管部门对房屋面积计算的技术标准，适用于房屋管理的需要，对老百姓维护自身的权益提供了合法性的依据。

2. 对房产职能影响的表现方面

（1）产权人经济利益的直接影响

目前，房屋的价值表现形式体现在房屋建筑面积上，房屋人买卖、缴纳的各税费均以房屋面积为基础折算，房产管理中的可售面积直接影响经济利益，因此，房产面积的差异与开发企业、房屋产权人的权益息息相关，面积数据的大小尤为重要。

（2）对办理房屋产权登记的影响

武汉市房管部门在房屋产权管理中，规划部门颁发的各项文件是行使职能的合法依据，房屋面积的差异，影响到房屋登记发证的正常运行。如果房产面积数据小于规划批准的数据，可销售的面积减少，开发企业的利润受损，开发企业必然提出质疑；如果房产面积数据大于规划批准的数据，则房屋面积审核不能通过，影响房屋登记发证。

例如：某一项目，规划批准总建筑面积20万平方米，房产测绘计算总建筑面积19.7万平方米。开发企业认为房管部门减少了3000平方米的可售面积，导致了3000万元的巨额经济损失，拒绝接受面积测量成果，并在各行政部门之间进行申诉，严重影响行政的实施。

（3）政府公信力的影响

房管部门和规划部门是同一个政府领导下的两职能部门，开发企业依法依规地建设，因两部门执行的技术标准不同，而影响经济利益，影响房屋的交易和登记的完成，显然会引起不满，政府在一定程度上受到诟病。

例如：某一项目，规划批准的物业配套面积160平方米，刚好满足2‰的要求，房管部门测量时的物业配套面积为140平方米。根据物业管理条例的规定，物业配套面积的指标监管职能属于房产管理部门，因达不到最低的指标规定，不能通过房产测绘资料的审核。其实，开发企业也很委屈，完全按照批准的房屋施工图纸完成的建筑，怎么在房管部门就达不到要求了呢？

经查实，主要原因是规划部门与房管部门计算面积的标准不同，产生了配套物业面积数据的差异。开发企业因此会对政府产生不满的情绪，政府形象受损。

六、结论及建议

通过技术标准上的对比及实际调研，我们发现建设单位反映的规划许可的面积与房产测量的面积总是存在差距的问题确实存在。造成面积差异的最主要因素是规划与房管两部门间的面积计算标准不统一。因此，我们提出以下建议：

（一）建议形成统一的建筑面积计算标准

通过前文的分析，两个职能部门房屋建筑面积计算标准不统一是面积产生差异最主要的因素。长期以来，建设单位一直都在反映我市规划局与房管局两个政府部门间关于建筑面积计算执行的标准不一致的问题，但由于没有引起政府足够的重视，因此问题一直没有得到解决。要消除两者的差异，最根本的办法是规划、房管、不动产登记部门形成统一的面积计算标准。由于涉及房屋权属认定的客观需要，以及开发商、房地产管理和登记机构的实际需求，房产测绘的面积必须精确到各户室。为了保证所有住户的合法权益，做到真正的公平、公正、公开，房产测绘在共有面积的认定、分摊计算的合理性、面积测算的精度上都要精细化，直接给定的是房屋基本单元的面积。建议规划、房管两部门成立专门的技术标准制定组，以“房产测绘规程”为基础，结合“面积计算规范”中以及规划管理中对于容积率控制的相关条文，制定统一的规范性文件。从房屋的设计到规划审批，到购房合同的签订和结算，到不动产权证办理，再到房屋后期的物业管理、改造拆迁等各环节执行同一技术标准，则可以很好地解决当前关于面积计算不一致所引起的各种矛盾。

（二）建议规划与房管部门在测绘成果审核使用上建立沟通机制

在目前房屋管理职能的体制下，房屋的生命环节分属不同的部门管理，假设建立规划、房管、不动产登记沟通机制，三方联动，就能较好地解决当前由于面积计算不一致所引起的矛盾。

如郑州市规划部门和房管部门建立了沟通机制，当非违法建设和施工原因造成的房屋预（实）测建筑面积超出规划批准建筑面积时，房管部门函告规划部门，由规划部门进行容积率和规划许可复合，容积率未发生变化的，规划部门函告房管部门，由开发建设单位持房管部门出具的《基础设施配套费补交通知书》，到市非税收入管理局补交基础设施配套费后，方可继续办理房屋预（销）售许可手续；容积率发生变化的，开发建设单位持规划部门出具的交费通知书到市非税收入管理局补交基础设施配套费、土地出让金、人防异地建设费等相关规费，规划部门出具超建面积认定意见后，方可继续办理房屋预（销）售许可手续。对违法建设应由规划、国土、建设、房管等部门依法处理到位后，方可办理房屋预（销）售许可手续。郑州市通过以上处理方法，较好地解决了房产测绘面积与规划面积不一致的问题，减少了开发企业和购房业主因面积产生的纠纷，使得当地房产测绘方面的信访和投诉明显减少。

在工程竣工后，规划管理部门会依建设单位申请，按照建设工程规划许可证、规划设计图及实地情况进行规划核实；房管部门也同样是依据行政管理部门批准的规划设计图、规划核实测量成果图进行房产测绘成果审核，也就是说，两部门开展面积测算的基础资料基本是一致的。即使两部门之间暂时无法形成统一的面积计算标准，有了沟通渠道，当再出现规划许可与产权登记面积不同的问题时，可由房管测绘管理部门与规划核实部门直接进行对接，查找原因，无需建设单位在两部门间多次反复沟通，浪费大量的时间、人力、物力成本，造成社会资源的无谓浪费。

（三）建议建立房产测绘成果在房管、规划、不动产登记部门共享使用机制

房产面积测绘成果为精细化的房产数据，可以精确计算到房屋内不同使用功能的面积，计算到重点监管的配套用房的面积，也可以计算出每一个产权单元的专用面积、公共面积和产权面积，并且上述的几种面积是可以相互核验相互吻合的。规

划部门审查批准的面积比较粗略，基本上没考虑共有共用的面积分摊问题，所以，在房屋的设计阶段房产测绘部门应先期介入，进行房屋面积精细化计算，数据成果共享共用，也可达到房屋生命周期内各环节的面积数据的一致。

杭州市由市政府牵头，完善了房产面积测量数据的共享机制，在房屋设计阶段，房产测绘部门先行进行房屋面积预算，提交重点配套建筑的面积数据，再由规划部门依据此数据审核批准，这种做法的前提是开发建筑公司必须严格按照规划批准的设计图建设，否则，会产生新的矛盾。

武汉市东湖新技术开发区根据管理部门的特殊情况，要求开发企业在办理规划验收业务时除提供竣工测量、规划核实测量外，还需提供房产实测绘成果。具体做法是在房屋完工后办理规划竣工验收前进行房产测绘，根据现场实际情况出具测绘成果，规划依据房产测绘成果和竣工测量成果对项目进行验收，对与规划审批图纸不一致的地方进行公示，对不符合验收要求的地方开发企业还需要进行整改。房屋规划验收后，房产测绘机构根据规划验收情况对测绘成果进行相应的修改，再将测绘成果提供给房管部门进行审核使用，这种模式保证了房产测绘成果和现场一致，面积虽然与规划面积不同，但成果得到了规划部门认可，基本消除了因面积不同造成的影响，实现了房产测绘成果的共享。

七、附　　件

附件一　规划许可面积与产权测量面积对比表

序号	项目名称	规划许可时间	规划许可面积（m^2）	产权测量时间	产权测量面积（m^2）	产权—规划差值（m^2）	差值占许可面积的比例
1	万科·紫悦湾	2015.07	38051.47	2016.06	37541.93	−509.54	−1.3%
2	清江山水3.3期	2014.09	118786.56	2016.09	118833.72	47.16	0.0%
3	紫云府二期	2013.09	207948.09	2015.09	210400.78	2452.69	1.2%
4	光谷新汇	2015.11	94141.75	2016.08	93689.64	−452.11	−0.5%
5	丰泽园二期	2014.05	42800.97	2016.06	40810.43	−1990.54	−4.7%
6	三金华都二期	2013.01	52044.92	2015.11	53152.12	1107.2	2.1%
7	海赋江城二期B地块	2014.01	52459.3	2016.04	53285.38	826.08	1.6%
8	宝业·光谷丽都	2012.07	103143.43	2015.03	103575.5	432.07	0.4%

续表

序号	项目名称	规划许可时间	规划许可面积（m^2）	产权测量时间	产权测量面积（m^2）	产权—规划差值（m^2）	差值占许可面积的比例
9	名湖豪庭	2013.02	205091.13	2015.01	203166.09	−1925.04	−0.9%
10	水域天际三、四期	2013.06	82982.02	2015.04	84005.65	1023.63	1.2%
11	清江山水住宅小区3.2期	2013.06	81312.93	2015.08	81734.75	421.82	0.5%
12	碧桂园生态城一期	2012.06	138608.42	2014.04	138133.13	−475.29	−0.3%
13	金盛·国际	2011.04	74239.85	2015.05	73383.93	−855.92	−1.2%
14	红星美凯龙世博家居广场	2012.06	19885.96	2017.02	18234.04	−1651.92	−8.3%
15	洺悦府7号楼	2016.10	25235.98	2017.05	24718.05	−517.93	−2.1%

附件二　武汉市规划部门涉及建筑面积计算标准文件汇总表

序号	文件名	文号	使用时间	备注
01	《建筑工程建筑面积计算规范》	GB/T 50353-2013	2014年7月1日至今	
02	《武汉市规划管理建筑面积计算技术规定》		2014年10月1日至今	

附件三　武汉市房管部门涉及房产测量文件汇总表

序号	文件名	文号	使用时间	备注
01	《房产测量规范》	GB/T 17986.1-2000	2000年8月1日至今	
02	《关于房屋建筑面积计算与房屋权属登记有关问题的通知》	建住房〔2002〕74号	2000年5月1日至今	

续表

序号	文件名	文号	使用时间	备注
03	湖北省地方标准《房产测绘技术规程》	DB42/T1049-2015	2015 年 6 月 1 日至今	
04	《武汉市房产测绘实施细则》（2010 版）	武房发〔2010〕3 号	2010 年 2 月 1 日至今	
05	市房管局关于印发《房产测绘项目有关业务问题的处理意见》的通知	武房发〔2016〕90 号	2016 年 11 月 14 日至今	

附件四　房产面积与规划面积计算的异同比较表

序号	房产测绘面积计算	规划面积计算
1	技术依据：《房产测绘技术规程》和《武汉市房产测绘实施细则》	技术依据：《建筑工程建筑面积计算规范》
2	层高 1.2~2.2m 或净高 1.2~2.1m，不计算面积	层高 1.2~2.2m 或净高 1.2~2.1m，计算一半面积
3	无柱雨篷不计算面积；有柱雨篷计算全面积	雨篷宽度大于 2.1 m，计算一半面积
4	利用引桥、高架桥、高架路作为屋顶时，房屋不计算面积	建筑物以桥梁、台阶等作为房屋屋顶时，计算面积
5	飘窗不计算面积	飘窗底板与室内楼板高差小于 0.45m 时，计算面积
6	封闭阳台计算全面积，不封闭阳台计算半面积	阳台无论是否封闭，皆计算一半面积
7	门廊、挑廊、外走道等有柱计算全面积；无柱计算半面积，无柱无盖不计算面积；特殊情况另有规定	门廊、挑廊、外走道等高度大于 2.2m 计算全面积，小于 2.2m 计算半面积
8	阳台、室外走道等的顶盖超过两个自然层不计算面积	阳台、室外走道等的顶盖高度无限制，计算一半面积
9	有顶盖无围护结构的场馆，有柱按柱外计算全面积；独立柱，按顶盖计算一半面积	有顶盖无围护结构的场馆按顶盖计算一半面积

◎ 参考文献

[1]《房产测量规范》GB/T 17986.1-2000。

[2]《关于房屋建筑面积计算与房屋权属登记有关问题的通知》（建住房〔2002〕74号）。

[3] 湖北省地方标准《房产测绘技术规程》DB42/T1049-2015。

[4]《武汉市房产测绘实施细则》（2010版）（武房发〔2010〕3号）。

[5]《市房管局关于印发〈房产测绘项目有关业务问题的处理意见〉的通知》（武房发〔2016〕90号）。

[6]《建筑工程建筑面积计算规范》GB/T 50353-2013。

[7]《武汉市规划管理建筑面积计算技术规定》（2014年版）。

[8] 重庆市规划局建管处、重庆市规划信息服务中心：《规划许可及房屋产权登记建筑面积计算标准差异对比研究》（2015年版）。

[9]《郑州市人民政府办公厅关于规范全市房屋建筑面积计算及超建面积处理有关问题的通知》（郑政办〔2011〕78号）。

13. 武汉市住宅市场供给侧数据结构现状分析研究

武汉市房产信息中心
华中师范大学经济与工商管理学院

课题负责人： 黄　立　武汉市住房保障和房屋管理局　副局长
课题组成员： 陈　峰　缪　涛　林　波　田　鑫　张　妍
曾闪闪
课 题 统 稿： 陈　峰

摘　　要

自 2015 年底中央提出供给侧结构性改革以来，房地产供给侧“去库存”成为住宅供给侧的核心环节，尽管武汉市不存在“去库存”的问题，但已有供应结构难以满足居民多样化、个性化的需求特征，需要我们深入探究武汉市住宅供给侧结构的现状及破解之道。

本研究首先从住宅总量、存量、新建住宅供应及其区域结构、新建住宅产品结构、住宅投入资金和土地要素结构、开发进度等视角分析武汉市供给侧结构的现状，分析武汉市住宅市场供给侧近年来的特征及绩效；然后在设计相应指标的基础上，通过经验法、统计法、典型城市特征值法等方法给出各指标的合理区间范围，判断武汉市住宅供给侧各个层面结构的合理性；最后，采用模糊综合评判法对武汉市供给侧结构进行整体判断。

通过研究，可得出如下主要结论并给出相应政策建议。

第一，住宅总量偏低，新增住宅存在库存明显偏低问题。武汉市住宅总量规模显示，套户比 2015 年为 0.99，接近住房市场供需平衡下限，若剔除未成套住房，武汉市住房总量呈现整体偏低之势，新建住宅市场依然处于主导地位。同时，近三来来，库存不断下降。这可能与外来人口流入武汉加速及改善型住房需求旺盛等因素有关。这要求武汉市政府适度增加住房供应总量，优化土地供应节奏；强化住房的居住属性，适度干预并支持普通住房市场良性运转。

第二，租赁市场发展明显滞后。主要体现为如下几个方面：一是增量租赁市场处于起步阶段，租赁市场主要体现为存量住宅的租赁市场。二是存量租赁市场的管理相对滞后。三是存量住宅售价租金比为 187.59，市场租房没有成为许多居民认可的一种选择。在很大程度上，住房需求过度集中于购买环节，缺乏租赁市场的有效分流，不利于住宅市场的平稳健康发展。因此，政府应重点从以下几个方面培育和发展租赁市场：第一，培育和发展住房租赁市场供应主体；第二，多渠道增加租赁住房供应；第三，加大住房租赁政策支持力度；第四，应用大数据技术构建信息服务平台，加强住房租赁市场的监管力度。

第三，住宅产品供需不匹配。住宅商品供需不匹配主要体现在：新建住宅三居室及以下户型供应偏少、面积在 120 平方米及以下的住宅供应偏少。因此，武汉市政府应引导开发商多提供 120 平方米及以下，三居室及以下住宅产品改善住宅市场产品供需不匹配的潜在风险。

第四，住宅三证审批速度偏快。从建设工程规划许可证、建筑工程施工许可证和商品房预售许可证的审批时点来看，基于武汉市各楼盘样本，建设工程规划许可证到三个批次商品房预售许可证的时间间隔周期正常合理范围分别为（1.9，14）、

(3.4，17.4)、(4.6，19.4)。建筑工程施工许可证到三个批次商品房预售许可证的时间间隔周期正常合理范围分别为（2.3，9.8)、(3.0，11.0)、(4.0，14.3)。合理下限低于典型房企平均开盘时间，这可能与审批不规范有关。为此，应加强房地产用地市场管控，强化建设用地开发利用情况全程监管；同时，强化房地产各项数据指标的收集、整理、筛选及细化工作。

引　言

2015年底，中央提出供给侧结构性改革，我国经济政策逐渐由需求侧管理转向供给侧调控。自1998年住房货币化改革以来，我国房价持续上涨，住宅市场库存、资金、土地等问题逐渐显现。武汉市近年来住宅价格快速增长，近三年来开盘即售罄的状况时有发生，新型城镇化背景下新进城的新市民基本住房需求得不到满足等问题逐渐显现。2016年7月，武汉市人民政府下发了《关于推进供给侧结构性改革的实施意见》，要求优化房地产市场供给管理，促进房地产业健康发展。住宅市场是房地产市场的重中之重，是供给侧结构性改革的重要领地。为推进武汉市住宅市场供给侧结构性改革，本文在住宅供应现状分析的基础上，主要通过合理性分析，剖析住宅供应结构方面存在的问题，并提出改善供给侧结构的方案和建议，以促进武汉市房地产发展长效机制的形成。

一、现状分析

为了解武汉市近年来住宅市场供给侧结构现状，本文主要从住宅总量、存量住宅交易量、新建住宅供给、新建住宅供应的区域结构、新建住宅产品结构、住宅投入要素结构等方面，结合相关数据①展开分析，对近年来武汉市住宅供给侧特征及绩效进行总结。

（一）住宅总量

如图1，从住房总量上来看，据测算，2005—2015年武汉市的住宅水平在不断提升，但是仍然满足不了由人口增长所带来的需求。武汉市住宅总量由2005年25170万平方米增加到2015年的39485万平方米；人均住宅建筑面积由25.5平方米提升至37.25平方米，增长了46%；武汉市套户比由0.74提升至0.99，从住宅总量、人均住宅建筑面积以及套户比的整体上升趋势来看，武汉市的整体住房水平在不断提高，但本文套户比包涵了未成套的住宅，因此成套住宅的套户比会更低，

① 除特殊说明外，本文数据均来源于武汉市房产信息中心。

说明武汉市的住宅总量还是未能满足市民的需求，新建住宅市场仍然有很大的发展空间。

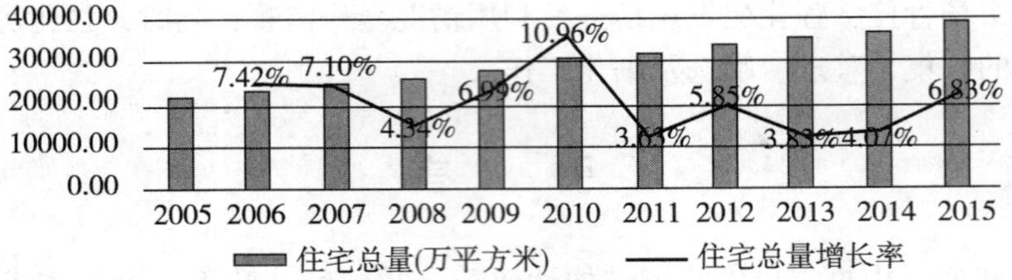

图 1　武汉市 2005—2015 年住宅总量（测算）及其增幅变动

注：1. 住宅总量为测算值，公式为：住宅总量=人均住宅建筑面积×常住人口数

2. 数据来源于武汉市房地产统计年鉴及武汉市统计年鉴

（二）存量住宅交易量

关于存量住宅的交易现状，本文主要从存量住宅与新建住宅交易量的对比角度进行分析。由表 1 可知，存量住宅和增量住宅的交易量整体都呈现上升趋势。2013—2016 年存量住宅交易量年增长率基本高于新建住宅，可见近年来存量住宅市场的发展速度稍快于增量住宅市场。从存增交易比来看，住宅市场仍然以新建住宅为主，2005—2017 年上半年该指标值在 0. 26～0. 57 范围内波动，低于美国、中国香港这些住宅市场发育较为成熟地区的比值 3. 2、5. 2，但与国内二手房市场活跃的上海的比值 0. 33 相当。

表 1　**2005—2017 年武汉市住房交易情况**

年份	存量房交易量（万平方米）		新建住宅交易量（万平方米）		存增交易比
	绝对值	年增长率	绝对值	年增长率	
2005	434. 07	—	775. 98	—	0. 56
2006	552. 25	27. 23%	1044. 50	34. 60%	0. 53
2007	531. 64	-3. 73%	1430. 69	36. 97%	0. 37
2008	366. 93	-30. 98%	645. 30	-54. 90%	0. 57
2009	609. 9	66. 22%	1258. 89	95. 09%	0. 48
2010	581. 45	-4. 66%	1159. 46	-7. 90%	0. 50

续表

年份	存量房交易量（万平方米）		新建住宅交易量（万平方米）		存增交易比
	绝对值	年增长率	绝对值	年增长率	
2011	515. 81	-11. 29%	1085. 34	-6. 39%	0. 48
2012	472. 69	-8. 36%	1331. 04	22. 64%	0. 36
2013	614. 92	30. 09%	1481. 77	11. 32%	0. 41
2014	467. 23	-24. 02%	1787. 72	20. 65%	0. 26
2015	600. 43	28. 51%	2283. 84	27. 75%	0. 26
2016	809. 95	34. 89%	3030. 11	32. 68%	0. 27
2017 上半年	397. 41	—	994. 76	—	0. 40

注：存增交易比=存量房交易面积/新建住宅交易面积

（三）新建住宅供给

关于武汉市新建住宅的供给现状，本文主要从新增供应量及成交量的对比、库存量及其变化两个方面进行阐释。

如图 2，2013 年 1 月至 2017 年 4 月武汉市新建住宅供给及销量均呈现“整体上升，局部震荡”的特征，变化方向大体一致。新建住宅市场成交量受调控政策影响明显，尤其是 2015 年 2 月央行下调存贷款利率及 4 月武汉市调整房贷政策刺激需求，使得 2015 年 10 月以来新房成交量明显高于新增供给量；但到 2016 年 10 月，因再度重启调控政策，成交量受到了一定影响，这表明武汉住宅市场政策调节效果明显。

如图 3，2012 年至 2017 年，武汉市库存量呈现出“倒 V”形态，而近三年呈现不断下滑的趋势。库存在 2014 年底达到峰值，市场消化能力逐渐增强，2015 年以后库存持续下滑。截至 2017 年 6 月底，武汉市新建住宅库存量为 703. 38 万平方米。

（四）新建住宅供应的区域结构

为了解武汉市新建住宅供应的区域结构，本文主要从各区域新建住宅供给及销售的比重、各区域库存占比两个方面进行分析。

由表 2 与图 4 可知，新建住宅区域市场差异较大。一是从区域新建住宅供给及销量占全市比重来看，2013 年至 2017 年上半年，武汉市 7 个中心城区中汉阳区、武昌区及洪山区供给比重较大，江岸区、江汉区、青山区供给比重较小。6 个远城区中，东西湖区、江夏区、黄陂区供给比重较大。经济开发区中，东湖开发区供给

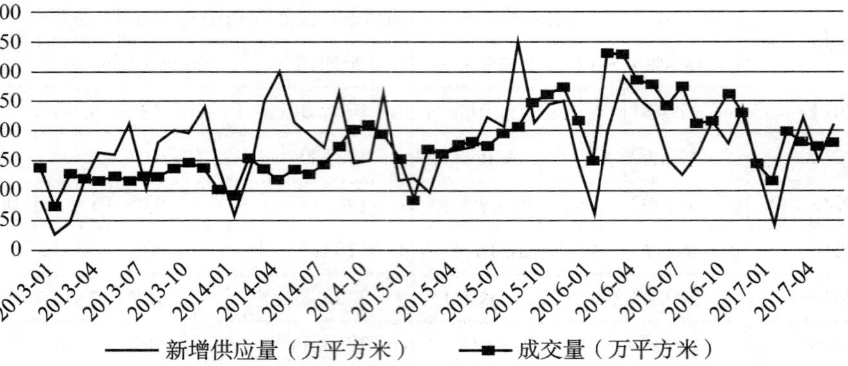

图 2　2013—2017 年武汉市新建住宅月度新增供应量与成交量

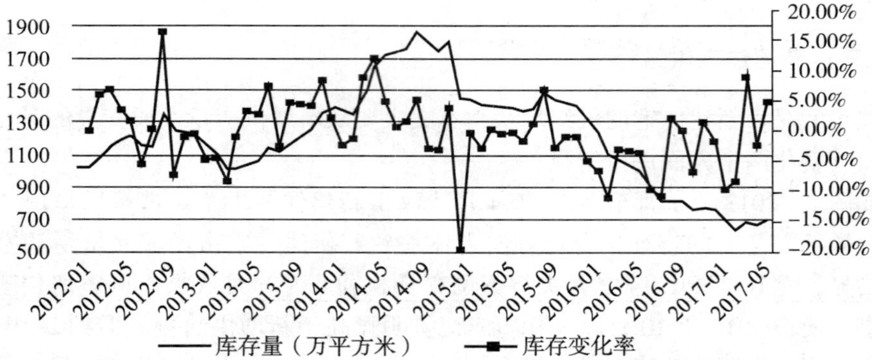

图 3　2012 年 1 月至 2017 年 5 月武汉市新建住宅库存情况

占比稳定靠前，沌口开发区稳定靠后，基本在 3%左右。东湖风景区供给份额近年来基本一直都是最小的。二是从新建住宅库存量来看，截至 2017 年 5 月底，库存占比最大的为硚口区，占到 13. 33%左右，其次为黄陂区、东西湖区、江夏区，均在 8%～11%，蔡甸区、汉南区及汉阳区库存占比最小，仅占到 3%～4%。

表 2　**2013—2017 年武汉市新建住宅区域供销比重**

区域	2013 年		2014 年		2015 年		2016 年		2017 年上半年	
	S_P(%)	D_P(%)	S_P(%)	D_P(%)	S_P(%)	D_P(%)	S_P(%)	D_P(%)	S_P(%)	D_P(%)
江岸区	5. 44	6. 57	7. 17	6. 44	10. 17	8. 67	8. 1	8. 52	6. 87	7. 11

续表

区域	2013 年		2014 年		2015 年		2016 年		2017 年上半年	
	S_P(%)	D_P(%)	S_P(%)	D_P(%)	S_P(%)	D_P(%)	S_P(%)	D_P(%)	S_P(%)	D_P(%)
江汉区	3.35	2.93	4.81	2.91	6.53	6.34	5.13	4.88	6.16	3.27
硚口区	2.36Ⅲ	2.40Ⅲ	2.15Ⅲ	3.0	6.68	3.11	8.43	5.19	10.11	6.74
汉阳区	11.80②	10.53	11.60②	11.11③	12.46①	12.51②	11.53②	12.25①	10.67③	12.52①
武昌区	6.59	6.37	6.7	6.16	6.9	6.76	3.39	3.61	0.77Ⅱ	2.92Ⅱ
洪山区	11.68③	16.94①	13.81①	15.98①	12.22②	12.46③	11.70①	9.61③	7.61	9.72③
青山区	1.66Ⅱ	1.39Ⅱ	4.4	1.51Ⅱ	2.69	2.84Ⅲ	4.69	2.94Ⅲ	3.40	4.97
东西湖	6.73	7.29	8.39	7.53	6.18	6.67	8.61	8.05	4.77	5.55
江夏区	9.87	8.56	9.45	8.58	6.22	7.24	8.05	9.36	12.16②	11.23②
黄陂区	11.23	10.91②	7.36	9.55	6.71	7.69	7.39	8.81	10.37	9.55
蔡甸区	5.1	4.5	4.52	4.45	2.22Ⅲ	3.75	4.17	5.82	5.48	6.11
新洲区	2.45	4.75	2.58	3.75	4.59	2.9	2.55Ⅲ	4.21	2.52	3.61
汉南区	3.23	2.56	1.15	1.76Ⅲ	1.34Ⅱ	1.22Ⅱ	1.22Ⅱ	2.00Ⅱ	2.33Ⅲ	3.80
东湖高新	14.23①	10.66③	10.30③	11.66②	11.58③	13.26①	11.41③	10.88②	12.68①	9.54
经济开发	2.84	3.14	5.01	4.82	2.54	3.57	3.11	3.55	3.57	3.26Ⅲ
东湖风景	1.43Ⅰ	0.50Ⅰ	0.60Ⅰ	0.81Ⅰ	0.93Ⅰ	1.00Ⅰ	0.53Ⅰ	0.33Ⅰ	0.51Ⅰ	0.10Ⅰ

注：1. S_P表示该区新建住宅该时间段内新增供应量占全市比重，D_P则表示成交量占全市比重

2. 上标①②③表示区域供销比重前三名，上标Ⅰ Ⅱ Ⅲ表示区域供销比重后三名

（五）新建住宅产品结构

基于数据可得性，关于武汉市住宅供应产品结构，本文只讨论新建住宅。新建住宅产品结构可以从户型、面积、档次三个方面展开分析。

1. 户型

关于武汉市新建住宅户型结构的现状，本文将其分成四类户型：一居室、二居室、三居室、四居室及以上，主要从其季度供给及成交量两个方面进行对比分析说明。

由图 5、图 6 可知，二居室及三居室供应及成交量占据主导地位，而一居室及

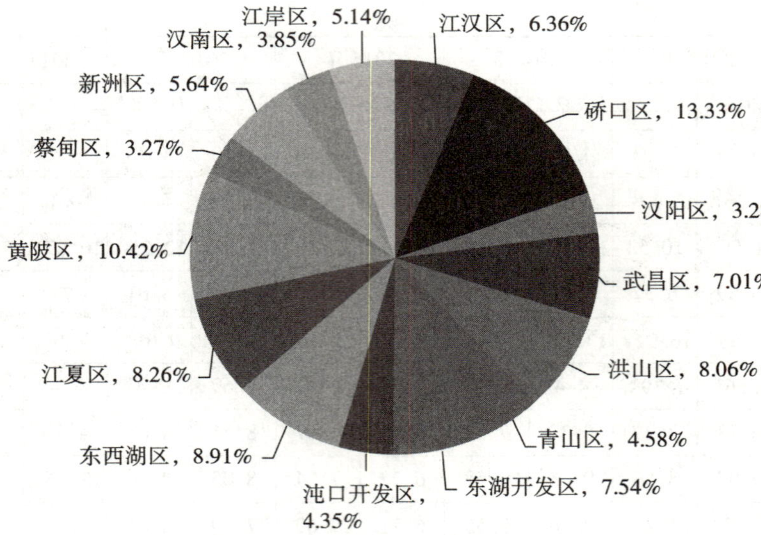

图 4　2017 年 6 月底武汉市各区新建住宅库存占比情况

四居室及以上户型供销量较小。其中，一居室 2013—2017 年季度供销量基本维持在 5000 套以下，而四居室及以上供给及成交量从 2015 年第一季度开始有上涨趋势；2015 年第一季度是三居室与二居室供销量对比的分水岭，其后三居室供销量均超过二居室。同时，2017 年第一季度，四居室及以上供销量超过二居室。由此可见，武汉市自 2015 年开始，新建住宅供销量有向大户型，尤其是三居室户型发展的趋势。

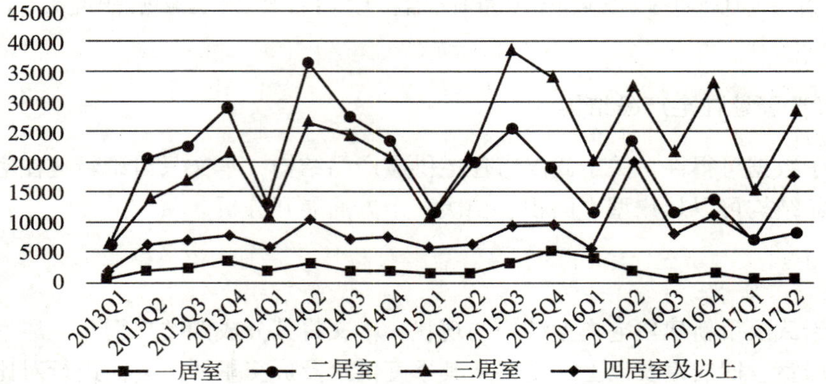

图 5　2013—2017 年新建住宅季度供给户型结构（套数）

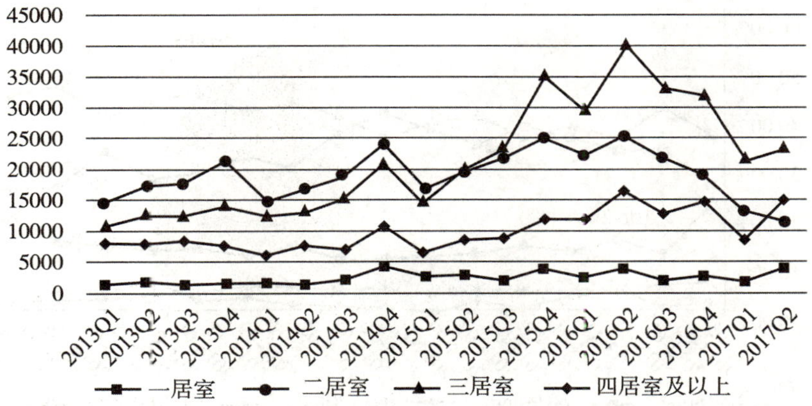

图 6　2013—2017 年新建住宅季度成交户型结构（套数）

2. 面积

同上述户型结构分析类似，关于武汉市新建住宅户型结构的现状，本节将其分为 60 平方米以下、60~90 平方米、90~120 平方米、120~144 平方米、144 平方米以上五个面积段，主要从其月度供给及成交两个方面进行对比分析说明。

由新建住宅分面积段供应及成交数据图图 7、图 8 可知，60~120 平方米住宅供应及成交量占据主导地位，而 60 平方米以下及 120 平方米以上面积段供销量较小。其中 60 平方米以下及 144 平方米以上面积段供销量占比均维持在 10%以下水平，而 120~144 平方米住宅供销占比基本在 10%~20%，处于五类面积段中的居中水平。值得注意的是，从 2014 年初开始，90~120 平方米住宅供销占比有逐渐超越 60~90 平方米住宅的趋势，而从 2015 年第二季度开始，90~120 平方米住宅供销占比明显超越 60~90 平方米住宅，且差距逐渐增大，90~120 平方米供销占比基本在 40%~50%，居于主导地位。

3. 档次

关于武汉市新建住宅档次结构，基于数据可得性①，本文将住宅分为保障性住宅、普通商品住宅、高档住宅三个档次，利用各档次住宅新开工面积占比进行对比分析。

由图 9 可知，2011—2015 年武汉市普通商品住房供给占主体地位，且比例整

① 本数据来源于《武汉市统计年鉴》及《武汉市住房保障与房屋管理局蓝皮书》。

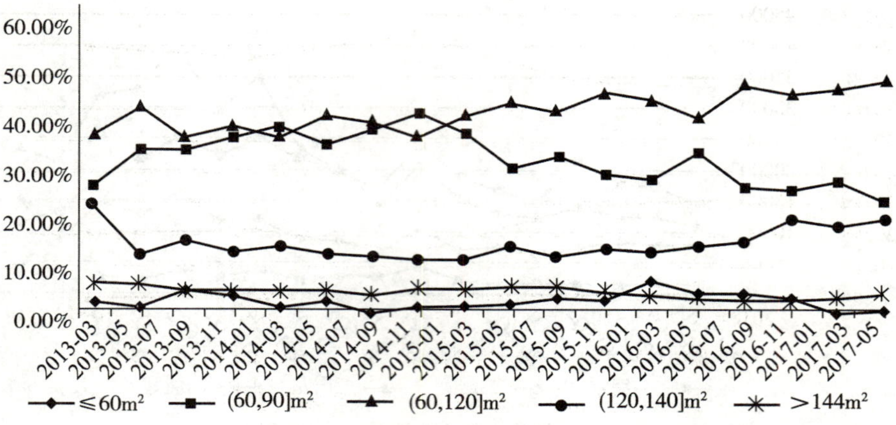

图 7　2013—2017 年新建住宅各面积段供给占比（套数）

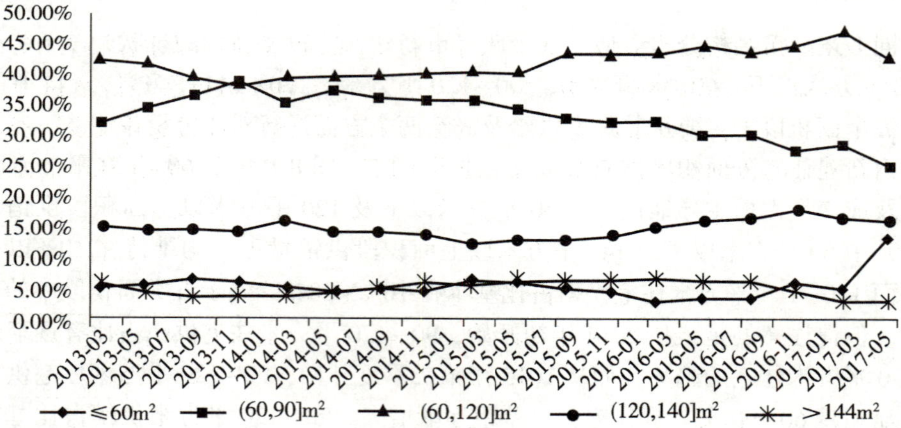

图 8　2013—2017 年新建住宅各面积段成交占比（套数）

体呈上涨趋势，但保障性住宅供给比重有整体下降的趋势；同时在保障性住房新开工面积的内部结构中，保障性住房中公租房及经济适用房新开工面积降幅较大，其中公租房新开工套数从 2014 年的 8211 套下降到 2015 年的 2535 套。棚改房占保障性住房供给比例逐年上升，政策变化无疑是主要原因。

（六）住宅投入要素结构

关于住宅生产的要素结构问题，本文主要从资金、土地、时间周期三个方面进

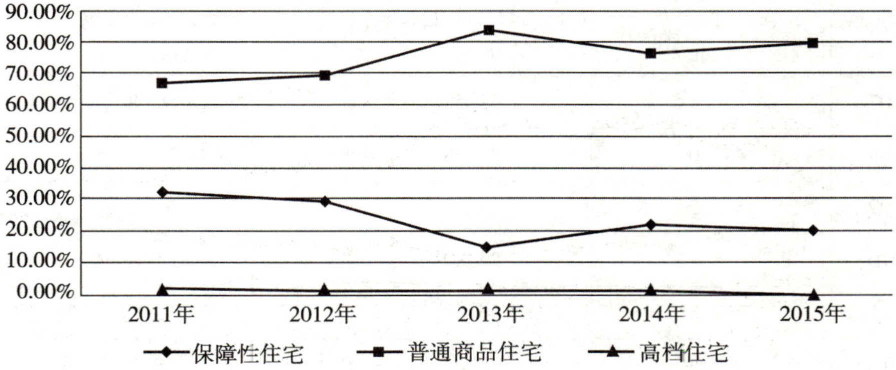

图 9　武汉市各档次住宅新开工面积占比结构图

行阐述。

1. 资金

由表 3 可知，2000—2016 年武汉市住宅投资额不断上涨，基本保持着 19. 67%的平均年增速，2016 年达到 1726. 79 亿元，武汉市房地产市场在经济增长中扮演了比较重要的角色，为武汉市的经济发展做出了重大贡献。且住宅开发投资资金结构中自有资金的比例整体上不断加大，显示了武汉市房地产企业的抗风险能力的不断提高。

表 3　**武汉市 2000—2016 年住宅投入资金状况**

年份	住宅投资额（亿元）	住宅投资额增长率（%）	开发企业自有资金比重（%）
2000	97. 56	—	—
2001	111. 68	14. 47	17. 04
2002	122. 28	9. 49	11. 18
2003	152. 29	24. 55	9. 38
2004	184. 22	20. 97	14. 14
2005	230. 83	25. 3	13. 72
2006	282. 4	22. 34	11. 58

续表

年份	住宅投资额（亿元）	住宅投资额增长率（%）	开发企业自有资金比重（%）
2007	346.18	22.58	9.08
2008	444.08	28.28	21.61
2009	535.54	20.6	15.2
2010	658.11	22.89	17.18
2011	767.54	16.63	21.18
2012	1028.83	34.04	15.38
2013	1280.63	24.47	16.77
2014	1618.8	26.41	19.92
2015	1810.31	11.83	20.21
2016	1726.79	-4.61	—

注：2000—2015 年数据来源于武汉市统计年鉴，2016 年数据来源于武汉市房产信息中心

2. 土地

如表 4，土地方面，武汉市 2010—2016 年住宅用地总量和土地出让量呈现下降趋势，出让土地量由 2011 年的 907.06 万平方米下降到 2016 年的 549.07 万平方米；与此相对的是地价及楼面地价的上涨态势，地价和楼面地价则分别由 4595.87 元每平方米和 2793.22 元每平方米上涨到 10084 元每平方米和 3711.6 元每平方米；从住宅用地内部结构来看，普通住宅用地占比较大，2010—2016 年普通住宅用地占比 77.77%，保障性住房用地占比 22.06%，高档住宅用地占比不到 1%。保障性住宅累计用地数量达 2032.06 公顷，占比达到 22%，为解决武汉中低收入人群的住房问题做出了突出贡献。

表 4　**武汉市 2010—2016 年住宅用地结构**

年份	高档住宅用地占比	保障性住房用地占比	普通住宅用地占比
2010	0.00%	19.85%	80.15%
2011	0.00%	22.73%	77.27%

续表

年份	高档住宅用地占比	保障性住房用地占比	普通住宅用地占比
2012	0.00%	33.19%	66.81%
2013	0.00%	31.37%	68.63%
2014	0.00%	12.05%	87.95%
2015	0.00%	20.74%	79.26%
2016	1.37%	8.73%	89.90%
平均	0.20%	21.24%	78.57%
总计	0.16%	22.06%	77.77%

3. 时间周期

关于住宅的供应周期，由于有的房地产开发项目规模较大，建设周期长，开发企业会分批分次进行预售。分批次的开发项目普遍分三个批次进行预售，因此我们将开发项目分为三个批次对供给周期进行估计。利用房产信息中心提供的三证数据分析得出，项目建设工程规划许可证到第一批次商品房预售许可证间隔周期约为5.8个月，建筑工程施工许可证到第一批次商品房预售许可证间隔周期约为5.1个月；项目建设工程规划许可证到第二批次商品房预售许可证间隔周期约为8.4个月，建筑工程施工许可证到第二批次商品房预售许可证间隔周期约为6.1个月；项目建设工程规划许可证到第三批次商品房预售许可证间隔周期约为10个月，建筑工程施工许可证到第三批次商品房预售许可证间隔周期约为8个月。

（七）典型区域住宅供应及产品结构

为探究武汉市具体区域的住宅供应现状，本文分别从武汉市中心城区、远城区、开发区中选取洪山区、江夏区、东湖开发区作为研究对象，基于数据可得性，结合研究需要，主要从新建住宅供应及库存、存量增量房交易的对比、新建住宅产品结构等方面进行阐述。

1. 洪山区

由表5可知，洪山区2013—2016年住房成交总量有逐年上涨的趋势，其中存量房交易量在2016年增长较大，住宅成交仍以新建住宅为主，但增存交易比有逐年下降的趋势，说明洪山区近年来住宅市场渐趋成熟；新建住宅年度新增供应

（预售许可量）2014—2016 年有下降趋势，而成交量小幅上涨，2013—2017 年上半年年度新增供应量基本小于成交量，导致库存量显著减少，截至 2017 年 6 月底新建住宅库存量为 56.7 万平方米。

表 5　　洪山区 2013—2017 年住宅供应情况

年份（年）	新建住宅供应（万平方米）		住房成交量（万平方米）			增存交易比
	年度新增供应	年底库存	新建住宅成交量	存量房成交量	住房成交总量	
2013	203.20	—	251.04	53.23	304.27	4.72
2014	315.16	—	285.64	52.78	338.42	5.41
2015	285.18	142.67	284.65	68.63	353.28	4.15
2016	266.45	79.55	291.08	101.21	392.29	2.88
2017（上半年）	69.51	56.70	96.72	45.72	142.44	2.12

产品结构方面，基于数据可得性，主要讨论其户型及面积结构。由表 6 可知，从户型上看，洪山区 2013—2017 年上半年新建住宅供给及成交以二居室及三居室为主，一居室占比持续居于末位。2015—2017 年上半年三居室供销占比逐渐超越二居室，四居室占比也有上涨趋势，说明洪山区近年来有向三居室等偏大户型方向发展的趋势；从面积结构上看，144 平方米以上住宅稳居末位，供销以 120 平方米以下住宅为主，但近年来 90~120 平方米住宅供销占比有逐年上涨的趋势。

表 6　　洪山区 2013—2017 年新建住宅产品结构

年份（年）	分户型供给（套数）占比				分户型成交（套数）占比			
	一居室	二居室	三居室	四居室及以上	一居室	二居室	三居室	四居室及以上
2013	1.23%	44.25%	25.56%	28.96%	1.97%	36.24%	26.75%	35.04%
2014	2.23%	46.43%	31.74%	19.60%	4.00%	42.37%	29.39%	24.24%
2015	8.15%	38.99%	44.43%	8.43%	3.81%	41.17%	37.30%	17.72%
2016	12.53%	23.42%	48.38%	15.68%	9.21%	32.37%	43.52%	14.90%
2017 上半年	4.65%	21.78%	47.09%	26.48%	15.07%	23.18%	43.59%	18.16%

续表

年份（年）	分面积段供给（套数）占比				分面积段成交（套数）占比			
	<90m²	90~120m²	120~144m²	144m²以上	<90m²	90~120m²	120~144m²	144m²以上
2013	51.39%	30.28%	16.50%	1.83%	37.60%	45.08%	14.21%	3.12%
2014	54.20%	34.46%	8.61%	2.73%	50.59%	34.91%	11.16%	3.34%
2015	50.12%	36.80%	9.68%	3.39%	51.33%	34.27%	10.82%	3.58%
2016	32.67%	50.21%	14.48%	2.63%	44.61%	40.61%	11.17%	3.62%
2017上半年	32.99%	52.75%	12.23%	2.03%	45.31%	43.07%	10.32%	1.30%

2. 江夏区

由表7可知，江夏区2013—2016年住房成交总量有逐年上涨的趋势，其中存量房交易量在2013—2015年先上涨后下降，住宅成交仍以新建住宅为主，但增存交易比无明显变化趋势；新建住宅年度新增供应量有下降趋势，而成交量逐年上涨，2016年涨幅较大，2015—2017年6月底库存量逐渐减少，截至2017年6月底新建住宅库存量为58.13万平方米。

表7 **江夏区2013—2017年住宅供应情况**

年份（年）	新建住宅供应（万平方米）		住房成交量（万平方米）			增存交易比
	年度新增供应	年底库存	新建住宅成交量	存量房成交量	住房成交总量	
2013	171.70	—	126.79	38.89	165.68	3.26
2014	215.69	—	153.31	24.20	177.51	6.33
2015	145.23	133.92	165.31	22.31	187.62	7.41
2016	183.35	65.75	283.54	47.17	330.71	6.01
2017（上半年）	111.08	58.13	111.70	19.72	131.42	5.66

产品结构方面，由表8可知，户型上，2013—2017年上半年一居室供销占比

持续居于末位，2015 年以前二居室及三居室供销占比较高，而 2015 年至 2017 年上半年供销均以三居室与四居室及以上户型住宅为主，说明江夏区近年来有向三居室及以上户型等偏大户型方向发展之势；面积结构上，144 平方米以上住宅稳居末位，供销均以 120 平方米以下住宅为主，但近年来 90～120 平方米住宅供销占比有逐年上涨的趋势。

表 8 **江夏区 2013—2017 年新建住宅产品结构**

年份（年）	分户型供给（套数）占比				分户型成交（套数）占比			
	一居室	二居室	三居室	四居室及以上	一居室	二居室	三居室	四居室及以上
2013	8.98%	51.73%	24.53%	14.75%	8.70%	49.31%	27.95%	14.05%
2014	7.92%	43.17%	30.91%	18.00%	10.52%	49.68%	25.57%	14.23%
2015	2.97%	27.29%	41.86%	27.88%	3.00%	40.03%	37.47%	19.50%
2016	2.82%	24.46%	47.17%	25.55%	2.97%	27.23%	37.44%	32.36%
2017 上半年	0.00%	20.14%	44.28%	35.58%	1.14%	18.25%	44.31%	36.29%
年份（年）	分面积段供给（套数）占比				分面积段成交（套数）占比			
	<90m²	90～120m²	120～144m²	144m²以上	<90m²	90～120m²	120～144m²	144m²以上
2013	39.09%	34.89%	19.23%	6.79%	42.81%	33.56%	19.28%	4.35%
2014	32.58%	42.75%	17.51%	7.15%	35.70%	43.29%	17.17%	3.84%
2015	27.19%	42.73%	22.66%	7.43%	29.28%	44.64%	18.45%	7.63%
2016	22.47%	50.59%	19.06%	7.88%	26.29%	43.18%	19.53%	11.00%
2017 上半年	22.15%	58.24%	13.44%	6.17%	23.10%	57.74%	14.55%	4.61%

3. 东湖开发区

由表 9 可知，东湖开发区 2013—2015 年住房成交总量有逐年上涨的趋势，2016 年略有下降，其中存量房交易量在 2013—2016 年先上涨后下降，2016 年降幅较大，住宅成交仍以新建住宅为主，且 2013—2017 年上半年增存交易比有上涨趋势，其中 2016 年增存交易比达到 26.16，说明近年来东湖开发区新建住宅市场发展势头更猛；2015—2016 年新建住宅年度新增供应量均低于成交量，且成交量逐年上涨，2015年涨幅较大，截至2017年6月底新建住宅库存量为53.07万平方米。

表9 **东湖开发区2013—2017年住宅供应情况**

年份（年）	新建住宅供应（万平方米）		住房成交量（万平方米）			增存交易比
	年度新增供应	年底库存	新建住宅成交量	存量房成交量	住房成交总量	
2013	247.52	—	158.01	34.41	192.42	4.59
2014	235.05	—	208.46	29.65	238.11	7.03
2015	270.28	108.55	302.93	48.84	351.77	6.20
2016	260.00	35.21	329.80	12.61	342.41	26.16
2017（上半年）	115.78	53.07	94.93	4.36	99.29	21.75

从产品结构方面来看，由表10可知，户型上，2013—2017年上半年一居室供销占比持续居于末位，且有逐年下降的趋势，三居室供销占比最高且有上涨趋势，在50%左右，但二居室占比逐年下降，四居室及以上户型占比逐年上涨，到2017年上半年四居室及以上户型超越二居室，占比居第二，说明东湖开发区近年来有向三居室及以上户型等偏大户型方向发展之势；从面积结构上看，144平方米以上住宅稳居末位，供销均以120平方米以下住宅为主，但近年来90~120平方米住宅供销占比有逐年上涨的趋势。

表10 **东湖开发区2013—2017年新建住宅产品结构**

年份（年）	分户型供给（套数）占比				分户型成交（套数）占比			
	一居室	二居室	三居室	四居室及以上	一居室	二居室	三居室	四居室及以上
2013	6.22%	32.83%	41.75%	19.20%	4.57%	37.80%	37.66%	19.97%
2014	2.58%	31.39%	41.48%	24.54%	5.00%	30.65%	45.46%	23.88%
2015	1.12%	30.46%	58.93%	9.50%	1.65%	26.55%	52.52%	19.28%
2016	0.93%	25.59%	49.27%	24.21%	1.86%	27.05%	49.51%	21.58%
2017上半年	0.03%	10.40%	63.56%	26.01%	0.48%	18.95%	55.12%	25.44%

续表

年份（年）	分面积段供给（套数）占比				分面积段成交（套数）占比			
	<90m²	90～120m²	120～144m²	144m²以上	<90m²	90～120m²	120～144m²	144m²以上
2013	34. 48%	40. 28%	20. 90%	4. 35%	33. 79%	41. 56%	20. 47%	4. 18%
2014	44. 19%	42. 41%	8. 50%	4. 91%	38. 30%	39. 06%	16. 79%	5. 86%
2015	37. 78%	44. 44%	15. 31%	2. 47%	33. 67%	48. 17%	14. 14%	4. 02%
2016	32. 45%	50. 12%	13. 41%	4. 01%	36. 13%	44. 66%	14. 71%	4. 50%
2017 上半年	23. 08%	54. 34%	14. 99%	7. 59%	30. 97%	48. 99%	14. 39%	5. 64%

二、合理性分析

为剖析住宅市场供给侧可能存在的问题，我们基于住宅总量及存量住宅、新建住宅供给以及其区域结构、新建住宅产品结构、住宅投入要素结构等方面，按照合理性分析指标、合理性标准以及武汉市住宅市场合理性判断的基本逻辑思路，探讨武汉市住宅市场供给侧结构的各个层面是否合理。

（一）住宅总量及存量住宅供应合理性分析

本文主要从住宅总量、存量住宅交易情况、存量住宅租售结构三个方面分析武汉市住宅存量市场合理性，利用套户比、存量住宅价格增长率/GDP 增长率、存量住宅房价收入比、存量房售价租金比四个指标分别从不同角度对其进行评价判断。

利用国内外经验值、3σ 统计原则、典型城市特征值、模型计算等方法对大量理论及数据分析整合，得出指标的合理标准。① 在此基础上，结合武汉市的实际指标值对武汉市住宅存量市场进行合理性判断，并得出结论，具体结果见表 11。

表 11　武汉市住宅总量及存量住宅供应合理性评价

序号	评价内容	评价指标	合理标准	评价结论
1	住宅总量	套户比	(1，1. 15)	2005—2015 年住房总量供应不断改善，但仍然不足

① 详细分析见本报告完整版。

续表

序号	评价内容		评价指标	合理标准	评价结论
2	存量住宅交易情况	泡沫	存量住宅价格增长率/GDP 增长率	（0，0.96）	2007—2009 年及 2014—2016 年出现泡沫预警，其余年份房价基本稳定；房价收入比基本合理
		房价高低	存量住宅房价收入比	（4，7.6）	
3	存量住宅租售结构		存量房售价租金比	（137，168）	租赁市场发展滞后，租售价比“剪刀差”①

由表 11 可知，2005—2015 年武汉市住宅存量市场存在以下特征及问题：

第一，武汉市住宅存量整体上接近供需平衡状态，但若剔除不成套住宅，总量上依然存在不足。武汉市 2005—2015 年 11 年间套户比一直处于 0.7～0.99 的区间范围，且在不断增加，2015 年，套户比达到了 0.99，说明武汉市住宅供给量正接近供求平衡范围，供给状况在不断改善，但是总体供给依然不足。而且本文套户比包含了未成套的面积部分，因此成套住宅的套户比肯定还会更低，从这个角度来看，武汉市的供给量不足，未来新建住宅市场还有较大的发展空间。

第二，武汉市存量住宅市场发展水平整体与实体经济的发展水平相当。利用存量住宅价格增速/GDP 增速、房价收入比两个指标来评估存量市场的交易情况。武汉市从 2006—2016 年 11 年间的存量住宅价格增长率/GDP 增长率指标均值为 0.92，虽然 2007—2009 年、2014—2016 年出现泡沫预警，但其余年份该指标均合理。房价收入比始终在合理范围内波动，保持在 5.16～6.53。这两个指标综合说明：存量住宅交易市场发展平稳，且与经济水平相适应。

第三，武汉市租赁市场发展相对滞后，交易市场与租赁市场发展并不均衡。武汉市 2016 年的房价租金比为 187.59 : 1，高于存量房售价租金比的合理范围 137 : 1～168 : 1，说明租赁市场价格偏低，虽然交易价格和租赁价格的增长率相当，但租赁市场的整体租金水平偏低，租赁市场与存量住宅交易市场发展并不均衡。

（二）新建住宅供应及区域结构合理性分析

为探究武汉市新建住宅总量供应及区域结构是否合理，通过梳理已有关于住宅总量合理性的研究，结合武汉市实际情况，基于数据可得性，本文提炼出供销比、

① 利用“房天下”网站数据得到租赁数据，结合房产信息中心提供数据计算出 2016 年武汉市存量住宅租售价比为 187.59 : 1。

存销比、动态供需比、空置率以及房价收入比、WAD 六个指标对其加以判断，思路同上，具体结果见表 12。

表 12 **武汉市新建住宅供应及区域结构合理性评价**

序号	评价指标	评价内容	合理标准	评价结论
1	供销比	短期供给合理性	（0.8，1.2）	2015 年月度供销基本匹配，2016 年及 2017 年上半年供略小于销
2	存销比	库存合理性	（7.4，13.1）	2015.07—2017.06 库存偏低
3	动态供需比	供需是否平衡	（0.45，1.36）	2015.01—2015.05 供过于求；2016.07—2017.06 供不应求，其他时间段内供需基本匹配
4	空置率	住宅空置情况	（5%，14%）	2013—2015 年新建住宅均处于合理空置范围，且市场消化能力逐年增强
5	房价收入比	新建住宅价格合理性	（4，8）	2005—2015 年房价偏高
6	WAD	区域结构合理性	（0，7.28%）	2013—2017 年上半年区域供给结构总体合理

由表 12 可知，武汉市新建住宅供应及区域结构近年来存在以下特征及问题：一是武汉市新建住宅总量市场消化能力逐年增强，2016 年以后供应基本表现为供不应求，低库存。从武汉市新建住宅总量的供销比、存销比、动态供需比和空置率指标来看，2013 年至 2015 年上半年，武汉市新建商品住宅存在轻微供过于求的问题，各月供销比指标普遍高于 1.2；而从 2015 年下半年至 2017 年上半年来看，新建商品住房出现逐渐严重的低库存问题，2015 年 7 月存销比为 7.13，且之后逐渐下降，2016 年 12 月该指标达到 3.64；空置率从 2013 年的 11.05% 下降至 2015 年的 6.75%。二是武汉市各区域新增供给与新增有效需求比重基本匹配，只有少数月份出现供求结构不匹配状况。本文利用 WAD 指标分析发现 2013—2017 年上半年武汉市新建住宅区域供给结构基本处于合理水平，绝大多数都在 2%~6%，在合理区间（0，7.28%）之间。只有部分月份出现了区域结构不合理的情况。以 2017 年 5 月为例，造成该月区域结构不合理的主要原因在于江岸区及汉阳区该期内供给占比过小，而硚口区供给占比过高，江岸区、硚口区、汉阳区的供需比重差分别为 -9.18%、28.65%、-11.17%。

（三）新建住宅产品结构合理性分析

与新建住宅产品结构现状分析相似，其合理性分析同样从户型结构、面积结构、档次结构三个方面进行评价，利用三居室及以下户型供给占比、三居室及以下户型供销比、面积结构供销基尼系数、住房保障水平等 4 个指标加以判断，结论见表 13。

表 13 **武汉市新建住宅产品结构合理性评价**

序号	评价内容	评价指标	合理标准	评价结论
1	户型结构合理性	三居室及以下户型供给占比	（81%，96%）	部分年份中小户型供给比重偏低
		三居室及以下户型供销比	（0.7，1.44）	
2	面积结构合理性	面积结构供销基尼系数	（0，0.33）	120 平方米以下住宅偏少
3	档次结构合理性	住房保障水平	（15%，44%）	基本合理

由表 13 可知，近年来我市新建住宅产品结构主要存在以下问题和特点：第一，部分年份中小户型供给比重偏低，2016 年三户型及以下户型供给占比为 80%，小于合理区间，应从政策上加强调控以保障中小户型住宅供应充足。第二，武汉市 2016 年住宅面积结构整体供销平稳。住宅面积结构供销基尼系数显示，武汉市住房市场数据计算得出该指标基本处于 0~0.2 之间，说明武汉市住房供给面积结构基本合理。第三，2011—2015 年我市保障性住房供应基本合理，2011—2015 年住房保障水平均大于 14.29%。

（四）住宅投入要素结构合理性分析

本文分别从资金要素、土地要素及住宅开发进度对住宅投入结构进行判断。对于资金要素及土地要素的合理性分析，均从总量及内部结构两个角度进行评价，具体分析指标及评价结果见表 14。

表 14 **武汉市住宅投入要素合理性评价**

序号	评价内容	评价指标	合理标准	评价结论
1	资金总量合理性	住宅开发投资/固定资产投资	（14%，22.58%）	住宅资金投入量基本合理
		住宅开发投资增长率/GDP 增长率	（0.7，2）	住宅投资偏冷，2015 年投资增速断崖式下跌

续表

序号	评价内容	评价指标	合理标准	评价结论
2	资金内部结构合理性	房地产贷款/金融机构贷款	(13.27%，22.88%)	2013—2014 年房地产投资偏冷，政策紧缩
		房地产开发企业贷款增长率/金融机构贷款总额增长率	(0.43，2.34)	
		自有资金比重	(20%，100%)	2009 年及 2013 年开发商自有资金比重偏低，存在杠杆率偏高的风险
3	土地要素总量及地价合理性	住宅用地量/城市建设用地量	(16.89%，27.58%)	2010—2016 年间住宅用地占比基本合理，但 2013—2014 年住宅用地占比偏低
		地价收入比	(0.18，0.76)	2011—2016 年地价有偏高问题
		地价偏离度	(-50%，41%)	
4	土地利用内部结构合理性	土地利用合理度	(70%，100%)	2010—2016 年土地利用效率偏低，政策性住房用地占比基本都在合理范围内波动
		普通商品房用地占比	(73.64%，86.68%)	
		政策性住房用地占比	(22.93%，58.01%)	

由表 14 可知，近年来我市住宅投入资金及土地要素存在以下特点和问题：

在资金方面，一是住宅投资相对于固定资产投资而言，房地产市场发展程度合理，并未出现固定资产对房地产投资过度依赖，导致出现房地产泡沫的情况。武汉市住宅投资占固定资产投资比重除了 2014 年和 2015 年达到 23%外，多数年份处于 17%～22%之间。二是住宅开发投资市场偏冷，投资增长乏力，住宅开发投资带动经济增长的作用没有得到有效发挥。2015 年住宅开发投资增长率/GDP 增长率指标由上年 2.35 断崖式下跌到 1.34，住宅开发投资增速显著放缓。三是金融机构信贷资金在房地产业集中程度合理，房地产贷款占金融机构贷款比重除去 2005 年该指标为 12.53，处于有警区间以外，其他年份该指标均处在合理区间。四是房地产开发企业的自有资金比重不断提高，房地产开发企业抗风险能力增强。在 2011 年以后，自有资金比重提高，2015 年达到了 20%项目资本金的要求。

土地方面，一是住宅用地量和城市建设用地量较为均衡，武汉市 2010—2016 年住宅用地量/城市建设用地量指标均值为 27.34%，各年份基本处于合理区间；二是武汉市的用地结构较为合理，武汉市 2010—2016 年普通住宅用地与住宅用地占比指标均值为 78.57%，处于合理范围（73.64%，86.68%）内，同时政策性住房/住宅用地总量指标值基本在合理区间（22.93%，58.01%）内波动，7 年间的均值为 29.41，同样处于合理区间范围内；而土地利用合理度指标显示，2010—2016 年土地利用效率偏低，如 2016 年该指示值为 61.96%，偏离合理水平。

关于我市住宅开发进度的合理性分析，根据房产信息中心提供的数据，对三证①拿证时间间隔分别进行点估计及区间估计，结果如表 15 所示，其中 T_1 表示建筑工程规划许可证到商品房预售许可证的时间、T_2 表示建筑工程施工许可证到商品房预售许可证的时间，同一开发项目分为三个批次。

表 15　　　　**武汉市新建商品住宅供应周期估计**

统计量	批次	点估计值	合理区间
T_1	第一批	5.8	（1.9，14）
	第二批	8.4	（3.4，17.4）
	第三批	10	（4.6，19.4）
T_2	第一批	5.1	（2.3，9.8）
	第二批	6.1	（3.0，11.0）
	第三批	8	（4.0，14.3）

由表 15 可知，开发项目若分三个批次领取预售许可证，建设工程规划许可证到不同批次的商品房预售许可证的时间间隔周期分别约为 5.8 个月、8.4 个月和 10 个月。建筑工程施工许可证到不同批次商品房预售许可证的时间间隔周期分别约为 5.1 个月、6.1 个月和 8 个月。值得注意的是，最早一批预售的项目，建设工程规划许可证、建筑工程施工许可证到商品房预售许可证平均间隔周期分别为 5.8 个月和 5.1 个月，与实际开发进度相比要快，可能原因在于房地产开发企业由于有多个建设项目，建设规模大，周期长，往往存在不及时申报的问题，导致审批周期过快。

① “三证”指建设工程规划许可证、建筑工程施工许可证、商品房预售许可证。

三、综合评估

本文基于模糊综合评价理论，结合前文各板块相应指标，建立住宅市场供给侧综合评价模型，并利用相关指标数据对武汉市住宅市场供给侧近年来运行的合理性整体上进行评估，最后得出结论。关于模糊综合评估的基本原理见完整版，本报告重点阐述模型构建、实证分析及结论。

（一）模型构建

为构建住宅市场供给侧合理性模糊综合评判模型，本节首先依据前文内容将住宅供应进行模块划分，并得出评判因素集，然后基于层次分析法及主观经验法得出权重集，再根据经验划分评估集，并依据指标合理性分析范围结合频率法及专家经验法得出各因素在不同评价等级的隶属度，得出评判矩阵后，与权重集合得到住宅市场的模糊评价，并采用最大隶属度法则得出模糊综合评估最终结果，具体因素及相应权重见表 16。

表 16　　**住宅市场供给侧合理性综合评估模型**

<table>
<tr><th>一级要素</th><th>二级要素</th><th>三级要素</th><th>四级要素</th></tr>
<tr><td rowspan="4">住宅总量与存量市场
u_1（0.3）</td><td colspan="3">住宅总量 u_{11}（0.2）</td></tr>
<tr><td rowspan="3">存量市场 u_{12}（0.8）</td><td rowspan="2">交易情况 u_{121}（0.4）</td><td>指标一 u_{1211}（0.5）</td></tr>
<tr><td>指标二 u_{1212}（0.5）</td></tr>
<tr><td colspan="2">租售情况 u_{122}（0.6）</td></tr>
<tr><td rowspan="3">新建住宅市场
u_2（0.2）</td><td rowspan="2">整体 u_{21}（0.8）</td><td>量 u_{211}（0.3）</td><td>新增供给 u_{2111}（0.2）
库存 u_{2112}（0.4）
有效供给 u_{2113}（0.3）
空置状况 u_{2114}（0.1）</td></tr>
<tr><td colspan="2">价 u_{212}（0.7）</td></tr>
<tr><td colspan="3">区域结构 u_{22}（0.2）</td></tr>
<tr><td rowspan="3">新建住宅产品结构
u_3（0.2）</td><td>面积结构 u_{31}（0.4）</td><td colspan="2">供销比法 u_{311}（1/2）
支付力法 u_{312}（1/2）</td></tr>
<tr><td>户型结构 u_{32}（0.4）</td><td colspan="2">户型比重 u_{321}（1/2）
供销对比 u_{322}（1/2）</td></tr>
<tr><td colspan="3">档次结构 u_{33}（0.2）</td></tr>
</table>

续表

一级要素	二级要素	三级要素	四级要素
要素 u_4（0.3）	资金 u_4（0.5）	资金整体 u_{411}（0.4）	绝对值 u_{4111}（0.5）
			增长率 u_{4112}（0.5）
		内部结构 u_{412}（0.6）	绝对值 u_{4121}（0.4）
			增长率 u_{4122}（0.4）
			比重 u_{4123}（0.2）
	土地 u_{42}（0.5）	土地整体 u_{421}（0.4）	量 u_{4211}（1/2）
			价 u_{4212}（1/2）
		内部结构 u_{422}（0.6）	指标一 u_{4221}（1/3）
			指标二 u_{4222}（1/3）
			指标三 u_{4223}（1/3）

利用前文各版块合理性分析指标，将各指标作为不同评价因素的定量值。本文基于主观经验，将各因素的评价等级划分为三个等级："合理"、"有警"、"不合理"，其中"有警"代表被评价对象在此因素上表现稍不合理，需加以警惕，属于"合理"与"不合理"的过渡状态，即得出评价集 $V=\{v_1, v_2, v_3\}$。而根据前文对各指标的合理范围探究，可以得出不同指标处于不同评价等级的具体数值范围，见表 17。

表 17 **住宅市场供给侧模糊综合评估指标及评价等级**

序号	因素	权重	指标	评价等级		
				合理 v_1	有警 v_2	不合理 v_3
1	u_{11}	0.06	套户比	(1,1.15)	(0,1)∪(1.15,+∞)	
2	u_{1211}	0.048	存量住宅价增长率/GDP 增长率	(0,0.96)	(0.96,2)	(2,+∞)
3	u_{1212}	0.048	存量住宅房价收入比	(4,7.6)	(0,4)∪(7.6,+∞)	
4	u_{122}	0.144	租售价比	(137∶1, 168∶1)		
5	u_{2111}	0.0096	供销比	(0.8,1.2)	(0.58,0.8)∪(1.2,1.77)	(0,0.58)∪(1.77, +∞)

续表

序号	因素	权重	指标	评价等级		
				合理 v_1	有警 v_2	不合理 v_3
6	u_{2112}	0.0192	存销比	(7.40,13.08)	(6, 7.40)∪(13.08,18)	(0,6)∪(18, +∞)
7	u_{2113}	0.0144	动态供需比	(0.63,1.36)	(0.26,0.63)∪(1.36,1.73)	(0,0.26)∪(1.73,+∞)
8	u_{2114}	0.0048	空置率	(5%,14%)	(14%,20%)	(20%,+∞)
9	u_{212}	0.112	新建住宅房价收入比	(4,7.6)	(0,4)∪(7.6,+∞)	
10	u_{22}	0.032	WAD	(0,7.34%)	(7.34%, 9.69%)	(9.69%, +∞)
11	U_{311}	0.04	面积供销基尼系数	(0,0.33)		
12	U_{312}	0.04	面积结构可支付基尼系数	0		
13	U_{321}	0.04	三居室及以下户型供给占比	(81%,96%)		
14	U_{322}	0.04	三居室及以下户型供销比	(0.7,1.44)	(0.32,0.7)∪(1.44,1.82)	
15	U_{33}	0.04	住房保障水平			
16	U_{4111}	0.03	住宅投资/固定资产投资	(14%, 22.58%)	(7.45%,14%)∪(22.58%,30.14%)	
17	U_{4112}	0.03	住宅投资增长率/GDP增长率	(0.7,2)	(0,0.7)∪(2,4.71)	
18	U_{4121}	0.036	房地产贷款/金融机构贷款	(13.27%, 22.88%)	(11.97%,13.27%)∪(22.88%,25.68%)	
19	U_{4122}	0.036	房地产开发企业贷款增长率/金融机构贷款总额增长率	(0.43,2.34)	(−1.47,0.43)∪(2.34,4.01)	
20	U_{413}	0.018	自有资金比重	(25%,100%)	(20%,25%)	(0,20%)

续表

序号	因素	权重	指标	评价等级		
				合理 v_1	有警 v_2	不合理 v_3
21	U_{4211}	0.03	住宅用地占建设用地比例	(16.89%, 27.58%)	(9.57%,18.89%)∪(27.58%,35.54%)	
22	U_{4212}	0.015	地价收入比	(0.18,0.76)		
23	U_{4212}	0.015	地价偏离度	(−50%,41%)		
24	U_{4221}	0.03	土地利用合理度	(70%,100%)	(50%,70%)	(0,50%)
25	U4222	0.03	普通商品房用地占比	(73.64%, 86.68%)		
26	U4223	0.03	政策性住房用地占比	(22.93%, 58.01%)		

注：由于已有研究的局限性，并非每一指标每一评价等级都存在具体的数字区间，无数字区间的部分默认为该指标已确定数字区间的补集，每一指标区间全集须考虑指标具体经济含义，如普通商品房用地占比在（0，100%）。

划分评价等级并已知各因素（指标）不同等级的数值范围后，要确定武汉市各因素对不同评价等级的隶属度，可利用武汉市具体指标的历史数据，结合指标范围，基于频率法及专家经验法求出不同指标出现在不同评价等级的频率 r_{ij} 作为各因素不同等级的隶属度，得出评判矩阵 R。

将权重集 A 与评判矩阵通过普通矩阵乘法即加权平均法进行合成，得到模糊评价集 B，即 $B=A*R$，而 $B=\{b_1, b_2, b_3\}$，如果 $\sum b_j \neq 1$，应将它归一化。b_1、b_2、b_3 分别代表武汉市住宅供应具有“合理”、“有警”、“不合理”的程度，反映其合理性分布的状态。最后基于最大隶属度法则对其进行综合评判，即将程度最大的评价等级作为被评价对象的评价结果。

（二）实证分析

由于上述各评价指标可得数据的频率及指标范围不完全一致，本节综合考虑数据可得性及实际应用价值，将 2013—2016 年四年里武汉市住宅市场作为模糊综合评估对象，从横纵两方面进行分析。首先利用频率法及专家经验法得出 2013—2016 年各年度评价矩阵，再利用加权平均法结合权重集得出决策集 B_{2013}、B_{2014}、B_{2015}、B_{2016} 如下：

$$B_{2013} = (0.44,\ 0.33,\ 0.23)$$

$$B_{2014}=(0.51,\ 0.24,\ 0.25)$$
$$B_{2015}=(0.38,\ 0.41,\ 0.21)$$
$$B_{2016}=(0.37,\ 0.38,\ 0.25)$$

由以上决策集可知，2013 年武汉市住宅市场供给结构合理程度为 0.44、有警程度为 0.33、不合理程度为 0.23；2014 年合理程度为 0.51、有警程度为 0.24、不合理程度为 0.25；2015 年合理程度为 0.38、有警程度为 0.41、不合理程度为 0.21；2016 年合理程度为 0.37、有警程度为 0.38、不合理程度为 0.25。可看出这四年来合理程度大体上逐年降低，不合理程度逐年提高。根据最大隶属度法则得出各年份综合评估结果，见表 18。

表 18 武汉市住宅市场供给结构合理性综合评估结果

年份	评估结果	年份	评估结果
2013	合理	2015	有警
2014	合理	2016	有警

由表 18 可知，2013—2014 年武汉市住宅市场供给结构基本合理，而 2015—2016 年出现警情。为探究 2015—2016 年出现警情的原因，本节根据其警情等级的单因素隶属度与相应权重之积对影响因素进行排序，只保留结果非 0 的影响因素，结果见表 19。

表 19 2015 年武汉市住宅市场供给结构警情解析

序号	影响因素	指标	权重	隶属度	影响力
1	存量住房租售结构	租售价比	0.144	0.8	0.1152
2	住房总量	套户比	0.06	1	0.06
3	存量房价格	存量住宅价增长率/GDP 增长率	0.048	1	0.048
4	资金要素总量	房地产开发企业贷款增长率/金融机构贷款总额增长率	0.036	1	0.036
5	新建住宅面积结构	面积结构可支付基尼系数	0.04	0.8	0.032
6	资金要素总量	住宅投资/固定资产投资	0.03	1	0.03
7	资金要素内部结构	自有资金比重	0.018	1	0.018
8	土地要素价格	地价收入比	0.015	1	0.015
9	土地要素价格	地价偏离度	0.015	1	0.015

续表

序号	影响因素	指标	权重	隶属度	影响力
10	新建住宅户型结构	三居室及以下户型供给占比	0.04	0.33	0.0132
11	新建住宅库存	存销比	0.0192	0.42	0.008064
12	新建住宅有效供给	动态供需比	0.0144	0.42	0.006048
13	新建住宅新增供给	供销比	0.0096	0.42	0.004032
14	新建住宅户型结构	三居室及以下户型供销比	0.04	0.08	0.0032

由表19可知，2015年武汉市住宅市场供给结构处于有警状态主要是由以下因素造成的：住房市场租售结构不合理，存量住宅中用于租赁的住宅偏少，租赁市场尚不完善；住房总量不足，不足以满足当下居住需求；存量住宅价格增长较快，存在一定程度的泡沫；新建住宅供给产品面积结构不合理；资金总量及内部结构不合理，住宅投资偏冷，且房企自有资金比重偏低，存在一定风险；土地要素方面，楼面地价偏低；新建住宅总量供应不合理，存在库存偏低、供不应求等问题；新建住宅供给产品户型结构也存在一定问题，主要表现为三居室及以下户型供给比例偏低。

由表20可知，2016年武汉市住宅市场供给结构不合理主要是由以下因素造成的：住房市场租售结构不合理，存量住宅中用于租赁的住宅过少，租赁市场尚不完善；新建住宅房价超出居民支付能力；住房总量不足，不足以满足当下居住需求；土地要素价格偏高；存量住宅价格增长较快，存在一定程度的泡沫；新建住宅库存过低；新建住宅区域供给结构不合理，区域供需比重偏差较大。

表20　**2016年武汉市住宅市场供给结构警情解析**

序号	影响因素	指标	权重	隶属度	影响力
1	存量住房租售结构	租售价比	0.144	1	0.144
2	新建住宅价格	新建住宅房价收入比	0.112	1	0.112
3	住房总量	套户比	0.06	0.5	0.03
4	存量住宅价格	存量住宅价增长率/GDP增长率	0.048	0.5	0.024
5	新建住宅库存	存销比	0.0192	1	0.0192
6	土地要素价格	地价收入比	0.015	1	0.015
7	新建住宅区域结构	WAD	0.032	0.08	0.00256
8	新建住宅新增供给	供销比	0.0096	0.17	0.001632

（三）结论

根据上述分析可知，2013—2014年武汉市住宅市场供给结构基本合理，而2015—2016年出现警情，通过警情分析可得出2015—2016年武汉市住宅市场供给侧主要存在以下问题：

第一，租售结构不合理。租售结构不合理指标主要体现为租金售价比偏高，可能是租赁供给不够且不规范造成的。首先，我国租赁市场目前主要集中于存量住宅，而黑心中介、群租、房东随意涨租等事件，管理存在不规范问题，租赁市场的制度供给匮乏进一步加剧了租赁结构的不合理；其次，由于租赁住房利润远低于售卖，开发商对于提供租赁住房的动力不足，造成整体租赁供给不足；最后，我市近两年来整体房价上涨，带动租金上涨，而租赁主要是存量市场，属于卖方市场，业主确定租金具有随意性，即租赁价格市场机制不完善。

第二，新建住宅库存偏低。从2015年第四季度开始至2016年底，武汉市新建住宅持续处于低库存状态，而我市正处于新型城镇化高速发展阶段，新市民及各地人才不断涌入，存在较大的潜在住房需求，新建住宅库存偏低不利于居民住房需求的有效满足。

第三，住宅投入要素结构有待调整。供给终端总量及产品结构出现供不应求、库存偏低、户型面积结构供需偏离等问题，追根溯源，是要素配置不合理。从指标上来看，土地要素主要存在地价偏高问题；资金要素主要表现为住宅投资偏冷，可能与我市近年来逐渐加大的住房需求不匹配，且开发商贷款比例增长率偏高，存在一定程度的泡沫，开发商自有资金比重偏低，即杠杆率偏高等因素有关。

四、结论及政策建议

通过以上住宅供给侧结构现状及其合理性分析，我们可得出如下主要结论及相关对策建议。

（一）住宅总量偏低，新建住宅库存偏低

武汉市住宅总量规模显示，套户比2015年为0.99，接近住房市场供需平衡下限，若剔除未成套住房，武汉市住房总量存在偏低问题，新建住宅市场依然处于主导地位。此外，武汉市新建住宅存在库存明显偏低的问题。低库存的主要原因在于不断增加的住房需求以及住宅有效供给不足。城镇化的大背景下，武汉未来外来流入人口有不断增加的趋势：一是外来人口流入武汉加速。武汉交通等基础设施不断完善，产业聚集力越来越强，外来人口除本省农村人口流入外，吸引着全国其他地区人口的加速流入。二是国家对武汉出台的各项利好政策，如武汉已定位为国家中

心城市，武汉市出台各项优惠措施，如优秀人才留汉计划，长江新城的规划也将使得武汉人口不断增加。三是改善型住房需求旺盛。随着武汉市人均收入水平的不断提升，许多中高收入人群将处于住房改善需求的阶段，改善性需求旺盛。因此，高度重视新建住宅市场的平稳健康发展尤其重要，应加大新建住宅用地及住房供应，补库存，同时强化住房的居住属性，支持普通住宅市场。

1. 适度增加住房供应总量，优化土地供应节奏

首先，适度增加普通商品住房用地供应规模，进一步加快房地产储备用地上市供应。同时，统筹武汉市周边土地供应规模，加大力度推进集体建设用地上市流转，增加城市土地供应；定期向社会公布全市住宅用地供应计划，分期分批公布已供住宅项目的开工面积及开工、竣工时间。其次，优化土地节奏，加快实现有效供给。一是建立项目审批绿色通道，对已完成土地供应的项目，督促全面开工、限期完工。二是对符合预售条件的商品住房项目，督促企业应报尽报，尽快上市形成有效供应。三是加大住房交易市场检查力度，开展住宅用地出让合同执行情况检查，以期推动房地产开发商按合同约定开工、竣工，加快住房有效供应。

2. 强化住房的居住属性，适度干预并支持普通住房市场良性运转

武汉新建住宅市场供应量与成交量大体保持同步，但存在库存偏低的问题。因此，除了通过供地补库存，政府的干预应定位于满足公民基本住房需求的普通住房市场，从而稳定房地产价格。一是严格实行普通住房限购政策，即严格规定城镇家庭只能购买或持有两套普通住房，并作为基本政策长期坚持。二是因地制宜明确普通住房用地供应量增加的基本要求并保持连续性，给予各级政府、开发企业及社会稳定的市场预期。

（二）租赁市场发展滞后

租赁市场发展滞后主要体现为如下几个方面：一是增量租赁市场处于起步阶段，租赁市场主要体现为存量住宅的租赁市场。二是存量租赁市场的管理滞后，租赁数据显示租赁备案企业与个人呈现明显减少趋向。三是存量住宅价租金比为187.59：1，处于严重偏高的范围，意味着购房不如租房，但市场租房并没有成为居民认可的一种选择。在很大程度上，住房需求过度集中于购买环节，缺乏租赁市场的有效分流。因此，租赁市场培育和发展有利于武汉市房地产市场的平稳发展。

1. 培育和发展住房租赁市场供应主体

当前武汉市住房租赁市场不健全，亟待各方面的政策支持，培育和发展住房租赁主体。第一，发展住房租赁企业。鼓励房地产经纪机构、物业服务企业以及各类

机构投资者设立专门的住房租赁企业，开展规模化、集约化、专业化住房租赁经营业务。积极引导住房租赁企业从事中小户型、中低价位的住房租赁经营服务，满足不断增长的住房租赁需求。住房租赁企业可按照《国务院办公厅关于加快发展生活性服务业促进消费结构升级的指导意见》（国办发〔2015〕85号）的有关规定，享受生活性服务业企业的有关优惠政策。第二，鼓励房地产开发企业拓展住房租赁业务。支持房地产开发企业拓展业务范围，利用已建成住房或者新建住房，以先租后售、与住房租赁企业合作等方式，开展住房租赁业务，发展租赁地产。第三，支持和规范个人出租住房行为。鼓励个人依法出租自有住房，规范个人出租住房行为，支持个人委托住房租赁企业和住房租赁中介机构出租自有住房。

2. 多渠道增加租赁住房供应

一是鼓励房地产企业和住房租赁企业通过新建商品房增加租赁住房供应。在中心城区商业、办公密集区域周边或者工业园区、产业园区集中区域，选取符合住房租赁市场需求的新建商品房项目，按照一定比例（为10%~20%）和相关要求配建租赁住房，并明确自具备交付条件之日起一定年限内不得进行分割转让或者分割抵押；配建租赁住房的，可不再配建公租房；在住房需求量大的区域，探索将新建商品房配建一定比例的租赁住房作为土地出让条件。同时，通过新建人才公寓或者货币化保障等方式，满足新就业大学生和技术工人的住房租赁需求。在住房租赁需求矛盾突出的区域，利用“城中村”改造产业用地和工业园区用地配套建设租赁住房，引导村集体经济组织与住房租赁企业开展合作，面向社会出租。二是鼓励住房租赁企业、房地产经纪机构通过存量房市场增加供应。鼓励住房租赁企业收购或者长期租赁闲置的非住宅项目，将其改建为集中式公寓，并调整相关规划手续。引导规范房地产经纪机构长期租赁闲置的住房，在符合武汉市有关最小出租单位、居住人数、承租面积和消防安全管理规定的基础上，将其改造为分散式公寓，进行统一装修、统一经营。三是将部分公租房房源调整为租赁住房向社会出租。在住房租赁需求较为集中，且已建、在建公租房已满足保障家庭需求的区域，将部分公租房房源调整为社会类租赁型住房，在确保政府拥有产权的前提下，由各区人民政府选择符合条件的住房租赁企业开展规模化经营，面向社会出租，不再限定租赁对象。

3. 加大住房租赁政策支持力度

首先，促进政府公租房房源与市场租赁房源的整合，适时适当为租赁企业注入政府信用。政府可根据住房租赁市场情况，企业营运经验与能力，将公租房房源委托给营运能力强的住房租赁企业，让保障对象在租赁企业“房屋银行”选择合理房源，政府给予租赁企业住房补贴，实现政府、企业和保障对象多赢的良好局面。此时，政府房源的介入，很大程度上是政府为租赁企业注入了政府信用，有利于租赁企业取得业主和租户信任，扩大规模。同时，政府也可考虑将一部分财政资金、住房公积金、养老金、社保基金等资金投资于租赁住房，如直接购买现房或先购置土地再聘请开发商进行开发，以投资者的身份长期持有住房，并委托专业的房地产资产经营管理公司对这些住房进行租赁经营。第二，完善配套政策。将非住宅改造为租赁住房的，必须在符合燃气安全和相关技术规范的前提下使用燃气。土地用途调整为居住用地，其用水、用电、用气由水、电、气经营企业核实为民用性质的，按民用价格标准执行；存在混合性质情况的，应分表计量，未分表计量的，由供用双方协商混合用量比例，执行分类价格。

4. 应用大数据技术构建信息服务平台，加强住房租赁市场的监管力度

租房市场上信息不对称现象突出，应充分利用大数据等新技术构建完善的信息服务平台。积极开展“互联网+租赁”服务，建立并完善武汉市住房租赁交易服务平台，提供住房租赁企业备案、房源信息发布和核验、企业信用体系建设、企业及从业人员星级评定、住房租赁合同网上签约等服务，推行统一的住房租赁合同示范文本。建立住房租赁信息发布和审核标准，明确租赁双方当事人权责关系，规范住房租赁交易流程，维护租赁期限内租赁关系的稳定。鼓励住房租赁企业开发利用移动终端（APP），推动实现住房租赁实时线上沟通和租赁交易服务评价，增加信息透明度。通过平台建设，加强对出租屋和流动人口信息的采集，建立住房租赁交易数据库，提高住房租赁市场监测分析水平，为政府决策提供数据基础；将住房租赁信用管理纳入全市信用信息公共服务平台，推动完善多部门守信联合激励和失信联合惩戒机制。

（三）住宅产品供需不匹配

武汉市住宅商品供需不匹配体现在：新建住宅户型结构、面积结构、档次结构与居民需求不匹配，应引导房地产企业提升产品质量并优化产品供应结构，更好地满足人们对于合适住宅、优质住宅的需求。

1. 引导开发商提供与居民住房需求相匹配的住宅产品

住宅产品的结构研究显示，2016 年武汉市三居室及以下户型住宅供应量偏少，60～120 平方米的住宅供给比例偏低，其中 90～120 平方米的住宅供给比例偏低程度较 60～90 平方米的住宅高，小户型住宅相对于大户型住宅在一定程度上可以降低家庭住房消费负担。同时，城市家庭人口规模小型化趋势也降低了居民对大户型住房的需求。因此，应引导开发商集中于二、三居室户型，以及 60～120 平方米住房的开发，这样既能提高住房资源的利用效率，又能更好地满足居民需求。

2. 完善住房保障机制

从住房档次结构来看，武汉住房保障覆盖率达到20%，完成了国家“十二五”规划目标要求，① 基本实现户籍人口应保尽保。但是保障性住宅供给结构内部结构波动较大，保障性住宅新开工套数数据显示公租房（含廉租房）新开工套数数量与占比呈现双降的局面，而开工套数并不能完全说明公租房供给情况，由于保障方式的转变，武汉已经逐渐实现以产权式保障为主向租赁式保障为主的转变。因此，应继续通过完善公租房保障机制等方式提高住房保障水平。

一是推进公租房保障货币化，实行住房实物保障和租赁货币化补贴并举，支持公租房保障对象通过住房租赁市场租房，对符合条件的家庭给予住房租赁货币化补贴。完善住房租赁货币化补贴制度，结合住房租赁市场租金水平和公租房保障对象实际情况，合理确定住房租赁货币化补贴标准。二是提高公租房运营保障能力。采取政府购买服务或者政府和社会资本合作（PPP）模式，将现有政府投资和管理的公租房交由住房租赁企业运营管理，不断提高公租房管理和服务水平。将符合公租房准入条件的在我市稳定就业的外来务工人员、新就业大学生和青年专业技术人员，纳入公租房保障范围。三是面向棚改户及留汉人才，推进共有产权住房的建设。在财政可负担的条件下，推出30%、50%和70%的产权销售的共有产权房，多渠道解决中低收入家庭、新就业职工和稳定就业的外来务工人员的住房问题。

（四）住宅供给审批可能偏快

以武汉市三证审批时间为基础，可以看到建设工程规划许可证到三个批次商品房预售许可证的时间间隔周期正常合理范围分别为（1.9，14）、（3.4，17.4）、（4.6，19.4）。建筑工程施工许可证到三个批次商品房预售许可证的时间间隔周期正常合理范围分别为（2.3，9.8）、（3.0，11.0）、（4.0，14.3）。根据 CRIC2013 年报告，碧桂园平均开盘时间为5.7个月，堪称速度第一；国内周转快的企业平均开盘时间也在8个月左右。② 这说明武汉市住房供给审批速度可能偏快，原因可能在于新建商品住宅供应周期的估计或预测依赖于开发项目审批的规范化，若开发企业由于开发规模过大，不按规定或不按时进行审批，例如事后补办手续等，会使以三证间隔周期为监测对象的估计产生偏差，精准供给的水平会大大削弱。因此，应从规范开发审批流程，加强对开发项目全程监测及其数据整合方面入手，提高住宅供给周期对供给时序和规模的预测能力。

---

① 参见《2016 武汉市住房保障和房屋管理蓝皮书》第 31 页。

② 参见《速度为王，十大典型房企开盘周期均缩短》，http：//www.dichanren.com/News/18986。

1. 加强房地产用地市场管控，强化建设用地开发利用情况全程监管

加强建设用地跟踪管理，对供出去的建设用地实施全程动态监管，对应开工未开工的土地逐宗清理、逐宗督办、依法处置。具体来说，首先，应明确开、竣工时间，这是严格规范开发商用地行为的第一步。其次，全程跟踪。一是基础数据的录入，包括出让合同、划拨决定书、呈报表、勘测定界成果等文件及其中所含地块基本信息、合同约定开竣工时间等数据。然后，执法部门跟踪巡查。其中，巡查时间包括合同约定的开竣工时间；合同执行后每隔三个月的默认巡查时间，尤其重点关注开发企业是否按时领取各个节点的许可证，规范审批流程，并对涉嫌违法或违约、土地闲置等开发行为进行处置，推动房地产开发商按合同约定开工、竣工，尽快形成住房有效供应，缓解市场供需矛盾。

2. 房地产各项数据指标的收集、整理、筛选及细化

应完善房地产开发企业经营数据，提高数据解读和风险防范能力，从而加强市场动态监测。在新建商品住宅实际供应规模预测当中，对建设项目进行了三个批次的划分，但实际上有很多企业没有分次分批领取预售许可证。同时也有较多企业同一建设项目申请许可证次数大于三个批次。因此为了提高预测准确度，需要对房地产开发企业的审批数据做进一步整理和筛选，对建设项目规模较大的企业，要求报备未来可能预售的批次和面积，从而提高供应面积的预测精准度。

14. 住宅专项维修资金使用第三方监管优化与效率提高研究

——基于武汉市第三方监管的实证调研

武汉市物业管理事务指导中心
武汉大学

课题负责人：周　健　武汉市住房保障和房屋管理局　副巡视员
课题组成员：程　磊　龙克虎　张　毅　吴元平　吴正坤
孟勤国　唐　瑞　胡晓帆
课 题 统 稿：唐　瑞　胡晓帆

摘　要

住宅专项维修资金，系房屋共用部位、共用设施设备保修期满后用于维修、更新和改造的专项资金，对于保障业主居住安全具有重要的意义。武汉市为保障资金安全使用，建立了住宅专项维修资金使用第三方监管制度（以下简称第三方监管），即在维修资金使用过程中，由业主委员会通过聘请专业工程造价咨询机构及工程质量监理机构，对维修项目施工单位工程预算进行评估及对工程质量进行监理。虽然住宅专项维修资金来源于私主体，但是因为其涉及公共利益，政府有权对其加以管理，建立在其主导下的第三方监管制度。从实践调研情况看，武汉市通过第三方监管，已经在弥补行政机关监管不足，有效管控维修工程报价，保障业主合法权益等方面取得了成功经验，发挥了积极作用，第三方监管机制确有存在的必要性。但同时，实践和调研的结果也显示出第三方监管模式定位不明、监管程序过繁、付出成本过高、职责边界模糊等客观问题。因此，在选择维持第三方监管机制的同时，必须对其加以优化，提高其管理效率，具体来说可选择集中型第三方监管模式，确立专户银行作为第三方监管服务机构，银行出资运管，减少业主选择第三方监管的费用负担，合理规定维修资金的使用范围，实施第三方监管机构再监督，最后由地方性法规予以统一规定。

一、引　言

根据 2007 年建设部和财政部联合签署的《住宅专项维修资金管理办法》关于“住宅专项维修资金是指专项用于物业保修期满后物业共用部位、共用设施设备维修和更新、改造的资金”（以下简称维修资金）的规定,① 近年来，如何科学、合法、合理地使用维修资金，在高效满足业主维修需求的同时，保障资金使用安全，杜绝资金冒用、滥用等情况的发生，已成为当前维修资金管理的重中之重。2017 年 6 月，本课题组受武汉市物业管理事务指导中心的委托，对武汉市住宅专项维修资金使用第三方监管制度的具体实践进行评估，以期对优化维修资金的管理有所裨益。

（一）政府管理住宅专项维修资金的权力来源

从《武汉市物业管理条例》、《住宅专项维修资金管理办法》和《武汉市住宅

① 吴燕．住房专项维修资金管理使用中存在的不足和建议［J］．现代物业·新建设，2015（14）．

专项维修资金管理办法》等法律法规来看，维修资金主要由业主和开发建设单位共同缴纳，维修资金来源于私主体，其管理权限也应归属于私主体，那么政府是否有权力对其加以管理就成为了本课题研究的逻辑起点，厘清这个问题，才能深入研究第三方监管制度。经过研究，课题组认为，政府管理维修资金的权力依据是：第一，政府如果不参与维修资金的管理，小区业主的共同利益就无法得到保障，可能出现小区业主委员会任意使用维修资金，损害大多数业主利益的情形，例如“小坏大修”的情况。第二，现在专业化管理小区规模不一，中小型专业化程度较高且业主委员会组织健全、运行良好的住宅小区自治能力较强，而一些大型小区业主众多很难形成统一意见，认为维修项目不涉及自身利益坚决不同意维修，而部分业主又认为维修项目关系自身利益必须要维修。第三，共用部位、共用设施设备的维修还涉及公共安全，政府必须监管。第四，维修资金属强制归集，政府如不监管，强制性归集将失去意义，维修资金一旦用完，后续维修无钱可用难题将接踵而至。

（二）第三方监管的定义

维修资金的使用主要涉及业主委员会和施工单位两方主体，房管部门为规范管理维修资金，防控维修资金被冒用和套用，规定在业主委员会和施工单位两方主体以外，由业主委员会自愿选聘第三方主体对施工单位的工程预算进行评估、对工程质量进行监理。房管部门通过建立、运行和管理维修工程造价咨询备选库的方式来实施维修资金使用第三方监管工作。

（三）第三方监管的范围

武汉市维修资金管理相关政策法规规定：业主委员会可以委托工程造价咨询机构或者工程监理机构对维修资金使用项目进行监管，因此，从广义上来看，第三方监管的范围应当涵盖“事前审价、事中监理、事后结算”全过程。然而，从目前我市第三方监管的现实情况来看，第三方监管单位多为造价咨询公司，不具备工程监理资质，而具有资质的监理单位往往因维修工程造价低、周期短、利润薄等原因，不愿介入其中，因此，目前我市第三方监管实践范围仅为工程造价咨询，即使管理部门要求造价咨询单位负担“事前、事中、事后”全过程监管职责，但是受限于造价咨询单位的法律资质、合同地位，以及业务水平等因素，其并不能取得与工程监理同等的监管效果。从长远来看，要促使维修资金物尽其用，不仅要着眼于施工单位维修工程预算的管控，也要着眼于施工单位维修工程质量的保障。因此，第三方监管的范围应明确为独立机构的造价咨询和工程监理。

（四）第三方监管的合法性问题

第三方监管是否合法，法律依据何在，关系着第三方监管能否继续存在。课题组认为，第三方监管具有合法性，主要理由如下：第一，从我国现有的法律规定来看，增设第三方监管的规定，并不违反《物权法》、《武汉市物业管理条例》、《住宅专项维修资金管理办法》和《武汉市住宅专项维修资金管理办法》等上位法的规定，因为第三方监管没有改变业主共同处分维修资金的规定。第二，从法律关系的构成来看，第三方监管的委托人是业主委员会，受托人是第三方监管单位，其构成的委托合同关系符合我国《合同法》的相关规定。第三，第三方监管将政府从直接的执行者、参与者转变为间接的监管者，有利于防范不正之风。同时，从制度设计的目的来说，也是为了管控维修价格，保障工程质量，符合业主的切身利益。

（五）课题研究背景

我市第三方监管工作实施至今，逐步形成了一套基本模式和程序规则，在保障资金安全和合理使用、防止资金滥用等方面发挥了积极作用，但也逐步显现出一些问题，主要表现在：一是备选库定位问题。由房管部门建立备选库，申请维修资金时从中选聘一家机构，有涉嫌“红顶中介”之疑；抽选规则因业主委员会认识和需求不同，执行不一，发生纠纷也难以划分法律责任；监管费用从维修资金列支，增加了业主负担。二是监管程序复杂。因监管费用在维修资金中列支，是否选聘第三方监管机构要经过列支范围内双三分之二以上业主表决通过，表决时间过长、机构抽选后合同谈判时间过长均影响资金使用效率。三是监管不足问题。造价咨询机构因市场资源少、盈利低等因素影响，业务能力参差不齐；建立工程监理库的市场条件不成熟，仅通过造价咨询的单一监管则存在“跛足”现象，维修工程质量缺乏有效监督。当前形势下，针对现状研究对策具有重要意义：一是适应管理环境变化的需要，维修资金使用新政实施后，对资金使用第三方监管工作提出了更高要求，为保证资金使用“又快又好又安全”，需要创新改革现有模式；二是提升第三方监管效能的需要，通过研究新路径和新方法，进一步完善管理制度和运行规则，促使其合法化、规范化和高效运行。

（六）课题研究内容及方法

1. 研究内容

课题研究以问题为导向，客观审视现行第三方监管制度，重点围绕房管部门推行监管制度的依据和制度框架，各方主体在第三方监管中的角色定位、法律责任和权限边界，监管制度可替代性改革条件和监管政策推进方向，制度程序再设计和风险防控措施，监管费用来源等方面展开研究探讨。

2. 研究方法和过程

课题组以监管工作客观实际和成本分析为基本主线，以合法性和合理性之间动态平衡为主要原则，对我市第三方监管基本做法、效能评估、价值判断、问题剖析、前景研判、方向把握等进行实证研究，并通过查阅国内83篇有关文献了解掌握全国动态。重点围绕监管现状和成本、工作机制和成效、备选库管理和运行、业主认同度等方面，先后与各区局物业科负责人以及一线工作人员、10家备选库机构专业人士、50家小区业主委员会成员进行座谈交流和电话回访；走访维修工程施工现场，调阅使用申请资料，核查造价预算，查勘维修现场，评估工程质量；召开物业服务企业、业主委员会代表、备选库机构座谈会，研究分析资金使用风险防范和应对措施；研究了上海、成都、长沙、深圳、天津等市第三方监管制度和实践。通过调研，掌握了大量一手资料和翔实的数据，全面了解第三方监管工作，形成了课题报告，并通过了中期评审。

二、我市住宅专项维修资金使用第三方监管的现行做法及成功经验

为进一步了解我市第三方监管工作实际，掌握第三方监管应用中的核心问题，搜集影响和制约第三方监管工作发展的第一手资料，从2017年6月开始，课题组进行了走访调查，并在实证研究的基础之上，进行详细分析。

（一）第三方监管的现行做法

经过调研，课题组对武汉市住宅专项维修资金第三方监管的适用情形、监管模式、流程以及报酬收取情况总结如下。

1. 第三方监管的适用情形

目前，我市第三方监管分为以下四种适用情形：第一，常态使用的情况下，单项维修项目预算超过5万元或综合维修项目预算费用超过10万元的，应鼓励和提倡业主聘请第三方监管单位，同时需要对是否聘请第三方监管单位公示7日。第二，在应急使用的情况下，规定必须聘请第三方监管单位。第三，特别紧急的情况下，规定必须聘请第三方监管单位。第四，在应急代修的情况下，是否聘请第三方监管单位未作规定。

2. 所构建的分散型第三方监管模式

目前我市所构建的分散型第三方监管模式，即依据《市房管局关于建立武汉

市住宅专项维修资金工程施工单位和中介机构备选库的通知》，武汉市住房专项维修资金管理中心于2013年建立了维修资金工程造价咨询机构备选库，并建立了一套事前、事中、事后监管机制。业主委员会或居民委员会申请使用维修资金并符合前述聘请监管机构的情形时，由小区业主委员会或居民委员会到各区房管局，通过随机抽选的既定方式和程序，自愿在库内抽选一家机构（应急维修的应在库内抽选），双方通过协商以合同形式由业主委员会聘请该机构为维修工程提供事前造价咨询第三方监管服务，库内10家机构可概率均等随机地参与维修资金使用项目第三方监管活动。在工程施工和验收期间，房管部门要求工程造价咨询机构按照固化规则和流程提供一定范围的工程监理延伸服务，进行事中监管和结算。房管部门建立备选库管理规则，定期对库内机构的咨询业务进行抽检复核，实施事后再监管。2016年，备选库的运行工作下放分散至各区房管局负责。

备选库内10家工程造价咨询机构分别为：中国建设银行湖北省分行造价咨询中心、中乾立源工程咨询有限公司、湖北建华建设工程咨询有限公司、武汉江英工程造价咨询有限公司、湖北瑞鑫工程造价咨询有限公司、武汉长城工程造价咨询有限责任公司、中审工程咨询有限公司、武汉德鑫圆峰维修咨询管理有限公司、武汉中信工程造价咨询有限公司和湖北中至信工程造价咨询有限公司。

3. 第三方监管流程

（1）预算审核。工程造价咨询机构接受小区业主委员会或居民委员会的聘请后，应当对工程预算报价进行审价并出具相应的预算审核意见。小区业主委员会或居民委员会、施工单位对审核意见无异议的，以审核后的价格作为维修资金使用申请金额，向小区所在地区房管局提交维修资金使用申请。申请时，小区业主委员会或居民委员会应同时提交第三方监管合同以及项目预算审核意见。

（2）事中监管。当维修资金使用申请符合要求，区房管局按不超过预算资金的50%拨付首期工程款，施工单位开始施工。施工过程中，工程造价咨询机构按照监管要求，对施工过程进行必要的跟踪与监管，确保按照施工合同约定进行施工。

（3）事后结算。竣工后，工程造价咨询机构对施工项目进行决算审核，按照实际施工情况，据实确定工程结算款项。同时，督促各方开展工程验收。竣工验收合格后，小区业主委员会或居民委员会依照结算价格向所在地区房管局申请尾款拨付。申请时，应同时提交工程造价咨询机构编制的工程结算报告。经审核符合资金拨付条件的，区房管局从项目决算总造价中，扣除已经支付的首期款项，将工程尾款支付给施工单位，同时依照第三方监管合同，将监管费用拨付给工程造价咨询机构。

4. 第三方监管费用

业主委员会或居民委员会在申请工程尾款拨付时，向工程造价咨询机构一次性支付第三方监管费用，费用在维修资金中列支，由维修资金申请使用主体与机构自行协商监管费用，具体为：按审核后结算价格的0.5%支付造价咨询服务费（不足3000元的按3000元支付）；按审核后结算价格的3%支付监理费用。另外，预、结算审减金额超过工程预算金额5%的，按预、结算审减金额的8%，由施工单位向工程造价咨询机构支付服务费。备选库10家机构2016年提供造价咨询服务情况见表1。

表1　　**2016年10家机构提供造价咨询服务收费情况表**

序号	第三方监管单位	造价咨询笔数	收取费用（元）	审减金额（元）
1	武汉德鑫圆峰维修咨询管理有限公司	68	478289.00	2447375.66
2	中乾立源工程咨询有限公司	17	149306.92	961955.11
3	中国建设银行湖北省分行造价咨询中心	11	85341.30	702971.09
4	湖北建华建设工程咨询有限公司	42	230832.00	2447383.12
5	武汉江英工程造价咨询有限公司	107	286998.29	4926866.15
6	湖北瑞鑫工程造价咨询有限公司	74	251814.72	723838.35
7	武汉长城工程造价咨询有限责任公司	54	203746.75	1303795.45
8	中审工程咨询有限公司	29	57561.00	818838.18
9	武汉中信工程造价咨询有限公司	43	212036.02	1601536.32
10	湖北中至信工程造价咨询有限公司	77	495016.00	1534054.46
合　计		522	2450942.00	17468613.89

上述调研结果显示，我市2016年度聘请工程造价咨询机构进行第三方监管的项目为522个，各公司业务分布不均，有的高达107个，有的仅11个，审减金额高达1700多万元。

（二）第三方监管的成功经验

通过调研，课题组认为我市建立第三方监管制度确有必要，并且已经在以下几方面获得成功经验，最大限度地保障了业主的合法权益。

1. 弥补了行政机关监管的不足

我市第三方监管制度弥补了政府被动性和非专业性监管的不足，使得监管方式更加专业化。根据我国《物权法》、《物业管理条例》和《住宅专项维修资金管理办法》等相关法律规定，武汉市房管局负有管理武汉市范围内住宅专项维修资金的职责，① 但是武汉市房管局作为行政机关，由于专业知识和具体职能的限制，对住宅专项维修资金的管理存在一定的局限性。例如：第一，房管局作为规则的制定者，其具体职责是制定维修资金申报和审批的相关流程，并划拨维修资金。对于现实维修资金使用出现的问题往往是通过业主的投诉和相关单位的反映才能了解，要求房管局直接参与造价咨询与其主要职能不符。第二，房管局监管缺乏相关专业知识。专业人从事专业事，各司其职已经成为一种社会共识，对于房管局来说欠缺专业审价人员的配置使得其无法达到对维修资金具体使用的有效监督。而我市将工程造价咨询机构作为专业机构，在工程预算、材料进场、工程监理和竣工验收、结算过程中，利用其专业知识和经验全程有效地监管维修资金使用，实乃双赢之举。

2. 有效管控维修资金工程报价

工程造价咨询机构具有管控维修资金工程报价的专业优势。其具备相关资质和专业知识，掌握工程材料价格、人力价格，能够充分利用经验并参照市场行情确定不同类型维修零部件的价格，及时发现相关主体虚高报价行为，并利用其“审减”的权力压低施工单位的虚假报价，最大程度接近真实的价格。同时，通过小区现场查勘，掌握实际应维修量与施工方案编制的维修量的匹配性，控制相关主体冒报维修价格行为，有效保证维修资金每一分钱的有效利用。从我市 2016 年度第三方监管数据看，通过第三方监管直接审减节省维修资金高达 1700 多万元。

3. 有效制约业主委员会和施工单位

我市第三方监管机制对业主委员会和施工单位的权限予以制约和监督，从而保证维修资金合理合法有效使用。维修资金由开发建设单位和业主共同交存，用于建筑物的共用部位和共用设施设备维修、更新和改造。随着房屋逐渐老化，维修资金使用概率逐年增加。有限的维修资金如果不加以管理和控制，被任意挪作他用，甚至被冒用和套用，重大维修时必将无钱可用。目前，维修资金“续筹”工作在全国范围内仍是尚未破解的难题，如果因其他非法或非道德的原因导致资金流失，不仅侵犯了业主资金的共有权利，也使得日后可能发生资金欠缺导致的共用部位、共用设施设备无法迅速修理，如果由此而引发公共安全和公共利益问题，后果将不堪设想。课题组在调研中发现，我国不少地方目前已经出现业主委员会串通施工单位一起冒用、套用维修资金的情况。如果业主委员会欠缺监督，其就会利用权力套用

① 龙克虎，刘博宇．住房专项维修资金归集的实践与探索——以武汉为例［J］．中国房地产，2012（4）．

维修资金，谋取不正当利益。同时，施工单位的权限未得到有效规范，由于欠缺专业性监管，施工单位报多少价，不具备专业知识的业主委员会就只能申报多少，维修资金就可能被套取多少。可见，只有权力没有制约和有效的监督极易导致权力滥用，进而危害维修资金使用安全和业主合法权益，我市第三方监管机制对这一问题有一定的遏制作用。

4. 第三方监管机构的立场相对客观公正

第三方监管的成功经验还在于：第一，正如法院裁判一样，法官处于居中的位置，与任何一方当事人都不存在直接利害关系，这样方能保证裁判的公平性、科学性。同样的道理，第三方监管单位与业主委员会和施工单位中的任何一方都不存在直接的利害关系，地位相对比较公正，可以发挥其专业优势进行监管。第二，第三方监管机构本身为营利性单位，“口碑与形象”十分重要，只有客观公正尽职尽责地做好本职工作，才能得到业主和业内的肯定评价，进而获得良好声誉。第三，第三方监管机构本身也受到复检主体、行业协会、造价站、公司内部四级审查和建设厅监督，能够促进第三方监管机构相对客观公正地进行监管。

综上，课题组认为我市第三方监管机制已经在维修资金管理方面取得了成功经验，确有继续存在的必要性。

三、制约我市住宅专项维修资金使用第三方监管作用发挥的主要问题

课题组对包括前述10家第三方监管机构，15家区房管局以及50家业主委员会成员进行了访谈和调查。为满足受访者的保密要求，保证访谈结果的客观性和真实性，报告中以A、B、C等英文字母作为各主体的代称，并为了避免访谈内容的重复，对典型问题和意见进行了总结。

（一）分散型第三方监管带来的管理、成本、操作与效率问题

表2　**第三方监管单位关于分散型第三方监管模式调研结果汇总**

典型公司	主要观点
A公司	第三方监管单位抽选方式比指定委托更公平，理由是通过抽选，虽然本机构业务量有限，但是必定会被抽选中，可以保证一定业务量，采取指定委托可能不会被委托

续表

典型公司	主要观点
B 公司	在第三方监管制度产生之前，施工单位与业主委员会有串通套取维修资金情况，第三方监管对维修资金的使用具有一定约束力。但现实中也存在业委会只用一家监管机构，不让其他机构接手的情况
C 公司	第三方监管单位抽选方式比指定委托更公平，但实际操作中，为了选择特定的监管机构，业主委员会会不断抽选，直到抽中目标机构
D 公司	备选库产生的标准无法确定，库内很多机构不够专业。政府可通过抽选程序控制机构入选。抽选方式会带来不便，公司在武昌区，却要监管黄陂区项目，造成双方不便
G 公司	抽选方式相比指定方式的优势在于能够规避相应的责任。指定委托业务量较大，公司才可能专门成立部门进行专项管理，而现在当做副业管理，公司责任心不强
H 公司	指定委托不是十分公平，抽选方式相对公平，但建备选库缺乏一定竞争
I 公司	指定委托的操作空间太大，不利于公平的实现

表 3　　区房管局关于分散型第三方监管模式的调研结果汇总

典型房管局	主要观点
A 房管局	备选库有 10 家监管机构，但实际上每一家监管机构能够监管到的维修资金项目相对有限，从表面上看填写了所有的监管流程，预算审核和结算审核都完成得很好，但实际上因多家监管机构参与监管，每一家机构业务量有限，其只会当做副业经营，没有集中精力做好监管工作，监管可能流于形式
B 房管局	在现行的抽选机制下，监管单位业务量的多少，不是由其监管质量和效率决定，而是由随机抽选决定，从机制上就决定了监管机构不会通过提升管理水平来获取更多业务量，进而较少提供更优质的监管服务。建议另选一家第三方监管机构从事监管，达到管理效率的最大化，并可优胜劣汰

表 4　　业主委员会关于分散型第三方监管模式的调研结果汇总

典型业主委员会	主要观点
A 业主委员会	对于一个交付使用年限较长，维修资金使用频率高的小区，根本没有必要每次使用资金时都要重新抽选更换监管单位
B 业主委员会	同一小区申报多个维修项目时，要分别抽选多个监管机构各负责一个项目，浪费人力，增加成本

续表

典型业主委员会	主要观点
C业主委员会	监管机构管理水平参差不齐，有的认真负责，有的流于形式，采取抽选方式并不可取。比如，因为抽选不到认真负责的监管机构，就只能让不负责的机构监管，导致实践中经常产生矛盾

从实践调研的情况来看，武汉市目前所采用的这种分散型第三方监管模式存在的问题具体包括：

第一，分散型第三方监管模式直接导致监管成本过高。多家监管机构入库参与第三方监管，导致多家机构共同分享一块本来就不大的蛋糕，分到每家机构监管的项目数量较少。为了保证机构运营成本，确保监管机构愿意参与管理，只能给予其相对高的监管费用，这是导致监管费用过高的重要原因之一。

第二，分散型第三方监管模式不利于房管部门统一管理。房管部门不仅要建立和实施监管机构准入和退出制度，还需要对监管机构的执业行为进行再监督，分散了房管部门有限的监管力量。

第三，分散型第三方监管模式导致实践中各监管机构作业标准和操作方式不一，差异较大，监管结果彼此矛盾。课题组在实践调研过程中发现，有的监管机构采用《武汉建设工程价格信息》进行审价，有的采用广联达软件或淘宝客户端审价，不同的操作方式导致价格审定结果差异较大。

第四，分散型第三方监管模式导致监管效率不高。目前我市采用备选库抽选机制直接导致监管机构跨区作业监管，各监管机构业务量和盈利相对有限，不仅监管成本增加，更降低和弱化了监管效率。

（二）不区分简易程序与普通程序导致成本过高问题

表5　　第三方监管机构关于第三方监管成本的调研结果汇总

典型公司	主要观点
A公司	目前房管部门制作的统一合同文本和监管资料夹里有明确规定，收取的监管费用由三部分组成，而监管所需要的成本主要包括：人力（工资）、餐补、住宿费和交通费。十万元以下的维修项目容易亏本。对维修费用五万元以下的项目实施监管，监管费用确实已经在维修资金中占到很大比例，监管的成本偏高。目前公司的主要业务是新建项目（会计师事务所、工程造价事务所），第三方监管项目耗时太长（基本是非应急维修项目），盈利有限，公司出于社会责任和追求无形商誉才选择做下去

续表

典型公司	主要观点
B公司	公司的主要业务是做新建项目，副业是维修资金项目。武汉市小区众多，备选库监管机构数量有限，通过抽选一年至少可以接到80个项目，而且可以同时接手多个监管项目
C公司	金额小、耗时长、地域偏远的项目，财力、物力、人力的投入成本大于收益就容易亏本。同时对五万元以下的维修项目进行监管，监管费用占维修资金的比例比较大，但是公司是愿意做的，因为有3000元保底监管费
D公司	为了信誉，营业以来一直亏损，公司目前专营维修资金监管项目，无副业
E公司	一年能够接二三十个监管项目，产值只有50万~60万元，第三方监管项目利润率低。坚持做的原因在于通过监管了解相关信息，创造额外业务收益
F公司	公司作为市场主体肯定是为了盈利，但是也需要一定社会责任。2016年公司大概做过18个小区的27个维修项目监管。项目的金额通常较小，公司确实不愿意做，收入太少。因有3000元保底收入，所以愿意做，但是五万元以下的维修项目因为监管费用过高进行监管并不划算
G公司	审减额现在是由施工单位承担，能够起到一定的作用。公司投入3人负责监管项目，每人年收入5万元左右，成本主要是交通费和人力成本
H公司	公司投入4人负责监管项目，每月的工资大概为5000元，监管项目只作为一个副业
I公司	公司投入7人负责监管项目，也是作为一个副业
J公司	2016年做了40多个监管项目，维修单笔金额70%都在5万~10万元之间。如果项目金额小，还会有一定亏损，但是总的来说，略有盈余

表6　**业主委员会关于第三方监管成本的调研结果汇总**

典型业主委员会	主要观点
A业主委员会	小区使用维修资金已高达2000多万元，第三方监管收费偏高且占了很大比例
B业主委员会	几千元的维修项目金额少，还要求第三方监管，浪费维修资金
C业主委员会	五万元以下的维修项目没有必要选择第三方监管，可以节省监管开支。当然，选择监管的好处是可以避免小区业主对业主委员会的质疑

从实践调研情况看，维修资金还存在未区分简易程序与普通程序导致监管成本

过高的问题。第一，业主委员会普遍反映对一些维修金额较小的项目进行监管的费用已经占了维修资金的7%。第二，无论维修金额大小，一律采用第三方监管，不仅增加监管成本，还大大降低监管效率。而大部分监管项目维修金额小、成本高，本身没有监管必要。

（三）市局与区局以及各区局之间管理标准各异问题

表7 第三方监管机构关于市局与区局以及各区局之间管理标准各异的调研结果汇总

典型公司	主要观点
A公司	目前各区局要求监管的程序不一致，有的区局第一步就是由申请主体去房管局抽选确定第三方监管机构，抽选系统由房管局管理，抽选方式是对备选库10家机构进行抽选，抽选出3家后由申请主体（业主委员会或者居民委员会）选择其中一家，再由区局打电话通知监管机构。房管局有预算申请资料夹（资料夹包括一系列表格和申请主体的相关资料，比如，有建筑物地址、户数、列支面积、总面积、列支面积占总面积的比例和损坏部位相关情况等），由第三方通过现场勘查对施工单位预算报价进行审价，申请主体填写系列资料表格和现场审价同步进行。本单位审核完，填写预算审核报告，再由业主委员会、施工单位和第三方监管单位同时签订三方确认书。业主方三分之二以上人员表决通过并签字，适用于非应急程序。但应急程序可以不需要。所需时间根据工程复杂程度而定。预算完成后将上述资料送至区房管局审批。由区局预拨工程款的百分之五十到施工单位账户方可施工。最后进行竣工验收，对隐蔽工程审核，看实际资金使用情况，做结算报告
B公司	5万以下可以不用第三方监管，但现在一般为了避嫌，业主委员会基本都会要求第三方监管
C公司	5万元以上紧急情况走绿色通道，在报资料审核的同时工程材料已经进场，避免等待，可以及时修理，但也存在风险；三分之二签字很浪费时间；每个区局对政策理解不同，实践运行也不同；区局缺乏专业人员，很多情况下都是在第三方指导下完成工作的；业主委员会反映表格过于繁琐
D公司	政府负责制定规则，规范流程，市场负责定价。各区的具体做法有差别，准备资料繁琐，需要填写的内容繁多。抽到的第三方监管机构有时距离小区太远
F公司	从2015年开始实施抽选制度，业主选好公司以后，公司通常会接到电话，开始实施第三方监管，主要查看项目需不需要维修，查看施工单位有无资质和维修方案。按照国家规定，监理机构和造价咨询机构职责不一样，公司是造价咨询单位，现在的情况是两项工作都在做

续表

典型公司	主要观点
G 公司	拨给施工单位的维修资金可能会因为施工单位逃跑，存在一定风险，建议制定进度款制，施工到一定程度再拨，又比如质保金，分两次拨太过简单，无法保障维修质量
H 公司	程序拖延，主要是业主委员会申报的资料不齐全，有必要组织业主委员会专门学习
J 公司	程序拖延时间长，主要是前期业主委员会和施工单位对施工方案的确定以及资料的报送问题，当然有业主委员会反映向行政机关申报流程太长。有的情况是由于业主表决程序一直没有完成

从实践调研情况来看，全市关于第三方监管的实施进度不统一，有的区房管局对所有项目都实行了第三方监管，有的维修项目以业主过半数不同意为由不进行第三方监管，业主或业主委员会无法掌握审查尺度，直接影响业主委员会填报相应表格，无法正确及时完成维修资金申请程序。

（四）资金使用范围不合理问题

表 8　　　**第三方监管机构关于维修资金使用范围问题的调研结果汇总**

典型公司	主要观点
A 公司	主要由房产局规定维修资金的使用范围，有专门列表
B 公司	属于物业管理费维修范围的不该动用维修资金，但是大型零部件损坏，涉及重大安全以及维护费不够的情况除外
C 公司	对于需要使用维修资金的项目应该进行公示，得到业主认可方可进行，避免不属于维修资金的项目动用维修资金。物业服务企业对于很多项目进行收费，如宽带进小区、水电费、广告、流动摊贩等都要收费，收取的费用应该用于小区日常维修和护理。但现实情况是每当使用物业费时物业服务企业要求业主出钱，业主认为已经缴纳维修资金不应缴纳物业费，应该由维修资金进行修理
D 公司	如果机器本身如电梯使用 8 年以上老化了，超过保修期应该使用维修资金。关于物业管理费使用范围和后续资金使用范围没有明确界定。由房管局先立项明确是否符合维修资金使用范围
F 公司	维修资金和物业管理费是两个不同的概念，两者范围界限通常由房管局来界定。很多业主委员会都有使用物业管理费的诉求，但是受困于物业服务企业不属于其负担的主张，导致无法维修

续表

典型公司	主要观点
H公司	维修造价几百元的项目，可以用物业管理费
I公司	只要是公共性的维修项目都可以使用维修资金
J公司	今后需要明确哪些情形可以使用维修资金，哪些应当由业主自己负担

表9　区房管局关于维修资金使用范围问题的调研结果汇总

典型区房管局	主要观点
A房管局	区局通常会事先审查哪些范围可以使用维修资金，而物业服务企业则依据物业合同提供小区服务，主要职责是安保、绿地和公共设施的保养维护。判断是使用维修资金还是物业费，主要是区分维修还是保养维护，是属于维修性质的使用维修资金，还是属于保养维护的使用物业费。在中国的其他城市，例如，深圳市在物业费和住宅专项维修资金以外，还设立了住房保修金
B房管局	现实中可以用于维修的经费很多，包括物业管理合同范围内的维修费用、公共收益以及惠民资金等。当业主发现需要维修事项时，首先，会寻求物业服务企业解决，其次，才会使用维修资金。区局一般会建议先找物业服务企业，使用公共收益，最后才能动用维修资金。在实践中，如果双三分之二以上的业主都要求使用维修资金，区局一般都会审批。同时，在维修资金使用审批具体工作中需要了解受益对象的诉求，如果只是满足几户业主的需要就要分摊到栋

表10　业主委员会关于维修资金使用范围问题的调研结果汇总

典型业主委员会	主要观点
A业主委员会	所在小区1000元以下的维修项目基本都采用物业费维修，超过1000元的才会选择使用维修资金。维修资金毕竟有限，建议今后多采用物业费维修一般的项目
B业主委员会	质保期内出现的质量问题由开发建设单位维修，当维修项目超过5年质保期以后，公共区域的维修基本都在使用维修资金。小区的公共区域维修即使超过质保期，也应由物业服务企业承担一定维修经费，不应全部使用维修资金
C业主委员会	小区主要按照行政机关规定的使用范围来申请维修资金，但一些金额小的维修项目确实应当由物业费来承担

从实践调研情况来看，维修资金的使用范围不尽合理，具体来说主要体现为以

下三点：第一，维修资金与物业费的使用范围规定过于笼统，导致维修资金使用边界不明。实践中，有的小区以质保期来区分维修资金与物业管理费的使用范围；有的小区以维修项目的金额来区分维修资金与物业管理费的使用范围。第二，部分行政部门以维修与维护、保养的区别来区分维修资金与物业费的使用范围存在问题。但是实践中，如涉及公共安全，是否可以先动用维修资金迅速开展维修，事后再向有关责任人或单位追索，仍存在一定的探讨空间。第三，实践中，只要属于公共区域的维修项目往往都可以动用维修资金的做法存在问题。众所周知，维修资金具有有限性，如果各种维修项目都可以使用维修资金，一旦资金用尽，后续维修经费何来？因此，维修资金的使用范围需要进一步完善。

（五）业主委员会工作存在缺乏监督和业务素质不高的问题

表 11　第三方监管机构关于业主委员会工作存在缺乏监督和业务素质问题的调研结果汇总

典型公司	主要观点
A 公司	施工单位与业主委员会相互勾结，不断要求第三方修改审定的价格，业主委员会也会向第三方施压。建议：需要第三方与区局联合，分清责任，审核价格已经出来，而迟迟不施工，责任由施工单位和业主委员会承担，由房管局约谈其他主体。第三方不能与施工单位直接联系。如施工单位对价格审定有异议，在业主委员会带领下可与第三方当面质证
B 公司	施工单位以营利为目的，对于预算报价讨价还价，耽误了整个进程。现实中施工单位可能冒用维修资金，将甲工程的维修资金去修乙工程，时间久了才会被发现，一旦发现冒用情况就要追究业主委员会和施工单位责任。首先由市局直接约谈相关主体，责令修理原定项目，否则将采取法律手段
C 公司	有施工单位现场配合度不高；有施工单位素质不高，很多施工单位不具备资质，属于挂靠情况；存在施工单位私下贿赂第三方，以返利的方式要求第三方减少审减额，这种情况复检机构和行业协会无法查证；审价不符合要求时施工单位拒绝开工，业主委员会要求加价或者重复更换施工单位，第三方面临重复审价的情况；现实中还存在业主委员会因为换届或者审价不符合其要求等原因单方面终止项目的情况，基于市局指示和诉讼成本过高的原因通常无法保护第三方自身利益
E 公司	业主委员会与施工单位串通，虚高报价；业主委员会不专业，寻求最大私利；对于审价不满意，无法提交材料给房管局，业主委员会会进行上访，投诉拿不到钱；施工单位对于审价与第三方讨价还价

续表

典型公司	主 要 观 点
F 公司	有的小区确实需要维修，但是业主委员会跟小区居民沟通有问题，难以达到签字的要求。有存在业主委员会跟施工单位相互勾结的情况，有时把施工单位的价格审低以后，业主委员会甚至会向监管单位反映不应审太低。维修资金申请耗时长，主要是业主跟施工单位的矛盾拖延了支付
G 公司	业主委员会并不是一个十分专业的机构。同时，跟施工单位的沟通也十分困难，耗时长的原因也正是在跟施工单位不断交换意见，讨价还价。现在的第三方监管实际上属于造价咨询单位，不具备监理的职能，但在实际工作中业主委员会通常要求公司予以监理
H 公司	存在业主委员会和施工单位勾结的情况，施工单位抬高价格，私下向业主委员会返利，业主委员会内部争执也有可能影响公司的进度

从实践调研情况来看，维修资金第三方监管缺乏对业主委员会有效监督的机制，同时业主委员会的业务素质也有待加强。维修资金第三方监管，从实质上来说，就是要规制好业主委员会、施工单位以及行政机关在维修资金使用过程中出现的违规申请、套用以及违规审批等问题。在调研过程中，超过七成的第三方监管机构反映，在实践中存在业主委员会与施工单位相互勾结套取维修资金的情况。例如，当第三方监管机构对施工单位预算审核较为严格时，时常有业主委员会干扰第三方监管机构正常审价，甚至出现因审价过低，业主委员会要求更换监管机构的情况。此外，业主委员会的专业性也有待加强，由于业主委员会组成十分复杂，对业务不熟悉，导致无法落实好维修资金使用申请手续。

（六）第三方监管单位自身缺乏有效监督的问题

从实践调研的情况来看，维修资金第三方监管主体自身也缺乏有效监督机制，问题主要体现在以下两个方面：第一，从房管部门对监管机构的事后复核结果看，现有备选库 10 家机构都存在不同程度的监管不到位情况，究其原因在于对其缺乏有效的再监督机制。业主委员会应当依据监管合同对监管单位的监管过程实施再监督，而在现有制度下，监管机构完成监管后，业主委员会将相关材料报送房管局即可，监管机构的行为基本没有得到任何有效监督，合同双方是否存在利益输送也不得而知。第二，监管机构以最大限度地获取利润为最终目的，将维修资金的监管权力赋予市场化运作营利性机构，缺乏管控权力的有效机制，导致实践中时常出现监管机构与施工单位、业主委员会相互勾结的情况。

（七）第三方监管的其他问题

表 12　　　　监管机构关于第三方监管其他问题的建议汇总

典型公司	主要观点
A 公司	针对有业主委员会多次要求修改价格、更换施工单位、开协调会，甚至单方面终止第三方监管合同，该公司建议预算结束时就应当收取百分之五十的报酬，而不能等到结算之后才收取全部报酬。针对监管耗时长的问题，A 公司认为，因为工程本身存在不确定因素，比如，施工单位拖延；有小区要求试运行几年再结算；业主委员会组成人员多是兼职，年龄大、不专业；业主各种理由阻碍，不容易沟通等。对于现有的监管流程来说，相关表格繁琐，各自的表需要各自填。房管局作为管理者，建议提供平台，不直接干涉定价，有争议问题，请求房管局决断
B 公司	为防止施工单位挂靠，缺乏相关资质，需要施工单位提供委托证明书。出现维修资金被套用冒用，是三方共同责任。套用维修资金应严肃处理，应当追究民事责任，乃至刑事责任。从实践来看，确立第三方监管制度之前，套取维修资金的情况屡有发生，而现在第三方监管单位不愿意承担责任。建议出台措施防止施工单位以打电话方式干扰第三方监管单位机构的正常工作。房管局只负责流程监管，负责审批，不应当参与审价活动
C 公司	第三方监管单位没有监理资质，现场监理没有资格，只负责造价，建议房管局聘请具有独立监理资质机构。摇号确定第三方后需要出具书面通知书而非一个电话，这样确保前期投入不会因为对方单方面终止合同而白费，建议类似于施工单位的收取报酬方式一样，先预拨部分款项给第三方监管单位，避免项目不成立时发生亏损。针对业主委员会人员素质不高的问题，建议经常进行培训。针对房管局的业务管理问题，建议房管局效仿审计局和财政局聘请专职人员进行复核工作
D 公司	很多第三方监管单位缺乏专业性，维修资金监管标准不明确。对备选库定进入标准，定期进行考核。对不诚信的施工单位，建议报告给房管局，将其纳入黑名单
E 公司	具备造价资质又具备金融资质的机构参与第三方监管，更有利于维修资金的监管和维护。例如，对维修资金是否划拨到施工单位账户，施工单位是否使用该资金到相关项目等行为进行监管。对每年维修资金进行规划，了解使用情况，剩余资金进行理财；按地域选取监管机构；聘请独立具有监理资质的机构共同参与项目
F 公司	维修资金使用的整个流程不仅要第三方监管单位清楚，也要让小区的业主委员会清楚

续表

典型公司	主 要 观 点
G 公司	建议房管局对施工单位建立一个入库的机制，动态管理。在发现业主委员会存在问题时，第三方监管单位应当向纪检等单位举报

表 13　　　　区房管局关于第三方监管其他问题的建议汇总

典型区房管局	主 要 观 点
A 房管局	目前市局的第三方监管规定多以操作手册的形式进行明确，没有相应的法律效力，建议市局对第三方监管的规定采用文件规定或推进第三方监管的相应立法
B 房管局	对于第三方监管机构、施工单位与业主委员会相互勾结，套用维修资金的行为市局要监管而且要有相应的惩罚措施。鉴于政府职能和专业知识缺乏等问题，可由政府主导行业协会进行监督或者通过复检主体事后抽查。对于施工单位卷款而逃的行为，监管机构可以按照与业主委员会签订的合同寻求法律保护。此外，需要修改《住宅专项维修资金管理办法》，事前应明确施工单位的资质。最后，区房管局维修资金管理人力配置不够，建议市局增加人力

从实践调研的情况来看，第三方监管还存在一些其他问题，主要包括：第一，调研过程中，近七成的监管机构都反映其不具备监理资质，无法完成监理任务。现有规定下，第三方监管机构多为造价咨询公司，对于审价有一定专业性，并且能为其审价行为承担相应的法律后果，但是这些机构多数不具备监理资质，并不能对工程质量起到监理作用。第二，在实践中，施工单位屡屡出现挂靠的情况，一些不具备资质的施工单位挂靠有资质的施工单位骗取维修资金，之后卷款而逃。

四、城市之间的比较研究

（一）上海市与武汉市第三方监管机制分析比较

与武汉市第三方监管背景相同的是上海市，现实中也存在业主委员会与物业服务企业缺乏造价知识，施工单位资质缺乏且诚信较差的问题。两市实践中都采取了第三方监管，在必须要求第三方监管的情形下工程预算和结算都必须提供审价结果。上海市第三方监管对于维修、更新、改造工程费用超过 5 万元（包括 5 万元）的规定应当聘请第三方，即专业审价机构进行审价。武汉市首先明确了住宅共用部位和共用设施设备的维修和更新、改造范围，同时对是否需要第三方进行了情况分类，包括建议委托第三方的情形和必须委托第三方的情形，同时对数额进行了细化，包括常态维修中的单项超过 5 万、总额超过 10 万，以及应急维修中的总额超过 30 万实行不同的管理。上海市规定业主大会与开户银行之间是委托关系，以合同方式签订，审价费用由银行承担，这种做法的好处是明确了双方的权利义务和责任，减轻了业主的费用负担，同时使得银行充分发挥其资金和专业上的优势，更好地完成审价工作。上海市关于工程监理的做法是费用超过 50 万元的应当聘请监理，监理机构与银行签约，监理机构与业主大会签订监理合同，监理费用也由银行承担。

（二）成都市与武汉市第三方监管机制分析比较

鉴于业主以及相关行政部门审价和监理等专业判断力的欠缺，成都市引入了第三方监管制度。成都市对维修项目审价为强制要求，无论是一般使用超过 5 万元（包括 5 万元）或者虽然在 5 万元以下的，监管部门认为应进行审价以及紧急、应急使用项目，都应该进行审价。成都市指定了建行四川省分行作为第三方机构，提供免费审价。武汉市并未统一强制审价，而是区分了情况，并且对于是否需要审价的维修费用也进行了划分。实践中武汉第三方监管尚未采取免费机制。武汉市明确了住宅共用部位和共用设施设备的维修和更新、改造范围，成都市并未具体明确。

（三）长沙市与武汉市第三方监管机制分析比较

两市都采取备选库的模式，长沙市备选库由 19 家机构组成，库内摇号，库外自行选取有资质的机构进行监管。对于金额超过 3 万元的强制进行第三方监管，不区分常态维修程序和应急程序。第三方监管的范围仅限于预算审价，不包括工程监理和事后决算，单个监管项目最低收费为 2000 元，从维修资金中列支。

（四）其他城市与武汉市第三方监管机制分析比较

深圳市也引入了第三方监管制度，规定物业共用部位、设施设备维修更新和改造工程预算超过 10 万元的，业主表决前应经第三方监管机构对工程预算进行审价，审核费用计入维修支出。同时，物业服务企业在向区管理机构申请维修资金使用备案时也要求对工程预算超过 10 万元的项目提供第三方监管机构的审核结论。天津市规定向房管局申请办理维修资金使用备案和划拨维修资金时达到审价和招标条件的维修工程需要提供预算审价合同和审价报告。业主、业委会应当委托物业服务企业聘请专业监理和鉴定单位。相对于上面其他城市的做法，武汉市第三方监管规定较为细致，有较为可行的实践操作性。

通过上述几大城市的比较，我市特色在于：明确而详细地规定了常态维修和应急维修情形，更有利于防止维修资金被滥用情况；对于第三方监管适用的范围作了情形划分，包括必须委托和建议委托的情况，细化了适用条件。其他城市基本采取统一强制监管制度，并且确定了一个标准数额。其他城市创新点包括：委托银行作为第三方监管机构，与银行订立合同，明确费用由银行支出，银行同时承担监理职责，费用由银行承担，该银行为维修资金开户行。

五、第三方监管优化与效率提高

研究认为：我市现行第三方监管制度在保障维修资金安全使用中发挥着重要作用，有效防止了资金违规使用或不当使用，促进了维修资金制度的良性运行。研究表明，从当前维修资金监管工作现实需要出发，需要改革创新第三方监管制度，降低监管成本，进一步提高监管效率，为此提出选择专户银行提供监管服务的改革性建议，以改变目前多家第三方监管单位监管造成的不利局面，改革措施符合我国现行法律规定，即：

采取“一套模式”，即由维修资金专户银行提供第三方监管服务。向银行移交备选库并由其统一管理和支付监管费用，或银行自行建立监管制度并委托一家专业机构行使维修资金使用第三方监管职责，这样既可减轻业主负担，又有利于制度高效实施。

区分“两种程序”，即设立普通监管程序和简易监管程序。研究表明，70%以上聘请了审价机构的维修工程费用在7万元以上，可考虑7万元以上的维修项目采用普通程序，实行“事前、事中、事后”监管，支付审价和监理服务费用；7万元以下的项目采用简易程序，“只事前审价”，减少审价费支付，降低监管成本，提高资金使用申请时效性。

实施“三项措施”，即全面促进监管效能提升：一是在立法修订和相关制度性文件中对第三方监管予以明确规定；二是建立区局监督平台，发现业主委员会或施工单位存在虚报假报等异常情况的，通过平台通报有关信息，终止维修资金申请程序；三是完善房管部门对第三方监管机构监管工作再监督制度，不断细化监管措施。

（一）集中型第三方监管模式的选择

1. 选择集中型第三方监管的依据

第一，前述调研结果显示，分散型第三方监管模式已经导致第三方监管成本上升、操作方式不一以及监管效率不高等一系列问题。由于分散管理，每一家第三方监管机构业务量有限，为了满足第三方监管机构基本盈余，只能提高单笔维修项目的监管费用，由此导致成本上升。同时，分散型第三方监管模式也导致了各家第三方监管机构操作不一，房管部门无法统一职责范围外的审价技术标准问题。

第二，采用集中型第三方监管模式，可以有效降低监管成本，在此模式下，第三方监管机构业务量足够大，可以有效降低单个维修项目所耗费的监管费用。

第三，在维修资金慎用原则下，加之对监管成本的考量，使得我市第三方监管目前只能立足于造价咨询，业主很难再聘请监管机构负担高额工程监理费用。集中型第三方监管模式由于成本的大幅下降，且不多占用业主资金，可以将监管的范围扩大到工程监理。

第四，房管部门因维护资金使用安全需要，在十家机构不具备监理资质的情况下，过多要求其履行维修事实核查、施工过程监管、参与竣工验收等监理职责，并收取一定的监理费用，但监管效果并不理想，政府适度监管方式在分散型第三方监管模式中难以有效开展，政府已经陷入多头监管的困局，而集中型第三方监管可以将政府力量集中为对一家监管机构的监管，大大提升了政府工作效率。

第五，在分散型第三方监管模式之下，各家监管机构水平参差不齐，导致维修资金管理情况也大相径庭，而集中型第三方监管模式能够选择一家最优监管机构，有效保证了监管质量。

第六，在集中型第三方监管模式下，专户银行可以通过我市 190 亿元维修资金存储收益承担监管成本，免收业主应支付的第三方监管费用，回报业主。

2. 集中型第三方监管的模式

创新第三方监管制度的实践转化做法是：第一，选择维修资金专户银行为维修资金使用提供第三方监管服务，包括专业化工程造价咨询和工程质量监理。第二，政府与银行的关系可以确立为合同关系，政府可将维修资金使用第三方监管业务委托给银行，将第三方监管责任边界和具体事项与银行以合同形式予以确立。第三，政府与银行拟定的合同文本需经政府法制部门严格审查，以防范法律风险。第四，合同可以约定银行的职责主要包括：建立第三方监管制度配套实施具体措施和监管技术规范，建立专业工程造价咨询和工程质量监理体系并提供相关服务，向工程造价 7 万元以下的单个项目实施第三方监管，建立与业主委员会相关业务的合同关系，审核维修资金使用项目的正当性和合理性，审核维修工程造价，监督维修工程质量，监控维修过程的异常现象，建立与房管部门的合作关系，接受房管部门关于第三方监管的再监督。第五，政府的主要职责主要是对银行第三方监管工作进行事后抽查和接受投诉建议。政府每年按量抽取复核银行第三方监管项目。第六，不再沿用备选库，由专户银行聘请人员，取得相应资质，构建独立的造价咨询和监理机构。

（二）区分简易程序与普通程序

从实践调研的情况来看，维修资金监管成本偏高，已经较大程度地影响维修资金管理效率，一定程度上造成维修资金浪费，课题组建议从以下几方面加以优化。

首先，采用课题组前述提出的集中型监管模式，省去了房管部门建立备选库、考核备选库成员机构，以及抽选聘用等一系列繁琐环节，降低房管部门监管成本，提高维修资金管理效率，促进房管部门依法行政。

其次，无论维修项目造价多少都纳入第三方监管，采用同一程序，是造成监管成本高的另一重要原因。课题组认为应根据维修资金使用情况，合理划分简易程序和普通程序。依据是：第一，维修资金涉及公平与效率的平衡问题，对维修资金采用第三方监管正是基于公平考虑，制度设计的目的在于防止维修资金被滥用和套用，但是在注重公平性问题的同时，必须兼顾维修资金使用效率。从实践来看，无论造价多少都采用普通程序，已经大大降低了维修资金监管效率，且耗费了业主委员会成员大量时间和精力，一些造价少的项目完全可以简化监管程序，如此才能促进实现公平与效率的平衡。第二，区分第三方监管的简易程序和普通程序，并不是说对造价少的项目不予监管，放任自流，而是仍然要对其加以监管，通过监管程序一定程度上的简化，相应提高监管效率。第三，实践和调研显示，维修资金的使用金额通常在5万~10万元，并且通常将5万元作为临界点来启动监管程序。课题组建议适当调整进入监管程序的金额界限，将7万元作为区分使用简易程序和普通程序的界限，7万元以上的维修项目采用普通程序，能够达到对近七成以上项目的严格监督；7万元以下的项目采用简易程序，能够达到既监督又提高管理效率的目的。

（三）地方性法规予以规定

课题组建议将第三方监管的政策规定，以地方性法规的形式予以明确规定，以改变目前操作规则不一的不利局面。

（四）合理规定维修资金使用范围

目前我国各地维修资金使用范围过于宽泛，几乎无一例外地都将维修资金使用范围规定为住宅共用部位、共用设施设备保修期满后的维修和更新、改造的资金。而住宅共用部位，是指根据法律、法规和房屋买卖合同，由单幢住宅内业主或者单幢住宅内业主及与之结构相连的非住宅业主共有的部位，一般包括：住宅的基础、承重墙体、柱、梁、楼板、屋顶以及户外的墙面、门厅、楼梯间、走廊通道等。共用设施设备，是指根据法律、法规和房屋买卖合同，由住宅业主或者住宅业主及有关非住宅业主共有的附属设施设备，一般包括电梯、天线、照明、消防设施、绿地、道路、路灯、沟渠、池、井、非经营性车场车库、公益性文体设施和共用设施设备使用的房屋等。①

课题组认为，武汉市和主要一线城市对维修资金的相关规定过于宽泛，建议维修项目涉及公共安全、危及公共安全时才能申请使用维修资金。主要理由如下：第一，维修资金续筹十分困难。现有的维修资金由开发建设单位和小区业主共同缴纳，数额有限，一旦用完，维修资金如何续交尚无规定。第二，维修资金的有限性决定了其必须用于最危急公共安全的项目。按照现有维修资金使用范围，以及维修资金使用近两年平均70.9%的增长形势，单个小区维修资金将会快速消耗，当危急公共安全维修问题出现时，维修经费从何而来？第三，目前的常规维修项目完全可以利用物业费进行日常小修小补，房管部门可以进一步明确物业服务企业相关职责，改变共用部位、共用设施设备因物业日常维护缺位而由维修资金买单的情况。

（五）加强对业主委员会的管理

针对调研反映出的业主委员会工作存在缺乏监督等问题，课题组建议，引入纪检监察机制，建立信息互通和监督平台，对业主委员会行为予以监管，当第三方监管机构在监管过程中发现业主委员会行为异常时，应立即向纪检监察机关和区房管局反映，由纪检监察机关处理业主委员会违法行为，区房管局对维修资金的使用予以终止和追回；如果第三方监管机构在发现问题后怠于反映，由第三方监管机构承担因怠于反映而造成的相应损失。

（六）完善第三方监管制度的其他建议

针对第三方监管机构监理资质和施工单位挂靠问题，课题组建议，第一，可以利用第三方监管节省的成本，聘请独立具有监理资质的机构同第三方监管单位共同参与项目。第三方监管机构主要负责造价咨询，监理机构负责工程质量，各司其职而又权责分明，更加有利于维修资金合理有效使用。第二，对于施工单位的挂靠问题，建议业主委员会和政府部门，要求施工单位提供完备的资质证书，并在相关管理办法里明确规定，业主委员会在选取施工单位时，必须要求施工单位提供委托证明书，一旦施工队伍出现问题，可以依法追究委托单位的法律责任，力求最大限度地保障维修资金的安全。

◎ 参考文献

[1] 孙景宇．物业专项维修资金使用难的应对分析［J］．江西建材，2017（11）：246-247.

---

① 参见《北京市住宅专项维修资金管理办法》、《广州市物业专项维修资金管理办法》等。

[2] 海口市财政国库支付局课题组，吴爱菊，曾文丽．盘活住宅专项维修资金 发挥资金最大效益［J］．预算管理与会计，2017（5）：53-56.
[3] 刘永亮．住宅专项维修资金管理中存在的问题与对策［N］．中国审计报，2017-04-24（2）.
[4] 刘澜．5月1日起正式实施《保定市住宅专项维修资金管理规定》亮点纷呈［N］．保定日报，2017-04-18（B01）.
[5] 袁卫华．完善物业专项维修资金增值管理模式的措施探讨［J］．住宅与房地产，2017（5）：238.
[6] 汕头经济特区住宅专项维修资金管理办法［N］．汕头日报，2016-12-17（5）.
[7] 戴家豹．房改房住房维修基金的财务处理［J］．财会学习，2016（22）：47-48.
[8] 李晓婷，穗建轩．七种情况可申请使用维修金［N］．广东建设报，2016-11-22（5）.
[9] 缪梦羽．成都三招破解住房维修资金“使用难”［N］．成都日报，2016-10-20（7）.
[10] 陈旭东．成都住房专项维修资金 安全与高效并举［N］．四川日报，2016-10-20（14）.
[11] 韩雪洁，马贺．启用物业维修资金难吗？［N］．吉林日报，2016-10-13（4）.
[12] 齐伟红，刘述波．房屋产权变更 受让人应付维修资金［N］．哈尔滨日报，2016-09-26（2）.
[13] 盛巍，刘述波．住房专项维修资金使用全面“提速”［N］．哈尔滨日报，2016-09-20（2）.
[14] 施伟林．物业管理中维修资金使用的分析与探索［J］．现代物业（中旬刊），2016（8）：38-39.
[15] 吴蓉．我市住宅专项维修资金大多“沉睡”［N］．韶关日报，2016-08-04（A07）.
[16] 杨梓誉．关于中小城市住房维修资金使用管理的探讨［J］．现代物业（中旬刊），2016（4）：49-50.
[17] 屈瑞华．中小城市物业管理现状及对策［J］．企业改革与管理，2016（3）：223-224.
[18] 顾德雯．高校住宅专项维修资金使用管理存在的问题与思考［J］．科教导刊（下旬），2016（1）：13-14.
[19] 住房和城乡建设部办公厅．财政部办公厅关于进一步发挥住宅专项维修资金在老旧小区和电梯更新改造中支持作用的通知［J］．中国物业管理，2015（11）：4-5.
[20] 刘保瑞．接地气 贴民意——谈住房专项维修资金新政［J］．中国物业管理，

2015（11）：6-7.
[21] 王雅莉，汤姚楠，曹宇．住房公共维修资金利用存在的问题及对策研究［J］．建筑经济，2015（11）：110-114.
[22] 魏英杰．住房维修资金新政不能玩“左右手互搏”［N］．深圳特区报，2015-10-27（A02）.
[23] 覃忠胜．论物业专项维修资金管理使用［J］．中外企业家，2015（29）：109.
[24] 郭传波．巨额住宅维修资金“沉睡”应予关注［J］．青海金融，2015（9）：37-39.
[25] 陈佳．成都市城市住房专项维修资金管理暂行办法政策执行研究［D］．电子科技大学，2015.
[26] 郝军．科技助力　系统先导　拓展住房领域机构业务新蓝海——中国工商银行山西分行开展住宅专项维修资金业务营销［J］．中国城市金融，2015（8）：64-66.
[27] 郭传波．巨额住宅维修资金“沉睡”应予关注［J］．金融博览（财富），2015（7）：13.
[28] 李江平．从物业管理实践讨论专项维修资金制度的完善方向［J］．住宅与房地产，2015（11）：44-47.
[29] 文英．住宅专项维修资金保值增值的可行性研究［J］．时代金融，2015（14）：285-287.
[30] 吴燕．住房专项维修资金管理使用中存在的不足与建议［J］．现代物业（上旬刊），2015，14（4）：96-97.
[31] 莫开伟．住宅维修资金应“钱尽其用”［N］．中国证券报，2015-03-25（A05）.
[32] 王平楠，赵护航，夏娟娟，等．浅议物业专项维修资金管理使用［J］．时代金融，2015（6）：233-235.
[33] 应建永．物业专项维修资金的使用管理探讨［J］．财经界（学术版），2015（3）：127.
[34] 毕艳荣．物业专项维修资金使用难的应对措施［J］．新经济，2014（26）：119.
[35] 王陶．我州规范并强化住房维修资金管理使用［N］．红河日报，2014-09-11（1）.
[36] 罗红峰．我国住宅专项维修资金制度研究［D］．吉林大学，2014.
[37] 满玉静．个人住房专项维修资金管理模式法律问题研究［D］．西南政法大学，2014.
[38] 朱华汉．我国住宅专项维修资金制度研究［D］．湘潭大学，2014.

[39] 周雅瑜．把握我国住宅专项维修资金保值增值的投资分析［J］．市场经济与价格，2014（3）：43-45.
[40] 端嘉国．住宅专项维修资金管理制度若干问题研究［J］．经营管理者，2014（3）：229.
[41] 李明强．浅谈住宅专项维修资金的建立［J］．现代物业（上旬刊），2011，10(1):110-111.
[42] 李俊．论住宅专项维修资金管理中的政府管理与公民自治［J］．南京工业大学学报（社会科学版），2013，12（4）：62-65，77.
[43] 郭建鹏．万亿维修资金去哪儿了？［J］．经济，2013（11）：44-60.
[44] 王凌杉．破解物业维修金使用难题［N］．长春日报，2013-11-07（2）.
[45] 吴琼．广州百亿房屋维修资金睡大觉［N］．广东建设报，2013-10-01（5）.
[46] 张志瑜．住房专项维修资金管理和使用中存在的问题分析与研究［J］．财经界（学术版），2013（18）：78，88.
[47] 张丽华．住宅专项维修资金增值保值模式探析［J］．行政事业资产与财务，2013（16）：76.
[48] 林华．住宅专项维修资金使用管理办法有待完善［N］．中国审计报，2013-08-05（6）.
[49] 汪惠敏．物业专项维修资金“追缴难”问题的思考与对策［J］．现代物业（中旬刊），2011，10（2）：59-60.
[50] 陈鹏．国家—市场—社会三维视野下的业委会研究——以B市商品房社区为例［J］．公共管理学报，2013，10（3）：75-89.
[51] 任书潭．国有企业住房制度改革遗留问题研究［D］．华中师范大学，2013.
[52] 鲍轶欣．因地制宜完成住宅专项维修资金续筹［J］．现代物业（上旬刊），2010,(11):48-51.
[53] 顾国泉．沪上住房维修资金使用有规可循［N］．上海金融报，2013-03-29（A12）.
[54] 倪鹏飞，刘伟．城市贫困住区住房开发问题研究——以辽宁棚户区为例［J］．学习与探索，2013（3）：92-97.
[55] 梅莲琼．关于我县房屋维修资金管理存在的难点问题分析及对策的调研报告［J］．中华民居（下旬刊），2013（2）：243-244.
[56] 胥宝英．打通维修资金使用全环节——以四川江油市经验为例［J］．城市开发，2013（3）：52-53.
[57] 宣宁宁．关于完善已售公有住房住宅专项维修资金会计核算制度的思考［J］．中国劳动关系学院学报，2013，27（1）：107-110.
[58] 官本仁．关于住房维修资金的管理和使用［J］．福建论坛（人文社会科学版），2012（S2）：89-91.

[59] 张枫逸．千亿住房维修金成糊涂账的三重反思［J］．广西质量监督导报，2012（11）：11.
[60] 陈晓燕．已售公有住房专项维修资金管理问题探讨［J］．现代商业，2012（26）：154-155.
[61] 吴采平．房屋维修资金可划归业委会管理［N］．中国消费者报，2011-04-01（A02）.
[62] 彭跃东．沈阳住房维修资金管理将出台应急使用办法［N］．沈阳日报，2012-08-24（A08）.
[63] 吴敏．住房维修资金管理系统的设计与实现［D］．哈尔滨工程大学，2011.
[64] 宋琳．住宅专项维修资金纠纷审判中的疑难问题［J］．上海政法学院学报（法治论丛），2012，27（3）：143-145.
[65] 龙克虎，刘博宇．住房专项维修资金归集的实践与探索——以武汉为例［J］．中国房地产，2012（7）：64-68.
[66] 黄永国．对物业专项维修资金使用难的几点思考［J］．现代经济信息，2012（5）：23-26.
[67] 孙雅静．已售公有住房专项维修资金管理问题分析［J］．财经界（学术版），2012（2）：139.
[68] 王希希．“农村集中居住区”专项维修资金管理模式研究［D］．四川师范大学，2012.
[69] 章月萍．住宅专项维修资金安全问题研究［J］．福建工程学院学报，2011，9（6）：624-626.
[70] 郭维彬，颜静达．高校住宅专项维修资金管理研究［J］．技术与创新管理，2011，32（6）：642-644.
[71] 郭前明．维修资金使用难原因浅析及解决对策［J］．财经界（学术版），2011（10）：46，48.
[72] 周琳．公有住房住宅专项维修资金管理探究［J］．会计师，2011（10）：99-100.
[73] 艾双运，王波．中小城市住房维修资金使用管理之思考［J］．审计月刊，2011（7）：38-39.
[74] 林静．完善售后公有住房专项维修资金管理机制的思考［J］．现代营销（学苑版），2011（6）：205-206.
[75] 秦永红，徐婷婷．试析住宅专项维修资金的管理［J］．成都航空职业技术学院学报，2011，27（2）：67-69.
[76] 梁纯华．住宅专项维修资金管理制度若干问题研究［D］．华东政法大学，2011.
[77] 潘品．我国物业专项维修资金制度完善的研究［D］．安徽大学，2011.

15. 白蚁监控检测装置在房屋白蚁综合防治中的推广应用

武汉市白蚁防治研究所

课题负责人：张祖斌　武汉市白蚁防治研究所　所长

课题责任人：李晶舰　武汉市白蚁防治研究所　总工程师

课题组成员：熊　敏　杨　帆　张红星　陈晓露　阮健伟　李功春　沈迎辉　黄义东　吴　勇　詹利亚　毛学东

课 题 统 稿：张祖斌　李晶舰　林　俊　陈晓露

技 术 顾 问：黄求应

2016 年 12 月 28 日，由我所制定，并由武汉市质量技术监督局发布的武汉市地方技术规范《城市新建房屋白蚁防治监测控制技术规程》（以下简称《规程》），填补了我市城市房屋白蚁防治监控技术规范的空白。

在此《规程》发布前，我所为该《规程》的实施作了长远谋划。我所委托武汉市白蚁防治科技开发服务公司与湖北楚天蕙兰白蚁防治有限公司共同研制白蚁监控检测装置，于 2016 年 12 月 3 日向国家知识产权局申请实用新型专利，2017 年 2 月 9 日接到国家知识产权局通知，手续合格，并于 2017 年 6 月 30 日取得国家知识产权局正式颁发的实用新型专利证书，证书号第 6258205 号（专利号为：ZL 2016 2 1317183.0）。

监控检测装置的研发，为贯彻执行此《规程》作出了保障。白蚁防治监测控制是运用 IPM 技术，以监测—控制系统为技术核心，以生物防治技术、物理防治技术和非持久性有机污染物（POPS）化学药物屏障技术为辅助手段的综合治理措施，形成了白蚁防治的 IPM 技术方案。IPM 是一种理念，基本原则是有效控制，而不是一种特定的、明确的、具体的控制措施及标准或准则。

IPM 的基本思想是以生态原理为基础，把白蚁危害作为其所在生态系统中的一个组成成分来监测和控制；提倡最大限度地利用自然调控因素，尽量少用化学药剂控制白蚁危害；提倡人类与有害生物协调共存，强调对有害生物的数量进行调控，不盲目追求根除有害生物；防治措施和技术的使用全盘考虑经济、社会和生态效益。

白蚁监控检测装置是对白蚁的一种管理系统，按照白蚁的种群动态和其相关环境关系，尽可能协调地运用监控检测装置的技术和方法，将白蚁危害控制在一定范围和水平。该技术通过专用的设备和程序规范，实施白蚁防治活动的控制。白蚁监测控制技术由两个方面组成：白蚁监控技术和白蚁检测技术，采取有蚁即灭、无蚁监测。白蚁监控技术是指采用某些对白蚁有强烈引诱力的物质或材料，促使白蚁个体向人为确定区（点）大量集聚的过程。白蚁检测技术检测到有白蚁危害时，把监控装置取出，放入饵剂来诱杀白蚁，这样有的放矢，同时也可直接喷入粉剂进行处理。所谓饵剂诱杀是把杀白蚁活性物质加入饵剂中做成毒饵，白蚁取食后在群体中传播，最终造成群体的死亡。粉剂灭治是用监控检测装置把白蚁引诱集于监控检测装置中，再喷施慢性灭白蚁粉剂，让受粉白蚁在群体中传播，或将白蚁带回室内分离，喷施慢性灭白蚁粉剂，再释放受粉白蚁于引诱检测监控装置中，在蚁道和巢体内向其他个体传播，最终导致整个群体死亡。

监控检测技术以杀灭区域范围内白蚁种群为目标，通过监测杀灭再监测的过程，达到长期控制白蚁危害的目的，是一种高效、安全、环保的白蚁防治新技术。监控检测装置通常埋在建筑物周围的绿化带上，不仅大幅减少有毒化学品使用量，节约防治成本，且高效环保，它利用白蚁生物科技，通过白蚁诱饵技术对白蚁的活动进行收集监测并达到控制白蚁活动的目的。只需定期更换监控装置内芯的诱饵，就可继续发挥监控作用，是当前最为绿色安全、高效环保、持续有效的一种白蚁防治手段。

该专利产品由桶体、饵料弹簧、塑胶板、顶盖组成；桶内填充饵料块，桶底与饵料块底部间按顺序设置弹簧和塑胶板进行隔断，弹簧两端分别与桶底及塑胶板的底面相互连接并固定，饵料放置于塑胶板的上侧；装置的顶盖设有卡孔；桶体出口边缘设置与卡柱相匹配的卡扣；通过旋转顶盖使得卡孔、卡扣能与桶体连接并固定。该款专利产品主要用于弥补现有技术的缺陷和不足，为一种结构简单、使用方便的装置，能更简易、快速、直观地观测到白蚁取食饵料的情况。

该专利产品的研发及生产，可使得研究所原市场购买价为 35 元的白蚁监控检测装置成本降低至 20 余元。按照我所每年使用 10000 套的预用量，此款专利产品研发生产后每年可节约 15 万余元的预算支出。鉴于市场上 IPM 白蚁监控检测装置未来推广成本会越来越大，市场售价越来越高，后期此款专利产品可直接面向市场进行供应，以解决个别厂家垄断经营的局面，形成利好局面，降低白蚁监控检测装置成本，利用大范围大面积的推广 IPM 白蚁防治监控检测技术，逐步取代现有的化学屏障。

技术创新点：无需动手就可自动弹出装置内的饵料，能更简易、快速、直观地观测到白蚁取食饵料的情况，从而避免因接触饵料而对人体造成伤害，同时还能避免因接触饵料而造成的药效降低，装置与市面上的产品相比增加了倒钩及盖口螺纹，有效防止了装置的恶意移动并能使装置可以更牢固地密封，具有节能环保、抗震性好、操作维护简便、白蚁检测效果明显等特点。

产品用途：广泛运用于古建筑白蚁防治、水库堤坝白蚁防治、园林和公园白蚁防治以及家庭绿化区域等各个领域的白蚁防治监控检测等。

市场需求：随着白蚁防治行业节能、环保、绿色防治新标准的逐步实施，白蚁监控检测装置的市场需求量越来越大，绿色防治白蚁高潮已经来临。保守估算，每个地区白蚁监控装置投放比例由原来的不足 10%增加到至少 20%以上，数量以万为单位计量，加上白蚁监控检测装置生产厂家较少，该款产品市场潜力很大。

产业化前景：该产品符合国家节能环保产业政策，生产工艺便捷，易于形成规模化生产，且产业化后经济效益和社会效益均较为显著。通过一年多的小批量试生产，积累了丰富的经验，技术已经成熟，具备产业化条件。

下一步我所将对监控检测装置进行升级，使其智能化。把电子技术与计算机技术有机结合，来实时监控白蚁的危害，将计算机网络控制融于白蚁监控装置中，实现监测数据自动采集、实时传输和在线分析功能的白蚁危害动态监测，或通过电子警报设备，向居民发出警报，或者通过传感装置，建立远程白蚁监测监视系统。

图书在版编目(CIP)数据

武汉市住房保障和房屋管理课题研究成果汇编:2017 年度/邓万想主编 .—武汉: 武汉大学出版社,2018.2

ISBN 978-7-307-19931-6

Ⅰ.武… Ⅱ.邓… Ⅲ.①住宅—社会保障—研究成果—汇编—武汉—2017 ②房地产管理—研究成果—汇编—武汉—2017 Ⅳ.①D632.1 ②F299.276.31

中国版本图书馆 CIP 数据核字(2017)第 325986 号

责任编辑:聂勇军　黄　殊　　责任校对:李孟潇　　版式设计:马　佳

出版发行: **武汉大学出版社** (430072 武昌 珞珈山)
(电子邮件: cbs22@whu.edu.cn 网址: www.wdp.com.cn)

印刷: 湖北金海印务有限公司

开本:720×1000　1/16　印张:35　字数:707 千字　插页:1

版次:2018 年 2 月第 1 版　　2018 年 2 月第 1 次印刷

ISBN 978-7-307-19931-6　　定价:80.00 元

版权所有,不得翻印;凡购我社的图书,如有质量问题,请与当地图书销售部门联系调换。